음란과 폭력

성을 통해 본 인간 본능의 역사

Obszönität und Gewalt

by Hans Peter Duerr

음란과 폭력

성을 통해 본 인간 본능의 역사

한스 페터 뒤르 지음 • 최상안 옮김

한길사

음란과 폭력

성을 통해 본 인간 본능의 역사

지은이 · 한스 페터 뒤르
옮긴이 · 최상안
펴낸이 · 김언호
펴낸곳 · ㈜도서출판 한길사

등록 · 1976년 12월 24일 제74호
주소 · 413-756 경기도 파주시 광인사길 37
www.hangilsa.co.kr E-mail: hangilsa@hangilsa.co.kr
전화 · 031-955-2000~3 팩스 · 031-955-2005

상무이사 · 박관순 | 총괄이사 · 곽명호
영업담당이사 · 이경호 | 관리이사 · 김서영 | 경영기획이사 · 김관영
기획 및 편집 · 배경진 서상미 김지희 이지은
전산 · 한향림 | 마케팅 · 윤민영
관리 · 이중환 문주상 김선희 원선아

인쇄 · 예림인쇄 | 제본 · 한영제책사

제1판 제1쇄 2003년 8월 5일
제1판 제5쇄 2013년 11월 20일

값 24,000원
ISBN 978-89-356-5476-5 04900
ISBN 978-89-356-6899-1 (전3권)
• 잘못 만들어진 책은 구입하신 서점에서 바꿔드립니다.

• 이 도서의 국립중앙도서관 출판시도서목록(CIP)은
e-CIP 홈페이지(http://www.nl.go.kr/ecip)에서 이용하실 수 있습니다.
(CIP제어번호: CIP2013023238)

18세기에 한쪽 가슴을 드러내거나 윗도리를 완전히 드러낸 젊은 여인의 모습은 자유를 위한 투쟁의 상징이었고, 동시에 인습의 사슬에 얽매인 여자가 의복의 속박을 벗어던진다는 의미도 지녔다. 그림에서 유방을 드러내고 있는 '자유의 여신'은 아이에게 젖을 물려 진정시키거나 성적인 자극을 일으키는 여자가 아니라 적을 향해 돌진하는 공격적인 여성이다.

들라크루아, 「민중을 이끄는 자유의 여신」

01

과거로부터 지금까지 성행위는 어느 사회를 막론하고 사적(私的)인 행위로 인식되어왔다. 따라서 음부를 노출하는 행위는 곧 성적인 유혹의 제스처로서 사적인 영역에 제한되어 있다고 말할 수 있다. 그러나 여자들이 도발적인 자세로, 또는 도발적인 것처럼 가장해서 음부를 드러내는 경우, 본인들은 전혀 다른 방법으로 자신들이 가진 힘을 과시하는 것 같다.

01 프라고나르, 「행복한 연인들」 | 02 토머스 롤런드슨, 「혼자만의 기분전환」

01

어느 시대 어느 사회를 막론하고 발기된 페니스는 힘, 공격력, 투지를 나타내는 상징이며, 나아가 부(富)를 나타내기도 한다. 인생에서 성공을 거두거나 용기 있는 남자는 성기가 크다고 인식되어왔다.

01 작가 미상, 「라파예트와 마리 앙투아네트」 | 02 작가 미상, 18세기 출판물의 한 삽화

01

남자가 여자의 음부나 젖가슴을 만지는 행위는 대부분의 사회에서와 마찬가지로 상대 여성에 대한 성적인 지배권을 쥐고 있다는 의미를 포함하고 있다. 전통적으로 성폭행, 외설, 무분별한 육욕 등을 나타내는 상징으로서 그와 같은 희롱 장면이 묘사되어왔다. 그러나 그것을 아내에 대한 남편의 지배, 또는 애인관계에서 여성에 대한 남성의 지배를 나타내는 보편적인 상징이라고 보기에는 지나치게 음란해 보인다.

01 토머스 롤런드슨, 19세기 출판된 캐리커처 | 02 유에, 「연인들의 시간」

01

성폭행을 통해 성적인 만족을 얻기보다는 피해 여성을 지배하고 치욕을 안겨주려는 범인들이 많다는 사실은 명백하다. 그렇다면 가해자와 피해자 모두가 과연 성폭행을 통해 적어도 가끔씩은 쾌감을 느끼는지에 관한 의문이 남아 있다. 모든 여자들이 '근본적으로' 폭행당하기를 기대하는 게 아니냐는 의문은 수천 년 전부터 계속 제기되어왔던 것이 사실이고, 그러한 의문은 늘 강간 문제에 비상한 매력을 주는 요소였다.

01 카라치, 「알키비아데스」 | 02 토머스 롤런드슨, 「전쟁터에서」

강간 중에서도 가장 치욕적인 것으로 인식되는 집단 강간을 반항적이거나 남자에게 모욕을 주는 여자들을 길들이기 위한 수단으로 이용하는 일은 '전통사회' 남성들의 전형적인 수법이었다. 다시 말해 집단 성폭행은 '부족사회'에서 자신이 속한 집단의 여자들에게 남성들의 지배권을 행사하기 위한 아주 중요하고 효과적인 수단의 하나로 이용되었다.
작가 미상, 19세기 빅토리아 시대의 석판화

음란과 폭력

책을 펴내며

16세기 말 어느 작가는 "오랜 옛날인 3천 년 전에 우리의 이 땅에 거주했던 조상들은, 에스파냐와 포르투갈 사람들에 의해 최근에 발견된 야만족처럼, 거칠고 미개한 종족이었다"[1]는 사실을 깨닫게 되었는데, 그가 한 말은 오늘날까지 '서양인들'이 갖고 있는 자기인식을 대변하고 있다. 물론 자신이 속해 있는 사회의 '문명화' 수준이 높다는 막연한 추측에 바탕을 두고 다른 사회보다 자신의 사회가 더 우월하다는 생각을 갖는 태도는 단순히 '서양인' 또는 '유럽인'의 발상이라고만 볼 수는 없을 것이다. 유럽인들은 세계 어느 지역과 비교하더라도 자신들이 '우월'하다고 생각한 나머지, 필요하다면 총칼을 동원해서라도 '미개한 종족'을 '개화'해야 한다고 믿었고, 나아가 그렇게 해야 할 합법적인 의무가 자기들에게 주어져 있다고 생각했는데, 어쨌든 이러한 생각은 유럽인의 특성이라고 볼 수 있다.

그 예로 1606년 버지니아에 대한 식민통치에 즈음하여 발부된 영국 왕의 특별 허가문서에는, "그 지역에 거주하는 야만적인 이

교도들에게 적절한 시기에 인간의 문명과 안정되고 평화로운 질서"를 심어주라는 내용이 들어 있었다. 3년 뒤에 나온 종교문서에 따르면, 그 이유는 하느님의 땅에 살고 있는 모든 인간이 '문명화된 사회'를 갈망하고 있기 때문이라고 했다. 그리고 이 사실을 인식한 사람이라면, "바다와 대륙을 건너 돌아다니면서 자신의 인적 자원과 재산을 동원하여 야만적인 종족들에게 문명화된 기독교적 관리방식을 교육함으로써, 이 세상에 경건하고 정의롭고 도덕적인 삶을 영위하는 법을 전파할 의무가 각자에게 주어져 있다"[2)]고 적혀 있었다.

200년이 지난 19세기에 들어와서도, 이러한 입장에는 본질적으로 아무런 변화가 없었다. 다만 '문명화 과정'에는 누구도 거역할 수 없는 엄격한 진화의 법칙이 지배하므로, 미개한 야만족을 개화하는 문제는 당사자의 의지와 무관하다는 점이 강조되었을 뿐이다. 그 예로 『알게마이네 아우스반더룽스차이퉁』에 실린 1852년의 신문기사를 보자.

"인도주의자는 숲속에서 살아가는 홍인종(인디언)의 슬픈 운명을 틀림없이 안타까워하겠지만, 그들의 운명은 다름 아닌 인류의 발전 법칙이 빚어낸 결과일 따름이다. 원시적인 폭력은 문명 앞에서 굴복하지 않을 수 없다. 철갑옷을 입은 중세 시대의 봉건영주는 문화를 자신의 품안으로 받아들였거나 자기 땅에서 몰아냈지만, 앞으로 인디언은 문명화의 길을 택하든지 아니면 멸종의 운명을 택하든지 둘 중 하나를 선택하게 될 것이며, 틀림없이 그렇게 되고 말 것이다."[3)]

자신의 장점을 인정하지 않았거나, 자신의 문화가 '유럽화'되는 것을 받아들이지 않았던 사람들은 '멸종'되고 말았다. '탈식민지' 시대에 살고 있는 오늘날의 이러한 양자택일적 현상은 특히 '제3세계'가 이른바 '종족사회'로 지칭되는 '제4세계'와 맞부딪치면서 겪고 있는 현상이기도 하다. 500년 전 포르투갈 사람들은 "길들여서 평정하라"[4]는 말을 표어로 내걸었던 반면에, 20세기 말의 예를 들자면 인도네시아 정부는 국제법을 위반하면서 뉴기니 서부 지역을 점령하고 이것을 정당화하기 위하여, 완전히 서로 다른 여러 종족으로 분열된 원시 부족들을 '평정'하여 '문명화'하려는 조치였다고 주장했다.[5]

이러한 식민주의적 · 제국주의적 프로그램의 배경에는 점령과 착취의 대상으로 삼은 다른 사회를 원시 사회로 간주하려는 시각이 깔려 있으며, 그 사회의 구성원이 어린아이와 마찬가지로 분노, 흥분, 공격적 행동 따위를 제대로 제어할 줄 모른다는 이유로 그들을 어린아이에 비유한다. 그리고 아이들을 길들여 교양 있는 인간으로 교육하는 일이 어른들의 임무이듯이, 미개인들에게 문명이라는 복음을 전파하고 무지한 종족에게 벌을 주는 일이 문명국가에 주어진 '천부적 권리'이자 도덕적 의무라고 여긴다.

지금까지 여러 지역의 학자들은 이처럼 '문화가 결여'되어 있거나 상대적으로 문명화되지 못한 '원시 종족들'에 대해 위와 같은 인식을 심화하는 데 지속적으로 기여해왔다. 오늘날의 학자로는 특히 노르베르트 엘리아스를 꼽을 수 있다. 금세기 후반에 어쩌면 가장 영향력 있고 탁월한 사회학자로 알려졌던 엘리아스는 자신의 '문명이론'을 통해서, 과거 낯선 사회의 인간들에 대해 '본능대로' 살았던 사람들이라는 기존의 이미지를 이론적으로 승인한 학자이다. 엘리아스의 입장에서 행동과 정서의 문명화라는 '확고한 규정'이 "식민화를 추구하는 유럽인들에게는 상대방에게 자기들의 우월성을 보여주는 중요한 수단"이었던 것이다. 그래서 "'문명화'를 식민화 운동의 좌우명으로 삼았던 사실은 서양사회의 구조적 특징을 나타내는 징표"였다고 엘리아스는 진단한다. 실제로 "다른 종족을 자기 민족의 분업적 조직 안으로 편입"시키려면 그 사람들

을 개화해야 하고, "현실적으로 피지배 민족을 문명화할 필요가 있다"는 것이다.[6)]

나는 지금까지 엘리아스의 '문명이론'을 비판해왔는데, 그 중에는 여러 학자들에게 유례없는 분노를 불러일으킨 부분이 있다. 말하자면 내가 그들의 스승을 융통성 없는 식민주의적 이론가 부류에 넣어 '폄하'했다는 것이다. 엘리아스가 직접 나에게 비난을 퍼부은 적도 있다. 내가 그를 "잠재적인 식민주의 옹호론자"로 지목하고 "자연의 섭리에 의한 필연적 발전"에 관해서는 전혀 무지한 사람인 것처럼 왜곡함으로써 그를 "부당하게 취급하여 공개적으로 모욕"하려는 의도를 드러냈다는 것이다.[7)] 그러나 지금은 엘리아스에 대해 '사회적 결정론'의 옹호자인가 아닌가를 논하는 자리가 아니라는 점을 고려할 때, 그의 주장에는 좀 이상한 데가 있다. 나에 대한 두번째 비판으로 그는 "엘리아스의 주장을 식민 착취에 대한 변호라는 쪽으로 몰아붙인 것"이 '중대한 실수'였다고 단정적으로 지적했다.[8)] 물론 그의 지적은 나의 주장이 왜 '실수'였는가에 대한 근거를 제시하지 못했다. 마지막으로 그는 세번째 비판을 통해서 나의 '관심'에 '정치적 색채'가 들어 있는 느낌이 든다면서 다음과 같이 말한다.

> 뒤르의 견해는, 엘리아스로 대표되는 문명이론의 밑바탕에 제국주의적이며 식민주의적인 이데올로기가 깔려 있으므로 그 점을 밝혀야 한다는 것이다.

그러면서 그는 단언하기를, 엘리아스의 저서에는 "문명화된 인간이 미개인보다 우월하다는 의미"의 문명화 과정에 대한 "명시적인 평가가 전혀 나타나 있지 않다"고 했다.[9)]

위의 비판자는 자신이 옹호하고 있는 이론을 좀더 자세히 읽었더라면, 엘리아스가 스스로의 주장에 대해 어떤 가치를 두고 있는지를 파악했을 것이다. 엘리아스는, "식민지를 추구하는 유럽인들"에게 원시적 본성의 문명화 수준이 앞서 있기 때문에 비로소 다른 사회에 대해 '우월성'을 확보하게 되었으며,[10] 식민지배를 받고 있는 민족에게는 바로 그 본능적 충동이 문명화되지 않았다면서 "이와 같은 문명화 수준이 바로 서양인의 차별적 우월성을 드러내는 특징적 요인"[11]이라고 주장했다.

물론 엘리아스는 명확한 가치판단을 내리지 않았고, "어서 가서 다른 민족을 복종시켜라!"고 외치지도 않았다. 엘리아스와 그의 추종자들을 식민주의적 이데올로기에 근접해 있다고 보는 이유는, 그들이 다른 사회에 대한 서양 사회의 우월성을 기술적·군사적 측면에서만 파악하고 있는 것이 아니라, 충동구조 모형화의 우월성으로 보고 있다는 사실에 근거를 둔다. 전문 용어를 쓰지 않고 표현한다면, 그들의 주장은 서양인이 고도의 문명을 소유하고 있다는 이유로 다른 세계를 지배하고 착취해도 된다는 말과 같다.

많은 비판자들—특히 엘리아스 자신—은 나에 대해, 시대정신의 미풍이 끈덕지게 등뒤에서 불어오고 있는 바로 이 시점에 내가 이러한 문명이론을 도덕적·정치적 기초 위에서 문제삼아왔다고 몰아붙였다. 수많은 독일 지식인들이 제국주의, 인종주의, '유럽 중심주의'라는 이념들로 말미암아 입었던 상처 때문에 고통을 겪고 있는 지금이야말로 사실 그 어느 때보다도 그런 식의 비판이 제기될 만한 유리한 시점이다. 그러나 엘리아스의 '문명이론'에 대한 나의 '반론'은 결코 윤리적인 성질의 것이 아니다. 니체가 '짐승 훈련식 인간 길들이기'에 관해 언급한 바 있지만, 지난 500년 동안에 '서양인들'이 그러한 인간 길들이기를 동양인이나 아프리카인 또는 인디언들보다 근본적으로 더 잘 수행해왔다고 하는데, 나는 바로 그 주장이 잘못임을 지적하고자 한다.

그러므로 "유럽(북아메리카 포함)의 전세계적인 우월성은 제국주의적 이데올로기가 아니라, 하나의 사실이자 비유럽 민족이 수용한 정체성의 일부분이 되었다"는 주장을 나에게 들이댄다 하더라도 그것은 아무 의미가 없다. 그리고 그는 이를테면 "아프리카의 의생활 습관이 유럽이나 미국의 습관과 다르지 않다는 이유로 유럽인이 입던 헌옷가지를 아프리카로 팔아 넘기는 장사를 한다면" 이것이 바로 "유사한 행동규범이 전파된다는 사실을 입증하는 간접증거"[12)]라고 주장했다.

물론 '서양'의 행동규범이 거의 전세계로 퍼져나갔다는 사실과, 식민 강대국의 개선행렬을 따라 '정신적 기질'의 '유럽화'를 꾀하려는 광범위한 시도가 성공적으로 이루어졌다는 사실에 대해서는 나도 부정하지 않는다. 다만 문제는, 피정복자들의 사회 안으로 '유입'된 유럽의 행동규범과 정서규범에 대해 우리가 무슨 권리로 엘리아스가 말하는 의미의 **문명화된 규범**(zivilisierte Standarde)이라고 말할 수 있느냐 하는 점이다.

이와 같은 맥락에서 오늘날 아프리카 사람들이 입고 다니는 유럽인들의 '헌옷가지'가 그들의 '수용된 정체성'의 일부가 된 것이라고 태연히 주장하고 있는 슈뢰터(Schröter)의 자세는 참으로 염치없다고 아니할 수 없다. 이것은 마치 행동규범들간의 자유경쟁이 벌어진 상황에서 서양의 행동규범이 피정복자의 행동규범을 굴복시켜 승리를 거두었으며, 식민지배를 받는 민족이 유럽적 규범의 '범지구적 우월성'을 고마운 마음으로 '수용'했다는 주장인 것 같다. 더구나 미국과 유럽의 규범이 피정복자의 규범보다 객관적으로 우월하다는 이유로 말이다!

이에 반해 이미 18세기에 신(神)의 전사라고 알려졌던 어떤 이는 델라웨어족(17세기 초 델라웨어 강 유역에 살던 인디언—옮긴이)과 이로쿼이족(이로쿼이어에 속한 언어를 쓰는 북아메리카 인디언 부족들—옮긴이)에 대해 다음과 같이 단언한 바 있다.

> 그들은 자신들의 생활방식을 유럽식으로 바꾸는 일을 제외하고는 무슨 일이든지 실천할 용의를 가지고 있다. 물고기는 신의 의지대로 살아야지 새의 생활방식에 적응할 수는 없는 법이다. 마찬가지로 인디언들은 자신들이 유럽식으로 살아간다는 것은 맞지 않다고 말한다.[13)]

이와 반대의 경우, 인디언에게 붙잡힌 백인들—이런 사례들은 그 후 100여 년 동안 계속해서 확인되었는데—은 북아메리카 인디언의 생활형태와 행동방식이 전적으로 마음에 들었던 것으로 보인다.

> 그들 중 많은 사람들은 세월이 흐름에 따라 인디언의 생활방식에 젖어 자유롭게 풀어줘도 본래의 자기 가족한테로 돌아가기를 원하지 않았다.[14)]

한 가지 예를 든다면 1758년에 젊은 처녀의 몸으로 인디언에게 끌려갔던 메리 제미슨이라는 여자는 얼마 후 백인들의 세계로 되돌아갈 수 있는 기회가 생겼지만, 이를 거부하고 75세의 나이로 세상을 떠날 때까지 세네카 부족과 함께 살았다. 이 여자가 유럽인들과 반대로 '야만족'에게 그토록 마음이 끌렸던 이유 가운데 하나는 인디언들의 '문명' 때문이었다고 말할 수 있다. 이 여인은 1823년에 아주 늙은 몸으로 전기작가 시버(J. Seaver)에게 이렇게 구술했다. "이 사람들은 분수에 맞는 소망을 가졌고, 정서적으로 얌전하며, 어떤 주제에 관한 것이든 감정표현이 정직하고 성실합니다. 이 점이 중요하지요."[15)]

내가 이 여인의 가치판단을 인용한 이유는 '전통적' 사회에서 우량한 야만족에 관한 신화적인 이미지 또는 좀더 나은 낭만적 삶의 이미지를 되살려보겠다는 뜻은 아니다. 다만 유럽적인 행동규범이 바람직한 것으로 인식되어 '수용'된 것이 아니라, 어떤 방식으로든 '강요'되었거나 아니면 해당 문화가 그 전에 이미 '순화'되어 있는 상태에서 비로소 받아들여졌다[16]는 사실을 설명하고 싶었다. 슈뢰터는 "민족들 사이의 경쟁에서 서양식 문명이 상대적 우위를 지니고 있다는 것은 의심할 여지가 없다"[17]고 주장한다. 그렇다면 우리는 다시금 『알게마이네 아우스반더룽스차이퉁』지에 실렸던 1852년의 기사내용을 떠올리게 된다. 그 기사의 필자는, '숲속의 인디언들'에게 '상대적 단점'은 숙명이 되었으며 그들에게는 '문명화'를 택할 것이냐 '멸망'을 택할 것이냐 하는 선택만이 남았다는 사실을 꾸밈없이 독자들에게 명확히 전했다. 어쨌든 얼마만큼 다른 민족의 생활방식을 말살하느냐에 초점을 두고 그 사회의 '문명화' 또는 '개화'의 수준을 재려는 사람이 있다면, 그와 같은 논증방식을 동원함으로써 식민주의적 논리에 가까워진다는 사실을 알아야 할 것이다.[18]

몇 년 전 내가 이 책을 계획하면서 '문명화 과정의 신화'라는 제목을 붙였는데, 이와 관련하여 당시에는 '신화'라는 단어가 과연 적절한지 확신이 서지 않았다. 하지만 하나의 신화에 생명을 불어넣으면서 보존해오고 있는 사람들을 볼 때, 한편으로 그들은 대부분 이름도 없이 살아가고 있지만, 다른 한편으로는 그들이 계속해서 똑같은 신화를 이야기로 전하고 있다는 사실을 알 수 있다. 과연 이 책의 제2권이 출간된 이후 비판자와 논평자들은 갈수록 익명을 유지하려는 경향을 보이고 있다. 추측건대 그 이유는 논의 자체만 효력을 얻도록 하려는 겸손한 배려이거나, 아니면 이러한 논의가 독자들의 뇌리에서 잊히지 않도록 끊임없이 반복되기를 바라는 마음 때문인 듯하다.

독일어를 사용하는 수많은 지식인들은 무한정 복잡한 언어를 구사하고 있으므로 아무리 복잡한 연관관계라 할지라도 힘들이지 않고 파악하는 것 같은 인상을 주지만, 반면에 때로는 아주 단순한 사항을 놓고 이해를 못해서 몹시 힘들어하는 모습을 보고 있노라면 참으로 의아스럽기조차 하다. 이 주제에 관해 내가 상식적인 논의를 전개하는데도 불구하고[19] 대부분의 비판자들은 신체적 수치심의 **보편성**에 관한 논제와 신체적 수치심은 **선천적**인 것이라는 주장을 분명히 구별하지 못하고 있는 것 같다. 그렇기 때문에 이미 엘리아스가 직접 나에게 신생아도 수치심을 느낀다고 생각하느냐는 식의 수사적인 질문을 던진 일이 있었는데도[20] 그들은 계속해서, 마치 내가 수치심은 인간의 "천성에 유전적으로 내재되어 있다"고 주장한 것처럼 구역질이 날 정도로 몰아붙이고 있다.[21]

물론 나는 어느 자리에서도 신체적 수치심이 '선천적'[22]인 것이라고 주장한 적이 없으며, 오히려 어떤 형태로든 인간끼리 어울려 살아가는 모든 형태의 사회생활에서 그것대로의 기능이 있다는 점에서 보편성이 있다고 말해왔다.[23] 신체적 수치심을 일단 성적인 매력 발산의 억제라는 의미로 이해한다면, 그러한 '개별화'가 갖는 기능은 파트너끼리의 배타적 결속을 강화하고[24] 촉진하는 데 있으며, 동시에 특히 발정기가 '없어진' 영장류의 경우 무제한적인 '성욕발산'으로 인한 사회적 긴장, 다시 말해서 잠재적 섹스 파트너들 사이의 경쟁을 줄이는 데 있다고 말할 수 있다.[25]

신체적 수치심은 파트너 관계를 안정화하는 '긍정적' 기능을 지니고 있는바, 우리가 과거와 현재의 사실들을 통해 알 수 있듯이 이러한 기능은 인간 사회의 **본질적** 요소로 작용하고 있다. 그러나 엘리아스는 이를 인정하지 않고 있다. 그는 신체적 수치심을 "사회적 평가절하에 대한 두려움, 또는 좀더 일반적으로 말해서 타인의 우월적 행동에 대한 두려움"[26]이라고 인식하고 있는 것이다. 엘리아스는 수치심을 기본적으로 '힘의 과시'라고 이해했다. 그의 논리대로 본다면, 힘을 가진 자는 힘없는 자 앞에서 두려움을 느끼지 않는다. 그리고 우리가 상대방에 비해 얼마만큼 열등하며 어느 정도 상대방의 손에 얽매여 있느냐에 따라 상황적으로 수치심을 느끼며, 결과적으로 '문명화 과정'에서는 '상호의존의 사슬'이 늘어남에 따라 수치심이 증가한다. 물론 그러기 위해서는 엘리아스의 생각대로 분업화에 의한 '상호의존'을 세력관계로 파악해야 한다는 전제조건이 필요한데, 이 문제를 좀더 논의해보자.

엘리아스에 따르면 일반적인 신체적 수치심은 근대 사회의 산물이요 특히 현대 사회의 산물이다. 그래서 엘리아스는 "만인의 만인에 대한 기능적 종속성이 더욱 강화되고 사회 안에서 살아가는 모든 인간이 사회적으로 몇 단계 더 동등가치를 가져야만 비로소 그러한 노출은 제한된 특정 영역을 벗어나 타인이 있는 자리에서 위반행위가 되는 것"이라고 주장한다. 이전 시대에는 이와 반대로 우위에 있는 자가 불리한 입장에 있는 사람 앞에서, 예를 들면 남자가 여자 앞에서 수치심을 전혀 느끼지 않았거나 거의 느끼지 않았다는 것이고, 나아가 노출은 16세기의 "델라 카사(1503~56: 이탈리아의 시인—옮긴이)가 말했듯이 열등한 자에 대한 배려의 표시로 인정될 수 있다"는 것이다.[27]

나는 특정한 상황에서 세력관계 및 지배관계가 신체적 수치심에 영향을 미칠 수 있다는 주장[28]에 대해서는 조금도 이론을 제기하지 않겠다. 그러나 신체적 수치심 자체를 사회적으로 우월한 자에 대한 열등한 자의 공포감이라고 간주한다거나, 특정한 사회적 규범을 충족시키지 못하거나 위반했을 때 느끼는 일종의 특별한 수치심이라고 보는 견해는 완전히 오류라고 생각된다. 아랫사람이 발가벗은 몸을 남에게 보일 때, 상대방이 동년배나 아랫사람인 경우보다는 윗사람인 경우에 수치심을 더욱 강하게 느낀다는 주장은 충분히 인정될 수 있을 것이다. 하지만 정반대의 경우도 성립될 수 있다. 가슴이 처진 여자나 아랫배가 늘어진 남자는 그것이 사회적 이상형이 아니므로 옷을 벗은 상태로 남의 눈에 띄게 되면 당연히 수치심을 느낄 것이다. 그렇지만 '팽팽한' 유방을 가진 여자라고 해서 '유방에 대한 수치심'이 전혀 없이, 팔뚝이나 발을 드러내듯 스스럼없이 상체를 벗는 행동을 하지는 않는다.

한편 엘리아스 방식의 주장은 다음과 같은 문제점을 안고 있다. 우선 아랫사람만이 윗사람 앞에서 수치심을 갖는다면, 이를테면 황제처럼 가장 높은 지위에 있는 사람만 제외하고 모든 사람이 수치심을 가졌어야 한다. 그렇다면 엘리아스가 주장한 그 시대에도 남녀 모두에게 신체적 수치심이 광범위하게 일반적 현상으로 존재하고 있었던 사실은 그의 주장과 어떻게 일치될 수 있단 말인가? 그리고 중세시대와 근세 초기의 많은 황제들에게서 바로 그 신체적 수치심이 비정상적일 만큼 두드러지게 나타났던 사실은 어떻게 설명할 것인가? 예를 들면 몽테뉴는 막시밀리안 1세에 관해 이런 말을 전하고 있다.

> 벗은 몸을 보여주지 않으려고 화장실에는 절대로 시종을 불러들이지 않았다. 그리고 누구의 것이든 보여주면 안 되는 부분이 있는 법인데, 처녀가 은밀한 곳을 감추듯 그는 자신의 소변 보는 장면을 감추는 버릇이 있었다.[29)]

이미 암시된 대로 두번째 문제는 세력관계와 지배관계의 평등화와 더불어 수치심의 한계가 줄어들지 않고 더 커지는 이유가 무엇인지를 설명하기 어려워진다는 점이다. 자신을 지배하거나 자신에게 세력을 행사하는 사람이 아무도 없는데 도대체 누구 앞에서 수치심을 느낀단 말인가? 이에 대해 엘리아스는, 점점 분업화되어가는 사회에서 인간의 상호의존성이 더욱 다양해지고 '의존의 사슬'이 더 길어지는 것이라고 답변할 것이다. 하지만 동등한 사람들끼리의 상호의존성은 결국 지배자와 피지배자 사이의 관계 같은 의미를 갖는 것이 아니라 전혀 다른 것이 아닌가!

파트너끼리의 결속, 즉 '가족'에 기초를 둔 사회에서 그 기능에 근거한 신체적 수치심이 보편적이라 하더라도, 그로 말미암아 수치심의 한계와 괴로운 감정의 한계가 모든 사회에서 과거부터 현재까지 동일 수준을 유지한다거나 실제로 존재하는 차이를 설명할 수 없다는 뜻은 아니다. 지금까지 나는 수치심의 한계가 모든 사회에서 동일하다는 입장을 주장한 적이 한 번도 없다. 그런데도 내가 마치 그런 주장을 한 것처럼 비판자들의 입에 끊임없이 오르내렸다. 예를 들면 멋진 준마를 타고 나타난 투사처럼 잘난 척하는 사람이 있는데, 그의 '논거'는 차라리 단순한 보병 수준에 가깝다고 하겠다. 그는 이렇게 말하고 있다.

> 물론 뒤르는 엘리아스의 이론에 맞서 재빠르게 수치심의 인류학적 '실재성'을 주장하기 위한 단 하나의 목적에서 수많은 자료들을 이용하고 있으며, 이로써 자신이 제시한 변항(變項)에 대해 이제 모종의 해명을 덧붙여야 할 이론적 수단을 스스로 외면하고 말았다.[30)]

나는 지금까지 어느 비판자가 지적한 것처럼 "한편으로는 인류학적 보편성에 대한, 다른 한편으로는 역사적 행동변화와 기질변화에 관한 대항이론"을 제기했거나, "행동규범의 변화론에 반박하는 반대증거로서 신체적 수치심의 보편성"[31)]을 끌어들인 적이 없다. 누구든 선천적인 신체적 수치심의 보편성을 주장한다면 어째서 '결정적 순간'에 변항을 설명할 수단을 '회피'한단 말인가.[32] 이런 말을 이해할 사람은 사실 아무도 없을 것이다.

예를 들면 부르케(P. Burke)는 "기본적으로 모든 문화는 동일하다"[33]는 견해를 나에게 전가하고 있는데, 모든 인간사회에서 기본적인 감정 소인(素因)과 행동 소인이 동일하게 분포되어 있다는 의미에서 그 견해는 타당하다. 그 견해가 진부하지 않다는 사실은, 예를 들면 '어떤 미개민족'(구체적인 이름 없이)에게 신체적 수치심이 광범위하게 또는 완전히 결여되어 있다는 주장에 대해 정색하며 반론을 펴는 측이 있다는 점에서 쉽게 알 수 있다.[34]

어느 비판자가 지적했듯이 '보편성 명제'는 "수치심의 여러 가지 유형을 설명하는 데에는 도움이 되지 않는다"[35]는 견해는 물론 지당한 말씀이지만, 이러한 논거 역시 당연하게 인정되지는 않으며, 이런 의미에서 효과 있는 반론이 못 된다. 다른 비판자의 주장도 이와 비슷한데, 그는 '인류학적 상수(常數)'를 찾으려고 애쓰다 보면 각각의 사회가 갖고 있던 어떤 점에서 차이가 있었는지를 간과하게 된다는 점을 상기하면서, "하지만 그래야만 '섬세한' 차이뿐만 아니라 많은 큰 차이점에도 눈을 돌리게 된다"[36]고 지적하고 있다.

이러한 반론은 심리학적 또는 논리적 반론이라고 볼 수 있다. 그것을 심리적 논평이라고 본다면, 예컨대 어떤 사람이 하늘가재를 찾고 있는데, 그의 앞에서 기어가고 있는 쌍무늬바구미 쪽으로 그의 시선을 '현혹'시키는 경우와 다름없다는 생각이 들 것이다. 반면에 그 반론을 논리적 논평이라고 본다면, 그것은 너무나 진부하다. 다시 말해서 공통점을 찾으려는 사람은 당연히 차이점을 대강 보아넘기게 된다. 하지만 이것이 바로 추상화(抽象化)의 본질인 것이다. 만일 내가 하늘가재와 쌍무늬바구미의 공통점에 관심이 있다면, 먹이를 물어뜯을 때 사용하는 입 모양, 뿔 형태의 날개덮개, 또는 알 상태에서 유충과 번데기를 거쳐 '성충'으로 변하는 과정 등을 관찰할 것이고, 뿔 모양으로 생긴 턱이라든지 나뭇잎을 먹어대는 엄청난 식욕 따위는 무시해버릴 것이다.

그 밖에 비판자가 오해하고 있는 점이 있다. 다시 말해서 나는 인간행동에 관한 일반 문화사를 집필한 사람이 아니라,[37] 근대 이전의 또는 유럽 이외 지역의 '전통적' 사회에서 살았던 사람들의 감정, 흥분, 공격적 성향, 폭력성 따위가 현재의 '서양' 사회에 살고 있는 사람들에 비해 상대적으로 덜 '제한'되고 덜 '모형화'되었는지 하는 문제를 다루었다. 그러므로 앞에서 인용한 비판자가 넌지시 꼬집었던 것처럼, 나에게 "변화와 차이를 원칙적으로 도외시했다"[38]고 비판한 내용은 사실과 다르다. 오히려 이 책과 관련한 나의 일차적인 관심은, 충동의 억제와 모형화라는 관점에서 그 강도와 규모에 관한 역사적 변화와 지역적 차이점을 살펴보려는 것이었다. 그래서 나는, 예를 들면 오늘날의 해변이나 야외 수영장에서 나타나는 '충동'이 일반적으로 중세 후기의 목욕탕이나 천연온천에 비해 '더 완화'되었고 수치심으로부터 더 자유로워졌다는 사실을 증명하려고 시도했다. 따라서 충동억제 현상이 강화되어 왔다는 주장은 설득력이 없다.

그러자 이번에는 뒬멘(R. van Dülmen)이 가세하여 나에게 이의제기(!)를 했다. '육체의식', 즉 인간의 자기 신체에 대한 '태도'에서 "중세 후기부터 19세기에 이르기까지 근본적인 변화가 있었으며, 이런 사정은 상류층에만 국한되지 않았다"는 것인데, 그 이유는 "15·16세기의 일반인들"이 아직은 "대중 앞에서 나체로 목욕을 하지 않았기" 때문이라는 것이다.[39] 실례가 되는 말이지만, 자신의 섣부른 편견을 교수라는 간판으로 힘겹게 감추려고 애쓰는 뒬멘은 갈수록 자주 등장하는 '자칭 비평가'의 유형에 속하는 인물로서, 엘리아스에게 제시한 나의 모든 논거를 자신은 이미 다 알고 있는 것처럼 행동하고 있다. 그렇기 때문에 그는 당연히, 중세 후기와 근세 초기에 "목욕실이든 천연온천이든 남녀가 함께 나체로 목욕을 하지 않았을 것"임을 시사하는 일차적 증거가 없을 것이라고 단언한다.[40] 그러나 이에 앞서서 될멘은 나의 저서 두 권을 읽어보지도 않은 채 엘리아스식의 어투로 이렇게 주장한 바 있다. "16세기까지는 공공장소에서 나체로 목욕이 행해졌으나, 18세기에 들어와서는 거의 상상할 수 없는 풍경이 되었다."[41]

중세 후기에는 오늘날과 비교해서 충동억제가 느슨했을 것이라는 견해는 수많은 문화사 연구자들 사이에 널리 유포되어 있고 엘리아스도 비판 없이 받아들인 바 있으나, 그 견해는 타당성이 없다. 그렇지만 이와 상관없이 중세 후기에는 이전 시대에 비해 개개인에 대한 '감시'가 이완되고 행동의 자유도 비교적 많았던 사실을 관찰할 수 있다. 나는 제2권에서 이 사실에 관한 설명을 시도하면서, 특히 가족간의 결속, 친족집단, 얼굴을 맞대고 살아가는 사회의 이웃관계 등에 의해 행해지는 '원시적' 행동통제가 약화되어왔다는 견해를 제시한 바 있다.[42]

중세 전성기의 후반, 특히 12·13세기에 들어와서는 인구의 폭발적인 증가 때문에 토지의 개발이 늘어나고,[43] 새로운 도시가 건설되면서 농촌 인구의 일부가 도시로 몰려들었다. 이전의 수백 년과 비교하여 이 시기의 도시에서 나타난 두드러진 특징은 엄청난 기동성과 인구변동에 있었다. 이러한 현상은 다시금 앞에서 언급한 사회적 통제의 이완을 초래했고, 이와 더불어 커다란 변화와 혁신의 가능성을 동반했으며, 그 결과는 헛된 것이 아니었다. 한 가지 예를 들면, 거의 유일하게 중세 후기의 여러 도시에서만 남녀 모두에게 '수치심이 사라진' 복장이 유행했다.[44] 구체적인 이름을 든다면, 파리는 이미 12세기에 방탕과 매음의 소굴이요 죄악의 도시로 알려져 있었고,[45] 다른 대도시들도 마찬가지였다. 그리고 특기할 사항으로는 동성애라는 최초의 '하위문화'가 형성될 수 있었던 장소도 바로 그 대도시들이었다. 이들 대도시는 동일한 생각을 갖고 있는 사람들끼리 만날 수 있는 기회와 함께 여기에 필요한 익명성이 지배하고 있었기 때문이다. 그리하여 15세기의 베네치아[46]라든지 독일의 최대 도시 쾰른 같은 곳에서는, 그로스-장크트-마르틴 교회의 신부가 시위원회에 보고한 바에 따르면, 호이마르크트(중세시대 무역상들이 집결하던 장소—옮긴이)에 가면 '천박한 무리들'을 쉽게 볼 수 있었고, 그런 사람들이 '이쪽 끝에서 저쪽 끝까지' 가득 차 있었다.[47]

서로 이름도 모른 채 높은 비율을 차지하고 있는 외지인들은 가족이나 이웃 사람들의 통제를 받지 않으므로, 파리 같은 도시들은 범죄의 온상으로 변모했다.[48] 14세기의 파리는 오늘날의 기준으로 보더라도 대도시였고, 옆길 · 뒷길 · 골목길 등이 수없이 많았으며, 한적한 모퉁이와 묘지도 여럿 있었다. 그래서 이런 도시에 사는 여자들은 날이 저문 뒤에 외출할 일이 있으면 다시 한 번 생각해 보고 행동에 옮기는 경우가 일반적이었다. 이를테면 런던에서 폭행을 일삼는 범죄자는 대개 외지인이었고, 그 밖에 영국의 다른 대도시에서도 외지인들이 범죄를 저지르는 경우가 빈번했다. 만일 원주민이 범행을 저지를 경우 발각되어 붙잡힐 가능성이 외지인에 비해 훨씬 높았기 때문이다.[49] 그러나 범인이 외지인이든 아니든 중세 후기에는 "도시가 범죄를 불러온다"는 말이 나돌았고, 아무리 보아도 사실이 그러했다. 따라서 15세기에는 루아르 강변의 여러 도시에서 일어난 범죄 사건이 주변 지역보다 두 배쯤 많았을 것으로 추정되며,[50] 그 도시들 안에서도 큰 범죄 사건의 대부분을 차지한 장소는 대개 유동인구가 많고 가장 밀집된 지역이었다. 예를 들어 베네치아에서는 문예부흥 초기(14세기)에 풍속 범죄가 가장 많았는데, 그 중에서 특히 폭행 사건이 주로 발생한 곳은 인구밀도가 낮은 외곽지대가 아니라, 대운하 부근을 비롯하여 특히 산 마르코 성당 근처의 넓은 지역이었다.[51)]

그러나 풍속 범죄만 잦았던 것은 아니다. 대도시의 성생활도 역시 시골보다는 전반적으로 개방적이었다.[52)] 물론 도시 처녀들이 남자를 좋아하다가 농락당하는 사례는 시골 처녀에 비해 훨씬 많았다. 시골은 공동체의 특성상 도시와 비교가 안 될 만큼 엄격하게 젊은 남자들로 하여금 결혼 약속을 이행하도록 감시가 이루어지는 분위기였던 것이다.[53)] 한편 결혼을 염두에 두지 않았는데 임신을 하게 된 시골 처녀들은 대도시로 들어와 아무도 모르게 아이를 출산하여 곧바로 내버리는 경우가 많았다. 이후에 그들 중에는 매춘부로 살아가는 여자들이 많았다. 그래서 1615년 런던에서는 "갓난아이를 길거리에 내버림으로써 그 중에 많은 아이들을 추위와 영양부족으로 죽게 만든 미혼모를 색출하라"[54)]는 훈령이 내려졌다.

내가 아는 바로는 이 사실을 뒷받침하는 근거자료는 없다. 그러나 중세시대에도 시골 주민들이—오늘날의 오리엔트 지방과 비슷하게[55)]—도시 사람들을 관습을 모르는 비도덕적인 인간으로 취급했을 가능성은 충분히 있다. 어쨌든 이러한 태도는 대개 이중적인 감정과 연관되어 있기는 하지만 전세계에 퍼져 있다. 예를 들어 타히티 사람들은 자기가 살던 마을을 떠나 파페에테(프랑스령 폴리네시아의 수도—옮긴이)로 가게 되면, 비록 한편으로는 '규칙도 없고 구속력도 없는' 도시생활이 두렵고,[56)] 또한 이름 없는 인간으로 살아야 하고 상호교류나 안정성이 부족하며, 범죄와 도덕적 타락상이 두렵기는 하지만, 그래도 일단 '마을 사람들의 눈'을 벗어날 수 있다는 사실만으로도 커다란 안도감을 느낀다. 예를 들면 애드미럴티 제도(태평양 남서부에 있는 파푸아뉴기니의 군도—옮긴이)에 사는 소리족과 모케랑족은 미국인들 사이에 동성연애자가 있다는 말을 믿으려 하지 않았다. 그래서 그들은, 혹시 미국에 사람이 너무 많아 품위와 예절이 효력을 상실한 게 아니냐고 풍속학자에게 물었다.[57)]

'익명'으로 살아가는 도시 사회와 달리 '마을 사람들의 눈'으로 인해 어느 정도 감시를 받아야만 그런 규율이 지켜질 것이라는 남극 섬사람들의 의견이 딱 들어맞는 것 같기도 하다. 17세기 브래드퍼드(William Bradford)는 매사추세츠 주에 사는 소수 부족에 관한 기록을 남겼다.

> 여기는 다른 곳에 비해 사람들이 별로 없다. 사람들이 가득한 곳에는 예전처럼 숲이나 덤불 속에 거짓이 숨어 있고, 근처에는 한 번도 듣지도 알지도 못하는 무시무시한 죄악이 도사리고 있다. 반면에 여기는 여느 때와 다름없이 빛이 들어오고, 광활한 들판에, 아니 만물이 한눈에 내려다보이는 언덕에 환한 빛이 비친다.[58)]

그리고 19세기 중반 바이에른 지방 슈바벤에 위치한 그뢰넨바흐의 공의(公醫)는, 시골 사람들이 '투명한 처신'을 하므로 천박한 행동을 대부분 억제한다고 소개하면서 이렇게 적었다. "시골 사람 각자가 가는 길은 뭇 사람의 눈앞에 훤히 보이도록 열려 있으나, 대도시 사람들이 가는 길은 종종 음탕한 모임이나 유곽으로 빨려 들어간다."[59)]

어느 아프리카 사람은 중부 유럽의 대도시 생활을 다음과 같이 꼬집었다.

> 정말로 불신할 수밖에 없는 이유들이 있다. 이렇게 되어버린 주요 원인은, 지금까지 서로를 찾지도 않던 각기 다른 혈통의

사람들이 한곳에 모여 혼란스럽게 북적대는 탓이요 끊임없이 거주지를 옮겨다니는 탓이다. 사람들은 서로 모르고, 모두 자기를 눈여겨봐주는 사람이 아무도 없음을 느끼며 산다. 모두 상대방에게 무관심하고, 앞으로도 그럴 것이다. 어느 누가 길거리에서 오줌을 싸거나, 지하철역에서 구토를 하거나, 남에게 욕설을 하거나, 슬프게 울거나, 둘이서 뜨겁게 키스를 나누거나, 길거리에서 성행위를 하거나, 백화점에서 도둑질하는 자가 눈에 띄거나, 누가 술에 취해 쓰러지거나, 어떤 일이 벌어져도 사람들은 아무 상관 없다는 듯이 각자 자신의 길을 간다.[60]

엘리아스는 근대 이전의 '전통적 사회'를 전혀 다르게 이해하고 있는데, 내가 보기에 문명화 과정에 대한 잘못된 견해의 근원이 바로 여기에 있다. 그의 견해에 따르면 인간은 애초부터 서로 독립적인 존재로 살았고, 따라서 오늘날에 비해 사회적 통제가 훨씬 미미했다. 다시 말해서 비교되지 않을 정도로 사회적 압력이 미약했다. 이를테면 근대 이전의 "사회적 통제는 그 이후에 비해 미미했으며"[61] 특히 16세기부터 "인간들 상호간에 상대방에게 행사하는 강요가 점점 강화되었다."[62] 그 당시 각 개인은 처벌받을 위험에 노출되지 않고도 훨씬 많은 자유를 누릴 수 있었던 데 반해, 현대인은 강력해진 강압이나 떠돌이로서의 운명에 적응할 수밖에 없는 처지에 놓여 있다.

오늘날 인간은 각종 규정과 규칙의 사슬에 얽매여 있다. 인간의 생활 습관을 규제하는 검열과 사회생활의 압력이 너무나 강력하기 때문에, 자라나는 아이들은 사회의 요구대로 행동양식을 적응해갈 것이냐 아니면 '문명화된 사회'의 삶에서 소외되느냐의 양자택일 이외에 선택의 여지가 없다.[63]

엘리아스에 따르면, 과거와 현재의 '미개인들'한테서 발견되는 정신적 성향이 '문명화된 인간의 고유한 기질'로 발전하면서 '명백한' 차이를 드러내게 된 것은, 사회적 분화라는 역사적 과정을 통해 형성된 결과였다. 좀더 자세히 말해서 "개인과 개인을 연결하는 의존의 사슬이 점점 두꺼워지고 길어졌기 때문에"[64] 새로운 유형의 인간이 필요하게 되었는데, 이들이 기존의 인간 유형과 현저히 구별되는 요소는 철저한 충동억제, 자연발생적인 감정분출의 강력한 제어, 욕정과 공격성의 억제 등으로 요약된다.

> 개개인의 행동이 사회적 기능을 수행하기 위해서는 갈수록 많은 사람들의 행동이 서로 조정되어야 하고, 행동조직을 더욱 정확하고 엄격하게 재구성해야 한다. 각 개인은 자신의 행동을 더욱 세밀하게 분화하고, 더 일관성 있고 더욱 안정적으로 통제하지 않을 수 없게 된다.[65]

사회적 '거시구조'의 변화라는 의미에서 문명화 과정이 존재한다는 점에 대해서는 물론 반박하지 않겠다. 기술적·물질적 관점에서의 문명 발전이라든지 행정, 경찰제도, 군사제도, 노동조직, 교통체계, 물자공급, 폐기물 처리 등 여러 분야의 획기적인 변화와 혁신이 바로 그런 과정일 것이다. 다만 내가 지적하고자 하는 것은, 한편으로는 이러한 발전이 사회통제의 강화를 불러왔다는 점이고, 다른 한편으로는 그것이 인간에게 전혀 다른 형태의 '충동관리'를 조장했다는 사실이다. 그 결과 형성된 새로운 '정신적 기질'은, 수치심 및 괴로운 감정의 한계 상승, 직접성, 임의성, 공격성, 잔혹성 등의 감소와 공손, '예절', 상호배려의 강화와 안정화라는 측면에서 과거의 '기질'과 차이를 보인다.[66]

먼저 현대의 대도시 주민들과 비교해서 근세 이전의 사회 또는

‘전통적’ 사회의 구성원들이, 구체적으로는 중세의 시골 주민이나 ‘부족사회’의 구성원들이, 상호간의 의무관계로부터 벗어나 독립적인 상태로 더 많은 자율성을 누렸을 것이라는 주장[67]은 적절하지 못하다. 이와 반대로 동년배협회, 직업협회, 비밀결사, 재향군인회 등 훨씬 더 치밀한 사회적 그물망으로 결합된 혈연적 친화집단은 현대 사회의 인간들에 비해 융화적이었다.

그렇다고 해서 엘리아스의 주장과 반대로 각 개인들이 오늘날에 비해 근본적으로 더 효과적이고 엄격한 사회적 통제 아래 놓여 있었다는 의미는 아니다.[68] 타히티 주민이 거의 피할 길이 없던 ‘마을 사람들의 눈’을 피해 도시로 떠나는 순간에 후련함을 느꼈다는 사례를 우리는 기억한다.

상호존중, 공손, 비공격성, 겸손 등의 태도가 일찍부터 내면화되는 이유는 그와 같은 강력한 사회적 감시 때문이라고 볼 수 있다. 피지 남자와 결혼하여 오랫동안 조그마한 섬에서 살고 있던 한 미국 여자가 이렇게 말했다.

> 피지 문화권에서는 공손, 좋은 예법, 전통 존중 등의 덕목이 높은 가치를 지닌답니다. 여러 세대에 걸쳐 좁은 방에서 함께 살아가는 사람들은 서로 잘 지내야 합니다. 그러므로 조화로운 공동생활을 위해 자기 몫을 다하는 일이 가장 중요하지요. 이기주의, 자기과시, 경쟁의식 따위는 엄격히 금지되어 있어요. 웃으면서 지내면 일상생활이나 서로간의 교제가 쉬워진답니다.[69]

내가 판단할 때 엘리아스의 논리구조에서 문제가 되는 부분은, “기능분담이 커질수록, 그리하여 개인의 행동을 통제할 사람들이 많아질수록” 감정의 모형화가 “더욱 강력하고 포괄적”이라는 부분이다.[70] 이러한 모델에서는 충동과 정욕의 모형화가 과연 상호의존 사슬의 길이에 따른 기능인지, 그보다는 상호의존의 양상과 상호활동 파트너의 대체가능성에 의한 기능인지 하는 문제가 다루어지지 않은 상태로 남아 있어서 분명하지 않다.

또한 이때 상호활동 파트너의 대체가능성이 미미하거나 전혀 없을 경우에는 '친밀성의 독재적 상태'가 초래될 수도 있다. 서로를 모르고 살아가는 대규모 사회의 '수천 개의 눈'보다는 '마을 사람들의 눈'이 훨씬 더 완벽한 감시도구가 된다. 마을 사람들의 눈은—하느님의 눈과 거의 다를 바 없이—대체로 모든 것을 다 볼 수 있으며, 이렇게 해서 목격된 사실들은 공동체의 구성원 전체 또는 대다수가 참여하는 한 가지 형태로 집약된다. 현대사회의 인간들은 오직 부분적 측면만을 바라보며, 이와 같이 관찰된 부분적 측면들은 하나로 종합되지 않는다.

그 이유는 '수천 개의 눈들'이—곤충의 눈에서 볼 수 있는 수많은 홑눈과는 달리—서로 연관성이 약하거나 완전히 개별적이기 때문이다. 달리 표현하자면, 오늘날 개인은 과거 어느 때보다 많은 사람과 연관되어 살아가고 있지만, 상호작용 파트너들이 '총체적 인간집단'이 아니라 '인간 파편들'에 불과하므로 타인에 대해 알고 있는 사항들도 훨씬 단편적인 상태로 머물러 있다. 그러므로 다시금 규범위반이나 반사회적 태도는 일반적으로 철저한 후속조치 없이 방치된다. 그 결과 당사자는 부분적인 체면이 깎일 뿐이지 체면 전체를 잃지는 않는다.[71]

엘리아스가 적응압력의 행사—넓은 의미에서—를 국가의 권력독점 형성과정으로 연관시키는 것을 볼 때, 결국 그는 근세 이전 '부족사회'에서 나타나는 사회적 통제의 엄청난 획일화 압력과 효율성에 대해서는 올바른 개념을 파악하지 못하고 있다. 예를 들면 그는, 중세 사회에는 "인간에게 겸손을 강요할 수 있을 만큼 강력한 중심세력이 없었다"[72]고 기술한다. 그렇기 때문에 엘리아스에게는, 과거부터 유지되던 사회통제 형태가 생활방식과 사회구조의 변화로 인해 더 이상 제대로 '작동'하지 않게 되었을 때에야 비로소 국가적 조치 또는 그와 유사한 조치가 자주 등장하지 않았느냐 하는 의문의 여지가 남아 있지 않게 되었다.[73] 이런 의미에서—예를 들면 의복 규정과 같은—중세시대 국가 당국의 법령들은 '외부로부터' 인간에게 법령을 부과함으로써 "더 이상 작용하지 못하게 된 내적 사회통제"를 재정립하려는 새로운 유형의 시도로 이해할 수 있을 것이다.[74]

이에 반해 엘리아스에게 '문명화 과정'[75]이란, 다시 말해서 국가에 의한 상호보완적 통제의 독점화 경향과 점차 두드러지게 나타나는 '자기강요 장치'의 발달은, '노골적인 폭력'의 실행 가능성을 점점 줄이는 사회, 나아가 "상대적으로 안전한 환경에서 장기적인 생활계획을 세울 수 있는 기회"[76]가 제공되는 사회를 약속하는 보증인이나 다름없다. 그렇기 때문에 엘리아스는 나치주의자들이 유대인 소탕작전을 펼쳤던 1938년 11월 9일 밤('크리스탈나흐트')에 이렇게 썼다.

> 물리적인 권력 독점이 인간들 사이에 필연적으로 발생하는 두려움과 공포감을 감소시켜 주듯이, 그리고 동시에 타인에게 경악과 공포감과 고통을 안겨줄 가능성, 즉 특정한 욕구와 정욕의 분출 가능성을 감소시켜 주듯이, 지속적인 자기통제 역시 각자가 점차 여기에 익숙해짐으로써 행동의 대립과 돌발적인 변화, 갖가지 형태로 나타나는 정욕분출을 감소시킬 것이다.[77]

이 책의 제1권과 제2권에서 주로 다루었던 주제는, 인간의 신체와 관련한 수치심 및 괴로운 감정의 규범이 엘리아스의 의미로 변화되었는지, 그리고 그것이 갖는 여러 가지 기능 중에서 부분적으로 변화된 것이 있었는지를 검토하는 작업이었다. 그리고 이 책에서는, 공격성과 잔인성의 소멸이나 이에 대한 '욕구'가 전쟁이나 평화 시기를 막론하고 '문명화 과정'의 진행에 따라 실제로 자기강요로 변화된 '수많은 규칙과 금기'에 의해 차단되고 억제되어 왔다는 엘리아스의 주장[78]이 과연 옳은지를 밝혀보고자 한다. 예를 들면, 5백 년 전 또는 '원시 사회'에 비하여 오늘날 여성들이 남성들의 '육체적 만족의 대상'으로 취급되는 사례가 본질적으로 줄어들었는지, 엘리아스의 주장처럼[79] 욕구해소, 폭력, 체면손상, 멸시 등의 희생물이 되는 일이 감소되었는지, 그리고 그런 범죄들이 오늘날에는 실제로 "다만 병적인 현상으로 취급될 만큼 개인적인 일탈이라거나 꿈속에서나 있을 수 있는"[80] 현상으로 나타나고 있는지 등을 검토할 수 있을 것이다.

엘리아스는 세상을 떠나기 2년 전에 어느 텔레비전 인터뷰에서, 충동과 욕정의 모형화에는 문명화 과정이 존재하지 않는다는 나의 논거에 대해 자신의 입장이 어떠한지 밝혀보라는 질문을 받았는데, 그의 답변 중 특히 이런 부분이 있다.

> 예를 들면 우간다 사람들이 부족 단계에서 국가 단계로 올라가기 위하여 끊임없이 싸워야 하는 처지에 있는바, 이러한 저개발국들을 생각해보시오. 여러분은 과거의 유럽 지역이 겪었던 문명의 초기 단계가 이들 나라에서 나타나고 있음을 알 수 있을 것입니다.[81]

그렇다면 다시금 의문점으로 남는 문제는, 지난 500년 동안 우리가 이룩해놓은—엘리아스가 말하는—'문명발전'이 완전하게 달성되지 않은, 그리하여 아직 부족이라는 비교적 낮은 발전단계에 놓여 있는 사회의 인간들은 오로지 '충동억제력'에서도 상대적으로 미약하다고 볼 것인지, 그리하여 그들은 충분히 사회화되지 못한 우리 사회의 어린이나 성인과 다름없이 파괴 · 학대 · 잔학행위 등에 대한 충동과 욕구를 상대적으로 거리낌없이 분출하고 있는지 하는 점이다.

이 의문에 대한 답변은 무엇보다도 우리가 엘리아스의 다음과 같은 주장을 얼마만큼 받아들이느냐에 달려 있다. 이를테면 엘리아스는 "초기 발전단계의 규범에 비해" "인간 행동과 체험의 현대적 모형화가 더 우수하다"는 사실은 "모든 자료들로 뒷받침되고 있다"[82]고 주장한 바 있다.

예술분야의 포르노그래피와 '무례'에 관한 논의를 비롯해서, 제1권과 제2권의 '경험적' 진술과 관련하여 그동안 제기된 비판들에 관한 논의는 지면 관계로 제4권으로 미루고자 한다.

이 책은 드브뢰(George Devereux)를 기리는 의미에서 그에게 바친다. 우리 두 사람은 사항 자체에 관한 문제에서 의견이 일치되는 경우가 그다지 많지 않았다. 지금까지 나에게는 심리분석이 상당히 낯설게 느껴졌으며, 드브뢰의 견해 가운데 상당히 많은 부분들이 늘 특이하다고 생각되었다. 반대로 그는 자기 나름대로 나에 대해, 과거와 '미개인'과 여성을 이상화하는 낭만주의자라고 생각하고 있었다. 그런데도 우리 두 사람의 우정은 너무나 확고했으므로 학문적 차이점이나 세계관의 차이 때문에 우리의 우정에 금이 가는 일은 한 번도 없었다.

파리 근교에 자리잡고 있는 그의 집은 책과 원고들로 가득 차 있었고, 건물 입구에는 마치 중세시대의 성문처럼 넓은 지주(支柱)가 받쳐져 있었는데, 그는 그 방에서 임종을 기다리는 동안에도 나에게 어서 이 책을 쓰라고 재촉했다. 지금까지 내놓은 나의 모든 책들과 비교가 안 될 만큼 이 책이 물의를 일으킬 것이라는 사실을 그는 잘 알고 있었다. 드브뢰는 엄청난 지식을 갖춘 감동적인 인물이자 충동적인 존재였으며, 예리한 성격에다가 동시에 몰락한 시대의 마지막 생존자 중 한 사람으로서 '야생의 거인'이었다.

1992년 여름, 하이델베르크에서
한스 페터 뒤르

"그는 하나의 서평을 완성할 때마다
강력하게 발기된다고 나에게 말한 바 있다"

· 게오르그 크리스토프 리히텐베르크

음란과 폭력 | 차례

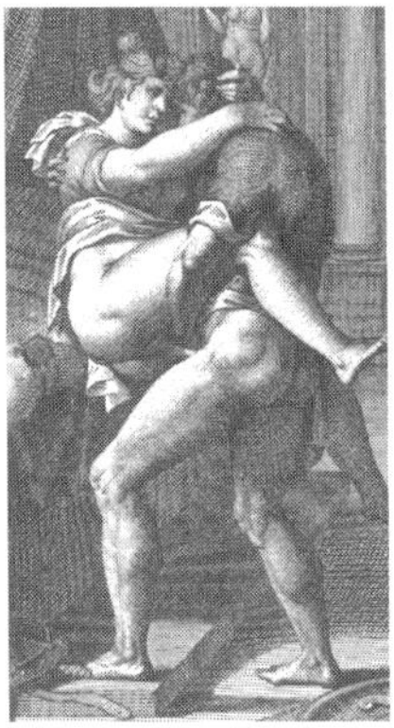

1 '여자의 무기'

1720년 초, 영국 해적들이 공해상에서 난파당한 한 청년을 구조했다. 청년은 재킷을 목부분까지 단단하게 여민 것으로 보아 추위에 떨었던 것 같았고, 방금 면도를 끝낸 사람처럼 피부가 유난히 매끄러웠다. 그리고 위팔 두툼한 살갗에 문신이 새겨져 있었는데, 해골과 정강이뼈 두 개를 십자 모양으로 겹쳐 놓은 그림 위에 'P' 자가 적혀 있었다. 그것은 해적의 징표였으므로 청년은 아무 문제없이 승무원으로 배치되었다.

맥 리드—이것은 청년이 스스로 밝힌 이름이었는데—는 수줍음이 많은 듯 보였지만, 싸울 때에는 도전적이고 용감하다는 사실이 금방 알려지면서 선원들 사이에 상당한 주목의 대상이 되었다. 한편 이 배에는 해적의 엄격한 관습을 어기고 남자로 변장한 여자 한 명이 함께 타고 있었다. 그녀가 바로 라캄 선장의 애인이자 동지로서 악명 높았던 앤 보니라는 여자였다.[1] 거칠고 용감하다고 알려진 이 여자는 새로 채용된 청년 선원보다 더 적극적이었다.

어쨌든 앤은 청년에게 마음이 끌려 가까이 접근했다. 그러나 앤은 청년의 가슴을 만지다가 소스라치게 놀라지 않을 수 없었다. 분명히 그의 가슴에 여성의 유방이 달려 있었던 것이다. 그러니까 맥 리드는 분명히 여자였던 것이다.[2] 앤은 이 사실을 자신의 애인인 선장에게 보고했지만, 두 사람끼리만 비밀로 묻어두기로 했다.

맥 리드의 진짜 이름은 메리 리드였다.[3] 해적들에 의해 나포된 배에서 강제로 징발된 젊은 선원 한 명이 있었는데, 어느새 메리는 그 젊은이에게 마음이 끌리게 되었다. 4년 후 카리브 해안의 해적을 연구한 연대기 작가에 따르면, 앤은 "실수인 양 새하얀 젖가슴을 드러내어" 젊은 선원에게 자신의 몸을 보여주었다. 어느덧 봄이 되었다. 메리가 좋아하던 선원이 동료 해적 한 명과 결투를 벌이게 되었다. 메리는 애인의 생명이 걱정되었다. 전기작가는 그 때의 이야기를 다음과 같이 썼다.

> 메리는 굳은 결심을 하고 그 해적에게 다짜고짜 싸우자며 결투를 신청했다. 해적은 결투에 응하기로 했다. 여자는 자기 애인의 결투 예정시간보다 두 시간 먼저 애인의 적수를 만나 칼과 총으로 결투를 벌였다. 메리는 다행히 공동의 적을 제압하여 그 자리에서 죽일 수 있었다.[4]

그런데 이때 메리는 칼을 휘둘러 상대방에게 치명상을 입히기에 앞서 자신의 윗도리를 벗어젖히고 하얀 젖가슴을 드러내 보였으며, 잠시 후 상대방은 굴욕적으로 마지막 숨을 거두었다고 한다.

이날부터 메리는 해적선에서 여자로 지냈다. 비록 애인의 결투를 막아보겠다는 현실적인 이유가 있었기는 하지만, 하여튼 이미 앤 보니와 마찬가지로 스스로 진짜 여자임을 자백한 것이다. 마침내 1720년 10월에 라캄은 자메이카 인근 해상에서 상선을 나포하

1. 여자 해적 메리 리드, 1725.

고자 부하들에게 상선에 올라가라고 지시했다. 그때 상선에 타고 있던 여자 승객 도로시 토머스는 해적 두 명의 행동이 유난히 거칠다는 생각이 들었다. 하지만 그들이 여자라는 사실은 분명해 보였다. 이 사건이 있은 지 한 달이 지나 라캄과 그의 부하들이 체포되어 법정에 섰을 때, 도로시는 이렇게 말했다. "가슴의 크기로 보아 여자인 것 같았어요."[5)]

그러면 메리 리드는 해적을 죽이기 직전에 왜 젖가슴을 열어 보였던 것일까? 역사가들의 주장대로 상대방 남자에게 수치심을 안겨주려는 것이었을까, 아니면 "여자 앞에서 기를 꺾으려고" 의도적으로 보여준 행동이었을까? 그렇다면 그녀 스스로 여자라는 사실을 "증명해 보이려고 자신의 젖가슴을 드러낸 것"이란 말인가?[6)]

여자와 결투하면 치욕을 당한다는 사실을 해적에게 똑똑히 보여주기 위해 메리가 의도적으로 속옷을 벗었을 것이라는 추측은 무리인 것 같다. 만일 이 여자가 주위 사람들에게 여성이라는 사실을 감추기 위해 여러 해 동안 무진 노력을 기울였다면, 카리브 지역 해적들의 규정에 따라 여자의 승선이 허용되지 않는다는 사실쯤은 알고 있었을 것이다. 그러므로 메리가 상대 남성의 공격을 차단하거나, 상대방을 제압하려는 행동의 하나로 젖가슴을 드러냈을 가능성이 더 크다. 나중에 알게 되겠지만 이런 행동은 어느 시대, 어느 사회를 막론하고 여자들에게서 흔히 볼 수 있다.

예를 들어 에릭 더 레드(10세기 말 그린란드에 최초의 유럽인 정착지를 건설한 개척자—옮긴이)의 딸 프라이디스는 토르핀과 스노리를 데리고 빈랜드(북아메리카의 동부해안—옮긴이)로 갔을 때, 자신의 동족이 인디언과 싸우다가 후퇴하는 광경을 목격했다. "그러자 그녀는 이렇게 소리질렀다. '그토록 힘센 당신들이 저런 겁쟁이들 앞에서 달아난단 말이오? 나는 당신들이 당연히 저들을 짐승처럼 때려눕힐 것이라고 생각했어요. 내게 칼을 주시오! 내가 당신들 누구보다도 멋지게 쳐부술 것이오.' 그러자 스크렐링게족(그린란드 서부와 북아메리카 동부 해안에 거주하던 에스키모 원주민—옮긴이)이 그녀를 추격했다." 이때 "그녀는 속옷을 열어 젖가슴을 드러내고" 땅바닥에 쓰러져 있는 바이킹 병사의 '납작한 검'을 집어들어 휘둘렀다. "그러자 침입자들은 자신들의 배가 있는 곳으로 달아나고 말았다."[7)]

이 이야기에서는 여자가 적군에 대한 공격의 방편으로 젖가슴을 드러냈다는 사실이 분명해 보이지만, 그 밖의 경우에는 그렇지 않았던 것 같다. 예를 들면 사마르족이나 살란족 같은 모아브(사해 동쪽에 있었던 시리아의 옛 왕국—옮긴이)의 여러 부족들은 싸움터에 나갈 때, 처녀의 머리를 요즘의 어린 소녀들처럼 틀어 올리지 않고 어깨 위로 자연스럽게 늘어뜨리게 한 다음 신부 복장을 입혀 데리고 다녔다. 그리하여 전투가 벌어지면 그 처녀들은, 점잖게 표현하자면 특정한 행동을 보여주었다. 그 행동이 어떤 것이었는지는 이와 비슷한 르왈라-베두인족의 관습을 보면 짐작할 수 있다. 그들은 전투에 나갈 때마다 에미르(추장)의 딸이나 누이 한 명에게 좋은 옷을 입히고 속눈썹을 안티몬으로 염색하며 머리에 기름을 발라준 다음, 싸움터로 데리고 다닌다. 그러다가 전투가 벌어지면 그 여자가 젖가슴을 드러낸다. 페르시아인들이 베크르족의 베두인들에게 패배를 당했던 601년의 주카르 전투에서도 그러했다.[8] 전사들은 전쟁터로 떠나기 직전에 아내들을 향해 외쳤다. "모두 잠옷을 벗으시오! 두 젖가슴이 보이게 하시오! 어서!"[9] 그러면 여자들은 아직 할례를 받지 않은 페르시아 전사들에 관한 노래를 불렀다.

당신들이 승리하면 당신들의 남근을 우리 몸에 꽂으세요! 자 떠나세요! 운명의 희생자, 이드슬의 아들들이여!

그리고 얼마 후 아랍군의 전열이 흐트러지는 순간이 되면 처녀 한 명이 샤이반을 불러낸다.

샤이반의 아들들이여, 줄을 서서 모이시오. 그대들이 원하면 남근을 우리 몸에 꽂으세오!"

추장은 타글리브족을 상대로 싸울 때에도 두 딸을 데리고 나가 병사들 앞에서 젖가슴을 드러내게 했다.[10]

짐작컨대 베두인 여자들 중에서 주로 젊은 처녀들이 적군을 향하여 젖가슴을 드러내는 경우보다는 자기 부족의 전사들 앞에서 '소중한 부분'을 드러내 보이는 경우가 더 많았던 것 같다. 그럼 그 이유는 무엇이었을까? 만일 전쟁에서 패하면 자신들이 적군의 손에 넘어간다는 사실을 남자들에게 거듭 상기시키려는 목적이었을까? 베두인 여자들이 만일의 경우에 적군 병사들에게 겁탈당할 수 있다는 점을 자기 부족의 남자들에게 되새기게 했다는 사실 이외에도, 이에 대한 증거는 더 있다. 잘 알려진 타키투스의 글을 통해서도 이러한 해석을 입증할 수 있다. 게르만 민족에 관한 부분을 인용하면 다음과 같다.

> 전열이 흔들리고 있을 때, 여인들이 끊임없이 간청하고 애원해서 전열을 바로잡게 했다는 이야기들이 들려온다. 이때 여자들은 젖가슴을 드러내고 남자들 앞에 엎드려 만일 포로가 되면 마지막 운명이 될 것이라고 경고했다.[11)]

이처럼 애원하기 위해 젖가슴을 드러내는 경우가 있었다는 사실, 다시 말해서 자기편 전사들은 물론 적군 앞에서도 그런 행동을 보였다는 사실에 대해서는 나도 아무런 이의를 제기하고 싶지 않다. 예를 들면 1476년 무르텐(스위스 무르텐 호수의 동쪽 지대—옮긴이) 전투에서 카를 용감왕이 치욕적으로 패했을 때, 주둔지의 위안부들이 그런 역할을 했다. 그들은 승리한 동맹군 앞에서 젖가슴뿐만 아니라 더 은밀한 부위까지 드러내어 보여주었다(그림 2).

농민전쟁 때 헬펜슈타인 백작부인은 남편의 목숨을 살려달라고 간청했으나 아무 소용이 없었다(그림 3). 315년에 에피루스(그리스 북서부 지역—옮긴이)를 다스리던 네오프톨레모스 왕의 딸 올림피아스는 카산드로스의 병사들이 쳐들어오자 윗옷을 벗어 상체를 드러냄으로써 죽음을 면해보려 했다는 기록이 전해온다(그림 4). 마지막으로 가장 잘 알려진 예로는 카이사르의 이야기가 있다. 그가 전하는 바에 따르면, 세고비아 돌격작전이 벌어지고 있

2. 무르텐 전투가 끝난 다음 부르군트족 위안부들이 스위스 전사들 앞에서 음부를 드러내고 있다. 디볼트 실링의 베른 연대기, 1478.

는 동안 켈트족의 '부인네들'이 젖가슴을 드러낸 채 두 팔을 벌리며 로마인들을 보살펴주겠다고 다짐했다. 그 이유는 이 여자들도 과거 아바리쿰(프랑스 도시 부르주의 옛 이름—옮긴이)의 여인들처럼 죽음을 당할까봐 겁이 났던 것이다. "심지어 어떤 여자들은 요새 위에서 손으로 기대어 허리를 낮추고 전사들에게 몸을 바쳤다." 물론 갈리아 부대가 쳐들어왔을 때에도, 여인들이 즉시 그들에게 달려가 '켈트족의 관습에 따라' 머리를 풀어헤치고 자기 자식을 하늘 높이 들어올렸다고 한다.[12)]

이와 관련하여 카이사르가 켈트족 여인들의 신체 노출행동을 올바르게 이해했는지, 그리고 그 다음에 보여준 여인들의 행동이 과연 그대로 믿을 만한 것이었는지에 관해서는 나도 더 이상 자

3. 남편의 목숨을 살려달라고 간청하는 헬펜슈타인 백작부인, 루돌프 호프만, 1850.

세히 논하지 않겠다. 유방을 노출함으로써 자기편 전사들로 하여금 전투에 나서도록 독려했다는 증거는 제법 많다. 이런 행위는 게르만 계통의 킴브리족 여인들의 전통으로서, 지난 세기의 잡지에서도 상체를 드러내놓고 로마인들과 맞서 싸우는 장면이 나온다(그림 5).[13]

앞에서 언급한 베두인족 여인들도 아마 같은 행동을 했을 것이다. 무기를 들고 싸운 것은 남자들뿐이었지만, 여자들 중에서 아직 남성의 지배를 받지 않은 젊은 미혼 여성들은 '여자의 무기'를 이용했다. 다시 말해서 여자들이 정상적인 조건에서는 여러 사람 앞에서 반드시 숨기고 다니던 유방이나 그 밖의 신체부분을 드러내어 공격성을 표출함으로써, 자기 부족의 전사들에게 공격성을

4. 타야송(J.-J. Taillasson)의 「올림피아스」, 1799.

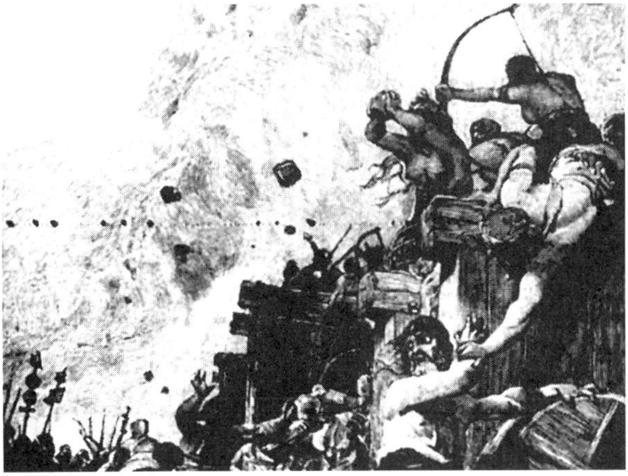

5. 로마군에 맞서 싸우는 킴브리족 여인들, 19세기 동판화.

자극했던 것이다. 그래서 메소포타미아의 베두인들이 전투에 나갈 때에는 신분이 높은 예쁜 처녀 한 명을 골라 암낙타의 가마에 싣고 다니다가, 대열의 맨 앞에 내세워 마지막 순간에 얼굴의 베일을 벗겼다. 베두인들의 말에 따르면 이러한 노출행위는 남자들을

자극시켜 싸움에 임하도록 독려하려는 것이었다고 한다.[14]

오늘날에도 파슈툰족(아프가니스탄 남동부와 파키스탄 북서부에 사는 종족—옮긴이) 사이에서는 남편들이 전투에 나가기를 주저하면, 아내들이 베일을 벗어던지며 질책하는 경우가 흔히 일어나고 있다.[15]

나의 견해로는 영국 함대가 포클랜드 전쟁에 참여하기 위해 출발하던 순간에, 수많은 젊은 여인들이 항구에 나와 젖가슴을 드러내 보였던 행동도 같은 맥락으로 이해된다(그림 6). 이들의 행동은 직접적

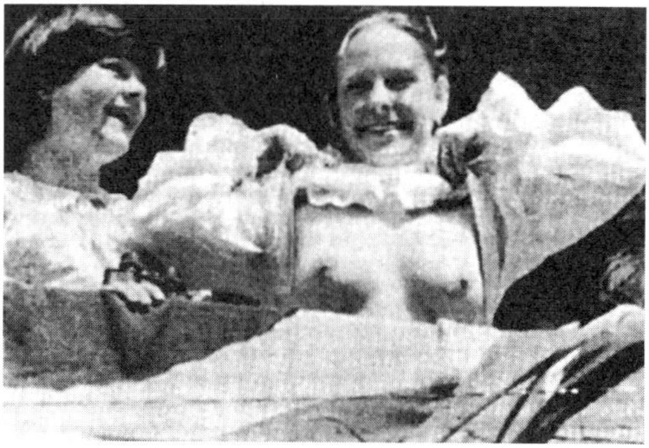

6. 포클랜드 전쟁 때 영국 해군을 환송하는 영국군 아내들.

으로는 자기네 해군을 위한 일이지만 간접적으로는 아르헨티나 국민들을 겨냥한 행동이었다. 동시에 신문편집인들은 한술 더 떠서 '성기'를 들먹이며 위협했다. 물론 신문지상을 통한 위협이었다. 『선데이 피플』지는 "너희 군사위원회 궁둥이에 좆을 처박아라!"라고 을러댔고, 어떤 신문은 단호하게 "말로 타이르는 시기는 지나갔다—우리의 청년들이 저들을 축축하게 해주리라!"[16]라며 결의를 과시했다.

위와 같은 경우는 여자들의 투쟁 의지가 자기편 남자들에게 전달되었던 반면에, 메리 리드와 프라이디스를 비롯한 그 밖의 경우는 여성의 공격 의도가 직접 적에게 전달된 경우였다. 그 예로 아바르족의 동화에 나오는 공주는 자신과 대결하여 이기는 남자와

결혼하겠다고 결심한다. 공주는 첫번째 청년 앞에서 젖가슴을 드러낸다. 청년이 기절하자 공주는 청년의 머리통을 잘라버린다. 두번째 청년도 마찬가지였다. 그러나 세번째 청년은 어느 현자가 가르쳐준 대로 눈을 감고 있다가 공주를 제압한다.[17] 아이누족의 경우 다산(多産)의 여신은 유방을 드러냄으로써 궁핍의 마귀를 몰아내며,[18] 바빌로니아의 기록에 나오는 마녀 라마추는 "갈대 숲에서 불쑥 나타나는데, 머리를 풀어헤친 채 젖가슴을 드러낸다".[19] 이 마녀는 그리스 신화에서 라미아(어린아이를 잡아먹는 마녀—옮긴이)로 등장하고, 중세 후기의 마녀 신앙에서도 라미아라는 이름으로 등장한다.

요루바족(나이지리아 남서부의 원주민—옮긴이) 여자는 미심쩍은 손님을 맞이할 때, 혹시 있을지도 모르는 악령의 시선을 피할

7. 젖가슴을 드러내고 있는 마녀, 중세 후기의 대들보 장식, 캔터베리.

목적으로 자신의 시선을 딴 곳으로 돌린 채 손님에게 자신의 젖가슴을 밀착하면서 맞아들인다.[20] 느수카-이그보족의 부엌에는 대개 흙으로 여성의 유방 모양을 빚어놓은 기둥이 마련되어 있어서,

여자들이 여기에 단지를 올려놓는다. 그래야 악령이나 악질적인 이웃 사람들이 음식에 독약을 넣지 못하도록 막아준다고 믿었던 것이다.[21] 중세시대의 교회에 보존된 수많은 인물상 중에는, 부분적으로 음순을 벌리고 음부를 드러낸 장면과 함께 젖가슴을 드러낸 형상을 볼 수 있다. 이런 조각상들은 예를 들면 아미앵의 노트르담 성당을 비롯하여 프랑스, 영국, 독일의 여러 예배당에도 있고, 1379년 처음으로 언급된 밀텐베르크 시청과 그 밖의 여러 건물에서도 볼 수 있다. '셸라-나-기그' 또는 '티텐-셰일라'[22]라는 이름으로 불리는 이 조각상들은 그것을 바라보는 인간에게 외설성을 보여주려는 의도가 아니었던 것으로 짐작된다. 그것은 특히 조각상들의 위치가 시선이 닿기 힘들거나 전혀 보이지 않는 곳에 놓여 있다는 사실로 짐작할 수 있다.[23] 오히려 그 조각상의 일차적

8. 생-라드공드 교회. 중세 후기, 푸아티에.

인 역할은 날아다니는 악령들을 막는 일이었다고 한다.

시칠리아 섬의 여인들은 적을 때려눕힐 기세로 위협하려고 할 때에는 옷을 풀어헤치고 유방을 드러냈다.[24] 마찬가지로 14세기에 페루자 사람들은 아레초 시를 10년 동안 성과 없이 포위하고 있다

가 도시의 성벽 앞에 창녀들을 모아놓고, 유방을 드러내게 한 다음 경주를 시켰다. 피사의 시민들도 피렌체 성문 앞에서 이런 소동을 벌였다.[25]

뉴기니 고원지대에 사는 아이포족 남자들은 자기들이 모르는 물건이나 두려움을 자아내는 물건—예를 들면 고무로 만든 거미나 악어—을 보고 놀랐을 때, 자신의 페니스 끝을 여러 번 계속해서 손가락으로 빠르게 튕기는데, 이것은 분명히 성기를 이용한 위협이었다. 그러나 동일한 상황에서 여자들은 유방을 움켜쥐고—가끔은 한쪽만 움켜쥐기도 하는데—위로 치켜올리면서 압박한다(그림 9). 이런 동작을 일컬어 "밑에서 밀어올리면서 쥔다"고 말

9. 젖가슴을 내밀고 있는 아이포족 여인.

하는데, 이때 수유기를 맞은 여인은 젖을 짜내기도 한다.[26] 그리고 남녀가 각자 일정한 동작을 하면서 '바삼 칼례!'라고 외친다. 때로는 남자들은 '사닙 포통!', 여자들은 '바네!'라고 외치는 경우도 있다. 맨 앞의 표현은 "돼지의 '성스러운' 배 비곗살"이라는 뜻

이고, 돼지의 비계는 약으로 사용된다, 두번째 표현은 '화식조의 깃털'이라는 뜻이며—화식조는 '성스러운' 짐승으로 통한다, 세 번째 표현은 야생 얌(Dioscorea bulbifera)을 일컫는 단어로서, 이것은 사내아이의 성년식 때 먹는 식물뿌리이다. 위의 세 단어는 금기(禁忌) 단어에 속한다. 그 단어들을 들먹이는 행위는 마치 유럽인들이 화가 났거나 깜짝 놀랐거나 두려움을 느낄 때 "성(聖) 십자가여!"하는 식으로 말하듯이 성스러운 존재를 부르는 것과 같은 의미를 갖는다.[27)]

우리에게 이와 같은 해석을 가능하게 해준 행동학자들은 여자들의 행동을 남자들의 행동과 전혀 다르게 해석한다. 무엇보다도 수유기에 접어든 여인들이 젖을 뿜어대는 경우가 흔한 것을 볼 때, 그런 행동은 "자신이 아이를 가진 어머니라는 사실을 알리려는 유화적인 반응"이라는 것이다. 이와 같이 남자들이—적어도 대체적인 경향으로는—위협적인 행동을 보이는 반면, 여자들의 유방노출 행위는 결국 '규격화된 진정작용'임을 의미한다. 다시 말해서 여인들은 적에게 젖을 물려 진정시켜 준다는 기대감을 부여함으로써 위기를 벗어난다.[28)]

10. 젖을 드러내고 있는 두굼-다니족 여인.

그렇다면 남자들이 페니스로 위협을 나타내는 데 반해 여자들은 왜 유방을 위협용으로 이용하지 않는지 의문이 생긴다. 수유기에 접어든 여인은 '팽창된' 유방을 짜내야 하므로 무의식적으로 젖을 뿜어낸다고 생각할 수도 있다. 그러나 '의도적으로' 그런 행위를 할 때에는 분명히 수유(授乳) 의사가 없다고 보아야 한다. 발리 섬의 악마 '부타 엥게르'가 공격적으로 정자를 사정하듯이(그림 176), 젖을 분출시키는 행위는 곧 방어를 의미하는 것이 아닐까? 모하비족 여인들이 젖을 뿜어내는 듯한 암시적인 동작으로 적에게 모욕을 주었던[29] 사례가 이를 뒷받침하고 있다. 1549년 알데그레버가 특이하게 「라스키위아」(바람둥이 여자—옮긴이)라는 그림에서 한쪽 유방에서 젖을 뿜어내는 장면을 묘사했는데(그림 11),[30] 이것은 분명히 모성적인 아이 달래기 행위가 아니며, 19세기 말경 잡지 『리브르』의 표지 그림에서 여인이 젖가슴을 쥐어짜서 젖을

11. 하인리히 알데그레버의 「라스키위아」, 1549.

뿜어내는 장면은 '해방'을 비유적으로 표현한 경우였다.[31]

많은 여성들의 경우에도 성적인 흥분이든 아니든 상관없이 강하게 흥분되면 젖꼭지가 발기하는데, 이것은 남자들이 화가 치밀어 오르면 페니스가 발기하는 것과 같다. 어린이도 마찬가지이다. 한 여인이 언젠가 남동생을 데리고 목욕을 하고 있었는데, 남동생이 "성기를 보여주면서 그것이 일어섰다고 말했다. 나는 전혀 상상조차 할 수 없었다. 하지만 나도 뒤질세라 '젖꼭지가 일어섰다!'고 대답했다."[32] 드브뢰에 따르면, 동성연애를 하는 여자들은 발기된 젖꼭지를 파트너의 클리토리스에 마찰시키기도 하지만 동시에 유두를 음부에 삽입하는 환상을 느낀다고 한다.[33] 그 밖에 성적인 흥분상태에서 젖이 분비되는 여성들이 있었으며,[34] 나의 팔레스타인 친구의 말에 따르면, 수유기에 접어든 자기 아내가 심하게 다투던 중에 젖을 분비했다고 한다. 이런 현상은 남성들이 분노하거나 공격적인 행동을 보이는 동안에 정액을 분출하는 것과 같다.

한 여인은 남자의 정액보다 여자의 젖이 더 멀리 분출될 수 있다는 점을 이유로 내세우면서, 자신의 유방 두 개가 어떤 페니스보다도 우월하다고 말했다.[35] 이 여인은 어떤 의미에서 '유방=페니스'라는 생각을 표출한 셈이다. 양성(兩性)을 가진 '히즈라'(hijrā)들은 스스로를 '바후차라 마타'(Bahuchara Mātā) 여신과 동일시한다. 옛날에 그 여신이 구자라트 지방의 숲속을 지나가다가 강도들의 습격을 받았을 때, 강도들에게 남성 생식기가 없는 것을 알고는 단도로 자신의 유방 하나를 잘라내어 넘겨주었는데, 이에 따라 히즈라들도 어머니 여신의 초상 앞에서 페니스와 고환을 잘라버렸다.[36]

2 공격적인 유방 노출

이처럼 여인들의 유방 노출과 젖 뿜어내기 행위가 켈트족, 베두인족 또는 아이포족의 '근세 이전' 사회나 '원시' 사회에서 발견된다는 사실은 결코 놀라운 일이 아니며, 18세기 초에 여자 해적이 보여준 위와 같은 행동에 대해서도 누구나 고개를 끄덕일 수 있을 것이다. 현대문명의 불쾌지수가 정상적인 상황에서의 '원시적' 감정 표현을 방해한다는 사실에 비추어 본다면, 오히려 놀라운 것은 오늘날에 와서 영국 여인들이 그런 식의 행동을 통해 전쟁터로 떠나는 해군들을 격려하려 했다는 사실일 것이다. 이를테면 영국 여자들이 포클랜드 함대를 전송할 때 보여주었던 행동을 시대착오적이라고 볼 수 있지 않을까?

내가 1970년대 중반에 취리히 대학의 세미나에서 여성의 '공격적인 유방 노출'에 관한 주제로 강연을 하고 있을 때였다. 한 여학생이 발언을 요청하더니, 자신이 얼마 전에 어느 젊은 남자와 심한 말다툼을 벌이던 중에 옷을 벗고 상대방을 향해 젖가슴을 드러냈던 적이 있다고 말했다. 그때는 대항할 방법이 전혀 없어서 "그냥 그런 생각이 떠올랐으며" 자신의 유방이 일종의 무기라는 생각이 들었다고 한다.

여배우 마담 롤랑(M. Rolland)도 1891년 파리 푸아소니에르 거리의 '라브니르 드라마티크 극장'에서 공연된 「한 남자」(Un Mâle)라는 드라마에 출연하여 그와 같은 동작을 보여주었다(그림 12).[1)]

12. 라브니르 드라마티크 극장에서 「한 남자」에 출연한 롤랑, 1891.

1990년 여름 하이델베르크의 한 백화점에서도 어떤 여자가 그와 비슷한 행동을 한 적이 있다. 형사가 여자 도둑 두 명을 적발하자 그 중 한 여자가 블라우스를 걷어올리면서 노출된 유방을 형사에게 들이밀었다. 이에 남자 형사는 당황한 나머지 두 여자를 놓치고 말았다.[2)]

1969년 4월 22일 프랑크푸르트 대학의 제6호 강의실에서 있었던 일은 과연 유명한 사건이라 할 만하다. 테오도르 아도르노가 연단에서 강의를 진행하고 있었다. 그때 여학생 두 명이 교단 앞으로 다가와 젖가슴을 드러내는 바람에 사회비평가인 아도르노는 강의실 밖으로 쫓겨나고 말았다.[3)] 그 후 어느 논평자는 "이 철학자를 침묵시킨 것은 노골적인 폭력이 아니라 발가벗은 여자의 폭력이었다"[4]고 적었다.

마닐라의 슬럼가로 알려진 톤도 지역에 컨테이너 항구를 건설하기 위해 수많은 가옥들이 철거될 운명에 놓여 있었다. 많은 여자들이 불도저 앞에 드러눕는 바람에 그들 중 여럿이 부상을 당하거나 심지어 목숨을 잃는 사태가 발생했다. 이어서 군대가 투입되자 여자 주민들은 '최후의 수단'을 동원했다. "수많은 여자들이 느닷없이 웃통을 벗어젖히고 젖가슴을 드러내어 완전히 혼비백산의 상태로 몰아넣음으로써 더 이상 무기(문자 그대로!)를 동원하지 않고 군인들을 몰아낼 수 있었다."[5]

여성들이 지금까지 유방을 일종의 무기로 삼았다는 사실은 앞에서 인용한 여학생의 경우에만 해당되는 것은 아니다. 유방 성형수술을 원한다는 어느 여인은 그것이 '여자의 가장 중요한 무기'이기 때문이라고 이유를 설명했다.[6] 프랑스 어느 대학의 여자교원은 '유방을 이용한 공격'(coup de sein)만으로도 모든 경쟁자를 물리칠 수 있다고 자신 있게 말했다.[7] 동성연애자로서 지점장으로 일하던 어떤 남자는 여자 상관한테 여러 차례 유방을 이용한 공격을 당하자 마침내 정식으로 이의를 제기했다. "그는 그 일로 기분이 나빴다. 그런 행위는 지배욕의 발로라고 느꼈던 것이다."[8]

1982년 런던의 트위크넘에서 영국과 오스트레일리아의 럭비 경기가 벌어지고 있을 때였다. 젊은 여자 한 명이 갑자기 잔디 구장으로 뛰쳐나오면서 초청팀의 선수들을 향하여 젖가슴을 드러냈다. 이 여자를 붙잡은 경찰관들은 헬멧을 벗어 여자의 도발적인 신체부위를 덮어주었다.[9] 그러나 유방을 이용한 공격의 희생이 될 수 있는 대상은 강인한 남성들뿐만이 아니다. 미국의 여류 사진사가 전하는 말을 들어보자. 자동차에 올라타려던 한 여자가 난데없이 스웨터를 치켜올리고 있었다. 사진사는 그 장면을 목격하고 침착하게 셔터를 눌렀다. 사진사는 "그녀의 남자친구가 뒤돌아보기 전에, 짧은 그 순간을 포착하여 찰칵! 하고 셔터를 눌렀다"[10](그림 13).

13. "찰칵!"

적어도 지난 1960년대 후반부터 1970년대까지는 젊은 여자 시위대가 유방을 노출하는 일이 잦았던 관계로 미국 경찰을 곤혹스럽게 만들었던 시기였다. 경찰은 이 문제 하나 때문에 『치안사태 발생시 냉정을 유지하는 법』이라는 제목의 소책자를 만들었는데, 물론 그 책은 분명히 그와 같은 충격적인 순간에 대비하기 위해 제작된 것이었다(그림 14).

그 시절 미국의 어느 젊은 여자는 아리스토파네스의 연극 「리시스트라타」에 등장하는 여자들을 보고 놀라움을 표시하면서 이렇게 말했다. "저항의 주동자가 어깨를 뒤로 젖히고 있어서 통통한 젖꼭지가 자랑스럽게 튀어나와 있어요. 그것은 내가 내 유방에 대해 가지고 있던 바로 그 이미지입니다. 내가 봐도 당돌하고 대담해요!"

전직 콜걸이었던 어느 여인은 자신의 젖가슴을 힘의 수단이자 무기로 삼았다는 말을 아주 노골적으로 털어놓았다.

14. 1970년대 미국 헌병용 안내서의 일부.

유방은 언제나 나를 섹시하게 만들었지요. 하지만 그뿐만이 아니었어요. 유방은 나의 힘이 되어주었던 것이지요! 나는 남자들 앞에서 곧잘 그 힘을 이용했습니다. 나는 근본적으로 사내들을 정말 증오합니다. 남자라면 진저리가 나고 짐승 같다는 생각이 들어요. 성행위를 하는 남정네들을 모조리 거세했으면 좋겠어요![11]

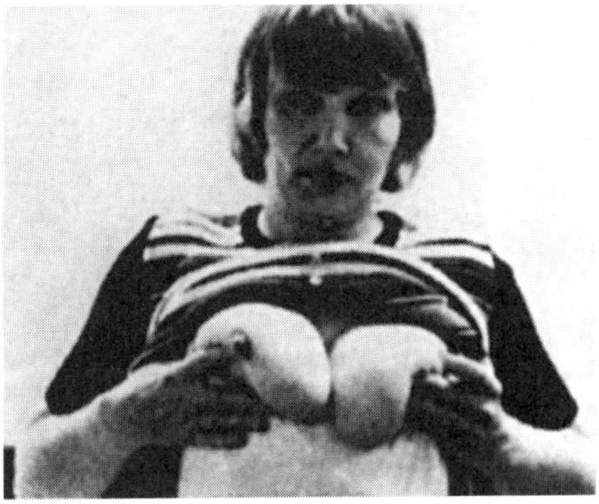

15. 함부르크 '다비트바헤' 파출소의 경찰관 앞에서 젖가슴을 드러내고 있는 여인.

수천 년 전부터 특히 법정은 유방을 이용한 시위가 자주 벌어지는 장소였다. 그 대표적인 예를 든다면 테스피아이 출신의 창녀 프리네가 있다. 프리네는 관례에 따라 윗옷을 자기가 직접 벗지 않고 웅변가 히페리데스가 대신 벗겨준다. 그는 재판관들 앞에서 불경죄로 고발된 피고를 위해 아무런 도움을 줄 수 없게 되자 '예언자이자 아프로디테의 사원에서 일하는 하녀'인 프리네의 옷을 벗겨 유방을 노출시켰다—19세기의 살롱 그림에서도 이와 비슷한 이유로 알몸을 드러낸 장면이 묘사되어 있다[12](그림 16). 그런데

16. 장-레옹 제롬의 「아레오파고스 재판소에 출두한 프리네」, 1861.

그 순간에 재판관들은 '악마적 존재에 대한 공포'[13]에 사로잡힌다. 이 장면은 메넬라오스가 트로이를 정복한 뒤에 복수심에서 자신의 아내를 죽이려는 순간, 아내가 유방을 드러내는 것을 보고 손에서 칼을 떨어뜨리는 장면과 비슷해 보인다.[14]

이에 반해 19세기 후반의 풍자만화에서 보듯이(그림 17), 법정에서 최초의 여검사가 관복을 벗고 젖가슴을 드러냈을 때 법정의 반응이 어떠했는지는 알려져 있지 않다.[15] 한편 1968년 12월 '여성협의회' 회원 한 명이 질서문란 혐의로 함부르크 법정에서 재판을 받고 있던 도중에 회원들이 윗옷을 벗고 나타나 소동을 벌였다(그림 18). 그 이유는 다음과 같은 내용이었는데, 이것은 당시 좌

17. 빌레테의 풍자만화「여성의 무기」, 1897.

익 단체들의 유행어처럼 퍼져 있었다.

소비사회에서 후기 자본주의를 유지하기 위한 광고용 무기로 남용되고 있는 성(性)은 이제 우리의 혁명투쟁을 위한 무기로 해방되어야 한다. 그렇기 때문에 우리는 상황을 반전시키기 위하여 우리의 젖가슴을 드러낸다.[16)]

18. 1968년 12월 12일, 함부르크 법원 앞에서 벌어진 시위 장면.

대중 앞에서 '토플리스'(topless), 즉 '상체를 드러내는 행위'가 적어도 1960년대 후반과 1970년대까지 많은 젊은 여성들에게 혁명적인 해방의 의미를 지니고 있었다. 그 예로 북아메리카에서 브래지어를 옷장 속으로 추방시켰던 운동은 특히 그 지역에서 유행하던 '유방 음란증'에 대한 저항인 동시에 여성의 육체 가꾸기 풍조에 대한 항의 표시였다. 그리하여 1969년 8월 1일 샌프란시스코에서는 약 500명의 여성이 브래지어를 벗어던졌다.[17] 그보다 1년 전에는 미국 애틀랜틱시티에서 수많은 젊은 여성들이 미스 아메리카 선발대회를 난장판으로 만든 사건이 일어났다. 선발된 여성에게 왕관이 씌워지자 그들은 커다란 통에 가발, 파마 기구, 거들, 가짜 속눈썹, 브래지어 따위의 '쓰레기와 여성들의 고문도구들'을 가득 채워 넣었다. 가판 신문은 브래지어 화형식이라며 잘못된 보도를 내보냈고, 그 결과 대중 사이에 '브래지어 반대론자들'이라는 용어가 여성 페미니스트를 지칭하는 동의어로 사용되었다[18](그림 19).

19. 엠우드의 시사만화『데일리 메일』, 1971.

브래지어를 착용하는 관습은 1970년대 후반에 들어 다시 원상태로 돌아갔지만, 이때부터 젊은 여성들이 '토플리스' 상태로 또는 브래지어를 벗는 행동으로 시위를 벌이는 방식은 북아메리카 대도시에서 항의 표시의 일상적인 수단이 되었다. 특히 미국 서부 해안도시에서 최대의 장관을 연출한 시위 사건은 아마도 1985년 레이건 정부의 조세제도 개정안에 항의하기 위해 웃통을 벗고 행진했던 일일 것이다.[19] 1992년 7월에는 수천 명의 캐나다 여성들이 정부의 '맨가슴 금지조치'에 항의하는 시위를 벌인 바 있다.[20]

3

바리케이드 위의 여장부

서양 문화권의 인물화에 묘사된 여자들을 살펴보면 반항하거나 싸울 자세로 흥분되어 젖가슴을 드러내고 있는 모습을 볼 수 있다. 『타쿠이넴 사니타티스』(*Tacuinem sanitatis*)의 중세본이나 14세기 이탈리아 르네상스 초기의 화가인 조토(1266~1337)의 그림에서도, 분노를 상징하는 여인 이라(Ira)가 머리를 풀어헤치고 자신의 옷을 찢는 장면이 나온다[1](그림 20). 지배욕에 사로잡혀 철학자를 굴복시키고 있는 여인(그림 21)과, 칼을 들고 적장(敵將) 홀로페르네스의 목을 자른 유디트(그림 22)[2]의 모습도 모두 젖꼭지를 드러내고 있으며, 의기양양하게 세례 요한의 목을 잘라 쟁반에 들고 나오는 살로메의 모습도 그러하다.[3] 「고환을 탈취하려는 싸움」에서 승리감에 도취된 여인이 가슴을 드러내고 있는 장면[4]은 마치 골목길에서 건방지게 구는 남자를 땅바닥에 쓰러뜨린 용감한 장사꾼 여인처럼 보인다(그림 23). 18세기 말, 당황한 남자의 목소리가 이렇게 말하고 있다. "참으로 연약한 젖가슴이 버

20. 조토의 「이라」, 1306.

21. 우르스 그라프의 「아리스토텔레스와 필리스」, 펜화, 1521.

22. 루벤스의 「홀로페르네스의 목을 들고 있는 유디트」, 1617년경.

23. 「프랑스 남자에게 보기 좋게 한 방 먹이고 있는 살답」,
프랑스에 대한 적대감을 나타낸 영국의 풍자만화, 1766.

티고 있는데, 그 부드럽고 풍만한 젖가슴을 어떻게 물리칠 수 있단 말이오?"[5)]

아주 일반적인 의미로 '가슴을 드러내고 뻐기는 자세'라든지, 결박된 옷이 찢어질 만큼 숨을 깊이 들이마심으로써 가슴을 부풀리는 동작이 '자신감과 의욕의 상승'[6]을 의미한다는 사실은 남녀 모

24. 세계 여자 육체미 선수권자 리사 리옹, 1980.

두에게 공통적이다. 이와 반대로 가슴을 웅크리고 있는 비너스 푸디카의 모습은 연약함, 두려움, 수치심 따위를 나타낸다.

일찍이 고대 그리스인들은 이처럼 '가슴을 열어서 뽐내는' 공격적인 여자들에 관한 이야기를 전하고 있는데, 이 여자들은 위협적인 자세로 적을 향하여 젖가슴을 드러내는 자세를 취했다. 예를 들면 타르퀴니아에서 출토된 곡식 항아리 그림에는 프로메테우스의 하녀가 화가 나서 다름 아닌 헤라클레스를 공격하는 장면이 그려져 있고(그림 25), 에우티미데스의 항아리 그림(그림 26)에는 헬레나가 젖가슴을 드러낸 채 테세우스에게 달려가는 장면이 있고, 항아리 뒷면 그림에서는 테세우스가 다른 여자를 겁탈하려는 자세를 취하고 있다.[7]

1789년 10월 5일, 파리의 장터에서 일하던 여인들이 왕궁의 명령에 의해 지롱드파 여인 메리쿠르의 뒤를 따라 베르사유에 도착하여, 마침 사격자세를 취하고 있던 플랑드르 연대 앞에서 공격적

25. 헤라클레스를 공격하고 있는 여인. 타르퀴니아에서 출토된 항아리 그림.

26. 화관을 빼앗는 테세우스. 에우티미데스의 화병 그림, 기원전 510년경.

인 자세로 젖가슴을 드러냈다. 그때부터 유방을 드러내고 있는 메리쿠르의 혁명적인 자태(그림 27)가 자유의 상징으로 알려지게 되었다.[8] 파리 혁명의 소름끼치는 사건들을 취재하여 독일 독자들에게 전했던 독일인 기자 캄페(Campe)는 도전적인 자세로 '젖가슴을 노출한' 파리 여자들에 관한 기사에서, 그 여자들의 눈동자에서 '관능의 불꽃이 격렬하게' 타오르는 것을 보았다고 적었다. 한편

27. 메리쿠르, 「아름다운 리에주의 여인」, 1792년경.

그는 1790년 10월 『브라운슈바이기셰 저널』에 기고한 보도기사에서, 프랑스 파리에서 목격한 구역질나는 장면들을 다음과 같이 전했다.

마침내 분노와 광기에 사로잡힌 사람들이 벌거벗은 몸으로 수치심도 잊은 채 몰려나왔다. 갈색 피부의 몸뚱이에 때로는 심한 주름살이 잡히는가 하면, 금방 고무 호스처럼 끔찍스러운 모양으로 변하기도 하는 등 차마 눈뜨고 바라보기가 괴로운 광경이었다.[9)]

1848년 초여름 파리의 바리케이드 앞에 그런 여자들이 다시 나타났다. 이들을 본 빅토르 위고는 '접대부들'이라고 했고, 드뤼게(C. Drügge)는 "수치심도 없이 긴 머리를 풀어헤치고 다니는 여편네들"이라고 평했다. 이에 반해 엥겔스는, '젊고 아름다운 바람둥이 여자 두 명'이 민중의 깃발을 들고 기수 노릇을 하다가 시민군이 쳐놓은 클레리 거리의 바리케이드 위에서 총에 맞아 죽었다

고 말했다.[10)]

다른 자료에 따르면, 미모가 뛰어난 젊은 창녀가 머리를 풀어헤친 채 바리케이드 위로 돌진하여 옷을 걷어올린 뒤 맨몸을 드러내더니, "겁쟁이들아, 용기가 있다면 여자의 배를 향해 총을 쏴라!"고 외치다가, 곧바로 그 자리에서 포탄 세례를 받고 쓰러졌다고 한다.[11)] 그리고 마지막으로 1848년 7월 1일자 영국 주간지 『더 이그재미너』의 파리 주재기자가 쓴 기사에 따르면, 맵시 있게 차려 입은 젊은 여자 한 명이 한손에 깃발을 들고 바리케이드를 뛰어넘어 시민군을 향해 뛰쳐나갔다. 이 여자가 시민군을 선동하려 하자 상대편 군인들이 처음에는 망설이다가 결국 쏘아 죽였는데, 뒤를 이어 두번째 여자가 나타났지만 이 여자도 역시 총에 맞아 죽었다.[12)]

32년이 지난 1871년 5월 28일, 파리에 머물고 있던 영국인 차일드(E. Child)는 아버지에게 보낸 편지에서, 파리 혁명정부의 '파리 코뮌 때 불을 지른 여자들'에 관한 소식을 다음과 같이 전했다.

> 그 여자들의 행동은 암호랑이 같았습니다. 아무 데나 석유를 뿌리는 등 사나운 모습을 드러내고 있었으니까요. 오늘 오후에는 거의 4천 명에 가까운 호위대가 대로를 지나갔습니다. 이런 광경은 아버지도 보신 적이 없을 것입니다. 검은 가루를 뒤집어쓰고 모두가 누더기옷에 더러운 때가 뒤범벅이 되어 있었으며, 더러는 여자라는 사실을 보여주려고 젖가슴을 드러내고 있었는데, 그 중에서 머리카락이 헝클어진 여자들이 가장 사나워 보였습니다.[13)]

여자가 젖가슴을 드러낸 채 바리케이드 위에 서 있는 장면은 우리 시대에 들어서도 다시금 나타났다. 그 예로 1984년 영국 광산 노동자들의 파업이 일어났을 때, 한 여자가 택시 위에 올라서서

'전국 광산 노동조합'의 피켓을 높이 들고 있었는데, 이 광경을 지켜본 『가디언』지의 기자는 '진기한 장면'이라고 적었다.[14)]

특히 18세기에 한쪽 가슴을 드러냈거나 윗도리를 완전히 드러낸 젊은 여인의 모습은 자유를 위한 투쟁의 상징이었고, 동시에 인습의 사슬에 얽매인 여자가 의복의 속박을 벗어던진다는 의미도 지녔다. 예를 들어 「먼마우스 전투에 참가한 몰리 피처」라는 제목이 붙은 1778년의 동판화에는 자유를 상징하는 미국 여인이 웃옷을 활짝 열어젖힌 자세로 탄환을 장전하고 있으며,[15)] 1794년에 제작된 초파니의 그림 「튈르리 궁의 습격사건 이후」에는 한 여인이 젖가슴을 노출하고 한 손에 칼을 든 채 겹겹이 쌓여 있는 시체들을 밟고 서 있는데, 아마도 그 칼로 스위스 민병대 병사들을 거세했던 것으로 보인다.[16)] 남자를 거꾸러뜨린 여자는 거의 예외없이 젖가슴을 드러내고 있다. 프로이센의 황후 아우구스타—가슴을 드러낸 게르마니아 여신과 죽음의 천사 두 명의 형상을 절반씩 결합시킨 모습—는 프랑스 병사들을 살해한 다음 그 해골 위에 서 있는 모습이고(그림 28),[17)] 르 냉(Le Nain) 형제가 그린 승리의 여신도 마찬가지로 전사자의 시체를 밟고 올라서서 승리의 몸짓으로 오른쪽 젖가슴을 쥐고 있다(그림 29).

1830년에 혁명 시인 오귀스트 바르비에는 '자유의 여신'(Liberté)에 대해 '젖꼭지가 통통한 강인한 여자'라는 감격적인 말을 했다. 그리고 들라크루아는 결코 사회혁명가는 아니지만, 그와 같은 자유의 여신에게서 영감을 얻은 것은 물론이고, '언제나 아름다운 자태에 발가벗은 몸으로 삼색(三色) 스카프를 두른'[18)] 전설적인 여인 마리 드샹에게서 감동을 받았거나, 드캉(1803~60)의 그림 「프랑스의 자유의 여신」을 보고 영감을 얻었을 것이다. 드캉의 그림은 젖가슴을 드러낸 채 빨간 모자를 쓰고 교수대에 묶여있는 젊은 여자를 묘사했는데, 이 여자는 '1789년 파리에서 태어나

28. 프랑스 군인들을 살해한 여자로 묘사된 프로이센의 황후 아우구스타.
파우스틴의 석판화용 펜 스케치, 1870.

29. 르 냉 형제가 그린 「승리의 여신」, 1635년경.

1830년 7월 27, 28, 29일에 반역죄를 저지른'[19] 여장부였다.

그 밖에 들라크루아가 『1830년 7월의 알려지지 않은 이야기』라는 제목의 소책자를 읽고 착안했을 것이라고 추측하는 사람도 있다. 그 책에서는, 격렬했던 혁명기간 중에 안-샤를로트라는 이름의 젊은 세탁부가 젖가슴을 드러낸 채 속치마 차림으로 남동생을 찾으려고 바리케이드 이곳저곳을 찾아헤맨다. 마침내 이 여자가 동생을 발견하고 보니 동생은 옷이 벗겨진 채 열 군데나 총알을 맞고 죽어 있었다. 이에 여자는 기어코 시민군 열 명을 죽이겠다고 굳게 맹세했다. 그리하여 실제로 아홉 명을 쏴죽이고 열 번째 목표물을 겨누고 있던 순간에 치명적인 총상을 입고 말았다.[20]

어찌 되었든 들라크루아의 「민중을 이끄는 자유의 여신」은 특히 상반신을 반쯤 드러낸 '자유의 여신'을 상징하는 그림이며, 혁명 이후에는 혁명적인 여자라는 인식에서 수치심이 없는 여자라는 이미지로 바뀌었다. 어쨌든 이 그림은 내무부 당국에 접수되었으나

30. 들라크루아의 「민중을 이끄는 자유의 여신」(부분), 1830.

루브르 미술관의 컴컴한 복도에 처박히고 말았다. 그러다가 1848년 혁명으로 당분간 빛을 보게 되었다.[21] 1831년 사람들은 그림에 묘사된 자유의 여신을 보고 음탕한 창녀 같다고 생각했다. 이보다 17년이 지난 뒤 해설자들은 클레리 거리의 바리케이드 위에 서 있던 실제 여자들에 대해, 수치심을 모르는 창녀이므로 숭고한 자유의 이념을 구현하기에는 너무나 품위가 떨어진다고 평했다. 예를 들면 피예(F. Pillet)는 1831년 5월 9일자 『세계신보』에 이렇게 썼다.

> 핏기가 사라진 특징 없는 얼굴 모습과 반나체로 드러난 보기 흉한 젖가슴은 화가의 의도와 일치하지 않을뿐더러, 우리가 7월 28일의 투쟁에서 승리를 거두고 고귀한 자유를 쟁취했던바, 이 그림은 그러한 자유의 개념과도 일치하지 않는다.

『주르날 드 파리』지에 실린 글은 더욱 분명한 태도를 보이고 있다. "그것은 위대한 그날에 바리케이드 위에서 구식 보병용 소총을 들고 있는 천한 여자가 아니었다." 그리고 『라브니르』지는 화가에게 이런 질문을 던진다.

> 당신이 그린 자유의 여신은 타락한 인생을 살아가는 여자처럼 보이는군요. 당신은 그 여자를 어떤 부류에 올려놓았으며, 어느 뒷골목에서 그런 인물들을 주워 모은 것입니까?

그러나 일부 좌익 시민적 언론들은 '천박한 여자'[22]라는 표현을 썼고, 하이네(H. Heine) 같은 남자도 동감을 표하면서 젖가슴을 드러낸 「자유의 여신」을 볼 때마다 "저녁마다 거리를 헤매고 다니는 사랑의 단거리 선수"를 떠올리게 된다고 맞장구를 쳤다. 사람들의 분노를 자아내는 대상은 언제나 노출된 젖가슴이었다. 예컨대 파르시(C. Farcy) 같은 이는 『예술가·예술애호가 신보』에서 "완전히 드러낸 그 여자의 가슴은 참으로 지저분하기 짝이 없다! 정말 추잡한 장면이 아닐 수 없다!"[23]고 비판했다. 하지만 어느 시대든 길거리에서 고객을 사로잡기 위해 유방을 드러내는 일은 공인된 창녀들의 특징적인 행동이었다!

당대의 비평가들이 노출된 젖가슴의 공격성을 인식하지 못했던 것은 어쩌면 이상한 일이 아닐 것이다. 그러나 오늘날 대부분의 예술사학자들을 비롯하여 여성 예술사학자들까지 「자유의 여신」의 노출된 젖가슴에 대해 성적인 의미를 부여하거나, 아니면 「자유의 여신」이 '민중의 어머니'[24]였다는 이유로 모성(母性)적인 의미를 부여하고 있는 현상은 놀라운 일이다.

들라크루아가 이처럼 모성으로서의 유방을 묘사해왔다는 사실은 의심할 여지가 없다. 이를테면 「메솔롱기온의 폐허 위에 서 있는 그리스 여인」에서는 폐허로 변한 그리스의 한 여인이 앞가슴을 드러낸 채 서양인들을 향하여 터키를 물리칠 수 있도록 도와달라고 간절히 애원하고 있다(그림 31). '그리스 여인'이 간절한 애원의 표시로 유방을 드러냈다는 사실은, 이 그림을 위해 들라크루아가 그렸던 스케치로 증명된다. 이 스케치는 로마의 석관에 그려진 니오베 여신이 자기 자식들에게 둘러싸여 절망에 빠진 채 유방을 드러내고 있는 모습을 본뜬 것이었다.[25] 여기에서 주목할 점은 '비탄에 빠진 나라'의 인물화에 나타난 전통적 묘사 기법인데, 이러한 묘사법은 고대로부터 중세를 거쳐 현대까지 맥을 이어오고 있다. 그 예로 1400년에 발간된 '금인칙서'의 보헤미아판(版) 화보를 보면 이탈리아를 여자의 모습으로 의인화하여 나타낸 그림이 있는데, 이 여자는 슬픔에 젖어 옷을 활짝 열어젖히고 유방을 드러낸 자세를 취하고 있다.[26]

이와 반대로 유방을 드러내고 있는 「자유의 여신」은 아이에게

31. 들라크루아의 「메솔롱기온의 폐허 위에 서 있는 그리스 여인」, 1826.

젖을 물려 진정시키거나 성적인 자극을 일으키는 여자가 아니다. 그림의 유방은 공격적인 자세로 적을 향해 돌진하는 여인의 젖가슴이다. 그런 까닭에 오늘날에도 정치적으로 과격하고 적극적인

32. 파업 선동, 1969.

여자—물론 희화적으로 그린 만화이지만—는 그와 같은 자세로 묘사되고 있다(그림 33). 1848년 혁명 때 시민군 진영에서 그린 「자유의 여신」은 대부분 단정한 차림으로 젖가슴을 가리고 차분한

33. '전쟁의 어머니'. 『분테 일루스트리어르테』에서, 1992.

자세를 취하고 있는데—예를 들어 「달빛을 받아 반짝이는 공화국 여신」은 단추를 모두 잠그고 왕좌에 앉아 있는 모습이다—민중운동 진영의 「자유의 여신」은 가슴을 모두 드러내고 머리카락을 휘날리며 격앙된 모습으로 그려져 있다.[27]

그리고 1870년의 젊은 「공화국의 여신」은 '통통한 젖꼭지'를 앞으로 밀어내면서 만족스러운 표정으로 '자, 비켜라'[28]라고 말하고 있는 데 반하여, 그 직후에 '코뮌'을 상징하는 여인은 무릎보다 짧은 치마를 걸치고 상체를 완전히 드러내고 있다.[29] 1885년 무정부주의자 루이 미셸이 유방을 드러낸 채 파리 시내의 바리케이드 위에 올라서 있는 모습을 묘사한 스탱랭(1859~1923: 스위스 출신의 포스터 예술가—옮긴이)의 그림이나, 1903년의 혁명적인 잡지

『니 디외-니 메트르』(*Ni Dieu-ni maître*)의 표지에서 가슴을 드러낸 여자가 벽에다가 무정부주의 운동의 구호를 새기고 있는 그림은 혁명이 한창이던 시절의 한 장면을 연상시킨다.[30]

그러나 과격한 좌파 세력만이 투쟁적인 여인을 독점하고 있었던 것은 아니다. '민족'마다 조금씩 차이는 있지만 우파들도 마찬가지였다. 예를 들면 1889년 '국회의원 선거' 때 반유대주의를 주장하던 빌레테(A. Willette) 후보의 선거 포스터에는 고대 켈트족의 호전적인 여자 마리안네가 바지 차림에 젖가슴을 드러내놓고 '골족과 프랑크족이여 전진하라!'고 외치면서 돌진하는 장면이 그려져 있다.[31] 그리고 1914년에 이르러 다시금 시대가 혼란해지자 '자유의 여신'도 블라우스를 열어젖히거나 옷을 완전히 벗어버렸는데, 이를테면 법이 무시되고 있을 때 빨간 모자에 음부를 거의 가리지 않은 채 외설적인 자세로 대포의 포신(砲身)에 기대어 적을 향해 도전적인 자세를 취하고 있다(그림 34).[32] 1940년에 들어

34. 「75에게 영광 있으라」. 베르나르의 동판화, 1914.

와서도 다시금 이런 현상이 나타났는데, 젖가슴을 드러낸 '자유의 여신'이 손에 칼을 쥐고 프랑스의 아들들에게 방향을 지시하는 장면을 볼 수 있다.[33)]

마라(프랑스 혁명기의 정치가로 지롱드파와 대결하던 중 코르데에게 살해당함—옮긴이)를 살해한 코르데(1768~93) 같은 전투적인 처녀는 최근에도 젖가슴만 드러낸 것이 아니라 완전히 나체 상태로 묘사되고 있지만, 이 경우의 나체는 남성에 대한 여성의 폭력을 '성적으로 표현한' 것일 뿐이다. 코르데가 이런 여자로 취급받게 된 데에는 물론 어떤 면에서 아이러니라 할 수 있지만, 폭력을 행사한 쪽은 오히려 그녀에게 살해당한 마라였다. 여자들에게 너무 가까이 접근하기를 좋아했던 마라가 여류 화가 안젤리카 카우프만(1741~1807)에게 퇴짜를 맞고는 홧김에 그녀와 동침했다는 거짓 소문을 퍼뜨렸던 것이다.[34)]

이에 반해 코르데는 아주 정숙한 여자로 알려져 있었다. 마라를 살해했던 그날 코르데는 7월의 후텁지근한 날씨에도 불구하고 허리에 삼각 보자기를 단단히 둘러서 여성으로서의 매력을 감추고 있었다(그림 35). 미슐레의 말에 따르면, 범행 후 심문을 받는 자리에서 샤보 형사가 코르데의 앞가슴에 지롱드파의 선언문이 감추어져 있을 것으로 짐작하고 그녀의 가슴에 손을 넣으려 하자, 코르데가 '완강하게 몸을 뒤로 빼려다가 허리의 밴드가 끊어지는 바람에 순결하면서도 당당한 젖가슴이 잠깐 동안 노출되었고', 이로 말미암아 코르데는 부끄러워 어쩔 줄 몰라했다고 한다.[35)]

그녀는 단두대에 올라가서도 다시 한 번 수모를 겪어야 했다. 처형집행관 프레맹이 그녀의 삼각 옷을 '사정없이' 홱 벗겨버리자 그녀는 홍당무가 되었다. 그리고 처형을 당하고 나서도—어쨌든 전해오는 말에 따르면—또다시 최후의 수모를 당했다. 다시 말해

35. 타사르트의 「마드모아젤 안 샤를로트 코르데」, 1793년경.

도끼날에 잘린 머리통이 바구니 속으로 굴러떨어지자 르그로라는 목공이 머리카락을 움켜쥐고 머리통을 들어올려 따귀를 갈겼던 것이다. 그러자 그녀의 얼굴은 수치심에 못 이겨 다시 한 번 빨개졌다고 한다.[36]

여성으로서의 역할을 보류하고 혁명운동에 투신한 이 여인은 함부르크의 여류 작가 베스트팔렌(C. Westphalen)의 드라마 「샤를로트 코르데」에 처음으로 등장했다.[37] 그러나 여자가 폭력적인 살인 행위와 함께 반란을 일으켜 남자를 짓밟고 올라서서 칼로 성기를 찌르는 장면은 조형예술의 주요 테마로 이용되어왔다(그림 36에서 39까지).

근세 초기의 베함(1502~40: 독일의 르네상스 화가—옮긴이)은 유디트에게 굴복당하여 '발 밑에 깔려 있는' 홀로페르네스의 모습을 묘사했고(그림 40), 우리 시대의 잡지 『크비크』에 실린 기사에 따르면 '테러의 신부들'의 잔인한 행동은 다름 아닌 희생자에 대

36. 「마라 살해」, 뭉크의 석판화용 스케치.

37. 프레히틀의 「장 폴 마라의 불운한 죽음」, 수채화, 1976.

한 사디즘적 능욕이었다(그림 41). 오늘날에도 스스로의 해방을 추구하는 여성들이 끊임없이 남자들에게 제기하는 요구사항은—어쩌면, 아니 주로—성적인 욕구인 셈인데, 이러한 여자의 환상

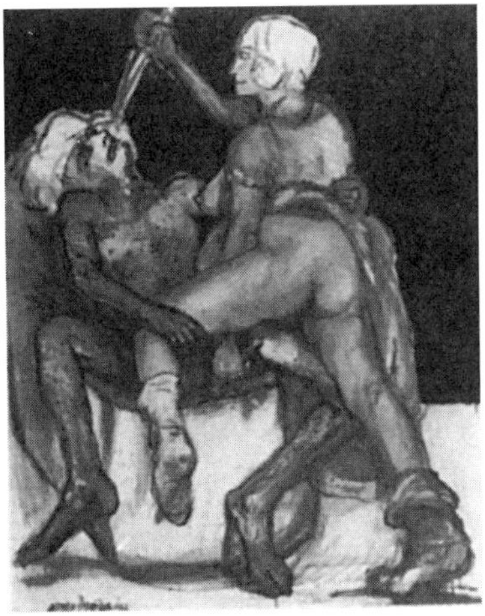

38. 알프레트 허들리치카의 「마라의 죽음」, 1987.

39. 알도 레나토 구투조의 「리베르타, 마라, 다비드」, 1983.

은 결코 먼 나라 이야기가 아니다. 『플레이보이』지의 최근호에 다음과 같은 기사가 실려 있었다.

40. 유디트와 홀로페르네스의 시체. 바르텔 베함의 동판화, 1525.

41. 테러의 신부 구드룬 엔슬린. 『크비크』지에 '울리케 마인호프와 그녀의 무서운 하녀'에 관한 기사가 실렸다. 『크비크』지에서 발췌, 1978.

녹색운동 참여자들이 과감하게 대중 앞에 나서서 쇼비니즘적인 '권리 침해'에 항의하는 구호를 외치고 있는 현장에서도 열심히 유방을 핥고, 꼬집고, 빨고, 주무르는 자들이 있는데……그중에서도 호송 차량의 경찰들이 가장 게걸스럽다.[38)]

4 화해 제스처로서의 유방 노출

앞을 향해 진격해 나아가는 전투적인 '자유의 여신'은 언제라도 적에게 '유방을 이용한 공격'을 감행할 듯한 자세를 보이고 있지만, 이와 반대로 적의 공세를 약화시켜 누그러뜨림으로써 화해를 모색하려는 목적으로 젖가슴을 드러내는 여자도 물론 있다. 이 경우 상대방에게 젖가슴을 보여주는 행위는 다름 아닌 자애로운 어머니라는 사실을 확인시키려는 동작이며, 이로써 적을 진정시키는 효과를 얻을 수 있다.

인도 남부지방에 머물고 있던 마르코 폴로는 그곳 사람한테서 다음과 같은 이야기를 들었다. 왕이 동생과 싸움을 시작하려던 중이었다. 그때 이들의 어머니가 걸핏하면 잘 싸우는 두 아들 앞에 나타나 젖가슴을 드러내면서, 만일 너희들이 싸움을 그만두지 않으면 '너희들을 먹여 키운' 이 젖을 잘라버리겠다고 위협했다고 한다.[1)]

칭기즈칸의 동생 하사르가 체포되었을 때 점쟁이는 그를 처형해야 한다고 칭기즈칸을 설득하려 했다. 그러자 전해오는 이야기에 따르면 이들의 어머니 호엘룬이 강력히 반대하고 나섰다.

> 몹시 화가 난 어머니가 직접 마차에서 내려 결박되어 있던 아들 하사르의 손을 풀어주었다. 그러고는 모자와 허리띠를 다시 돌려주었다. 그런 뒤에도 분노를 억제할 수 없었던 어머니는 다리를 벌리고 앉아 젖을 꺼내어 무릎 위에 얹어놓고는 이렇게 말했다. "자, 봐라. 이게 바로 너희들을 먹여 키운 젖이란 말이다!"[2)]

헥토르가 아킬레우스가 사는 도시의 성문 앞에서 전투 준비를 하자, 그의 어머니 헤카베가 어깨에 걸치고 있던 망토의 핀을 풀었다. 그러자 옷의 한쪽이 허리까지 흘러내렸고 젖가슴 하나가 드러났다.[3)]

> 어머니는 젖을 꺼내어 왼손으로 치켜올리고/저만치서 눈물을 흘리며 슬퍼했네/그리고 입버릇처럼 당부하던 말을 눈물로 호소했네/내 아들아, 이 젖을 보고 수치심[4)]을 깨달아 이 어미를 불쌍히 여겨다오. /이 젖은 너에게 울음을 멎게 했던 젖이란다.[5)]

아들 브레니우스로 하여금 형제끼리 싸우지 못하게 말리려 했던 톤베나(그림 42), 인도 왕의 어머니, 호엘룬, 헤카베 등은 말하자면 어머니의 젖가슴에서 발휘되는 유화적 효과를 노렸던 것이다. 동시에 이 어머니들은 어느 정도까지는 어머니의 권위를 여전히 유지하고 있는 존재라는 사실을 아들들에게 상기시켜주고 있다. 그렇기 때문에 이 어머니들은, 특히 노여움을 표출했던 칭기즈칸의 어머니에게서 분명히 확인되었듯이, 애원하기보다는 명령하는 태도를 취하고 있다.[6)] 클리템네스트라(아가멤논 왕의 아내로, 정부와 합세하여 트로이 전쟁에서 돌아온 남편을 살해했다가 마침내

42. 아들 브레니우스 앞에서 젖가슴을 드러내고 있는 톤베나.
몬머스의 『영국 역사』(*Historia Regem Britanniae*)에서, 1240년경.

자신의 아들 오레스테스에게 죽음을 당한다—옮긴이)가 아들 오레스테스 앞에서 젖가슴을 드러내는 장면은, 실제 무대 위에서 남자들이 여자의 역할을 맡기 때문에 암시적인 표현으로 진행되지만, 이 경우에도 어머니는 다음과 같이 명령하는 것 같은 어투를 사용한다.[7]

> 오, 내 아들아, 잠깐 멈춰라/이 젖은 네가 편안히 잠든 채 수없이 입을 대고/달콤하게 빨아먹던 그 젖이란다. 이건 네 생명이란다![8]

성(聖) 히에로니무스는 「헬리오도루스에게」라는 편지에서 다음과 같이 호소한다.

> 너의 어린 조카가 네 목에 매달리거든, 찢어진 옷을 입은 네 어미가 머리카락이 헝클어진 채 지극한 사랑으로 너를 키우던

그때를 기억하여라.[9]

이 일화는 그냥 믿을 수밖에 없을 것이다. 아이프(1420~75)는 『도덕의 거울』이라는 책에서 1474년에 교회 장로를 언급하며 자신이 친척보다는 하느님에게 더 많은 신세를 지고 있다는 사실을 독자들에게 상기시켰다. 그리고 “여러분의 어머니가 여러분 앞에서 머리를 산발한 채/옷을 풀어헤치고/젖가슴을 드러내어 여러분에게 젖을 먹여 키우던”[10] 그 시절을 잊지 말라고 충고했다.

어머니가 자기 자식에게 악담을 하면서 옷을 열어젖히고 젖가슴을 드러내어 불효 자식에게 위협적으로 들이댈 때야말로 어머니로서의 위세가 당당하게 발휘되는 경우라고 볼 수 있다.[11] 이럴 때 젖가슴을 드러내는 행위에는 공격적 기능과 호소의 기능이 섞여 있다고 말할 수 있다.

여자가 목숨을 살려달라고 애원하는 경우는 순수한 호소의 기능을 지닌다. 예를 들면 반덜린(J. Vanderlyn)의 그림 「제인 매크리어의 죽음」(1804)에는, 마리아가 인디언 두 명에게 붙잡혀 도끼 세례를 받는 장면이 그려져 있는데,[12] 1457년의 필사본 『사랑에 빠진 마음의 서(書)』(중세 말기 프랑스의 공작 르네 앙주가 쓴 연애시집—옮긴이)에 들어 있는 삽화(그림 43)[13]는 마리아가 자기 자신과 자식에게 자비를 베풀어달라고 애원하는 장면이 있다. 11세기 요하네스 폰 벨레트리의 어머니도 이와 비슷한 상황이었다. 이 여인의 아들은 뇌물을 이용하여 교황의 직위를 얻었지만 얼마 후 시에나에서 개최된 공의회에서 그 직위를 박탈당하고 말았다. 아들이 그곳의 살바토르 교회에서 성복(聖服)을 빼앗기고 자신의 범죄 사실을 읽어 내려가는 동안 어머니는 큰 소리로 통곡하면서 젖가슴을 드러냈다.[14]

물론 가장 유명한 예로는 성모 마리아의 행동을 들 수 있다. 최

43. 『사랑에 빠진 마음의 서(書)』에 나오는 삽화, 1457.

후의 만찬이 있던 날 악마와의 소송에서 마리아는 완강하게 버티면서 자신의 아들 앞에서 그를 먹여 키운 젖을 드러낸다. 여자가 인간의 영혼을 구제하기 위하여 이런 방법을 동원하는 이야기의 모티프는 2세기 성(聖) 이레나이우스로 거슬러올라가는데,[15] 이 이야기는 종종 「누가복음」에 나오는 다음 장면과 연관지어 설명되기도 한다.

> 예수께서 이 말씀을 하고 계실 때 군중 속에서 한 여자가 큰 소리로 '당신을 낳아서 젖을 먹인 여인은 얼마나 행복합니까!' 하고 외쳤다.[16]

1320년경 바이외 교회(프랑스 북서부 지방의 바이외에 있는 고딕 양식의 대성당—옮긴이)의 어느 신부가 쓴 책 『성모 마리아의 호소』에서는 마리아가 인류의 구원을 위해 다음과 같은 말을 하면서 싸우고 있다.

> '귀여운 아들아, 나를 미워하는 사탄을 믿지 마라/오, 귀엽고 다정스러운 아들아!/나는 아홉 달 내내 너를 품었던 어미란다/내 말을 기꺼이 따르거라/불쌍하게도 조용히 죽어가는 너는 내가 낳아 키운 아이란다/여기 네 어미가 왔으니 나를 어미라 불러다오/귀여운 아들아, 네게 실컷 물렸던 젖과 너를 품에 안고 흔들어 재우던 이 손을 보아라.' 이와 같이 성모 마리아는 자신의 젖가슴을 보여주면서 자식을 훈계하는 어머니처럼 아들에게 하소연하였다.[17)]

이 장면에 묘사된 마리아의 모습이 14세기 초부터 점차 천국의 여왕이 아닌 소박한 농부의 아내로 묘사되기 시작했고,[18)] 아들 앞에서 젖을 노출하는 장면도 자주 보이지 않는다. 다만 예수가 옆구리의 상처를 보여주는 시늉을 할 때에만 마리아가 예수 앞에서 젖가슴을 드러낸다. 1508년 아우크스부르크의 길드 조합장 슈바르츠가 그린 봉헌 그림에서는(그림 44) 성모 마리아가 이렇게 말하고 있다. "주여, 주께서 뽑으신 그 칼로/당신의 아들을 먹여서 키운 이 젖가슴을/찌르십시오." 그러자 예수는 십자가에 못박혔던 자신의 상처를 가리키면서 말한다. "피 묻은 내 상처를 보고/나의 처참한 죽음을 통해서/어려움에 빠진 사람들을 도우시오."

그러면서 하느님은 마음을 고쳐먹고, 죄인들의 목을 치려고 꺼냈던 칼을 다시 칼집에 집어넣는다. 1509년 안트웨르펜에서 발간된 『영혼의 위안』(*Der zielen troost*)의 표지 그림에는 성모 마리아가 젖가슴을 드러내고 성찬용 잔에다가 젖을 짜내는 장면이 나온다. 동시에 지옥에서 고통받고 있는 영혼들에게 천사가 갖다준 그

44. 길드 조합장 울리히 슈바르츠의 봉헌 그림. 아우크스부르크, 1508.

릇에다가 마리아의 아들이 자신의 상처에서 나오는 피를 받아 담는다.[19]

그 밖의 경우 마돈나가 관람객이나 조각가 또는 그림 속의 다른 인물을 향해 젖가슴을 내밀거나 시선을 그쪽으로 끄는 장면에서는 오직 모성(母性)을 나타내고 있을 뿐이며, 북아메리카의 비크-뭉칸족[20]이나 결혼식 때 추는 음부티족(자이르 북동부의 피그미족—옮긴이) 여인들의 춤(그림 45)에서 나타나는 동작들도 마찬

45. 구애를 하고 있는 음부티족 여인들의 춤.

가지이다.[21]

그러나 더 일반적인 경우를 예로 든다면 그것은 성적 요구가 담긴 동작일 것이다. 이럴 때 여자는 대개 젖가슴을 옆면과 밑에서부터 앞쪽으로 밀어내는 동작을 취한다(그림 46). 이런 의미를 지닌 유방 밀어내기 동작은 이미 근동 지방의 초기 신석기 문화, 예를 들면 하질라르(신석기 유적지로 유명한 터키의 마을—옮긴이)[22]의 이른바 '두꺼비 여신'이나 그 후의 이슈타르(메소포타미아 종교에서 전쟁과 성애의 여신—옮긴이) 같은 다산(多産)의 여신, 그리고 포튀아 여왕에서 유래된 아스타르테(고대 근동 지방의 대모신—옮긴이) 또는 아프로디테의 경우에서 발견할 수 있다.

이런 식으로 성적 적극성을 보이는 여자는 매춘부의 원형인 셈이며, 젖을 내미는 동작은 고대(古代)를 연구하는 천진한 여성 연구자들의 견해처럼 '젖을 먹이려는 준비 동작'[23]이 아니라, 메소포

46. 페터 한델의 「시빌레」. 목판 유화, 1986.

타미아 이난나(Inanna) 여신의 가슴 부분에 씌어 있는 문구처럼 "이봐요, 이리 와요!"[24]라는 의미이다. 이러한 여인의 모습은 1000년대 초반의 점토로 만든 도판 그림에서도 볼 수 있는데, 여기에는 긴 머리의 여인이 침대 위에서 남자에게 유방 하나를 내밀고 있는 장면이 그려져 있다.[25]

유방을 내미는 동작은 중세시대는 물론 이후 시대에서도 얌전하지 않은 여자의 특징적인 몸짓이었다. 다시 말해서 남자를 자극하여 유혹하려는 제스처였다. 이 여자가 현실 속에서는 공공연히 활동하는 매춘부였고, 미술작품 속에서는 이교(異敎)의 여신 비너스(그림 47)이자, '라스키위아'(바람둥이 여자)를 상징하는 여인이었다. 이때 라스키위아는 대개 한쪽 유방을 쥐고 있거나 내밀고 있는 모습으로 나타난다.[26]

근세 초기부터 20세기까지도 '미개한' 사회의 이른바 성적으로

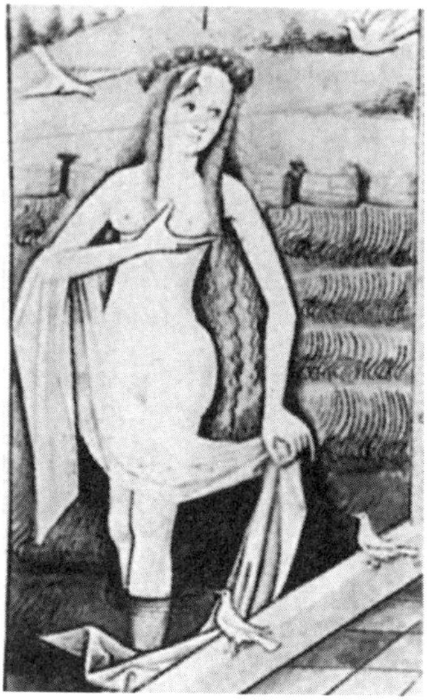

47. 『실연의 서(書)』에 나오는 비너스, 15세기.

적극성을 보이는 여자들의 모습도 가끔씩 이런 식으로 묘사되었다.[27] 예를 들면 1505년에 발표된 아메리고 베스푸치의 저서 『신대륙』의 표지 그림에 나온 인디언 여자는 육욕을 주체하지 못하는 상태를 표현하려고 유방을 움켜쥐고 있다. 알려진 바에 따르면 이 야만족 여인들은 근친상간에 대한 금기를 몰랐기 때문에 흔히 만나는 남자 아무나와 동침하는 일이 흔했다고 한다.[28]

행동심리학자 중에서 특히 아이블-아이베스펠트(1928~: 뮌헨대학 교수이자 막스 플랑크 연구소 행동심리학 연구 책임자—옮긴이)는 에로틱한 유방 내밀기 동작에 대해, 결국 젖을 제공하겠다는 의지의 표현으로, 다시 말해서 젖을 통해 만족감과 안정감을 약속한다는 의미로 해석한다. 육체적인 사랑의 여신이 남자들 앞에서 젖가슴을 내미는 이유가 '남성의 공격성을 무력화'하려는 데 있다는 식의 해석은 과연 타당한 것인가? 그리고 광고란 그 자체

48. 아미앵에 있는 노트르담 성당의 제단실 조각, 16세기 초.

가 지나치게 강제적인 이미지를 갖고 있으므로 광고 포스터에 가슴을 드러낸 여자의 모습을 제시하면 고객의 마음을 '진정'시킬 수 있다는 주장은 설득력이 있는 것일까?[29]

나의 견해로는 오히려 그 상품의 구매자, 즉 광고에 나온 여자의 잠재적 섹스 파트너들에게 "손을 내밀어 붙잡아라"라는 식의 권유가 암시되어 있다고 보는 해석이 더 타당성이 있어 보인다. 젖가슴을 내미는 동작에 공세적인 요소가 있다고 본다면,[30] 성적 자극을 유발하는 유방 동작도 있다고 보아야 하지 않을까?[31] 방어적인 유방 동작에 드물지 않게 공격적인 의미도 포함되어 있듯이, 성적 자극을 유발하는 동작에도 어느 정도는 공세적이며 도발적인 의미가 내포되어 있는 것이다.

이런 사실은 청바지 차림의 여자가 양손을 허리춤에 걸쳐놓고 있는 장면을 그린 빌케(H. Wilke)의 광고 포스터 「파시스트 페미니즘을 조심하라」를 보면 분명히 알 수 있다(그림 49). 이 그림은

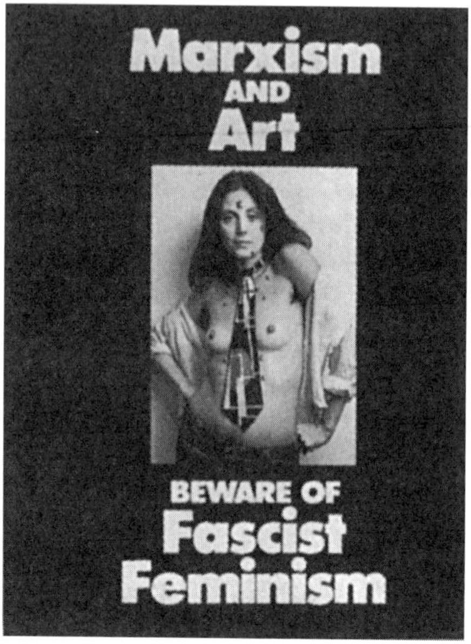

49. 한나 빌케의 「파시스트 페미니즘을 조심하라」, 1974.

절망에 빠진 여성들이 갖고 있는 반남성적·'청교도적' 페미니즘을 겨냥하면서[32] 명백히 성적 공격성을 지닌 모멘트를 내포하고 있다.

5

위협 수단으로서의 음부

고대 아일랜드의 '토인 보 쿨니' 설화에 따르면, 켈트족 투사였던 쿠쿨린이 에민마하(오늘날의 아르마)로 가까이 접근해오자 얼스터의 왕은 몹시 당황한다. 이 젊은 투사의 전의(戰意)를 어떻게 잠재워야 할지 아무도 알 수가 없었기 때문이다. 마침내 방어적 입장에 있던 그들에게 좋은 생각이 떠올랐다.

그들이 생각해낸 계획은 여자들을 보내서 그 투사를 맞이하게 한다는 것이었다. 여자들의 수는 50명씩 세 그룹으로 나누는데, 이 수는 열 명에다가 스무 명씩 일곱 번을 더한 것으로서, 이 여자들을 모두 알몸으로 보낼 계획이었다. 그래서 그들은 먼저 선두에 여자 한 명을 인솔자로 앞세워 젊은 투사 앞에서 발가벗은 몸과 음부를 보여주게 했다. 그런 다음 나머지 여자들이 투사 앞으로 나아가 옷을 완전히 벗고 음부를 드러냈다. 젊은 투사는 얼굴을 감추면서 여자들의 알몸을 쳐다보지 않으려고 자신이 타고 왔던 마차 안으로 들어가버렸다. 그러자 여자들은 젊은 투사를 마차에서 끌어내어 찬물이 들어 있는 세 개의 물통을 갖다놓고 그 속에다가 처박았다. 달아오른 전의를 식혀주려는 것이었다.[1]

이 이야기에서 많은 여자들이 알몸을 드러내는 바람에 쿠쿨린이 전의를 상실하고 말았듯이 같은 설화에 나오는 다른 전사들도 메드브(Medb) 여왕이 반나체로 나타나는 것을 보고 전투력의 3분의 2를 잃었다. 사랑할 때는 물론이고 싸울 때에도 언제나 도전적인 이 여자는 하얀 피부에 황금색 긴 머리를 가진 아름다운 여자로서 코너트 부대를 이끌고 나아가 칼과 창을 들고 돌격을 감행하였다.[2]

중세시대의 교회 건물에는 악귀를 몰아내려는 목적으로, 대음순을 벌리고 있는 셰일라-나-기그(Sheila-na-gig) 여신의 모습을 조각해놓았는데, 이 여신은 본래 메드브와 동일한 존재에서 유래되었을 것이라고 흔히 추측되어왔다.[3] 그런가 하면 8세기에 기록된 신화에는, 대음순이 무릎까지 내려올 만큼 거대한 음부를 전설의 왕 앞에 드러냈다는 이야기가 있는데, 여기에서 그 기원을 찾으려는 사람들도 있다.[4]

고대 아일랜드의 법률에 따르면 여자의 음모를 깎는 자는 엄중한 처벌을 받도록 되어 있었다.[5] 이 법은 실제로 그런 일이 있었음을 추측하게 하는 특이한 법률이다. 결국 여자에게 특별한 치욕을 안겨줄 목적으로 여자의 치모를 깎아서 음부를 뚜렷하게 보이도록 만든 남자들이 많았던 모양인데, 어쨌든 이는 뻔뻔스러운 행위가 아닐 수 없다.[6] 이들의 행위로 볼 때 어쩌면 한손에 가위를 쥔 채 음모를 내보이고 있는 많은 여신들의 모습[7]이 근세 초기에 들어와서도 그림의 모티프로 등장하여, 마침내 자신의 음모를 깎고 있는 라스키위아의 모습(그림 50)이 탄생했던 것으로 보

50. 음모를 깎는 장면. 페터 플뢰트너의 목판조각, 16세기.

인다.

얼스터 지방의 여인들이나 그 지방 신화에 등장하는 여신 셰일라-나-기그의 알몸 노출이 직접적으로 적을 향한 행동이었던 반면—제1장의 베두인족 여인들이 남편들 앞에서 그랬듯이—자기편 전사들의 전열이 흐트러질 때 '음부 노출'을 하는 경우도 있었다. 그 예로 13세기 프랑스어로 된 원고의 삽화를 보면, 적군을 앞에 두고 전투를 피하려고 하는 자기편 기사들에게 여자들이 '알몸을 드러내고' 있다(그림 51). 이로써 다시금 용기를 얻은 기사들이 전쟁터로 돌진하여 마침내 '적을 사로잡았다'.[8)]

옛날에 줄루족 용사들이 전쟁터에 나갈 때에는 여인들이 옆에 따라다니면서 치마를 걷어올리고 남편들에게 음부를 보여줌으로써 '용기를 북돋워주었다'고 한다.[9)] 어쨌든 위의 삽화에서 기사가 얼마나 흥분된 상태였는지는 그가 타고 있는 말의 발기된 성기가 암시해주고 있는데, 이런 식의 암시적인 묘사는 상당히 일반화된 방법이었다. 샤이엔(북아메리카 인디언—옮긴이)의 군복에는 병사들

51. 공격 직전의 장면, 13세기.

이 가죽 머리장식을 씌운 말을 타고 적과 싸우는 장면이 그려져 있었는데, 19세기 초반의 화가 캐틀린(Catlin)이 복사한 그림을 보면, 인디언 전사의 페니스와 그가 타고 있는 말의 페니스가 모두 발기되어 있다.[10)]

플루타르코스가 전하는 이야기 중에 쿠쿨린의 일화를 연상시키는 이야기가 또 하나 있다. 이 이야기는 신화인 듯한 느낌을 주면서도 어느 정도는 진실을 담고 있다. 피에 굶주린 잔인한 해적 키마르후스가 리키아(고대 소아시아 남서쪽 끝에 있던 지방—옮긴이) 해안을 습격했을 때, 벨레로폰(코린트 왕국의 왕 글라우코스의 아들—옮긴이)은 해적에게 치명적인 피해를 입히고, 동시에 자기 나라로 쳐들어온 아마존 여인들까지 몰아냈다. 그 결과 이 영웅이 얻은 대가는 배신뿐이었다.

그래서 벨레로폰은 바다로 헤엄쳐 들어가 포세이돈에게 찾아가서, 이오바테스(리키아의 왕—옮긴이)에게 보복할 수 있도록 그들이 점령한 땅을 불모지로 만들어달라고 간청했다. 그런 다음 즉시 돌아와 보니 거친 파도가 일어 그 땅을 덮치고 있었다. 그의 간청에 따라 바닷물이 높이 치솟으면서 평야를 뒤덮는 광경은 차마 바라볼 수 없을 정도로 참혹했다. 남자들이 벨레로폰에게 찾아와 중지 명령을 내려달라고 애원했다. 그래도 아무 효과가 없자 부인들이 나서서 옷을 걷어올리고 벨레로폰에게 다가갔다. 그는 차마 이 광경을 바라볼 수 없어서 다시 바다로 돌아가지 않을 수 없었다. 그러자 거센 파도도 물러갔다.[11)]

신화에 나오는 리키아의 여인들은 알몸을 드러낸 채 크산티 평야로 나감으로써 벨레로폰과 거친 파도를 물리쳤지만, 반면에 그리스 전사들은 방패에다가 음부 그림 또는 최소한 음부를 상징하는 그림을 그려 넣어 적을 혼란시키거나 수치심을 느끼도록 만들었던 것 같다.[12)] 로마인들이 투석용 돌멩이에 폼페이 매춘부들의 늘어진 클리토리스를 그려 넣은 것도 같은 의미를 지니고 있었다. 고대 아일랜드 사람들이 늘어진 음순을 음란하다고 생각했듯이, 고대 로마시대에도 늘어진 클리토리스를 음란한 것으로 인식했던 것이다. 뿐만 아니라 그런 이야기를 공공연한 화제로 삼는 것만큼 수치스러운 행위는 없었다.[13)]

특히 중국인들은 전쟁이 벌어졌을 때, 항상 여자의 음부를 무기로 이용했다. 예를 들면 1642년 카이펑(開封)을 점령하려던 공격부대는 나체 여인들을 성벽 앞으로 보내 다리를 벌리고 서 있게 함으로써, 방어군의 대포를 무용지물로 만들려고 시도했다. 그러나 이에 맞선 방어군 쪽에서도 같은 방법으로 공격부대의 화포를 무력화시켰다.[14)] 역시 17세기에 악명이 높았던 장셴중(張獻忠) 장군은 요새처럼 튼튼한 도시를 공격하면서 적군에게 창녀들의 알몸 시체를 내놓았다고 한다.[15)] 한편 1774년 반란군 지도자 왕룬(王倫)은

산둥(山東)의 린칭(臨淸)을 점령할 당시 매춘부들의 알몸을 쳐다보지 않을 수 없게 되었다. 방어 부대가 성벽 위에 창녀들을 배치시켜서, 머리를 풀어헤치고 하반신을 드러낸 채 소변을 보게 했던 것이다. 그 결과 예상했던 대로 왕룬이 장담했던 효험은 사라지고, 도시의 대포가 아무 쓸모 없어지는 바람에 이윽고 포탄이 침략군 대열을 사분오열로 만들어버렸다.

이보다 한참 뒤에 '의화단원(義和團員)들'의 주장에 따르면, 적군이 '나체 여인들'을 교전 중인 전쟁터로 투입한 뒤 알몸을 드러내게 하여 모든 무기들을 무력화시키는 바람에 전투력에 엄청난 손실을 입었다고 한다. 이들은 그 밖에 주문을 외워대는 베이징 교회에 불을 지르려다가 실패했는데, 그 원인은 기독교 선교사들이 지붕 벽돌에 월경 때 나오는 여자의 피를 칠했기 때문이라고 해석했다.[16)]

중국에서는 수천 년 전부터[17)] 특히 여성의 음부 노출이 가장 음란한 행위로 인식되어왔는데, 그런 점을 고려한다면 그들이 여성의 나체에 어떤 효력이 있다고 믿었다는 사실을 쉽게 이해할 수 있다.

중국의 모든 계층에서는 전통적으로 남편과 아내가 상대방의 알몸을 바라본다는 것은 큰 죄악이었다.[18)] 그렇기 때문에 부부가 함께 목욕을 하는 행위는 아주 부도덕한 것으로 인식되었고, 이 점은 특히 공자의 『예기』(禮記)에 나오는 가례(家禮)편에서 강조되고 있다.[19)] 심지어 매춘부조차 손님에게 음부를 보여주게 되면, 남자와 동침했다는 사실과는 비교할 수 없을 만큼 수치스러운 일로 생각했다고 한다.[20)] 그렇기 때문에 오늘날까지 부부관계를 가질 때에도 옷을 입고 행하는 경우가 일반적이다.[21)] 타이완의 어느 마을에서는 처녀가 평소에 자리에 앉아 있을 때는 물론이고 잠을 잘 때에도 옆으로 누워서 두 다리를 반드시 붙여야 한다. 만일 처녀가 등을 바닥에 대고 벌렁 누워서 자는 장면이 발각되면 어머니가 처녀의 다리를 두들겨 깨운 다음 야단을 친다.[22]

남편이 부인의 음부를 보았을 경우, 부인은 부끄러운 일을 당했다고 생각했다. 13세기에 중국을 다녀온 어느 여행자는 놀라운 광경을 목격했다. 캄보디아 여인들이 연못에서 발가벗고 목욕을 하고 있었다. 가까이에 살고 있는 중국 상인들이 이 광경을 보기 위해 무리지어 찾아와서는 몰래 구경했다.[23] 1733년에 세상을 떠난 란팅위안(藍鼎元)은 회고록에서 특이한 사실을 전하고 있다. 그는 방금 결혼한 신혼부부를 습격한 강도단을 검거했다. 그는 대뜸 강도 가운데 한 명을 불러 그때 신부가 옷을 완전히 벗고 있었느냐고 물었다. 그러자 강도들 모두가 나서서 그렇다고 대답했다. 그러나 자신들이 신부의 알몸을 보았다는 사실이 신부를 망신시킨 것은 아니라고 주장했다. 그 이유는 신부가 이미 결혼한 경력이 있기 때문에 그 여자한테는 망신당할 체면이 더 이상 남아 있지 않다는 것이었다.[24]

옛날부터 그림이나 조각에 동물을 소재로 삼았더라도 암시적으로나마 성기를 묘사한 작품은 무조건 용납되지 않았다.[25] 따라서 중국 미술에서 인간의 나체를 소재로 삼는 전통이 없었다는 사실은 의아스러운 일이 아니다. 17세기에 예수교 신자들이 성자들의 모습을 그린 성화를 보급하기 시작했을 때, 중국인들은 성자들의 몸에 전통 의상이 걸쳐져 있는 모습을 보고 나체와 다를 바 없다면서 충격을 받았다.[26] 물론 일본과 마찬가지로 중국에도 나체 여인들이 다양한 체위로 남자와 동침하는 장면을 묘사한 이른바 '춘화'(春畵)라는 것이 있었지만, 이런 그림들은 음화라는 이유로 금서에 해당되었으며, 경우에 따라서는 특이하게도 그 충격적인 효과를 이용하여 화재나 자연재해를 예방하는 수단으로 쓰이기도 했다.[27]

공산주의 정권에서도 중국의 전통적인 근엄한 행동규범에는 거의 변화가 없었다. 그러므로 인간의 성을 주제로 삼는 온갖 행위는 '부르주아적'이며 '반혁명적'인 행위로 간주되었다. 1982년에 일어난 일을 예로 든다면, 나체나 성과 관련된 그림을 보게 되면 그 사람은 장차 여자 화장실을 '엿보는' 등 '성범죄'를 저지를 가능성이 있으므로 절대로 그런 그림을 보지 말라는 금지 조치가 내려졌다.[28] 같은 해 한 남자가 마카오에서 여자 나체 그림의 복사본을 구입하여 중국으로 몰래 들여왔다가 적발되어 2년 반의 감옥형을 선고받은 적이 있다.[29] 3년이 지나자 모든 형태의 외설적인 그림에 대한 제재조치가 강화되었고, '음란물의 엄격한 금지에 관한 규정'에 따라 나체 그림이 들어 있는 미술서적은 물론이고 그런 종류의 학술서적과 의학서적조차 소유하지 못하게 되었다.[30]

1979년에는 위엔윈성(袁運生)이라는 화가가 중국의 남서부 지방에 사는 타이족의 봄축제 장면을 소재로 그림을 그려서 「뿜어져 나오는 물의 축제, 생명의 노래」라는 제목으로 베이징 국제공항의 외국인 식당 벽에 걸어놓았는데, 이 벽걸이 그림을 둘러싸고 열띤 논쟁이 벌어졌다. 비판자들은, 나체 그림이 중국의 전통에 어울리지 않으므로 중국에 들어오는 외국인에게 보여주기에 적합하지 않다는 결론을 내렸다.[31] 처음에는 이 그림의 도발적인 부분(그림 52)만을 커튼으로 가려버렸다. 그러나 그때부터 커튼으로 가린 부분을 구경하려고 몰려든 인파가 몇 달 동안이나 식당을 가득 메웠다. 그러자 1981년 3월에 이르러 공산당 지도부가 문제되는 부분을 아예 벽으로 막아버리라는 결정을 내렸다.[32]

1979년 중화인민공화국 역사상 최초로 누드화 전시회가 열렸다. 장소는 물론 베이징이었다. 이로 인해 촉발된 비난은 공항의 그림 사건과는 비교할 수 없을 정도로 극심해서 화가를 죽이겠다

52. 베이징 공항 벽걸이 그림의 부분.

는 협박이 연일 계속되었다. 가장 음란하다고 간주된 작품은 「깨어나는 타림 강」으로, 여자가 다리를 벌리려는 순간을 묘사한 그림이었다.[33]

10년이 지난 1989년 초, 베이징 국립미술관에서 최초의 대규모 나체화 전시회가 열렸다. '중앙미술원'에 소속된 미술가들의 그림이 전시되었다. 이미 예상했던 일이지만 지금까지 있었던 어느 사건과도 비교가 안 될 만큼 큰 소동이 벌어졌다. 구름처럼 몰려든 관람객들은 발가벗은 여자의 나체화를 바라보는 순간, 큰 충격을 받았다(그림 53). 이 그림은 이보다 200년 전에 반란군 왕륜이 매춘부들을 발가벗겨 성벽 위에 세워놓고 다리를 벌리게 했던 사건과 비슷했다.

그런데 누구보다도 가장 수치심을 느낀 사람들은, 부모나 남편 몰래 모델 역할을 했던 여대생들이었다. 물론 모델이 되겠다고 약속할 당시에는 그림을 절대로 공공장소에 전시하지 않는다는 조건

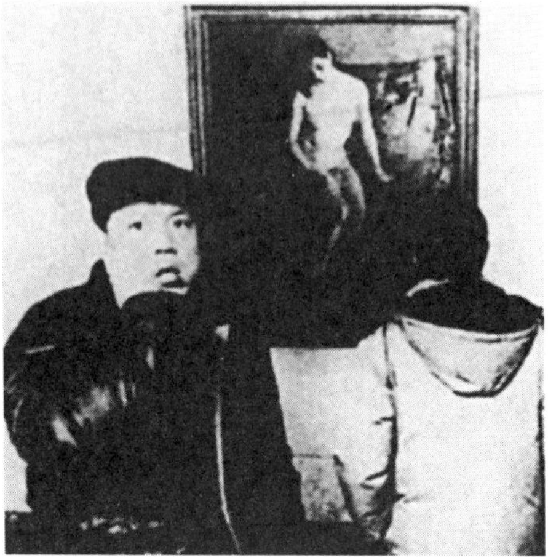

53. 베이징 미술관에 전시된 누드화를 보고 충격받은 관람객, 1989년 1월.

이 전제되어 있었다. 오늘날에도 중국에서 나체 모델로 나서는 일은 매춘행위에 버금갈 정도로 경멸의 대상이 되고 있다.[34] 전시회 개막 직후 이미 두 쌍의 부부가 이혼을 하고 말았다.[35]

6

신들의 웃음

8세기 초에 씌어진 일본의 『고지키』(古事記)에 이런 이야기가 나온다. 폭풍의 신 스사노오 노 미코토(素戔嗚尊)가 신성한 옷을 짜고 있는 여인들의 집에 찾아가 지붕에 구멍을 뚫고, 가죽을 벗긴 얼룩말 한 마리를 던져 넣었다. 그러자 집 안에서 옷을 짜고 있던 여인들이 기겁을 하고, 점잖게 표현한 라틴어 번역어를 그대로 옮기자면, "침입자에게 은밀한 부분을 내밀면서 대항했다." 오빠의 못된 행동에 놀란 태양의 여신 아마테라스 오오미카미(天照大神)는 바위굴 속으로 들어가 출입구를 막아버렸다. 그리하여 암흑이 계속되자 여러 신들이 모여 대책을 세우기로 했다.

이에 따라 아메노우즈메노 미코토(天鈿女命)가 천상(天上)에 있는 카구(香久) 산에서 석송(石松)을 베어다가 어깨띠를 만들고, 천상의 빗살나무를 꺾어 머리에 썼다. 그리고 천산(天山)의 대나무 잎을 다발로 묶어 천상의 바위굴 입구에 갖다놓고는 힘껏 발을 굴렀다. 그랬더니 마침내 소리가 나기 시작했고, 이 여신은 신들린 사람처럼 행동하면서 젖꼭지를 드러내고 치마끈을 풀어 '은밀한 부분까지' 드러냈다. 그러자 천상의 바닥이 진동하면서 800명의 신들이 동시에 웃음을 터뜨렸다. 그러자 태양의 여신은 깜짝 놀랐다.[1]

여기에서 아메노우즈메 신이 신들린 상태로 최면에 빠져 젖가슴과 음부를 드러내고, 하늘을 뒤덮었던 폭풍을 몰아내려는 의식을 시도한 것으로 볼 때 무당이 아닌가 생각된다. 『니혼기』(日本紀)에서도 이와 비슷하게 '아누'가 알몸을 드러내고 냉소적인 미소를 지음으로써 괴물 사루토히코를 물리쳤다는 이야기가 나온다.[2]

만신들은 무당의 알몸을 바라보면서 왜 웃음을 터뜨렸을까? 문명화 과정에 대해 확고한 견해를 가지고 있는 일본 학자들의 주장에 따르면, 그 당시 일본인들에게 "여자의 젖가슴이나 치부의 노출은 절대로 음란한 것이 아니라 성스러운 행위"였으며, 따라서 아메노우즈메 역시 '성스러운 행위'를 연출한 것이었다.[3]

그러나 우리는 이러한 판단을 증명할 만한 근거가 없다는 사실을 확인할 수 있다. 오히려 그들의 주장과는 정반대로, 이미 일본 초기의 외설적인 그림 중에는 특히 타인의 성행위를 엿보는 장면이 묘사된 '중세시대'의 그림[4]이 있는데, 여기에 나오는 음부 노출 장면은 후기의 그림에서와 마찬가지로 중요하게 취급되고 있다. 그 밖에 헤이안(平安) 시대의 비신화적 문헌에서도, 자신의 가문에 속한 여자의 나체를 얼떨결에 목격하게 된 가족이 깜짝 놀라 두려움에 사로잡혔다는 이야기가 나온다. 그 예로 11세기 초에 씌어진 무라사키 시키부(紫式部)의 일기장에 따르면, 한밤중에 침입자가 들어와 시녀 두 명의 옷을 벗겨갔는데 시녀의 '나체가 너무나 놀라워서' 이 장면을 직접 본 몇몇 여자들이 까무러치게 놀랐다

고 한다.[5)]

남자들 중에서 특히 성인(聖人)이 그런 장면을 바라보면 힘을 상실한다는 이야기가 곳곳에서 발견된다. 그 예로 14세기에 씌어진 『츠레즈레구사』(徒然草)에 이런 대목이 나온다.

> 쿠메라는 산신령이 빨래하는 여자의 하얀 장딴지를 보고 나서 날아다닐 힘을 잃었다는 이야기는 내가 보기에도 그럴듯해 보인다. 통통한 팔다리의 순백색 피부는 인위적으로 치장된 것이 아니다!

이 이야기는 이보다 앞선 11세기의 불교설화집 『곤자쿠 모노가타리』(今昔物語)에도 나오는데, 이 책에는 쿠메가 선인(仙人)이 되어 하늘로 올라갔다고 실려 있다.

> 그때 그는 요시노(吉野) 강변에서 옷을 빨고 있는 젊은 여인을 보게 되었다. 여인은 장딴지 위로 옷을 걷어올린 자세로 빨래를 하고 있었다. 하얀 장딴지가 눈에 띄자 쿠메는 흑심을 품고 여인에게 달려들었다.[6)]

저자는 계속해서 "신선도 고향마을을 잊을 수 없어서 지상으로 내려오고 말았다"[7)]고 해설을 덧붙이고 있다. 저자의 그 말에 따르면, 신통술을 부려서 날아다니던 쿠메가 땅으로 추락한 이유는 여인의 장딴지를 보았다는 수치심 때문이 아니라 모든 사람의 '고향마을', 즉 음부를 보았기 때문이라고 해석한다.

위의 이야기에서는 음부가 우연히 눈에 띄게 된 경우지만, 우즈메에 관한 이야기로 돌아가보면 여인들은 자신의 음부를 무기로 이용했다. 다시 말해서 악령이 두 여인을 뒤따라가서 길을 가로막자 마지막 순간에 여신이 나타나, 어서 그 괴한들에게 '중요한 부분'을 보여주라고 소리치면서 스스로 시범을 보여주었다. 세 명의 여자가 동시에 음부를 드러내자 악령들은 힘이 빠져 멈칫하다가 크게 웃음을 터뜨리고는 걸음아 날 살려라 도망쳐버렸다.[8)]

여기에서 또 하나의 의문이 생긴다. 이를테면 악령들은 왜 웃음을 터뜨렸을까? 유쾌해서 웃은 것은 분명 아니다. 악령들이 세 여인의 알몸을 보는 순간에 도망친 사실로 미루어 볼 때 충격을 받았던 것이 분명하다.

전 세계 곳곳에서 나타나는 현상이지만, 특히 동남아시아와 동아시아 지역에서 웃음은 전형적인 긴장해소 수단이 되고 있다. 그러니까 고통스럽거나 수치스러운 때만이 아니라 위험에 부닥쳤을 때에도 그 상황을 슬쩍 모면하거나 중화시키기 위한 반응으로서 웃음이 터져나오는 것이며, 이는 곧 그 순간에 당장 느끼지 못하는 유화적 감정상태를 증명해 보임으로써 위기상황을 '모면'하겠다는 표시인 셈이다. 그 예로 일본의 영화 관람객들은 화면에 아주 잔인한 장면이 나오면 웃어대는 습관이 있으며, 베트남 전쟁 중 어느 미국인이 목격한 바에 따르면 베트남 여인들에게 고향마을의 사진을 보여주자 사진 속에 그들의 가까운 친척과 어린이들이 살해당하여 훼손된 시체로 나뒹구는 장면을 보고는 실컷 웃어댔다고 한다.[9)]

일본의 어느 하녀는 남편이 죽자 장례식에 가도 되느냐고 주인마님에게 여쭈면서 웃음지어 보였다. 그리고 나중에 "이게 제 남편이에요"라고 말하면서 유골단지를 보여줄 때에도 웃음을 보였다.[10)] 사냥을 주업으로 하는 어느 에스키모 노인은 큰 재난을 당했다는 말을 하는 도중에 계속 눈물을 흘리면서 웃었다고 한다.[11)] 어느 인종학자는 젤고베-페울족 남자가 머리가 아프다고 말하면서 웃었기 때문에 그에게 선뜻 아스피린을 줄 수가 없었다.[12)]

발리 섬의 아이들은 분노와 고통이 심할 때에도 웃음과 친절한 행동을 보임으로써 자신의 감정을 감추는 법을 금방 터득하여 '내심'을 보호한다. 그러면서도 발리 섬 주민들의 생활은 '남 앞에 나서기를 두려워하는 극도의 불안감'에 사로잡혀 있다.[13] 이것은 다른 사람 앞에서 실수를 저지르지나 않을까 하는 불안감인 동시에 '자신의 진면목'이 언젠가는 들통날지 모른다는 긴장감이기도 하다. 이런 점에서 볼 때 이들은 엘리아스의 주장처럼 그들의 "결정적인 위험이 자기통제의 실패에 기인하지 않는 전근대적 인간형"[14]이 아니라는 사실이 분명해진다. 발리 사람들은 '수치심은 인간의 척도'라고 말한다. 그러나 이 말 속에는 어느 정도 수치심이 느껴질 때 수치심을 드러내는 것이지 과장해서 표현하지는 않는다는 의미가 들어 있다. 어쨌든 자신의 약혼자가 죽었다는 소식을 밝은 표정으로 전하고 있는 젊은 처녀[15]는 상당히 냉정한 태도를 유지하고 있는 것 같다. 괴로운 일을 당한 처지인데도 해변에서 다리를 벌리고 젖가슴을 드러낸 채 누워 있는 서양의 여성 관광객들 앞에서 미소를 짓는 여자들의 태도도 그와 다를 바가 없다.[16]

일본에서도 웃음은 음란한 장면을 보았을 때 일반적으로 나타나는 반응이다. 예를 들어 지난 세기 말에 최초의 누드화 전시회가 열렸을 때, 그 그림들을 보고 충격을 받은 관람객들이 웃음을 터뜨렸으며,[17] 특이하게도 음란한 그림을 '웃기는 그림'이라는 뜻으로 '와라이에'(笑畵)라 부르고, 남근(男根) 대용으로 만든 물건을 '웃기는 물건'이라는 의미의 '와라이 도구'(笑道貝)라고 불렀다.[18] 교토의 스트립쇼 업소로 유명한 '토지 딜럭스'에서 가장 인기 있는 것은 이른바 '열어 보여주기'라는 쇼이다. 이것은 스트립걸이 무대 앞으로 나와서 맨 앞줄에 있는 관객의 바로 앞에서 천천히 다리를 벌리는 쇼이다. 앞자리의 관객들이 회중전등과 확대경을 들이대고 산부인과 의사처럼 자세히 음순이나 클리토리스 따위를

살피고 나면, 우레 같은 박수와 함께 한바탕 웃음이 터지면서 막이 내린다.[19] 매춘부와 게이샤들로 구성된 이들 '쇼걸'들이 우즈메 신을 함 속에 넣어 숭배하고 있다는 사실은 우연한 일이 아니다.[20] 오늘날에도 민속극을 공연하는 노(能: 일본의 전통적인 연극 형식—옮긴이) 무대[21]나 현대적인 무도장에 가보면 '오타후쿠'(お多福)[22](젖이 큰 여자라는 뜻)라고 불리는 신이 아주 공손한 자세로 폭풍의 신을 몰아내는 장면을 볼 수 있다(그림 54).

54. 춤을 추고 있는 이쿠요 에지.

일본이 아닌 전혀 다른 사회에서도 음란한 장면에 대한 방어수단으로 웃음이 이용되고 있는 경우를 볼 수 있다. 예를 들면 아내에게 배신당한 헤파이스토스는 신들에게 찾아가, 불륜에 빠진 자신의 아내 아프로디테가 전쟁의 신 아레스와 놀아나는 장면을 구경하라고 소리친다. "정말 참을 수 없이 웃기는 이것들을 보시오!"[23]

그러자 여러 신들이 몰려나와 구경을 한다. 반면에 여신들에게는 수치심 때문에 그런 무분별한 행동이 금지되어 있다. "여신들은 부끄러워 자신들의 방에 가만히 앉아 있었다. 남성 신들이 문지방을 넘어 방으로 들어왔다. 황홀해진 신들이 계속해서 너털웃음을 터뜨렸다."[24)]

폴리네시아 신화에 나오는 협잡꾼 마우이(Maui)는 잠들어 있는 지하세계의 거대한 여신에게 접근하여 예리한 이빨이 달린 여신의 음부 속으로 기어올라갔다. 그러나 음탕한 이 장면을 바라보고 있던 새들이 큰 소리로 웃어대는 바람에 여신이 잠에서 깨어났고, 마우이는 몸이 으스러져 죽고 말았다.[25)] 신문 보도에 따르면, 1981년에 함부르크 시청에서는 옷을 벗은 남녀 학생 7명 앞에서 한 여학생이 자위행위를 시범적으로 보여주었는데, 이 장면을 보고 있던 클로제 시장은 '경련을 일으키듯' 작은 소리로 웃어댔다고 한다.[26)] 그리고 같은 해 베를린에서는 경찰관이 나체 시위를 벌인 '행동파 시위대'의 여자를 붙잡아 신원 확인을 위해 연행하면서 웃고 있었다(그림 55).

55. 1981년 나체 시위를 벌인 '행동파' 소속의 여자와 베를린의 경찰관.

켈레오스(Keleos)의 집에서 데메테르 여신의 하녀 이암베가 옷을 벗자 이 광경을 바라보고 있던 신들이 웃음을 터뜨리는데, 이들의 웃음이 어떤 의미를 지니고 있었느냐에 관한 문제는 여전히 풀리지 않고 있다. 알려진 대로 클레멘스(Clemens von Alexandrien)와 아르노비우스(Arnobius)에 따르면, 이암베—오르페우스 교도들이 부르는 이름으로는 바우보(Baubo)—는 딸을 잃고 슬퍼하는 여인 앞에서 페플로스(소매가 없고 주름진 고대 그리스 여인의 옷–옮긴이)를 걷어올려 음부를 드러내는 동작으로 여신을 위로했다.[27] 데메테르 여신은 이것을 보고 웃음을 터뜨렸다. 엘레우시스(그리스의 아티케 주에 있는 고대 항구도시–옮긴이) 비교(秘敎)의식에서 이 여신은 검은 베일을 쓰고 '웃음의 돌' 위에 앉아 있고, 이암베는 알몸에 검은 외투를 걸치고 있다가 데메테르 여신 앞에서 외투를 벗는데, 이때도 데메테르가 웃음을 짓는다.[28] 이 경우의 웃음은 긴장해소를 위한 방편이었던 것으로 보인다.

그러나 좀 다른 의미로 해석하면 이후에 알려진 '오순절의 웃음'과도 관련이 있을 것으로 추측된다. 말하자면 그것은 사라져버렸던 결실이 해마다 반복되어 나타나는 데 대한 안도의 표현으로서의 웃음이다.[29] 지하세계로 유괴된 데메테르의 딸 페르세포네는 여름철의 뜨거운 태양 아래에서 바싹 말라버린 식물들의 화신(化身)으로 등장하는데, 딸을 잃고 슬픔에 잠긴 어머니가 볼 때 그 딸은 영원히 돌아오지 않을 것처럼 보인다. 그러나 이암베가 여신에게 음부를 보여주자 그 딸이 다시금 생명을 얻어 소생한다. 이제야 데메테르는 '생겨난 그대로의 자연'(natura naturata)이 지하의 내부로 되돌아가더라도 그것은 일시적인 현상일 뿐이라는 사실을 깨닫는다. 이것은 마치 엘레우시스의 밀교의식에 참가한 사람 앞에서 마스크를 쓴 여인들이 케피소스 시냇가의 다리

위에 올라가 옷을 치켜올리면서 키톤(초기 그리스 시대부터 헬레니즘 시대까지 그리스의 남녀가 입었던 의복–옮긴이) 속에 숨기고 있던 음부 그림을 보여주는 장면처럼, 데메테르는 그런 방법으로 죽음 뒤에는 새로운 생명이 다시금 태어난다는 사실을 깨닫는다.[30]

이와 같은 해석이 옳다면 위의 경우—적어도 그리스 고전시대에는—음부 노출은 '재앙을 막으려는 행위'가 아니라 '동일한 현상의 영원한 반복'에 대한 안도의 표시이며, 이때의 웃음은 세상 만물 모두가 끝나버리지는 않는다는 안도의 표시인 셈이다.

고대 역사에서 노출된 음부에 대한 반응으로 나타나는 웃음에는 성적인 의미가 내포된 것으로 보이는데, 물론 여기에는 '신화적' 배경이 깔려 있다. 고대 이집트 신화에서 '수컷 비비원숭이'의 형상으로 나오는 결실의 신 바바[31]는 태양신 '라'에게 "너의 주머니는 텅 비었다"고 놀려댄다. 이 말은 곧 "너는 성적인 무능력자"라는 뜻이었다. '라'는 그 말이 몹시 언짢았다.

> 이에 위대한 신은 몹시 충격을 받아 하루 종일 혼자서 등을 바닥에 대고 쓰러져 있었다. 잠시 후 남쪽 무화과나무의 여신 하토르(태양신 라의 딸이자 창공의 여신–옮긴이)가 위대한 아버지 신에게 다가와 자신의 음부를 보여주었다. 그러자 위대한 신은 껄껄 웃음을 터뜨렸다. 그러고는 자리에서 일어났다.[32]

하토르는 매우 매혹적이면서 성적으로 도발적인 여신이다.[33] 다른 이야기에 따르면 암소를 기르는 목동이 야생 암소 하토르가 살고 있는 갈대밭에서 인간의 모습과 다른 한 여자를 만났다. 이 여자는 여신이었다. 그녀가 발가벗은 몸에 머리는 헝클어진 채 목동에게 동침하자고 요구했다. 이 광경을 보고 깜짝 놀란 목동은 급

히 소떼를 몰고 집으로 돌아왔다.[34)]

라의 행동은 달랐다. 라 자신이 일어선 것이 아니라 그의 페니스가 일어섰던 것이다. 이것은 '죽은' 오시리스가 그의 누이 이시스 덕분에 '생명'을 얻어 다시 깨어나던 때와 비슷하다. 자세히 말해서 이시스가 죽은 동생 오시리스에게 성적인 자극을 주어 사정을 하게 만들었던 것이다.[35)] 라 역시 바닥에 쓰러진 지 하루 만에 딸의 음부를 보고 다시 원기를 얻었다. 이때 터져나온 그의 웃음은 성적인 에너지를 회복했다는 표시였다.

데이르 엘바하리(Deir el-Bahari)에 있는 하쳅수트 여왕의 신전에 새겨진 유명한 문구에도 아메스넵타(Aḥmes-nebt-ta) 여왕에 관한 기록이 나오는데, '아문 라'(Amun-Rê)가 유한한 존재인 하토르에게 왕의 모습으로 접근하자 "여왕은 폐하를 향해 웃었다"고 적혀 있다. 여왕이 웃자 신은 어떤 행동을 보였다고 기록되어 있다. 그 내용을 문자 그대로 옮기면 "그는 그 여자 앞에서 성기를 발기하게 만들었다"는 뜻일 가능성이 많다. 이에 여왕은 그의 '멋진 물건', 즉 발기된 성기를 보고 감탄하면서 그와 동침했다.[36)]

하토르는 태양신에게 자신의 음부를 보여주었을 뿐만 아니라, 이 여신 자체가 음부를 의인화한 존재이기도 하다. 하토르 여신을 지칭하는 이름 'Ḥwt-Ḥr'은 '호루스의 집'을 의미하며, 그 중에 'Ḥwt'는 여성의 음부를 가리키는 은유인 듯하다.[37)] 따라서 하토르 여신은 분명히 성교를 하자고 남자를 끌어들이는 음부를 의미한다. 또한 'ḥtp'는 '행복하다', '만족시키다'라는 뜻이고,[38)] '하토르-네베트-헤테페트'(Hathor-Nebet-Hetepet)라고 표현된 하토르는 '성적인 만족을 주는 여자 지배자'[39)]를 의미한다.

이 여신은 '만인을 도취시키는 아툼(Atum)의 손'[40)] 또는 '라의 손'[41)]이라고 일컬어진다. 그 손이 어떤 손을 의미하는지는 투트모세 3세가 왕으로 재임하던 시기에 이 여신이 유사아스(Jusaâs) 여신과 동일시되었다는 사실을 통해 알 수 있다. 말하자면 페니스 마찰에 의한 수음을 의미했던 것으로 짐작된다.[42)]

파트너에게 수음을 시켜주는 여신의 손은 전성된 의미로 음부를 뜻하기도 하며, '신의 손'(ḏrt nṯr)이라는 말은 하토르 자신의 이름이기도 하다. '아툼의 손'이 폭풍을 몰아낼 수 있다[43)]는 사실로 미루어볼 때, 고대 이집트인들에게도 음부는 공포의 대상으로 알려져 있었던 것 같다.

아마 고대 왕국에서도 바스테트 여신(그리스어로는 나일 강변의 고대 도시 '부바스티스의 여신'이라는 의미로 'Βουβαστις'로 표기함)은 하토르와 동일한 존재로 알려져 있었다.[44)] 이보다 2천 년이 지난 후에 헤로도토스가 부바스티스 여신들의 잔치 장면을 묘사하고 있는데, 여기에서 그 여신은 아르테미스라는 이름으로 등장한다.

> 그들은 각자 범선을 타고 몰려들었다. 남녀 구별 없이 한 무리의 군중이 뒤섞였다. 여자들은 딸랑이를 들고 와서 흔들어대고, 남자들은 배를 타고 가는 동안 계속해서 피리를 불었다. 나머지 남녀들은 곡조에 맞춰 손뼉을 치면서 노래를 불렀다. 지나가다가 도시가 보이면 배를 강가에 정박시켰다. 어떤 여자들은 그 도시의 여자들을 불러놓고 희롱했다. 그런가 하면 춤을 추는 여자들도 있고, 벌떡 일어서서 옷을 벗는 여자들도 있었다.[45)]

배를 타고 나일 강을 따라 부바스티스로 가고 있던 여자들이 강가에 서 있는 주민들을 향해 왜 옷을 벗었을까? 그들은 도대체 어떤 여자들이었을까? 춤을 추고 방울을 딸랑거리면서 나일 강을 지나가다가 강변에 서 있는 사람들을 향해 음부를 보여줌으로써 구경꾼들을 웃게 만든, 다시 말해서 성적인 자극을 준 그 여자들은 하토르 여신을 모시는 사제들이었을까?

먼저 방울을 울리는 동작이 무엇인지 살펴보자. 야생 암소 하토르가 빽빽이 우거진 파피루스 덤불을 헤치고 나올 때에는 파피루스 줄기들이 스치는 소리가 나는데, 고대 이집트 시대의 해석에 따르면 딸랑이(손잡이와 소리 나는 부분으로 구성된 고대 이집트인들의 방울 악기—옮긴이)의 소리는 바로 그 파피루스가 스치는 소리를 재현한 것이라고 한다.[46] 이것은 발가벗은 하토르가 갈대밭에서 나와 목동을 유혹했다는 앞의 이야기를 연상시킨다. 그 딸랑이의 명칭('sšš.t')은 "파피루스 줄기가 스치는 소리를 낸다"는 의미의 단어에서 유래했는데,[47] 이집트의 피라미드 안에서 발견된 문서의 잠언에 따르면 죽은 왕이 그 딸랑이를 흔들어 소리를 냄으로써 나일 강 삼각주의 파피루스 덤불에 살고 있는 '거대한 암소'인 자신의 어머니에게 동침할 준비가 되었음을 알렸다.[48]

딸랑이는 남성의 성기를 나타낸 것이라는 해석도 있다. 말하자면 남근 모양의 손잡이는 발기된 페니스를 나타내고, 채찍 모양으로 생긴 부분은 '세트(Seth) 신의 고환'이라는 것이다.[49] 하토르와 라 사이에서 태어난 아들 이히스(Ihis)의 시체가 담긴 관에는 다음과 같은 이히스의 말이 적혀 있다.

> 나의 두 손은 나의 어머니 하토르가 즐거움을 얻기 위해 갖고 다니는 딸랑이요, 나의 허벅지는 나의 어머니가 입고 다니는 의복이다.[50]

그리고 아모세-노프레테테는 "아버지 아문을 즐겁게 해드리기 위하여 아름다운 두 손으로 들고 있는 딸랑이"[51]라는 이름을 가지고 있다. 이런 말들은 일정 부분 비밀 언어처럼 교접이나 수음을 암시하고 있다. 여자가 남자 앞에서 딸랑이를 흔드는 행위는, 하토르나 그 분신이 신의 페니스를 문지르고 고환을 달랑거리게 함으로써 신을 '즐겁게' 해주는 것과 같은 행동이다.[52]

하토르는 이처럼 '딸랑이 놀이의 주인공'일 뿐만 아니라 '메니트(Menît)의 주인공'이기도 하다. 메니트란 일종의 목걸이로서 이것을 흔들면 그 소리가 성적인 자극을 일으켰다고 한다.[53] 메니트(mnj.t)는 어원을 따지자면 '허벅지, 음부'를 뜻하는 'mn.t'와 관련된 단어라고 추측되어왔다.[54] 이런 점으로 미루어볼 때 하토르는 자신의 아버지 라 앞에서 음부를 보여주었듯이, 여기에서도 남자에게 목걸이를 건네주고 "여기에 당신의 손을 얹으세요"라고 요구함으로써 상징적으로 상대방에게 자극을 주었을 것이다.

실제로 여왕의 형상으로 나타난 하토르는 왕으로 등장하는 라에게 그런 행동을 한다.[55] 때로는 여왕이 왼손으로 방울을 흔들면서 왕을 껴안는 장면(ms mnj.t)도 보인다.[56] 말하자면 여왕이 수동적으로 동침하는 것이 아니라, 자신의 손으로 왕의 페니스를 끌어다가 자신의 음부에 삽입한다. 이집트 미술에서 '사실적'으로 묘사된 동침 장면은 지극히 도덕적인 그림에서는 전혀 찾아볼 수 없고, 오직 상징적으로 묘사된 신들의 결혼 장면(hieros gamos)에만 등장한다.[57] 그러나 포르노 그림에서는 여자가 유혹하는 자세로 다리를 벌려서—때로는 거부하는 자세를 보이고 있는—남자의 페니스를 음부에 집어넣는 장면이 보인다(그림 56).

하토르 신을 숭배하는 의식에서 볼 수 있는 특징으로는 이러한 목걸이와 딸랑이뿐만 아니라 독특한 춤도 있다.[58] 사카라(카이로 남쪽 이집트 왕의 묘지들이 있는 고대 도시-옮긴이)에 있는 제6왕조의 묘지 벽화에 그런 식으로 춤추는 장면이 그려져 있다. 이 그림에서 무희들은 상체를 완전히 뒤로 젖히고 한쪽 다리를 높이

56. 파피루스 55001에 그려진 포르노그래피.

들어올린 채 두 팔을 다리와 수평이 되도록 쭉 뻗고 있는 자세를 취하고 있는데, 이 무희들은 짧은 보자기를 앞쪽으로 둥글게 묶고 있는 것으로 볼 때 하토르의 '하녀들'인 것 같다. 이때 나머지 처녀들은 박수를 치거나 딸랑이를 흔들면서 춤추는 무희에게 리듬을 맞춰준다.[59)]

하토르 여신을 모시는 여사제의 남편이자 세소스트리스 1세의 신하였던 인테피케르의 무덤 벽화에는, 처녀들이 줄지어 서서 통로를 만들어 놓고 박수를 치고 있는 동안 그 가운데로 무희들이 걸어가고, 맞은편에서는 다른 무희들이 이들을 향해 다가오는 장면이 그려져 있다. 여기에 새겨진 문구 가운데 이들 첫번째 그룹의 무희들을 지칭하는 듯한 부분에 "보라, 금(nbw)이 다가오고 있다"는 내용이 적혀 있는데, 여기에서 '금'(金)이란 하토르를 일컫는 표현이다. 두번째 그룹의 무희들을 뜻하는 듯한 그 다음의 문구는 "신(=라)께서 나오실 수 있도록 하늘의 문이 열린다"라는 내용이다.[60)] 이 무희들은 곱슬머리를 가진 여자가 하나도 없는 것으로 보아 남자 파트너를 의미하는 것 같다.

이와 같은 사실들로 미루어볼 때 이들의 춤은 하토르와 태양신의 동침을 예고하는 전주곡과 같은 것이거나,[61] 좀더 정확히 말해서 무희들의 손동작이 무엇을 가리키는지를 암시하고 있는 듯하다. 여자 무용수들은 손으로 무엇을 쥐고 있는 동작을 취하고, 남자 무용수들은 둘째손가락을 쭉 펴고 있다. 이런 동작을 해석하자면 전자는 페니스를 쥐고 수음을 시키거나 그것을 음부 안으로 끌어들이려는 자세이며, 후자는 발기된 페니스를 의미한다고 말할 수 있다.[62]

지금까지의 사례들을 정리해보자. 파피루스 덤불에서 소리가 나면서 하토르가 소를 기르는 목동에게 다가가 음부를 보여주었고, 같은 방법으로 하토르는 아버지 신에게 생기를 불어넣어주었다. 이와 마찬가지로 무희들도 딸랑이를 울리거나 허리에 차고 다니는 방울허리띠를 짤랑거리면서 얇은 수건으로 가려져 있던 음부를 드러냈다.[63] 추측건대 무희들은 춤추는 방식으로 몸을 뒤로 젖히면서 한쪽 다리를 치켜올리거나 활 모양의 자세를 취했을 것이다. 그림 57에 나타난 무희의 모습을 활 자세라고 보는 해석은 뒤로

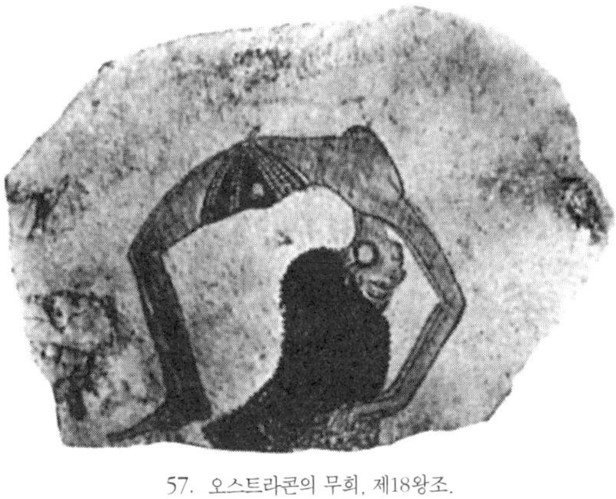

57. 오스트라콘의 무희, 제18왕조.

58. 옴두르만의 무희, 1927년 베르나치크가 찍은 사진.

구르기를 하려는 순간을 포착한 그림이라는 일반적인 인식과 일치되지는 않지만,[64] 오늘날에도 몸을 완전히 뒤로 젖히는 자세를 취하는 누바족 무희들의 모습은 활 자세로 보아야 할 것이다(그림 58).

그러면 하토르는 왜 이런 방식으로 아버지 신을 자극했을까? 앞에서 언급했듯이 원숭이 신 바바가 태양신의 성능력을 문제삼자 태양신은 실제로 하루 종일 힘이 빠진 채 벌렁 누워 있었는데, 딸이 웃기는 바람에 다시 힘을 얻게 되었다. 나의 견해로는 어머니 신의 육신 안에서 매일같이 태양이 활력을 다시 얻는다는 믿음이 이 일화의 바탕에 깔려 있는 것 같다.[65] 하토르는 라의 딸이면서 라의 아내이자 어머니일 가능성도 있다.[66] 하토르가 라의 어머니라는 사실은 이미 피라미드 텍스트에 나와 있다. 자세히 말하자면 하토르는 헤자트 암소로서 아침마다 '금(金)의 송아지'라는 태양신을 출산했다가 저녁이 되면 다시 자신의 몸 안으로 불러들인다.[67] '자궁으로의 회귀'(regressus ad uterum)[68]는 '생명과의 합일'[69]이라는 의미로 'ḫnm m 'nḫ라고 표현되는데, 이것은 곧 성행위를 의미한다. 텍스트에는 이렇게 기록되어 있다. "오, 라 신이여, 누트의 자궁(ḫt)에 정자(mtwt)로 수태(nk)를 시켜주오."[70]

잘 알려진 디오도루스(기원전 1세기의 그리스 역사가—옮긴이)의 기록에 따르면, 신성한 존재인 황소에게 음부를 보여주어서 수태할 수 있게 된 여자들만이 헬리오폴리스('태양의 도시'라는 뜻으로 현재 카이로보다 지하로 10미터 낮은 위치에 건설되었던 고대 이집트의 도시—옮긴이)의 구역에 있는 나일 신전에 들어가도록 허락되었다고 한다.[71] 이 신화의 근원은 암소 여신의 육신 안에서 부활하는 황소의 신 카무테프(Kamutef)에 관한 선사시대의 설화로 거슬러올라간다고 볼 수 있다.[72]

7

모욕으로서의 음부 노출

과거로부터 지금까지 성행위는 어느 사회를 막론하고 사적(私的)인 행위로 인식되어왔다. 따라서 음부를 노출하는 행위는 곧 성적인 유혹의 제스처로서 사적인 영역에 제한되어 있다고 말하더라도 이의를 제기할 사람은 없을 것이다. 나일 강 삼각주 지역에 살던 바스테트(고대 이집트의 고양이 여신-옮긴이)의 시녀들처럼 신체 노출행위를 하나의 예배의식으로 행하는 경우도 마찬가지다. 그러나 여자가 심한 경멸의 표시로 음부를 드러낼 때에는 사정이 전혀 다르다. 이때 구경꾼들이 자신의 행위를 쳐다보고 있는지 아닌지는 아무런 문제가 되지 않는다. 이런 의미에서 그런 여자의 행동은 매우 다른 문화와 다른 시대에 일어나는 것으로서 보편적인 행위라고 볼 수도 있다.

예를 들어 1470년 크렘스 시의 판사 하인리히 슈퇴켈이 남긴 기록에 따르면, '두 여자가 은밀한 곳을 서로 보여준' 사건이 있었는데, 음란한 행동을 했다는 이유로 처벌을 받은 사례가 있다.[1] 이보다 100년 뒤에 장크트 갈렌에서 쿤츠라는 남자와 여자 한 명이 재판을 받게 되었다. 쿤츠가 포도주 한 되를 마신 뒤에 여자와 심한 다툼을 벌였던 것이다. 그가 여자더러 "체면도 모르는 더러운 갈보"라며 욕을 퍼붓자, 여자가 대뜸 "사기꾼"이라고 맞장구를 쳤고, 남자가 계속해서 가만히 있지 않자 마침내 여자가 "남자를 향하여 치마를 걷어올렸다"고 한다.[2] 1532년 늦여름 두브로브니크(크로아티아 달마치야의 항구 도시—옮긴이)에 살던 페트로비치는 란다노비치라는 여자를 고발했다. 이 여자가 자기 집 대문 앞에 나타나 그에게 '뿔 달린 염소'라고 놀리면서 모욕적인 행동을 했다는 이유였다. 그리고 여자는 한술 더 떠서 "옷을 치켜올려 은밀한 부분을 내밀었다"고 한다. 그러고는 그것만으로도 성에 차지 않아 마침내 "저놈은 남색광(男色狂)이라서 옷공장 노동자들을 자기 집으로 데려가 추행했다"며 소리를 질러댔다.[3]

미얀마의 여자들이 서로 심각하게 싸우던 중에, 분노를 참지 못한 한 여자가 자신의 엉덩이에 걸치고 있던 옷을 끌어내리고는 한 손으로 음부를 철썩 때리면서 상대방의 머리에 음란한 어떤 것을 집어던졌다.[4] 만일 그 여자가 남자와 싸우면서 그런 식의 행동을 했다면 미얀마 사람들의 높은 수치심 규범에 따라 제지를 당했을 것이고, 기껏해야 발목 높이까지 치마를 치켜올리거나 분노가 극에 달했다면 무릎까지 치켜올리는 정도에 그쳤을 것이다. 미얀마의 남편들 중에서 자기 아내의 알몸을 본 적이 있는 사람은 극소수에 불과했고, 성행위를 할 때에도 옷을 벗지 않았다.[5] 시골 지역에서는 이런 풍습이 지금까지 변하지 않고 유지되고 있다. 예를 들어 여자아이는 여덟 살이나 아홉 살이 되면 자기 어머니 앞에서도 옷을 벗지 않는다. 젊은 처녀나 부인들은 마을 우물가에서 여자들끼리 옷을 완전히 입은 채 목욕하면서도 남의 눈에 띄지 않게 하려고 한 사람씩 옷을 갈아입는다.[6]

전통적으로 여자들만 허용되는 남성 금지구역에 만일 남자가 들어가고자 할 때에는,[7] 여자들이 화를 내면서 음부를 노출할 수도 있다는 점을 명심해야 한다. 금남 구역으로 인정되는 장소 중에서 가장 대표적인 곳으로는 빨래터를 들 수 있다. 빨래, 설거지, 표백 작업 따위는 여자들이 합법적으로 한 자리에 모일 수 있는 제한적인 활동들이다. 이런 곳에서 여자들은 팔뚝이나 허벅지를 드러내놓고, 온갖 수다를 떨면서 '적대자로서의 남정네들'에 대해 '단결된 여성 공동체'의 존재를 과시한다. "여자들은 빨래를 하거나 빵을 구울 때 기세가 등등해진다."[8]

옛날 프랑스 청년들은 길을 가다가 세탁부들을 만나면, 이중적인 뜻을 가진 말로 "라베부 블랑?"(본래 빨래를 '깨끗이 빨았느냐'는 뜻이지만 발음상 '네것은 깨끗하냐'는 의미가 되기도 한다)이라고 소리를 지르며 지나갔다. 그러면 세탁부들은 치마를 치켜올려 앞뒤로 음부를 보여주었다. 그러나 여자들이 자진해서 그런 행동을 하는 경우도 있었다. 18세기에 센 강을 거슬러올라가던 어느 여행자는 샤티요네 지방의 세탁부들을 목격하고 다음과 같이 적었다.

> 샤이요에서는 강변 모래사장에 나와 내의를 헹구고 세탁물을 두드리고 있던 여자들이 차마 입에 담기조차 수치스러운 욕설을 지나가던 우리에게 마구 퍼부어댔다. 행인들이 아주 음탕한 말로 대꾸하자, 성미 고약한 그 여자들 중에서 나이가 가장 많은 여자가 자기를 당황하게 만든 데 대해 몹시 화를 내면서 젖은 치마를 걷어올리고는, 여태껏 눈으로 보았던 그 어느 것보다도 끔찍스러운 엉덩이를 우리 쪽으로 내미는 것이었다.[9]

상대방에게 모욕을 주기 위한 목적으로 음부를 드러낸다는 인종학적 해석은 주로 아프리카 사회의 여성들에게 해당된다. 키쿠유족(케냐의 원주민-옮긴이)이나 투부족(차드 공화국의 원주민-옮긴이)의 여자들에 관한 보고서에서 여성주의자들은, "수천 년 전 위대한 여신들의 모습을 그릴 때 위엄을 표시하기 위해 나체 상태로 묘사했듯이" 위와 같은 경우에도 몸을 드러내는 행동은 '명백한 위엄의 표시'로 해석할 수 있다고 결론을 내렸다.[10)]

물론 이런 해석은 매우 제한된 범위에서만 가능하다. 한편 신석기 시대의 '원시 어머니들'과 그들의 조상인 후기 구석기 시대의 여자들이 '위엄을 나타내기 위해' 옷을 입지 않고 다녔다는 증거는 하나도 없으며, 그럴 만한 개연성도 전혀 없다.[11)] 키쿠유족의 남편이 다른 여자를 만나 아내를 배반하자, 아내들이 그 남편 앞에서 옷을 벗었다. 그들은 이런 식으로 남편에게 경멸의 표시를 나타내면서 앞으로는 그런 남편에 대해서는 어떠한 성관계도 거부하겠다는 결의를 보여주었다.

키쿠유족 여인들이 이런 식으로 경멸의 표시를 나타낸 대상은 남편뿐만이 아니라 이방인도 포함되었다. 최근에 있었던 사례를 소개하자면, 열두 명의 키쿠유족 여인들이 사람들이 들끓는 나이로비의 광장에 대형 천막을 치고 그 안에서 단식투쟁에 들어갔다. 그들의 자녀와 형제들이 정치범으로 체포되어 감옥에 갇힌 데 대한 항의시위였다. 경찰 정예부대가 텐트를 습격하려고 다가서자 그 여인들 중에서 몇 명이 옷을 완전히 벗은 다음 경찰 앞에 나서더니 가슴을 출렁이며 춤을 추기 시작했다. 그러자 경찰은 그 자리에서 멈칫하고는 고개를 옆으로 돌렸다. 소동이 끝나고 난 뒤 이 장면을 촬영했던 독일 텔레비전 기자에게 한 여인이 이렇게 말했다. "내가 왜 그런 행동을 했는지 나로서도 설명할 수가 없어요. 정말 괴로운 일이었지요!" 어떤 여인은 이런 말을 했다. "맞서 싸워야 한다는 생각과 함께 갑자기 힘이 솟는 기분이 들었어요. 그래서 나도 '자, 다 같이 싸우자!'라고 말하려 했어요."[12]

차드 공화국의 투부족 여인들은 다른 사람들이 있는 자리에서 남편에게 모욕을 당하면, 대중 앞에 자신의 알몸을 드러내는 방법으로 남편을 부끄럽게 만들었다.[13] 이 여인은 아마 남편에게 이제는 더 이상 자신한테서 성적인 특권을 누리지 못하게 하겠다는 결심을 널리 알리려는 의도에서 스스로 알몸을 드러냈을 것이다. 사교 모임에 참석했던 어느 부부는 남편이 다른 여자를 데리고 추잡한 짓을 벌이자, 부인이 완전히 알몸을 드러내어 남자 손님들의 시선을 끌었던 일이 있었다. 프랑스의 극우파 지도자 르팽은 어느 잡지사와 인터뷰를 하면서 헤어진 아내에 대해 험담을 늘어놓았다가 위와 비슷한 망신을 당했다. 헤어진 아내가 그 잡지의 다음 호에 유방을 드러낸 채 다리를 벌리고 있는 사진을 실었던 것이다. 물론 이 사진을 본 수많은 프랑스 여자들—추측건대 남편의 정적(政敵)들까지—은 아마 후련한 기분을 느꼈을 것으로 짐작된다.[14]

아프리카에서는 남자가 어떤 여자를 욕되게 하거나 창피를 주면 여자들이 집단적으로 반응하는 경우가 가끔 있었다. 특히 '여성에 대해 적대적'이라는 인상을 줄 만한 성적인 모욕이나 간통에 관련된 경우가 그러하다. 한 예를 들면, 바크베리족의 한 남자가 여러 사람이 모인 자리에서 한 여자에게 "너의 음부에서 구린내가 난다!"고 말한 적이 있었다. 그러자 이 여자는 마을 여자들을 모두 불러모았다. 그러고는 그 남자를 에워싸고 여자들 모두가 한꺼번에 음부를 드러내 보이면서 모욕한 대가로 돼지 한 마리를 내놓으라고 요구하고, 나아가 더러운 욕을 먹은 당사자를 위해 추가로 배상금을 내라고 했다. 동시에 그들은 음란한 노래도 불렀는데, 그 노랫말에는 "티티 이콜리(=수천 개의 음부)는 모욕의 대상이 아니라 정말 아름다운 거라네!"라는 내용이 들어 있었다. 이럴 때 다른 남자들은 여자들의 드러난 음부를 쳐다보지 않으려고 넓은

59. 남자 사냥을 끝내고 돌아오는 상아 해안의 베테족 여인들이 도로를 가로막고 있다.

장소로 급히 몸을 피하려 한다. 혈연이나 친척관계에 있는 여자의 하반신을 쳐다보는 행위는 아주 창피스러운 일로 인식되었기 때문이다.[15)]

파라쿠요 마사이족은 근친상간 혐의를 받은 남자가 있을 때 이웃에 사는 여자들이 모두 몰려나와 '집단 시위'(enkishuroto)를 벌인다. 다시 말해서 여자들 모두가 완전 나체로 큰 소리를 지르면서 그 남자의 집으로 몰려간 다음 음부를 드러내면서 시위를 벌인다. 이런 상황에서 남자가 궁지에 몰리더라도 주위의 다른 남자들은 여자들의 '위세에 눌려' 감히 그를 두둔할 엄두를 내지 못한다. 이때 범인으로 지목된 남자는 어쩔 수 없이 벌칙으로 암소 두 마리를 바쳐야 한다.[16)]

투겐족은 남자가 음탕한 발언으로 여자를 모욕하거나, 매일같이 공격적인 행동을 하고서 곧장 사과하지 않으면, 이와 비슷한 일을 당하게 된다. 다시 말해서 모욕을 당한 여자와 같은 또래의 마을 여자들 모두가 옷을 벗은 채 그 남자의 집으로 몰려가 점잖지 못한('아주 끔찍스러운') 노래를 부르면서 음탕한 자세로 음부를 드러낸다.[17] 이들이 이미 어린 시절부터 어떤 상황에서도 자기 부모나 다른 어른의 발가벗은 알몸을 쳐다봐서는 안 된다고 교육받은 사실에 비추어보면, 그것은 놀라운 일이다. 남의 나체를 쳐다보는 행위는 곧 저주받는 거나 다름없는 일이었던 것이다.[18] 발가벗은 여자들이 나쁜 짓을 저지른 남자의 집으로 쳐들어가면 "그 남자의 집 안에 있던 불기운이 죽는다"고 알려져 있었다. 이 말은 곧 그 남자의 성능력이 상실된다는 뜻이다.[19]

나의 친구 브뤼게만(W. Brüggemann)은 리엘라(Lyela)에서 한 여인이 음순을 벌림으로써 자기 아들을 치욕스럽게 만든 사건을 경험했다. 40세쯤 되어 보이는 부유한 농부 베사나가 어느 날 다섯번째 아내를 맞아들였다. 근처의 지방도시에 들렀다가 만난 토고 출신의 창녀였다.

> 이 여자가 그의 집에 와서 살기 시작한 지 석 달이 되었을 때였다. 집안은 온통 흥분의 도가니였다. 이 집에는 사망한 아버지로부터 물려받은 여러 명의 여자들과 베사나의 어머니가 살고 있었다. 어머니는 매우 결단성이 있는 60세 가량의 여인이었다. 집안 여자들의 우두머리요 대변자이기도 했다. 마침 내가 그 집에 머물고 있을 때, 집안 다툼이 절정에 도달해 있었다.
>
> 그때 나는 친구 세 명과 함께 '추수감사 잔치'를 촬영하기 위해 그 집에 와 있는 중이었다. 다음해에 더 좋은 수확이 있게 해달라고 조상에게 비는 일이 잔치의 가장 중요한 행사였다. 제물로 선정된 수탉을 죽일 때 용쓰는 모습을 보고 미래를 점치는 과정이 있었는데, 수탉이 바른 자세로 쓰러지지 않고 엎어져 죽고 말았다. 불길한 징조였다. '반대파'가 볼 때 그 이유는 명백했다. 새로 맞아들인 여자 때문이라는 것이다. 노파는 뜻밖의 행

동을 보여주었다. 큰 소리를 지르며 앞으로 나서더니 그 여자를 당장 내보내라고 아들에게 요구하는 것이었다. 아들 베사나는 난감하다는 듯이 진땀을 흘리면서 법석을 떨기 시작했다. 그러고는 어머니에게 아주 무례하게 대들면서, 상관 말고 잠자코 있든지 아니면 어머니가 이 집에서 나가라고 고래고래 소리를 지르는 것이었다.

그러자 희한한 광경이 벌어졌다. 노파가 치마를 번쩍 치켜올리면서 다리를 벌린 다음 대음순을 벌리면서 소리를 질렀다. "자, 여길 봐라. 너는 이 구멍에서 나왔어. 물고기처럼 젖은 몸으로 말이다!" 이 멋진 한마디에 뒤이은 장황한 설명은 흥분된 질문에 이르러 절정에 도달했다. "이 집은 네 아비의 집인데, 감히 나를 쫓아내겠단 말이냐? 내가 페울족이라도 된단 말이냐?" 화가 머리끝까지 치민 노파는 베사나의 아내들과 '작은 엄마들'의 부축을 받으며 실려가듯 자기 오두막으로 사라졌다. 베사나는 꼼짝도 하지 않고 고개를 푹 숙인 채 그 자리에 앉아 있었다. 제물을 바치는 일을 도와주던 주위 사람들도 마찬가지였다. 나는 동료들에게 눈짓으로 신호를 보내고, 자리에서 일어나 떠나도 좋다는 허락을 받고 나왔다. 사흘 뒤에 알아보니 결국 새로 맞아들인 아내는 가버리고 없었다.[20]

동부 아프리카에 사는 포코트족의 경우, 정상적인 상황에서 여러 사람 앞에서 음부를 드러내는 여자는 '미친 여자'(kipoiyi)뿐이며, 그 광경을 바라보는 남자는 심한 모멸감을 느낀다. 물론 남편이 아내와의 성관계를 소홀히 하는 경우에도 여자들이 집단으로 몰려와 그 남편을 에워싸고 조롱하는데, 막대기로 페니스를 건드리면서 "거시기가 서지도 못하는 놈"이라고 놀려댄다. 그러고는 마지막으로 여자들이 하체를 드러내고, 땅바닥에 쓰러진 남자의 얼굴에 음부를 들이대고 똥오줌을 눈 다음, 큰 소리로 노래를 부른다. "불알은 뭣 하러 달고 다니나? 너는 사내가 아니야!"[21)]

한편 상아 해안에 거주하는 바울레족 여자들은 자신을 폭행하려는 남자들을 향해 음부를 드러내는 방법으로 위협을 준다. 이때 여자들은 "이따금 가면을 쓰고 춤추는 남자들의 습격"만이 효과적이라는 사실을 주지시키려는 희망을 가지고 있었던 것 같다. 나에게 이 이야기를 전해준 여성 인종학자는 음부에 '파괴적인 힘'과 '생명 구제력'이 있다고 두 가지로 구분하여 설명했다.[22)] 후자는 여자들이 전쟁 중에 적군을 몰아낸다거나 가뭄이나 전염병이 퍼져 악령을 몰아내고자 할 때 발현된다는 것이다. 이와 같이 위의 인종학자는 음부 노출의 기능을 두 가지로 파악하고 있다. 그러나 그 기능은 분명히 한 가지뿐이다. 말하자면 폭행을 저지른 남자를 위협하는 경우와 적군이나 악령을 몰아내려는 경우 상대방을 위협한다는 점에서 공통적이다. 이럴 때 여자들은 젖가슴을 가리고 음부만 노출한 상태로 춤을 추는데, 이 여자들의 음부 노출행위에 대해 여성의 '수태능력'을 과시하려는 행동이라고 해석하는 것은 전혀 납득되지 않는다. 하필이면 왜 적을 향해 수태능력을 과시한단 말인가?

적군을 놀래주려는 목적으로 음부를 드러낸 예는 세계 곳곳에서 찾아볼 수 있다. 그 예로 핀란드의 추덴족이 방화와 노략질을 일삼으며 라플란드족의 거주지로 침입해 들어왔을 때, 한 노파가 이런 말을 했다고 한다. "낯선 배가 해협 한가운데로 들어오거든 나한테 알려라!" 실제로 낯선 배가 나타나자 노파는 허리를 굽혀 아랫도리를 벗었다. 그 순간 갑자기 사나운 폭풍이 몰아치면서 배가 전복되고, 해적들은 모두 익사했다.[23)] 걸토리스(Gullthoris) 신화에는 여자가 음부를 노출함으로써 적의 칼을 무디게 만들려 했다

는 이야기가 나온다.[24] 푸에블로 인디언의 처녀들도 이런 방법으로 적군을 몰아냈다.[25]

옛날 발리 여자들이 이런 방법으로 성과를 거뒀다는 이야기는 제법 그럴싸하다. 1797년 프랑스 군대가 피시가드 해협 부근의 구드윅에 상륙하자 이 지역의 수많은 여자들이 빨간 치마에 목도리와 반짝이는 모자를 쓴 민속의상 차림으로 양손에 빗자루를 들고 몰려나갔다. 그러고는 적군이 보이는 곳에 이르러 치마를 걷어올리고 하체를 드러내 보였다. 상륙한 적군은 이 여자들을 빨간 치마에 흰 바지를 입은 영국군으로 오인하게 되었다. 프랑스 병사들은 이에 겁을 먹고, 손에 쥐고 있던 머스킷 소총을 내던지고 모두 줄행랑을 놓고 말았다.[26]

프랑스 여자들이 메리쿠르의 지휘 아래 오스트리아 병사들 앞에서 음부를 앞뒤로 보여주고 있는 장면은 그림 60에 나와 있는 바와 같다. 1848년 혁명 기간에 정치에 참여한 여자들을 비꼬는 풍자만화에서도 그와 같은 장면이 나온다. 이 만화에 그려진 젊은 여자들은 경찰관 앞에서 젖가슴과 음부를 드러낸 채 서 있고, 경찰은 "이 여성단체는 해산하라"고 적힌 훈령을 낭독하고 있다(그림 61).[27]

이와 같은 예들을 볼 때 적 앞에서 음부를 드러내는 행위는 지난 세기에 있었던 특수한 유형이라는 전제를 달아야 할 것 같다. 말하자면 오래 전부터 곤혹스러움의 규범이 진화되는 과정에서 나타난 형태로 보아야 할 것이다. 요새의 성벽 위에서 카테리나 스포르차라는 여인이 '음부를 노출'[28]함으로써 자신의 남편을 죽인 살인자들에게 복수를 했던 적은 있으나, 보통의 유럽 여자들한테서 그런 반응을 기대하기는 어렵다고 봐야 한다.

앞에서 언급했던 지극히 '정상적인 여인' 르팽의 보복 행위뿐만 아니라 현재의 여러 예들을 보더라도 그러하다. 이를테면 심리분석가들의 보고에 따르면, 많은 어머니들이 자녀에게 겁을 주려고

60. 「반군의 대패주(大敗走)」, 1792년 2월 『궁정 · 도시 신보』에 실린 삽화.

할 때 알몸을 드러내는 방법을 이용했으며,[29] 1914년에 한 영국 여인은 농부 몇 명이 무기를 들고 자기 집에 침입하자 음부를 드러냄으로써 그들을 물리쳤다고 한다.[30]

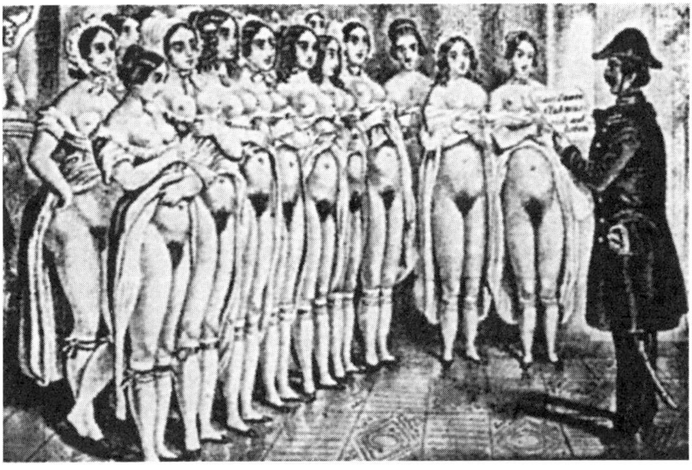

61. 「해체 직전의 여성 민주단체」, 1848년의 만화.

제2차 세계대전 당시에 나온 폴란드 풍자만화 중에 여군 병사가 하반신과 유방을 드러냄으로써 방공호에 웅크리고 있던 독일 병사들을 공포에 떨게 만드는 그림이 있다(그림 62).[31] 이 만화는 하우

62. "손들엇!"(?) 제2차 세계대전 당시의 폴란드 만화.

프트만(Hauptmann)의 희곡 「직조공들」(Die Weber)에 나오는 다음과 같은 장면을 떠올리게 한다.

늙은 직조공(집 안에서) 조심하라구. 군인들이 잡아갈라.

직조공 2(허둥대며) 걱정하지 마. 여자들뿐인걸! 치마를 걷어 올리면 되지! 군인들도 어쩌지 못할 거야!

여자 직조공(안쪽을 향해 큰 소리로) 맙소사, 당신네 마누라들을 봐요. 더 잘 싸우고 있어요. 음악에 맞춰 춤을 추듯 총칼 앞에서 날뛰고 있다구.[32]

위와 같은 장면은 만화나 연극에 불과하므로 현실 속에서는 절대로 이런 장면이 벌어질 수 없지 않느냐고 반문할 사람이 있을 것이다.

물론 이러한 주장에 반론을 제기할 수 있는 실제 사례들은 얼마든지 있다. 1985년 3월, 평화운동 단체의 회원들이 하일브론(Heilbronn)의 발트하이데 미군기지 앞에서 원자 로켓과 우주선 무기 개발에 반대하는 나체 시위를 벌였다. 그리고 같은 해 레이건 대통령이 자동차로 함바흐 성으로 가던 도중에 길을 막고 농성 중인 청년들에게 저지당한 일이 있다.[33] 그림 63은 독일의 남녀 반핵 시위대가 독일과 프랑스의 국경을 사이에 두고 프랑스 경찰을 향해 경멸적인 자세로 엉덩이를 드러내고 있는 장면을 보여주고 있다. 이보다 몇 년 전에는 충격을 받은 미군 수비대가 오하이오 주에 있는 켄트 대학에 군대를 투입하여 많은 학생들을 사살한 사건이 일어났다. 당시의 기록 중에 이런 내용이 실려 있다.

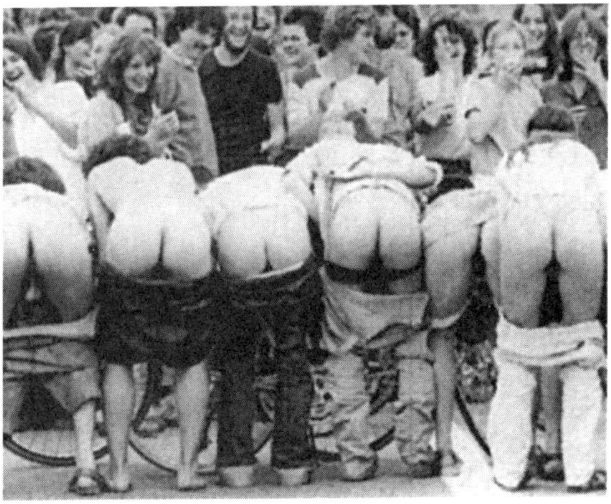

63. 1981년 독일 핵반대 시위대가 프랑스 입국을 저지당하자 프랑스 경찰을 향해 엉덩이를 드러내고 있는 장면.

젊은 여자들이 한 목소리로 음탕한 욕설을 퍼부으면서 외설적인 몸짓을 하는 것 같았다. 이런 광경은 지금까지 한 번도 본 적이 없다.[34]

음부를 드러낸 장면을 보고 겁을 먹거나 쫓겨난 대상 중에는 인간만이 아니라 악령이나 악마들도 있다. 예를 들어 옛날 중국에서 여자 무당들이 가뭄 귀신을 물리치고자 할 때 옷을 벗어 알몸을 드러내는 의식을 벌였고,[35] 오늘날에도 간쑤성(甘肅省)의 '여자 마법사들'은 가뭄이 계속되면 이를 끝내게 하려고 옷을 모두 벗는다.[36] 본래 여성은 습기나 냉기 같은 음(陰)을 대표하는 존재이고, 따라서 가뭄이 계속되는 동안에는 공공장소에 여자들만 나오게 하고 남자들은 외출을 삼가도록 했다. 그리고 도시의 성문 중에서 북문만 열어두는데, 이것은 북쪽이 음의 방향이므로 비가 내리기를 기다린다는 의미를 갖는다.[37] 루브루크(W. v. Rubruk)의 보고에 따르면, 몽골 여자들은 밝은 대낮에는 하반신을 드러내는 일이 없도록 항상 조심한다. 만일 그럴 경우 천둥과 번개를 동반한 소나기가 쏟아진다고 믿었던 것이다. 오늘날에도 그런 이유로 속옷만 입은 상태로는 하늘이 보이는 바깥으로 나오지 않는 여자들이 있다고 한다.[38]

중세 후기와 근세 초기의 서양 여자들은 악마에게 자신의 음부를 앞에서 보게 하거나 아니면 뒤에서 볼 수 있도록 몸을 앞으로 굽혀 치마를 치켜올리는 방법으로 스스로를 방어했다. 그림 64는 그런 장면을 아주 우아하게 암시적으로 묘사한 작품이다.[39] 그 뒤로 수백 년 동안 악마는 이런 광경에 대해 제대로 익숙해 있지 않았던 것 같다. 그림 65에서 볼 수 있듯이 계몽주의 시대에 들어와서도 악마는 "그 무시무시한 것"을 보고 너무나 충격을 받은 나머지 성호를 긋지 않을 수 없었다.

64. 악마와 버터를 만들고 있는 여자, 1526년 고슬라르.

65. 라 퐁텐의 「파프피기에르의 악마」에 실린 삽화, 1762년 샤를 에젱이 제작한 동판화.

장난기 섞인 그 말에/그녀가 그것을 드러내 보였다네. 그게 뭐냐구? 끔찍스러운 것이었지./악마는 너무나 겁이 나서/성호를 긋고, 하마터면 쓰러질 뻔하였다네. 본 적도, 읽은 적도, 들어본 적도 없는 그것은/발톱을 드러내고 덤벼드는 맹수의 공격과 같았다네.[40)]

악마의 이와 같은 반응을 과장된 것이라고 생각한다면 세기말의 자전적 소설에 나오는 다음의 장면을 읽어보시라. 이 작품에서 작자는 하녀한테서 겪었던 그와 비슷한 경험을 회상하고 있다.

그 여자가 몇 걸음 내 앞으로 다가오더니, 얼른 치마를 치켜올려 탐스럽게 생긴 탄탄한 다리를 보여주는 것이었다. 생긴 모습은 상당히 예쁘지만 좀 천박해 보이는 처녀였다. 더구나 치마를 너무 높이 쳐드는 바람에 털이 난 그곳이 그대로 눈에 들어왔다. 가운데 있는 거시기가 정말로 큼직했다. 그걸 보니 거부감이 들었다. 다 큰 처녀나 베아트리체의 그것보다도 훨씬 커서 소름이 끼칠 지경이었다. 그야말로 거대한 흉물이었다! 피 한 방울도 남기지 않고 모조리 빨아들일 것 같은 물건이었다. 그런 생각이 들자 나는 온몸이 떨렸다.[41)]

유명한 귀족이었던 고다이바 부인이 알몸으로 코번트리 시의 재앙을 막으려 했다는 이야기도 분명히 사실인 것 같다. 물론 지금으로서는 그 재앙이 어떤 것이었는지 밝히기는 어렵다. 있는 그대로 보자면 이미 중세시대에 고귀한 가문의 귀부인이 발가벗었다는 사실은 당시 사람들의 체면의식을 짐작케 한다. 12세기의 연대기 작가 웬도버는, 고다이바가 긴 머리를 풀어헤친 다음 예쁜 허벅지만 제외하고 온몸을 정숙하게 가리고, 말을 타고 시내를 돌았다는 사실을 확인하고 그 점을 중요하게 여겼다.

16세기에 코번트리 태생의 그래프턴은 중세시대의 자료를 근거로, 귀부인이 그렇게 하는 대신 주민들에게는 엄격하게 예의를 지켜줄 것을 요구했다고 주장했다. 구체적으로 말해서 "여성을 존중하는 의미에서 주민들은 부인이 말을 타고 다니기 시작하는 날의 그 시각부터 도시 전체에 명령을 내려 집집마다 빠짐없이 창문을 모두 닫을 것이며, 한 사람도 거리를 내다보거나 바깥에 나돌아다녀서는 안 된다"고 했다.[42] 당시의 주민들은 모두 이 명령에 따랐고, '귀부인의 체면'도 지켜졌음이 분명하다.

그러나 훗날 이 이야기는 자극적인 방향으로 변형되었다. 그 중에서 1659년에 '엿보기 좋아하는 톰'이 손가락 사이로 그 장면을 몰래 훔쳐보았다는 이야기가 처음으로 등장했다.[43] 이때부터 말을 타고 있는 귀부인의 모습을 그린 그림이 나오게 되었는데, 여기에 묘사된 모습은 긴 곱슬머리가 음부를 가린 정도에 불과하다(그림 66). 그

66. 16세기 후반, 말을 타고 있는 귀부인 고다이바의 모습.

렇지만 여성용 안장 위에 정숙한 자세로 앉아 있는 모습이다. 발가벗은 여자가 남자용 안장에 앉아 있는 모습이라면 후기 르네상스 시대에 와서도 상상할 수 없는 외설적인 자세로 인식되었을 것이다.

8

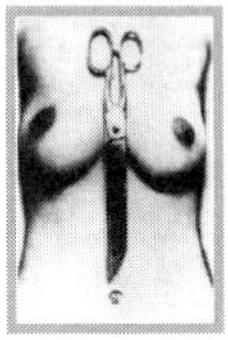

여성의 위력

인도에서 기질적으로 여성화된 남자아이는 대개 경멸의 대상으로 취급되었다. 예를 들면 그들은 나이가 좀 많은 사내아이들의 항문교접이나 그 밖의 성행위 실습 대상이 되며, 부모에게서 '정상아'가 되라는 압력을 받는 일이 많다. 그래서 그런 아이들은 집을 뛰쳐나가 대도시에서 방황하다가 전국을 떠돌아다니는 유랑극단을 만나면 '싸구려 섹스 연극'에 출연하여 여자 역할을 맡는다.[1] 그런가 하면 히즈라(hijrā) 공동체에 가입하여, 여자 옷을 입고 다니면서 스스로 여자 행세를 하는 아이들도 많다. 그래서 이들은 양성을 가진 아이로 통하기도 하는데, 그들 자신은 남자도 아니요 여자도 아니라고 주장한다.[2] 이 아이들은 한번 히즈라에 가입하고 나면 히즈라의 일원으로서 이때부터는 모든 성행위를 단념해야 칭찬을 받는다.[3] 그러나 실제로는 대부분 목욕탕에서 매춘 행위를 하며, 그 대가로 받는 돈의 절반쯤은 시설의 소유주나 임대인의 손으로 넘어간다.[4]

히즈라는 어머니 신으로 알려진 바후차라 마타(Bahuchara Mātā)와 동일시되며,[5] 그렇기 때문에 이들은 과거 키벨레(풍요로운 대지를 상징하는 프리기아의 여신—옮긴이) 교도들처럼 페니스와 고환을 제거하는 수술을 받고, 그와 동시에 신비한 능력을 얻는다. 히즈라들은 거리의 행인이나 상점 주인을 찾아다니며 손뼉을 치면서 헌금하라고 요구한다. 이때 만일 상대방이 돈을 주지 않거나, "사실 당신은 (신이 아니라) 인간이잖소!"라고 말하면서 모욕을 주면 그들은 그 자리에서 거세된 자신들의 성기 부분을 드러내는데, 이런 행동은 아주 좋지 못한 저주를 의미한다. 어느 집안에 아들이 태어났을 때, 또는 결혼식 잔치가 벌어져 외설적인 춤과 노래가 진행될 때에도 악령을 물리치려는 목적으로 히즈라들이 이런 행동을 보여주게 되며, 이때 잔치 비용은 대개 신부측에서 부담한다.[6]

미크로네시아의 팔라우 섬에 있는 청소년 공동체 건물(bai)에는 지붕 옆벽에 '딜루카이'(dilukai) 또는 '딜른가이'(dilngáy)라고 부르는 조각상들이 붙어 있는데, 여기에 조각된 여자들은 다리를 넓게 벌린 채 음부를 노출한 자세를 보이고 있다(그림 67). 그런데 이런 모습들은 악령이 집 안으로 들어오지 못하도록 방어하는 힘을 발휘한다고 한다. 다시 말해서 중세시대의 교회에 조각되어 있던 셰일라-나-기그와 똑같은 기능을 한다. 이 조각은 오직 지정된 전문가가 제작하도록 허용된다. 만일 다른 사람이 손을 대면 일을 시작하는 순간 그 사람에게 죽음의 저주가 내려지기 때문이다. 이 섬의 주민들 말에 따르면 옛날에—보기 싫은 사람을 쫓아내고자 할 때 별다른 방법이 없으면—자기 집 대문 기둥에 발가벗은 여자 두 명을 "딜루카이 조각에 묘사된 것과 같은 자세로" 묶어놓았다고 한다.

여성의 음부에 관련한 팔라우 주민들의 수치심 수준은 매우 높았다. 그렇기 때문에 예를 들어 남자가 목욕장 근처를 지나갈 때

67. 팔라우 섬, 청소년 공동체 건물의 측면 벽에 조각된 '딜루카이'.

에는 큰 소리를 내어 자신의 존재를 알려야 했다. 그리고 목욕 중인 여자에게 접근하여 놀라게 하는 남자는 성폭행을 저지른 사람과 똑같이 벌을 받도록 되어 있었다.[7] 따라서 남자가 집에 돌아와 그런 장면을 목격했을 때의 충격이 어느 정도였는지를 상상할 수 있을 것이다(그림 68). 그 남자는 소스라치게 놀라 도망쳐서 다시

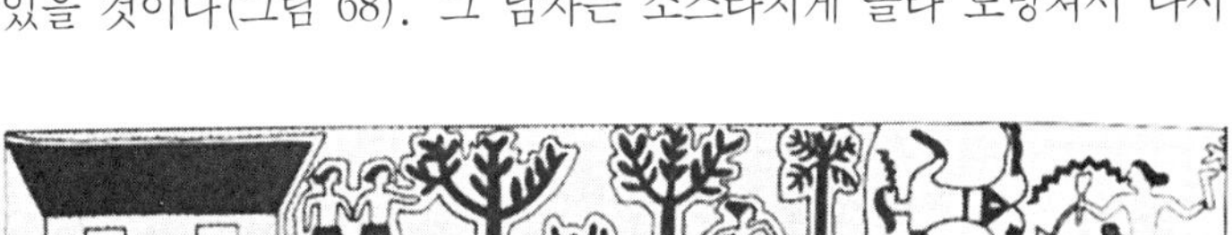

68. 다리를 벌리고 있는 나체 여자와 마주친 남자, 팔라우 섬.

는 나타나지 않았다. 그가 별똥별로 변했다는 소문이 있으나 정확히 아는 사람은 아무도 없다. 그래서 그가 나타나지 못하도록 지

키기 위하여 사람들은 딜루카이 조각을 새겨서 지붕 옆벽에 달아 놓게 된 것이다.[8)]

중세 교회나 '딜루카이' 조각품들의 방어적 기능은 문명화 과정에 대해 특정한 견해를 갖고 있는 해석자들에게 의문을 던져줄 것이다. 그들은 이 조각품들에 대해 절대로 '음란한 대상물로 파악' 할 것이 아니라 '육체를 찬양하는 이데올로기'의 발현으로 보아야 한다고 주장한다. 말하자면 이러한 형상들은 여성의 육체가 아직 '가꾸는 대상'이 아니라 '찬양의 대상'이었던 시대의 사회적 산물이라는 것이다.[9)]

그러나 의문점은 그대로 남아 있다. 노출된 음부가 공포감을 자아내는 이유는 무엇인가? 여자가 하체를 벗고 다리를 벌리는 장면이 보이거나 그런 그림만 보여도[10)] 인간과 악령들이 도망치는 이유는 무엇일까?

몇몇 행동연구가들은, 예를 들어 게르만족의 경우 폭풍이 불어 집이 흔들리면 남녀 모두 밖으로 나와서 바지를 벗고 폭풍우를 향해 엉덩이를 내밀었는데, 이것은 폭풍의 신으로 하여금 음부와 항문을 통해 들어오게 하려는 동작이며, 나아가 이와 같이 복종의 몸짓을 보여줌으로써 폭풍의 신을 진정시켜 화해를 모색하려는 목적이었을 것이라는 견해를 표명했다.[11)] 제4장에서 언급한 여자들이 이른바 적을 진정시키기 위해 유방을 드러냈던 반면에, 이 경우의 남녀들은 우월한 힘을 가진 상대방의 공격성을 '둔화'시킬 목적으로 남녀를 불문하고 하체를 드러냈다.

파비안족 여자들은 남자와 교접하려는 경우만이 아니라 남자에 대해 두려움을 느끼는 경우에도 음부를 드러낸다는 사실이 관찰되었다. 나아가 그들은 유화적인 자세로 다가와 상대방에게 가까이 오라는 의사를 표시할 경우에도 그런 행동을 보였다. 예컨대 성인 여자가 어린아이를 가까이 오도록 유인할 때에도 하체를 드러낸다. 또는 젊은 여자가 다른 부인의 아이를 쓰다듬어주고 싶을 때 허락해달라는 의미로 자신의 나체를 드러내 보인다.[12]

여자가 음부를 드러내면 공격적인 자세를 취하고 있는 상대방에게 어느 정도 '다른 생각'을 갖도록, 예를 들면 성적인 관심을 갖도록 유도하여 진정시키는 효과를 얻는 경우가 많다는 사실은 의심할 여지가 없는 듯하다. 이미 알려진 사실이지만 길가메시(바빌로니아 영웅 서사시에 나오는 주인공—옮긴이)는 엔키두(지하의 신—옮긴이)를 진정시키기 위하여 이슈타르(사랑과 성생활의 여신—옮긴이) 신전의 매춘부를 보내어 음부를 보여주고, 7일 동안 밤낮으로 교접을 계속하게 하여 거센 힘을 빼앗고 말았다.[13]

니네베(티그리스 강변의 고대 메소포타미아 도시—옮긴이)에서 출토된 나체 여인의 부조(浮彫)에는, 아수르벨칼라 왕이 "웃기 위하여 이 조각상을 세웠다"는 내용이 기록되어 있다.[14] 후기 아카드 시대의 인장에 새겨진 그림에서 치부를 드러내고 있는 여신이 동일한 방법으로 자신의 파트너를 '웃도록' 만들었을 것이라는 짐작도 할 수 있다. 신화에 나오는 이슈타르 여신이 바다의 용 앞에서 음부를 드러냄으로써 그 괴물을 진정시켰을 가능성은 매우 높다.[15]

오나족(칠레 남쪽 끝의 티에라 델 푸에고 섬에 살던 인디언 부족—옮긴이)에 관한 이야기 중에는 한때 이들이 적의 공격을 받게 되자 자신이 거느리고 있는 젊은 아내 가운데 한 명을 강제로 적에게 보내어 음부를 드러내게 했다는 이야기가 전해지고 있다. 이때의 목적은 적을 몰아내기 위해서가 아니라 그들을 유인한 다음 뒤에서 처치하기 위한 책략이었다.[16] 바슈족 여자들은 남자들이 사냥을 하는 동안 언덕에 올라가 음부를 드러내고, "울리 니아마 요무칼리!"(너는 여자의 짝이 되는 짐승이란다!)라고 소리를 질러댄다. 이런 식으로 들소를 유인하여 순순히 따라오도록 유도하면 사냥꾼 남자들이 쉽게 잡을 수 있었던 것이다.[17]

그리고 에티오피아의 일각수(一角獸) 사냥에 관한 중세시대의 기록에 따르면, 사람들이 암컷 원숭이를 데려다가 다리를 벌리게 하여 전설 속의 그 짐승을 성적으로 흥분시켜 꼼짝 못하게 만들었다고 한다. 여기에 나오는 암컷 원숭이가 변형된 다른 이야기에서는 처녀로 등장한다. 즉 처녀가 냄새를 풍기거나 유방을 노출해서 짐승을 유혹하자 그 짐승은 당장 처녀의 품안에 머리를 기대어 잠들었고, 그리하여 사냥꾼들이 짐승을 쉽게 사로잡을 수 있었다.[18]

풀베족 여자들의 인사법은 분명히 성적인 유혹의 몸짓이라기보다는 복종의 몸짓으로 보아야 한다. 그들은 식민지 지배자 같은 신분이 높은 사람들 앞에서 엉덩이와 음부를 내밀어 복종을 표시한다(그림 69).[19] 구라게족 여자들도 그런 관습을 가지고 있었

69. 식민지 지배자들에게 인사하고 있는 풀베족 여인들.

다.[20] 1970년대 행동분석협회(AAO: 노동, 재산, 섹스 따위의 공동소유를 추구하는 단체—옮긴이) 단원들의 고백의식에서 젊은 여자가 취하고 있던 자세도 그러하다(그림 70). 자바 섬의 여자들은 유럽인이 나타나면 뒤로 돌아서서 허리를 굽히고 엉덩이를 내밀었다. 그러나 남자들은 그냥 쪼그려 앉기만 했다. 지난 세기에 이런

70. 자기고백 의식을 벌이고 있는 행동분석협회의 여성단원, 1975.

광경을 목격한 어느 여행자는 이렇게 말했다.

> 사내아이들도 그들의 어머니와 똑같은 자세로 존경의 몸짓을 보였는데, 이 아이들은 바지를 입고 있지 않았으므로 만일 유럽에서 그런 자세를 취했다면 오히려 반대의 의미로 전달되었을 것이다.[21]

물론 유럽에서도 굴욕적으로 엉덩이를 내미는 관습이 있었고, 오늘날 "누구 앞에서 바지를 내린다"는 표현은 바로 거기서 유래하였다. 예를 들어 르네상스 시대 피렌체의 관습 가운데 이런 것이 있었다. 지불 능력이 없는 채무자는 노이에 마르크트 광장의 군중 앞에서 바지를 내리고 길바닥에 박혀 있는 '큼직한 돌'(lastra)에 엉덩이를 부딪쳐 채권자에게 자기 재산을 모두 털어주는 행동을 보여주면, 이로써 모든 개인적인 채무에서 벗어난다.[22] '파산하다'(batter il culo sul lastrone)라는 이탈리아식 표현은 바로 이런 관습에서 유래하였다.[23]

내 추측으로 이러한 행동은 동성간의 항문성교에 따르겠다는 의사표시가 아니라 등뒤에서 음부에 삽입해도 좋다는 여성의 몸짓을 흉내낸 것으로 보이는데, 물론 이러한 여성적인 자세는 수동적인 특성을 나타낸다. 그 예로 뉴기니의 잠비아족 남자들이 사내아이에게 구강성교를 부탁하고 싶을 때는, 이 사회에 항문성교 관습이 없는데도 유혹적인 몸짓으로 엉덩이를 드러낸다.[24]

중세시대 귀글링겐의 성직자들 사이에서는 여성들에게만 예의 바른 행동으로 통하는 행위를 하다가 발각된 성직자는 시청 앞에서 열리는 야외 법정에 포도주 두 조끼를 희사하거나 '입회 서약'을 해야만 했다. 그 '서약'이란 시민들이 모인 자리에서 당사자가 바지를 내리면 선발된 우두머리가 손가락 세 개를 '엉덩이에 갖다대는' 방식으로 진행된다. 전해오는 바에 따르면 벌받을 대상자가 이와 같은 수치스러운 절차에 따르겠다고 나선 사람이 한 명도 없었으나, 1556년에 젊은 남자 두 명이 스스로 식탁에 포도주를 내놓겠다고 나섰다. 이들이 엉덩이를 드러내고 나타나자 너무나 외설적이라고 느낀 나머지 시청으로 몰려나왔던 구경꾼들 대부분이 부끄러워서 돌아가버렸다고 한다.[25]

이러한 사례들은 모두 성적인 유혹이나 굴욕, 복종을 나타내는 몸짓이라고 볼 수 있다. 그러나 위와 같은 노출행위에 상대방을 진정시키는 효과는 없고 오직 공격적인 모욕의 의미만 있다고 해석하는 데에는 무리가 있다. 따라서 이런 행동을 설명하기 위해서는 먼저 다른 명제가 필요할 것 같다. 물론 이것도 주로 일부 행동연구자들이 제시하고 있는 명제이다. 이들의 견해에 따르면 하체를 드러내는 굴욕적인 행위는 연출된 몸짓에 지나지 않는다.[26] 다시 말해서 그것은 음부성교나 항문성교를 받아들일 자세가 되어 있는 것처럼 짐짓 가장하려는 몸짓인 것이다. 그러므로 음부를 보여주는 여자는 상대방과 화해를 시도하고 있는 셈이다. 그러기 위해 상대방에게 뭔가를 허락할 듯한 몸짓을 보이다가 금방 달아난다. 이것은 마치 어린아이가 다른 아이에게 달려와서 잠시 멈칫하면서 도전적으로 뭔가를 보여주고 "약오르지, 날 잡아봐라!"라고 소리지르는 것과 비슷하다. 나는 몇 년 전 만하임에 있는 네카르슈타트의 성벽 위에서 일곱 살쯤 된 여자아이 세 명이 몹시 화가 난 남자아이들 앞에서 빙빙 돌며 춤추는 광경을 보았다. 그때 여자아이들은 엉덩이를 드러낸 채, 잘 알려진 유행가를 부르고 있었다. "너희들이랑 그걸 하면 정말 좋을 거야!"

부시먼 여자들이 대낮에 추는 춤은 만하임의 여자아이들보다 더 음란하다. 그들은 동료들과 잡담을 나누면서 애교스럽게 하체 가리개를 치켜올리는데, 그들은 저쪽에서 남자들이 몰래 엿보고 있다는 사실을 알고 있는 것 같았다. 물론 남자의 바로 앞에서 음부를 드러내는 행동은, 그 앞에서 제멋대로 행동해도 되는 단순한 놀림의 대상이라 하더라도, 너무 정숙하지 못하다고 생각하는 것 같았다.[27] 여성 행동연구자가 이 광경을 관찰하고 있는 동안 한 소녀가 다가오더니, 뒤로 돌아서면서 허리를 굽혀 엉덩이를 흔들어댔다. 상대방을 조롱하는 몸짓이었다.

잠시 후에는 이 장면을 카메라에 담고 있던 유럽 여인 앞으로 다른 여자가 가까이 다가와 다리를 벌리고 선 채로 소변을 보는 것이었다. 그리고 나이 많은 여자는 앞치마를 걷어올리고 음부와 엉덩이를 차례로 드러내면서 성교 동작을 보여주었다.[28] 계집애들이 사내아이들에게 약을 올리려고 뭔가 비밀이 있는 듯 킬킬대면서 허리를 굽혀 음부를 드러내면 음순이 약간 열리게 된다. 때로는 사내아이들을 향해 방귀를 뀌거나, 엉덩이 사이에 모래를 넣은 채 앞으로 다가와서는 뒤로 돌아서면서 허리를 굽혀 쏟아버리기도 한다.[29]

부시먼의 이러한 모든 행동은 꽤 음란하다.[30] 그러나 동침을 요구하는 듯한 그들의 행동은 분명히 제스처에 불과하며, 보통때 엄격한 사적 영역에 해당되는 그 밖의 행동—대소변, 방귀 따위—을 암시하거나 실행에 옮긴다는 점이 주목된다. 이 여자들은 사적인 행동을 공개적으로 드러냄으로써 보란 듯이 구경꾼에게 모욕을 준다. 이들은 때때로 남성들을 자극해서 은밀하게 이루어져야 할 신체 반응을 일으킴으로써 이런 상황을 고조시키기도 한다. 그 예로 로리차족(Loritja) 여자들은 남자들을 현혹하고 싶을 경우, 엉덩이를 빙글빙글 돌리면서 다리를 벌렸다가 닫고, 성교 동작처럼 골반을 비비거나 땅바닥에 벌렁 누워 다리를 벌린다. 그런 다음 상대방의 페니스가 발기된 것 같으면 얼른 도망쳐버린다.[31] 뉴아일랜드의 레수족(Lesu) 여자들도 망신을 주고 싶은 남자가 있으면, 음부를 드러내고 상대방이 발기될 때까지 기다렸다가 그대로 내버려둔 채 달아난다. 그리고 나중에 다른 여자들을 만나 그 이야기를 들려주고 실컷 웃어대면서 후련한 기분을 즐긴다.[32]

물론 여기에는 다른 요인도 작용하고 있다. 말하자면 이 여자들은 남성들로 하여금 의지대로 통제할 수 없는 신체 반응을 일으키도록 자극함으로써 여자 스스로 강하다는 기분을 느낀다. 상체를 드러내놓고 춤추는 미국의 어느 댄서는 이렇게 말한다.

> 내가 춤을 출 때 나를 바라보고 있는 남자들의 눈초리를 알 수 있어요. 그때 나는 마음속으로, '이봐 내가 널 희롱하고 있는 거야, 넌 나를 만지지도 못해!' 라고 말하지요.

그녀의 동료는 자신이 가슴을 드러내놓고 남자들 앞에서 춤을 추면 마치 남자를 폭행하는 기분이 든다고 말했다. 남자들의 색정을 자극한 다음 그대로 내버려두고 나와버리면 복수한 것 같은 기분이 든다는 것이다.[33] 프랑크푸르트의 나이트클럽에서 일하는 스트립댄서의 생각도 마찬가지였다.

> 무대 위에서 스트립쇼를 벌일 때마다 객석에 앉아 있는 남자들의 음탕한 눈초리를 느낄 수 있어요. 그 순간 내가 강하다는 기분이 들어요. 저들이 나를 만질 수 없으니까요.

이 여자는 바로 그 점이 기분 좋다고 했다.

> 4분 동안 테이블을 돌면서 남자들을 달아오르게 만들어놓고, 그들이 치근대면 나는 "이봐요 젊은이, 안 돼요. 혼자 즐기시지"라고 말하면서 퇴짜를 놓지요.[34]

여자들이 도발적인 자세로 또는 도발적인 것처럼 가장해서 음부를 드러내는 경우, 본인들은 전혀 다른 방법으로도 힘을 과시하는 것 같다. 물론 이때의 힘이란 금기사항으로 여겨지는 행동이나 성적인 자극을 줄 수 있는 능력과는 다른 종류의 힘을 의미한다. 그 예로 에스파냐의 집시 여자들은 음부(coña)에 용기와 공격성이 깃들여 있다고 믿는다. 그래서 남자들은 감탄스럽다는 듯이 "기타나 춤(집시 여인의 격렬한 춤—옮긴이)을 추는 여자야말로 진정한 투사이지요. 털 속에 진짜 음부가 들어 있어요"라고 말했다. 한 어머니가 사납게 구는 자식을 통제하지 못하고 있는 것을 본 여자 친척은 이렇게 말했다. "넌 그 녀석을 갈겨줄 만한 음부도 없는 게로구나!"[35]

뉴헤브리디스 제도(지금의 바누아투 공화국—옮긴이)의 아오바 섬에 거주하는 느두인드비족 여자들은 음부에 붉은색을 칠하고, 남자들도 마찬가지로 귀두에 붉은색을 칠한 상태로 대중 앞에서 그 부분을 노출하면 '최고의 힘'이 발현된다고 믿고 있다.

평상시에 이런 행동을 하면 명백히 미풍양속에 어긋나게 된다. 남자든 여자든 다른 사람 앞에서 음부를 드러내는 일이 없기 때문이다.[36)]

특히 에스파냐 집시 여인들의 경우, 음부가 '위험'하다고 생각하는 이유는 그것을 불결하다고 보기 때문에, 다시 말해서 일단 음부와 접촉하는 것은 모두 더러워진다는 생각 때문인 것 같다. 집시 남자들(Róm)은 여자의 음부나 항문 부위를 지극히 수치스러운 것으로 여길 뿐만 아니라[37)]—분비물과 하혈 때문에—허리 위의 신체 부위와는 달리 위험한 것으로 인식하고 있다. 예를 들면 침이나 눈물은 결코 다른 것을 더럽히지 않는다는 것이다. 정맥에서 나오는 피와 달리 특히 월경으로 인한 피는 불결하다고 여긴다. 초경이 시작되기 이전의 여자아이는 아직 어린이(shey)로 간주되어 짧은 바지를 입고 마음대로 돌아다녀도 간섭받지 않는다. 그러나 월경을 주기적으로 시작하는 나이가 되면 누군가와 접촉할 수 있는 의자에 앉거나 강물 속에 몸을 담가서는 안 되며, 앉아 있는 사람의 다리를 깔고 앉아도 안 된다. 대소변을 보고 있는 여자의 음부를 쳐다본 남자는 그로 인해 오염된 것이며, 심지어 여자의 음부나 월경, 성교 따위에 관한 말을 입에 담기만 해도 그 남자는 오염되었다고 믿는다.

영국의 한 집시 여인은 자리에 앉을 때에는 반드시 다리를 붙여야 하고, 남자 앞에 서 있을 때에는 절대로 돌아서서 허리를 굽히지 않는다고 했다. 집시들의 야영지를 여러 차례 찾아간 적이 있던 한 영국 여자에 대해 집시 여인은 이렇게 말했다.

> 조지아 출신의 그 여자가 우리 야영지에 처음 왔을 때는 아무것도 모르고 있더군요. 그 여자는 허리를 굽히는 동작을 반복했어요. 치마가 치켜올라가자 남자들은 눈을 가리지 않을 수 없었

지요. 게다가 목을 낮추기도 했는데, 정말 끔찍스러운 장면이었어요!

여자들이 속옷을 빨아서 말릴 때에도 남의 눈에 띄기 쉬운 빨랫줄에 걸어놓는 대신 다른 빨래 속에 숨겨두어야 하는데, 이 경우에도 남자가 무심코 그 빨랫줄 밑으로 지나갈 위험성은 남아 있다.[38] 옛날에는 자기 집단에서 추방당하는 남자가 있을 경우 여자가 자신의 치맛조각을 얼굴에 던져서 그 남자를 욕되게 하는 관습이 있었다.[39] 그렇다면 음부의 '위력'이란 불결한 오염물질로서의 분비물이 갖는 기능을 말하는 것일까? 이런 의미의 그 힘은 부정적이며 파괴적인 힘인가?

하지만 음부는 용기, 자발성, 저돌성, 추진력, 활력 따위의 긍정적인 특성들을 지니고 있으며, 이런 점에서 음부는 파괴적인 질분비물이나 월경혈과는 전혀 무관한 힘을 가진 귀두나 고환 등의 남성 성기와 비슷한 것으로 간주된다.

일찍이 프로이트가 제시한 견해에 따르면, 노출된 음부가 남성에게 '공포감'을 주는 '원인'은 남자의 입장에서 페니스가 있을 것으로 기대되는 부분에 그것이 없다는 것을 알고는 혹시 '거세'된 것이 아닌가 하는 느낌을 갖기 때문이라고 하지 않았던가?[40] 오늘날까지 심리분석에 관련된 문헌을 통해 여전히 유령처럼 떠돌고 있는 그의 견해에 따르면[41] 음부는 부정적인 특성만을 지니고 있은 것으로 인식되고 있다. 말하자면 음부는 존재하는 어떤 것(etwas)이 아니라 뭔가 있어야 할 것이 없어 비어 있는 것(die Abwesenheit)으로서, 다만 남자를 향해 입을 벌리고 있는 구멍에 지나지 않는다.

이런 의미에서 프로이트는 본래 여성의 신체적 수치심이란 다름 아닌 "음부의 결함을 감추려는 의도적 감정"이라고 주장했던 것이다. 이때 음부의 결함이란 페니스가 아니라는 사실을 의미한다.[42]

마침내 프로이트의 제자가 덧붙이기를, 모든 여자는 속옷을 벗을 때마다 보여줄 것이 없다는 사실을 깨닫는 순간의 나르시시즘적 실망감을 감추고 싶어하는 경향이 있기 때문에, 여성한테서 성기를 노출하려는 강박관념이 좀처럼 나타나지 않는 것이라고 주장했다.[43)]

이와 같은 심리분석은 음부를 힘과 위력이 담긴 곳으로 인식하는 에스파냐 집시 여인들의 관념에 비추어보면 타당성이 없어 보인다. 이 경우의 음부란 분명히 있어야 할 것이 없는 무(無)의 상태를 의미하지만, 동시에 남성의 성기와 마찬가지로 긍정적인 속성을 지니고 있기 때문이다.

여기에 대해 반대 견해를 표명하는 심리분석가들도 더러 있다. 이를테면 다소 공격적인 태도로 음부를 드러내는 여자들의 행동은 그저 남근을 가졌다는 상상의 소산일 뿐이며, 남성의 페니스 과시행동을 흉내내려는 모방적 행동이라는 것이다. 여성들이 유방을 일종의 '무기'로 생각하고 여기에 '발기된 페니스의 역할'을 부여했듯이[44)] 이 여자들은 자신의 음부를 '남근화'(男根化)된 것이라고 해석한다. 그래서 드브뢰 같은 학자는 일단 '바우보(Baubo) 몸짓'을 "당연히 남근 행위로 파악할 수 있다"고 단언한다.[45)]

나는 '아랫도리'에 아무것도 없다고 느끼거나 적어도 남성의 그것에 비교될 만한 것을 가지고 있지 않다고 느끼는 여성들이 실제로 있다는 사실을 부정하려는 것은 아니다.[46)] 물론 여성의 본질이나 여성의 성기가 갖는 자연적 기능에 바탕을 둔 객관적인 증거가 여성들의 그런 감정 속에 어느 정도 들어 있다는 뜻은 결코 아니다. 여성이 도발적인 태도로 다리를 벌림으로써 '남근'을 갖고 있는 듯이 행동한다고 해서 음부보다 남근이 우월하다고 볼 수도 없는 일이다. 심리학적인 관점에서 남자가 아닌 여자에 초점을 둘 때, 다시 말해서 음부 노출에 초점을 놓고 보면, 남성의 페니

스 드러내기 동작에 대해 당연히 페니스의 '음부화'(陰部化) 동작이라고 해석할 수도 있다.[47)]

물론 여성의 남성에 대한 거세 위협이나 남성 스스로 느끼는 거세공포증이 존재한다는 것도 사실이다. 하지만 그 원인은 여성의

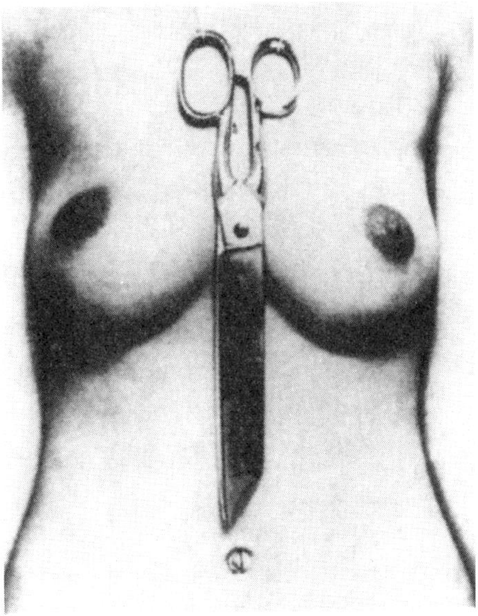

71. 프랑켄(Ruth Francken)의 「릴리트」(Lilith), 1973.

신체에 페니스가 없다는 데 대한 남성의 경악에서 비롯된 것이 아니라, 여성의 성기가 갖고 있는 흡입력에 대한 상상 때문이다. 이런 식의 두려움은 신과 악마들 사이의 싸움에 관한 인도 신화에서 잘 드러난다. 만일 신들이 악마를 죽이면, 곧장 악마의 '구루'(힌두교에서 혼자 힘으로 영적 혜안을 얻은 정신적 스승이나 지도자—옮긴이)인 수크라(정액)가 죽은 악마를 순식간에 회생시키기 때문에 싸움은 끝이 나지 않는다. 시바(Śiva)는 수크라가 불멸의 존재라는 사실을 알고 자신의 세번째 눈에서 무섭게 생긴 여자를

꺼내놓는데, 이 여자는 마구 헝클어진 머리카락에 배가 불룩 나와 있고 거대한 유방이 축 늘어져 있으며 입은 커다란 동굴처럼 생겼고 음부에는 이빨과 눈이 달려 있다. 그런 다음 시바는 이렇게 말한다.

> 내가 얄란다라(Jalandhara)를 죽일 테니, 너는 그동안 악마의 구루를 꼼짝 못하게 너의 질 속에 넣어두고 있어라. 그런 다음에 꺼내놓아라!

포악한 이 여자는 수크라를 붙잡아 완전히 발가벗긴 다음 자신의 음부 속에 집어넣는다. 그러고는 너털웃음을 터뜨리면서 그대로 사라진다.[48)]

어쨌든 한 가지 의문점은 그대로 남아 있다. 이를테면 앞의 이야기가 단지 남성의 공포감을 표현한 것에 불과하다면 이것은 단순히 '남성의 환상'에 지나지 않는 것일까, 아니면 공격적인 기세로 음부를 드러내고 그 음부로 남성을 삼켜서 수크라를 모조리 빨아내겠다고 위협하는 여자가 실제로 존재하는 것일까?[49)] 기타나(Gitana)는 과연 '강력한 음부'를 가지고 남자를 제압해서 '교접'하는 여자인가?

9 여성의 폭력

말리노프스키가 전하는 이야기 가운데 트로브리안드 섬(파푸아 뉴기니의 동쪽 끝에 있는 섬—옮긴이)에서 발생한 끔찍스러운 사건이 있다. 여러 명의 여자가 밭에 나가 잡초를 제거하던 중 멀리서 낯선 남자가 지나가는 모습이 보이자, 대뜸 달려들어 땅바닥에 쓰러뜨려 놓고 성폭행을 저지른 사건이었다. 그들은 남자의 치부 가리개를 벗긴 다음, 그 앞에서 자기들의 음부를 드러낸 채 남자의 페니스를 손으로 만져서 발기하도록 만들었다. 남자의 페니스가 발기되자, 여자 한 명이 대뜸 남자 위에 쪼그리고 앉더니 페니스를 음부 안으로 집어넣고 한참 동안 '손장난'을 통해 사정에 이르게 했다.

이어서 두번째 여자가 다시 발기시키려고 시도했다. 마침내 발기가 되자 또다시 그를 겁탈했다. 그러고 나서 여자들 모두가 한꺼번에 달려들어 남자의 몸에 똥을 누고 오줌을 갈겼다. 남자는 구역질을 견디지 못해 구토를 하고 말았다. 여자들은 그런 다음에도 음부를 남자의 얼굴에 들이대고 문지르다가[1]—아마 세 번까지는 발기시킬 수 없다고 판단했던 모양인데—마지막에 가서 남자의 손가락과 발가락을 음부에 삽입했다.[2]

말리노프스키 자신은 제보자의 이야기가 어디까지 사실인지 확인할 길이 없었다.[3] 그러다가 몇 십 년이 지난 후 트로브리안드 섬의 시골에서 5년 동안 의사로 일했던 어느 의학자가 '야우사'(yau-sa)라는 풍습이 실제로 실천되고 있다는 사실을 확인했다. 그곳은 키리위나 제도의 남부와 바쿠타 섬 지역이었다. 물론 이런 의식은 아주 드물게 치러지는 일이었다.[4] 독일의 인종학자는 1978년에 키리위나 섬의 얌(주식으로 이용되는 고구마 모양의 나무뿌리—옮긴이)을 수확하는 장면과 이와 관련된 의식을 촬영하러 갔다가 직접 겪었던 일을 나에게 들려주었다. 하루는 그가 얄루무그와 지역에서 '율동적이면서 에로틱한 므베키 춤'을 추고 있는 젊은 처녀들 때문에 더 이상 여행을 계속할 수 없게 되었다. 얼마 후 마을의 밭에서 부인과 처녀들이 얌을 바구니에 담아 마을로 운반하는 장면을 볼 수 있었다.

> 한 무리의 여자들이 돌아간 뒤에 우리는 덤불 속에 뭔가가 있다는 것을 금방 눈치챌 수 있었다. 약 50미터 전방에 여자들이 줄지어 서서 므베키 춤을 추기 시작하더니 우리를 향해 달려들었다. 젊은 청년 세 명이 운반용 장대를 삼각형 모양으로 세워 나를 에워쌌기 때문에, 다행히 나는 어느 정도 보호받을 수 있었다. 이런 식으로 공격을 받을 경우, 남자들은 수동적인 방어 자세를 취하도록 되어 있었다. 모케나나는 손에 들고 있던 녹음기를, 나는 모자를 빼앗겼다(그림 72). 잠시 후 사태가 진정되자 나는 촬영을 계속했다. 물론 녹음은 할 수 없었다.
>
> 한참 뒤 그 여자들이 다시 나타났다. 똑같은 의식이 벌어졌다.

72. 독일의 인종학자를 공격하고 돌아가는 트로브리안드 섬의 여자들, 1978.

이번에는 우리가 있는 곳에서 20미터쯤 떨어진 지점이었다. 나는 불과 몇 미터 앞에서 촬영할 수 있었다. 그 순간 공격이 다시 시작되었다. 목표물은 나였다. 나는 얼른 얌나무 덤불 속으로 몸을 숨겼다. 그러나 마른 종려나무 잎이 소리를 내며 떨어졌다. 나는 최소한 카메라를 빼앗기지 않으려고 바닥에 엎드려 얌 그루터기를 꽉 붙잡았다. 그러자 그들은 사정없이 나를 끌어당기기 시작했다. 얼마나 끔찍스러웠는지는 나중에야 깨달았다. 나중에 들은 바에 따르면, 결혼한 부인들까지 달려들어 음탕한 말들을 계속 퍼붓자 남자 노인들이 크게 진노함으로써 겨우 사건이 '진정'되었다. 우리는 덤불 속을 살금살금 헤치며 기어서 빠져나왔다. 우리가 지나갔던 마을마다 그 이야기가 전해져서 '화제'로 떠올랐다. 늙은 여자들은 음흉스런 표정을 지으면서 즉석에서 흥겹게 노래를 부르고 율동적인 춤을 추기 시작했다.[5)]

리우 싱구(브라질 아마존 강의 지류—옮긴이) 강변의 메히나쿠

부족이 전하는 바에 따르면, 여자들의 축제가 벌어지고 있던 시기에 우연히 낯선 남자가 이 마을에 들어왔다가 그 여자들에게 집단 성폭행을 당했는데, 몰래 그 장면을 엿보고 있던 같은 마을의 남자들이 음부를 구경하고 싶어서 여자들에게 덤벼들었다고 한다. 물론 요즘 그런 남자들이 있었다면 여자들에게 집단 구타를 당했을 것이다.[6]

금세기 초에 들어와서도 오스트리아 케른텐 남부의 가일탈 계곡에서는 삼을 수확하여 말리는 일을 하고 있던 여자들이 '삼 수확기'에 무심코 이곳을 지나가던 남자들을 '껴안고' '올라타서' 바지를 벗겨놓고 성기를 집중적으로 희롱했다.[7] 이처럼 포악한 풍습은 티롤과 벨로루시에도 있었다. 특히 슈바르츠발트 지역의 무르크탈에 거주하는 여자들은 길목에 숨어 기다리고 있다가, 불량한 목동이 나타나면 바지를 벗기고 고환을 문질러 사정이 이루어지기 직전에 놀려대면서 놓아주었다. 그러고는 음부를 드러내놓고 주변을 빙빙 돌며 춤을 추다가, 벗겨진 아랫도리에 채찍질을 가했다.[8] 잘츠부르크의 그로스아를탈에서는 남자가 실 잣는 방으로 들어서자, 여자들이 남자의 바지를 벗겨놓고 거세하겠다며 위협했다.[9] 키레네의 테스모포리아 축제(데메테르 테스모포로스를 기리기 위한 고대 그리스 여자들의 축제—옮긴이)가 벌어진 곳에서 바토스라는 남자가 염탐꾼으로 오인되어 실제로 그와 같은 봉변을 당한 적이 있다.

줄루족의 처녀신 놈쿠불바나를 기리는 축제가 벌어지면 부녀자들이 옷을 모두 벗어버리고 음란한 노래를 부르면서 외설적인 몸짓을 선보였는데, 그 해 수확을 많이 거두려면 반드시 그렇게 해야 한다고 알려져 있었다.[10] 다만 남자와 사내아이들은 그 자리에 가면 안 된다. 구시이족(Gusii) 여자들도 여자아이의 클리토리스를 제거하는 의식을 마친 뒤에 비슷한 행동을 하는데, 이때도 남자는 접근할 수 없게 되어 있었다. 이들의 행동은 성행위를 모방해서 서로 머리카락을 잡아당기고 남근을 상징하는 막대기로 상대방을 때리면서 외설적인 말들을 내뱉는다. 한번은 그런 의식을 벌이던 여자들이 금방 지쳐서 쉬려고 하자 늙은 과부가 큰 소리로 외쳤다. "치마를 높이 치켜올린 사람이 없으니 너희들에게 음식을 주지 않겠다!"

그러면서 노파가 스스로 음부를 드러내 보이자, 나머지 여자들이 그대로 따라서 행동했다. 이처럼 여자들이 미친 듯한 행동을 하고 있는 동안에는 어떤 남자도 이 장면을 구경해서는 안 된다. 특히 여자들끼리 모여 외설적인 나체춤을 추는 이튿날 밤에, 그 광경을 엿보다가 발각된 남자는 성적인 모욕과 함께 구타와 괴롭힘을 당하게 되어 있었다.[11)]

남자에 대한 이러한 온갖 성적 학대와 강요는 일종의 의식을 치르는 형태로 이루어지는데, 이런 일은 주로 출산이나 월경, 할례 등 '여자들의 일'을 둘러싼 여러 행사 때 부수적으로 행해지는 절차였다. 또한 빨래하기, 표백하기, 곡식 거두기, 김매기 등 남자를 배제시키고 여자들끼리 집단으로 모여 일하는 과정에서도 일어날 수 있었다.

위의 사례들과 달리 일상생활 속에서 남자가 여자에 의해 성폭행당하는 경우도 많이 볼 수 있는데, 이런 경우들은 남자만이 누군가에게 폭력을 행사할 수 있다고 주장하는 행동연구자들이나 성이론가들의 견해가 옳지 않다는 것을 증명한다. 결국 이것은 남자가 여자보다 신체적으로 강하다는 사실과는 무관한 일이며, 그 밖에 '동물세계'에서 수컷이 원하는 상대와 교미하기 위해서는 자주 싸우지 않으면 안 된다는 사실을 고려할 때 자연스러운 현상이라고 보아야 할 것이다.[12)]

컬럼비아의 시에라네바다 산악지대에 사는 코지족(Kogi)의 예를 들자면, 기혼 여성 두서너 명이 들판이나 길가에 숨어 있다가 지나가는 남자를 성폭행하는 일이 가끔씩 발생하고 있으며,[13] 포르모사(아르헨티나 북부-옮긴이) 산악지대에 거주하는 세데크족 여자들 사이에서는 옛날에 유별나게 음탕한 여자 몇 명이 몰려다니며 숲속에서 남자를 습격했다는 이야기가 전해오고 있다.[14]

제보자의 말에 따르면 카스카족 여자들 중에서 특별히 힘센 여자는 가끔씩 남자에게 덤벼들어 땅바닥에 눕히고는 그 위에 올라앉기도 했다고 한다. 이들 인디언 사이에서 보통때는 여자가 남자의 성기를 손으로 만지는 일이 절대로 없지만,[15] 이런 경우에는 여자가 페니스를 손으로 발기시켜 자신의 음부에 삽입했다.[16]

물론 제보자들의 증언이 사실인지 아니면 '남자들의 환상'에 불과한 것인지는 인종학자들로서도 확인하기가 전혀 불가능하지는 않겠지만 매우 어려운 경우가 많다. 예를 들어 네팔 북서부에 거주하는 타칼리족 남자들은 자신들이 티베트 여자들에게 집단 성폭행을 당했다는 이야기를 자주 꺼낸다. 티베트 여자들은 성적으로 공격성을 가진 여자들이라는 평을 듣고 있다. 그런 행동은 마녀들이나 하는 짓이지 정상적인 타칼리족 여자들로서는 생각조차 할 수 없었다. 한 여성 인종학자는 "그 여자들에 관한 정보를 떠벌리고 다녔다"는 이유로 결국 마녀 취급을 받은 적이 있었다.[17] 한편 18세기 초 한 네덜란드 남자는 여행 중에 황금해안의 오지에 사는 여자들에 관한 이야기를 들었다.

> 그들은 불 같은 정열을 가진 여자라서 젊은 남자를 혼자서 만나게 되면 남자의 하체를 벗기고 달려든답니다.[18]

주니족 사이에서 떠돌고 있는 많은 이야기들은 여자에게 성폭행을 당할지 모른다는 남자들의 두려움을 잘 나타내고 있으며,[19] 고대 신화에서도 바다의 요정 사이렌(그림 73)이나 스핑크스[20] 또는 페니키아의 아나트(Anat)처럼 남자를 폭력으로 제압하여 정자를 짜내는 여신들의 이야기가 자주 등장한다. 여신 아나트는 "정열이

73. 남자와 교접하고 있는 바다의 요정 사이렌. 대리석 부조, 기원전 1세기.

넘치는 여자라서 고환을 움켜쥔다"는 기록이 있다.[21]

그 후에도 남성에 대한 성폭행은 문학작품의 주제로 등장하고 학문적인 논쟁거리가 되었다. 시니스트라리(Sinistrari)는 세네카와 같은 고대 작가들을 증거로 끌어대면서, 엄청나게 큰 클리토리스를 가진 남성화된 여자들이 가끔씩 남자들을 쓰러뜨리고 항문에 삽입했다고 주장했다.[22] 이에 비해 중세시대의 시인은 농부 아낙이 충동적인 기질을 가졌다는 점에 착안하여 목가시(牧歌詩)를 통하여, 자신이 어느 '천한 여자'에게 붙잡혀 강제로 성교를 했다는 이야기를 점잖게 암시하고 있다. "(그녀가) 나를 발견하고는/전에 말한 그 장소에서/내 몸을 짓눌렀다네."[23]

1408년에 나온 장 드 베리(Jean de Berry)의 기도서에는 은자 바울로가 충격을 받은 사건이 나오는데, 그는 악마 같은 여자가

남자를 저항할 수 없도록 결박한 다음 성폭행하려고 수음을 시켜서 발기하게 만드는 장면을 목격했다고 한다. 이때 바울로 자신도 욕망이 솟구치는 것을 느꼈던 것으로 보인다. 그러나 그는 경건한 신자로서 도덕적 신념이 확고했던지라 욕망을 억누르기 위하여 혀를 깨물고 있다가 수치심을 모르는(사실은 절대로 그렇지 않았지만) 그 여자의 얼굴에 피를 뱉어주었다(그림 74).[24] 드브뢰가 세상

74. 의연한 자세를 취하고 있는 남자의 수음.
「장 드 베리의 기분 좋은 시간들」 중에 나오는 삽화, 1405년경.

을 떠나기 직전에 인종학 관련 서적을 통해 읽었던 내용을 나에게 들려준 일이 있다. 그것은 아프리카 추장이 어느 기독교 선교사에게 모욕을 주려고 한 여자를 시켜 그에게 수음을 해주었다는 일화였다. 그때 이 성직자는 실제로 혀를 깨물어서 사정 욕구를 참아냈다고 한다.[25]

한편 한 여인을 폭행하려고 했던 딩카족(나일 강 상류에 거주하는 수단 원주민—옮긴이) 청년은 위의 선교사와 달리 순진한 사람

이 아니었던 것 같다. 청년이 성폭행을 하려는 순간, 예기치 않게 아요크라는 이름의 용감한 처녀가 여인을 구해주려고 왔다가 가해자인 청년을 오히려 피해자로 만들었다. 처녀가 달려들어 마침내 청년을 쓰러뜨려 놓고 폭행했던 것이다.

> 처녀는 내가 제일 싫어하는 방법으로 나를 움켜쥐었다네/야자열매라도 되는 듯 나의 거시기를 움켜쥐고/과일즙을 짜내듯 쥐어짰다네/나를 젖 짜는 염소인 줄 알았는지/아이고, 아요크가 암소의 젖을 짜듯이 나를 쥐어짰다네![26]

재판기록에 따르면, 1703년 밤베르크의 젊은 처녀들이 자기들을 화나게 했다는 이유로 불량 소년을 땅바닥에 쓰러뜨리고 폭행한 사건이 있었다. 그 중에 도로테아라는 처녀가 소년의 "가슴을 무릎으로 누르고 바지를 벗긴 다음 심한 폭행을 가했다."[27] 17세기 초, 영국의 한 여인은 남자를 쓰러뜨려 "바닥에 눕혀놓고 그의 은밀한 부분을 끄집어냈다." 함께 왔던 여자 두 명은 "토머스 페리를 결박하여 판자 위에 올려놓고, 그의 은밀한 부분을 꺼내어 성욕을 느끼게 만들었다." 그 밖의 농촌 여자들은 남자들의 페니스를 움켜쥐고 '손으로 만지작거리는 것'으로 만족했다. 남자들의 바지는 허리에 그다지 단단히 묶여 있지 않기 때문에 어떤 여자라도 힘껏 당기면 금방 원하는 것을 얻을 수 있었다. 이런 경우를 흔히 '볼기를 벗긴다'는 말로 표현했다.[28]

1683년 레이턴 지방 페버하우스 출신의 엘리자베스 매시라는 여자가 법정에 소환되었다. "코브스라는 멍청이 녀석을 집으로 끌어들여 은밀한 부분을 문질러 곤두서게 했다"고 공공연히 자랑하고 다녔기 때문이다. 1635년 술집 여자 앤 새비지는 한 남자를 강간하려는 순간까지 갔었다. 남자를 헛간으로 끌고 들어가 바지를 벗

Den gouch berupffen.

Die wyber manchen geuchschen tropffen
Der maß entblößen vnd beropffen
Das er so gar nym fliegen kan
Stünde jm schon lyb vnd leben dran.

75. 「바보 청년을 발가벗기고 있는 여자들」.
토마스 무르너의 풍자적인 작품 『고이히마트』(*Geuchmatt*)에 실린 목판화, 1519년 바젤.

기고 '은밀한 부분'을 잡아당기기 시작했다. 그러나 너무 거칠게 다루는 바람에 남자가 아프다며 큰 소리로 비명을 지르고 말았다. 남자로서는 다행스러운 일이었다. 근처에서 실 잣는 일을 하고 있던 아낙네들이 달려와 최악의 상황을 막아주었던 것이다. 새비지는 그 이름에 걸맞게 거칠고 충동적인 여자였는데, 다른 술집 여자 세 명과 같은 방에 살면서 침대 하나를 혼자 차지하고, 나머지 여자들은 한 침대를 사용하고 있었다. 어느 날 밤 새비지가 귀신에 홀린 듯이 옆침대로 덤벼들었다. 그 순간 잠에서 깨어난 여자들은 '강간당할 것 같은 분위기'를 느꼈다. 세 명의 여자 중 새비지가 자기들을 강간할 것이라는 점에 대해 의심하는 사람은 아무도 없었다. 실제로 그녀가 그 중의 한 여자를 덮치려는 순간에, 술집 남자주인이 잠옷 차림으로 나타나 세 여자를 도와주려 했다. 그러자 새비지는 다짜고짜 주인 남자의 성기를 움켜잡아 꼼짝 못하게 만들어놓고는, 계속해서 "그의 성기를 난폭하게 다루었다."

결국 주인 남자는 급히 달려온 이웃의 도움으로 곤경에서 벗어날 수 있었다. 싸구려 포르노 잡지의 한 대목을 연상시키는 이 사건은 그뿐만이 아니었다. 새비지는 술집에서 치마를 치켜올리고 "여러 사람 앞에 알몸을 드러낸 채 손으로 복부 아래를 찰싹 때렸던 여자"로도 유명했다. 그녀는 "말처럼 이상한 소리를 지르고 '저 놈을 잡아라'고 외치면서" 남자에게 덤벼드는 일이 잦았다. 그러고는 상대방의 손을 끌어다가 자기의 다리 사이에 넣거나, 남자들의 바지를 벗겨서 앞에 튀어나온 그것을 움켜쥐고는 "그들의 은밀한 부분을 짐승처럼 음탕하게 다루면서 감탄을 표시했다."[29)]

그 후로 형사처벌을 할 때, 남성에 대한 여성의 성폭행은 대부분 '통상적인' 강간사건과는 다르게 취급되었다. 말하자면 "남자를 강제로 성폭행한 여자를 임의로 또는 판사의 재량에 따라 처벌"[30)]하거나, 범죄 자체를 인정하지 않는 경우가 대부분이었다. 미국에서 성폭행을 저지른 여자에게 유죄판결을 내린 최초의 지역은 지난 1970년대 말의 텍사스와 뉴햄프셔 지방이었다.[31)] 대개 이런 범죄가 형사상으로 그다지 중요하게 여겨지지 않았다고 해서 그런 사건이 없었던 것은 결코 아니다.

또한 오늘날 여성에 의한 성폭력이 과거보다 줄어들었음을 보여주는 근거도 없다. 오히려 그 반대인 것 같다. 그 예로 1986년 미국에서 일어난 성범죄 중에서 여성에 의한 경우는 1.1퍼센트에 불과했으나,[32)] 전문가들이 밝힌 비공개 통계에 따르면 엄청난 숫자에 이른다. 남자가 피해를 입는 경우 여자보다 신고하기가 쉽지 않다는 데 그 이유가 있다. 어쨌든 1988년 미군에 근무하는 남성의 17퍼센트가 '남자나 또는 여자 동료'에게 성추행을 당했다고

신고했는데, 그 중에서 60퍼센트가 단독으로 또는 집단으로 여성에게 당한 경우였다.[33)]

남자가 여자에게 성폭행을 당하여 겪는 수모와 치욕은 여자에 비해 결코 덜하다고 생각되지 않는다. 그 예로 와이오밍 주에 사는 한 청년은 여자 여섯 명에게 수음과 함께 마침내 능욕을 당하고, 그 수치심 때문에 얼마 후 자살하고 말았다.[34)] 서른세 살의 어느 동성연애자는 여자한테 성폭행을 당하고 나서 이렇게 말했다. "폭행을 당했다는 느낌 때문에 말이 나오지 않고, 겁이 나서 몸이 굳어버릴 지경이었습니다."[35)]

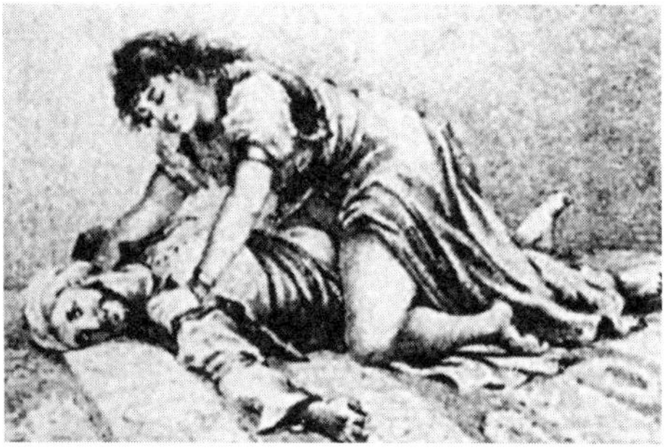

76. 알제리의 석판화, 1850년경.

몸집이 크고 건장한 미국 화물차 운전사는 여자들에게 집단으로 제압당하여 재갈이 물린 채 알몸으로 침대에 결박되었다. 그 중에 네 명의 여자가 그를 희롱하다가 차례로 강간했는데, 한 여자가 여러 번 덤벼드는 바람에 그는 두 번이나 사정을 빨리 해버렸다. 그러다가 더 이상 발기되지 않자 여자들은 음낭 사이에 칼을 들이대면서, 만일 '더 이상 발기하지 않으면' 거세하겠다고 협박했다. 여자들은—그의 느낌으로—하루 동안 밤낮을 쉬지 않고 성추행을 하고 나서야 그를 풀어주었다. 그런 일을 당하고도 그는 절대로 신고하지 않았다. 만일 그 사실이 알려지면 '여자한테 강간당했다'는 이유로 세상 사람들부터 '사내답지 못한 놈'으로 취급받을 게 뻔했기 때문이다. 그때부터 이 남자는 다른 희생자들과 마찬가지로 성불구자 신세가 되었다.[36)]

마초(남성 우월주의자—옮긴이)는 남자에게 모욕을 당하는 것보다 여자에게 당하는 것을 더 굴욕으로 느낀다. 그래서 라틴아메리카의 감옥에서 남자 죄수가 남자가 아닌 여자한테서 성고문을 당하면 훨씬 더 굴욕감을 느낀다는 사실이 밝혀졌다.[37)]

성폭행을 당한 많은 남자들은 전혀 재미를 느끼지 못하면서도 자신에게서 성적인 반응이 일어난다는 사실에 상당히 당혹해했다. 특히 발기가 되어 사정에 이른다는 사실—여자가 폭행을 당할 때 오르가슴을 경험하는 것과 유사하게—에 대해서는 엄청난 굴욕감을 느낀다고 했다. 예를 들어 어떤 남자는 자신을 성폭행한 여자에 대해 이렇게 말했다.

> 사납고 공격적인 분위기를 느꼈습니다. 도저히 이 여자를 멈추게 할 수 없다는 생각이 들었지요. 그 여자는 상대방의 기분은 고려하지도 않고 계속했습니다. 나는 자신이 발기된다는 사실을 믿을 수가 없었어요. 너무 겁이 났던 것이지요. 나는 언제나 발기란 성적 흥분과 동일한 것이라고 생각했습니다. 그런데 그 여자는 나를 쓰러뜨린 다음 올라타더니, 금세 절정에 이르렀습니다. 끝났을 때 살펴보니 나는 사정을 하지 않았더군요. 불안하면서도 굴욕적인 기분이었습니다.

치료전문가를 만난 여자 범인은 범행 동기에 대해 남자 범인들과 비슷한 진술을 했다. 이를테면 광기가 발동된 상태에서 남자를 해치우고 싶다는 생각이 주된 동기였다는 것이다. 이때 '섹스'는 다만 '상대방에 대해 분노를 표출'하기 위한 수단에 불과하다고 했다.[38)]

많은 경우에 음부를 이용한 성폭행이 가능했던 이유는 피해 남성이 불안감으로 인해 발기했기 때문이다. 사실 남성의 경우 극도의 긴장상태나 결정적 순간의 불안감, 또는 상상에 의한 공포감이 지배하고 있는 상황에서도[39] 발기에 이어 사정이 이루어지는 경우가 드물지 않다. 예를 들면 과거에 '졸업시험 증후군으로서의 발기증세'라는 용어가 나왔듯이 시험기간에 이런 현상이 나타날 수 있다.[40] 여성들은 본래 불안할 때 오르가슴을 느끼는데, 상점에서 물건을 훔치는 여자들은 잡힐지 모른다는 불안감을 극도의 성적 쾌감을 해소하는 수단으로 삼았다고 말했다.[41]

77. 에리히 슈퇴르의 『봄의 봉헌』(*Ver Sacrum*)에 실린 삽화, 1899.

이와 같은 사례 중에서 대부분은 범행을 저지르는 여자들이 수음이나 구강 성교를 통해 강제로 이른바 '말초신경 자극'[42]을 유발하려 했던 것으로 판단된다. 알려진 바로는 '동성애 남자들'도 젊은 남자를 파트너로 골라서 상대방의 의지를 무시한 채 '구강 성교'를 행하는 방법으로 폭행을 했으며,[43] 그리스의 전사들도 패배한 적군에게 모욕을 주기 위해 그런 행동을 했다.[44]

피해자가 어떤 이유 때문에 어쩔 수 없이 당하는 경우도 있다. 16세기의 『멕시코 역사』(*Historia de los Mexicanos*)에 나오는 여자 이야기를 예로 들어보자. 멕시코의 세번째 통치자였던 치말포포카 왕조 때 살았던 이 여자는 술에 취한 남자를 성폭행한 죄로 몸이 굳어져 돌로 변해버렸다.[45] 인도 중부의 카마르족 여자들 중에서 일부는 젊은 남자를 붙잡아놓고, 자신들의 요구에 따르지 않으면 자신들한테 성폭행을 당했노라고 온 마을에 소문을 내겠다는 식으로 협박해서 동침을 강요하는 일이 이따금 발생했는데, 이런 경우는 오히려 '강간'이라고 표현해야 옳을 것이다.[46]

여성에 의한 성폭행 대상은 남자만이 아니라 여자도 포함된다. 이탈리아의 초기 르네상스 시대에 살았던 피스토이아(Cino de Pistoia)는 여자를 상대로 성폭행을 저지르는 여자들이 있다고 밝힌 바 있다. 그러니까 일반적으로 남성의 전유물로 여겨지던 행위를 여자가 저질렀던 것이다. 그리고 1619년 페시아 마을의 수녀 바르톨로메아의 기록에 따르면, 여자 수도원장이 원하지도 않는 수녀의 음부에 '20차례나' 키스를 하고, 손가락으로 흥분시켜 자신의 음부와 마찰함으로써 오르가슴에 도달하게 만들었다.[47] 1797년 암스테르담에서는 크리스티나라는 여자가 열네 살 된 소녀에게 인조 페니스를 이용하여 성폭행한 혐의로 재판을 받았다. 재판 도중 한 여자 증인의 말에 따르면, 증인이 피고에게 결혼하지 않는 이유를 물어본 결과, 크리스티나가 다음과 같이 말했다고 한다.

> 오직 성교할 목적으로 결혼한단 말입니까? 내게 필요한 것이 그게 전부라면 나 스스로 해결할 수 있어요![48]

여자 형무소에서도 여러 죄수들이 동료에게 쿤닐링구스나 상호 수음을 강요하는 경우가 있다. 반면에 남근 모양의 물건을 음부나 항문에 강제로 삽입하는 행위는 드물다.[49] 과거 독일의 강제수용소에 수감되었던 여자들의 증언에 따르면, 하급 여자교도관에 의한 폭행도 일어났다고 한다.[50] 어느 미국 대학의 '여학생 클럽'에서는 신입생 '자매'가 들어오면 미래의 동지인 그들을 발가벗겨 빗자루를 음부에 넣는 것으로 입회식을 치렀는데,[51] 이와 비슷한 일이 이미 이전 학교에서도 있었다. 예를 들면 캘리포니아에서 아홉 살 난 여자아이가 여자 상급생에게 맥주병으로 폭행을 당한 일도 있다.[52]

마지막으로 미국 여자 갱단은 신입 단원에게 성적인 복종을 요구한다. 기혼이었던 한 여인은 침대에서 잠을 자다가 깨어났다. 여자 두 명이 자신을 붙잡고 있고, 한 여자가 자신을 깔고 앉았던 것이다.

> 왕처럼 군림하는 큰언니라는 사람이 야전용 침대에 누워 있던 나를 누른 채 내 몸을 쓰다듬고 있었어요. "얘야, 너도 해볼래? 네가 자진해서 하면 더 잘될 거야. 우린 갱단이니까 순순히 따르든지 아니면 얻어맞아 죽든지 선택해라. 우리와 합류하지 않으면 널 죽이겠어. 널 위해 손가락 하나라도 까딱할 남자는 아무도 없어."

이어서 여자 두 명이 이 여인을 벽에 밀어붙이자 '큰언니'가 여인의 젖가슴 사이를 담뱃불로 지졌다. 그 뒤에 이 여인은 남편에게 그 사실을 알리기는 했지만, 담뱃불 다음에 무슨 짓을 당했는지는 더 이상 털어놓지 않았다.[53]

10

"궁둥이를 핥아라!"

음부를 정면에서 내보이는 행동이 대개 성폭행 의도를 드러낸 것이라고 판단하는 데에는 이의가 없겠지만, 뒤로 돌아서서 음부를 드러내는 상황에 대해서는 다른 해석을 내려야 할 것이다. 이때 여자가 실제로 음부를 드러냈는지 아니면 엉덩이만 드러냈는지, 또는 둘 다 드러냈는지는 분명하지 않을 때가 있다. 뿐만 아니라 중세시대에는 엉덩이라는 표현을 더 점잖다고 생각했으므로, 음부를 뜻하는 단어 대신에 엉덩이라는 단어를 사용했는지 사용하지 않았는지도 불투명하다.[1)]

중세 후기나 근세 초기의 텍스트에서 여성의 '음부'(fud)라는 단어는 그것이 과연 음부를 뜻하는 말인지 불확실할 때가 많다. 중세 고지독일어에서 애당초 '음부'를 지칭하던 단어들(fud, fut, vut)이 나중에 가서 '항문'이라는 뜻으로 사용되었으므로 남자의 항문을 의미할 수도 있다.[2)] 그 예로 1552년 장크트 갈렌에 사는 후버라는 남자가 감옥에 들어갔는데, 사연인즉 그가 슈피저토어 성문 아래에서, "수도원장의 손이 어디에 들어가 있었는고 하니, 다름 아닌 항문 속에 들어가 있었다네"[3]라고 말한 데서 비롯되었다.

그렇기 때문에 프리츨라르에 적군이 쳐들어왔을 때, 아낙네들이 성벽 위에서 '반짝이는 거울'을 보여주면서 신체의 어느 부분을 드러냈는지,[4] 그리고 아르가우 지방의 대지주가 베른의 성 마을을 공격했을 때 마을 여자들이 정확히 어떤 방법으로 적을 몰아냈는지는 전혀 밝혀지지 않고 있다.[5]

이와 달리 실제로 엉덩이를 노출한 사실이 분명한 경우도 있었다. 그 예로 스위스 남부의 발리스 사람들은 포일라톤(Feullaton)이라는 무시무시한 회오리바람을 비껴나가게 하려고, 남녀 모두가 나와서 바람이 불어오는 쪽을 향하여 엉덩이를 드러냈다. 물론 1653년 슐레지엔 지방의 소라우 근처 마을에서 일어났던 경우처럼 반대의 결과가 빚어진 사례도 있었다. 그러니까 이 마을에서 표백 작업을 하던 아낙네들이 하늘에 떠 있는 비구름을 향해 치마를 뒤로 치켜올린 채, "비를 내리시려거든 리넨 옷에 내리지 말고 제 엉덩이에 내려주소서!"라고 소원을 빌자, 16주 동안이나 건기가 계속되었다고 한다.[6]

남부 슬라브족은 심한 경멸을 나타내고자 할 때 남녀가 공통적으로 음부를 드러냈는데, 이때 여자들은 손으로 자신의 음부를 철썩 때리는 관습이 있었다고 한다. 그러니까 치마를 치켜올리고 한 손으로 둔부를 때리는 행동은 여자들만의 행동이었던 것이다.[7] 그러나 여자들만 엉덩이를 노출하는 풍습이 어디서나 있었던 것은 결코 아니었으며, 남부 슬리브족 전체에 해당되는 것도 아니었다.

그 예로 1913년 증기선 베오그라드 호가 헝가리 스메데레보 근처의 도나우 강변으로 접근하자, 배에 타고 있던 여러 명의 세르비아 군인과 민간인들이 강변을 지키고 있던 헝가리 병사들을 향해 '특정한 신체 부분을 드러내면서' 놀려주었다. 그러자 헝가리

병사들은 세르비아 선박을 향해 대포를 발사했고, 이 때문에 선장과 승객 한 명이 대포에 맞아 부상당했다.[8] 약 150년 전에 쿡 선장의 탐험대가 뉴헤브리디스 제도의 타나 섬 앞에 닻을 내렸을 때에도 이와 비슷한 일이 발생했다. "우리가 배에 타고 있는 동안 해변에 있던 한 녀석이 몹시 불손하게 굴면서 해군장교를 향해 바지를 벗고 엉덩이를 내밀었다." 장교는 그 동작이 무엇을 의미하는지 알아채고 즉시 총을 겨누어 그 남자를 명중시켰다.[9]

이와 같은 엉덩이 노출행위가 중세 후기에는 예외없이 엄한 처벌대상이었다. 그 예로 1436년 콘스탄츠에 살고 있던 게르버 크라트가 '재의 수요일'에 "시내 곳곳에서 사람들 앞에 엉덩이를 드러내놓고 다녔다"는 혐의로 반년 동안 도시에서 추방되었다.[10] 그 당시 이런 일이 자주 일어났으므로 수치스럽지 않은 행동으로 인식되었을 것이라고 주장하는 사람도 있으나, 그것은 완전히 틀린 생각이다. 이를테면 중세시대 사람들은 엉덩이 노출행위를 '외설적이지 않은 행동'으로 받아들였을 것이라고 주장하는 사람이 있다. 그리고 계속해서 그는 이렇게 주장했다.

> 만일 요즘에 와서 중세시대 사람들처럼 엉덩이를 노출하는 행동을 한다면 문명화된 현대인들은 거기에 신비로운 방어효과가 있다고 생각하지 않을 것이다. 하여간 처벌받아야 할 행동이라고 보는 사람은 없겠지만 모욕적인 행위로 간주될 것이다.[11]

이러한 주장을 하는 사람은, 그런 행동이 외설적이기 때문에 충격적인 효과를 지닐 뿐만 아니라 바로 그런 이유로 '신비로운' 의미가 부여된다는 사실을 간과하고 있다. 한 가지 더 그가 간과하고 있는 사실은, 500년 전 다른 사람 앞에서 엉덩이를 노출하는 행위는 오늘날에 비해 훨씬 더 불쾌감을 불러일으켰다는 점이다.

이런 불쾌감은 엉덩이를 노출하는 행위 자체에서 말미암은 것이지만, 때로는 여기에 동반되는 모욕적인 언행에서도 비롯된다.

그 예로 14세기 취리히에서 윌리 뤼티너는 엘지 레프만이라는 여자에게 "×하다가 뒈질 창녀 같은 년!", "문둥이 도둑년!", "궁둥이나 쳐다보고 벌려봐라"면서 지독한 욕설로 모욕을 주었다.[12] 루체른 시위원회 기록에 따르면 바스빈다의 아내가 남편에게 분명히 알아들을 수 있는 말로, "갈라진 곳을 핥아라"고 했고, 1454년 밤베르크에서 있었던 모욕죄 고발장에는 "여자가 그 남자에게 궁둥이를 핥으라느니 유방에 키스하라느니 하는 말을 지껄였다"고 적혀 있다.[13]

중세시대에 수많은 교회 건물에 음부를 드러낸 여신(셰일라-나-기그)의 조각상을 붙여놓고 안전을 기원했듯이, 도시의 성벽이나 공공건물에도 엉덩이를 드러낸 돌조각을 장식하여 안전을 꾀하려고 했다. 이런 조각상들은 대개 남자가 앞으로 허리를 굽히고 엉덩이를 드러낸 자세를 보이고 있는데, 때로는 바젤 시청 건물의 조각상처럼(그림 78) 음낭까지 드러내거나 페니스를 늘어뜨리고 있는 경우도 있었다.[14] 물론 수치심을 모르는 존재의 상징인 원숭이가 엉덩이를 내밀고 있는 형상은 예의를 갖춘다는 의미를 지니기도 한다. 예를 들면 과거에 북쪽 방향에서 하이델베르크 시내로 들어가려면 맨 먼저 통과하게 되어 있었던 다리 입구의 탑에 그런 형상이 조각되어 있다.

옛날 오덴발트 지역 부헨(Buchen)의 도시 성벽에도 남자가 무릎을 꿇은 채 성 바깥에 있는 사람들을 향하여 비웃는 표정으로 엉덩이를 내밀고 있는 돌조각이 붙어 있었다.[15] 알자스 지역 베르크하임의 도시 성벽에 있는 오버렌이나 라폴츠바일러 성문에도 그와 비슷한 조각상이 붙어 있었다. 이것은 일명 '베르크하임의 난쟁이'로 불리는 조각상으로서, 만일 어떤 추적자가 이 도시로 숨어

78. 바젤 시청 건물의 버팀대 조각.

든 도망자를 붙잡으려고 찾아다니다가 이 조각상과 마주치면 그곳을 피해 도망치지 않을 수 없었다고 한다. 이때 조각상이 엉덩이를 내미는 동작뿐만 아니라 '치명적인 손동작'을 보여주었다고 하는데,[16] 그 동작이 구체적으로 어떤 것이었는지는 분명하게 알려져 있지 않은 듯하다.

짐작건대 이 '난쟁이'는 대음순을 벌리고 있는 여신 셰일라-나-기그처럼 엉덩이를 벌리고 있었을 것으로 생각된다. 아이포족 아이 중에서 사춘기 이전의 사내아이들은 요즘에도 상대방을 놀려주려고 서로 방귀를 뀌면서 그와 같은 행동을 한다.[17] 갓난아이를 데리고 있던 야노마뫼족 어머니도 화가 나자, 아이의 엉덩이를 상대방에게 들이대면서 볼기짝을 벌려 보여주었다고 한다.[18]

그러나 앞에서 말한 '난쟁이'의 몸짓은 베를리힝겐의 괴수가 성벽 위에 서 있는 크라우트하임의 관리에게 내뱉었던 말처럼 '엉덩이를 핥아라'든지 또는 좀 점잖게 표현해서 '뒤를 핥아라'는 식의 어떤 도전적인 표현일 수도 있다.

이 경우는 아닐링구스(Anilingus, 항문성교)를 촉구하는 성적인 도발일 수도 있고, 항문성교를 비유적으로 요구한다는 의미로 "엉덩이에 성교하라!"는 말을 완곡하게 표현한 것이라고 계속 주장하는 사람들이 있지만, 필자는 아주 잘못된 해석이라고 생각한다. 물론 창녀나 동성연애자들 사이의 성행위로서 아닐링구스—매춘부들이 쓰는 은어로는 '알제리 프랑스식' 성교—라는 것이 실제로 행해지고 있기는 하지만[19] 중세시대나 근세 초기에 그런 행위가 있었다는 증거는 전혀 없다.[20]

'궁둥이를 핥아라'라는 표현은 그 표현형식에 관계없이 성적인 의미가 아닌 행위로서, 상대방에 대한 극단적인 모욕을 뜻했다. 그 예로 한밤중에 벌어진 마녀들의 춤판에 끼여든 악마는 미래의 마녀에게 엉덩이 키스를 당하고 나서 굴복하고 말았다. 전설에 따르면, 프리드리히 바르바로사는 밀라노를 정복한 뒤 자신의 아내를 모욕했던 시민들을 불러모아 암나귀의 음부에 코를 처박게 하고, 동시에 그 짐승의 항문에 무화과 열매를 집어넣었다가 꺼내어 삼키라고 명령을 내리고는 순순히 따르는 사람만 살려주었다. 그런데 상당히 많은 사람들이 이와 같은 치욕을 거부한 채 죽음을 선택함으로써 그 자리에서 처형당했다고 한다.[21]

우리 시대에 들어와서도 스스로의 성적인 굴욕 행위로서 아닐링구스가 이루어졌던 것 같다. 어쨌든 성행동 연구자 매스터스의 주장에 따르면, 과거 독일을 점령했던 연합군 병사들을 상대로 조사한 결과, 제2차 세계대전 직후 패전국 독일의 많은 여성들이 자발적으로 점령군의 항문을 핥아주었다고 한다.

> 점령군 병사들과 성관계를 가졌던 거의 모든 여성들 사이에서 이런 행동이 벌어졌다. 독일 여자들의 그와 같은 행동에 의해

제공된 쾌감은 상당히 자학적인 것이었고, 목적했던 대로 남자 병사들에게 사디즘적인 반응을 불러일으켰다. 이것은 정복자에 대한 피정복자의 완전 항복을 상징하는 행동이었다.[22)]

중세시대에 어떤 남자가 골목길을 누비고 다니면서 사람들에게 자신의 엉덩이를 보여준 사건이 이따금씩 발생했다면, 도대체 어떤 동기에서 그런 일을 벌였는지 지금으로서는 확인하기가 매우 어렵다. 당시 대부분의 재판관들이 오직 범죄의 구성 요건에만 관심을 두고 있었기 때문이다. 그런 까닭에 그것이 다수에 대한 도전적 행동으로서 '부르주아 계급을 놀라게 하려는 행동'이었는지, 아니면 '강박성 행동'으로서 현대적인 의미의 성적인 일탈을 의미하는 '노출증'의 표현이었는지 전혀 알 수 없다.

나중에 살펴보겠지만 그 시절에도 남성의 성기 노출증을 나타내는 명백한 사례들이 있었다. 한편 엉덩이 노출행위에 대해서는 그 이후 시대에 들어가서야 비로소 성적인 '강박성 행동'이라고 진단하기 시작했지만, 동일한 예들이 이 시대에도 제법 나타나고 있었던 듯싶다. 그 예로 루소가 열여덟 살쯤에, 그러니까 1730년 무렵에 '컴컴한 골목길의 한적한 장소'에 찾아갔던 이야기를 들어보자.

나는 그곳에 가서 멀리 있는 여자들에게 가까이 가고 싶다는 몸짓을 보여주었다. 내가 그들에게 보여준 것은 외설적인 것이 아니라, 오히려 아주 우스꽝스러운 것이었다. 그냥 장난으로 그들의 눈에 잘 보이도록 불쑥 내민 것이 무엇이었는지는 설명하지 않겠다. 내가 원하는 것을 실제로 경험하고 싶으면 몇 걸음 더 걸어가기만 하면 되는 상황이었다. 그것을 기대할 만큼 나에게 용기만 있다면, 용감한 어떤 여자가 다가서는 나에게 특별한 즐거움을 실제로 베풀어줄 것이라는 예감은 확실했다.

이때 루소가 엉덩이를 두드려주기를 기대했는지, 아니면 다른 어떤 것을 원했는지는 정확히 알 수 없다. 어쨌든 루소 자신의 판단에 따르면, 그는 이런 방법으로 젊은 처녀들에게 "유혹적인 자세라기보다는 우스꽝스러운 장면을 연출해 보였다. 새침떼기 처녀들은 못 본 척했지만 소리내어 웃는 애들도 있고, 모욕이라면서 떠들어대는 처녀들도 있었다."[23]

엉덩이를 내미는 행위는 이후에 들어와 특히 여성들에 의해 도발적인 행동으로 묘사되었다. 그 예로 여류 작가이자 사업가로 성공한 필(Peel) 여사는 1880년대 후반의 젊은 처녀 시절에 '가짜 엉덩이'라고도 부르는, 인공적으로 만든 '엉덩이'(derriere)를 무기처럼 착용했던 기억을 회상하고 있다. "허리받이 끈을 단단히 조였더니 엉덩이가 도발적으로 튀어나와 걸음을 옮길 때마다 씰룩거리게 되었다."[24]

19세기에서 20세기 초에 이르는 기간에는 특히 젊은 여자들이 공격적이면서도 도발적인 자세로 대중 앞에 엉덩이를 과감하게 드러내는 '무닝'(mooning) 행위에 관한 보고가 많았다.[25] 마침내 1950년대 말에 와서는 새로운 현상이 나타나 젊은 남성 단체의 '무닝'(그림 79)이 있었고, 1970년대 중반부터는 여성들의 참여 횟수가 잦아졌다.[26] 그 예로 베를린 여자 교도소의 재소자들은 정규적으로 감방 창문 너머로 알몸을 드러냈다. 노출증에 사로잡힌 남자들이 감옥 앞으로 몰려와 바지를 내리고 '도전적인' 행동을 보이자, 여자 죄수들도 이에 맞장구를 쳤다.[27] 거의 같은 시기에 아이오와의 어느 대학에서는 여학생들이 저녁에 슬립과 브래지어까지 벗어던지고, 불이 환하게 켜진 방의 창가에 서서 남학생들을 향해 도전적인 시위를 벌였다. 이 놀이에 참가했던 한 여학생은 이렇게 말했다.

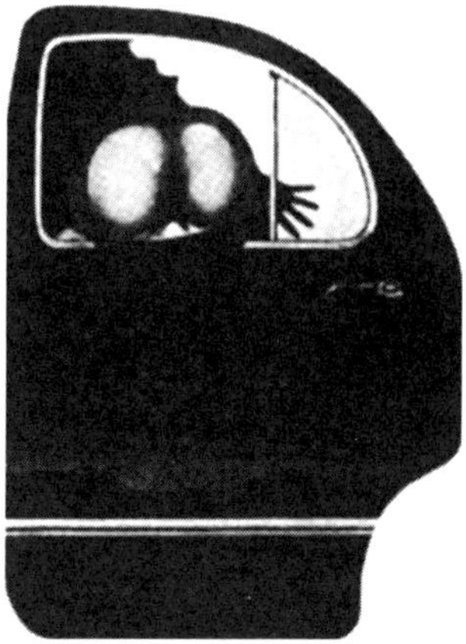

79. 「무닝」. 캐나다의 우편엽서, 1980.

한밤중에 남학생들을 놀려주려고 옷을 벗고 창문으로 다가가, 춤추는 놀이를 했어요. 대개는 브래지어와 팬티를 벗는 것 이상의 장난은 하지 않았지요. 그런데 하루는 장난을 주도한 아이들이 술에 취해 핍쇼나 스트립쇼 대신에 '집단 무닝'을 하자고 의견을 모았지요. 각자 방으로 들어가 한 명이 불을 끄고 준비를 했어요. 그애가 의자 위에 올라서서 엉덩이를 창유리에 바짝 붙이고 있으면, 다른 한 명이 몇 초 동안 불을 깜박깜박 켜는 동작을 시험해봤지요. 도발적인 것 같더군요. 아주 짓궂고 야하다는 생각이 들었습니다. 그래서 모두 한번 해보기로 결정했어요.[28)]

1970년대 초 북아메리카에서 등장한 '스트리킹'은 의도적으로 규율을 어기려는, 도전적인 동기를 가졌다는 점에서 '무닝'과 공통점이 있다(그림 80). 얼마 후 이 유행은 '블리첸'(Blitzen)이라는 이름으로 독일에도 상륙했다. '스트리킹'은 처음에는 거의 남성만의 전유물인 듯했다가 나중에는 갈수록 젊은 여성들이 가세하기 시작했고, 1970년대 중반에는 더욱 확산되어 특히 미국 서부해안

80. 「트위크넘의 스트리커」. 브래드쇼가 찍은 사진, 1974년 4월.

에서 성행하게 되었는데, 마침내 로스앤젤레스의 한 방송국은 '스트리킹 특별경보'를 방송하기에 이르렀다.[29)]

독일의 '블리첸'은 20세기의 창작물이 아니었다. 이미 중세 후기와 근세 초기에 젊은이들이 계속해서 '나체춤'으로 대중 앞에서 도발적인 쇼를 벌인 사례들이 있었다. 그 예로 16세기에 한 여자는 "경박스런 사람들과 어울려 여러 차례나 완전 나체로 춤을 추었다"는 혐의로 '감옥형'과 함께 '벌금형'을 받기도 했다.[30)] 근세 초기의 영국 귀족들은 장난기가 발동하여, 시민들을 놀래주려고 실오라기 하나 걸치지 않은 채 런던 거리를 질주했다.[31)] 이러한 예들은 결코 그 사회가 가지고 있는 수치심의 수준이 낮기 때문에 나타난 현상이 아니라, 오히려 그런 행동을 오늘날보다 더 준엄하게 처벌하는 사회였기 때문에 그러한 터부를 고의적으로 깨뜨리려는 의도에서 나온 행동이었다.[32)]

물론 '스트리킹'처럼 '무닝'에 참여하는 사람들도 항상 노출증에 사로잡힌 사람들의 소행이라는 사실은 분명하다.[33)] 남성에게 전형적으로 나타나는 강박성 노출증이 여성에게는 일반적으로 드물다는 점도 지적되어야 할 것이다.[34] 하기야 군인들 앞에서 음부를 드러냈던 열일곱 살의 어느 소녀는 남자들을 '놀래주는 것'이 재미있다고 그 이유를 설명하면서 그때 자신도 '편안한' 기분을 느꼈다고 털어놓았지만,[35] 이런 경우는 예외에 속한다. 음부를 드러내는 여자들 대부분은 상대방을 놀라게 하려는 게 목적이 아니라, 성적 자극을 주거나[36] 관심을 끌어보려는 행동이며,[37] 놀래주려는 의도를 가졌을 경우에는 일반적으로 상대방에 대한 두려움 때문에 성적인 쾌락을 얻지 못한다.

대부분의 경우 이런 상황에서 '당하는 자들'은 놀라거나 충격을 받기보다는 어이가 없다든지 곤혹스럽다는 느낌을 받는다. 그런 일이 있고 나서 최소한 도전적이라거나 경멸적인 의도가 없었던 것으로 느껴질 때 그러하다. 어느 젊은 여자가 비옷 하나만 걸치고 거리에 서 있다가 지나가는 남자들에게 알몸을 드러내 보였던 경우가 여기에 해당된다.[38] 이와 관련하여 형법 제1조 183장은 처벌대상이 되는 노출행위를 금하고 있는데, "사회적 무의미성 및 형법상의 관심 부족"을 그 근거로 들고 있다.[39] 그런데도 또는 바로 그렇기 때문에, 전문가들이 여성의 노출증에 대해 상당히 잘못 알고 있는 부분이 많다.[40]

11

위협적인 남근

노출증은 여성보다는 남성에게서 훨씬 더 많이 나타나고, 그 동기도 대체로 남성과 여성의 경우가 판이하다고 알려져 있다. 노출증 여성들과 마찬가지로 이런 부류의 남자들은 성기 노출을 꺼리는 '청교도적' 가정에서 성장한 경우가 대부분이지만[1] 이들의 노출 목적은 성적인 것보다는 '힘의 과시'에 있다. 따라서 이때의 페니스는 대부분 발기 상태로 최대한 크고 힘이 넘쳐 보여야 한다. 그 예로 45세의 어떤 남자는 항상 사람들이 붐비는 인도(人道)에 자동차를 세워놓고 창문을 내린 다음, 페니스에 거대한 인조 남근을 씌워 창 밖으로 내밀었다.[2] 대부분의 노출증 환자들은 힘을 과시하는 것으로 그치지 않고[3] 상대방을 놀라게 한 뒤 도망치게 하려는 의도를 가지고 있다. 그렇기 때문에 아직 성숙하지 않은 젊은 처녀나 어린이들을 그 대상으로 삼는다. 이런 아이들은 성적인 경험이 없어서 쉽게 놀래줄 수 있다고 생각하기 때문이다.[4]

노출증 환자 중에는 겁먹은 여자들의 모습을 기분 좋게 바라보

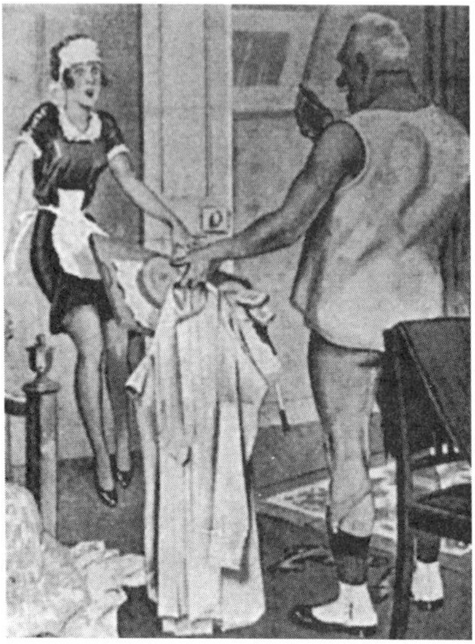

81. 레오넥(G. Léonnec)의 「들어와!」. 수채화, 1927.

고 있을 때, '확실히 힘이 솟는 기분'을 느낀다고 말하는 사람이 많았다. 어떤 환자는 자신이 남근을 드러내고 있을 때마다 힘이 솟구쳐 "당장 벽이라도 뚫을 것 같은 기분이 들었다"고 털어놓았다.[5] 또 어떤 남자는 "여자의 얼굴에 겁먹은 표정이 나타나는 그 순간이 좋아요. 그런 순간이 중요하지요"라고 말했다.[6] 따라서 놀라서 꼼짝 못할 것이라고 기대했던 상대방이 당당한 자세로 "쳇, 저렇게 작아?" 하는 식의 시시한 반응을 보이거나 오히려 재미있다는 표정을 지으면, 노출증 환자는 실망하게 된다. 외국에 가서 자신의 성기를 과시할 목적으로 일부러 무역선을 탔던 미국인 남자는 인도에 가서 그와 같은 시도를 했으나 얻은 것은 실망뿐이었다. 인도 여자들이 "그냥 웃기만 하는 바람에 비참한 생각이 들었던 것"이다. 결국 그는 그 보상이라도 받을 생각으로 나체 클럽에 가입했다.[7]

상습적인 노출증 환자들의 행동이 과도한 성적 흥분 때문이라면, '간헐적 노출증 환자'의 경우는 성욕보다는 분노와 증오심이 그 동기가 된다. 그렇기 때문에 '순진한 노출증 환자들의 신화'를 훼손하는 장본인이 바로 그들이다. 여러 조사 결과에 따르면, 노출증 환자의 약 20퍼센트가 도발적이고도 음탕한 말을 내뱉고 나서 상대방의 가슴과 음부를 만지거나 정액을 '발사'했다. 그 예로 어떤 환자는 여자 우편배달부에게 남근을 드러내면서 이렇게 소리 질렀다.

> 이 창녀야! 너에게 필요한 것을 보여주마. 내가 주겠단 말이다! 네가 원하는 바로 그것을 주겠어. 이 마녀야, 이리 와봐! 평생 최고의 선물을 줄 테니까!"[8)]

엘리아스의 문명이론에 동조하는 학자들은 이와 같은 성행동에 관한 부정적인 태도가 최근에 와서야 나타나기 시작한 것이라고 주장하고 있는데, 구체적으로 이름을 밝히자면 우셀(J. v. Ussel) 같은 이는, '18세기와 특히 19세기'에 들어와서야 비로소 노출증을 '성적으로 빗나간 범죄 행위'로 다루기 시작했다고 주장한다.[9)]

물론 그와 같은 주장에는 타당성이 전혀 없다. 오히려 이유야 어찌되었든 남자가 만일 대중 앞에서 성기를 드러내면, 중세부터 근세 초기에 이르는 동안에는 오늘날과 비교될 수 없을 정도로 엄한 처벌을 받았다는 사실을 상기할 필요가 있다. 옛날에는 여자들 앞에서 성기를 드러냈다가 적발되면, 그 벌로 그때 사용했던 손이 잘려나가지 않으면 다행이라고 생각할 정도였다. 1307년 뉘른베르크에서 일어난 사건 기록을 예로 들어보자.

> 로젠라허는 1307년 성 그레고리우스의 날에 귀부인들이 쳐다

보는 길거리에서 자신의 성기를 드러낸 죄로, 국가로부터 손목을 자르는 형벌 대신 2년 동안 5천 파운드의 벌금을 내라는 선고를 받았다.

1348년에도 이와 비슷하게, "가죽 기능공 불리히는 멋대로 자신의 남근을 꺼내어 여자들에게 보여주는 행동을 하였으므로, 국가는 지금부터 5년 동안 그 손을 사용하지 못하도록 명령한다"[10]는 판결이 내려졌다. 1496년에는 브레슬라우의 한 남자가 여자 앞에서 치부를 '드러냈다'는 혐의로 감옥형과 함께 벌금형을 받았고,[11] 1527년 브라이스가우의 프라이부르크에 살던 남자도 '여러 사람들 앞에서 성기를 꺼낸' 죄로 같은 벌을 받았다.[12] 1550년 1월, 베네치아에서는 도메네고라는 이름의 남자가 미사에 참석한 여자들 앞에서 페니스를 여러 차례 노출했다가, 6개월의 감옥형과 함께 10년 동안 추방당하는 처벌을 받았다.[13] 그리고 1591년에는 이르칭이라는 유대인이 '여자들 앞에서 오줌을 누었다'는 혐의로 뇌르틀링의 탑에 갇힌 일이 있고,[14] 이보다 4년 뒤에 헤센 공국 슈타인바흐 법원의 재판기록에는 이런 내용이 씌어 있다.

> 마티아스 오일너의 탁자 위에 놓여 있는 모자에 성기를 올려놓은 슈타인바흐의 슈미트에게 3플로린의 벌금을 부과한다.[15]

특히 술집에 가서 잔뜩 취했을 때, 주위의 남녀 앞에서 자신의 '남근'이 장대하다는 것을 자랑하려고 바지 속에 있는 '거시기'를 꺼내고 싶은 충동을 느끼는 남자들이 많다. 그 예로 1609년 술에 만취된 남자 손님이 '음경을 도마 위에' 올려놓은 다음, 주변에 있던 술꾼들에게 누구의 것이 가장 큰지 비교할 수 있도록 다같이 꺼내보라고 재촉했다.[16] 그리고 1732년에는 팔츠 공국의 발트그레바일러에서 술집 주인과 손님이 공공질서 문란 혐의로 처벌을 받았는데, 그 이유는 "술집 주인이 손님을 놀리려고, 아내와 함께 여러 사람이 있는 자리에서 바지에 손을 넣어 남근을 꺼내 보일 용기도 없는 놈이라고 말했다"는 것이다.[17]

뿐만 아니라 남자들은 성교를 원할 경우 먼저 바지에서 페니스를 꺼내기도 하는데, 그 목적은 상대방 여자에게 장대한 것을 보여주어 감탄하게 만들거나 겁을 주어 따르지 않을 수 없도록 유도하려는 것이다. 그 예로 1623년에 로이던 출신의 우즈라는 하녀는 스테이스라는 남자가 음탕한 곳을 드러내면서 성폭행하려고 덤벼들자, 도망쳐 나와 고발한 사건이 있었다. 그 남자가 "성기를 꺼내고는 너를 겁탈하기 전에는 내보내지 않겠다"고 말했다는 것이다.[18] 1631년 프레스콧의 휴턴이라는 남자는 엘리자베스 부인의 남편이 외출 중인 것을 알고, 그 집 창문 앞으로 다가가 바지를 풀어 발기된 성기를 꺼내고는 부인을 향해 "이건 7인치짜리요"라고 소리치면서, 그 말이 믿어지지 않으면 직접 재보라고 떠들어댔다. 그러면서 조건을 달기를, 그 중에서 "2인치는 내 마누라에게 남겨주어야 하므로 당신한테는 5인치만 사용하게 해주겠다"고 말했다.[19]

강박성 노출증 환자들은 주로 대도시에서 볼 수 있다. 서로 모르고 지내는 사람들이 많다는 장점이 있기 때문이다. 파리를 예로 들자면, 1736년에 생타르라는 이름의 젊은 노동자가 거리에서 여자를 앞에 세워놓고 수음했다는 혐의로 체포되었다.[20] 그러나 19세기 초반, 런던에서는 "여성에게 혐오감을 주려는 의도를 가지고 고의적으로" 성기를 노출하는 행위를 법으로 처벌할 것인지를 놓고 시민들 사이에 의견이 분분했다. 일부에서는 그런 자들을 잡아들이는 일은 경찰이 할 일이라고 말하는가 하면, 다른 한편에서는—1823년 『모닝 크로니클』지에 실린 기사를 인용하면—그런 행동에 대해서는 '시민의 여론에 맡기는 것이 안전하다'고 주장하는 의견도 있었다. 라이벌 신문사인 『쿠리어』(*Courier*)지는, 그처럼 음란한 행동으로 여성들을 모욕하는 '불량배들'이 있을 경우에는 예절 감각을 지닌 남자들이 달려들어 때려눕히는 것이('땅바닥에 거꾸러뜨려야') 가장 좋다는 의견을 내놓았다.[21]

퉁구스족 남자들은 여자들 앞에서 페니스를 드러내고 문질러 발기시키는 경우가 있었다. 그러나 못된 짓을 하는 그 남자들을 쫓아버릴 그 누군가가 필요하지 않았다. 앞에서 소개한 미국인 노출증 환자가 인도에 가서 바지를 내렸을 때 인도 여자들이 실컷 웃어댐으로써 그 미국인을 무안하게 만들었던 것처럼, 퉁구스족 여자들도 그런 남자들의 행동을 보고 깔깔대며 웃음을 터뜨렸기 때문이다. 말하자면 그 남자는 그런 짓으로 황홀한 기분에 빠져 있던 순간, 구경하는 여자들의 시끄러운 웃음소리로 말미암아 제정신을 되찾게 되었던 것이다. 그 순간 페니스가 움츠러들고, 당사자는 대개 수치심에 가득 차서 도망쳐버린다. 결국 퉁구스족 여인들은 남자들의 그와 같은 노출 행동을 바라보면서 위협을 느끼기는커녕 오히려 재미있게 바라보면서 한바탕 기분전환을 한 셈이다.[22]

이런 사례들은 이성(異性) 앞에서 강박성 노출증을 드러낸 경우이지만, 과거부터 지금까지 어떤 사회 집단에서는 감정의 동요가 심할 때 나타나는 반응의 하나로 페니스를 드러내는 경우가 있다. 그 예로 내가 플로레스 섬에 갔을 때, 시카족 젊은 남자들이 격렬한 논쟁을 벌이다가 옷 속에 손을 집어넣고 페니스를 문지르는 광경을 여러 번 확인한 일이 있다. 페니스 씌우개를 착용하지 않는 뉴기니의 아스마트족과 아우유족 남자들은 다리를 약간 벌린 채 페니스를 움켜쥐고 발기가 되도록 문지른 다음, 골반을 서로 부딪치는 동작을 계속했다. 이것은 그들이 몹시 두렵거나 기뻐서 흥분했을 때, 또는 몹시 놀랐을 때 나타나는 반응이었다. 예를 들면 손님을 맞이하여 우호적으로 지내다가 헤어진다거나 적과 싸워서 승리했을 때, 힘든 일을 공동으로 해냈을 때, 또는 오두막에 화재가 발생하거나 폭풍이 몰아치는 경우처럼 무서운 일이 일어났을 때, 그런 반응이 나타난다.[23] 어느 유럽인은 아스마트족이 여러 명 모여 있는 광경을 우연히 목격하고 다음과 같이 전했다.

> 강줄기가 갑자기 휘어지는 지점에 도달했을 때, 우리는 움막에 다섯 남자가 앉아 있는 것을 보았다. 우리가 소리 없이 갑자기 접근하자, 그 남자들은 소스라치게 놀라는 것이었다. 맨 먼저 두 사람이 비명을 지르면서 페니스를 움켜쥐고 우리에게 여러 차례 위협을 가했다. 우리가 갑자기 나타난 데 대한 일차적인 반응이 페니스를 이용한 위협이었다니 놀라울 따름이다. 앞을 다투어 무기를 움켜쥔 것은 그 다음이었다.[24]

1816년에 발간된 『오스트레일리아 탐험 여행』이라는 책에는 탐험 미술가 프티(Petit)가 1802년에 태즈메이니아 섬을 찾아가 그린 그림이 실려 있다. 이 그림을 보면 한 남자가 왼손으로 페니스를 만지고 있는데(그림 82), 그 직후부터 학자들 사이에 이 장면을 어떻게 해석할 것이냐를 놓고 논쟁이 벌어졌다. 태즈메이니아 원주민의 이 동작에 대해 일부 학자들은 "대도시 하층민들의 행동을 통해 쉽게 볼 수 있는 추잡스러운 모욕"이라고 주장했다. 반면에 어떤 학자들은 수치심을 나타내는 동작이라고 해석했다. 이를테면 이 원주민은 "귀두에 주름진 피부가 다시 덮이도록 하려는 것이며, 폴리네시아의 일부 남자들이 이런 식으로 수치심을 드러낸다"[25]는 주장이었다.

다니족은 매우 흥분된 상태에 이르면, 건조된 호리병박으로 만든 페니스 씌우개를 엄지손톱으로 톡톡 치면서 와—와—와! 하고

82. 니콜라-마르탱 프티의 「태즈메이니아 원주민 남자들」, 1802.

소리를 지른다.[26] 이것은 아이포족이 겁에 질리거나 깜짝 놀랐을 때, 페니스 씌우개를 손톱으로 튀겨서 톡톡 하는 소리가 나게 하는 동작(그림 83)과 비슷하다.[27] 이때 아이포족 남자들은 어떤 말

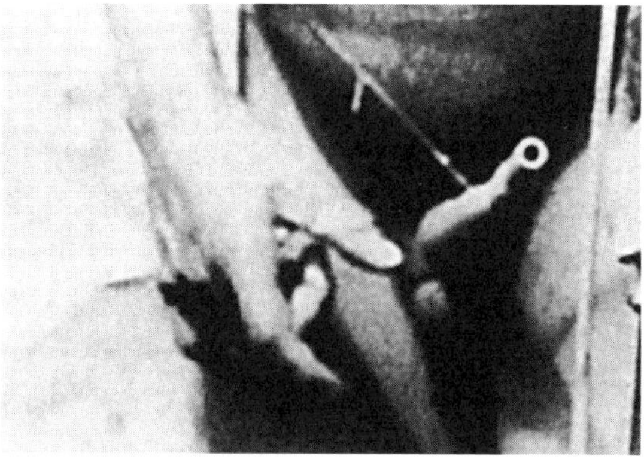

83. 페니스 씌우개를 두드리고 있는 아이포족 남자.

을 내뱉기도 하는데, 그 말은 우리가 흔히 "어이쿠!" 또는 "하느님 아버지!" 하고 외치듯이 방어적 기능을 갖는 어휘들이다.[28] 때로는 그들이 페니스 씌우개에 연결된 끈을 느슨하게 풀고 상대방을 향

해 서로 골반을 여러 번 부딪쳐서, 씌우개를 세차게 흔들리게 할 때도 있다. 언젠가 마녀로 지목되어 죽음을 당한 여자의 시체가 개울에 내던져진 적이 있었다. 그때 남자 한 명이 바위에 기어올라가더니, 껑충껑충 뛰면서 '마녀'의 시체가 있는 쪽을 향해 성교하는 시늉을 했다.[29]

어느 인종학자의 경험담에 따르면, 비메족 남자들이 흥분된 상태로 아슬아슬한 전투 경험을 이야기할 때나 이웃 마을에서 열리는 춤판에 참석하려고 출발 직전에 있을 때, 인종학자에게 다가와 서로 골반을 부딪치며 껑충껑충 뛰었는데, 이때 페니스 씌우개가 출렁출렁 흔들렸다고 한다.[30] 애드미럴티 제도에 거주하는 마누스족과 마탄콜족 남자들은 싸우러 나가거나 전쟁춤을 시작하기 직전에 페니스 씌우개를 착용했다. 그런 다음 골반을 움찔움찔 움직여 페니스를 흔들면서 둔탁한 괴성을 질렀다.[31] 살인광으로 알려진 말레이 인종은 살인하기 직전에 페니스를 발기된 것처럼 보이게 하려고 묶어 세운다고 한다.[32]

이를테면 이와 같은 '선사시대적' 행동은 '낮은 단계의 문명' 속에서 살아가는 사람들의 '인간형'을 특징짓는 요소이며, 이들의 감정변화 역시 외면적인 행동으로 직접 나타나게 된다고 생각하는 사람이 있다면, 토요일 저녁 30분쯤 시간을 내어 텔레비전 스포츠쇼에 나오는 '분데스리가 축구 소식'을 시청해볼 것을 권한다. 아마 슈팅이 성공할 때마다 거의 예외없이 선수가 잔디밭을 질주하면서, 상대방에게 금방 한방 '먹였다'는 의미로 골반과 주먹을 이용하여 '교미'하는 동작과 함께 찌르는 동작을 하는 장면을 볼 수 있을 것이다. 이 주제에 관해서는 뒤에서 다시 다룰 것이므로, 이 자리에서는 다만 오늘날의 우리 사회에서도 페니스 노출행위가 드레스덴의 신나치주의 단원들(그림 84)에게만 해당되는 것이 아니라는 사실을 지적해두고자 한다. 한 가지 예로 1991년 8월 23일

84. 드레스덴의 신나치주의자들, 1991.

라트비아 공화국에서 공산당 활동이 금지되자, 리가의 당사를 떠나려던 공산당 간부들이 이 장면을 촬영 중이던 텔레비전 카메라맨들을 향해 페니스를 드러내는 시늉을 했다.[33]

페니스 시위의 피해자는 주로 여성이지만 때로는 남성을 대상으로 삼기도 하는데, 이때 상징적으로 페니스를 드러내는 시늉을 하는 방법은 매우 다양하다. 예를 들면 45명으로 구성된 미국 대학생 단체가 어느 날 저녁 여자대학 식당에 침입한 뒤 30여 명의 여학생을 빙 둘러싸고 페니스 선망 심리의 분석이론에 관한 연설을 강제로 들려주었다. 그러는 동안 한쪽에서는 남학생 한 명이 고무로 만든 페니스를 가지고 여러 가지 자위 테크닉을 소개하는 시범을 보이고 있었다. 여학생들은 한마디 말도 못하고 가만히 앉아 고개를 숙이고 있었다. 얼마 후 남학생들은 이것이 자기들 클럽의 '전통'이라고 말하면서 해마다 이런 행사를 벌인다고 설명했다.[34]

어느 동성애 여자는, "이웃집 남자가 자신의 성기를 그린 그림을 우리집 문틈에 꽂아놓았어요"라고 말했다. 또 다른 레즈비언 부부도 이와 비슷한 경험을 털어놓았다. "우리가 1층에 살고 있던 시절에 남자들이 찾아와 유리창 앞에서 수음하다가 사정을 했습니다.” 그리고 어떤 레즈비언들의 말에 따르면, 해변에서 남자들—짐작건대 강박성 노출증 환자들은 아닌 것 같았는데—이 자기들 앞에서 보란 듯이 페니스를 드러내고 수음을 했다고 한다.[35]

『보스턴 헤럴드』지의 젊은 여기자 리사 올슨은 기삿거리를 찾기 위해 축구팀 '뉴잉글랜드 패트리어트'의 탈의실로 들어갔다. 그러자 그곳에 있던 선수 몇 명이 음담을 늘어놓으면서 바지를 내리고 여기자에게 성기를 내밀었다. 올슨이 즉각 '정신적 강간'을 당했다며 고소하자, 선수들은 '여자로서 주제 넘는 행동'이라는 기분이 들었기 때문이라고 고백했다. 얼마 후 어느 연회에 참석했던 패트리어트 팀의 구단주 빅터 키암이 한마디 하기를, 이라크 군대와 올슨 기자는 패트리어트 로켓을 가까이서 보고 싶을 것이므로 이런 점에서 서로 공통점을 가지고 있다며 농담을 했고, 올슨 기자는 이 발언을 문제삼아 또다시 소송을 제기했다.[36]

특히 19세기 말에서 20세기 초에 이르는 동안 공장에서 일하던 여성 근로자들이 남자 동료들의 페니스 노출행위로 희롱을 당한 사례에 관한 보고가 수없이 많았다.[37] 최근에 함부르크의 여자 간호사는 근무 중에 겪었던 일을 다음과 같이 적었다.

> 야간근무를 할 때에는 아침에 환자들에게 세숫대야를 나누어 주고 세면장으로 보내야 한다. 그런데 몇 명은 아주 오랫동안 발가벗은 채 방에서 돌아다니곤 한다. 여자 환자들 가운데서는 그런 사람을 한 번도 본 적이 없다. 여자들은 목욕하고 나서 목욕 가운을 입지만, 남자들은 알몸으로 돌아다닌다. 시위를 하는 듯한 남자들의 이런 행동은 사우나에서도 본 적이 있다. 이곳에서는 남자들이 더 오래 알몸으로 돌아다닌다. 특별한 용무가 없는데도 아무나 다 쳐다볼 수 있도록 다리를 쩍 벌리고 앉아 있다. 병원에서 특히 눈에 띄게 행동하는 사람들은 대개 40세에서

50세 사이의 남자들인 경우가 많다. 그들은 아침에 간호사가 침구를 정리하러 온다는 사실을 잘 알고 있다. 우리가 침대보를 들춰보면, 그들은 알몸으로 누워 있다. 그리고 아주 음흉한 눈초리로 간호사 얼굴을 빤히 쳐다보면서, "무슨 말 좀 해봐. 얼굴이 빨개졌잖아?" 하고 장난을 친다. 그러면 온 방 안에 한바탕 웃음보가 터진다.[38]

사우나탕의 행태를 연구하는 사람들이 정기적으로 '혼성' 사우나탕을 찾는 여자들의 증언을 토대로 확인한 바에 따르면, 남자 손님 중에 시위하듯 '항상 페니스가 보이도록' 다리를 벌리고 앉는 남자들이 있다고 한다. 한편 어느 남자 손님은, 그런 남자들 못지않게 행동하는 '해방된 여성들'도 많이 있더라면서, 이런 여자들은 "사우나탕에서 다리를 벌리고 눕거나 앉는 행동조차 자기들의 이데올로기로 생각하며, 도대체 가리는 것이 없다"고 했다.[39]

옛날부터 남자들이 사용한 발기된 페니스 모형도 여성을 겨냥한 물건이었다. 그 예로 1664년 나폴리에서는 카니발이 진행되는 동안 '말의 거시기만큼 큰' 목제 남근을 가지고 나폴리의 골목길을 돌아다녔는데, 그것은 오직 여자들을 놀라게 하려는 데 목적이 있었다.[40] 카스카 인디언 남자들 중에 자기가 만든 음란한 물건을 가지고 여자들의 수치심을 자극하는 취미를 개발한 남자가 있었다. 그는 유목(流木)으로 커다란 페니스를 만들어 디즈(Dease) 강물에 던짐으로써 카누를 타고 강을 오가는 여자들을 놀라게 했다. 또 어떤 남자는 이것을 모방해서 모조 페니스를 나무에 달아놓거나 길가에 매달아놓는 취미를 가지고 있었다.[41]

그와 같은 행동은 여자에게 모욕을 주려는 것이었지만, '불가항력적' 사태를 막는 기능도 있었다. 예를 들면 로마의 거리 모퉁이에 걸려 있는 남근 조각[42]이라든지, 고대 교회의 단상과 외벽에 페니스를 드러내고 있는 남자의 돌조각상이 그것이다(그림 85). 17세기 말까지 인도의 펀자브 지방에서는 파티얄라의 마하라자(지배자라는 뜻—옮긴이)가 해마다 한 번씩 하체를 벗고, 청백색 다

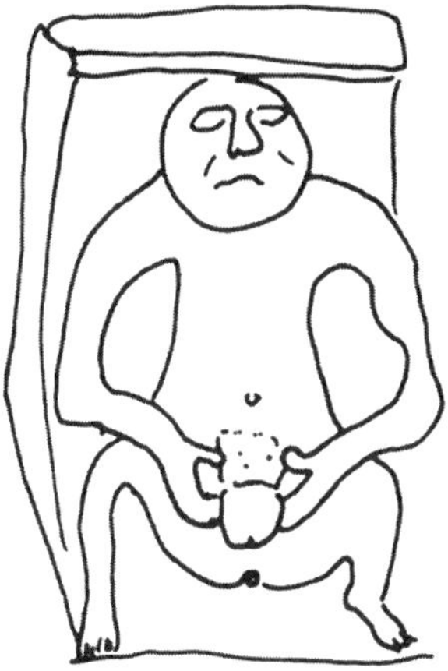

85. 포피를 당겨서 페니스를 드러내고 있는 남자. 사비냑-도로(Savignac-d'Auros), 중세 후기.

이아몬드 1천 1개를 매듭 없이 줄로 엮어 만든 가슴가리개 하나만 걸친 채 백성들 앞에 모습을 드러내는 관습이 있었는데, 이것은 토지를 망쳐놓는 악령을 쫓아내기 위한 것이었다고 한다.[43] 또한 인도네시아 세람 섬(몰루카 제도의 가장 큰 섬—옮긴이)의 원주민들은 기후를 나쁘게 조종하는 악령에게 수치심을 일으켜 물러가게 하려는 목적으로 페니스를 드러내고 돌아다녔다고 한다.[44]

몬테네그로의 몇몇 지방에는 1941년까지도 마법사가 유방통을 앓고 있는 산모를 다음과 같은 방법으로 치료해주는 관습이 있었다. 저녁이 되면 마술사가 먼저 해가 저무는 방향을 향해 발기된 페니스로 원을 그린 다음, 그 페니스로 병든 유방을 문지르면서 "이 더러운 것아, 물러가라!"고 소리쳐서 병을 물리친다. 1915년에 세상을 떠난 코사니카 출신의 보그단 리키체비치는 유명한 '유

방치료사'였는데, 그는 이런 의식을 치를 때마다 여자 환자로 하여금 자신의 페니스를 쳐다보지 못하도록 여자의 얼굴을 수건으로 가리게 했다.[45)]

칼라브리아 지방(남부 이탈리아-옮긴이)의 농부들은 악귀들(jettatore)의 재앙(mal'occhio)을 막기 위하여 페니스를 손에 쥐는 동작을 취하는데, 이때 다른 사람이 옆에 있다고 해서 수치심을 갖는 것은 금물이다.[46)] 코소보-메토히야 지역의 집시들도 같은 행동을 했다. 이를테면 울타리 안에 가두어놓은 황소를 끌어내어 멍에를 씌울 때, 그들은 바지 속에 손을 넣고 페니스를 비벼대서 발기시킨다. 이렇게 하면 황소로 하여금 마법에 걸리는 일이 없도록 예방할 수 있다는 것이다.[47)] 물론 이런 일을 할 때에는 조심해야 한다. 비록 그 자리에 자기 혼자밖에 없는 것처럼 생각되더라도 누군가 엿보는 사람이 있게 마련이기 때문이다. 그래서 일찍이 헤시오도스는 집 안에 있든 바깥에 있든 페니스를 함부로 드러내서는 안 된다고 충고했다.

> 그리고 서 있는 자세로 태양을 향해 오줌을 누지 마라(해가 지더라도 다시 떠오를 때까지 그 점을 명심하라). 걸어가다가 길가에서 소변을 보아서도 안 된다(밤에도 신들이 출몰하므로 옷을 벗지 마라). 진정으로 경건한 남자는 웅크리고 앉아 일을 보거나 담이 튼튼하게 둘러쳐진 마당을 이용하는 법이며, 분별 있는 사람이라면 이런 점을 잘 알고 있으리라. 집 안에 있을 때에도 근처의 아궁이가 있는 곳에서 음부를 드러내지 말고, 그런 곳을 피할지니라.[48)]

동물들 중에서 특히 원숭이들도 겁을 먹거나 공격을 받아 크게 흥분했을 때에는 페니스가 발기되고, 인간과 비슷하게 상대방 원숭이 앞에서 성기를 드러낸다는 사실이 관찰되었다. 따라서 원숭이도 명백히 인간과 동일한 행동을 보이고 있다고 말할 수 있는데, 이 점에 관해서는 이념적인 바탕 위에서 논란의 여지가 충분히 있을 것이다. 예를 들어 해골원숭이(Saimiri sciureus)는 교미기에 접어든 수컷이 허벅지를 벌리고 페니스를 문질러 발기시키고, 오줌을 조금 눈 다음, 다른 원숭이의 얼굴에 페니스를 부딪친다. 이런 행동이 암컷을 상대로 하는 경우는 구애 행동이 되겠지만, 다른 수컷을 대상으로 할 때에는 상대방을 굴복시키려는 시도인 것으로 보인다. 다시 말해서 이때 상대 수컷이 복종적인 자세로 앉아 있지 않고 대응하면—대개 잔인한 방법으로—공격이 가해진다.[49] 인간의 경우 남성의 페니스 드러내기 행동에 상응해서 여성의 음부 드러내기 행동이 있듯이, 해골원숭이의 암컷들도 가끔 엉덩이 또는 커다랗게 충혈된 클리토리스를 드러내어 상대방 암컷에게 위용을 과시하기도 한다.[50]

사슴이나 영양을 비롯하여 그 밖의 여러 원숭이 종들도 발기된 페니스로 상대방을 위협한다.[51] 물론 침팬지 수컷은 자신보다 서열이 높은 수컷 앞에서 페니스를 감추는 일도 이따금 있다. 남성의 신체적 수치심의 초기 단계라고 볼 수 있는 이런 동작을 통해서, 이 수컷들은 뛰어난 수컷의 도전을 피하려는 것이며, 나아가서는 이렇게 함으로써 교미할 태세가 갖추어져 있다는 사실을 과시하는 우세한 수컷의 공격이나 모멸로부터 벗어나게 된다.[52]

인간과 가장 가깝다고 알려진 영장류인 보노보 침팬지의 경우, 수컷들은 흥분이 고조된 상태에서도 발기된 페니스를 드러낸다. 그 예로 서로 만난 적이 없는 보노보 원숭이 두 마리를 같은 장소에 넣어주었더니, 처음 마주치는 순간 서로 페니스를 드러냈다.

맨 먼저 두 마리가 빠른 속도로 괴성을 질러 감정적인 대화를

86. 상대방 앞에서 페니스를 드러내고 있는 보노보 침팬지. 샌디에이고 동물원.

시도하면서 상대방의 주변을 빙글빙글 돌고 있었다. 두 마리가 모두 발기된 페니스를 규칙적으로 상대방에게 드러냈다. 두 마리가 요란스럽게 소리를 지르는 상황이 족히 6분간 계속되었다. 그 소리는 공격적이라기보다는 극도로 신경질적이었다. 마치 서로 접촉하고 싶지만 상대를 믿지 못하겠다는 듯한 분위기였다.

그러다가 마침내 두 마리가 서로 포옹하고 각자 자신의 페니스를 상대방의 것에 갖다대고 비벼대기 시작했다.[53)]

12 페니스 씌우개와 공공장소에서의 발기

쿡 선장은 뉴헤브리디스 제도의 말레쿨라 섬에 닻을 내렸을 때, 이 섬에 거주하는 원주민들의 기이한 옷차림을 보고 놀라지 않을 수 없었다. 로코코 시대의 기준으로 볼 때 너무나 야한 차림을 하고 있었던 것이다. 그래서 그는 일기장에 이렇게 적었다.

> 남자들은 은밀한 곳을 가리지 않았다고 할 정도로 거의 알몸으로 지내고 있다. 고환은 완전히 노출되어 있고, 다만 허리에 차고 있는 끈이나 띠에 천조각이나 나뭇잎을 매달아서 중요한 곳만 겨우 가리고 다닌다.[1)]

이런 사실은 쿡 선장과 동행했던 포르스터(Georg Forster)의 다음과 같은 증언으로 또다시 확인되었다.

> 거의 모든 종족들은 수치심 때문에 신체를 가리기 위해 옷을

만들어 입고 다닌다. 그러나 이곳의 남자들은 아주 자연스럽게 끈이나 허리띠 같은 것을 이용하여 복부 앞쪽에 페니스를 고정시켰을 뿐이다. 그것을 보이지 않게 가린 것이 아니라 완전히 드러나 있는 상태여서 우리의 기준으로 보면 지극히 음탕해 보인다.

그래서 포르스터는 차마 '옷'이라고 부를 수 없을 정도의 기이한 차림새에 대해, 그나마 남아 있는 수치심의 발로라고 해석할 수 있을까 하는 의문을 제기했다. 그는 이에 대해 아니라는 결론을 내렸는데, 그 까닭은 '순결이니 수치심이니 하는 것'은 '교육의 결과일 뿐이지 천성적인 개념이 아니기' 때문이며, 이 점은 다시금 '수치심이나 순결이 자연상태에서는 전혀 나타나지 않는 덕목'이라는 사실로 증명된다고 했다. 그렇지만 포르스터 자신은 그와 같은 판단에 대해 완전히 확신을 갖지는 못했던 것으로 보인다. 그래서 그는 덧붙여 언급하기를, 만일 말레쿨라족 남자들이 실제로 수치심을 느끼고 있었다면 페니스를 그처럼 눈에 보일 정도로 허술하게 감추지는 않았을 것이고, 여자들 앞에 나서는 경우를 가정한다면 남자들이 "앞치마 대신에 지푸라기를 차고 다니는 이유가 여자의 환심을 사려는 욕망 때문인지, 아니면 수치심 때문인지" 매우 의심스럽다고 했다.[2)]

아마 포르스터는 위를 향해 묶어놓은 말레쿨라족 남자들의 남근을 보고 지속적인 위협의 표시이자 남성의 힘을 강조하기 위한 것이라고 생각했던 것 같다. 그렇기에 이와 비슷한 차림새를 하고 다니는 타나 섬 주민들을 본 탐험대원들은 "마치 고대인들의 정원에 모셔졌던 무서운 신이 살아서 움직이는 것 같다"는 느낌을 받았다고 했다.[3)] 이를테면 과일도둑에게 벌을 주기 위해 항문으로 들어가겠다고 위협하는 프리아포스(동식물의 다산의 신—옮긴이)

와 같은 존재를 연상했던 것이다.

이런 풍습에 수치심이 내포되어 있느냐를 놓고 포르스터의 아버지 라인홀트는 조심스럽게 유보적인 태도를 취했다.[4] 그러나 그 후 200년 동안은 아들의 견해가 널리 퍼져 있었다. 그 결과 오늘날까지도 인종학, 사회학, 역사학을 연구하는 학자들조차 이런 유형의 페니스 씌우개가 주위 사람들로부터 페니스에 관심을 끌기 위한 것이었다는 해석을 거의 의심 없이 받아들이고 있으며, 나아가 이것이 바로 신체적 수치심은 인간의 보편적인 정서가 아니라는 증거라고 믿게 되었다.[5]

아무튼 말레쿨라 섬에 장기간 머물면서 현장 연구를 수행했던 학자들은, 이곳 남자들이 씌우개를 착용하지 않은 상태의 페니스가 남의 눈에 띄면 매우 수치심을 느낀다는 사실을 확인했다.[6] 또한 이 섬의 일부 지역에서는 할례 의식을 통해 귀두를 노출시키는데, 그 귀두를 남의 눈에 보이지 않게 하려고 남바라고 하는 페니스 씌우개로 가리고 다닌다는 사실을 알게 되었다.[7] 뉴헤브리디스 제도의 최남단에 있는 타나 섬의 남자들은 포피가 벗겨진 귀두를 남의 눈에 띄지 않게 하려고 1미터나 되는 캘리코 섬유로 페니스를 감싸서 그 길이가 60센티미터 이상이었던 반면에, 고환은 그대로 드러내놓고 있었다.[8]

이리안 자야(뉴기니 섬의 인도네시아 영토—옮긴이) 고원지대의 발리엠 계곡에 거주하는 다니족 사내아이들은 네 살부터 일곱 살이 될 때까지 페니스에 홀림(holim)이라고 부르는 조롱박 대롱을 씌우고 다닌다(그림 87). 홀림은 오직 수치심 때문에 착용하는 것이라서 소변 볼 때를 제외하고는 벗는 일이 없다. 그래서 남자들은 잠을 잘 때 등을 바닥에 대고 누워서 잔다.[9] 성인 남자가 착용하는 홀림은 길이가 60센티미터쯤 되는데, 한쪽 끝부분은 허리끈에 묶고 다른 한쪽은 음낭에 묶는다. 끈이 너무 팽팽하게 조여지

87. 페니스 씌우개를 착용하고 있는 두굼다니족 남자.

면 음낭이 양쪽으로 분리될 정도로 고환에 지속적인 압박이 가해지는데, 이들 종족의 수태율이 낮은 이유가 바로 여기에 있다고 보는 견해도 있다.[10] 조롱박으로 만든 페니스 씌우개는, 의아스럽다고 생각될지 모르지만 결코 '남근'의 의미를 갖지 않는다. 이것은 다니족의 경우도 마찬가지여서 남근을 뽐내기 위한 것도 아니요 힘과 공격력 또는 성욕의 총괄 개념으로서의 페니스를 강조하려는 것도 아니었다.[11] 그래서 다니족은 비정상적으로 '성욕이 약한' 종족이라고 알려지기도 했다.[12]

어쨌든 이러한 칼집 모양의 씌우개나 덮개가 페니스를 강조하는 역할을 한다는 점은 논외로 하더라도, 이것을 차고 다니는 다니족 남자들이 오늘날 유럽인이나 북아메리카인들과 비교할 때, 본질적으로 귀두에 대한 수치심을 더 많이 가지고 있다는 점에는 의심의 여지가 없다. 앞에서 소개한 아이포족 사내아이들은 발기가 최초로 시작되는 나이가 되면, 로탄(Rotan)이라는 허리띠와 조롱박으로 만든 페니스 씌우개(sanyum)를 착용한다.[13] 페니스는 물론이고 특히 귀두에 관한 한, 아이포족은 유별나게 예의를 지키려 하기 때문에, 어떤 이유로든 페니스 씌우개를 벗어야 할 경우에는 반드시 포피로 귀두를 덮어야 한다. 연구자들은 "무투브가 과감하게 관습을 깨고 보여준 덕분에, 페니스 씌우개를 착용했다가 벗는 장면을 촬영할 수 있었는데, 물론 이때도 그가 미리 포피를 실로 묶어놓았기 때문에 귀두가 드러날 염려는 없었다."[14] 세피크 강변(뉴기니 섬에 있는 강—옮긴이)에 거주하는 우메다족 남자아이는 16세가 되면 조롱박으로 만든 페니스 씌우개(peda)를 착용하는데, 이것은 앞으로 성욕을 '통제'한다는 표시이며, 이것을 벗을 때에는 반드시 포피로 귀두를 덮어야 한다. 카소바리족 남자 춤꾼(eli)은 추수감사를 위해 춤추는 의식을 행할 때, 별도의 페니스 씌우개(pedasuh)를 착용한다. 이것은 크기가 엄청나게 크고, 일상적으로 차고 다니는 것과는 달리 '발기된 성기'의 의미를 갖는다.[15]

뉴기니 내륙에 사는 사람들은 대개 나무열매의 속을 파내어 말린 것을 페니스 씌우개로 사용하지만, 해안지대 사람들은 해변이나 얕은 개울에 서식하는 조개껍질을 이용한다. 근세 초기의 화가 얀 고사르트도 바다의 신 넵튠을 묘사하면서, 예의상 조개껍질로 성기를 덮고 있는 모습을 그렸다(그림 88). 예를 들어 뉴기니 섬의 북동부에 자리잡고 있는 애드미럴티 제도의 마누스족과 마탕콜족 남자들은 포피를 끌어당겨서 귀두를 덮게 하고, 나선형 부분을 잘라낸 하얀 암피페라스 조개의 구멍에 페니스 전체를 집어넣고 다녔다. 남자들끼리 있을 때에도 나체상태로, 다시 말해서 조개껍질 씌우개를 착용하지 않은 상태로 자신의 몸을 드러내는 일은 절

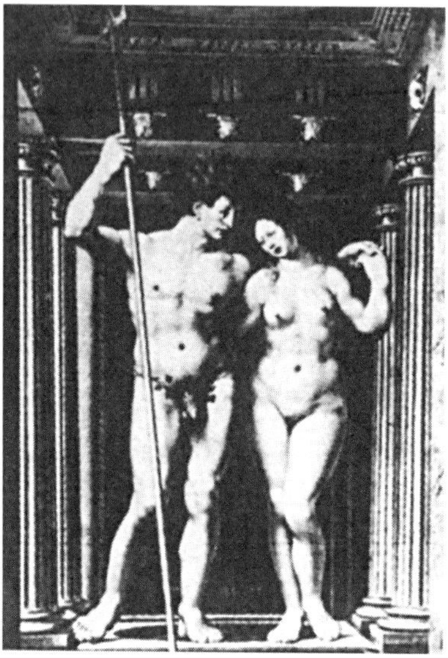

88. 얀 고사르트의 「넵툰과 암피트리테」, 1516.

대로 없었던 것으로 보인다.[16] 애드미럴티 제도의 타우이족 남자들은 페니스 씌우개를 벗지 않고 소변을 보려고 조개껍질에 작은 구멍을 뚫었다.[17]

페니스에 대한 수치심 중에서도 특히 귀두에 대한 수치심은 남아메리카 저지대에 거주하는 모든 인디언 부족들에게서 발견된다. 그 예로 미국의 어느 인종학자는 이곳을 '원시인들'만 사는 곳이라 생각하고, 홍수로 넘친 강에서 수영복을 착용하지 않은 상태로 건너감으로써 샤반테 원주민들을 놀라게 했다.[18] 샤반테족은 여자뿐만 아니라 남자끼리도 상대방 남자의 귀두를 쳐다보는 행위를 지극히 수치스러운 일로 인식하고 있었던 것이다. 따라서 운동연습 같은 것을 하다가 페니스 끝에 뿔 모양으로 감아놓은 야자수 껍질이 벗겨지면, 즉시 손으로 치부를 가린다. 심지어 소변을 볼 때에도 여자들은 서 있는 자세로 일을 보지만, 남자들은 웅크리고 앉

89. 에콰도르 우림지대의 아우카족 사냥꾼.

아서 일을 본다. 그래야만 드러난 페니스를 완벽하게 감출 수 있기 때문이다.[19)]

수라라족과 파키다이족은 허리끈 앞쪽에 매듭을 만들어놓고, 여기에 페니스를 끼워넣어 하늘을 향하게 한다. 만일 여러 사람이 있는 자리에서 매듭에 끼워진 페니스가 어떤 이유로든 빠져나와서 밑으로 늘어지면, 여자들이 비명을 지르면서 손으로 얼굴을 가리는 등, 당장 대소동이 벌어진다. 이때 만약 귀두가 노출되어 남의 눈에 띄는 실수가 벌어진다면, '저주받을 범죄 행위'로 간주되어 여러 사람에게 매를 맞는 수모를 감수해야 했다.[20)] 그렇기 때문에 완전히 발가벗은 상태로 살던 시절의 시리오노족에게는, 포피가 늘어나 귀두를 완전히 덮게 하려고 쉴새없이 포피를 잡아당기는 습관이 있었다.[21)]

투파리족은 페니스를 아랫배에 밀착시키고, 주름이 생긴 그곳에 타마람(támaram)이라는 덮개를 씌운다. 놀이를 하거나 사냥하다가 그 덮개가 벗어지면, 얼른 손으로 가린다. 인종학자의 보고에 따르면, 극소수의 인디언 남자들이 술에 만취된 채, 체면 따위는 아랑곳하지 않고 옆자리의 술꾼들과 부녀자들 앞에서 장난삼아 페니스를 꺼내 보이는 경우가 있었다고 한다. 이때 여자들은 당황한 나머지 어쩔 줄 몰라했고, 동료들은 수치심을 느끼면서도 음탕한 웃음을 터뜨렸다고 한다. 가끔씩 알몸으로 목욕하는 '문명화된' 술꾼들의 이런 행동을 투파리족은 수치스럽고 품위 없는 행동이라고 생각했고, 그런 남자들을 원숭이나 인디언 맥과 같은 짐승으로 비유했다.[22)]

아프리카 사회의 남자들도, 블랙볼타 강 유역에 살고 있는 보보족처럼(그림 90) 귀두의 포피를 허리끈 속에 감추거나, 아니면 페

90. 보보족 청년과 처녀.

니스 씌우개로 덮어 귀두가 항상 보이지 않도록 매우 조심했다. 그 예로 줄루족 남자들은 강을 건너기 위해 들쥐나 생쥐의 가죽으로 만든 페니스 씌우개를 벗을 때에는 반드시 포피를 묶어 귀두가 드러나지 않게 했다.[23] 완전히 알몸을 드러내는 것은 점잖지 못한 행동일 뿐만 아니라, 풍속을 해치는 범죄 행위로 보았다. 따라서 그런 남자가 있으면 누구든 그를 죽여버릴 수 있는 권리가 있었다.[24]

그 밖의 여러 지역, 예를 들어 남태평양에 사는 원주민들도 남들 앞에서 귀두를 드러내는 것은 가장 수치스러운 행동으로 간주했다. 폴리네시아의 여러 섬에 사는 남자들은 여자와 달리 허리에 차고 있던 가리개를 벗어도 상관없다. 다만 귀두를 끈으로 동여매어 바깥으로 드러나지 않도록 감싸야 한다.[25] 그렇기 때문에 마르키즈 제도(프랑스령 폴리네시아에 있는 화산섬군—옮긴이)의 남자들은 허리끈이 느슨해지거나 풀어지지 않도록 무척 조심한다.[26] 빌헬름 시대에 살았던 한 의사의 말에 따르면, 의사의 진찰을 받고 있던 도중에 페니스와 관련해서 근엄한 행동을 보인 사모아인들의 태도가 아주 우스꽝스러웠다고 한다.[27]

쿡 제도의 남쪽에 있는 망가이아 섬 주민들은, 어린애처럼 하체를 드러내놓고 목욕하는 유럽인들을 보고 몹시 놀랐다. 그들은 할례를 마친 페니스에 씌우개를 착용하지 않거나,[28] 신체가 발달함에 따라 저절로 포피가 벗겨진 페니스를 그대로 드러내는 일이 절대로 없었다.[29] 일반적으로 낯선 남자는 물론이고 특히 여자가 '씌우개를 착용한' 페니스를 쳐다보는 행위도 금기사항으로 정해져 있었다. 그 예로 티코피아 섬의 남자들은 여자와 함께 목욕하는 것은 상상도 못할 일이었을 뿐만 아니라, 물 속에 있다가 나올 때[30] 한 손으로는 성기를 가리고, 다른손으로는 몸을 비벼서 물기를 말리곤 했다. 남자들이 냇가에서 피부에 묻어 있는 소금물을 헹궈내고 있는 동안에 만일 멀리서 여자가 보이면, 여자더러 당장 떠나라고

소리를 질렀다.[31]

터키의 어느 마을에 사는 소년은 할례를 하고 나면 그 순간부터 남들 앞에서 알몸을 드러내선 안 되며,[32] 어머니도 이때부터는 아들의 페니스를 만지면 안 된다.[33] 말하자면 할례는 소년이 '수치심에 눈을 뜰 무렵'에 이루어지는 것이며, 할례를 받은 소년은 그 순간부터 수치심에서 벗어나지 못한 채 살아가게 된다. 그 예로 피부비뇨기학을 전공한 여자 의사가 나에게 들려준 이야기에 따르면, 터키 환자들은 의사의 진찰을 받을 때 페니스와 고환을 드러내기는 하지만, 귀두는 반드시 손으로 가린다고 한다. 그리스와 에트루리아의 운동선수들은 물론 그럴 수 없었다. 그들은 음경씌우개로 포피를 덮거나[34] 허리에 맨 끈으로 고정시켜놓았기 때문이다. 에트루리아의 이른바 '원숭이 무덤'에 그려진 창 던지는 용사의 모습이 바로 그것이다(그림 91).[35]

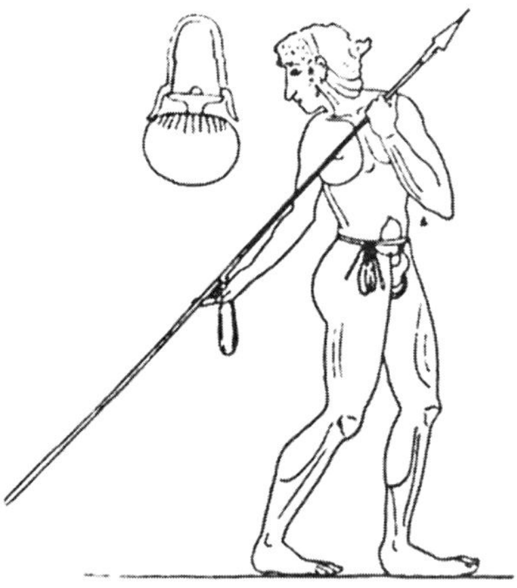

91. 창을 던지고 있는 에트루리아 용사.
이탈리아 중앙부 클루시움의 무덤, 5세기 초.

한편 페니스를, 특히 귀두를 아랫배 밑으로 밀착시키거나, 끈으로 감싸거나, 씌우개로 덮는 이유가 수치심 때문이었다는 주장에 대해 이의를 제기하는 사람도 있었다. 많은 사회에서 오늘날 남자들이 어쨌든 수치심을 감추기에 충분한 유럽식 바지를 입었는데도, 위와 같은 풍습이 계속 남아 있는 점으로 미루어, 그것은 모순되는 주장이 아니냐는 것이다.[36] 물론 그 점은 전통사회의 '보수주의'로 설명될 수 있다. 그 예로 코만치족 중에서 나이가 든 남자들은 1936년까지만 해도 서양식 바지 밑에 그들의 전통 의상인 치부가리개를 착용하고 있었다. 치부가리개를 착용하지 않은 남자는 점잖지 못한 사람이라는 인식에 사로잡혀 있었기 때문이다.[37] 리우 마데이라(아마존 강의 최대 지류—옮긴이) 강변의 파린틴틴족 또는 카바헴족은 '알몸'에 그냥 바지만 입고 사는 백인들을 보고 수치심을 모르는 사람들이라고 흉을 보았다.[38] 트란스케이(남아프리카 공화국에서 1976년에 독립한 자치국—옮긴이)의 브하카족 남자들도 최근까지 조그마한 씌우개(incitsho)로 귀두만 가린 채, 그 위에 유럽식 바지를 입고 다녔다. 이 씌우개는 부드러운 염소가죽과 나무열매, 풀잎 또는 유충의 알주머니 등으로 만든 것이었다. 그들은 이 씌우개를 착용하지 않으면 "발가벗은 거나 다름없다"고 말했다.[39]

신체의 다른 부위는 스스럼없이 드러내고 다니면서도 오직 귀두만 수치스럽다고 생각하는 이유는 무엇일까? 귀두를 완전히 노출시킨 남자의 행동은 성적으로 흥분된 상태임을 나타내는 증거 중 하나이다. 발기되면 페니스의 피부가 확장되기 때문이다. 사춘기 이전의 사내아이들은 귀두가 포피로 덮여 있고, 수컷 포유동물들도 페니스가 일종의 '포피 주머니' 안에 감춰져 있지만, 성인 남자의 경우는 성적으로 성숙해가는 과정에서 포피가 점점 벗겨져 나중에는 잠자는 상태에서도 귀두가 드러나 있게 된다. 이와 같이 페니스가 일부분만 드러나 있어도 발기된 것처럼 보이게 된다.

다시 말해서 이런 장면은 잠재적인 섹스 파트너에게 성적 자극을 촉발시키고, 나아가 다른 남자들에게 성적 경쟁심을 불러일으킬 수 있다. 이 문제에 관해서는 이후에 자세히 다룰 예정이다. 따라서 남자가 귀두를 드러내고 있는 자세는 여자의 경우 다리를 벌리고 앉아 음순과 클리토리스를 드러내고 있는 자세와 다를 바 없다. 지금까지 알려진 모든 인간사회에서 여자들이 음부를 공개적으로 드러내기를 꺼리는 것과 마찬가지로, 남자들도 일반적으로 여러 사람 앞에서 최소한 귀두만이라도 감추려 하고, 대부분의 경우 페니스 전체를 숨기려는 습성이 있다.

그 예로 지난 세기에 나온 보고서에 따르면, 바기르미 남부에 거주하는 모후족 남자들은 가젤, 염소, 살쾡이 등의 동물가죽을 엉덩이에 두르고 다녔지만, 그 가죽은 오직 엉덩이만 완전히 가리는 정도였다. 그렇기 때문에 걸어가거나 서 있을 때, 성기를 남의 눈에 띄지 않게 하려고 허벅지 사이에 밀어넣는 자세를 취했다. 그 솜씨가 아주 능숙하기는 해도 달음질을 하거나 뛰어오르거나 급히 몸을 움직여야 할 경우에는 자연히 다리가 벌어질 수밖에 없었다.[40] 뉴기니의 메라우케 강 근처에 사는 원주민 남자들은, 자기들끼리만 있을 때에는 페니스가 자연스럽게 밑으로 늘어지도록 내버려두지만, 여자가 다가오면 포피를 끌어올려 귀두를 덮은 다음 위로 끌어당겨 요대(腰帶) 밑에 묶었다.[41] 음보왐브족 남자들은 자신의 치부를 낯선 사람—남자든 여자든—의 눈에 보이지 않게 하려고 연방 치마를 끌어올리는 버릇이 있었고, 하체를 진찰받으러 의사 앞에 가서도 한사코 성기를 노출시키려 하지 않았다.[42] 그 이유는 물론 수치심(pipitl) 때문이었다.

성기 자체뿐만 아니라 성기를 뜻하는 단어나 씌우개도 수치의 대상물이 되는 경우가 이따금 있다. 그 예로 어느 인종학자가 와로펜-파푸아족을 찾아가 성기, 포피 따위와 관련된 단어가 무엇인지를 알아보려고 질문하자, 그들은 몹시 난처한 표정을 지었다.[43] 파푸아와 이리안자야의 국경 근처에 살고 있는 카눔-이레베족 남자들도 페니스 씌우개의 재료인 조개나 코코넛 열매의 이름을 좀처럼 입에 담으려 하지 않았다.[44]

그 밖에 열거할 수 있는 여러 사례들[45]을 종합해보건대, 우셀의 주장에는 분명 타당성이 없다. 그에 따르면, 성기를 수치심의 주요 대상으로 인식하게 된 것은 근세 후기 서양사회의 전형적인 특징이며, 이런 이유에서 인간이 허리에 차는 치마를 최초의 의복으로 삼게 되었다. 그러나 서양사회에서 이와 같은 '성기 중심적 발전 경향'은 지난 세기에 들어와서야 비로소 주목받기 시작했는데, 이것도 사실은 '점잖게 행동하려는 경향이 강화되면서 그 영향'을 받았기 때문이며, 이와 반대로 "다른 시대, 다른 문화권에서는 다른 종류의 감성이 나타났다"는 것이다.[46] 이 주장은 엘리아스의 문명이론을 옹호하는 여러 학자들로부터 지지를 받고 있는데, 그들은 자신들 스승의 주장처럼 근대 초기에도 성기에 대해 이렇다 할 수치심이 없었다고 주장한다.[47]

인간의 신체 중에서 수치심을 가장 강하게 불러일으키는 부분이 귀두라면, 어느 인간사회를 막론하고 공공장소에서 발기가 일어나는 현상은 어쨌든 반드시 피해야 할 곤혹스러움의 극치인 셈이다. 이런 관점에서 일라히타-아라페시족 남자는, 유럽식 바지를 입고 있으면 갑자기 발기현상이 일어나더라도 적당히 감출 수 있어서 아주 좋다고 했다. 공공장소에서 실제로 페니스가 발기되는 일은 거의 없지만, 하여간 이에 대한 두려움은 아라페시족에게 중요한 관심의 대상이었던 것으로 보인다. 특히 당사자의 의지와 상관없이 발기된다는 사실은 성 아우구스티누스와 같은 남자들을 매우 불안하게 만드는 요인이었다. 그 예로 아라페시족 사이에 유행하는 일화를 들어보자.

부족들간의 적대관계가 지속되던 중 어느 마을에 습격 사건이 발생했는데, 한 여자의 엉덩이에 창이 꽂히고 말았다. 점령군 남자들이 그 여자 주변에 몰려들어 창을 빼내려고 시도했다. 그러나 살갗을 뚫고 들어간 대나무 창날이 부러져 있었기 때문에 빼내기가 의외로 어려워 보였다. 무엇보다도 더욱 곤란한 것은 여자의 음부를 노출시키지 않고는 창을 빼낼 수 없다는 사실이었다. 그것을 빼내려고 여러 남자들이 차례로 덤벼들었지만, 그럴 때마다 아랫도리가 발기되는 바람에 수치심을 견디지 못하고 모두 물러서지 않을 수 없었다. 마침내 한 남자가 눈을 가리면 된다는 묘안이 떠올라 무사히 창살을 빼낼 수 있었다.[48]

키와이-파푸아족에게도 이와 비슷한 이야기가 있다. 한 청년이 카누에 처녀를 싣고 강을 건너게 되었는데, 앉은 자세 때문에 처녀의 치마 밑이 드러나 보였다. 청년은 발기현상을 억제할 수 없어서 결국 물속으로 뛰어들고 말았다.[49]

다소 허구적인 내용이 가미된 이런 일화들은 일단 논외로 하더라도, 이들 사회의 남자들이 발기작용에 대해 거의 완벽에 가깝도록 자제력을 발휘했다는 사실은 신기한 일이다. 말하자면 그들은 훌륭하게 작동하는 '자기억제 기구'를 가지고 있었던 셈이다. 엘리아스에 따르면, 그것이 바로 "문명화된 인간의 행동에서 나타나는 결정적 특징"[50]이므로 '미발달 단계'에서는 전혀, 또는 거의 나타나지 않는다.[51] 아셰족과 함께 1년쯤 생활했던 피에르 클라스트르(1934~77: 1963년부터 브라질과 파라과이 등지에서 연구활동을 수행한 프랑스 인류학자—옮긴이)의 보고에 따르면, 발가벗은 채 살아가는 원주민 남자들에게서 예기치 않게 발기하는 경우를 단 한 번도 목격하지 못했다고 한다.[52]

남비콰라족을 관찰한 레비-스트로스도 그와 비슷한 증언을 한 바 있다. 부부가 해먹에 누워 서로 애무하면서 '사랑놀이'에 몰두해 있던 도중에도 남편의 페니스에 아무런 변화가 나타나지 않았다고 한다.[53] 타피라페족 남자는 아내 옆에서 그런 식으로 장난을 치던 도중에 페니스가 발기하자, 즉시 해먹에서 내려오더니 인종학자에게 등을 돌리고 돌아서면서, "오줌 누러 갑니다!"(angkuruk!)라 말하고는 아내를 데리고 밀림 속으로 사라졌다.[54]

그러나 이처럼 예상하지 못한 일이 일어나는 경우는 아주 드물다. 실제로 어느 인종학자가 뉴브리튼 섬에서 관찰한 바에 따르면, 이곳 남자들은 잠들어 있는 상태에서도 페니스가 발기될 기미조차 보이지 않았다.[55] 노련한 현장연구자 얀 반 바알(Jan van Baal)은 나에게 보낸 편지에서, 마린드-아님족 남자도 성적으로 흥분된 순간을 거의 완벽하게 자제하고 있었다고 전했다. 심지어 성적인 춤을 출 때에도 발기현상이 나타나지 않았고, 귀두가 드러나는 경우는 단 한 번도 본 적이 없었다고 한다.[56]

에번스-프리처드 역시 누에르족과 오랫동안 함께 생활했지만, 남자들의 발기현상을 눈으로 직접 확인하지 못했다. 다만 주위에 보는 사람이 아무도 없다고 판단되는 순간에, 포피를 길게 잡아늘여 귀두를 완전히 덮으려고 시도하는 남자들은 본 적이 있었다고 한다.[57] 마찬가지로 딩카족한테서 단 한 번도 발기현상을 목격하지 못했던 린하르트(Godfrey Lienhardt)는, 남자가 만일 공공장소에서 그런 실수를 저지르게 되면 자살하고 싶은 심정이라고 말하는 소리를 들었다.[58] 야노마뇌족 남자도 발기가 되었다는 징후가 드러나면 몹시 곤혹스러워했다고 한다.[59]

오스트레일리아의 원주민들과 함께 생활했던 인종학자들이 점잖은 용어를 써서 보고한 바에 따르면, "누워 있던 남근의 자세가 조금이라도 변화되면" 그 당사자가 몹시 부끄러워했다고 한다. 앉아 있거나 웅크리고 있는 자세에서도 페니스가 보이지만, 햇빛을 즐기려고 몸을 쭉 펴고 눕거나 잠자러 갈 때에는 대개 그것을 다

리 사이에 조심스럽게 감춘다. 어떠한 경우라 할지라도 귀두를 드러내면 안 되기 때문이다.[60)]

페니스가 포피나 덮개로 가려져 있는 상태라 할지라도, 그곳을 똑바로 쳐다보는 사람은 예의가 없는 사람으로 취급되었다. 그 예로, 다섯 살쯤 되는 카바힙족 사내아이가 목욕 중인 성인 남자의 페니스를 보고 나서, 어머니한테 달려가 어떤 남자의 "자지가 아주 크더라"고 말했다. 어머니는 아들을 야단치면서, "어른이 된 뒤에도 남의 성기를 쳐다보면 넌 눈이 멀게 된단다!"라고 겁을 주었다. 얼마 후 그 남자와 다시 마주치자, 아이는 호기심을 억누를 수 없었다. "아저씨는 그게 왜 그렇게 커졌나요?" "마누라한테 자주 맡겨뒀더니 이렇게 커지더구나." 아이는 이번에도 어머니한테 그 말을 전했다. 어머니는 당황하여 어쩔 줄 몰라했다. "이 녀석, 어떻게 그런 질문을 할 수 있단 말이냐! 그러면 못써!" "그냥 궁금했어요!" 아들이 이렇게 말하자, 어머니는 허리띠와 막대기를 집어들고 한바탕 호되게 매질을 했다.[61)]

나이 어린 사내아이들도 가끔 발기현상이 일어나지만, 난처한 상황을 모면하는 요령이 부족하기 마련이다. 이럴 때 그 사회의 구성원들은 어떻게 대처했을까? 뉴기니 섬의 크오마족 남자아이들은 발가벗은 부인이나 성숙한 처녀(그림 92)가 지나가더라도 '쳐다보지 말라'는 교육을 어려서부터 받고 자란다. 그런데도 조그마한 페니스가 통통하게 발기되면, 여자들이 막대기로 페니스를 톡톡 때려 수그러들게 만든다. 일반적으로 누나가 남동생에 대한 감시 역할을 하는데, 만일 발기현상이 일어나면 즉시 조치를 취하도록 되어 있다. 이때 사내아이의 형은 그저 바라보기만 한다. 다만 수치스러운 일이라고 놀려대면서, 여자한테 그런 모습을 보여주면 안 된다고 타이를 뿐이다.

이와 같이 수치심을 일깨워주면서 동시에 벌을 주는 양면적인 제

92. 예샨 마을의 크오마족 여인들, 1912.

재 방식이 효과가 있는 것은 분명하다. 여자와 똑같이 나체로 생활하는 성숙한 소년이나 성인 남자들이 공개적인 장소에서 슬며시 발기되는 사태가 절대로 일어나지 않는 것을 보면 알 수 있다. 나아가 사내아이들은 예민한 나이가 되면, 손으로 성기를 만지작거리지 말라고 교육을 받는다. 물론 페니스는 네것이 아니라, 장차 네 아내의 소유물이라는 사실도 주지시킨다. 그런가 하면 아예 철부지 시절부터 오줌을 눌 때 페니스를 만지지 말라고 귀에 못이 박히도록 가르친다.[62]

다른 사람이 눈치챌 정도로 발기할 때 느끼는 곤혹스러움은 유럽에서도 일찍부터 관심의 대상이 되어왔으며, 금세기에 들어와서도 나체주의에 대한 어느 비판자는, 남자가 자기 아내 앞에서는 흥분을 가라앉힐 수 있겠지만 성숙한 딸이나 낯선 여자 앞에서는 자제하기 어렵다는 주장을 내세우면서, 나체문화에 대해 반대하는 논의를 제기한 적이 있다.

> 남자가 아무리 점잖고 금욕 교육을 받았다 하더라도 여자가 발가벗고 다가오면, 의지력을 총동원하여 안간힘을 써도 무의식이 발동하기 때문에 아무 동요 없이 앉아 있기란 불가능하다.[63)]

몇 십 년이 지나서 어느 나체주의자는 처음으로 나체문화(FKK) 구역을 찾아갔을 때의 두려웠던 심정을 이렇게 털어놓았다.

> 솔직히 말해서 열쇠 구멍으로 들여다보려고 애쓰지 않아도, 실오라기 하나 걸치지 않은 여자들의 알몸을 볼 수 있다는 사실이 무척 호기심을 자극했습니다. 그러나 처음 경험하는 나로서는 호기심보다는 두려운 마음이 앞섰지요. 그것은 마치 마술사가 마술지팡이를 두려워하듯이, 남자로서 자기 자신을 마음대로 제어할 수 없다는 데 대한 두려움이었습니다.[64)]

성 아우구스티누스는, '마술지팡이'처럼 제어할 수 없는 힘이 유감스럽게도 끝내 죄악을 낳을 것이라는 결론을 내렸다. 만일 낙원의 아담이 페니스를 마치 팔이나 귀를 움직이듯이 임의로 발기시킬 수 있었다면, 하느님의 명령을 어긴 인간의 조상은 그 벌로 성기를 마음대로 움직일 수 없는 신세가 되었을 것이다.[65)] 그 밖에 낙원에서의 발기에는 쾌감이 결여되어 있었다. 쾌감을 동반하는 수치심이 증명해주듯이, 순진한 상태에서의 성적인 흥분은 아직 존재할 수 없었다. 오히려 성적 흥분은 인류가 원죄를 지은 이후에 그 형벌로 주어진 것이라고 가정하는 편이 더 그럴듯해 보인다.[66)] 아우구스티누스는 생애의 말년에 이르러 그 점에 대해 그다지 확신을 갖지 못했다. 그러나 어쨌든 그는 에덴 동산에 성적인 욕망이 실제로 존재했다면 그것은 틀림없이 의지대로 통제되는 욕망이었을 것이고, 따라서 인간의 조상인 그들 부부는 육욕을 통제할 수 있는 처지였으므로 그로 인해 품위를 잃는 일은 없었을 것이라고 확신하고 있었다.[67)]

알베르투스 마그누스도 나중에는 하느님이 인간에게서 성기에 대한 통제능력을 빼앗는 방법으로 인간에게 벌을 내렸다는 확신을 가지고 있었다.[68)] 반면에 중세 말의 하인리히 아그리파(1486~1535: 독일 태생의 철학자·신학자·의사—옮긴이)는 인간의 원죄를 최초의 성교와 동일시하였다. 말하자면 이브를 유혹한 뱀은 다름 아닌 빳빳해진 아담의 성기였다는 것이다. 그러므로 '세르페레'(serpere)란 '기어들어가다'는 뜻만 아니라 '부풀어오르다'라는 의미도 있다고 한다. 인류 최초의 아버지(아담)는 낙원에서 발기되지 않는 생활을 계속하다가 어느 날 발기된 페니스를 노출함으로써 인류 최초의 어머니(이브)를 유혹에 굴복하도록 만들었던 것이다.[69)]

누가복음에서 예수는 사두개 사람들(내세, 부활, 천사 따위를 인정하지 않고 오로지 모세 오경만을 경전으로 삼는 보수적인 유대교 종파—옮긴이)에게 이르기를, 죽은 자들 가운데 부활한 이후 천사같이 살아가는 사람들은 더 이상 발기나 성욕 때문에 곤란을 겪지 않으리라고 말했다.[70)] 얼마 뒤 이 말씀은 특히 몇몇 종파들에 의해 흔쾌히 받아들여졌다. 그 예로 셰이커 교도들은, 천국에는 발기현상도 없고 성교도 없으며, 진정으로 기독교적인 인간은 낙원에서나 볼 수 있는 상태를 이미 현세에서 지키고 있다고 믿었다.[71)]

이와 같은 내세관이 민중들의 견해를 어느 정도 반영한 것인지, 그리고 다른 측면에서 민중들의 견해에 얼마나 영향을 주었는지를 가늠하기란 물론 쉽지 않다. 그러나 중세 후기에 천국에서의 성생활에 대한 기대감이 널리 퍼져 있었던 것만은 분명해 보인다.[72)] 톨

레도에서 출생하여 우단 직공으로 살았던 로렌초 부스타만테는 1555년 자신의 친구 디에고에게 보낸 편지에서, 다음과 같이 평범한 사람들의 입장을 대변했다.

> 만일 낙원에 내가 데리고 놀 수 있는 창녀들이 있다면, 나는 기꺼이 거기로 가겠다. 그렇지 않고 지옥에 가서 창녀를 만날 수 있다면 차라리 그곳으로 가겠다.[73)]

아무리 사정이 그렇다 치더라도, 남자 성기의 곤혹스러운 '독자 행동'은 교회 당국의 논란의 대상이었을 뿐만 아니라, 서양 문화권을 비롯한 다른 문화권에서도 여러 차례 다루어진 주제였다. 따라서 근대 이전과 관련하여, "성행위는 독립적인 신체기관들의 부분적인 행동으로 인식되지 않았다"[74)]고 말한 우셀의 주장은 완전히 틀린 것이다.

이를테면 단편(斷片)으로 남아 있는 중세 후기의 옛날 이야기 중에는, '음탕한 수도승'이 가만히 있지 못하는 자신의 페니스에 대해 다음과 같이 말하는 장면이 나온다.

> 페니스가 꿈틀거리기 시작하더니
> 옷을 뚫고 나오려 하고 있었다.
> 그는 한참 동안 궁리해보았다,
> 이 녀석을 어떻게 잠재울 것인지를.
> 그러고는 혼잣말로 중얼거렸다.
> 이 따위 페니스를 바라보는 것은 결코 즐거운 일이 아니야.[75)]

체면을 차릴 줄 모르는 그 녀석이 남자들의 다리 사이에 매달려 있는 반면에, 여자들에게는 고집이 세고 만족할 줄 모르는 짐승 같은 것이 뱃속에 틀어박혀 있다고 말할 수 있다. 라블레의 소설에 등장하는 롱디빌리스가 파뉘르주에게 설명했듯이, 여자들은 "만일 태어날 때 그들의 이마에 약간의 수치심을 적셔주지 않았더라면, 마치 미친 계집처럼 정욕을 쫓아다녔을 존재"인 것이다. 다시 말해서 여자들은 뱃속에 도사리고 있는 '짐승'에 의해 지배되고 있다.

> 수치심을 알고 나무랄 데 없는 삶을 살아가면서, 짐승처럼 제멋대로 구는 그것을 이성의 지배하에 둘 수 있는 도덕적인 힘을 지닌 정숙한 여자라면 매우 칭찬받아야 마땅하다. 그리고 마지막으로 덧붙여 말하고 싶은 것은, 그놈에게 (하여간 가능하다면) 남자의 몸 안에 태어날 때부터 준비되어 있는 그 음식을 배불리 먹여준다면, 그놈은 일체의 동작을 그칠 것이고, 탐욕스러운 식욕이 충족됨으로써 모든 위세가 진정될 것이다.[76]

무리아족(인도의 무디야 프라데시 지역에 사는 종족으로, 미혼 남녀의 혼숙을 위한 집이 따로 있음—옮긴이)은 남자의 성기는 물론 여자의 성기에 대해서도 '독자성'을 인정하려는 경향을 나타내고 있다.[77] 그러나 대부분의 사회에서는 남자의 성기만 의지대로 움직인다고 생각하는 것 같다. 예를 들어 뉴기니의 삼비아족은, 구강성교를 하는 청년의 입 속에 페니스를 밀어넣는 행동은 페니스 자체의 의지에 의한 것이라 말하고 있으며—"페니스는 독자적인 생각을 갖고 있어서 스스로의 의지대로 빳빳해진다"[78]—전혀 다른 문화권의 레오나르도 다 빈치는, 페니스가 "독자적인 감정은 물론 인간과 무관한 이성"을 가지고 있는 것 같다고 썼다.[79]

남자가 페니스를 제어할 수 없다는 사실은, 간디 같은 남성에게도 일반적인 성행위 전체와 마찬가지로 굴욕적이며 '짐승 같은 짓거리'로 여겨졌다. 그래서 그는 옛날부터 전해오는 인도의 전통에 따라 여러 해 동안 숫처녀와 한 침대를 쓰면서, 자신의 제어장치를 완벽하게 만들고자 시도했다. 그리고 그는 이렇게 말했다.

> 성욕을 완전히 불태워 없앤 사람만이 자신의 성기에 대해 통제력을 획득했다고 말할 수 있다.[80]

요하네스 카시아누스(360~430년경의 수도사—옮긴이)가 전하는 바에 따르면, 한 천사가 황야의 금욕주의자 파프누티우스를 찾아가, 당신은 발가벗은 젊은 미녀를 가슴에 안게 될 것이며, 만일 그때 성기가 발기되는 느낌이 없다면 당신은 육욕을 극복했다고 확신해도 좋을 것이라고 말했다.[81]

미국의 몇몇 대학생 단체가 자신들의 자제력을 시험하기 위하여 실시했던 시도는 일종의 '의식'(儀式)과 같은 것이었다. 젊은 청년들이 모여 짤막한 포르노 영화를 관람하던 중에 한 청년이 갑자기 불을 켰다. 그러고는 즉시 자리에서 모두 일어나게 한 다음, 누구의 바지에 발기된 흔적이 나타났는지를 살폈다.[82]

사춘기에 접어든 소년들은 변화되는 성기를 자신의 '체형'에 어울리게 조절하지 못하는 경우가 많다. 성기가 다 자라서 자주 발기되고 저절로 사정되기 시작하면, 그것이 이물질처럼 느껴지기도 한다. 그래서 심지어 자신의 성기를 절단해달라고 요구한 청년이 있었다.[83]

여러 사회에서 남근이 제멋대로 변하는 현상에 대해 놀려대는 쪽은 주로 여자들이다.[84] 그들은 그 물건이야말로 남자들의 충동성과 자제력 부족을 나타내는 징표라며 공격한다. 그 예로 남부 시나이 반도에 사는 한 므제이나-베두인 여자는 이스라엘의 여성 인종학자에게 "성기가 금방 빳빳해지는 남자들을 어떻게 믿는단 말입니까?"[85]라고 말하면서 경멸적인 표정을 지었다. 빈민가 구역의 어느 여자 수도원장은 인터뷰 기자에게 "남근이 곧추서면 이성(理性)은 쓰레기통으로 들어가는 겁니다"라고 말하면서 훈계조로 말했고,[86] 11세기의 가잘리(신비주의를 정통 이슬람교의 일부로 채택한 이슬람 최고의 신학자—옮긴이)는, 남근이 발기될 때 버틸 수 있는 남자는 지구상에 아무도 없다고 가르치면서, "발기는 아담의 후손들과 대적할 수 있는 악마의 가장 강력한 무기"라고 강조하고, 계속해서 이렇게 말했다.

> 파야드 나지트가 이르기를, "남근이 빳빳해지면 그 사람이 가지고 있는 이성의 3분의 2를 상실한다"고 했고, 또 어떤 이는 "믿음의 3분의 1을 잃어버린다"고 일렀다.[87]

마지막 예로 1883년에 미국의 여성 페미니스트 안젤라 헤이우드는 남편에게 이렇게 경고했다.

> 누군가를 만날 때에는 진중한 자세를 유지하고, 남근을 의도대로 제어할 수 있을 때까지 잘 주시하는 것이, 당신이 그걸로 여자를 겁탈하여 그 여자를 오랜 세월 다스리는 것보다는 나을 것이오.[88]

남들 앞에서 발기된 남근을 의지대로 통제할 수 없어서 일어나는 곤혹스러움은 지난 200년 동안 서양사회에서 현저히 줄어들었다고 말할 수 있다. 하기야 얼마 전까지만 해도 어느 미국인 나체주의자는, 만일 자녀들이 발가벗은 남자의 발기된 성기를 목격하게 되면 어떻게 설명할 것이냐는 사회학자의 질문에 대해, "저 사람은 병이 있거나 뭔가 문제가 있는 남자라고 설명하겠다"[89]고 대답했다. 그러나 그동안 성인 남자들 사이의 발기는 과거에 비해 대부분의 상황에서 대수롭지 않은 일로 넘겨버리거나,[90] 최악의 경우라 할지라도 세련되지 못한 행동 정도로 인식되고 있다. 예를 들어 '리버티 보이스'라는 술집에서 스트립댄서로 일하던 알렉시스는 다음과 같이 말했다.

> 우리를 유혹하는 사람은 여자들입니다. 하지만 그건 나중의 일이지요. 쇼가 끝나면 여자들이 우리한테로 접근하는 겁니다. 그러나 기둥을 붙잡고 돌면서 쇼를 하는 동안의 내 모습이 어떻든 그건 상관없어요. 끝난 다음에도 옷을 벗는 건 아니니까. 그건 천박한 짓입니다.[91]

라테카우 출신의 L씨는 『노이에 레뷰』지의 '섹스 상담란'에 투고한 글을 통해서, "본인(28세)은 성기가 금방 빳빳해지기 때문에 나체족 전용 해변에 갈 용기가 나지 않습니다"라고 고백했다. 그런데도 여자 친구가 하필 그곳으로 데려가려고 한다면서 이렇게 썼다.

> 그런 곳에 갈 수는 있습니다. 하지만 아랫도리가 우람하게 생겼기 때문에, 해변에서 성기가 발기된 채 걸어다니거나 누워 있으면 부끄러울 것 같아요. 게다가 멋진 여자들이 옆을 지나가지 말라는 법은 없으므로, 그렇게 되면 더 크게 발기될 것입니다.

그런데 여자 친구는 쓸데없는 걱정이라고 핀잔을 주고 있으니 어떻게 하면 좋겠느냐는 것이 그의 질문이었다. 이에 대해 이 분야의 전문가로 상담역을 맡은 보르네만 박사가 다음과 같이 답변했다.

여자 친구의 말이 맞습니다. 당신의 글을 읽어보니 정말 쓸데없는 걱정을 하고 있군요. 공공장소에 가면 전혀 발기되지 않을 것입니다. 만일 그렇게 되더라도 기분 나쁘다고 생각하는 사람은 아무도 없을 것입니다.[92)]

여의사들을 위한 행동수칙에 이런 내용이 들어 있다.

남근을 진찰할 때 장갑을 끼고 접촉하면, 의사 자신이나 환자 모두에게 성적인 자극을 막아준다. 의사는 현재의 진찰과정이 어떤 것인지를 항상 설명해줘야 하며, 음낭이 민감한 부분이라는 사실을 명심하고 남근을 만지면 발기할 수 있다는 점을 주지시키는 것이 좋다. 만일 발기현상이 일어나면 환자를 진정시키고, 이런 반응이 자주 일어날 것이라는 점을 알려주어야 한다.[93)]

13

음부가리개와 남근주머니

1774년 여름, 라인홀트 포르스터(1729~98)는 아들과 함께 남태평양의 말레쿨라 섬에서 멜라네시아 남자들이 페니스를 어떤 '물건'으로 둘둘 감아 허리에 묶고 생활하는 독특한 모습을 목격했다. 이것을 본 그는, 그 '고안품'이 실제로 수치심 때문에 만들어졌다면[1] "그다지 성공적인 발명품은 아닌 것 같다"고 말했다. 또한 그는 근세 초기 유럽에서 유행했던 현상들을 감안하면 멜라네시아인들을 비난할 처지가 아니라면서, "15세기와 16세기의 복장도 마찬가지지만 우리의 옛날 의상도 그런 점에서는 세련미가 부족했다"[2]고 말했다.

그의 아들 게오르크 포르스터(1754~94: 아버지와 함께 쿡 선장의 제2차 탐험여행에 참여했던 독일 계몽주의 사상가—옮긴이)도 그 당시 "유럽의 모든 궁정에서 유행하던 복장"이 연상된다면서, 그 의상들도 "오늘날의 눈으로 보면 매우 단정하지 않은 옷차림으로 보일 것"이라고 말했다. 계속해서 그는, 그렇다면 18세기에 들어와서는 과연 단정한 복장으로 바뀌었느냐고 의문을 제기하면서, 이렇게 반문했다. "당시 사람들에 비해 요즘 사람들에게 수치심이 더 많다고 감히 주장할 사람이 있겠는가?"[3)]

포르스터 부자가 주목했던 그 물건이 바로 근세 초기에 완성된 바지의 치부가리개였다. 때로는 '브라게트'(Braguette)라고 부르기도 했던 이것은 16세기에 들어와 정식으로 남근주머니로 발전했으며, 실제로 그것은—포르스터 부자가 추측했던 것처럼—새로 발견된 '이색적인' 종족들의 페니스 씌우개 또는 덮개와 아주 비슷한 물건이었다. 그러나 후자의 용도는 일차적으로는 수치심을 고려해서 만들어졌다지만, 이런 점에서 브라게트는 어떤가? 다시 말해서 그것의 기능은 무엇인가?

예를 들면 문화사학자 필리프 아리에스가 주장하기를, "약간 발기된 것처럼 보이는" 그 가리개는 음부에 대한 수치심이 별로 없던 시절에 사용된 것 같다고 했는데, 과연 그의 말이 맞을까?[4)] 그리고 우셀도 마찬가지로 "옛날에는 음부를 그다지 꺼리지 않았다"고 말하면서 브라게트의 기원을 끌어대고 있는데, 그의 말이 옳은 것일까?[5)] 아니면 이 이론가들은 미리 정해놓은 문명화 과정의 도식을 근거로 삼았을 뿐, 이 천조각의 발전과정과 기능을 면밀하게 조사할 생각은 전혀 하지도 않았던 것인가?

먼저 그 발전과정을 훑어보자. 옛 게르만 전통에 따르면, 그와 같은 남자용 '아랫도리 옷'은 두 부분으로 나뉘어 있었다. 하나는 일종의 속바지(brókr, 고대 영어로 brec, 고대 프랑스어로 braie)로서 오늘날의 팬티(niderwat)와 비슷한 것이었고, 다른 하나는 스타킹 형태의 '호자'(hosa)라는 것이었다. 옛날의 속바지는 엉덩이에서 무릎까지 내려오고, 호자는 무릎에서 발목까지 착용하도록 되어 있었다.[6)] 그러다가 중세에 들어와 아마(亞麻)로 만든 속바지는 점점 짧아지고 '스타킹'은 점차 길어졌다. '스타킹'(그림 93)은 대

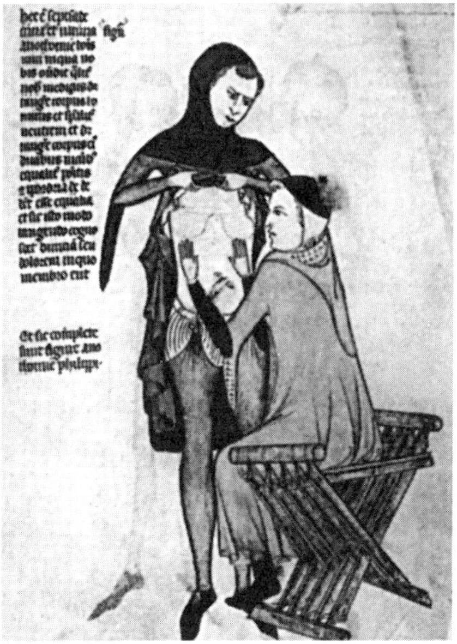

93. 의사의 진찰. 비제바노의 『아노토미아』(*Anothomia*)에 실린 삽화, 1345.

개 끈으로 허리띠에 느슨하게 묶는 형태였는데,[7] 양쪽 스타킹이 맞닿아 겹치는 부분에서 성기의 형상이 다소 뚜렷하게 불거져 나왔다. 물론 그 모양이 그다지 볼품이 없지는 않았다. 그 위에 외투를 걸치지 않은 채 대중 앞에 나타나는 남자는 없었기 때문이다.[8]

14세기에 들어와 이런 복식에 변화가 왔다. 예전에는 최소한 무릎까지 내려왔던 청년들의 윗도리가 짧아짐으로써 이제는 하체가 옷자락으로 완전히 가려지지 않게 된 것이다. 물론 대부분의 남자들은 보수적이었고, 이와 같이 새로운 옷차림은 적어도 14세기에는 분명히 유행에 민감한 일부 특정 계층—대부분 아주 젊은 청년들—에 한정되어 있었다.[9]

하지만 그 정도로도 서유럽 사람들의 심한 불쾌감을 자극하기에 충분했다. 그 예로 중세 후기의 이탈리아에서는 '브라케'(brache)

또는 '파니 디 감바'(panni di gamba)라는 복장이 일반화되어 널리 퍼져 있었다.[10] 그러다가 초기 르네상스 시대(14세기)에 들어와서 그것은 부분적으로 아마로 만든, 몸에 찰싹 달라붙는 형태(zarabullas)로 발전했는데, 이 복장에 대해 1388년 무시(Giovanni de Mussi)는 "엉덩이 한가운데와 다리와 음부가 드러났다"[11]며 개탄해 마지않았다. 15세기 초 피렌체에서 베르나르디오(Bernardino : 금욕주의를 강조한 이탈리아의 프란체스코파 성직자—옮긴이)는, 부끄러움을 모른 채 자극적인 옷을 입는 어린 자녀들을 부모들이 방치한다면 아이들의 이러한 동성애 경향에 대해 부모들이 책임져야 한다고 지적했다. 과연 성인 남색광(男色狂)들이 그런 광경을 보고 성적으로 흥분될 거라고 상상할 수 있단 말인가? 이어서 그는, "속옷을 짧게 잘라 겨우 배꼽까지 내려오게 하고 스타킹 앞뒤에 작은 점을 하나씩 찍어서 남색광들에게 신체의 많은 부분을 보여주는 행위"[12]가 크나큰 죄악이라는 사실을 부모들은 한 번도 들어본 적이 없느냐고 물었다.

이탈리아와 달리 독일에서는 동성애 관계가 그다지 중요한 관심사는 아니었다. 그렇기 때문에 젊은 처녀의 순결이나 기혼여성의 수치심이 더 중요하게 취급되었다. 만일 남자들의 상의가 하체를 덮고 있더라도 젊은 남자가 몸을 앞으로 굽히면 여자들의 눈에 약간 보일 수 있었다. 「덧옷」(Der Kittel)이라는 제목의 시에 다음과 같은 구절이 나온다.

> 사내가 몸을 굽히려 하면/여자들이 쳐다보기 시작한다네./여자들이 모두 웃어대며 말했네./저기 보이는 건 내거야.[13]

1465년에 발간된 튀링겐 연대기에는 다음과 같은 내용이 들어 있다.

남자가 짧은 저고리와 외투를 입고 저고리 밑에 있는 허리를 굽히면, 그것으로 치부가 가려지지 않으므로 도덕적으로 정숙한 아녀자들에게 큰 실례가 된다.[14)]

14세기에 바다 저편에서는 제프리 초서가 분노를 터뜨렸다.

너무나 점잖지 못한 옷이라서, 짧은 윗옷이나 외투처럼 남자의 치부를 덮지 않고 음흉한 속셈을 드러낸다. 아이고! 그들 모두가 음부를 드러냈으니, 엉덩이가 흡사 보름날 밤의 암원숭이 궁둥이 같구나.[15)]

그리고 1346년 프랑스에서는 생드니의 수도사가 그 시절 남자들의 '음탕한' 복장에 대해 언급하고 있는데, 그의 말에 따르면 남자들의 "복장은 아주 짧아 엉덩이까지만 내려오고 몸에 착 달라붙게 되어 있어서 그 옷을 입거나 벗으려면 다른 사람의 도움이 필요했으며, 옷을 벗을 때에는 마치 살가죽을 벗기는 것 같았다"[16)]고 한다.

이런 옷차림을 하고 다니는 청년들을 여성화된 남자라고 생각하는 사람들도 많았고, 그래서 수치심을 모르는 동물로 비유하기도 했다. 대개 짧은 외투에 '아랫도리를 드러낸 채' 돌아다니는 젊은이들을 궁정의 원숭이에 비유했던 것이다.[17)]

물론 이와 같은 새로운 유행에 대해 음란하다는 비난뿐만 아니라, 이들에 대한 공식적인 제재 조치도 있었다. 그 예로 1335년 나폴리의 왕 로베르트는 공고문을 내걸어 남자들의 '우스꽝스럽고 지나친' 옷차림을 비난한 바 있고, 그로부터 몇 년 뒤에는 밀라노, 피렌체, 로마 등 대도시에서도 같은 조치가 잇따랐다.[18)] 1390년에는 콘스탄츠 시의회가 시민들과 그 밖의 주민들에게 이런 명령을 내렸다.

> 집 안에서 속옷만 입고 돌아다니거나 춤을 추거나 거리를 나돌아다닐 때에는 옷으로 점잖게 치부의 앞뒤를 덮어서 남의 눈에 보이지 않도록 조심해야 한다.[19]

이보다 앞선 1354년 괴팅겐의 복장 규정에도 남자의 복장이 무릎 위로 팔길이의 4분의 1 이상 올라가면 안 된다고 씌어 있었다.[20] 그리고 마지막으로 1480년 스트라스부르 시의 조례에 이런 규정이 있었다.

> 남자의 치부에 짧은 옷을 걸쳐서 그 형태가 반쯤 드러나거나 앞뒤에서 치부가 보이면, 이제부터 그런 옷을 입고 다니지 말 것이며, 모든 시민과 소작농들과 그 하인들은 윗도리든 외투든 최소한 치부가 $1\frac{1}{4}$쯤 가려지도록 옷을 제대로 고쳐야 한다.[21]

물론 '수치심을 모르는' 새로운 유행에 대해 격분한 사람들이 주로 시당국과 몇몇 도덕주의자들뿐이었는지, 아니면 광범위한 시민 계층이었는지 오늘날에 와서 정확히 확인하기란 불가능한 일이다. 어쨌든 14세기 초였다면 틀림없이 비난의 대상이 되었을 만한 짧은 옷차림에 대해 도시에서는 갈수록 대수롭지 않게 생각하는 젊은이들이 많아졌던 것 같다. 1970년대 초 여자들이 젖꼭지가 불거져 나올 정도로 달라붙는 티셔츠를 입거나 해변에서 상체를 드러내고 돌아다녀도 개의치 않았던 것처럼, 중세가 끝나갈 무렵의 시민들도 위와 같은 남자 복장에 대해 비슷한 반응을 보였을 것이라고 추측할 수 있다.

그건 그렇다 치고, 성기가 불거져 나온 모양에 대해서는 분명히 거부감을 느끼지 않을 수 없었을 것이다. 그래서 한편에서 '통바지'가 만들어졌다. 다시 말해서 꽉 조이는 바지들을 꿰매 붙여서 "윗도리나 옷 전체가 바람에 날리더라도/치부가 드러나지 않도록 하였고"[22] 이로써 현대의 각종 바지들(복수!)이 탄생하게 되었다. 그리고 다른 한편으로는 치부 앞부분에 가리개를 달았는데, 이 가리개는 대개 바지 아랫단에 꿰매어 붙이고 위쪽은 단추로 채우거나 끈으로 묶도록 되어 있었다.

하여간 바지의 윗부분이 노출되거나 '음부덮개'가 치부를 가리기는 했어도 그 속에 숨겨진 것의 형체가 뚜렷하게 보이면 누구든 불쾌감을 나타냈다. 게다가 어떤 청년들은 음부덮개를 불룩하게 채워넣어 '두드러져 보이도록' 입고 다녔는데, 아마 여자들을 자극하려는 의도였던 것으로 추측된다. 이미 14세기 중반에 영국에서도 그런 사례가 있었다. "어떤 남자들은 사내다움을 과시하려고/짧은 옷에다가/주머니(codpiece)에 솜뭉치를 넣고 다녔다."[23]

15세기 뉘른베르크 시조례에 이런 규정이 있었다.

> 몇몇 남자들에 의해 점잖지 못하게 부끄러움을 모르는 행동이나 습관이 발생한다면, 다시 말해서 바지의 치부가리개를 일시적으로 부풀어오르게 하고 뻔뻔스럽게 아녀자들 앞에서 그것을 드러낸다면, 그것은 신에게 불경스러운 행동이며 나아가 남자의 예의에 어긋나는 행동이다.[24]

이에 관해서는 오늘날 이런 견해가 있다. 즉 중세 후기에 '남성 사회 일부의 자의식이 공공연히 파헤쳐져' 그러한 '남성성을 과시'할 필요가 생겼기 때문에, '적어도 성적인 분야에서 시각적인 조작을 통해 남성의 우월성이 남아 있다는 사실을 시범적으로 보여줘야 했을 것'이라는 주장이다.[25] 물론 중세시대에 유행했던 치부가리개에 대한 그와 같은 페미니즘적 해석은 내가 볼 때 적절하지 않은 것 같으나, 문제는 '여성화'라기보다는 '비남성적'이라고 느껴지는 현상인데, 다른 관점에서 본다면 그 현상은 1970년대 남자들의 히피 양식과 비교할 수 있을 것이다. 후기 고딕 시대의 젊은 남자들이 짧은 윗도리와 불룩 튀어나온 치부가리개를 착용한 데에는 처녀들을 당황하게 만들거나 힘을 과시하려는 의도가 전혀 없었다는 증거들이 여럿 있기 때문이다. 오히려 그들은 여자들—여자의 종류에 따라—을 유혹하고 성적으로 자극하려고 애를 썼다.

예를 들어 바클리라는 이름의 영국 남자는 프랑스인들 때문에 매독이 번졌을 뿐만 아니라, 남자들이 젊은 처녀들을 혼란시켜 성교하도록 유혹하기 위해 '야한 옷차림'을 하게 되었다고 불만을 털어놓았다. 말하자면 이제는 여자들이 남자의 성욕을 자극하는 것이 아니라, 거꾸로 남자들이 여자를 선동한다는 것이다.[26] 이와 관련하여 1509년 스트라스부르의 주석(註釋) 담당자는, 젊은 청년들이 성기 앞에 헝겊을 많이 넣고 다니는 바람에 "처녀들은 만일 저것이 페니스라면 저 청년들은 불량배일 것이라고 말하면서 울었다"[27]고 전하면서 개탄했고, 1492년 엔지스하임 연대기에는 다음과 같은 내용이 기록되어 있다.

> 그 젊은이가 허리띠 아래 한 뼘이 넘는 부분을 드러낸 채 다니는 바람에 앞뒤에서 팬티가 드러나 보였고, 팬티 밑으로 드러난 엉덩이가 너무나 도발적이고 아주 예쁘게 보였으며, 그 앞에 커다란 페니스가 불룩하게 불거져 나와 있었다. 테이블 앞에 서면 페니스가 테이블 위에 놓일 정도였다. 사람들은 황제, 왕, 군주는 물론 귀부인 앞에서도 그런 자세로 나타났다. 남녀 사이에 너무나 수치스런 행동이 아닐 수 없었다.[28]

알자스 방언으로 '페니스'를 뜻하는 '줄리'(Zulli)는 본래 '젖통'을 의미했는데 점차 '페니스'를 뜻하는 말로 사용되면서 계속해서 '치부가리개'라는 의미로 변했다.[29] 이 가리개는 16세기에 들어 점점 커지다가, 마침내 솜을 넣어 빵빵하게 만든 공 모양이나 길쭉한 타원형으로 발전하여 이른바 '브라게트'(braguette)라는 것이 되었는데, 여기에 레이스나 그와 비슷한 장식을 덧붙이기도 했다.[30]

브라게트의 유래에 관해서는, 기사 가족의 보석이 적의 창에 맞아 부서지는 것을 막기 위해 무기에 매달았던 반원형의 금속 상자에서 비롯되었다는 주장이 끊임없이 있어왔으나, 그 주장은 맞지 않다. 기병들의 갑옷이 만일 엉덩이와 성기 부분까지 덮고 있다면 날카로운 금속부분을 깔고 앉을 수도 없고 안장 위에 제대로 자리 잡을 수도 없으므로,[31] 그 부분이 '개방'되어 있었는데, 그런 경우를 제외하더라도 중세 후기 보병의 갑옷에서도 금속 브라게트는 찾아볼 수 없다.

근세 초기의 갑옷에 금속 브라게트가 달려 있었지만(그림 94), 그것은 이를테면 용병들이 착용한 '암소 주둥이' 모양의 철제 군화가 앞면이 직선으로 되어 있는 일반인들의 신발을 모방했듯이, 갑옷의 브라게트도 분명히 '일상적인 음부주머니'를 본뜬 것이었다.[32] 브라게트가 보호기능을 갖고 있지 않았다는 사실은, 16세기 초 최전선에서 정예부대원으로 싸웠던 용병들 가운데 기수와 창을 든 병사들이 성기 부분에 금속보호대를 착용한 것이 아니라, 철갑에 천으로 만든 보통의 브라게트를 착용했다는 사실로 증명된다.[33]

1549년에 발표된 데데킨트(Friedrich Dedekind)의 『그로비아누스』(성생활이 문란한 성자를 등장시켜서 당시의 도덕적 타락을 풍자한 작품—옮긴이)에서 상세히 묘사되었듯이, 처음에는 주로 '전쟁의 신 마르스의 후예들'이 브라게트를 착용했다.[34] 그리고 다른 자료에 따르면 특히 용병들이 의복을 유행시켰다는 사실을 알 수 있

94. 하인리히 8세의 유물 중 강철로 만든 보병 갑옷, 1520.

다.[35] 이를테면 라블레의 작품에 나오는 파뉘르주는 이렇게 말했다.

> 나는 한동안, 최소한 1년 동안은 전술에 관한 일에서 손을 떼고 결혼하고 싶어서 성기보호대를 착용하지 않았고, 따라서 바지도 입지 않았다. 성기보호대는 병사의 장비 중에서 가장 중요한 것이기 때문이다. 나는 전투가 벌어질 때까지, 터키인들이 제대로 무장하지 않았다고 확신했다. 그들에게는 성기보호대 착용이 금지되어 있었기 때문이다.[36]

브라게트에 관해서는 앞에서 언급한 페미니즘적 격언이 적절한 것 같다. 즉 브라게트는 성년 전사가 '지속적인 발기'를 일으키고 있는 듯한 착각을 일으키게 한다.[37] 어쨌든 길쭉한 형태의 브라게트가 그런 기능을 했던 반면(그림 95), 동그란 것은 흡사 고환이

95. 우르스 그라프의 '용병', 연필 스케치, 1519.

팽팽하게 부풀어오른 것 같은 착각을 일으킨다.

1536년에 있었던 바젤의 사육제 놀이에 관한 다음과 같은 기록에서 보듯이, 남자가 브라게트를 자랑하면서 여자들을 도발적으로 '자극'했다.

> 잔치가 벌어진 곡물 시장터에서, 토만이라는 남자가 팬티 차림으로 복부 앞쪽에 브라게트를 착용하고 있었는데 그 부분이 불룩하게 튀어나와 있었다. 그 중에 곰 조련사가 옆에 서서 위를 바라보고 있었다. 아녀자들이 그것을 만져보려 하자, 그는 치부가리개를 그들에게 내밀면서 덮개를 들춰보라고 말했다.[38)]

브라게트가 힘과 지배력의 상징이었다는 사실은, 어느 대담한 부인이 자기 남편을 녹초로 만들어놓고 훈장을 강제로 빼앗음으로써 상징적인 거세 행위를 했던 경우를 통해서도 증명된다. 예를 들면 1555년에 제작된 목판화 「다리 위의 거리 풍경」에서도 남편은 자신의 바지를 벗기는 아내를 마지못해 거들어주면서 자신의 치부가리개를 걱정하고 있다. 이때 아내는 남편의 지배권의 상징을 빼앗았을 뿐만 아니라, 나아가 치부를 노출시켰으므로 남편의 나약함과 초라함을 그대로 드러낸 셈이다(그림 96).[39)]

96. 「다리 위의 거리 풍경」. 네덜란드 목판화, 1555년경.

이와 비슷한 일화가 나오는 『치머 연대기』(*Zimmer Chronik*)에 따르면, 어떤 장난꾸러기가 한 남자의 '바지끈'을 잘라버리는 바람에 여자들이 '엉덩이 안쪽'을 들여다보게 되었고 '불알이 작다는 것'도 알게 되었는데, 그로 인해 이 남자는 몹시 부끄러워했다.[40)] 보카치오의 『데카메론』에서도, 건방진 청년이 앙코나 출신 판사의 바지끈을 풀어버리는 바람에 "판사는 알몸을 드러낸 채 서 있었다"는 이야기가 나온다(그림 97).[41)]

특히 전투적이고 공격적인 남자들은 항상 멋진 브라게트를 착용하고 있는 모습으로 묘사되어왔고, 형리나 옥리(그림 98), 군주,

97. 판사에 대한 모욕. 프랑스어판 『데카메론』의 삽화, 15세기.

용병 같은 이들이 때때로 다리를 넓게 벌리고 두 손을 허리춤에 얹고 서 있는 자세는, 투쟁적인 자세로 인식되면서 그 모습을 그

98. 바젤의 화실. 예수에게 태형을 가하는 장면, 1515년경.

대로 모방하는 젊은이들이 많았다.

에라스무스를 비롯한 많은 도덕군자들은 그런 자세를 비난하면서, 바보들이나 좋아하는 행동이라는 이유로 바람직하지 않다고 가르쳤다.[42] 꼭 끼는 바지를 입는 경우에도, 공격적이거나 전투 태세를 갖춘 남자를 그릴 때에는 특이한 형태의 브라게트를 착용한 모습으로 묘사한다. 그 예로 1501년경 쿨름바흐의 스케치를 보면, 옷을 거의 입지 않은 남자가 칼을 뽑으려는 동작을 취하고 있다(그림 99).[43]

짐작컨대 이 그림에서도 주인공의 공격 태세를 강조하기 위해 브라케트를 통해 발기된 페니스를 묘사한 것 같다. 이와 비슷하게 페니스 씌우개나 페니스 대롱으로 전사의 공격성을 나타내는 경우는 다른 사회에도 있었다. 이를테면 과거의 마부이아그 섬 주민들은 보통때는 늘 알몸으로 지내다가, 전투하러 갈 때에는 귀두에

특정한 조개껍질을 씌웠다.[44)]

본래 치부가리개는 오직 예의를 지키기 위한 목적으로 팬티 앞부분의 삼각형 위치에 매달았던 것인데, 근세 초에 이르러 과장된 형태로 발전함으로써 급기야 예의범절을 유지하는 기능이 사라지고 말았다.[45)] 그와는 정반대로 광범위한 계층의 주민들 자신들이 볼 때 아무래도 수치심은커녕 예의조차 없는 차림새라고 느끼게 되었다. 그 결과 1527년 장크트 갈렌 시의회는, 모든 남자들은 즉시 "바지에 착용하는 무례하고 추잡한 가리개"를 제거하라는 명령을 내렸다.[46)] 2년 뒤 뉘른베르크 시의원들은 시공무원들에게, "무도장에서 바지와 저고리 대신 윗도리만 입고 춤추는 행위를 금지하며, 이를 어기면 벌을 줘라"는 지시를 내렸고, 1540년 봄에는 무도장에서 피리와 북으로 반주를 하는 연주자들에게 "남자 손님들이 팬티와 짧은 저고리를 입고 춤을 추면, 연주를 중단하라"는 명령을 내렸다.[47)]

그러나 '추잡한 가리개'에 대해 불쾌감을 나타낸 사람들은 시당국자들만이 아니었다. 몽테뉴 같은 사람도 "그 추잡한 물건은 은밀한 부분을 노출시키는 것"이라면서 브라케트에 대해 반대 입장을 취했다.[48)] 그리고 1558년 조반니 델라 카사는 치부가리개를 착용하고 다니는 남자들에게 앉는 자세를 조심하라며 다음과 같이 충고했다.

> 남자의 신체에 있는 사지가 항상 옷으로 가려져 있어야지/노출되거나 남의 눈에 보이게 하고 싶더라도 절대로 그래서는 안 되며/여러 사람들 가운데서 혼자 그렇게 하고도/수치를 몰라서는 안 된다.[49)]

현실적으로 많은 문화사가들은, 공공연히 착용하고 다니던 브라게트가 "그 시대의 일반적인 도덕 감정에 어긋난 것은 아니었다"고 주장하고 있으나,[50] 이처럼 일반화되었다는 점에서 그들의 주장은 분명히 옳지 않다. 이를테면 1539년 츠비카우의 기록 가운데, '다리에 걸치는 옷'과 관련하여 "체면도 모르는 사람들이 있어서 우리의 조상들이 수치스럽게 여겼다"면서 비난하는 글이 남아 있는데, 이때 '젊은 청년들'이 치부가리개를 덮지 않고 다녔다는 것이다.

> 그들은 치부가리개를 착용한 점잖은 남자와 부녀자들 앞에서 보란 듯이 교회에 드나들고 거리를 활보하면서/전혀 부끄러워하지 않았던바/이교도나 터키인 중에도 이처럼 파렴치한 사람은 없었다.[51]

1529년에 크리스토프 헤겐도르프는 청년들이 그들 자신은 물론 온 세상 사람들을 욕되게 하고 수치스러운 행동을 자초했다면서 분노를 표시했다. 그 이유는 그들이 순진한 처녀와 행실 바른 여인들 앞에서 뻔뻔스럽게 '남근'(membra virilia)을 드러냈고, 커다란 음경씌우개를 숨기고 다니라고 교사들이 타이르면 오히려 저주의 말을 퍼부었다는 것이다. 또한 그는 남자의 성기를 지칭하는 단어를 입에 담기만 해도 이미 예의에 어긋난다고 했던 키케로의 말을 상기시켰다.[52] 이보다 얼마 후 안드레아스 무스쿨루스는 최후의 만찬 장면을 그리던 도중에 브라게트를 착용한 악마를 그려 넣은 화가 이야기를 전하면서, "그 악마가 튀어나와 화가의 뺨을 힘껏 갈겨주었다"고 했다. 남자의 옷이 얼마나 수치스러운 것이었는지에 대해 그는 다음과 같이 말을 이었다.

> 음부가리개로 덮기는커녕 끈조차 묶지 않았다. 그리고 가리개

100. 음경씌우개를 풍자한 그림, 16세기.

앞에 시뻘건 누더기를 달아 속바지를 현란하게 하여 엄청나게 크게 만들었다. 그러자 악마들이 사방으로 삐죽이 밖을 내다보면서, 아무것도 모르는 순진한 처녀를 자극하여 흥분시키려 하고 있었다. 그렇기 때문에 처녀들은 어쩔 수 없이 그것에 생각이 미치지 않을 수 없었고, 그것과 눈을 마주치지 않을 수 없었으니, 여러분도 그 점을 잘 유념해보라.[53)]

라블레는 가르강튀아(프랑스 민담에 등장하는 거인으로, 라블레 소설의 소재로 채택되었다—옮긴이)의 거대한 브라게트에 대해, 그것은 "내부가 잘 채워져 있으므로, 여자에게 불쾌감을 줄 정도로 속이 비어 있는 허풍선이나 넝마주머니에 불과한 것이 아니라서 겉으로만 그럴듯해 보이는 음경주머니와는 전혀 달랐다"고 묘사했다.[54)] 그러나 그의 묘사는 젊은 남자들의 우람한 남근에 대해 느끼는 여자들의 실제 감정이 아니라, 통통한 '남근'을 갈망하는 음탕한 여자들에 관한 자신의 '남성 환상'을 반영한 것으로 짐작된다. 그리피우스(1616~64)의 작품에서도 브라게트는, 적어도 여러 여자들 앞에서 남성을 과시하기 위한 수단으로서 여자들을 당황하게 만드는 물건이었다. 그의 작품에 등장하는 하인 산디에고는 '여자들'한테 접근했다가 실패한 이야기를 하고 있다. 그 이유는 분명히 이런 것이라고 했다. 여자들이 "스위스 사람들의 치부가리개 안에 악마가 들어 있는 것처럼, 그의 팬티 안에도 죽은 악마"가 들어 있다고 생각했기 때문이라는 것이다.[55]

문학작품에 나오는 이 대목이 별로 설득력이 없다면, 다른 예를 살펴보기로 하자. 1553년 이탈리아에서 여자들의 치마가 너무 짧아 발이 보인다는 비난이 쏟아지자, 몇몇 여자들은 남자들의 브라게트가 훨씬 음탕하므로 그것을 바라보기가 늘 괴롭다고 반박했다.[56]

여자들이 조그마한 귀중품을 젖가슴이나 양말 속, 심지어 질 속에 넣고 다니는 일이 많았듯이, 남자들은 브라게트를 돈주머니로 사용하는 경우가 드물지 않았다. 그 예로 한스라는 남자는 비상금으로 독일식 속바지에 약간의 금을 꿰매어 감춰놓고 다녔다고 말한 바 있으며,[57] 이것은 오늘날 다니족이 음경 대롱 속에 지폐를 보관하는 것과 다를 바 없다.[58] 여자들을 특히 난처하게 만드는 것은, 남자들이 여자들 앞에서 가끔씩 동전을 꺼내려고 바지춤을 비비적대며 뒤적인다는 사실이다. 이미 14세기 말의 「새로운 관습에 대하여」라는 시에서도 그런 상황에 대한 괴로운 심정이 잘 나타나 있다.

그들이 부끄러운 짓을 저질렀던지라,/나도 몹시 수치심을 가눌 길이 없었노라/특히 나를 부끄럽게 만든 가장 못된 것은/속바지 안에 있는 물건이었다/그 몹쓸 물건을 몽땅 없애버렸으면 좋으련만!/그자는 돈 한 푼만 있으면 아름다운 여인에게 다가가서/속바지를 들춰올리겠지/마치 오줌을 누려는 자세로.[59]

그리피우스의 인용문에 나타나 있듯이 고전적인 브라게트가 사라진 17세기에도 '음탕한' 속바지가 사용되었고, 17세기 초 스위스에서는 농부들이 재킷을 입지 않는 경우가 많아 눈에 띄지 말아야 할 신체 부위가 불룩하게 튀어나온다며 개탄하는 사람들이 많았다. 이것을 개탄하는 목소리는 그 후 200년 동안 계속되었고, 1733년 정부측에서 운터발덴의 목사들에게 부끄러움을 모르는 옷차림에 대해 제재를 가하라고 요구했다. 점잖지 못한 바지를 만드는 제조업자들은 자칫하면 벌을 받았고, 그런 일이 반복되면 아예 그 직업을 포기하게 만들었다. 그러나 18세기 후반에도 에벨(Ebel) 박사는 아펜첼 지방의 어느 음식점에서 그런 종류의 옷을 입은 양치기를 만났다.

> 그 복장은 너무나 음탕해 보였다. 몸을 움직일 때마다, 그리고 특히 앉은 자세로 있으면 얇은 속옷만으로 가려진 그 부분이 온전한 모양 그대로 아주 잘 드러나 보였다.[60]

포르스터가 표현했듯이, 근세 초기의 브라게트를 '지극히 점잖지 못하다'고 생각했던 사람들이 18세기에 많았고, 어떤 '청교도들'은 브뤼헬이나 홀바인의 그림에 묘사된 남근주머니에 색을 칠하기도 했다.[61] 한편 바로크 시대 말기에 손으로 짜거나 뜨개질한 짧은 바지(culotte)는, 일반인들이 볼 때 인체해부도보다 윤곽이 뚜렷하게 드러난다고 생각될 만큼 꽉 조이는 옷이었다. 그렇기 때문에 1727년에 발행된 『페티코트를 위한 변호』(*Apologie ou la Défense des paniers*)라는 책에는, 권총집처럼 착 달라붙은 남자들의 바지에 비하면 그 시대 여성들의 유행 복장은 아예 '음탕'하다는 비난을 할 수 없을 것이라고 말하는 대목이 나온다.[62]

메르시에(1740~1814)는 프랑스 대혁명이 일어나기 전날 밤,

장갑처럼 꽉 조이는 바지를 입은 남자들보다 무화과 잎사귀로 아랫도리를 가린 아담이 훨씬 얌전한 옷차림이었을 것이라고 말했다. 레비(Lévis) 공작은 바지가 너무 조여서 앉을 수가 없을 지경이었고, 아르투아(영국 해협 부근의 프랑스 북부지역—옮긴이)의 공작은 정상적인 방법으로는 바지에 다리를 끼울 수 없어서, 하인들이 바지를 벌려줘야 귀하신 어른께서 다리를 넣을 수 있었다고 한다.[63]

프랑스 대혁명은 꽉 조이는 바지 유행에 아무런 변화를 일으키지 못했다. 그런 옷차림은 산토 도밍고, 장-바티스트 벨리와 같은 대의원들의 초상화를 비롯한 여러 그림에서도 나타나고(그림 101),[64] 여자들이 남자와 대화를 나눌 때 남자의 '아랫도리'에 무엇이 있는지를 자세히 알 수 있을 정도라면서 이에 대한 비난이

101. 지로데-트리오종의 「장-바티스트 벨리의 초상화」, 1797년경.

끊이지 않았다. 1795년 바이마르에서 발행된 잡지 『사치와 유행』(*Journal des Luxus und der Moden*)에 이런 내용이 실렸다.

> 로마 교황께서 자신의 교구에 거주하는 정숙한 여인들의 불쾌감을 덜어주기 위해 착 달라붙는 바지를 입지 못하도록 조치를 내렸는데, 그것은 부당한 조치였을까? 그렇지 않다. 이러다가 완전히 나체로 돌아다닐지도 모르는 일이기 때문이다.[65]

19세기 초 미국인 토머스 브래너건은 유럽에서 밀려오는 '나체 유행'을 바라보면서, 여성의 경우 그것은 곧바로 '남자의 타오르는 열정을 성폭력 행위로 유도'하는 결과를 가져올 것이며, 여자들은 몸에 짝 달라붙는 남자들의 모직바지를 바라보지 않는 것이 좋을 것이라고 말한 바 있다.[66] 그 무렵 민병대 하사로 근무하던 네덜란드 여자 헤벨은 어쩔 수 없이 남자로 분장한 사실을 숨기기 위해 구리 버클이 달린 가죽혁대를 음부에 착용해 바지 위로 페니스처럼 튀어나오게 했다.[67]

14

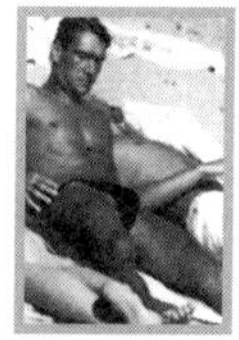

남근

용병들이 가죽과 섬유로 만든 인조 '남근'을 가지고 적이나 여자들에게 겁을 주려고 했지만, 어느 시대 어느 사회를 막론하고 발기된 페니스는 힘, 공격력, 투지를 나타내는 상징이었다. 이와 같이 성욕과 공격성을 결합시킨 예는 오스트레일리아 피찬타라족의 경우에도 있었는데, 살인자에게 보복하려고 원정대에 참가하는 전사들은 출발 직전에 페니스를 문질러 발기시키는 풍습이 있었다.[1] 한편 리우 싱구에 사는 메히나쿠족 남자들은 발기된 페니스를 '야푸야파이'('화가 났다'는 뜻)로 표현했다.[2] 마오리족 전사들은 전투가 시작되기 직전 적을 눈앞에 두고 빙빙 돌면서 춤을 추는데, 이때 "너희들의 페니스는 언제 화가 나느냐? 너희들의 페니스는 언제 팽팽해지느냐?"고 노래를 불렀고, 전투가 있는 날 아침 지휘자가 잠에서 깨어날 때 페니스가 발기되어 있으면 길조로 여기는 관습이 있었다.[3]

마오리족 남자는 누군가가 자신에게 마법을 걸었다고 생각되면,

흔히 페니스를 한손에 거머쥐고 포피를 당긴 다음 주문을 외운다. “페니스가 악령을 잡아먹으리라./페니스가 타푸(tapu)를 먹어치우리라./페니스가 너의 마력을 집어삼키리라!”[4]고 중얼댄다. ‘용감한, 대담한’을 의미하는 토아(toa)는 “성능력이 있는, 음탕한”[5]이라는 뜻을 동시에 지니고 있다. 폴리네시아의 수많은 이야기들 중에는, 전사가 목숨을 걸고 싸우는 동안 강력하게 발기된다는 대목이 나온다. 성기의 발기상태가 강할수록 전투력이 강하다는 것이다.[6] 마오리족이 행하는 의식 중에는 전사들을 무기력하게 만들거나 비겁하게 만드는 악령(atua)을 물리치기 위하여, 토훙가(tohunga)의 다리 밑으로 들어가 사제의 페니스를 통해서 마나(mana: 초자연적인 힘)를 받아들이는 의식이 있었다.[7] 남부 폴리네시아의 투부아이 섬에서는 추장을 ‘빳빳한 페니스’라는 뜻의 ‘우레투’(uretu)라 불렀고, 그 밖의 많은 섬에서는 어린 남자아이의 성기를 최대한 크고 단단해지도록 끊임없이 잡아당기는 풍습이 있었다.[8]

아랍의 구전(口傳)에 따르면, 중세 초기에 아므르(Amr)가 알리(Ali)와 맞서 싸우면서 성기를 드러냈다는 이야기가 전해오고 있다. 아므르가 이런 행동을 한 이유는, 상대방이 부끄러워 고개를 돌릴 것으로 예상하고 그 순간을 이용하여 죽이려는 속셈이었다고 한다.[9] 훗날 이 이야기를 정리한 사람은 틀림없이 그 행위의 의미를 이해하지 못했던 것 같다. 사실 아므르는 상징적으로 상대방을 겁탈하려고, 다시 말해서 죽이려고 했던 것이다.

발기된 남근은 용기와 실천력을 의미하고, 나아가 부(富)를 나타내기도 한다. 예를 들어 몸바사의 동성애자들 중에서 수동적인 역할을 하는 파트너가 자신의 ‘능동적’인 파트너(basha)에 대해 대단한 부자라는 사실을 자랑하려고 할 때에는 ‘힘 있는 페니스’를 가진 사람이라고 말한다.[10] 그리고 볼리비아 안데스 산맥의 라이미족은 특별한 업적을 남긴 사람을 일컬어 ‘우람한 페니스’를 가진

102. 토마스 헨니히가 찍은 사진.

사람이라 부르고, 아이마라족(티티카카 호 부근의 원주민—옮긴이)은 야차 알루니(jach'a alluni)라고 부른다.[11] 'Cocksure'는 '확실한' 자신감을 나타내는 영어 표현으로 널리 알려져 있으며,[12] 자신의 페니스가 너무 작다고 느끼는 남자들은 자신감을 상실할 우려가 있다. 발기에 아무런 문제가 없는데도 특히 미국 남자들처럼 페니스 속에 실리콘 막대를 집어넣는 남자들도 많았다.[13] 한편 제임스 보즈웰 같은 이는 1762년 런던의 매춘부에게 자신의 발기된 '남근'(member)을 보여주고 나서 아주 자랑스럽게 이렇게 적었다.

> 그 여자는 내 물건의 크기를 보고 놀라면서, 만일 내가 처녀막을 건드렸다면 엉엉 울었을 것이라고 말했다.[14]

그런 남자들의 주장이 어떻든 간에, 여자들은 '분명한' 확신을 가지고 발기된 남근을 자기들의 주인이자 지배자라고 인식하고 있다. 좀더 정확히 표현하자면, 여자들은 그런 느낌을 가지고 있다.

파리의 남학생들은 소르본의 페미니스트 모임에 참가한 젊은 여자들을 향하여, "힘은 페니스 끝에서 나오는 거야!"라고 외쳐댔다.[15] 이보다 60년 전에 오토 바이닝거는 다음과 같이 단언했다.

> 내 생각에 여자들은 남자의 성기를 절대로 훌륭하다거나 멋지다고 보는 것 같지 않다. 그들이 갖는 느낌은, 남자들이 메두사의 머리를 바라보거나 새가 뱀을 바라볼 때 느끼는 감정과 같다. 그것은 최면을 걸듯이 여자들을 꼼짝 못하게 사로잡는 힘을 발휘한다. 페니스는 여자의 입장에서 도저히 이름붙일 수 없는 어떤 물건이며, 그것으로부터 벗어나는 순간 속수무책이라는 생각을 갖게 되므로, 절대로 벗어날 수 없는 운명인 것이다. 페니스란 여자를 절대적으로 영원히 부자유하게 만드는 힘이다.[16]

멕시코의 마초(사내다운 모습을 과시하려는 남자—옮긴이)들은 필사적으로 '크고 두툼한 남근'을 갈망하며, 혹시 자신의 그 신체 부위가 너무 작거나 어느 날 갑자기 무능력해지지나 않을까 두려워한다. 반면에 멕시코 여자들은 불임이 될까봐 염려하는 경우는 있지만, 절대로 불감증—일반적인 남성들의 성행위에서는 대체로 이런 현상이 나타나지 않는다—을 염려하지는 않는다.[17]

이와 관련하여 더욱 중요한 것은 고환인 것 같다. 근세 초기에는 긴 팬티보다 터질 듯이 부푼 둥근 브라게트를 입는 경우가 많았던 것으로 보인다. 안달루시아 지방에서는 공격적이고 자신감에 차 있는 진짜 사나이를 일컬어 코호누도(cojonudo)라고 불렀는데, 이 말은 '불알이 큰' 남자라는 뜻이다. 예를 들면 그런 사나이는 카페에서 다른 남자들을 만나면 그것을 증명하기 위해 특징적인 제스처를 취하면서 고환(cojones, huevos)을 움켜쥔다. '테네르 우노 코호네스'(tener uno conjones)라는 말은 '뱃심이 좋다'는 뜻인데, '불알을 가진 자'를 뜻하는 코호누도(cojonudo, huevón)는 문맥과 상황에 따라 용감하고 적극적인 남자, 또는 겁이 많고 굼뜬 남자, 또는 단순한 남자를 의미한다.

한편 남에게 절대로 놀림을 당하지 않고 저돌적이면서 자의식이 강한 여자를 코호누다(cojonuda)라 부르고, 흔히 이런 여자를 가리켜 "몸속에 불알을 가진 여자"라는 표현을 쓰기도 한다. 남자들 사이에서는 이런 여자와 결혼한 남자를 동정하는 의미로, "커다란 불알 두 개를 가진 아내를 어떻게 다룬다지?"라고 말하면서, 무거운 물건을 들어올리는 시늉을 한다.[18]

시칠리아 섬에서도 힘이 아주 센 남자는 음낭이 땅바닥에 질질 끌릴 정도로 크고 묵직하며, 힘센 여자에 대해서는 단지 고환만 없을 따름이라는 식으로 묘사되었다.[19] 마찬가지로 북아메리카 사람들도 특정한 남자들에 대해 '불알'을 가졌을 것이라고 말하는 것은 물론이고[20] 자신감에 차 있는 여자에 대해서도 '불알을 가진 여자'라고 표현한다.[21]

중세 후기와 근세 초기에는 고환을 나타내는 단어가 감탄사처럼 사용되는 경우가 드물지 않았고,[22] 이와 비슷하게 파슈툰족의 남자들은 대화가 고조되면 때때로 '케르!'(좆!)라고 소리를 지른다.[23] 16세기에 어느 부인이 남편에게 야단을 치면서 '겁쟁이!' 또는 '졸장부!'라는 식의 험담 대신에 '불알'이 없는 사내라고 욕을 했는데,[24] 이것은 남자에 대한 모욕 중에서 고환을 자르겠다고 윽박지르는 것만큼 지독한 모욕이었다. 고대 프랑스의 우화시(寓話詩)를 읽어보면, 지갑 한 개를 만들 수 있을 정도로 불알 두 개가 콩팥만큼 큰 사제가 있었는데, 바람둥이였던 그 사제가 재단사의 아내와 '성교'를 하는 사건이 발생하자, 재단사가 사제의 고환을 몽땅 잘라버렸다는 이야기가 나온다.[25] 그리고 『바이센호른의 역사』에는, 어느 사제가 1480년에 실제로 이와 같은 비극적인 일을 당했다는 기록이 나온다. "헨슬린 폰 데아 아이히라는 이름의 아주 못된 남자가 메밍겐 지방의 목사였던 늙은 성직자의 고환을 잘라버렸다."[26]

그보다 수백 년이 지난 뒤에도 '작은 불알'은 성욕뿐만 아니라 용맹성이 부족함을 나타내는 간접 증거였다. 1791년 파우스트(B. C. Faust)라는 의사는 바지를 입지 말자고 주장하면서, 스코틀랜드 북부의 산악지방 사람들이 7년전쟁 때와 북아메리카에서 그런 이유로 매우 용감하게 싸웠고, 바지를 입지 않았기 때문에 매춘부들이 엄청나게 크고 단단한 고환과 남근을 마음껏 감상할 수 있었을 것이라고 적었다.[27] '숨겨진' 고환은 여자들의 지배욕을 자극하고 용기를 북돋우는 효과를 낸다. 13세기 프랑스의 우화시에는 바로 그런 주제를 다룬 부분이 있는데, 여기에서 젊은 백작은 자신의 장모가 몸속에 고환을 숨겨놓고 있다고 말한다. 그는 그녀의 허벅지 두세 군데에 상처를 낸 다음 커다란 황소 고환 두 개를 그려놓고는 수술을 해서 꺼내놓은 것이라고 말했다. 그러자 여인은 그 자리에서 기절했다. 그러나 다시 정신을 차린 다음부터는 지배욕구가 솟아나는 것 같았다.[28]

각기 다른 공동사회에서 '큰 불알'이 들어 있는 고환이 생산력이나 성욕, 용기 따위의 상징으로 인식된 이유는 무엇일까? 고환이 크면 정자를 많이 생산할 수 있다는 생각이 사실이라면—사회생리학적 관점에서 볼 때—여자가 여러 남자들과 짝짓기를 하는 경우[29], 다시 말해서 남자들끼리 여자를 놓고 경쟁관계에 있는 경우에는 고환이 큰 남자가 유리하다고 볼 수 있겠는데, 그런 경우를 제외하더라도 성적으로 절정기에 이르면 고환은 혈관 충혈에 의해 부풀어올라 평상시보다 50~100퍼센트까지 커진다.[30]

한편 남자가 공포에 질려 있거나 상대방에게 굴복당하는 상황에서는 페니스와 고환이 마치 찬물에 들어갈 때처럼 수축되기 십상이라는 사실이 관찰되었다.[31] 그 밖에 주변의 근육이 수축하면서 고환이 단단해진다. 젊은 청년들을 대상으로 실험한 결과, 그러한 상황에서 90퍼센트 이상의 경우에 고환이 서혜관 안으로 빨려들어가 잠깐 동안 보이지 않는 것 같았다. 그 순간 청년들은 음낭 안에서 급격한 전진운동 같은 것을 느끼면서 특이한 동작으로 음낭을 움켜쥐었다.[32] 그 동작은 경쟁자들이 앉아 있는 카페 안으로 들어서면서 안달루시아 청년들이 보여주었던 몸짓과 비슷했다.

기니피그는 음낭 안에 들어 있는 고환을 하복부 안으로 밀어넣기도 하고 끌어낼 수도 있다. 상대방 수컷을 위협하려고 할 때에는 엉덩이를 치켜올리면서 색깔이 있는 음낭 안으로 고환을 얼른 밀어낸다. 반면에 긴꼬리원숭이 수컷은 자신보다 서열이 높은 수컷이 다가오면, 고환을 서혜부 안으로 밀어넣음으로써 껍데기만 남아서 '힘없이' 축 늘어진 음낭만 보이게 되므로,[33] 앞에서 언급한 침팬지처럼 자기보다 서열이 높은 상대방 앞에서 한손으로 발기된 성기를 감추는 행동은 아예 할 수 없게 된다.[34]

인생에서 성공을 거두고 용기 있는 남자는 성기가 크다고 본다면, 겁이 많고 주눅든 남자는 상징적인 의미로 여성의 성기를 갖게 되거나 스스로 여성으로 '동일시'될 것이다. 러시아에서는 비록 여자라 할지라도 대담하고 용기 있는 사람을 일컬을 때 '페니스'를 의미하는 외설적인 단어를 사용하는데, 약골을 지칭할 때에는 '보지'라고 했다.[35] 이는 우리가 변명의 여지 없이 형편없는 남자를 일컬어 '개보지', 즉 암캐의 음부라고 표현하는 것과 같다.[36] 이미 고대 이집트 사람들도 겁쟁이나 적군 전사들을 '흐므티'(ḥmtj)라고 불렀는데,[37] 이 말을 번역하면 '음문'(陰門)이라는 뜻이 된다.[38] 헤로도토스는 역사책에서 이집트의 파라오 세소스트리스 3세가 용감하지 않은 적을 상징적인 의미에서 여자로 만들었다고 기록했다.

전투를 벌이지 않고 한 종족의 도시들을 쉽게 정복하면, 그는 용감한 병사들의 몸에 문신을 새겼듯이 기둥에 문자를 새기고, 적들이 겁쟁이였음을 나타내기 위해 여자의 음부를 그려넣었다.[39]

어느 비문에는 한때 델타 지역의 군주들을 굴복시킨 왕에 대해 "황소를 아내로 만든 강력한 지배자"[40]라고 기록되어 있다. 기원전 2900년경의 화장품 팔레트에는 실제로 왕이 황소의 모습으로, 정복당한 적의 항문에 페니스를 삽입하는 장면이 묘사되어 있다(그림 103). 이것은 곧 적을 여자로 만들었다는 의미가 된다. 이

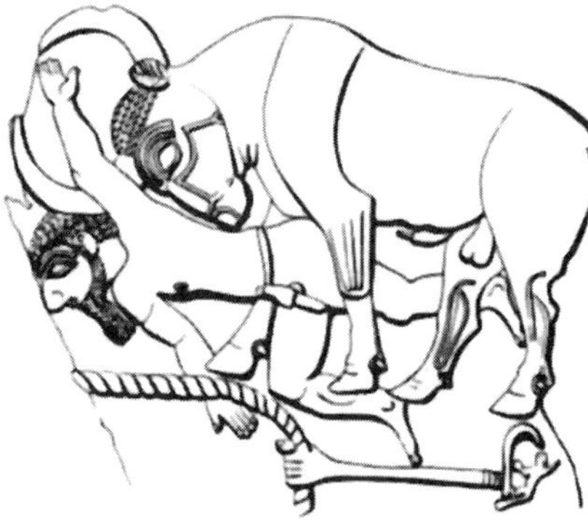

103. 왕이 황소의 모습으로 적을 겁탈하고 있다.
이집트 화장품 팔레트에 묘사된 그림, 기원전 2850년.

집트인들이 정복당한 적에게 실제로 항문성교를 했는지는 증명할 수 없지만, 고대 이집트의 역사에도 같은 주제가 등장하며, 세트 신이 남자로 변장한 아나트를 겁탈함으로써 남성을 박탈했다는 내용이 있다.[41]

1742년 북아메리카 인디언 이로쿼이족은 델라웨어족을 정복하고 나서 적을 여자로 만들었다고 전해진다. 그들이 델라웨어족에게 성폭행을 했는지는 알려지지 않고 있지만 여자옷을 입혔다는 사실은 분명한데,[42] 놀랍게도 이들은 항상 '모계사회'의 대표적인 예로

꼽히는 부족이었다.[43] 위네바고족은 한 무리의 남자들이 전쟁터에서 완전히 패배했다고 말했다. 전사 한 명이 돌아와서는, 적이 자신을 죽은 줄로 알았기 때문에 살아남을 수 있었다고 말했다. 잠시 후 다른 한 명이 살아서 돌아왔는데, 그의 이야기는 전혀 딴판이었다. 그의 말에 따르면, 앞서 돌아온 남자는 겁쟁이처럼 행동하다가 덤불 속으로 숨어버렸다는 것이다. 이 말을 듣고 사람들은 거짓말을 한 남자에게 여자옷을 입혔다. 그는 수치와 멸시를 당하면서 남은 생애를 '여자'로 지내야 했다.[44]

아스텍의 지배자 몬테수마도 그와 같은 수모를 당하지는 않았지만, 에스파냐군에게 강경한 태도를 보이지 않았다는 이유로 '계집'이라며 조롱을 당했다. 몬테수마가 에스파냐군에게 포로로 잡혀 왕궁 난간에서 백성들을 향해 말하고 나자, '공중에서 내려오는 독수리'라는 뜻의 콰우테모크라는 사람이 자리에서 일어나더니 큰 소리로 말했다.

> 저기 몬테수마라는 자는 계집처럼 겁이 많아 에스파냐 사람들에게 항복했으므로 에스파냐의 계집이라고 불러야겠는데, 그런 놈이 무얼 하겠단 말이오!?[45]

대평원에 사는 인디언들도 자기편 전열에서 이탈한 겁쟁이 전사나 적군 포로들에게 여자 파트너(berdache)[46]의 역할을 하도록 강요하면서, 그들을 잡역부 또는 섹스 파트너로 삼아 여러 남자들의 항문성교 대상으로 삼거나 구강성교를 시켰다.[47] 샤이엔족은 최소한 상징적으로라도 자기들의 적을 '여자'로 만들었다. 물소가죽으로 만든 옷에도 그런 장면이 그려져 있었던 것으로 짐작된다. 그 그림에서는 성기가 팽팽하게 발기된 샤이엔 전사들이 적을 죽인 다음 머리가죽을 벗기고 있고, 바닥에 누워 있는 적은 아예 성기가 제거된 상태로 그려져 있다.[48] 그 밖에 물소 머리장식으로 전사를 묘사하기도 하는데,[49] 물소는 투쟁적이면서 동시에 음탕한 동물로 알려져 있으며,[50] 치명적인 뿔은 발기된 페니스를 상징한다(그림 104).[51] 전해오는 이야기에 따르면, 샤이엔족은 전투를 앞둔 전날 밤에는 적과 맞설 모든 '성적인 에너지'를 보존하기 위해 아내와 동침하지 않았다.[52] 그리고 샤이엔 전사들은 백인들뿐만 아니라 다른 인디언 부족들에게도 여자를 겁탈하는 사악한 종족으로 악명이 높았다.[53]

104. 검은 돌로 만든 샤이엔족의 파이프 머리장식, 1850년경.

미국 교관들은 요즘도 신병들을 '더러운 음부' 또는 '보지'라고 부르는 경우가 많고, 독일 방위군의 중대장은 병사들을 향해 "너희들을 보지로 만들겠다"며 호통을 쳤다.[54] 또한 자신의 신참 병사들뿐만 아니라 적의 병사들까지 허약한 여자로 취급했다. 소련 점령지에서 근무할 독일 공무원들에게 배포한 1941년 6월 1일자 비밀 행동지침서에 다음과 같은 내용이 들어 있었다.

> 러시아인들은 여성적인 기질이 있으므로, 남자들한테서 남성으로서의 체면을 손상시킬 만한 결점을 찾아내려 할 것이다. 따라서 절대로 남자답지 못한 행동을 삼갈 것이며, 북방 민족으로서의 기본 자세를 유지하라![55]

15

파벽차(破壁車)와 성문

수백 년 전부터 수많은 도시와 나라, 또는 모든 대륙은 정복자에 의해 성적으로 '정복'당하기를 기다리고 있는 여인처럼, 또는 두려움과 갈망으로 자신의 처녀성을 빼앗아주기를 고대하는 처녀처럼 묘사되어왔다. 예를 들면 에른스트 윙거(제2차 세계대전 당시 장교 신분으로 파리에 주둔했던 독일 작가—옮긴이)는 1944년 8월 8일자 『파리 일기』에 이렇게 썼다.

> 다시 한 번 사크레쾨르 성당의 광장에 올라 대도시와 마지막 인사를 나누었다. 돌멩이들이 역사의 포옹을 기다리는 듯, 햇볕을 받으며 몸을 부르르 떨고 있었다. 도시들은 여자와 같아서 승자에게만 정절을 바친다.[1)]

괴벨스는 다루기 까다로운 여자 애인에게 항복하듯이 스스로 베를린의 매력에 항복하고 말았지만,[2)] 카를 추크마이어는 이 도시를, 마치 애인을 떠나지 못하게 하려고 정을 주는 드미-비에르주(처녀성을 지키면서 마치 허락할 듯이 도발적으로 행동한 반〔反〕처녀—옮긴이)의 모습으로 묘사했다.

사람들은 마치 쌀쌀하면서도 애교 넘치는 매력적인 여자를 소유할 가능성이 적어질수록 험담을 늘어놓듯이, 베를린을 그런 식으로 평했다. 우리는 베를린에 대해 당돌하고, 거만하고, 졸부 근성이 있으며, 문화도 없고, 천박하다고 말해왔다. 그러나 고향에 돌아가면 누구나 다시 찾고 싶은 도시였다. 어떤 사람은 레이스 달린 옷에 불룩 튀어나온 풍만한 가슴을, 어떤 사람은 검은 비단옷에 멜빵 바지를 입은 날씬한 모습을, 주책없는 사람은 그 두 가지 모두를 상상했고, 표독하기로 유명한 그 명성에 이끌려 붙잡아보고 싶은 충동을 느꼈다. 누구나 그녀를 갖고 싶었고, 그녀는 모든 사람을 유혹했다. 하지만 그녀는 누구한테나 코앞에서 문을 닫아버렸다. 다만 얼치기, 사기꾼, 허풍쟁이들만이 갈라진 틈으로 비집고 들어가, 잠시 그녀에게서 사랑을 선사받았다.[3)]

레바논 작가 엘리아스 쿠리는 베이루트를, 팬티도 입지 않은 채 성교할 준비를 갖추고 있는 매춘부와 같다고 비유했다.

그럼 이 도시는 어떤가? 이 도시는 창녀다. 한 여자가 수천 명의 남자를 거느리고 사는 장면을 누가 상상할 수 있단 말인가? 이 도시는 수천 발의 폭탄을 맞고도 끄떡없이 건재하다.[4)]

반면에 지중해 동부 해안지대에 살았던 그의 조상들은 병사들에게 몸을 주지 않으려고 반항하는 정숙한 처녀 같다고 생각했다. 그 예로 알 사프티 같은 작가는 다음과 같이 감격적인 시를 읊었다.

> 비길 데 없이 미모가 뛰어난 아카(Akka)는/문장(紋章)은 없어도 왕의 자태를 지녔다네./수많은 이방인들이 구애를 했건만/불구자가 처녀성을 빼앗지 못하듯 소용이 없었네.

물론 어떤 처녀든 때가 되면 넘어가게 되어 있는지라, 회교 지도자 알타타비는 위의 시에 다음과 같은 구절을 덧붙였다.

> 그러나 우리의 군주께서 처녀성을 앗아오셨으니, 처녀의 순결은 끝장이 났다네! 사람들은 군주께서 처녀를 건드리지 못했을 거라고 짐작했었지. 하지만 그분은 능력 있고 정력적인 분인지라, 시리아의 모든 도시뿐만 아니라 시리아 이외의 도시까지 겁탈했다네.[5)]

1830년경에 제작된 고무 수채화(그림 105)에는 옥좌에 앉아 있는 이란의 왕 나디르 샤가 델리 시(市)를 정복하는 장면이 그려져 있다. 그러나 독일 제국의 직속 도시였던 쾰른은 그런 식으로 정복당하고 싶지 않았다. 그래서 시당국에서는—17세기에 생겨난 것으로 추측되는 속담처럼—점령당한 적이 없어 흠집 하나 없는 성벽이 상징하듯이 깨끗한 처녀성을 지켜달라고 시민들에게 요구했다.

> 쾰른 시민들이여, 그대들에게 호소하노니/조상들이 지켜온 그것을/그대들의 몸으로 지켜주시오,/내가 진짜 처녀로 남을 수 있도록.[6)]

105. 델리를 정복한 이란의 왕 나디르 샤(재위 1736~47). 나폴리의 고무 수채화, 1830년경.

1596년 월터 롤리는 영국 여왕의 마음을 움직여 여인들의 나라로 알려진 기아나를 정복하도록 유도하기 위하여, 처녀 여왕에게 기아나의 처녀성을 생생하게 전달했다.

> 기아나는 처녀성을 한 번도 약탈당하거나, 헤집어놓거나, 꾸민 적이 없고, 땅 표면이 갈라지거나, 영혼의 미덕과 소금이 소비된 적도 없으며, 금을 찾기 위해 무덤을 파헤친 적도 없으며, 광산을 채굴한 적도 없고, 사원의 조각상들을 끌어내린 적도 없습니다. 강력한 군대가 침입한 적도 없고, 기독교 왕자에게 점령되거나 소유된 적도 없습니다.[7]

이보다 조금 뒤에 제작된 얀 판 데르 슈트레트의 동판화는 아메리카 대륙을 문자 그대로 '발가벗은' 여인의 모습으로 의인화하여 묘사했는데, 그녀는 실오라기 하나도 걸치지 않은 알몸으로 다리를 약간 벌린 채, 자신을 발견한 아메리고 베스푸치의 눈앞에서 그물침대 위에 누워 있다. 마치 영국의 식민지 개척자들이 북아메리카의 새로운 땅 버지니아의 피를 빨아먹었듯이, 여기에 묘사된 이 여인도 자신의 처녀성을 '빼앗아' 주기를 기다리고 있는 듯한 표정이다.[8] 그 후 400년이 지난 뒤에는 영국 자신이 그와 같은 처지에 놓이게 되었다. 유로터널 건설을 위해 영국을 향하여 굴착공사가 시작되자, 영국 언론은 '성행위'를 위한 '전희'가 시작되었다고 표현하면서, 한 시간에 1.5미터 깊이로 파고 들어오는 '1500톤짜리 거대한 굴착기'에 의해 "영국은 처녀성을 정복당했다"고 개탄했다.[9]

베트남 전쟁에서는 베트남 여자들뿐만 아니라 국토 전체가 능욕을 당한 셈이었다. 이와 관련하여 스탠리 큐브릭(1928~99)의 영화 「풀 메탈 재킷」(Full Metal Jacket)에 등장하는 해병대 병사는, "이 전쟁은 자유를 위한 전쟁이 아니라 보지를 둘러싼 전쟁이었다"고 말한다.[10] 한편 미국 언론이 '쿠웨이트 강탈' 사건을 두고 흥분하기 오래 전에[11] 나온 "엉클 샘의 정치적 섹스 드림"이라는 광고는, '남아메리카를 능욕'한다는 내용의 메시지를 담고 있었다(그림 106).

물론 수백 년 전에 에스파냐 사람들도 안달루시아 지방의 속담처럼 한손에 십자가를, 다른 손에는 페니스를 움켜쥐고 아메리카를 정복함으로써 철저하게 그런 수법을 실천한 바 있다.[12] 반면에 독일과 덴마크를 드나들면서 노예장사를 일삼았던 로마인이 말했듯이,[13] '세계인의 보지'(vagina gentium)라고 불린 아프리카에 '침투'할 때에는 여러 나라들이 합세하여 덤벼들었다.

이러한 상황을 고려할 때, 오랜 옛날부터 페니스를 하나의 무기로 인식했던 사실은 자연스러운 일이었다. 에다(Edda) 전설에서 결혼식 때 처녀의 자궁 안에 삽입되는 토르 신[14]의 망치는 작살,

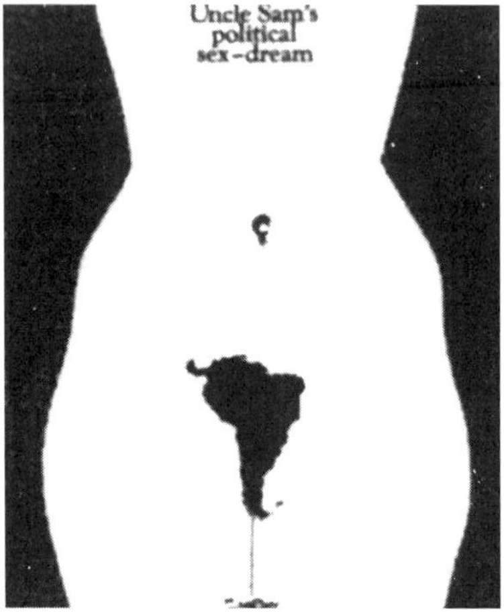

106. 니콜라스 피카레프의 캐리커처, 1985.

칼, 창, 또는 화살 등을 의미한다. 프리아포스 신화에 따르면, 신은 자신의 무기를 감추는 법이 없으므로 프리아포스(남근으로 상징되는 풍요의 신—옮긴이)의 남근도 포피로 덮여 있지 않다.[15)]

107. 로버트 그로스먼의 「서부의 약탈 수법」.

108. 행상인들이 판매하던, 손으로 그린 그림. 독일, 1890년경.

후기 고딕시대의 리본 제작자가 '청춘의 샘'을 그린 동판화를 보면, 젊은 남자가 페니스 길이 정도의 칼을 들고 손가락으로 그것을 가리키면서, 한 여인에게 성교를 요구하는 장면이 묘사되어 있

109. 「한 여자를 차지하려고 싸우고 있는 두 남자」, 일본의 목판화.

다. 여기에 나오는 '칼'(knyf)은 초서[16]를 비롯한 중세시대 작가들의 작품에서도 흔히 페니스를 지칭하는 단어로 사용되었고, 실제로 발기가 되지 않으면 페니스 대신 칼을 사용한 남자들이 많았던 것 같다. 예를 들어 1671년 영국의 조지 부스라는 남자가 체포되어 매클리즈필드 법정에서 다음과 같이 진술했다.

> 내가 그녀의 치마 밑에 손을 넣었지만, 남근을 세울 수 없어서 칼을 꺼내어 그녀의 갈라진 곳에 집어넣었는데, 그때 존슨이 들어오지 않았더라면 일을 끝낼 수 있었을 것입니다.[17]

헨리 패럿은 담력이 많은 과부를 등장시켜 머뭇거리는 병사에게 이렇게 말하게 한다. "보아하니 선생께서는 용맹성은 있는 것 같으나 정력이 부족한 모양인데,/무기가 아예 없거나 녹이 슬었나 보군요."[18]

한편 도시의 성문을 부술 때 사용되는 파벽차(破壁車)를, 여성의 음문을 향해 힘차게 발기된 남근에 비유하거나, 이와 반대로 그러한 남근을 공격용 무기에 비유한 경우도 있다(그림 110). 예

110. 헝가리의 장서 표지, 1931.

를 들면 피에트로 아레티노(1492~1556)의 『궁녀들의 대화』(*Ragionamento delle*)에 나오는 매춘부는, "어느 농부의 파벽차가 성문 안으로 돌진하는 바람에 너무 좋아서 죽어버린 여자"에 관한 이야기를 하고 있다.[19)]

솔로몬 제도의 말라이타 섬에 거주하는 바에구족은 페니스를 전쟁용 곤봉에 비유하여 '알라폴로'(alafolo)라고 부른다.[20)] 1930년까지도 수시로 노예사냥꾼들의 습격을 받았던 수단의 코마족은 그럴 때마다 다음과 같이 탄식했다.

> 우리가 가진 게 뭐지? 우린 무기가 없으니, 여자와 다를 바가 없어. 우린 남자가 아니야. 좆이 없는 거나 마찬가지니까.[21)]

특히 만화 분야에서는 수세기 전부터 발기된 페니스를 흔히 대포에 비유했고[22)](그림 111과 112), 좀더 일반적으로는 권총, 엽

111. 토머스 롤런드슨의 「정사(情事) 과정, 또는 몰래 훔친 달콤한 키스」, 1814.

112. 독일 영화의 한 장면, 1968.

총, 장총 따위로 묘사했다. 예를 들면 셰익스피어는 페니스를 흔히 '피스톨'이라는 말로 표현했고, 남자가 여자를 향해 발사한 '총알'은 분출된 정액을 의미했다.[23] 지금도 크레타 섬에서 권총은 남자의 성기를 의미할 때가 많다.[24] 콜롬비아 사람들은 '박아라!'는 의미로 엄지손가락을 둘째와 셋째 손가락 사이에 끼워서 야유할 때, 그 동작을 '권총'이라고 부르고 있다.[25]

그렇다면 남자의 성기를 그와 같은 방식으로 표현한 그들의 태도는, 상대적으로 '성적 만족을 충족시키지 못한' '전근대적' 인간형의 특징으로서, 노골적인 성적 표현으로 그들의 공격성을 드러낸 것이 아닐까? 오늘날 '서양인'의 성에 관련된 어휘를 살펴보면, 그들의 어휘나 정서의 호전성이 완화되었다고 판단할 만한 근거는 하나도 없는 것 같다.

이를테면 제2차 세계대전 당시 어느 병사는, 군인들이 '일시적'으로 동성애 경향을 보이는 이유는 무엇보다도 "자신의 무기를 어디로 겨누어야 할지" 갈피를 잡지 못했기 때문이라고 말했다.[26] 베트남 전쟁에 참전했던 어느 퇴역 군인은 소총을 들고 다닐 때마다 '지속적 발기'가 일어난 것 같았다고 말했다. "항상 들고 다니는 소총은 마치 계속 빳빳하게 서 있는 자지 같았습니다."[27] 미국 속담에 이런 것이 있다. "군인이란 어떤 존재인가? 귀두에 소총의 공이를 달고 다니는 남자이다."[28]

113. 루 마이어의 만화.

제1차 세계대전에 참전했던 전투기 조종사들은 돌격 비행을 할 때 성기가 발기되었다고 말한 바 있고,[29] 베트남 전쟁에 참여했던 조종사들도 흥분된 기분으로 똑같은 말을 했다.

> 전투기를 타고 로켓포를 발사하는 순간, 날개에서 발진하는 소리와 함께, 잠시 후 갑자기 터지는 소리가 들렸습니다. 그 기분은 오르가슴을 느끼는 것과 같았지요.

제2차 세계대전 당시 폭격기에 탑승했던 군인들은 독일의 도시 위에 폭탄을 투하하는 순간에 사정을 했으며, 그 기분은 여자의 몸에 사정할 때보다 "더 좋더라"고 했다.[30]

1950년 장 주네의 영화 「사랑의 노래」(Un chant d'amour)—그

당시에는 상영금지 처분을 받았다—를 보면, 보초병이 포로에게 구강성교를 부탁할 용기가 없어서 포로의 입에 권총을 밀어넣은 채 사정을 하는 장면이 나온다. 반면에 이보다 15년 뒤에 상영된 일본의 유명한 영화 「구로유키」(黑雪)에서는, 주인공이 성교 도중 장전된 권총을 한손에 움켜쥐고 사정에 도달하는 장면이 나온다.[31)]

114. 코한의 만화, 1983.

남성 잡지 『허슬러』(*Hustler*)에는 한 남자가 여자의 입에 권총을 꽂아놓고 그것을 빨도록 윽박지르는 그림이 실려 있었고,[32)] 『시크』(*Chic*)지에는 '컬럼바인 커츠 업'(Columbine Cuts Up)이라는 제목으로, 금발 여인이 긴 부엌칼을 자신의 질 속에 꽂아 출혈을 일으키고 황홀경에 빠져 있는 장면이 실려 있었다.[33)]

이런 장면들은 영화나 잡지에만 한정된 것이 아니라, 현실 속에서도 드물지 않게 발생했다. 예를 들면 어느 창녀가 폭행당할 위기에 놓이자, 남자더러 '공짜'로 허락할 용의가 있으니 강간하지 말라고 부탁했으나, 남자는 오히려 그 말에 자극되어 더욱 잔인하게 일을 '끝내고' 나서 여자의 항문에 권총을 들이댔다. 그러고는 장전된 권총으로 한참 동안 음부를 겨냥하다가, 끝내 총알을 발사하지는 않았다.[34] 성폭행을 저지른 범인들 중에는 총을 발사하는 순간, 또는 무기를 바라보는 것만으로도 발기되어 사정했다고 말하는 사람들이 많다. 성폭행을 했던 어떤 남자는 이렇게 말했다.

> 월요일에 권총을 구입했습니다. 지금도 분명히 기억납니다. 그날 저녁에 나는 권총을 바라보다가, 처음으로 사정을 경험했어요. 포장을 뜯는 순간에 일어난 일이었지요. 권총 발사 장면을 상상할 때마다 사정이 일어났습니다. 그럴 때마다 사람을 향해 쏜다고 상상한 적이 많았어요.

또 어떤 남자는 이렇게 말했다. "내가 쏴죽인 여자들은 대부분 반항을 했습니다. 그래서 나는 여자를 바닥에 눕혀놓고 옷을 찢은 다음, 그 위에 사정했습니다."[35)]

1975년에 성범죄로 유죄판결을 받은 요제프 칼링거는, 한손에 칼을 들고 여자의 배를 가르거나 유방을 도려내는 상상을 할 때에만 발기되었다고 말했다. 그는 권총을 들이대고 어떤 남자를 추궁하고 있었다. 그가 여자더러 그 남자의 페니스를 빨고 물어뜯으라고 명령했으나 여자가 이를 거부하는 바람에 죽이게 되었는데, 그 여자를 살해하는 순간 사정이 되더라고 했다.[36]

이러한 사례들은 충동적으로 살인을 저지르는 병적인 살인자나 살인을 재미로 삼는 자들의 극단적인 행동이므로, 현대 '서양'사회 남성의 특징을 끌어내기 위한 충동 모형의 표준을 설정하는 데에는 전혀 고려 대상이 될 수 없다고 이의를 제기하는 사람도 있을 것이다. 그렇다면 이와 관련하여 '정상적'인 남자들과 다른 점

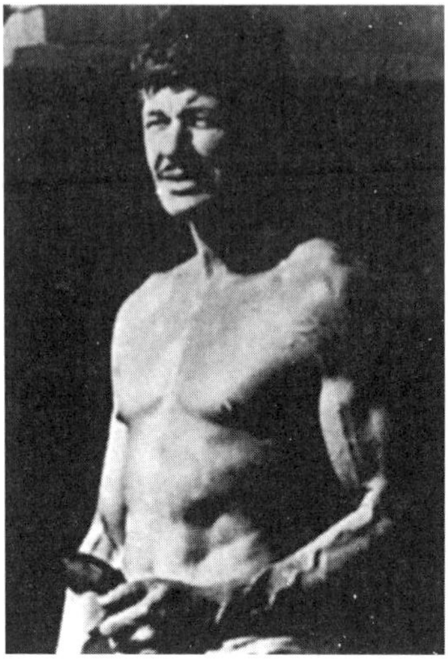

115. 찰스 브론슨, 1970.

은 무엇인가?

'정상적'인 어느 미국인 남자는 여자와 성교를 하는 동안 "마치 총을 들고 여자의 몸속 아주 깊은 곳으로 쳐들어가는 느낌이었다"고 말했다. 또 어떤 미국인은, 개가 나무에 오줌을 발라 영역표시를 하듯이, 자신의 정액으로 한 여자에게 내 여자라는 '표시를 해두었다'고 말했다. "처음으로 여자와 성교를 했는데, 그 후 만날 때마다 내가 정액으로 여자를 정복하여 확실하게 내것으로 만들었다는 기분이 들더군요."[37]

'정상적인 남자'에 관한 예를 하나 더 들어보자. 아우슈비츠 수용소에서 화장(火葬)부대를 지휘하던 부대장 몰은, 방금 도착한 화물차에서 예쁜 여자 스무 명을 골라 옷을 벗긴 다음, 불타는 화덕 앞에 일렬로 세워놓았다. 그런 다음 권총으로 음부를 겨누고 자궁을 향해 실탄을 발사했더니, 그 여자들이 불 속으로 쓰러졌다고 한다. "여러 발을 맞고 죽은 여자들도 몇 명 있었습니다."[38]

1561년 뉘른베르크에서 제작된 팸플릿에는, 리플란트에서 러시아 병사들이 잔인한 방법으로 부녀자들을 공격했다는 내용이 기록되어 있다.

> 그들은 이루 말할 수 없는 수치를 당하여/더 이상 살아갈 수 없을 지경이 되었다./여자들을 알몸으로 벗겨 나무에 매달아놓고/화살로 쏘았는데/매달린 여자의 음부를 명중시키는 병사는/칭찬을 받았다.[39] (그림 116)

116. 리플란트 지방에서 만행을 저지르고 있는 모스크바 병사들. 뉘른베르크의 신문 『노이에 차이퉁』에 실린 판화, 1561

엘리아스에 따르면, 이러한 행동은 '문명인의 심리 태도'에 어긋나는 것이며, 그와 같은 '돌출 행동'은 꿈에 불과하거나, 아니면 요즘 병적 증상으로 진단되는 희귀한 경우에만 나타날 수 있다는 것이다.[40] 그렇다면 리플란트 지방에서 러시아 병사들의 만행 사건이 있은 지 4세기가 지난 뒤, 그 후예들이 동독을 점령할 때 '부녀자들'에게 무슨 짓을 했는지 물어보자.

수많은 목격자들의 증언에 따르면, 붉은 군대의 병사들은 여자들을 폭행하는 과정에서, 질 속에 말뚝을 박거나 쇠막대를 쑤셔넣는 짓을 가장 좋아했다.[41] 슐레지엔 지방의 슈트리가우에서 있었던 사건을 예로 들면, "언젠가 열일곱 살 소녀의 아랫도리에 30센티미터 길이의 빗자루가 박혀 있었다."[42] 레프 코펠레프라는 사람은 동프로이센의 나이덴부르크에서 목격한 장면을 다음과 같이 전했다.

> 골목길에 들어섰더니 나무울타리를 높게 둘러쳐서 보도와 격리시킨 어느 집 울타리에, 노파의 시체가 버려져 있었습니다. 옷은 찢겨지고 깡마른 허벅지 사이에 전화기가 박혀 있었는데, 수화기가 가랑이 사이에 최대한 깊숙이 박혀 있더군요.[43]

질 속에 말뚝을 박는 행위는 베트남 전쟁 당시에도 흔히 있었고[44] 세계 여러 나라에서 고문을 행할 때 사용하는 흔한 수법으로서, 체포된 여자들의 질과 항문에 막대기, 유리병, 곤봉 따위를 쑤셔넣는다. 그 예로 터키의 젊은 여인 셈라는 그와 같은 고문을 받고 나서 또다시 음순에 전기고문을 당했다.[45] 상파울루의 반군조직 본부에서는 여자를 발가벗겨 다리를 벌려놓은 자세로, '앵무새 그네'라고 부르는 수평 막대기에 거꾸로 매달아놓고 여러 가지 도구와 전기충격으로 음부에 만행을 저질렀으며, 한편 그 옆에 매달려 있던 남자들의 항문에는 갈대 줄기의 한쪽 끝을 꽂아놓고, 다른쪽 끝에는 휘발유에 적신 헝겊을 동여매어 불을 질렀다.[46]

얼마 전 베른의 오버란트 요새의 수비대 군인들은 살아 있는 여자 대신, 목을 뒤로 젖히고 있는 여자의 알몸 사진을 확대하여 이것을 표적으로 사용했다(그림 117). 여자의 배꼽, 가슴 또는 목을 맞추면 최고 점수가 주어지지만, 대부분 이른바 '행운의 명중'이

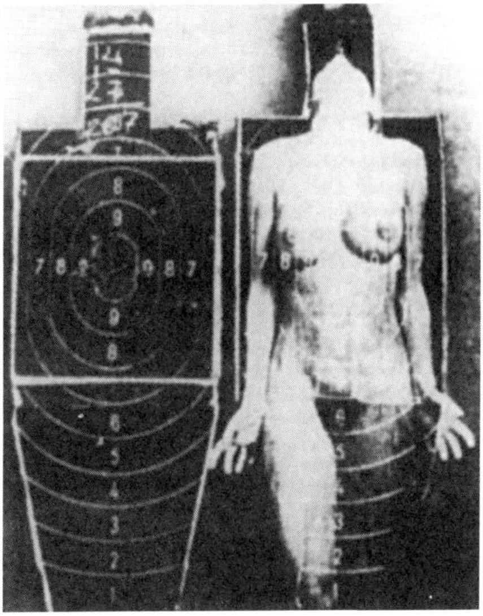

117. 스위스 군대의 사격 표적판, 1982.

라고 불리는 자궁을 맞추었다. 그때까지는 어떤 곳을 맞춰야 할지 모르고 있었다.[47] 목요일 저녁마다 디트로이트의 토플리스 바 '부비트랩'에서는 '람보의 젖은 팬티 나이트' 쇼가 벌어지는데, 관중석에서 올라온 아마추어 람보들이 장난감 자동 물총으로 젊은 여자의 음부를 향해 세찬 물살을 쏘아댄다. 여인은 아슬아슬하게 투명한 치마를 걸치고 두 다리를 벌린 채, 무대 위에 서 있다. 매니저 릭 살라스는 이렇게 말했다. "많은 남자들이 실망을 느끼겠지요. 하지만 여자에게 성폭행을 하는 것보다는 아무래도 물총으로 쏘는 편이 훨씬 나을 것입니다."[48]

1820년에 제작된 뢰(Löh) 남작의 과녁판 그림에서 보듯이, 지난 시대의 사수들은 '장미', 즉 처녀의 음문을 조준했다.[49] 젖가슴을 훤하게 노출한 젊은 처녀가 들고 있는 종이 표지판에 이런 문구가 적혀 있다.

현재 저는 처녀이지만
저의 작은 바구니를 보여드리겠어요.
명사수라면 수줍어하지 마시고
저의 장미를 가져가세요[50] (그림 118).

118. 뢰 남작의 목제 과녁판. 헝가리, 1820.

히말라야 북부 마가르족은 오늘날에도 남중(南中) 축제 때가 되면 여자를 상품으로 내건 활쏘기 대회가 열리는데, 젊은 청년들은 매달려 있는 여자 목걸이 구멍을 통해서, 돼지가죽(kundele)에 음부를 나타내기 위해 검은 털을 붙여놓은 부분을 겨냥하여 활을 쏜다. 젊은 남자들은 오늘날에도 일상적으로 처녀들 앞에서, "내가 돼지가죽을 거의 꿰뚫을 뻔했어. 너를 쓰러뜨릴 뻔했단 말야"라는 식으로 말한다. 서쪽의 타망족은 나무판 위에 분필로 '음부'(pisya)라고 부르는 원을 그려놓고, 여기에 활을 쏜다. 인종학자들은 이처럼 활 쏘는 행위를 뜻하는 '비야바'(byaba)를 '성교하다'라는 의미로 번역했다.[51] 잠비아의 방궤울루 호수 북동쪽에 거주하는 치숭 구족은 결혼식장에서 젊은 남자들이 자기들 신부의 머리 위쪽 벽에 그려놓은 동그라미를 향해 활을 쏘고, 이어서 각자 파트너 처녀의 머리 위에 발을 올려놓는다. 그 순간 주변에 서 있던 사람들이 일제히, "그가 여자를 명중시켰다!"고 소리 지른다.[52]

중세 후기의 사육제 연극에 출연한 어느 궁수는, 처녀의 음부에 화살을 적중시켜 아홉 달 동안 배를 부르게 만들 수 있다면서 허풍을 떨었다.

> 주여, 저는 활을 잘 쏘는 재주가 있어서
> 엉덩이 한가운데 시커먼 곳을 정통으로 맞출 수 있나이다.
> 또한 저는 포도주로 발가락을 적셔놓고
> 신발을 신은 채 흔들어댈 수 있나이다.
> 여자가 저의 거시기를 자신의 그릇 안에 넣으면
> 그로 인해 배가 부풀어오를 것입니다.[53]

중세시대의 성교 행위는, 흔히 기사들이 '곤봉'으로 여인의 몸 한가운데를 찌르는 '정조준' 행위로 묘사되었다. 15세기 중반에 발간된 살레(A. de La Sale)의 저서에는 군주가 사라센족과 싸워서 부인을 얻었다는 이야기와 함께 다음과 같이 묘사한 대목이 있다.

> 문이 닫히자마자 그는 몸에 실오라기 하나 없이 속옷을 모두 벗어던지고 침대 위로 달려들어, 한 손에 창을 들고 여자의 몸에 바싹 달라붙어 공격을 감행했다. 그가 마지막 전투를 벌이려는 순간, 여인은 쇠뿔처럼 곧추선 창을 움켜쥐었지만, 그것이 힘차고 단단하다는 것을 알고는 비명을 지르면서, 자신의 방패

119. 프랑켄의 기사가 여인이 들고 있는 고리 사이로 창을 찌르고 있는 장면, 1954.

는 그처럼 강력한 무기의 공격을 견딜 만큼 단단하지 않다고 말했다. 군주께서 무진 애를 썼지만, 자신의 창으로 그녀의 방패를 뚫을 수는 없었다.[54)]

알레포(오늘날 시리아 북서부의 상업도시—옮긴이)의 알콰이사라니는 아랍의 관습상 자극적인 옷을 입은 십자군의 아내들을 보고 흥분한 나머지, 저 부인들을 '올라타서 찌르는' 데에는 그들의 남편보다 더 잘할 수 있다고 우쭐댔다. "여러분의 남편들은 창으로 찌르기를 할 때 나보다 용감하지 못하고, 말을 타는 솜씨도 나를 따라오지 못합니다."[55)]

반면에 족장 나프자비는 자신의 책 『향원』(鄕園)에서, 성교란 누가 승리할 것인지 미리 알 수 없는 시합이라고 정의했다. 그는 먼저 전능한 신을 다음과 같이 찬양하고 있다.

> 여인들의 가랑이 사이에 남자들의 최대의 기쁨을 넣어주시고, 여자들에게는 남자들의 창 끝에서 기쁨의 절정을 느끼게 해주신 신이시여, 찬양받으소서!

물론 여자의 가랑이는 전투가 벌어지는 전쟁터가 되고, 이곳에서 창을 들고 싸우는 사나이는 승리하지 못하면 죽음을 당한다.

> 신께서 허벅지 사이에 사자 머리처럼 털이 무성한 전투 장소를 마련해주셨나니, 이름하여 음부라는 것이니라. 아! 그 문턱에 뭇 사내들의 죽음이 도사리고 있구나!? 그들 가운데 영웅이 된 사내들이 얼마이던가! 신께서 거기에 하나의 입과, 혀와, 입술 두 개를 마련해주셨으니, 그 모습이 흡사 모래사막에 남겨진 가젤 영양의 발자국 같도다.

두 사람이 가랑이 사이에서 전투를 벌이다가, 먼저 '나오는' 자는 패배자가 된다.

> 정액을 먼저 쏟아내는 자는 패배자가 되고, 오래 참는 자는 승리자가 되나니, 진실로 볼 만한 전투로다.[56)]

이와 반대로 서양의 '사랑 시합'에서는 관점에 따라 항상 여자가 승리자가 된다. 기사의 '창'이 언젠가는 가랑이 속에서 꺾이고 말기 때문이다.[57)]

마오리족도 "여자의 성기는 남자를 죽이는 살인자"라고 말했다. 그 이유는 옛날부터 여자의 음부가 빳빳한 남근을 '죽임'으로써 성교 투쟁에서 승리했기 때문이라는 것이다.[58] 카사노바(1725~98) 같은 남자도 같은 생각을 갖고 있었고, 약간 변형된 형태이지만 족장 나프자비도, 자제력을 잃고 먼저 사정하는 자가 '죽는다'고 생각했던 것 같다. 카사노바는 자기가 데리고 있던 한 여자에 대해 이렇게 썼다.

> 이 마지막 전투가 여자를 완전히 녹초로 만들었다. 나는 그녀에게 촛불을 똑바로 들게 하여 그 자세로 몸을 들어올린 다음, 입과 혀로 사랑의 사원에 은총을 베풀었다. 그녀를 죽음 직전까지 몰아갔던 나의 무기를 위해 그녀 자신도 동일한 은총을 베풀어줘야 한다는 사실을 일깨워주고 싶었던 것이다. 나는 이처럼 영웅적인 행동을 하느라 녹초가 되었던지라, 그녀를 다시금 바닥에 내려놓고 휴전하자고 간청하지 않을 수 없었다.[59]

남자의 성행위를 비유적으로 나타내는 표현들, 즉 '쏘다', '찌르다', '때리다', '잡아먹다', '죽이다' 등은 어느 시대 어느 사회에나 있었다. 예를 들면 자주 인용되는 미국의 잔인한 속담에 이런 것이 있다. "처녀가 월경할 나이가 되었다는 것은, 잡아먹어도 될 만큼 충분히 성숙했다는 뜻이다."[60] 특히 야트뮐족 남자들은 여자에 대해 이런 말을 했다. "사실 우리가 그들과 성교해도, 절대로 그들은 보복하지 않는다."[61]

18세기의 『비속어 사전』에는 '여자와의 동침'을 의미하는 대표적인 단어로 '때리다'와 '두드리다'를 소개하고 있는 반면,[62] 1950년대 오스트리아의 불량 청소년들은 '조지다'라는 상스러운 표현을 좋아했다. "그 여자를 조져놓았느냐?"고 질문하면, 대개 "아니

야, 조금 손봐준 것뿐이야"라고 대답한다.[63]

시나이 남부의 음자이니-베두인족 여자들은 어떤 형태로든 남자 쪽에서 성적인 접근을 해오면, 때로는 리시스트라타의 조언에 따라 반항함으로써 뜻을 관철하기도 하지만, 대개 어쩔 수 없이 당해야 하는 공격 행동이라고 느낀다. 대부분의 남편들은 특히 신혼기간 중에 아내를 문자 그대로 '싸워서 눕혀놓아야' 아내의 몸속으로 들어갈 수 있는데, 그렇지 못한 경우에는 가축을 상대로 대리 만족한다. 한 남자는 인종학자에게 이렇게 말했다. "당신네 이스라엘 사람들에게 창녀를 의미하는 동물이 우리에게는 나귀입니다." 남자들은 페니스를 아사('asā) 또는 아사야('asāya)라고 부르는데, 이 단어는 낙타를 길들일 때 사용하는 회초리라는 뜻이다. 그리고 성교 행위를 의미할 때에는, "여자를 낙타 회초리로 때린다"고 표현한다.[64]

120. 뉴질랜드의 광고 사진, 1983.

뉴기니 고원지대에 사는 카마노족, 우수루파족, 포레족, 야테족과 그 밖의 종족들은 성교 행위를 일종의 투쟁이라고 보고, '화살을 가진 남자'가 사정 행위에 의해 아내에게 화살을 "쏜다"고 말한다. 성교를 하는 동안에는 남녀 모두 지극히 공격적인 행동을 하며—즉 서로 물고, 할퀴고, 심지어 상대방을 불로 지지며—아내가 성교를 하고 싶어서 남편을 유인할 경우에도 남편은 폭행을 당하지 않으려는 듯이 도망친다.[65] 옛날 바루야족은 돼지나 적을 죽일 때 사용하는 대나무 화살(biaka) 끝에 음부를 그려넣었고, 트랜스 플라이 지역의 케라키족은 사람 머리 사냥을 할 때, 죽이는 행위를 일종의 성폭행이라고 생각했다. 그래서 그들은 몽둥이로 희생자의 두개골을 후려치면서 "토쿠엔지가 너를 겁탈하노라"고 소리를 질렀는데, 이것은 신화에 나오는 딸랑이의 명칭이다.[66] 안달루시아의 투우사는 긴 칼로 소를 '겁탈'해야 한다. 그렇게 하지 않으면 소가 뿔로 투우사를 '겁탈'하기 때문이다.[67]

여자를 죽이는 행위와 성교 행위가 서로 밀접하게 연관된 현상은, '자연 부족'이나 '전통 사회'에서만 있었던 것은 아니다. 이를테면 신사에 관한 영국의 우스갯소리 중에, "예쁜 요정이 너무 적극적으로 달려들면, 남자의 부드러운 무기로는 너무 약해서 상대를 죽일 수 없다"[68]라는 말이 있고, 베트남 전쟁 당시 "베트콩을 죽인다"는 말은 "박아준다"라고 표현했으며, 마찬가지로 미국인은 일상적으로 "누구에게 시선을 고정시키다"라는 말을 할 때, 누구를 "눈으로 박는다"고 표현한다.[69] 프랑스어로 '성교하다'를 뜻하는 베제(baiser)는 '안으로 집어넣는다'는 뜻인데, 때로는 "그는 경찰에게 잡혀 들어갔다"고 표현하기도 한다.[70]

전희 동작이나 성행위를 사냥 행위로 나타내는 은유적 표현방식은 세계 전역에 퍼져 있다. 이때 '적극적'으로 덤벼드는 쪽이 사냥꾼이고, '수동적'으로 받아들이는 쪽은 사냥감에 해당한다. 그 예로 그리스 시대의 접시를 보면 '능동적'으로 페니스를 '삽입'하는 자와 자신의 사타구니 안으로 페니스를 '받아들이는' 자가 서로 허벅지를 맞대고 있는 장면이 묘사되어 있고, 그 주변에 토끼 한 마리가 사냥개에게 쫓기는 그림이 함께 그려져 있다(그림 121).[71] 이런 의미의 토끼 사냥은 중세시대 문헌의 주석에서 흔히 볼 수 있듯이, 프랑스어로 '토끼'를 의미하는 '코냉'(conin)과 '음부'를 뜻하는 '콩'(con)을 이용하여 언어유희를 위한 단어로 자주 사용되었다.[72] 오늘날에도 "토끼를 쏘아 잡는다"는 표현은 특히 오스트리아에서 "여자와 성교한다"는 의미로 즐겨 사용되고 있다.

인도네시아 숨바 섬 동쪽의 린디족 소년은 할례 직전에 이런 질문을 받는다. "넌 돼지를 몇 마리나 잡아먹었느냐?"

그러면 소년은 그동안 자신이 '조져놓은' 여자들의 수를 밝혀야 한다.[73] 마사이 초원의 남쪽에 거주하는 카구루족 여자들도 '사냥감'으로서의 '돼지'로 취급된다. 즉 여자아이를 위한 성인식을 치를 때 상징적인 야생돼지 사냥을 흉내내어, 여성의 상징인 돼지(guluwe)를 조지는 의식을, 다시 말해서 돼지와 교접하는 의식을 행한다. 그런데 특이하게도 '사정하다'와 '죽이다'를 의미하는 단어가 동일하다. 일상생활에서 성교를 우회적으로 표현하는 단어

121. 성교하고 있는 에라스테스와 에로메노스.

들, 예를 들면 '박다', '바닥에 눕히다', '능욕하다' 등의 단어들은 폭력적이고 치욕적인 의미를 지니고 있어서 일반적으로 지극히 잔인하게 진행되는 성행위의 현실을 적절히 반영하고 있다.[74)]

리오 바우페스 근처에 사는 데사나족 인디언의 언어로 '사냥하다'를 의미하는 '바이-메레 가메타라리'(vaí-merä gametarári)는 '짐승을 능욕한다'는 뜻이며, 사냥꾼들은 노획한 짐승을 눕혀 놓고 그 짐승의 성기를 자세히 검사하고 관찰한다. 사냥이 성욕을 자극하느냐고 인종학자들이 묻자, 제보자들은 "죽이는 것은 곧 능욕하는 것입니다!"라고 대답했다.[75)] 오지브와족의 언어로 '네노헤안'(nenochean)은 문맥에 따라 "내가 누군가를 사냥했다" 또는 "누구를 (성적으로) 해치웠다"는 뜻이고, '네노헤 베셰바이'(nenoche besheway)는 "내가 스라소니를 사냥한다"는 의미이거나 "내가 여자의 음부를 가지고 논다"는 뜻이다.[76)]

지난 세기에 오버바이에른 지방의 사내아이가 마침내 농부 처녀를 '십자가' 위에 눕혀놓고, "암노루를 쏘아 잡았다" 또는 "집으로 가져왔다"고 표현했다. 노랫말에도 이런 대목이 있다.

산속의 영양은
총이 무서운 줄 모르고,
어두운 밤
침대 속의 아가씨도
총에 맞는 것쯤은 무서운 줄 모른다네.[77)]

이보다 600년 전, 고트프리트 폰 슈트라스부르크의 서사시 『트리스탄과 이졸데』에 등장하는 주인공이 사냥해서 잡은 짐승을 집으로 가져오는 장면이 다음과 같이 묘사되어 있다.

트리스탄이 잡아온 여왕은
자신이 직접 개가 되어 뒤쫓아 잡아온
사랑의 야생 동물이라네.[78]

이와 같이 성행위를 전투적인 사냥에 비유한 사례들을 바탕으로 결론을 내린다면, 대다수의 인간 사회에서 성행위는 폭력적인 특성을 지니고 있으며, 페미니스트들의 주장처럼 남성이 주도하는 성행위는 본질적으로 여성을 굴복시키기 위한 공격적 행동이라고 말할 수 있을 것이다. 드워킨(Andrea Dworkin)은 다음과 같이 말했다.

> 성교는 남성이 여성을 식민화하는 수단이다. 혼외 성교이든 부부간의 성교이든 그것은 모두 소유 행위이다. 소유주는 남근을 가진 쪽이다.[79]

성교는 남성에 의해 여성을 소유하는 행위라는 드워킨의 주장을 염두에 두지 않더라도, 여러 시대의 각기 다른 문화권의 모든 사례에서 성교는 사실 '가해자 대 희생자'라는 형태로 '구조화'된다. 물론 '에로틱한 사냥'을 무조건 폭력상황의 표현이라고 이해하는 일은 피해야 한다. 이를테면 은하로-부시먼 여인들은 성교의 전(前) 단계로 '사냥'당하기를 좋아한다. 그들은 마음에 드는 젊은 남자가 있으면, 그 앞에서 도발적인 자세로 치부가리개를 슬쩍 치켜올렸다가, 그 남자가 따라오기를 기대하면서 재빨리 달아난다. 심지어 결혼한 부인들도 딴 남자를 놀려주고 싶을 때에는 그와 같은 행동을 한다. 물론 이 경우는 성교에 도달하기 위한 '사냥'이 아니라는 점에서 차이가 있다.

그러나 어떤 경우이든 '성적 사냥'은 어떠한 강요나 폭력과 무관하다. 인종학자가 '문명' 세계에서 발생하는 성폭력에 대한 이야기를 들려주었을 때, 은하르족 사람들은 남녀 모두 깜짝 놀라면서 그 말을 도무지 이해하지 못했다. 다시 말해서 남자가 여자를 폭력으로 '갖는다'는 생각 자체가, 도대체 그런 일이 있는지조차 모르는 부시먼들에게는 커다란 충격이었던 것이다.[80]

16

적에 대한 '능욕'

지금까지 북아메리카에서는 승리한 전사들이 투항한 상대방, 즉 비겁한 적뿐만 아니라 자기편 대열 가운데 싸울 의사가 없는 자에게 여자옷을 입히거나 '남성 여자' 역할을 하도록 강요하여 성적인 시중을 들도록 함으로써 '여자'로 취급했던 반면, 창이나 화살 또는 막대기와 같은 뾰족한 물건을 항문에 밀어넣는 방법으로 '여성화'하는 경우도 드물지 않았다. 예를 들어 16세기의 무아인(Jacques Le Moyne)은 플로리다의 티무쿠아족 전사들에 관해 다음과 같이 전했다.

> 전투가 벌어진 장소에서 그들이 물러나기는커녕 훼손된 채 널려 있는 시체의 항문에 화살을 꽂아넣는 광경을 보고 나는 무척 놀랐다.[1)]

옛날에 모하비족이 승리의 잔치를 벌일 때에는, 동성애자들 중에서 여자 역할을 하는 사람들과 늙은 여자가 겁쟁이로 밝혀진 전사들을 뒤쫓아가 그들의 항문에 남근 모형을 찔러넣으면서 모욕을 주었다.[2] 이와 비슷한 장면은 1592년 드 브리의 삽화에서도 볼 수 있다. 삽화의 설명문을 보면, 시체를 토막낼 때 내장이 나오지 않게 하려고 투피남바족 여인이 시체의 항문을 틀어막고 있다고 적혀 있으나,[3] 짐작하대 그 여인이 적의 항문에 막대기를 쑤셔넣은 의도는 비록 죽은 시체이지만 '여자'로 만들기 위한 조치였던 것으로 보인다(그림 122).

122. 적군의 시체 항문에 막대기를 밀어넣고 있는 투피남바족 인디언 여자. 드 브리(T. de Bry)의 『아메리카』에 실린 삽화, 1592.

역사학자 코니아테스(동로마 제국의 역사를 기록한 비잔틴의 역사가—옮긴이)에 따르면, 1185년 반란으로 실각한 비잔틴 황제 안드로니쿠스 1세는 남녀에게 폭행을 당해 죽었다고 한다. 그들은 처음에는 시체의 치부가리개를 그대로 놔뒀으나, 나중에 그것을 찢어 버리고 성기를 훼손한 다음 "어떤 무기가 더 예리한지 알아보려고 두 손으로 구부러진 칼을 항문에 밀어넣었다."[4)]

중세기에도 이러한 잔악 행위는 야만적이고 수치스러운 행동으로 인식되어, 곳곳에서 이에 대해 유죄 판결이 내려졌다. 그러나 이때까지는 살아 있는 사람이 그 대상이었다. 1101년 아헨이라는 사람은, "염치도 없고 거친" 십자군들이 "아주 사소한 다툼을 이유로 공개된 장터에서 헝가리 청년의 은밀한 신체 부위에 말뚝을 박아넣었다"고 전하면서 분노를 표시했다.[5)] 그리고 1470년에는 배신 행위를 했다는 이유로 에드워드 4세의 명령에 따라 사우샘프턴에서 우스터 백작에 의해 참수형을 당한 20명은 다음과 같은 일을 또 당했다. "그런 다음 그들의 다리를 묶어 거꾸로 매달아놓고, 양쪽 끝을 뾰족하게 깎은 말뚝을 가져오더니 한쪽 끝을 항문에 찔러넣고 다른쪽 끝은 머리 쪽에 꽂았다."

군중들은 이러한 치욕적인 처형방식에 매우 분개했다. "그 일 때문에 사람들은 몹시 불쾌감을 느꼈고, 그 후 우스터 백작은 그 지방의 법률에 어긋나는 못된 짓을 했다는 이유로 그 지방 사람들로부터 크게 미움을 받았다."[6)]

남자에게 만행을 저지르는 행위는 아주 심한 모욕이었는데, 바로 그런 이유로 특히 전쟁이나 내전에서 적을 제압하고 나면 그런 방법으로 살해했다. 이러한 예는 1476년 초여름, 무르텐 전투가 끝난 직후 스위스 군인들이 부르군트 왕국의 병사들을 괴롭히는 장면을 묘사한 그림이나(그림 123), 1808년 프랑스에 맞섰던 에스파냐 사람들의 민중반란 장면을 그린 고야의 삽화(그림 124)에 나타나 있다.[7)]

여자에 대해서도 가끔씩 질 속에 꼬챙이나 뾰족한 막대기를 찔러넣는 방법으로 욕보이는 경우가 있었다.[8)] 보복법(lex talioni)에

123. 무르텐 전투 직후 나무 위로 도망친 부르군트 병사들의 항문을 긴 창으로 찌르고 있는 스위스 군인들, 1515.

124. 고야의 연작 그림 「전쟁의 재앙」의 일부분, 1815년경.

따르면 특히 지옥에서 음탕한 여자들에게 그와 같은 처벌방식이 성행했다. 예를 들어 1396년에 제작된 산 지미냐노(이탈리아 시에나의 작은 도시—옮긴이)의 바르톨로 프레스코화에는 음탕한 표정을 짓고 있는 악마가 부정한 여자의 신체 부위에, 다시 말해 현세에서 죄를 지을 때 사용한 신체 부위에, 페니스를 상징하는 일각수(一角獸)의 뿔을 찔러넣고 있다(그림 125). 그 이유는 1091년

125. 산 지미냐노에 있는 바르톨로의 프레스코화, 1396.

새해 첫날 밤에 갈헬린 목사가 환상 속에서 다음과 같은 일을 겪었다는 말을 오르데리쿠스가 전해주었기 때문이다. 즉 이 성직자는 말을 타고 가던 '여자 군단'(cohors mulierum)과 마주쳤는데, 그들은 "죽을 운명을 타고난 인간들 가운데서 실컷 유혹하고 음란한 쾌락을 즐기기 위해"[9] 안장에 반짝이는 징을 박은 것으로 보아 분명히 귀부인들인 것 같았다고 한다.

18세기에 들어와서도 셰이커교를 창시한 앤 리(Ann Lee)는 처녀 때부터 모든 형태의 성행위에 대해 혐오감을 갖고 있던 터여서 나중에 가서도 남편과 성교하지 않았는데, 성교를 통해 즐거움을 누렸던 모든 여자들은 죽고 나면 죄를 저지른 그 신체 부위에 고통을 당할 것이라며 다음과 같이 말했다. "육욕의 만족을 즐기며 사는 사람들은 그곳이 조여져 고통을 받을 것이니라."[10]

물론 도주하거나 투항하는 적들은 꼬챙이나 창으로 치욕을 당하거나 페니스로 항문에 폭행을 당했고, 그렇지 않더라도 최소한 '욕을 보이겠다'는 위협을 통해 상징적으로 '여자'가 되기도 했다. 이처럼 적을 '욕보이는 행위'가 이스라엘 사람들에게는 흔한 일이었다.[11] 「시편」 78편 66절에도 주님에 대한 다음과 같은 구절이 있다. "주께서 적들의 엉덩이(āhōr)를 찌르시고 그들을 영원히 욕되게 하셨다"(그림 126).

126. 슈투트가르트의 성경 시편집(集)에 실린
'주께서 적들의 엉덩이를 찌르시고 그들을 영원히 욕되게 하셨다'. 「시편」 78편 66절.

중세시대에 이 성경 구절을 그림으로 나타낼 때에는, 원숭이나 발가벗은 괴물이 엉덩이를 내밀고 사수가 활과 화살로 그곳을 겨누고 있는 장면으로 묘사되었다. 신이 적을 덮쳐서 항문에 욕을 보였다는 구약성서의 내용을 믿지 않으려는 온건한 해석자들은 이와 같은 고딕시대의 주석(註釋)에 대해, 신이 활을 쏘는 행위는 죄인에게 벌을 내린다는 비유이며, 또한 죄인들이 엉덩이를 드러낸 까닭은 위험에서 벗어나려는 시도였다고 해석했다.[12] 어쨌든 티투스의 군대가 예루살렘을 정복하고 헤로데스 사원의 성직자들을 욕보였다는 내용이 전해지고 있는바, 다윗 왕의 신하들도 암몬족에게 이와 같은 폭행을 당했을 것으로 짐작된다. 그 근거로 성경에 다음과 같은 구절이 있다. "그리하여 하눈은 다윗의 신하들을 붙잡아서, 그들의 한쪽 수염을 깎고, 허리띠 아래까지 옷을 도려내었다"(사무엘 하 10:4).

127. 사자(使者)에게 치욕을 안겨주는 장면. 크루마우 장서에 들어 있는 장식화, 1420년경.

이 구절에 대해 우리는 오늘날 누군가가 여자를 '데려갔다'고 말하듯이, 암몬 왕의 부하들이 먼저 이스라엘 사람들을 '데려갔다'(yiqqah, 아랍어 liqāh는 '정액'을 의미함)고 이해할 수 있다.[13] 물론 이스라엘 사람들이 적을 '여자로' 만드는 데에는 다른 방법도 있었다. 그 중에는 특히 패배한 적군 남자들의 '발털'(sha'r ha-raglîm)을 깎는 방법이 있었는데, 이때 '발'(足)이라는 단어는 구약성서에 자주 나오듯이[14] '음부'를 의미한다. 다시 말해서 여자들만이 치모를 제거하는 관습이 있었던 것으로 미루어, 그들은 적의 치모를 깎아버림으로써 상징적으로 여자로 만들었던 것이다.[15] "같은 날 주께서 유프라테스 강 건너 저편에서 빌려온 면도칼로, 아시리아 왕을 시켜서 너희의 머리와 발털을 깎을 것이요, 또한 수염도 밀어버릴 것이다"(이사야 7:20).[16]

마지막으로 남의 여자에게 페니스를 '밀어넣은' 남자들에 대해서도 똑같이 항문에 말뚝을 박아 죽게 만드는 보복형 형벌도 있었다. 예를 들면 시므온 지파(이스라엘의 12지파 중 하나—옮긴이)의 우두머리였던 치미 벤-살루는 미디안족(시리아와 아랍 황야 지대의 유목민—옮긴이)의 공주 코즈비 바트-추르와 함께 있다가 현장에서 붙잡혀 항문과 하체에 창을 꽂히는 벌을 받았고, 이어서 간통한 공주는 창을 질 속에 찔러 복부까지 관통시키는 벌을 받았다.[17] 고대 아테네에서 아내가 간통하면 남편은 상대방 남자를 '무 집어넣기'로 처벌할 권리, 즉 커다란 무를 항문에 밀어넣을 수 있는 권리가 있었고,[18] 한편 로마에서도 유부녀를 유혹한 남자에게 마찬가지로 무나 연어로 욕을 보이는 일이 드물지 않았다.[19]

로마의 검투사를 묘사한 점토 인형에서 볼 수 있듯이, 많은 검투사들이 투구 앞에 남근 모형을 달고 있었고,[20] 경기장에서 상대방에게 '욕'을 보였던 것으로 짐작된다. 이것은 마치 로마 군인들이 납으로 만든 투석용 총알(glandes=귀두)을 적군의 항문에 넣었던 것과 흡사하다—이를테면 옥타비아누스는 기원전 41년에 페루자 시를 점령하고 마침내 시민들을 그런 식으로 잡아갔다.[21]

불법적으로 남의 과수원에 침입하여 그곳에 매달린 과일을 훔치는 도둑이 있으면, 현장을 지키고 있던 프리아포스 신이 그 벌로 과일 도둑에게 욕을 보이겠다고 위협한다. 이는 마치 프리아포스가 과일 도둑에게 욕을 보이기 위해 음험하게 숨어서 기다리고 있었다는 느낌을 준다. 그러나 프리아포스는 도둑이 자신의 정원을 내어주면, 도둑에게도 과수원에 있는 열매를 즐기게 해주겠다고 말한다("만일 당신이 당신의 정원에 있는 것을 우리에게 준다면/ 당신을 벌하지 않고 나의 정원에 있는 것을 갖게 해주겠다"). 그리고 떠돌이 도둑에게 그는 이렇게 위협한다.

> 만약 네가 내 무화과를 훔쳐간다면, 나도 너의 가랑이에 있는 무화과를 떼어갈 테다.

프리아포스가 미소년을 탐내는 '구애자'처럼, 털이 없어서 사타구니가 매끄러운 소년과 달리 성인남자를 상대로 할 때, 입에 삽입하기를 더 좋아했다는 점을 고려한다면, 그의 추행은 쾌락을 위한 것이었다. 그러나 프리아포스가 과일을 훔치려는 여자를 붙잡아 앞과 뒤뿐만 아니라 삽입할 수 있는 모든 신체 부위에 '교접'을 했으므로, 그 행위는 절대로 오늘날의 '동성애'와 비교할 수 없다. 그는 예컨대 어린 처녀에게 자신의 거대한 남근을 ("너의 일곱번째 갈비뼈에 닿을 정도로 깊숙하게") 밀어넣겠다고 위협했고, 부인들에게는 자신의 몸뚱이를 통째로 집어넣을 수 있을 만큼 항문을 크게 벌려놓겠다고 으름장을 놓았다.[22]

프리아포스 신은 자신의 쾌락을 위해 그런 짓을 했을 따름이지, 어떤 경우에도 상대방에게 즐거움을 주는 일은 피하려고 했다. 그의 목적은 상대방에게 폭행을 가해 욕을 보이려는 데 있었던 것이다. 하지만 프리아포스가 몇몇 시구를 통해 주장했듯이, 자신의 페니스가 대단히 우람해서 여자와 동성애자들이 수없이 몰려들었기 때문에, 그 일이 간단하지는 않았던 것 같다. 한밤중에 여자들이 참새처럼 음탕하게 정원 안으로 쳐들어와서 그와 '진한 성교'를 하고 나면, 그는 힘이 너무 빠져서 진짜 도둑이 나타나도 더 이상 욕을 보일 수 없었다는 것이다. 그 도둑이 여자라면 대부분 붙잡아오지만, 동성연애자일 경우에는 바깥에 그대로 놔두고 못 본 체했다.

> 연한 거위고기보다 더 부드러운 어떤 남자가
> 사랑의 벌을 받고자 도둑질하러 들어와도
> 훔치고 싶으면 훔쳐가라지, 난 못 봤으니까.[23)]

정상적인 남자가 여자나 동성연애자처럼 '욕'을 당한다는 것은 당연히 크나큰 수치요 불명예였다. 프리아포스는 도둑에게 경고를 보냈다. 그러나 아무도 폭행을 당하지 않았다고 생각할 수는 없다. 그가 '테스테스'(testes=생산, 고환)라는 말의 이중 의미를 암시하면서 회상했듯이, 늘 현장 목격자가 있었기 때문이다.[24)] 우리가 분명히 말할 수 있는 것은, 그리스뿐만 아니라 로마에서도 정복자가 패배자에게 교접하는 일이 자주 있었다는 점이다.

이런 내용은 문학작품에서도 찾아볼 수 있고—이를테면 테오크리토스의 시에, 염소지기가 양치기보다 우월하다는 증거를 보이기 위해 양치기의 '궁둥이에 욕을 보였다'는 내용이 나온다[25)] —목축의 신이 젊은 목동들을 욕보인다는 내용의 민간 신앙(그림 128)에도 나오지만 현실 속에서도 등장한다. 오늘날 젊은 부인이나 처녀들이 그러하듯이, 당시에는 특히 젊은 청년이나 미성년 남자아이들이 위험에 노출되어 있었던 것 같다. 그렇기 때문에 데모클레스라는 남자는 오직 개인 목욕탕에만 다녔다고 한다. 그렇게 조심했는데도 한번 붙잡혀 성폭행을 당한 남자는 치욕을 견디지 못해 끓는 물에 빠져 죽었다고 한다.[26)]

아티케 항아리(오이노코에)에 붉은색으로 묘사된 것과 같은 장면이 전쟁에서의 패배 이후에 실제로 벌어졌다는 이야기는 거짓이 아니었다. 포도주 항아리 그림에서는 페르시아의 궁수가 허리를

128. 젊은 목동을 뒤쫓고 있는 목축의 신, 아티케의 항아리.

앞으로 굽히면서, "나는 오이리메돈인데, 허리를 앞으로 굽히고 있다오"라고 말하고 있고, 한편 뒤쪽에서는 그리스 남자가 발기된

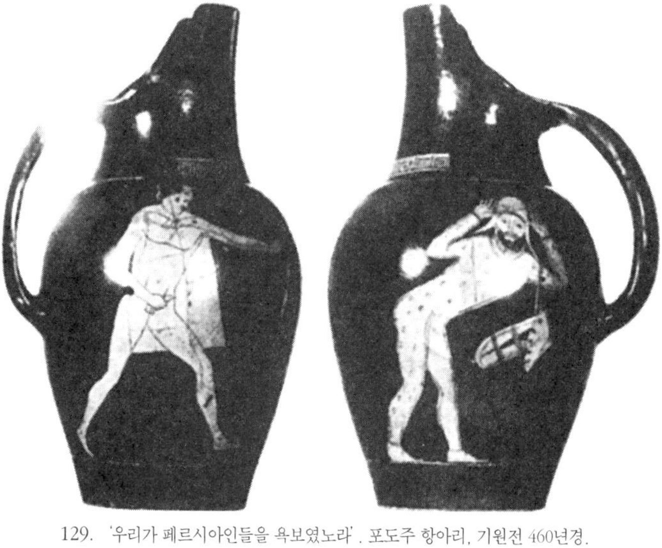

129. '우리가 페르시아인들을 욕보였노라'. 포도주 항아리, 기원전 460년경.

페니스를 한손에 움켜쥔 채 다가오고 있다(그림 129). 이 그림은 기원전 466년 소아시아 오이리메돈 강변에서 아테네의 키몬 장군이 페르시아 군대를 무찌르고 승리한 사실을 그림으로 나타낸 것으로, '우리가 페르시아인들을 욕보였노라'는 부제를 달고 있다.[27)]

1962년에는 '위대한 국민'이라던 프랑스인도 그와 같은 치욕을 당하는 사건이 발생했다. 알제리에서 프랑스 외교관 한 명이 알제리 민족주의자들에 의해 군중들 앞에서 항문 폭행을 당한 것이다. 프랑스 사람들은 이 사건을 치욕적이라고 받아들였고, 모든 관영 매체들은 입을 다물었다. 다만 드골 반대파인 야당 언론만이 심한 유감을 표시하면서, 프랑스인에게 주어진 '최악의 모욕'이라고 언급했을 뿐이다.[28)] 그 전에도 프랑스 사람들은 북아프리카에서 계속 그런 식의 도전을 받으면서 조롱을 당했다. 그 예로 튀니지에서 프랑스 여자로 분장한 동료의 항문에 욕을 보이는 연극을 공연

130. 토미 웅거러의 포스터 「제국의 수태」, 1989.

하려 하자, 르네 밀레 장군이 공연금지 조치를 내린 바 있다.[29)]

1980년대 중반 테헤란에서는 양복을 입은 이란 대학생이 시위대를 보고 웃었다는 이유로 한 무리의 청년혁명 수비대로부터 성적인 모욕을 당했다.[30)] 중세시대의 시인 알하바라도 그런 유형의 사건을 목격했다고 말한다. 한 무리의 귀족 현자들이 모여 앉아 평화롭게 한 차례 술잔이 돌았을 때, 갑자기 손님 한 사람이 살려달라고 소리를 질렀다. 좌중에 있던 사람들이 올려다보니 놀랍게도 알카사스라는 남자가 늙은 장님 시인 알반다니지를 뒤에서 덮쳐 교접을 하려는 참이었다. 그 남자는 마침내 사정을 끝내더니 눈썹 하나 까딱하지 않고 피해자에게 이렇게 설명했다.

> 사실 알마르리라는 사람은 신앙(kufr)이 없는 무신론자인지라, 내가 그자를 욕보이려고 계속 벼르고 있었으나 좀처럼 기회가 오지 않았소. 그러던 차에 학식은 있으되 늙고 눈먼 당신이 보이기에 그놈 대신 당신을 욕보인 거요![31)]

최근에 모욕을 당한 어느 팔레스티나 사람은 "그자가 내 명예를 욕보였다"는 말을 한 바 있고,[32)] 터키 청년들이 '입씨름'을 벌일 때, 누군가 상대방에 대해 어머니와 누나를 들먹이면서 입, 항문, 또는 음부에 성교를 하라는 등 '남근 모욕'을 시도할 경우, 상대방이 적절한 반격을 하지 못하면 그 사람은 '말로 성교를 당한 것'이 된다.[33)]

안달루시아에서 너무 많이 양보를 하는 남자는 그 때문에 '능욕'을 당한 셈이 되고, 기업주가 노동자들에게 굴복할 때에는 "노동자들 앞에서 바지를 내렸다"고 표현한다. 안달루시아에서는 의사가 좌약을 넣어주려고 하면 여자들은 순순히 받아들이지만, 남자들은 대부분 그따위 욕보이는 짓을 하지 말라며 무조건 거부한다. 뿐만 아니라 그들은 밤에는 '뒤'에다가 어떤 물건도 집어넣지 못하게 하는데, 심지어 의사의 손가락조차 넣지 못하게 한다. 그런 행위는 동성연애자들(maricones)이나 하는 짓이므로, 만일 그렇게 하면 재미를 느껴 '동성애자'가 될 것이라고 빈정대기도 한다.[34)]

볼리비아의 샤네족도 과거에 그와 비슷한 행동을 보였고, 백인 남자들은 인디언을 상대로 관장하는 방법으로 모욕을 주었다. 이런 일을 당한 인디언들이 대부분 너무나 굴욕감을 느낀 나머지 사라져서 나타나지 않은 것을 볼 때, 그것은 사형판결이나 다름없었다. 사람들은 그들이 모두 자살했을 것이라고 추측했다.[35)] 그란 차코 지역(남아메리카 중부—옮긴이)에 거주하는 필라가 부족은 남녀 아이들이 상대방을 위협할 때, 흔히 "네놈을 박아주겠다!" 또는 "항문에 박아주마!"고 말하면서 을러댄다.

또한 인종학자들이 목격한 바에 따르면, 여자아이 한 명이 음부를 드러낸 채 온 마을을 돌면서 다른 아이 두 명을 뒤쫓았는데, 그 중 한 명을 제압하여 단단히 붙잡아놓고 하체를 억지로 벗긴 다음 성교하듯이 자신의 허벅지를 문지르기 시작하자, 상대방은 두 손으로 음부를 방어했다고 한다. 한편 다른 여자아이는 허벅지 사이에 고무 호스를 끼운 채 남자아이 두 명을 쫓아다녔다.[36)] 옛날에 야노마뫼족은 막대기 대결을 벌이다가 진 사람은 이긴 사람 앞에 마주 앉아 상대방의 허벅지와 엉덩이를 감싼 다음, 항문 삽입 행위를 받아들이게 되어 있었다고 한다.[37)]

한 남자는 여자들뿐만 아니라 힘없이 굴복한 남자를 상대로 교접할 때 느끼는 남자로서의 공격적인 쾌감에 대해 이렇게 털어놓았다. "우리 아버지가 내 처남과 싸우다가 힘없이 나가떨어지자, 나는 갑자기 아버지에게 항문교접을 하고 싶은 욕구가 생겼다."[38)]

또한 과거 식민지에서 흑인 여자 노예들을 매질하기 위해 음부가 노출되도록 다리를 벌려 묶어놓았다는 사실은 우연이 아니다.

반면에 남자 노예들을 매질할 경우에는 엉덩이를 바라볼 수 있는 자세로 땅바닥에 묶어놓는 경우가 많았다. 물론 자기 나라에서는 이런 짓을 공공연하게 저지르지 않았다. 그 예로 1843년 베르디에가 「식민지에서 네 개의 말뚝에 묶어놓는 처벌」이라는 제목의 그림을 파리 화랑에 제출했으나, 화랑 측으로부터 전시할 수 없다고 거절당한 바 있다. 그 그림에는 어느 흑인 남자가 도망치려다가 붙잡혀서 수치스러운 자세로 묶여 있는 장면이 그려져 있었다(그림 131).[39]

131. 베르디에(Marcel Verdier)의 「식민지에서 네 개의 말뚝에 묶어놓는 처벌」, 1843.

산살바도르의 '라 에스페란사' 교도소에 수감된 434명의 정치범을 대상으로 작성한 조서를 보면, 그 중 두 명이 항문 폭행을 당했다고 한다. 그 밖에 65명은 성폭행 협박을 당했으며, 수감자의 76퍼센트가 성고문을 당했다고 털어놓았다. 성고문을 당하면 좁은 의미의 정신장애는 제외하더라도 흔히 성불구, 성욕 감퇴, 조루 현상이 장기적으로 나타나게 되어 있다. 때로는 남자들의 동성애 감정을 이용하여 수감자들끼리 수음이나 구음, 항문성교를 강요하여 그들에게 굴욕을 안겨줌으로써 자존심을 상실하게 만들었다.[40)]

고문을 통해서 촉발되는 성적인 갈증과 상대방을 학대함으로써 얻는 쾌감이 특징적으로 혼합된 현상은, 남자아이들이 일정 기간 동거생활을 할 때 자연스러운 현상으로 나타나기도 한다. 그 예로 어느 미국인은 이렇게 회상했다.

> 캠프장에서 우리 조는—당시 내 나이는 열두 살이거나 열세 살이었다— '바스바'(Wasbah)라고 부르는 놀이를 했는데, 그것은 아이들 여럿이 한 명을 붙잡아놓고 바지를 끌어내린 다음 면도 크림, 면도 후 바르는 로션, 향수 등 닥치는 대로 가져와서 음부에 뿌리거나 바르는 놀이입니다. 그렇게 해서 화끈거리게 만들려는 것이지요.[41)]

기숙사나 장교훈련소에서 동료에게 강제로 수음을 시키는 놀이도 오랜 전통을 가지고 있다. 이것은 술래를 붙잡아놓고 페니스를 한참 동안 만져서 방 안에 있는 동료들 모두가 만족할 만큼 발기시키는 놀이로서,[42)] 이런 장난은 '점잔 빼기를 좋아하던' 1950년대에 들어와서도 전혀 수그러들지 않았던 것 같다.

> 한 명을 희생자로 골라 옷을 벗기고 수음하게 했다. 모두 호기심을 가지고 주변에 모여들었다. 선택된 그 친구는 겁이 나고 수치심을 느끼면서도 자극을 받아 '그것'이 나오기까지 했다. 그야말로 패거리들의 위대한 승리였다. 다른 아이들은 숨을 몰아쉬면서 큰 소리로 웃어댔다. 어느 누구도 자신의 고추가 섰다고 인정하는 아이는 없었던 것 같다. 내 기억을 더듬어보건대, '희생자'로 선택된 아이는 학급에서 매번 괴짜로 통하는 아이들만이

아니었다. 때로는 자신의 성능력을 과시하려고 일부러 붙잡혀 수음을 당하는 아이도 있었다.[43]

항문에 폭행을 하겠다는 위협은 예나 다름없이 지금도 여전히 성행하고 있다. 그 예로 예전에 만하임에서는, 누구든지 거꾸로 매달겠다는 내용의 낙서를 발견한 어떤 사람이 "내가 그놈에게 페니스를 박아주지!"라고 응수했다.[44] 신나치주의자들은 벽에다가 "터키놈의 엉덩이를 박아주자!"(그림 132)는 낙서를 갈겨놓는 반면, 독일어의 "샤이세"(Scheiße)에 해당하는 잘 알려진 미국식 저주로는 "항문에 박아라!"라는 것이 있다.

132. "터키놈들의 엉덩이를 박아줘라!" 뉘른베르크의 법원 건물 벽에 갈겨놓은 낙서, 1984.

이와 더불어 손등을 밑으로 향하게 하고 가운뎃손가락을 위로 뻗으면서 약간 굽히는 동작도 마찬가지다.[45] 또한 '무화과'(fica)라는 전통적인 동작도 있는데, 이것은 엄지손가락을 가운뎃손가락과 집게손가락 사이에 끼워서 야유를 보내는 동작이다.[46] 마구(馬具) 걸개 모양으로 생긴 '무화과'는 오랜 옛날 일명 니베더 협곡에서 발견되었다. 그곳은 기원전 9년에 바루스 군단이 전멸당했던 장소로 추측되는 곳이다.[47] 19세기에도 바이에른 숲에서는 나무로 만든 '무화과 모양'을 대문 손잡이로 사용했는데, 마녀나 마술사가 집 안이나 마구간으로 들어오려고 하면 그것에 의해 '성폭행'을 당하게 되어 있었다.[48]

그 밖에 '무화과'(야유 동작)는 성별의 구별이 없는, 다시 말해서 남녀 모두에게 해당되는 동작이었다. 예를 들면 1613년 잘츠부르크 지방에서 한 여자가 남자에게 "의도적으로 손가락으로 야유 동작을 보여준" 일이 있었고, 심지어 어떤 무희가 "남자의 코 밑에 무화과(음부)를 비벼대자 남자에게서 분비물이 흘러나왔다"는 이야기도 있다.[49] 이보다 조금 뒤에 나온 '부활절 이야기'에는 한 여자가 술통 마개구멍을 통해서 사람들에게 "무화과(음부)를 드러내 보여주었다"는 일화가 있다.[50]

"항문에 박아라!"는 표현이 암시하고 있듯이, 항문에 폭행을 가하겠다는 위협은 지중해나 근동 지방의 마초(Macho)들의 사회와 마찬가지로 미국을 비롯한 아메리카 사회에서도 중요한 역할을 한다. 1970년 미국의 반전 포스터 중에는 베트남 지도를 그려놓고, 그 위에 "엿먹어라, 닉슨! 당신의 엉덩이를 조심하시오!"라는 문구가 적힌 포스터가 있었는가 하면,[51] 베트남 전쟁 중에 존슨 대통령에게 "당신이 박아줄 것이냐, 아니면 당신이 당하겠느냐"를 묻는 포스터도 있었다. 이에 대해 존슨 대통령은, 만일 자신이 폭격 중단을 명령한다면 "호치민이 트럭으로 내 엉덩이를 번쩍 들어올려 내동댕이치겠지"라고 응수했다.[52] 그는 이미 1964년에 통킹 만 결의안이 가결된 데 대해, "나는 호치민을 단순히 혼내준 게 아니라 그놈의 자지를 자른 거야"라고 말한 바 있다.[53] 그러고는 "호치민을 박아주고, 자지까지 잘라버렸지"라고 말했다. 이 말은 결과적으로 미군들로 하여금 베트콩을 상대로 실제로 그렇게 하라고 권

133. 존슨 대통령, 토미 웅거러의 콜라주.

유한 것과 다름없었다.

그 후에 제작된 라틴아메리카 만화(그림 134)에는, 전쟁영웅 람

134. 미국의 니카라과 사태 개입을 풍자한 라틴아메리카의 만화.

보의 모습으로 나타난 레이건 대통령이 산디니스타(니카라과 사회주의 지지파—옮긴이)의 지도자 오르테가를 뒤쫓아가면서, 엉덩이에 로켓포를 겨누고 있는 장면이 묘사되어 있다. 한편 카스트로는 덤불 속에서 그 장면을 지켜보면서, 성교하듯이 허벅지를 비벼대며 남미의 댄스곡을 흥얼대고 있다. 미국의 리비아 공습 이후 워싱턴의 백악관 대변인 래리 스피크스는 미국 공군이 카다피 원수의 "엉덩이에 폭탄을 처박았다"고 발표한 바 있고, 이에 따라 미국 정부당국의 공식 보고서에서도 리비아 대통령의 몽타주 사진과 함께 그를 요란하게 분장한 여자로, 다시 말해서 동성연애자로 묘사했다.[54)]

17

동성에 대한 성폭행

고대 아테네에서 남자가 항문에 강간을 당하면, 체면만 잃는 것이 아니라 권리까지 박탈당했다. 말하자면 실제적인 의미로 '여성화된 자'로서 시민권을 상실했다.[1] 중세와 그 후에는 사정이 달랐지만 피해자에게 치욕이라는 점에서는 변함이 없었고, 나아가 남자가 강간을 당한다는 것은 여자의 경우보다 더욱 치욕스러운 일이었다. 여자는 본래부터 여자이므로 강간을 당한다고 해서 새삼스럽게 여자로 변하는 것은 아니기 때문이다.[2] 고대에 그랬듯이 특히 젊고 허약한 남자나 소년들이 그 대상이었는데, 그 이유는 제압하기 쉽기 때문이기도 하지만 성인 남자들보다 '처녀' 같거나 '양성적' 특성이 더 많았기 때문이며, 그런 점에서 주로 성욕을 충족시키기 위해 폭행하는 범인들에게 성적인 면에서 이상형이었던 것이다.

그렇기 때문에 중세 후기 레겐스부르크에서는 "사내아이들에 대한 강간"이 주로 발생했고,[3] 북부 이탈리아의 범인들도 대부분 청년들을 노렸으며,[4] 이들은 성욕을 채우고 나서 칼로 찔러 죽이는 경우도 있었다.[5] 1518년 디종에서는 방직공 두 명이 "이른바 변태 성욕이라는 엄청난 죄를 저지른 대가로" 재산을 몽땅 몰수당한 채 추방되었다. 그들은 여러 주일에 걸쳐 열세 살짜리 견습공을 폭행하고, "처녀들에게 올라탔더니 참으로 기분이 좋더라고 말했다."

물론 미성년 여자아이들이 항문에 폭행을 당하는 경우도 있어왔다. 1527년 디종에서 어린 하녀 한 명이 그런 일을 겪었다. 이런 사건이 자주 일어나는 이유는 범인들이 아이의 질 속에 삽입할 수가 없거나,[6] 단순히—특히 이탈리아 사람들이 그러한데—항문 교접을 선호하기 때문이었던 것으로 보인다.[7]

18세기 초, 파리의 동성연애자들도 폭력적인 행위를 일삼았다. 그 예로 1724년 튈르리 궁전에서 신사 세 명이 체포되었다. 그 중 소장 계급장을 달고 있던 한 명은 길을 가던 행인 앞에서, 팬티 속의 페니스를 꺼내면서 이렇게 말했다. "성교를 해줄 테니 기다려!"

행인은 제대로 저항할 겨를도 없이 나머지 두 사람에게 강제로 엉덩이를 붙잡혔다. 우연이든 아니든, 그 장소에 머물고 있던 젊은 남자들이 남창을 구하는 '바람둥이들'에게 폭행을 당하는 사례가 드물지 않았고,[8] 같은 시기에 암스테르담에서도 비슷한 일이 벌어졌다. 물론 이곳 불량배들은 공중화장실 주변을 배회하다가 대상자가 나타나면 덮쳐서 항문에 폭행을 가했다는 점에서 차이가 있었다. 이 불량배들은 10년 동안 못된 짓을 하다가 마침내 체포되었고, 우두머리는 교수형을 당했다.[9]

17세기와 18세기에 런던의 이른바 '몰리', 즉 동성연애자들은 성전환을 했거나 여장을 하고 다니면서 성행위 때 '수동적'인 역할도 하고 일부는 '능동적'인[10] 역할도 했으며,[11] 이들은 때때로 다른 남자들에게 술을 먹여 취하게 만들어놓고 폭행을 저지르기도 했다. 그 당시 여관은 남자 두 명이 한 침대에 투숙하는 사례가 자주 있었으므로, 그 점을 이용하는 자들도 있었다.[12] 예를 들면 조지 더프스라는 남자는 침대를 함께 사용하던 파트너가 잠이 들어 조용해지자, 덤벼들어 키스를 퍼부었다. 상대방이 저항하면 폭력으로 '제압'하여 항문에 폭행을 하고, 허벅지 사이에 사정을 했다. 스물아홉 살의 존 페니모는 어느 날 밤 "극도의 통증과 압박감을 느껴 깨어보니, 그 남자의 거시기가 내 몸에 들어와 있었다"고 한다.[13] 또 다른 남자는 결코 '동성연애자'가 아니었던 것으로 짐작되는데, 남자들에게 수음을 강요한 다음 '남색광'이라고 소문을 내겠다면서 협박을 했다.[14]

특히 소년 선원들은 어쩔 수 없이 오랫동안 여자 구경을 못한 남자들과 함께 동거해야 하는 탓으로, 다른 선원들에게 '음부' 대용으로 엉덩이를 제공해야 했다. 예를 들면 선원이었던 찰스 페렛은 헨리 뉴턴이라는 자가 토머스 피니라는 소년 선원을 폭행하는 장면을 목격하고, 그자의 고환을 냅다 움켜쥐었다.

> 왼손을 들어 그자의 불알을 꽉 붙잡고 보니, 다른 물건이 소년의 몸 안에 들어가 있었다. 내가 그게 뭐길래 그런 짓을 하느냐고 물었더니, 그자는 여자 음부라고 대답했다.[15]

지금까지 소개한 사례들은 동성애 성향을 지닌 남자들이거나 조금 의식적으로 동성애적 '정체성'을 갖고 있는 남자들로서, 피해자의 의지를 아랑곳하지 않은 채 자신의 만족을 위해 상대방을 이용했다면, 섹스 이외의 목적을 달성하기 위해 성적인 수단을 이용하는 경우도 있다.

이를테면 카툴 같은 사람은 그런 의미로 적에게 "네놈들 엉덩이와 입에 교접을 할 테다!"면서 항문교접과 구강성교를 하겠다고 위협했다.[16] 반면에 고대에는 항문교접보다 구강성교가 훨씬 더 치욕적이었던 것 같다. 그러기에 프리아포스 신은 경고를 해도 듣지 않는 도둑이 있을 경우, 도둑질을 그만두지 않으면 '항문교접' 대신 구강성교를 하겠다고 위협했던 것이다.[17] 목축의 신 판(Pan)도 한 남자에게 처음에는 항문에 욕을 보이겠다고 경고했다. 그러나 상대방이 오히려 그것을 좋아한다는 사실을 깨달은 판은 이제 '입에 욕을 보이겠다'고 선언했다. 그런데 그것 역시 '능동적인 자들'이 특히 좋아하는 방식이었다. 과연 세상에서 남이 '빨아주는 것'보다 더 쾌감을 주는 것은 없다고 알려져 있던 터였다. 다시 말해서 항문이나 질 속에서 쾌감을 얻지 못하는 페니스는 입에 들어가야 좋다는 것이다.[18]

폼페이의 벽에 갈겨놓은 그림들 중에서 누군가가 상대방을 '애무'하거나 여자가 '핥아주는' 행위는 가장 부끄러운 치욕으로 간주되며,[19] 고대 로마와 그리스 시대에는 오직 수동적 위치에 있는 동성연애자, 남창 소년, 그리고 매우 비싼 매춘부들만—카툴은 "오줌 싼 매춘부들이 뱉어놓은 악취나는 침"이라고 했다—구강성교를 환영했다.[20]

모로코 강도단은 여행자들을 습격하여 먼저 입에 폭행을 가한 다음, '빠는 행위'를 시키고 마지막으로 남자들을 완전히 발가벗겨 모두 약탈을 하고 돌려보내는 방식으로 폭행을 자행했다.[21] 티베트의 성자 드루크파 퀸레그의 일화를 들어보면, 구강성교의 공격적 특성이 어떤 것인지를 더욱 분명하게 알 수 있다. 이 성자가 어느 날 휴식을 취하려고 동굴 입구에 이르러 큰 소리로 혼잣말을 했다. "불쌍한 내 신세야!"

> 깊은 밤중에 무섭게 생긴 귀신이 머리카락을 바람에 날리며 나타나는 바람에 그가 잠에서 깨어났다. 귀신이 그에게 말을 걸었다. "네가 누구길래 신세 타령을 하는고? 네 몸에 달려 있는

그 이상한 물건은 무엇이냐?" 그러자 라마승은 "바로 이겁니다!"라고 말하면서 단단해진 자신의 남근을 보여주었다. "오호라! 대가리는 달걀처럼 생겼고, 몸통은 물고기 같으며, 아랫것은 돼지코를 닮았구나." 귀신이 이렇게 큰소리로 말하면서 계속해서 물었다. "괴이하게 생긴 그 물건이 무엇인고?" 퀀레그는 "그럼 당장 보여드리지요"라고 말하면서 타오르는 지혜의 화살을 귀신에게 들이대고는 냅다 주둥이에 쑤셔넣었다. 그러자 귀신의 이빨이 몽땅 목구멍으로 처박혀버렸다.[22]

전쟁터—얼마 전에 있었던 레바논 전쟁을 예로 들 수 있는데—에서도 적의 목숨이 끊어지기 직전과 직후에 적병의 페니스를 잘라내어 입에 쑤셔넣는 방법으로 치욕을 안겨주었다.[23] 그러나 '보통때' 성교를 할 때에도 많은 남자들이 상대방에게 모욕을 주기 위해, 구강성교를 이용했던 것으로 보인다. 어느 미국인 남자는 이렇게 말했다.

> 내가 여자에게 빠는 행위를 시킬 때는 기분이 좋았습니다. 어떻게든 여자가 내 페니스를 입에 넣는 행위는 여자를 모독한다는 표시인 것입니다.[24]

이런 점에 비추어본다면, 몇 군데 사회에서 상대방이 입이나 코로 성기를 접촉하거나 그렇게 하려는 자세만으로 규격화된 복종의 제스처이거나 적어도 우호적인 제스처가 되는 것은 전혀 이상한 일이 아니다. 솔로몬 제도에 있는 폴리네시아 계통의 벨로나 섬 주민들은 강화조약을 체결할 때 자기비하의 표시로 성기에 코를 서로 비벼댄다(그림 135).

폴리네시아 주민들이 코를 서로 비벼대거나 압박하는 행동

135. 벨로나 섬 주민들의 자기비하 행동. 멜라네시아, 1958.

('ongi)—본래는 상대방의 체취를 들이마시는 동작이었다[25]—은 그 기능으로 보아 키스에 해당하는 동작인데, 태평양 섬 주민들에게는 음탕하게 보였기 때문에 매우 충격적이었다.[26] 따라서 과거에 벨로나 섬 주민들은 적에게 '구강성교'를 행했는데, 성기는 악취가 나고 불결하다고 여겼기 때문에 구강성교가 더 굴욕적이라고 생각했던 것이다.[27]

서부 뉴기니의 아스마트족 남자는 본의 아니게 상대방에게 모욕을 주어 상대방이 화를 내며 무기를 들고 달려들자, 상대방이 진정될 때까지 상대의 페니스를 입에 넣어 빨아주었다. 이와 같이 굴욕적인 행동을 보여주면, 기분이 상했던 상대방은 폭력적인 보복을 하지 않아도 체면을 유지할 수 있게 된다.[28] 겐데족은 인사를 할 때 보편적으로 "네 성기를 먹어버리겠다"고 말하는데, 이런 인사말도 마찬가지로 이해되어야 할 것이다.[29] 짐부(침부)족 여자는 남자에게 호의적으로 인사할 때 "당신의 페니스(monie)를 먹어버리겠소"라는 식으로 말하는데, 이것 역시 너무나 의례적인 표현이

라서 여자끼리도 그런 인사를 할 수 있다.[30)]

이 모든 사례에서 구강성교를 실제로 행하든 아니면 상징적으로 행하든 간에, 가후카-가마족이 자기 종족들끼리 인사를 나눌 때 상대방의 음부를 접촉하는 행위는[31)] 상대방에게 복종한다거나 상대방을 '진정'시키기 위해 수음을 해준다는 것을 의미한다. 자연 속에서 살아가는 침팬지를 관찰해보면, 한 마리—암놈이든 수놈이든—가 공격적인 수놈의 페니스를 비벼줌으로써 진정시키는 장면을 볼 수 있다. 또한 수놈이 몹시 화가 난 암놈의 음부를 만져줌으로써 화를 가라앉히는 경우도 있다.[32)] 과거 아넘랜드(오스트레일리아 북부지방—옮긴이) 사람들은 싸움이 그치지 않고 계속되면 이것을 평화롭게 끝내도록 만드는 의식이 있었다. 이때 어느 한 사람이 느슨하게 쥐고 있는 상대방의 주먹 안에 자신의 페니스를 집어넣었다가 천천히 빼내는 동작을 보여주었다. 그 의식이 음탕하다고 생각한 부녀자들은 모두 얼굴을 감싸면서 그 광경을 쳐다보지 않으려고 했다.[33)]

경쟁자 두 사람이 서로 수음이나 구강성교 또는 교접을 했다면, 그것은 두 사람이 동시에 패자이거나 승자라는, 다시 말해서 이긴 자가 아무도 없다는 의미가 된다. 상대방이 자신에게 그런 행동을 하도록 허용하는 경우, 이를테면 프랑스의 어느 소년단체의 회원이 되려면 일종의 입회식 절차로서 '우두머리'로부터 항문 삽입을 받아야 하는데,[34)] 이것은 곧 상대방의 주도권을 받아들인다는 선언과 같다. 이와 반대로 식민지 시대 네덜란드령 인도에서 벨기에 출신의 농장주에게 심한 불만을 품고 있던 자바인 노동자 열 명이 번갈아 농장주에게 항문폭행을 가했다.[35)] 그것은 농장주에게 주인 행세를 하던 시대가 끝났음을 알리는 표시였다.

남자를 골라 폭행을 일삼던 한 무리의 미국인 남자들을 조사했던 담당자들은, 폭행의 일차적인 목표가 상대방을 굴복시키는 데 있었다는 결론을 얻었다. 범인들의 절반은 정상인으로서 그 중 4분의 1은 기혼이며, 38퍼센트가 양성연애자(그 중 3분의 1은 기혼자)인 반면, 나머지(물론 상대적으로 적은 수이지만)는 오직 남자만을 상대로 성교를 하는 사람들이었다. 피해자의 절반은 완력으로 제압당했고, 나머지 절반은 위협을 받아 순순히 따른 경우였다. 폭행 유형으로는 피해자가 항문 삽입을 당한 경우가 64퍼센트이고, 36퍼센트는 피해자가 범인에게 구강성교를 하도록 강요당한 경우였으며, 12퍼센트는 피해자끼리 구강성교를 하도록 시킨 경우였다. 그런데 놀라운 사실은 절반 가량의 범인들이—32퍼센트는 피해자에게 구강성교를 해주는 방법으로—피해자를 사정에 이르도록 만들었다는 점이다. 이것은 아예 공개적으로 피해자를 완전히 '소유'하겠다는 의도였다. 범인들의 강요에 의해 사정했던 남자들은 모두 실제로 심한 모멸감을 느꼈다고 한다.[36] 피해자 중 한 사람이 이렇게 말했다.

> 난 놀랐을 때는 그게 커지지 않을 것이라고 늘 생각했었지. 그런데 그놈이 불쑥 튀어나오면서 나를 엉망으로 만든 거야. 내가 뭔가 잘못되었다는 생각이 들었어.

범인들 역시 피해자가 정액을 분출하는 순간, 일종의 '주도권 오르가슴'이라고 할 수 있는 최고의 우월감을 경험했다고 진술했다. 범인 중 한 명은 자신이 선택한 피해자가 '절정'에 도달했을 때, "내가 그자를 완전히 제압했다는 느낌"이 들었다고 털어놓았다.

범인의 38퍼센트는 그동안 남자만을 폭행했고, 4분의 1은 오직 여자만을 상대로 했으며, 12퍼센트는 남녀 모두를 폭행 대상으로 삼았다. 그러나 이성간의 성생활을 하는 범인들에게는 피해자의 성별이 문제가 되지 않는 것 같았다. 그들은 상대가 여자라 하더

136. 클로소프스키의 소묘, 1981.

라도 닥치는 대로 폭행을 했다고 시인했다. 이와 반대로 양성애자나 동성애자들은 오직 남자를 폭행하는 데에만 관심이 있다고 말했다. 하지만 그것과는 별도로 대부분의 범인들은 타인에게 모멸감을 줘서 지배권을 쥐었다는 우월감을 가장 중요하게 여겼다. 반면에 이성간의 성을 기본으로 삼는 범인들은 자기들의 범행이 동성애자의 행동으로 오해받지 않아야 한다는 점을 중요시했다. 그 예로 어느 범인은 자신을 모욕한 남자를 샤워기 밑으로 끌고 가서 폭행을 했다면서 이렇게 말했다.

그자가 나더러 "손으로 해주기를 바라느냐"고 묻기에 내가 말했습니다. "넌 내가 호모라고 생각하냐?" 그리고 나는 "엉덩이 좀 내놔봐"라고 말하면서 삽입을 했습니다. 그건 섹스가 아니었습니다. 나는 제정신이 아닌 상태에서 내가 누구고 그자가 누군지를 증명하고 싶었던 것입니다.

또 다른 범인은 이렇게 말했다.

내가 그자에게 완전히 겁을 주었기 때문에 내가 원하는 대로 뭐든지 할 수 있었습니다. 나는 발기가 되지 않았어요. 섹스에는 정말 관심이 없었거든요. 내가 강하다는 것을 느꼈고, 그에게 부상을 입혔다는 생각을 하니 짜릿한 기분이었습니다. 그자에게 내것을 빨게 만드는 일이 나에게는 육체적인 만족감보다 상대방에게 치욕을 안겨준다는 사실이 더 좋았습니다.[37]

이러한 폭행의 특징은 대개 또는 대부분의 경우, 범행자의 분노가 그 분노를 유발시킨 당사자에게 곧바로 향하거나 아무나 골라서 성적으로 굴복시키는 형태로 폭발한다는 점인데, 이때 범행자가 의식적으로 노리는 목표는 정상적인 성욕을 충족시키려는 것이 아니라 상대방에게 부상을 입혀 굴복시킴으로써 가학적 쾌감을 얻으려는 데 있다. 터키 여성들을 대상으로 설문조사를 실시한 결과, 정기적으로 아내에게 매질하는 터키 남편들 가운데 절반 정도가 매질 직후에 아내와 성교하고 싶은 강한 욕구를 느꼈으며, 그런 다음 또다시 폭행을 하는 경우가 대부분이었다.[38] 터키 출신이 아닌 어느 여자는 자기 남편에 대해 이렇게 말했다.

지난번에 다투다가 남편이 나에게 다음에 혼내주겠다고 말했습니다. 그러자 어린 딸이 울면서 "난 알아요, 고추로 혼내주겠다는 거예요!"라고 말하더군요.[39]

중앙 뉴기니에 거주하는 음보밤브족 남자들은 몹시 화가 나면 음부가리개를 다리 사이로 아주 팽팽하게 끌어당기는데, 그 이유는 아마 분노에 의한 발기현상을 남들이 눈치채지 못하게 하려는 데 있는 것 같다.[40] 세당 모이족의 경우에도 분노와 성적 흥분이 서로 밀접하게 연관되어 있는 것으로 보인다. 그들의 언어 가운데 틀레우 호(tleu hō)라는 말은 '페니스가 화났다'는 뜻이다.[41]

화가 나면 성욕이 솟아나고 그 밖의 감정까지 수반되는 현상은 여자에게서도 나타난다고 알려져 있다. 1903년 어느 독일인 의사가 쓴 기록을 보면, 한 젊은 여자 환자는 "특히 걱정하느라 시간을 너무 오래 끌다가 그래도 치료를 받기 위해 급히 오다 보면 화가 나는데, 그처럼 화가 날 때마다 마치 성교할 때와 똑같은 흥분이 일어 마침내 음액이 분비된다"고 한다. 그의 동료의사 스탠리 홀은 여자 환자들에 관해 "유방이나 성기의 과민상태는 신체적으로 나타나는 분노의 증상이며, 어떤 경우에는 분노가 강하게 폭발할 때 분비현상이 동반된다"[42]고 보고했다.

'흥분상태의 교미', 즉 동물들이 화나면 수놈이든 암놈이든 동료에게 올라타서 교미동작을 하거나, 항문 또는 음부에 교접한다는 사실은 이미 오래 전부터 해마, 원숭이와 같은 포유동물의 경우에 널리 알려져왔는데,[43] 인간처럼 그 밖의 여러 가지 격렬한 감정이 일어날 때에도 마찬가지다. 이를테면 짧은꼬리여우원숭이 또는 곰원숭이 암컷은 몹시 흥분하면 다른 암컷에게 '올라타기'를 한 다음,[44] 암놈 방식대로 교미를 하여 오르가슴에 이르는데, 이때 '올라타기'를 하는 암놈은—수놈과 달리—상대 암컷의 엉덩이를 잡고 자신의 품안으로 끌어당기는 방식을 취한다. 평소 각각 격리되어 생활하던 암놈 여섯 마리를 한 곳에 넣어주었더니, "한바탕 공격전을 벌이다가 올라타기가 시작되었는데, 마치 공격적인 자극이 성적인 자극으로 바뀐 것 같았다."[45] 먹이를 받아먹기 직전에 나타나는 흥분 때문에 서로 올라타기를 하는 동물로는 곰원숭이가 있지만,[46] 보노보스원숭이(Pan paniscus)도 암수 모두 동일한 행동을 보인다. 이러한 성교 동작은 먹이로 인해 발생하는 갈등과 긴

장을 완화하는 데 목적이 있는 것으로 짐작된다.[47]

이른바 동성애 방식의 '교도소 폭력' 중에서 대부분은 '흥분상태의 교미'와 구별된다. 물론 미국 교도소의 실태를 조사한 결과, 흑인에게 폭행을 당한 피해자의 71퍼센트가 백인인 반면 백인이 흑인을 폭행한 사례는 한 건도 없었던 점으로 보아, 이곳에서도 주도권을 장악하려는 시도가 중요하게 작용한 것 같다. '정상적'인 생활 속에서도 백인이 흑인을 폭행하는 사례보다 흑인이 백인을 폭행하는 경우가 현저하게 많이 발생한다. 백인 남성에 대한 복수심 때문에 오직 백인 여자만 골라서 폭행했다고 자백한 클리버의 진술이 대표적인 사례일 것이다.[48]

'교도소 폭행'은 어느 시대에나 항상 있었던 것으로 생각되는데—이를테면 바빌론의 예언서 『줌마 알루』(*Šumma alu*)를 보면, 감옥에서 그와 같이 욕정을 표출하는 자에게는 "호된 벌을 주었다"는 기록이 있다[49]—다만 오늘날에 비해 발생 건수가 많지 않았거나, 신고를 하지 않아 적게 알려졌을 것이다. 그와 같은 폭행 사례를 기록으로 남겨놓기 시작한 시기는 18세기였던 것으로 보이며—이를테면 프랑스의 감옥에서 발생한 사건을 예로 들 수 있다[50]—1836년 레날(Raynal)의 보고에 따르면 수많은 중년 죄수들이 젊은 죄수들에게 구강성교를 강요했다고 한다.[51]

나치 시절 독일의 강제수용소에서 '외국인 감시원'이나, 특권을 부여받은 유대인 수감자,[52] 그리고 특히 상습적으로 범죄를 저지른 죄수들에게 성폭행을 당한 피해자도 주로 미성년자들이었다. 반면에 이들 가해자들 가운데 나치 친위대 요원은 거의 한 명도 끼여 있지 않았다. 그들이 그런 식으로 '민족보호법 위반' 행위를 저지르면, 특별히 엄한 처벌을 받도록 되어 있었기 때문이다. 그러나 친위대 요원들이 포로들을 고문하는 과정에서 가끔씩 수음을 했다는 보고가 있다.[53] 한때 에벤제 수용소에 수감되어 있었던 사람이 다음과 같은 말을 전했다.

> 헝가리 태생의 유대인 청년이 어느 날 밤 어둠 속에서, 누군지는 알 수 없으나 술 냄새를 풍기면서 독일어로 대화를 주고받던 사람들에게 붙잡혀 작업장으로 끌려간 다음, 여러 명의 남자들에게 차례로 성폭행을 당했다. 청년은 중상을 입고 병실로 옮겨져 붕대를 감고 치료를 받았는데, 수용소 담당의사는 진료기록에다가 상처가 찢어져 장기치료가 필요하다고 적었다. 이것은 수많은 사건들 중 하나에 불과하다.[54]

하여간 무엇보다도 '아리안족'이 연루된 사건에 대해서는 얼마간 강도 높은 조사가 이루어졌다. 아우슈비츠 수용소에서 독일인 수감자가 유대인 소년 또는 폴란드 소년을 폭행하거나 유혹만 해도 이른바 '자발적' 거세를 당했고, 해당 소년에게는 총살이 내려졌는데,[55] 이는 '변태 성행위'의 희생물이 된 짐승을 불태워 죽이던 중세시대의 관습을 연상시킨다. 여러 곳의 강제수용소에서는, 그와 같은 성폭행을 방지하거나 그 수를 최소한으로 줄이기 위하여 유곽을 설치했다. 물론 이곳에 유대인 재소자들은 출입이 금지되어 있었다. 그곳의 여자들이 유대인이 아니었기 때문이다.[56]

오늘날 특히 북아메리카의 감옥에서는 동성애 방식의 폭행이 상당히 일상화되어 있다고 알려져 있다. 그런 사태가 특히 자주 발생했던 시기는 지난 1960년대와 1970년대였던 것 같다. 당시 약물복용 혐의로 붙잡힌 수많은 백인 청년들이 경험도 없이 감옥에 들어와 대부분 흑인에게 피해를 당했다. 피부가 희고 머리가 긴 '히피족'이 연약한 여자처럼 보였던 탓으로 여자 대용으로 이용하기에 적당하다고 여겨졌던 것이다.[57]

실제로 필라델피아 교도소에서는 연약하고 호리호리한 청년이 수감되면 하루이틀 만에 성폭행을 당하고, 이 시점에서 “싸울 것이냐 잡아먹힐 것이냐”라는 감옥의 격언에 따라, 이른바 자신의 남성을 유지할 것인지 아니면 성폭행을 당한 다음에 수감생활 내내 희생자로 낙인찍혀 계속해서 ‘교접’을 당할 것인지가 결정된다. 먼저 삽입을 당한 사람은, 싸울 힘이 없거나 의지가 없는 약골 또는 비겁자라는 의미에서 펑크(punk)로 통하고, 상대방과 ‘교접’한 자는 늑대(wolf)로 통한다. 이 늑대는 본래 동성애 행위를 하는 것이 아니라 여러 사람의 의견에 따라 ‘한 놈 벗기기’를 하는데, 이때 펑크가 ‘노리개’로 이용된다.[58)]

‘펑크’는 호모가 아닌 청년으로서 자신의 의지에 반해 성적으로 이용당하는 자인 반면, ‘패그’(fag)—서부 해안지역에서는 ‘퀸’(queen)으로 불린다—는 여성화된 동성연애자로서 ‘삽입당하기’를 즐기는 자이다. 그래서 “펑크는 만들어지지만, 패그는 태어난다”는 말이 생겼다.[59)] 펑크는 자신의 의지에 반해 삽입을 당하기 때문에 패그보다 훨씬 ‘수동적’이지만, 패그는 최소한 스스로 쾌감에 이끌려 행동하므로 ‘능동적’이며, 따라서 폭행을 당한 남자는 서열로 따져서 ‘호모’보다 낮게 취급되는데,[60)] 호모는 ‘펑크 보이’와 반대로 대개 ‘시시’(sissy), ‘프리크’(freak) 또는 ‘걸’(girl)이라고 불린다.[61)]

리퍼(ripper), 조커(jocker) 또는 고릴라라고도 불리는 ‘늑대’는 거의 흑인으로서 폭력전과자이거나 여자를 성폭행한 자이다.[62)] 펑크는 대개 백인이고, 흑인 가해자들은 흑인보다는 백인을 강제로 “박아주는 일”이 “한없이 달콤하다”고 말한다. 어떤 상대를 폭행하기를 포기하는 남자는 거의 언제나 조롱을 당하고 ‘성도착자’로 낙인찍힌다. 로드 아일랜드에서는 흑인 신참 죄수들이 최소한 한 번쯤은 ‘리퍼’ 노릇을 자청하여 백인남자를 상대로 ‘항문 찢어놓기’를 하면 ‘형제들’의 존경을 받았다.[63)] 이때 그들이 노리는 목적은 서열의 위치를 확보하기 위한 것이기도 하지만, 다른 한편으로는 자신의 안전을 꾀하려는 목적도 있다. 따라서 오로지 자신이 폭행을 당하지 않으려는 목적으로 폭행을 자행하는 수감자들이 많은 듯하다.

그런 짓을 해도 가해자는 아무 위험 부담이 없다. 교도관들 자신이 폭행에 가담하는 등 사실 아무런 조치를 내리지 않기 때문인데, 그들은 심지어 뒷전에서 피해자를 조롱하는 일도 드물지 않다. 신참자들 중에는 완전히 녹초가 되도록 저항하는 경우도 많지만, 여기에 관여하지 않은 재소자와 교도관들은 구경을 하면서 결과를 기다린다.

> 그들은 이제 젊은 여자 하나가 탄생할 것이라는 사실을 알고 있으며, 그 중에는 나중에 자기가 그 여자를 써먹으려고 기다리는 사람도 많다.

그러나 감히 신고를 하는 피해자는 별로 없다. 필라델피아 교도소의 폭행 피해자 2천 명 중에서 신고한 사람은 겨우 96명에 불과했고, 그 중에서 교도소장에 의해 경찰에 고발된 경우는 26건에 그쳤다.[64] 앨라배마의 애트모 국립교도소에 수감된 수감자들의 견해에 따르면, 교도소측이 그런 상황을 묵인하거나 장려했다고 한다. 교도관들은 다른 사람을 '굴복'시켜 '여자'로 만든 남자를[65] 통제하기가 더 쉽다고 확신하기 때문이라는 것이다.

> 그들의 생각은 '계집'을 거느린 '악마', 즉 '억센 놈'은 일도 잘하고, 감시원이나 재소자를 살해하는 일도 없으며, 탈옥을 시도하지도 않는다는 것이다. 그런 자는 아내가 있는 남편처럼 얌전하다는 것이다.[66]

피해자의 입장에서 성폭행은 대개 자신이 겪어온 수모 중에서도 최악의 수치인바, 거의 모든 펑크들이 훗날 굴욕과 증오와 수치심에 가득 찬 상태로 교도소를 나선다. 어느 출소자는 이렇게 말했다.

인간으로서 이처럼 수치스러운 일을 당한 적은 한 번도 없습니다. 나의 정체성이 이토록 손상된 적도 없고, 일찍이 그 폭행만큼 나에게 고통을 준 일도 없습니다.[67]

필라델피아 국립교도소에서 스물네 살의 동료 재소자가 두 시간 동안이나 열두 명의 흑인에게 차례로 항문폭행을 당하는 장면을 목격한 어느 증인은 다음과 같이 전했다.

그는 그 일을 당하고 나서 자기 침대로 돌아와 울면서 "그놈들 모두가 차례로 나를 욕보였어"라고 말하더군요. 그가 20분 정도 그대로 누워 있었는데, 샤이엔족 인디언이 그 아이의 침대로 건너와 팬티를 끌어내리고 올라타더니, 다시금 강간을 했습니다. 그자가 일을 마치자 호스라는 자가 올라탔고, 그런 다음 네댓 명이 다시 덤벼들어 욕보였습니다. 그들 중 한 명이 올라타서 폭행을 하고 있는데, 호스가 다시 다가오면서 말했습니다. "입을 벌려서 이걸 빨아라! 깨물면 안 돼!" 그러면서 자신의 페니스를 아이의 입에 넣고 빨게 했습니다. 아이가 숨이 차다며 비명을 질렀지만 호스는 "깨물지 않는 게 좋을걸. 여차하면 이빨을 뽑아버릴 테니까"라고 말했습니다. 그들에게는 이 청년뿐만 아니라 E막사의 다른 조에 윌리엄이라는 아이도 있었습니다. 그자들은 아이의 팬티를 벗기고 허리를 굽히게 해놓고는 차례로 덤벼들었습니다. 호스와 샤이엔 이외에 일곱 명 가량의 유색인종들이었습니다. 일곱 명 중에서 둘은 형제였지요. 호스가 돌아오더니 말하더군요. "이봐, 내가 오늘 하룻밤에 처녀 둘을 만들었어. 셋으로 만들까보다." 그때 그는 나의 맞은편에 서 있었습니다. 내가 "뭘 보는 거야?" 하고 말했지요. 그랬더니 그자는 "그럼 내일 밤을 위해 아껴두지"라고 말하더군요.[68)]

독일에서는 미국에 비해 교도소 폭행사건이 드물게 발생하는 것 같다. 전문가들의 견해에 따르면, 재소자들이 "독일에서는 대개 상대적으로 좁은 방에서 생활하기 때문"이라고 한다. 앞에서 '늑대들'이라고 지칭했듯이 '가해자' 자신들도, 젊은 후배들이 항문폭행의 목격자가 되고 나면 그런 식으로 '음탕'해져서 모두가 사실상 자의적으로 '성교'에 따르게 되므로, 그런 이유에서 폭행은 대부분 사라질 것이라고 말한다.[69)] 그러나 그 주장은 신빙성이 없어 보인다. 과거에 독일 교도소에 수감되었던 수많은 재소자들의 말을 들어보면, 재소자뿐만 아니라 교도관들까지 정기적인 폭행에 가담했기 때문이다. 17세에 살인죄로 소년원에 수감되었던 남자는 이렇게 적었다.

한 예로 야간근무 중에 몇몇 직원들이 감방에서 재소자들에게 구강성교를 시키고, 그 대가로 담배를 준 일이 있다. 그렇지 않으면 금방 성기를 빼버리거나 큰 소동이 벌어진다. 변태성욕자 두서너 명이 그 자리에 있었는데, 그들은 강압적인 수법으로 괴롭혔다. 완전히 발가벗겨 다짜고짜 박아버린 것이다. 그러고는 금방 가버렸다. 그 다음에 야간근무자가 찾아왔다. 진짜 계집이라도 되는 것처럼, 그들은 교접을 하기에 앞서 아이들에게 고무로 만든 곤봉을 밀어넣었다. 단지 재미삼아 고통을 주려는 것이다. 그런데도 신고한 피해자는 아무도 없었다.[70)]

그리고 테겔 교도소(베를린)에서는 이런 보고가 있었다.

S는 감방에 들어온 뒤로 카드 게임을 거쳐 대상자로 뽑혔다. S와 다른 수감자들 사이에 구강성교와 항문교접이 벌어졌다. 흡사 감방이 창녀촌으로 바뀐 것 같았다. 다른 감방에 있는 자들도 욕구를 채우려고 몰려들었다. 죄수 T가 출감하고 나자 K가 그 자리에 들어왔다. 강도죄로 5년형을 선고받은 죄수였다. K가 S를 폭행하려 했으나 실패하고 말았다. 첫날 저녁에 S에게 구강성교를 시킬 작정이었다. 그런데 S는 K에게 반항하면서 오히려 주먹을 휘둘렀다. 하지만 S는 뜻을 이루지 못하고 머리에 식탁보가 씌워지면서, 꼼짝 못하게 붙잡혀 테이블 위에 눕어졌고, 그 틈을 타서 K가 그의 항문에 폭행을 가했다. S가 비명을 질렀다. 간수는 S가 구석에 쓰러져 신음하고 있는 광경을 보고 수면제를 갖다주었다. 며칠이 지난 어느 날이었다. K와 L이 S를 강제로 발가벗기고 재갈을 물려 테이블 위에 묶어놓았다. S는 성폭행을 당하는 동안 저항을 하다가 두들겨맞아 머리가 터지는 상처를 입고 피를 흘렸다.[71]

18 굴복과 거세

미국 교도소의 '늑대들'은 피해자에게 "사내 노릇을 못하게 만들겠다"고 말하면서 항문에 욕을 보였지만, 적을 거세하는 전통적인 방법도 있었다. 이를테면 페니스나 고환을 잘라버리는 방법이 그것이다. 하와이의 추장 케오우아는 적수였던 카메하메하에게 굴복하면서 복종의 표시로 적의 제단 앞에서 스스로 귀두를 절단했으나,[1] 일반적으로 권위를 박탈하는 행위는 승자가 행하게 되어 있었다. 그 예로 18세기 델라웨어족과 이로쿼이족에 관한 다음과 같은 이야기가 있다. "그들이 적들의 화를 돋우려고 할 때에는 패자의 육체를 훼손함으로써 상대방을 남자로 취급하지 않는다는 사실을 보여준다."[2]

무엇보다도 이처럼 '야만적'인 전쟁풍습은, 홍인종을 비롯한 그 밖의 여러 종족들이 유럽인 자신들에 비해 얼마나 '거칠고' '미개'한가를 확실하게 보여준 사례였다. 물론 그들은 1746년에 '문명화된' 영국인들이 컬로든 전투(1746년 스코틀랜드 북동부의 벌판에서 영국군이 스튜어트 가문의 반란군을 무찌르고 승리한 전투—옮긴이)가 끝난 후에 패배자가 된 스코틀랜드 고원지대의 '미개한' 원주민의 성기를 잘라냈던 사실을 잊지 않고 있었다.[3)]

이집트의 메르넵타 왕은 리비아를 무찌르고 승리한 것을 계기로, 귀향하는 전사들이 "리부 나라의 페니스(krnt)를 싣고 가는" 당나귀, 즉 할례를 하지 않은 남근을 싣고 가는 당나귀를 몰아냈다는 내용의 비문을 카르나크 신전에 세우라고 지시했다.[4)] 또한 이집트인들이 적군의 생명력을 탈취하기 위해—호루스 신이 세트 신을 무찌르고 그렇게 했듯이—적의 고환을 잘라냈다는 이야기도 그럴듯하다.[5)] 특히 아프리카 북동부 지역에서 수천 년 전부터 전쟁 중에 성기를 훼손했다는 이야기가 전해오고 있다.

한편 고대 로마인들은 '가정을 위해'(pro aris et focis) 싸운 반면, 누바족은 '페니스와 고환을 위해'(pro mentula et coleis) 싸웠다.[6)] 에티오피아의 콘소족은 쓰러진 적의 성기를 잘라내어 햇볕

137. 적의 성기를 잘라내어 말린 다음 목걸이로 차고 다니는 줄루족. 16세기 후반의 동판화.

에 말린 다음 자랑스럽게 팔찌처럼 차고 다녔다. 옛날에 적군을 죽이고 성기를 잘라낸 어느 전사의 무덤에는 '남근석'('daga 'deeruma)이라고 부르는 비석이 세워져 있었다.[7] 카파족 역시 적의 페니스와 고환을 잘라내는 풍습이 있었고, 특별히 용감하고 탁월한 전사는 금속으로 만든 남근을 상으로 받아, 전쟁터에 나갈 때나 예복을 입을 때 장신구로 달고 다녔다. 그것은 적의 병사로부터 성 능력과 전투력을 강탈하여 자신이 지니고 있다는 표시였다. 가장 우람한 남근을 달고 다닌 사람은 카파족 황제였다. 즉 그의 왕관에 귀두가 세 개인 은제 페니스가 달려 있었다. 그러나 그 왕관은 1897년 암하라족에게 약탈을 당함으로써 민족 전체의 치욕이 되고 말았다.[8]

시칠리아 사람들은 외세의 지배를 받다가 1282년 '시칠리아 섬의 반란'을 일으켜 지배자들을 살해하고, 어부들을 시켜 프랑스인의 남근을 배에 가득 실어 보냈는데,[9] 이들과 마케도니아인, 몬테네그로인들은 적의 남근을 잘라다가 재앙을 막는 부적으로, 즉 악령을 몰아내기 위한 '위협용 남근'으로 몸에 지니고 다녔다.[10] 중세시대 유럽의 다른 지역에서도 적군 전사자의 남근을 잘라내는 풍습이 널리 퍼져 있었다.[11] 물론 그것은 '비신사적'인 풍습이라는 비난을 받았다. 그 예로 연대기 작가는 1265년 이브섬 전투가 끝난 후 몽포르(영국의 레스터 백작령을 물려받아 헨리 3세의 정치에 반기를 들었으나 왕위 계승자인 에드워드 1세에게 패함—옮긴이)의 시체를 훼손한 것에 대해 '군사 규율에 어긋나는' 행위라고 지적했다.[12]

중세시대 이후에도 그런 풍습이 줄어들었다는 증거가 없는 것을 볼 때, 계속 이어져 내려왔을 것으로 생각된다. 이를테면 사스트로프가 전하는 바에 따르면, 16세기 에스파냐 군대가 적국이나 우방국 영토를 지나가면서 농촌 아낙들을 추행하고 그 남편들의 성기를 잘라냈다고 한다.[13] 1634년에 회히슈테트를 정복했던 '폴라치족'과 '코사크족'은 수많은 남자 주민들의 "성기를 매달아놓고 바늘로 찔렀다"고 한다.[14]

방어시설이 갖추어진 장소를 정복하려고 전투를 벌이는 '정식' 전쟁보다는, 내전이나 민중봉기가 일어났을 때 린치를 비롯한 그 밖의 유사한 행위에 의해 잔인하게 남자들의 성기를 강탈하거나 페니스와 고환에 고통을 주는 일이 더 많았다. 물론 이때 여자들이—이는 남녀간 대립의 표출이겠지만—두각을 나타내는 경우도 드물지 않았다. 1078년 브라이스가우의 백작 베르톨트 2세는 자신을 배반하고 바젤과 스트라스부르의 주교 편을 들었던 농부들을 쓰러뜨려놓고 산 채로 성기를 잘랐으며,[15] '파리의 피의 결혼식'(프랑스의 종교전쟁 시기였던 1572년 8월 23일 밤 가톨릭 교도들이 신교파인 위그노파를 살해한 사건으로 일명 '성 바르톨로메오 축일의 학살'로 불림—옮긴이)에서는 수많은 남자들이 발가벗겨진 채 거세를 당했다.[16]

1792년 8월 10일의 튈르리 궁전 습격사태를 지켜본 수많은 목격자들이 전하는 바에 따르면, 사태가 끝난 뒤 시체뿐만 아니라 아직 숨이 붙어 있는 자들을 도로에 쌓아놓기에 앞서, 특히 여자들이 칼을 들고 나와 스위스 근위병들의 페니스와 고환을 잘라냈다고 한다.[17] 그 이듬해 켐니츠에서 발간된 『자유의 붉은 모자』라는 책을 보면, "여자들이—지독하게 수치심도 없이—스위스인 근위병과 궁정 하인들의 성기를 들고 골목길을 돌아다니며 보여주었다"고 적혀 있고,[18] 다른 자료에는 '9월 살해 사태' 이후에도 "살해된 자들의 성기를 여자들이 들고 다니며 보여주었다"는 기록이 있다.[19] 프리드리히 헤벨(독일 고전주의 작가—옮긴이)도 1848년 혁명에 관한 글에서, 반군들의 빈 습격이 있은 뒤에 남자 시체들이 입에 각자의 페니스가 물려 있는 상태로 골목 곳곳에 버려져

있었다고 적었다.[20]

이제—일반적인 문명이론에 따른다면—총칼 대신 단추를 눌러 적을 처리함으로써 '깨끗한' 전쟁을 수행하고 있는 오늘날의 인간이 볼 때에는 지금까지 소개한 끔찍스런 장면들이 낯설고 역겹게 느껴지므로 예외적인 경우에만 그런 일이 발생한다고 가정할 수 있을 것이다. 그렇다면 '문명화된' 현대인은 전쟁에서 어떤 행동을 보이는지 살펴보자.

제2차 세계대전에서 독일군은 러시아 병사의 시체에서 성기를 잘라내는 일이 흔했는데,[21] 차르코프의 어느 주민은 1943년에 있었던 일을 이렇게 전했다.

> 어느 날 아침 집을 나서는 순간, 십자가에 못박힌 채 죽어 있는 붉은군대 병사가 대문 앞에 있었다. 두 팔은 양쪽으로 벌려져 못박혀 있고, 두 발은 밑바닥에 박혀 있었으며, 머리는 귀가 잘려나간 채 매달려 있고, 성기는 잘려나가 없었고, 바지가 무릎까지 벗겨져 있었다.[22]

반대로 러시아 군대가 독일군을 다룬 방식도 다르지 않았다. 전쟁이 끝날 무렵 붉은군대는 무방비 상태의 수많은 독일 민간인의 페니스와 고환을 산 채로 잘라냈다.[23]

전쟁이 끝난 뒤 미국인들은, '문명화되지 못한' 일본군이 저항도 못하는 적군의 성기에 못된 짓을 저질렀다면서 격분했지만,[24] 사실은 그들에게도 전통적으로 성기를 자르는 악습이 있었다. 이미 1864년에 미국 기병들은 샌드 크리크(미국 콜로라도 주에 있는 로키 산맥 계곡—옮긴이)에서 샤이엔 인디언들을 살해하고 고환을 잘라 담배쌈지를 만든 사례가 있었다.[25] 베트남 전쟁 중에도 베트콩과 미군은 서로 습관적으로 성기와 귀를 잘라내고, 이미 죽었거나 아직 살아 있는 적의 입에 페니스를 꽂아놓고 그 상태로 사진을 찍었다.[26] 이와 같은 페니스 절단 행위가 상관들의 묵인이나 심지어 부추김 때문에 너무 만연되는 바람에, 웨스트모어랜드 장군이 모든 지휘관들에게 그와 유사한 모든 행위를 금하라고 명령하기에 이르렀다. 그런 행위가 "모든 정책에 어긋나고 인간의 최소한의 예의범절 기준에 미치지 못하기 때문"이었다.[27]

그동안 다른 고위 참모장교들이 어떠한 '인간의 예의범절 기준'을 '내면화'했는지는 조지 패턴 대령 같은 인물이 분명하게 보여주었다. 제11장갑연대 지휘관이자 유명한 전쟁영웅의 아들이었던 그는 사이공에서 있었던 환송 파티에서, 왼쪽 안구에 총알구멍이 나 있는 베트콩의 해골을 전리품처럼 지니고 있었다.[28] 이런 사실로 볼 때 웨스트모어랜드 장군의 명령은 그다지 먹혀들지 않았던 것 같다. 또한 어느 사병은 베트남에 도착한 직후, "20여 개나 되는 사람의 귀를 안테나에 매단 채" 지나가는 군용 트럭을 보았다고 한다.[29] 한편 어느 퇴역 군인은 이렇게 말했다.

> 우리는 늘 그들의 귀를 잘라내곤 했습니다. 상패도 받았지요. 귀를 목걸이처럼 달고 다니는 병사는 우수한 저격수이자 훌륭한 대원이었습니다. 귀를 잘라라, 코를 잘라라, 페니스를 잘라내라 하면서 사기를 올려주었습니다. 여자인 경우에는 유방을 잘라내라. 이런 짓을 하라고 용기를 불어넣어주었습니다. 장교들이 사병들에게 그렇게 하기를 기대했고, 그렇지 못한 경우에는 곤란한 일을 당했습니다.

따라서 베트콩의 귀 또는 페니스를 잘라오지 않거나 여자를 죽여 유방을 도려내지 않는 병사는, 감옥에서 페니스로 신참 재소자의 항문에 폭행을 하지 않는 머저리와 마찬가지로 동료나 상관들로부터 '병신' 취급을 받았다. 물론 그런 짓을 했더라도 현장에 없던 사람들에게까지 소문을 내는 일은 없었다. 베트남 전쟁에 참가했던 어느 노병은 다음과 같이 회상했다.

> 물론 내 부하들도 그 자리에서 귀를 잘라냈습니다. 그런 다음 그걸 말려서 목에 걸고 다녔지요. CBS와 UPI 기자들이 현장에 도착했을 때에는 시체에 귀가 잘려나가고 없었습니다. 부대장이 그 놈들을 혼내주려고 나를 부르더니, "병사들을 불러들여 그걸 다시 꿰매줘라. 그 따위 짓을 저지른 놈들을 그냥 두지 않겠어!" 라고 말하더군요.[30)]

이런 사건은 전시(戰時)뿐만 아니라 미국에서는 평상시에도 이따금씩 일어났다. 예를 들면 KKK단(백인우월주의를 내세우는 미국의 극우비밀결사단—옮긴이) 단원들은 무작위로 흑인들을 습격하여 고환을 잘라내고,[31)] 백인들이 흑인에게 린치를 가하고 불태워 죽였듯이, 특히 피해자들의 성기에 관심을 갖고 이리저리 장난을 치다가 잘라냈다. 그들은 잘라낸 페니스와 고환들을 나중에 자기들끼리 나누어 갖는 일도 드물지 않았다. 마치 '검둥이'에게 부여된 막강한 성능력을 자기들 몸에 흡수하려는 것 같았다.[32)]

오늘날에도 전쟁이나 내전 중에 성기를 잘라내는 행위는 정상적으로 수반되는 현상이라고 할 만큼 흔하게 발생하고 있다. 이를테면 세르비아인들은 크로아티아인과 보스니아인들을 거세했고, 때로는 여자들도 여기에 가담했다. 18세 소녀 모니카 시모노비치는 세르비아인 수용소 브르츠코에서 유리병 조각으로 보스니아 포로들의 성기를 잘라내고 배를 갈랐다.[33)] 이라크 군인들은 살아 있는 쿠웨이트 남자들의 페니스를 잘라냈고, 17세의 아들을 둔 어머니에게 아들의 성기가 담긴 플라스틱 봉지가 전달된 일도 있었다.[34)]

아스투리아스(에스파냐 북서부에 있는 유서 깊은 지방—옮긴이)에서 사마 데 랑그레오 경찰의 감시를 받으며 파업을 벌이고 있던 광산 노동자 실비오 차피코는, 치안담당자들에 의해 성기가 잘리고 고환은 불 속에 던져졌다.[35] 나블루스 출신의 엘하드호드는 이스라엘 사람들에게 당한 일을 다음과 같이 전했다.

> 처음에는 경찰들이 손바닥을 오므린 채 귀를 찰싹찰싹 때렸는데, 나중에는 피가 나오더니 더 이상 소리가 들리지 않게 되었습니다. 그런 다음 나를 완전히 발가벗기고, 테이블 위에 눕히더군요. 경찰 한 명이 외과수술용 실을 가져오더니 한쪽 끝을 내 고환에 묶었습니다. 그리고 다른쪽 끝은 탁자 모서리의 못에 팽팽히 매었습니다. 그런 다음 비밀경찰들이 "아이를 더 낳고 싶으냐?"고 말하면서 협박을 했습니다. "불지 않으면 장가도 못 갈 줄 알아라. 불알을 잘라버릴 테니까!" 하는 식이었지요.[36]

어떤 기록을 보면, 성기를 가지고 저지른 모든 범죄행위에 대한 보복 형태의 형벌로서 거세(去勢)가 이루어졌다고 적혀 있다. 이와 같은 처벌 방식은 이미 초기의 민족법률에 등장하는데, 여기에서 우리가 잊지 말아야 할 점은, 그 벌을 집행하는 데에는 실제보다 규정이 훨씬 엄격했다는 것, 그리고 노예가 아닌 남자들은 그처럼 능욕을 당하는 일이 극히 드물었다는 점이다.[37] 예를 들어 영국 앨프레드 대왕 시대(871~899)의 법률에 따르면, 남자 노예가 여자 노예를 추행했을 경우 고환을 잘라낸 데 반해 노예가 아닌 남자가 동일한 행위를 했을 때에는 고액의 벌금을 내고 풀려났다.[38]

이와 반대로 1248년 파리의 마테우스가 전하는 바에 따르면, 사랑에 굶주린 기사 밀리에가 처녀의 방에 침입했다는 이유로 거세를 당했고,[39] 11세기에는 아우크스부르크의 하인리히 주교가 하인리히 4세 황제의 누이를 욕보인 것이 아니라 단지 '유혹'한 것뿐인데도 처벌을 면할 수 없었다. 『치머 연대기』(슈바벤의 침머른 백작 가문의 역사를 기록한 연대기—옮긴이)에 따르면 황제가 그를 잡아오게 하여, 형리들을 시켜 "그를 형틀로 끌고 가서 옷을 벗긴 다음, 페니스를 꺼내어 형틀 위에 올려놓고, 그가 저지른 행동에 대한 벌로서 페니스에 나무막대기를 박았다."[40]

138. 성폭행범을 거세하는 장면. 16세기.

그 시절 영국에서는 추행범에 대해 눈알을 파내고 고환을 잘라내는 방식의 형벌—중세 후기에 들어와서는 약간 완화된 것으로 보인다—이 널리 일반화되었으나, 범인이 기혼자인 경우는 아내가 남편의 고환을 자신의 소유물로 요구할 수 있었다.[41] 이와 같은 조치를 취한 배경에는, 남편의 고환이 제거되면 남편으로서의 의무를 완전히 수행할 수 없는 처지가 되므로 결과적으로 아무 죄도 없는 아내까지 처벌하는 셈이라는 생각이 깔려 있었다.[42]

추행이나 유혹은 물론이고 범인이 성기를 가지고 저지르는 그 밖의 모든 행동, 특히 '반자연적인' 성행동에 대해 거세라는 형벌이 내려지는 경우가 많았다. 예를 들면 1606년 슐레지엔의 프랑켄슈타인에서 어느 묘지기가 "교회에서/처녀의 시체에/추행을 했다"는 혐의로, 보복법(lex talionis)에 따라 "불에 달군 집게로/남근을 잘라내는" 벌을 받은 다음, 불운한 그자는 "장작더미 위에 올려져/화형에 처해졌다."[43)]

특히 '변태성욕자들'이 그런 방식으로 처벌을 받았다. 다시 말해서 1519년 루체른에서 발생한 사건처럼 타인의 '항문에 추행'한 남자,[44)] 또는 짐승의 질 속에 페니스를 삽입한 남자들이 그러했다. 1260년의 『재판과 변론의 서(書)』(*Livres di Joistice et di Plet*)에 따르면, 그런 짓을 처음 저지른 자에게는 고환을, 두번째인 자에게는 페니스를 잘라냈고, 세번째인 자는 화형에 처했다.[45)] 수십 년이 지난 뒤 이 규정은 『툴루즈 관습법』에 채택되어 "변태행위를 한 남자에 대해 거시기"를, 즉 '불알'(couilles)을 제거한다는 조항이 생겼다. "그리고 또다시 그런 행위를 하면 자지를 자른다. 그러고도 세번째 범하는 자는 화형에 처한다. 여자가 동일한 행위를 하면, 팔다리 한 개씩을 자르고, 세 번 반복되면 화형에 처한다."[46)] (그림 139)

어쨌든 특히 16~18세기에 들어와서는 성범죄자뿐만 아니라 죄질이 나쁜 자에 대해서도, 처형 직전이나 직후에 추가로 고환 절제라는 능욕이 이루어졌는데, 물론 그러한 일은 형리와 같은 천한 사람들에게 맡겨졌다.[47)] 그 예로 1681년 런던에서는 어느 대역죄인에게 페니스를 제거한 뒤 네 토막으로 자르는 형벌을 내렸던 반면, 13년이 지난 뒤 브뤼셀에서는 형리가 살인자를 수레바퀴에 매달아 목숨이 끊어지기를 기다렸다가 나중에 가서 '치부의 남근'을 잘라냈다.[48)]

이와 같이 '남자의 힘'을 빼앗는 것은, 앞에서 이스라엘 사람들

139. 풍속사범을 거세하는 장면. 『툴루즈 관습법』에서, 1926.

이 팔레스타인 사람들을 고문하는 장면에서 보았듯이, 한편으로는 사실상 생식능력을 빼앗는다는 의미이다. 그런데 서로 싸우고 있는 침팬지를 관찰한 결과, 상대방의 고환을 자주 물어뜯으려 한다는 사실이 확인되었다.[49] 이런 행동은 사회생물학적인 관점에서 볼 때, 짝짓기 기회와 관련하여 경쟁자를 물리치고 유리한 위치를 차지하려는 의미 있는 전략인 것이다. 다른 한편 경쟁자로부터 성능력 이외의 힘을 빼앗음으로써 상대방을 상징적으로 여자로 만드는 사례도 있었다. 그렇기 때문에 이를테면 터키인들은 19세기까지도 정복한 지역의 남자 어린이들을 거세했다. 그래야만 그 어린이들이 훗날 전사로 성장하는 것을 막을 수 있다고 생각했기 때문이다.[50]

19

음부 절제와 치욕

남자의 신체 중에서 성기는 권력과 힘의 상징이므로, 상대방을 위협하거나 굴복하게 할 때 성기를 폭력으로 빼앗는 사례가 많았고, 역사적으로 여자에 대해서도 남자의 그 부위에 해당하는 신체 부위, 즉 질과 유방을 난도질하거나 그곳에 고통을 주는 일이 많았다.

예를 들어 티트마르(중세시대의 독일 전기작가—옮긴이)의 기록에 따르면, 폴란드의 이교도들은 보복 방식대로 매춘부들의 음순을 잘라내어, 앞으로 찾아올 고객들에게 경고를 보낸다는 의미에서 그것을 그 여자의 대문에 매달아놓았다.

> 어떤 여자든 만일 매춘부라는 사실이 발각되면, 치욕적이면서도 가혹한 징벌로서 그 여자의 성기를 둥글게 도려낸 다음, 그 살점을 출입문에 매달아놓아 들어오는 남자의 시선과 마주치게 함으로써, 앞으로는 더욱 마음을 가다듬고 조심하게 했다.

이어서 티트마르는 10세기 후반의 당시 여자들이 아무 두려움 없이 매춘행위를 할 수 있게 되었다고 덧붙였다.[1)]

이미 언급한 바와 같이 남자가 '변태행위'를 했을 경우 초범에게는 '불알'을 떼어내고 재범자에게 페니스를 잘라냈듯이, 13세기 『툴루즈 관습법』은 '음행'을 행한 여자, 즉 다른 여자 또는 동물과 성관계[2)]를 맺은 여자에 대해서도 남자에 상응하는 처벌을 하도록 규정하고 있었다. 다만 질의 어느 부분이 고환에 해당하고 어느 부분이 페니스에 해당하는지는 알려져 있지 않았고, 또 여자에게 그런 처벌이 어김없이 집행되었는지 아닌지도 알 수 없다.

어쨌든 그 시절에 전쟁 중이거나 평소에 여자에게 성폭행을 할 때 음부를 잘랐을 가능성이 있었을 것이므로, 그러한 사건들이 우화시와 같은 문학작품의 배경이 되었을 것이다. 예를 들면 어느 우화에 나오는 '사기꾼'은 여자의 엉덩이와 음부를 잘라 대공 앞에 들고 가, 적의 입과 코라고 말하면서 그것을 내놓는다. "그는 엉덩이와 음부를 도려내어/자루에 넣어 가지고 가서/'폐하, 여기 굴리아스의 입과 코를 잘라왔나이다'라고 말했다."[3)]

13세기의 에스파냐 민요 『동정녀 찬가』에는 사랑하지도 않는 부유한 남자에게 강제로 시집간 '정숙한 처녀'(menina)가 신랑과 동침하기를 거부했다는 내용이 나온다. 그러자 남편은 여자 네 명을 불러다가 아내를 붙잡게 하고, 음순과 클리토리스를 도려내게 한다(그림 140). 이 사실을 알게 된 마돈나는 그 여자를 불쌍히 여긴 나머지 기적을 일으켜 낫게 해준다.[4)]

차라 로미네아스카(루마니아에 속한 지역—옮긴이)의 군주 테페스도 부녀자들의 음부를 도려냈다는 이야기가 전해지고 있는데, 물론 그 이유는 위의 경우와 반대로 지나치게 제멋대로 성행위를 한다는 데 있었다.[5)] 같은 시기의 슈바벤 연대기에는 이런 내용이 들어 있다.

140. 귀족 처녀의 음부를 강제로 도려내는 장면. 『산타 마리아의 노래』에서, 13세기.

사순절 첫 주일에 울름에서 한 남자가 기름칠한 실로 자기 아내의 음부를 꿰매는 사건이 일어나자, 사람들이 물에 빠뜨려 죽였다.[6]

그것이 아주 비열한 처벌이었는지[7] 아니면 아내의 탈선을 막기 위한 예방조치였는지는 알려지지 않았으나,[8] 남자에게 주어지는 엄한 처벌에 비하더라도 그것은 너무나 잔인한 행위였다.

어느 시대를 막론하고 여성의 유방을 절제하는 행위는 음부를 도려내는 행위보다 더 흔했던 것 같다. 그 당시 유방은 남자의 성기와 동일하게 취급되었는데, 그러한 예는 에게 해 지역의 치료사가 내린 지시내용을 보면 명확해진다. 그는 눈초리가 사악한 사람을 다음과 같이 거세하라고 명령한다. "그런 눈초리를 가진 자가 여자이면 유방을 도려낼지니라! 남자일 때에는 성기를 자를지니라!"[9]

7세기 고대 아일랜드의 아담나인(Adamnaín) 형법에 따르면, 그 전 시대에 싸움터에 나온 여자에 대해서는 머리나 유방(ciich) 두

개를 잘라 전리품으로 가져왔다는 내용이 기록되어 있다.[10] 이와 같은 일들이 그 밖의 문화권이나 전쟁이 아닌 시기에도 발생했음이 분명한데, 고대 프리지아의 형법에 나타난 규정이 이를 증명하고 있다. 그 법에 따르면, 기혼부인이나 처녀의 유방을 도려낸 사람은 살인을 하거나 남근을 잘라낸 경우와 마찬가지로, 살인 배상금 전액을 납부하도록 되어 있었다.[11] 1300년대에 제정된 고대 프리지아 훈제가우 지방의 형법에는, 나쁜 짓을 저지른 자는 살인 배상금의 3분의 2를 납부하도록 규정되어 있었다.[12]

여자의 유방이나 유두를 도려내는 행위는, 중세시대는 물론 그 후까지 남자가 여자에게 행할 수 있는 가장 나쁜 행위로 간주되었다. 사라센인과 후세기의 터키인들이 특히 그와 같은 잔학행위를 즐겼고(그림 141), 몇몇 여자 기독교 순교자들—이를테면 성녀 도로테아 또는 성녀 바르바라를 꼽을 수 있는데—도 그런 방법으로 능욕을 당했다고 한다(그림 142).

13세기 초, 자신의 누이와 어머니의 재산을 강탈한 오스트리아

141. 부녀자들에게 잔학행위를 하고 있는 터키인들. 목판화, 1529.

142. 프란시스코 추르바란의 「성녀 아가테」, 1635년경.

의 젊은 공작 '프리드리히 투쟁공'은 거칠고 제멋대로 구는 사람으로서, 심지어 자신의 어머니에게 유방을 도려내겠다며 위협했다는 무시무시한 소문이 퍼지는 바람에, 주위 사람들로부터 신뢰를 잃고 말았다고 한다.[13] 그러나 유대인들도 비밀의식을 행할 때, 필요한 피를 구하려고 기독교 여신도들의 유방을 도려냈다는 소문이 퍼져 있었다.[14]

30년전쟁 때 여자들을 대상으로 그와 같은 잔학행위가 있었고,[15] 근세 초기에는 빅토리아의 '칼잡이 잭'처럼 잔인한 인물이 여자 피해자들의 내장을 끄집어내고, 특히 유방과 성기를 집중적으로 훼손했다.[16] 이를테면 1570년 모라비아에서 집단살인을 자행한 바잔스키는 패거리들과 함께 "처녀 두 명을 죽이고/그들의 유방을 10그램씩 도려냈으며", 그 후로도 하녀들을 보면 그런 짓을 했다고 자백했다. 결국 바잔스키 자신도 '집게로 가슴을 잡아당기는' 벌을 받고 잔인한 방법으로 처형되었다.[17]

이와 같이 극도로 고통을 주는 치욕적인 처벌은 주로 여자 죄인들을 대상으로 18세기까지 계속되었다.[18] 예컨대 중세 후기 포츠머스에서는 도둑질한 남자를 법에 따라 "불로 지지고 눈알을 빼내는" 방식으로 벌을 주었던 반면, 어느 여자 도둑에게는 "젖꼭지를 십자에 매달아놓았으며",[19] 어린이를 살해한 여자[20]와 특히 마녀로 판정된 여자에 대해서는 불에 달군 집게로 젖꼭지를 잘라냈다고 한다.[21]

엘리아스에 따르면, 여성의 유방을 도려내는 것과 같은 '선사시대적' 신체훼손 행위는 잔인성이 제어되지 않고 그대로 드러난 결과로서, 중세기에 들어와 더욱 전형적인 현상으로 나타났으며, 이를테면 그 시대의 전사들은 여성에 대한 혐오감과 공격성을 비교적 제한 없이 표출할 수 있었다는 것이다. 이와 반대로 후대의 군인들, 특히 20세기의 군인들은 문명화되었기 때문에, 다시 말해서 안정된 자기억제력을 지니고 있었기 때문에, "병적 현상이라고 진단되는 개별적인 증상"[22]의 경우에만 그러한 잔학행위가 나타난다는 것이 그의 주장이다.

> 그와 같은 격정 표출은 사회발전의 후기 단계에서도 예외적 현상으로, 즉 '병적' 현상으로 나타날 수 있을 것이다.[23]

이와 같은 그의 주장이 사실에 부합되는 것인가, 아니면 대학살을 앞둔 전날 저녁의 경고와 같은 것인가? 수많은 증거자료에 따르면, 프랑스 대혁명 기간 중에 살인자들은 특히 귀족 부인들을 죽이기 직전이나 직후에, 옷을 벗겨서 성기를 노출시켰다. 그러니까 그들의 목적은 성기를 관찰하고, 동시에 아주 방탕하다고 알려졌던 그 여자들의 성생활의 흔적을 직접 찾아낸 다음, 마지막으로 그것을 짓이기거나 도려내려는 데 있었다. 그 예로 혁명가들은 페리낭 백작의 부인과 딸을 발가벗겨 테이블 위에 묶어놓고, 유방과 성기를 도려낸 뒤 죽였다고 한다[24](그림 143).

좀 의심이 가는 이야기지만, 1792년에 '어여쁜 꽃 파는 아가씨'

143. 페리냥 백작의 부인과 딸을 능욕하는 장면. 동판화, 1792년경.

라는 이름의 소녀가 질투심 때문에 애인의 성기를 잘랐다가, 그와 비슷한 벌을 받았다고 한다.

> 발가벗겨 기둥에 묶어놓고 다리를 벌린 다음, 발을 땅바닥에 꼼짝 못하게 고정시키고, 그녀의 몸을 짚으로 만든 횃불로 태우기 시작했다. 그러고는 칼로 젖가슴을 도려내고, 불에 달군 창끝을 그녀의 살 속에 찔러넣었다. 마침내 빨갛게 달아오른 창에 꿰어진 그녀의 비명소리가 센 강을 건너 반대편 강가의 주민들을 공포에 떨게 했다.[25]

그 무렵 여왕의 '시녀'로서 아름답기로 유명했던 랑발 공주는 천민들에게 능욕을 당한 다음에 살해되었다. 오래 전부터 랑발은 도색 잡지와 전단을 통해 변태적 성욕을 가진 매춘부로 묘사되어

왔었고—예를 들면 「마리 앙투아네트의 사랑의 하루 또는 최후의 쾌락」이라는 제목의 비방문에는 여왕이 인조 남근을 가지고 랑발에게 구강성교를 가르치는 장면이 묘사되어 있었다[26]—살인자들은 언젠가 그 여자를 살해하여 능욕하는 날이 오기를 대단한 호기심을 가지고 기다리고 있었던 것 같다. 미슐레는 그녀의 죽음을 다음과 같이 묘사했다.

> 민병대 군악대원이었던 키 작은 가발제조사 샤를로가 그녀에게 달려들어, 창으로 그녀의 모자를 벗겼다. 그러자 아름다운 머리카락이 흩어지면서 사방으로 흘러내렸다.
>
> 이것을 신호로 공주는 바닥에 쓰러지면서 창에 찔리고 말았다.
>
> 여자가 숨이 끊어지자 주변에서 음탕한 호기심을 가지고 바라보던 사람들이—그들의 호기심이 그녀를 죽음으로 몰아간 주요 원인이었던 셈인데—그녀에게 달려들어 관찰하기 시작했다. 점잖지 못한 구경꾼들이 살인자들 틈으로 끼여들었다. 그들은 떠돌던 소문을 증명할 만한 어떤 수치스러운 비밀을 그 여자한테서 찾아낼 수 있으리라고 기대했던 것이다. 사람들은 그녀의 원피스와 속옷뿐만 아니라 입고 있는 것을 모두 벗겨버리고, 생탕투안 거리 모퉁이의 경계석 옆에 던져놓았다.
>
> 아침 여덟 시가 되자 군중들이 몰려와 피투성이로 길바닥에 내던져진 그 시체를 샅샅이 관찰했다.
>
> 한 남자가 옆에 서서 군중들을 제지하면서 시체의 몸을 가리키며 말했다. "보시오, 얼마나 하얗습니까? 피부가 아름답지

않습니까?"[27]

그 다음 상황이 어떻게 되었는지 자세히 설명되어 있지 않다. 하지만 분명한 사실은, 사람들이 그녀의 머리와 유방과 음부를 도려내어(그림 144)—당시에는 흔한 일이었으므로[28]—안장 언저

144. 랑발 공주의 시체를 난도질하는 장면, 1792년경.

리나 창 끝에 매달고 돌아다녔을 것이라는 점이다.[29]

1864년 미국인들이 샤이엔 인디언들에게 자행한 샌드크리크 학살사건이 있었던 이튿날, 콜로라도 제1기병대 군인들이 전날 밤 머리 가죽을 벗겨 땅속에 묻어두었던 인디언 여자들의 시체를 치빙턴 대령의 지휘로 다시 파내어 "추잡한 방법으로 끌어냈다"고, 훗날 미치 상사가 일지에 기록했다. 코너 중위의 진술은 다른 장교들에 의해 확인된 바 있는데, 그의 말에 따르면 살인행위가 진행될 때부터 끝난 이후까지 수많은 병사들이 부대장의 허락으로

145. 작은 늑대 레저의 '수족 여인 네 명과 갓난아이 한 명을 살해한 르노 소령의 부하들', 1877.

특히 여자들의 시체에서 음부를 도려냈다. "남자, 여자, 어린아이 할것없이 은밀한 부분을 도려냈다. 나는 누군가가 여자의 음부를 도려내어 여러 사람에게 보여주려고 막대기에 꽂아놓았다는 말을 들었다."

증언은 이렇게 계속된다. "또한 남자들이 여자의 은밀한 곳을 도려내어 안장 끝에 매달고, 열을 지어 말을 타고 갈 때, 모자에 달고 다녔다는 말을 나는 수없이 들었다."[30)]

제2차 세계대전 중 독일군 소대가 백러시아의 도시 보리소프 근처에서 피난 중이던 한 무리의 여자들을 덮쳤다. 여자 36명이 폭행당한 뒤 그 자리에서 살해되었다. 그 중에는 16세 소녀도 끼여 있었다. 군인들은 여러 사람이 보는 앞에서 소녀를 추행한 다음, 죽어가는 그 아이를 널빤지에 못박아 매달아놓고, 젖가슴을 도려냈다.[31)] 이런 일은 비단 이것뿐만이 아니었던 것 같다. 렘베르크를 비롯한 여러 지역에서 독일군 가족의 여자들이 폭행을 당하고, 시체의 유방이 잘려나간 채 아무나 볼 수 있도록 놓여 있었던 것이다.[32] 1941년 모스크바 근처의 어느 마을에서 빨치산 활동을 하던 젊은 처녀 소야가 왼쪽 유방이 잘려나간 모습으로 찍힌 사진이 공개된 바 있다(그림 146).[33] 그 사진—어느 독일 병사가 찍은 것

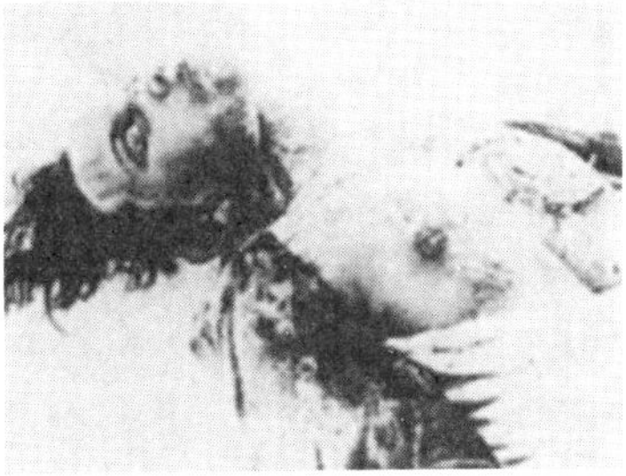

146. 모스크바 근처 페트리체보 마을에서 발견된 여자 빨치산 소야의 유방이 잘려나간 시체 사진, 1941.

으로 그의 시체 옆에서 발견되었는데—은 그 후 소련 당국의 전쟁홍보용으로 이용되었다(그림 147).

147. 제2차 세계대전 중에 제작된 소련군의 선전 포스터.

러시아 빨치산 여자들은 거의 다 알몸으로 벗겨져 잔인하게 유방이 훼손된 것으로 짐작된다.[34] 한편 어느 소녀가 유대인 강제수용소로 수송되는 도중에 나치 친위대원에게 추행당한 사건을 한 유대인 여자가 다음과 같이 전했다.

> 그가 소녀의 젖가슴을 움켜쥐고 온 힘을 다해 압박했다. 소녀는 고통스러워 비명을 질렀고, 혀 밑에 금화 한 개를 올려놓아도 물고 있지 못했다. 코바치는 웃어대면서 고문을 계속했다. 그러고는 '더! 더!' 하면서 소리를 질러댔다. 지휘관도 웃어댔다. 우리는 그가 웃는 모습을 처음 보았다.[35]

제2차 세계대전이 끝날 무렵 소련군 병사들도 같은 방법으로 여자들을 폭행했다. 이때 피해자가 방금 '석방된' 연합군 가족이든 적의 아내이든 소련군 병사들은 전혀 개의치 않는 것 같았다. 또한 붉은군대 병사들은 수많은 유고슬라비아 여자들을 폭행한 다음 유방을 도려냈고,[36] 독일 동부지역에서도 그들은 폭행을 자행하는 동안 비명을 지르는 피해자들의 유방과 엉덩이를 손톱으로 찢었으며,[37] 마지막으로 하체의 음부를 도려냈다. 동프로이센에서 의사, 형사, 외국인 기자들로 구성된 특별위원회가 3천여 명의 여자 시체더미를 조사한 바 있다. "유방이 대부분 잘려나갔고, 음부가 찢어지거나 하체에 난도질이 되어 있었다."[38]

세르비아 빨치산들이 어느 교사의 아내를 능욕하는 장면을 목격했던 크로아티아 사람은 다음과 같이 말했다.

> 빨치산 두 명이 그 여자를 붙잡고 있는 가운데, 세번째 사람이 부인의 배를 가르고 곧장 음부와 허벅지 안쪽 살을 무릎까지 잘라냈습니다. 그러고는 잘라낸 것을 상자에 던져넣었습니다. 부

인을 붙잡고 있던 빨치산 두 명이 부인의 몸을 뒤집어놓더니, 칼을 꺼내 유방을 도려내는 것이었습니다.[39]

베트남 전쟁에서도 수많은 현지의 여자들이 '미군놈들'에게 음부와 유방에 짐승처럼 난도질을 당했다. 몇몇 병사들은 베트남 여자 간호원 한 명을 번갈아 폭행한 다음, 질과 항문 속에 수류탄을 하나씩 집어넣고 철수했다고 털어놓았다.[40] 또 어느 참전군인은 15세 소녀에게 저지른 행위를 이렇게 전했다.

우리는 그 아이를 강간한 다음 유두를 잘라냈습니다. 그 다음엔 내가 무슨 말을 하려는지 여러분도 아시겠지만, 머리에 총을 한 발 갈기고 나서, 문자 그대로 몸뚱아리를 난도질하기 시작했습니다. 모두들 낄낄대고 있었습니다. 마치 사자들이 방금 얼룩말을 잡아놓고 빙 둘러 서 있는 장면을 보는 것 같았지요. 「동물의 왕국」이나 그와 비슷한 동물사진을 보는 것 같았습니다. 모두 자랑스럽다는 생각이 들면서, 시체를 가지고 한바탕 잔치가 벌어졌습니다. 얼굴을 발로 차서 찌그러뜨리고, 갈빗대로 시작해서 뭐든지 걷어찼습니다. 그런 다음 귀를 자르기 시작했지요. 코도 잘라냈습니다. 대위가 말했습니다. "귀는 누가 가질래? 코는 누굴 줄까? 아무개가 귀를 가질 차례야." 절친한 내 친구는—캘리포니아 출신의 백인인데—몰래 월남으로 도망쳐왔습니다. 잘난 체하는 그 친구가 애걸하면서, 그걸 자기한테 달라고 했습니다. 그러자 대위가 말했지요. "좋아, 이번엔 아무개한테 귀를 주지. 네가 마지막으로 죽인 거야. 이번엔 네가 가져라." 그래서 우리는 그에게 귀를 넘겨주었습니다. 그러고는 유방 한 개를 도려내고, 나머지 한 개는 다른 친구에게 맡겼습니다.[41]

여기에서 중요한 점은 독일군이든 소련군이든, 아니면 미군이든 이들은 모두 병적인 '강간살인자들'이 아니라 어느 정도 '정상적인' 남자들이었다는 것이다. 다만 그들은 전쟁이라는 특수한 상황에서 그런 행동을 한 것인데, 이는 마치 평상시 미국의 일상적인 조건에서 강간범들이 희생자의 음부를 물어뜯어 '여성'을 파괴하는 행위와 마찬가지이며,[42] 웨스트 맨해튼 거리 19번지의 '벨 드 주르'(Belle de Jour) 극장에 가서 30달러의 입장료를 내고, 집게로 여자의 유방을 찌르거나 액체 왁스를 떨어뜨리는 행위와 다를 바가 없는 것이다.[43]

20

모욕을 주기 위한 발가벗기기

전쟁터에서 죽었거나 죽어가는 적에게 치욕을 안겨주기 위해 갑옷과 그 밖의 옷을 강탈하는 행위는 중세기에 아주 흔한 일이었으며, 쓰러진 적을 발가벗기는 행위를 아예 '전쟁의 권리'(Ius spolii)라고 말하는 경우도 있었다.[1] 하여간 적을 치욕스럽게 만들겠다는 것이 여러 이유 중 하나였다. 자신이 살해한 자의 옷을 빼앗는 또 하나의 이유는, 형리와 그 하인들이 자기들이 처형한 죄수의 옷을 가져가는 것과 유사하다. 일반적으로 이러한 두 가지 경우 모두 적어도 상대방의 속옷을 그대로 놔둠으로써 최소한의 예의는 지켰다. 하지만 형리들 중에는 성급하게 "가련한 죄수를/참수하거나/수레바퀴에 매달아 죽인 다음/바지를 벗겨서/처형된 자를/지극히 욕되게/뒷소문이 나빠지도록/완전히 발가벗겨서/많은 사람들 앞에 내놓은"[2] 탐욕스런 형리들이 있었듯이, 쓰러진 적의 속옷(bruoch)조차 남기지 않고 벗기는 병사들이 있었다. 백년전쟁을 기록한 연대기 작가가 전하는 바에 따르면, 시체들이 마치 어머니

몸에서 태어날 때처럼 완전히 발가벗은 채 전쟁터에 널려 있었다고 한다.[3)]

특히 후대에 들어와서는 예의범절 따위는 전혀 염두에 두지도 않았던 것으로 보인다. 1418년 파리에서 대량학살 장면을 목격한 사람이 남겨놓은 기록을 보면, 골목길에서 백 걸음도 걷기 전에 남자 시체들이 발길에 채었는데, '바지'는커녕 아무것도 걸치고 있지 않았으며, 얼마 뒤에는 살해된 여자 시체들이 '겉옷은 물론 속치마까지 벗겨진 채'[4)] 길바닥에 널려 있었다고 한다. 또한 1746년 스코틀랜드 고원지대의 컬로든 전투가 끝난 직후 죽은 시체와 아직 목숨이 붙어 있는 사람들에게 거지와 부랑인들이 떼를 지어 달려들어 약탈하고 옷까지 다 벗겨갔다.

이들 가난한 자들은 오직 옷과 귀중품만을 노렸지만, 무차별적으로 시민들을 습격한 영국 기병들의 목적은 다른 곳에 있었다. 그들은 거의 정기적으로 스코틀랜드 여자들을 잡아다가 모두 발가벗기고 추행을 저지른 뒤에 살해했다. 어느 목격자의 말에 따르면, 인버네스(스코틀랜드 북부 고원지대의 중심도시-옮긴이) 외곽에서 보았던 시체는 "발가벗겨진 채 아주 음란한 자세로 누워 있었다"[5)]고 한다. 앞에서 언급했듯이, 여자까지 가담했던 것으로 보이는 1792년 파리의 '9월 살해사건'에서 여자에 대한 최악의 모욕은 발가벗겨서 다리를 벌려놓은 자세로 묶거나 못질을 해서 기둥에 매달아놓은 사건이었다.[6)]

여성을 그런 방법으로 능욕한 사례들은 중세 후기에도 더러 있었지만, 당시에는 그토록 천박한 행위가 결코 일반적이지는 않았던지라, 그런 일이 일어나면 심한 비난이 쏟아졌다. 그 예로 1421년 '파리의 부르주아'(bourgeois de Paris)라는 남자는 일기장에서, 포악한 독재자 드니 드 보뤼스(Denis de Vaurus)가 귀부인[7)]을 으슥한 곳으로 데려가 다음과 같은 짓을 저질렀다고 적었다.

그녀를 끈으로 묶어놓게 하고, 옷자락을 (전부) 아주 짧게 자르게 하여, 누구나 그녀의 몸을 배꼽까지 볼 수 있게 만들었던바, 이거야말로 인간이 상상할 수 있는 최대의 비인간적인 행위였다.[8)]

그 후 10년이 지나 잔 다르크가 장작더미 위에서 연기에 질식하자, 사람들은 시체에 불이 붙기 전에 타오르고 있는 장작을 끌어냈다. 이와 관련하여 『주르날』(*Journal*)의 저자는, 그 처녀가 "이내 숨을 거두었고, 옷이 전부 불에 타버렸다. 그런 다음 불을 치워버리자, 그녀는 모든 사람들에게 완전히 발가숭이가 되어, 여자로서 당연히 또는 반드시 감추고 있어야 할 은밀한 곳을 드러냄으로써, 사람들의 의혹을 거두어버릴 수 있었다"[9)]고 적었다.

그 중에는 잔 다르크에 대해 정말 여자인지 의심을 품는 사람들이 분명히 있었다. 그들이 이미 죽은 시체에 불과하다는 사실을 아랑곳하지 않은 채 이처럼 여자의 몸을 발가벗긴 행위는, 여자로서 '당연히 또는 반드시 감추고 있어야 할 은밀한 곳'까지 구경꾼들이 볼 수 있도록 다 벗길 정도에 이르렀지만, 일반적으로 이것을 문제삼는 사람은 없었다.[10)]

중세와 근세 초기의 수많은 자료들을 뒤져보면, 여자의 신분과 상관없이 남자가 여자의 하체를 벗기는 것만큼 여자에게 치욕적인 모욕은 없었다. 1366년 이사벨이라는 여자 순례자는 브리지워터로 3년 동안의 성지순례를 마치고 돌아와, 최악의 치욕적인 경험을 털어놓았다. 사라센 사람들이 그녀를 발가벗긴 상태로 버팀목에 거꾸로 매달았다는 것인데,[11)] 이것은 베두인족 강도들이 행하는 전형적인 수법으로서 그 후로도 수백 년 동안 그런 방식으로 수많은 남녀 이교도들을 괴롭혀왔다.[12)]

1552년 6월 24일 포르투갈의 전함 '상주앙' 호가 나탈 해안에서

좌초되었을 때, 선장 마누엘과 그의 아내 레오노르를 포함한 선원들과 승객들이 무사히 육지로 올라왔으나, 그곳에서 두 차례나 '카퍼족'—줄루족으로 추정된다—의 습격을 받았다.

(원주민들은) 그들의 옷을 벗겨 완전히 알몸 상태로 놔두고 가버렸다. 레오노르는 주먹질을 당하고 뺨을 얻어맞으면서도 옷을 빼앗기지 않으려고 저항했다. 사람들의 말에 따르면, 그녀는 카퍼족 앞에서 발가벗은 몸을 보여주느니 차라리 그들에게 죽음을 당하는 편이 낫다고 생각하는 여자였다고 한다. 남편 마누엘이 아니었다면 부인이 당장 목숨을 잃었을 것이라는 사실은 자명한 일이다. 남편이 그녀에게, 당신은 태어날 때 알몸으로 태어났으므로 옷을 벗으면 하느님도 좋아하실 거라고 말하면서, 제발 옷을 벗겨가게 하라고 간청했던 것이다.

그리하여 결국 부인도 흑인들에게 옷을 벗겨가게 했다.

레오노르는 발가벗은 자신의 몸을 바라보는 순간, 즉시 바닥에 몸을 낮추고 긴 머리카락으로 계속해서 몸을 감추려고 했다. 그리고 허리까지 들어갈 만큼 모래구덩이를 파고 들어앉아 좀처럼 나오지 않았다.

남편이 급한 대로 음부를 가릴 수 있도록 찢어진 면사포를 구해오고, 포르투갈 남자들이 얌전하게 자리를 비켜줘도 부인은 나오지 않았다. 생존자들이 전하는 바에 따르면, 정숙했던 그 부인은 얼마 후에 죽었다고 한다.[13)]

여자들은 낯선 나라에 갔을 때만이 아니라 자기 나라에서도 그와 비슷한 일을 겪었다. 이를테면 심하게 다투다가 남자가 여자에게 달려들어 강제로 옷을 벗기는 경우가 있었다. 13세기 움브리아 지방의 토디 마을(이탈리아 중부—옮긴이)에서 바르톨리라는 이름을 가진 남자는 길에서 도미나 로자나라는 이름의 여자와 다투던 중에 먼저 "더럽고 천한 창녀"라고 욕을 퍼부은 다음, 여자를 땅바닥에 쓰러뜨려 놓고 마침내 옷을 벗겼다.[14]

노상강도들도 피해자의 옷을 벗기는 경우가 흔했다. 물론 전쟁터에서 군인들이 남자에게는 적어도 속바지를, 여자한테는 속옷을 남겨놓았던 것처럼 이 경우에도 어느 정도 예의만은 지켜주기를 기대하게 마련이었다. 따라서 강도들이 그런 예의를 무시할 때에는 강한 반발이 일어났다.[15] 그런 경우 피해자들 중에는 레오노르 부인처럼 저항하거나, 중세시대의 해학극에 나오는 수도승처럼 강도가 속바지를 벗기려 할 때에만 저항하는 경우도 없지 않았던 것 같다.

1480년 도미니크 교단의 수도사 펠릭스 파브리는 켐프텐에 도착하여 영국인 순례자 네 명을 만났는데, 그들은 방금 노상강도에게 털린 상태였다. 강도들이 처음에는 옷 속에 돈을 꿰매어 숨겨놓은 줄 알고 이들의 옷을 '완전히' 벗겨서 조사를 했지만, 나중에는 치부를 가릴 수 있을 만큼 '최소'의 옷은 돌려주었다고 한다.[16] 1582년 네덜란드 화가 카렐 반 만데르는 아내와 함께 커트레이 시를 벗어난 직후, 최고의 보물인 금화 한 개를 숨겨놓았던 '속옷'까지 '몽땅' 털렸으나 불행 중 다행이었다. 강도들이 이들 부부의 몸에 지니고 있던 물건—아기 기저귀까지 포함해서—을 몽땅 빼앗아갔지만, 체면을 위해 마지막 속옷만은 남겨주었던 것이다.[17]

이와 같은 습격사건들 중에서, 피해자가 가해자에게 모욕을 주는 경우에는 사정이 달라진다. 예컨대 17세기 어떤 여자가 '노상강도' 토머스 콕스에게 몽땅 털리게 되자 입에 담지 못할 욕을 퍼부었고, "그러자 그는 머리끝에서 발끝까지 실오라기 하나 남기지 않고 여자를 발가벗기려고 무진 애를 썼다."

한편 어느 바람둥이 남자가 매춘부를 데리고 가다가 강도를 만났는데, 그 강도가 갑자기 도덕선생 행세를 했던 사례도 있다. 이 사례는 케임브리지셔 출신의 노상강도 네드 보네트가 창녀를 데리고 가던 한 남자를 습격한 사건이었다. 강도는 두 사람에게 "실오라기 하나도 남기지 말고 발가벗어라"고 강요하면서, 흔히 창녀에게 돈을 주고 하는 그런 자세처럼 보이게 하려고, 남자더러 여자의 허벅지 사이에 누우라고 윽박질렀다. 그런 다음 강도는 그 자세로 두 사람을 끈으로 묶은 다음, 말안장에 올려놓고 말에게 '채찍'을 가하여 달리게 했다. 알려진 바에 따르면, 그 말이 두 사람을 싣고 케임브리지까지 달려갔다고 한다.[18]

옛날에는 반란이나 전쟁이 일어났을 때에도 대개 여자들한테는 최소한 유방이나 은밀한 곳을 가릴 수 있게 해주었다. 14세기 중반에도 이와 비슷하게 시민들이 격분했던 사건이 있었다. 이에 대해 지크문트 마이스털린이라는 사람은 다음과 같이 말했다.

> 비참하고 비극적인 사건 중에서 가장 개탄스러운 일은, 신앙심이 깊고 아주 정숙한 귀부인과 티없이 맑은 처녀들을 발가벗겨 치욕과 고통을 안겨주면서 도둑이 사는 집으로 끌고 갔다는 점이다.[19]

또한 농민전쟁 때는 한 무리의 반란군들이 오버라우다 성을 점령한 뒤, 현지 관리였던 필립의 아내와 자녀들을 포로로 잡아 '속옷까지' 벗겨버림으로써 그들에게 치욕을 안겨주었다.[20]

30년전쟁 당시와 이후에는 그런 식으로 포로를 배려해준 사례가 극히 드물었다. 러시아인들은 회히슈테트를 정복하고 나서, "수많은 남녀들을 발가벗긴 채 시내 한가운데로 이리저리 끌고 다녔고"[21]

1646년 수도원장 마우루스 프리제네거는 황제 근위대의 만행에 대해 일기장에 다음과 같이 적었다.

> 그들은 나이와 성별의 구별 없이 모든 사람을 묶어놓고 완전히 발가벗긴 다음, 몇 사람은 치욕적인 방법으로 죽이고, 나머지 몇 사람들에 대해서는 몹시 추운 가을날 완전히 벗겨놓고 괴롭혔다. 지루하게 이어지는 전쟁이 인간을 그토록 짐승 같은 존재로 만든 것이다.[22)]

많은 외국 신문기자들의 보도에 따르면, 파리 코뮌이 진압된 후 남자와 달리 여자들은 대중이 보는 앞에서 옷을 벗기는 수모를 당한 뒤 처형되었으며, 1871년 5월 26일에는 "석유를 뿌린 행위에 가담한" 여자 13명이 "방돔 궁전 앞에서 치욕을 당한 뒤에" 처형되었다고 『타임스』 기자가 보도했다.[23)] 반란자들의 시체를 놓고 사진을 찍은 일도 있고, 일부는 오로지 사진 촬영을 목적으로 음부를 노출시켰다. 1909년 에스파냐 무정부주의자들도 카탈루냐에서 그와 비슷한 행위를 저지른 바 있으며, 특히 1936년 '무정부주의자들의 짧은 여름' 사건에서는 미라로 만든 수녀와 수사들의 시체를 무덤에서 파낸 다음, 특히 수녀들의 유방과 음부를 노출시켜 대중들이 볼 수 있도록 관 옆에 진열해놓기도 했다.[24)]

1944년 프랑스가 독일 지배에서 해방된 직후, 독일군에 협력했던 여자와 프랑스군과의 성관계를 거부했던 여자들을 잡아다가 발가벗겨 파리를 비롯한 여러 도시의 거리를 끌고 다녔다(그림 148). 페리괴에서 그 광경을 목격했던 증인의 말을 들어보자.

> 대개 여자들을 광장이나 시청 앞으로 끌어냈어요(……). 그런 다음 의자에 앉혀놓고 남자들이 꽉 붙잡았지요. 그 여자들은 심

148. 독일인들과 관계를 가졌다는 이유로 한 여인이
1944년 8월 25일 파리 거리에서 끌려다니고 있다.

문을 받고 나서 대부분 속옷과 브래지어 차림으로, 또는 실오라기 하나 걸치지 않은 알몸으로 시내 거리를 끌려다니다가 투옥되었습니다.

그런 다음 그들은 감옥에서 거의 언제나 사디즘적인 방법으로 괴롭힘을 당했다. 그르노블 근처에 있던 또 다른 목격자는 피해를 당한 여자들 중 한 여자에 관해 이렇게 말했다. "그 여자는 완전 나체로 한 시간 동안 M, R, F라는 남자 세 명에게 차례로 고문을 당했습니다. M과 G는 그 여자의 치모를 뽑기도 했습니다."[25)]

1946년 포메른을 떠나 독일 내 소련 점령지로 향하던 독일 여자들이 폴란드 병사들에게 붙잡혀 완전 나체로 '몸수색'을 받았고, 그 가운데 대부분이 여러 사람 앞에서 추행을 당했다.[26)] 람스도르프 집단수용소에 수감된 독일인들 중에서 많은 수감자들—남자든 여자든 처녀든 상관없이—은 심문을 받기 위해 강제로 옷을 모두 벗어야 했다. 남자들은 폴란드인에 의해 대부분 고문대 위로 끌려가 의식을 잃을 때까지 구타를 당했고, 여자들은 알몸으로 심문을 받으면서 성폭행을 당했다. 처녀들에게는 고문담당자들이 장화를 신은 발로 가슴을 짓밟거나, 종잇돈에 석유를 발라 질 속에 집어넣고 불을 질러서 흉측한 화상을 입혔다.[27)]

베트남 전쟁 당시 많은 미군 병사들이 길을 가다가 우연히 젊은 베트남 여자들을 만나면, 습관적으로 젖가슴을 풀어헤치게 하고, 때로는 완전히 발가벗기기도 했다. '불타는 제5해병대'에서 보초근무를 마치고 돌아온 토머스 헤이트먼은 이렇게 말했다.

> 우리는 마을을 지나가다가 여자 한 명과 마주쳤는데, 누군가 그 여자의 옷을 벗겼습니다. 최소한으로 윗도리만 벗겼던 것이지요. 나는 그런 장면을 자주 목격했고, 내가 직접 해본 적도 여러 번 있습니다. 아무 이유도 없이 민간인들의 옷을 벗기는 경우를 30회에서 40회 목격했어요. 단지 여자라는 이유만으로, 나이로 보아 재미있을 거라고 생각했던 것이지요.[28)]

다른 사람의 옷을 벗기는 문제와 관련하여, 특히 여자를 벗길 때에는 중세 후기만 하더라도 일정한 예의 규정이 지켜졌으나, 대상이 '버림받은 자'일 경우, 특히 유대인에 대해서는 사정이 전혀 달랐던 것 같다. 죄수가 기독교인이면 최소한 속바지(bruoch)를 입혀서 저승으로 끌고 갔지만(그림 149), 유대인에 대해서는—특히 집단처형일 경우—옷을 전혀 입히지 않고 살해했던 것으로 보인다(그림 150). 게다가 특별히 치욕적인 방법으로, 이를테면 머리를 아래로 늘어뜨린 자세로 처형했다.[29)]

특히 유대인을 집단으로 처형할 때에는 남녀를 가리지 않고 모

149. 유죄판결을 받은 죄수를 단두대로 끌고 가는 형리들. 프랑스의 세밀화, 1389.

150. 거열형(車裂刑)에 처한 유대인들을 불태우는 장면.
알베르트 쿠네의 목판화, 1475.

두 폭력으로 옷을 벗겼다. 예를 들면 1096년 보름스에서는 십자군이 민가를 습격하여, 무방비 상태의 주민들을 구타하고 찌르고 옷을 완전히 찢은 다음, 죽여서 시체는 물론이고 아직 목숨이 붙어 있는 사람들까지 창문을 통해 길가에 내던졌다. 살아 있는 사람까지 포함해서 길거리에 버려진 알몸 시체들이 산더미처럼 쌓여 있었다.[30] 당시 유대인이 기록한 자료에 따르면, 유대인들이 "짐승처럼 살해되어 크고 작은 골목마다 널브러져 있고, 도살장으로 향하는 양처럼 끌려가 알몸으로 내던져졌다. 적들이 그들을 발가벗겨 눕혀놓았던 것이다. 자신들의 형제와 이스라엘의 얌전한 딸들이 그처럼 알몸으로 던져져 있는 광경을 본 유대인들은, 미친 자들의 의지대로 어쩔 수 없이 따라야 했다." 학살 행위가 끝난 뒤에 살아남은 동료들은 매장을 하기에 앞서 살해된 희생자들의 품위를 회복시켜주기 위해 맨 먼저 시체에 옷을 입혀주었다.[31] 1349년 스트라스부르에서 붙잡혀 유대인 묘지로 끌려간 유대인들도 천민들(vulgus)에 의해 옷을 몽땅 벗기는 수모를 겪었다. '예쁜' 유대인 여자(plures mulieres pulcre)와 수많은 어린이들은 강제로 익사를 당했고, 나머지는 모두 불에 타 죽었다.[32]

유대인 문화권에서는 옛날부터 신체적 수치심의 기준이 매우 높았다는 점을 고려할 때, 이처럼 대중 앞에서 발가벗기는 행위는 중세시대의 남녀 유대인들에게 엄청난 치욕이자 불명예였을 것이다. 유대인들은 일찍이 헬레니즘 시대에도 그리스 운동선수들의 발가벗은 모습을 보고 이의를 제기한 바 있다. 이를테면 치부를 가리는 풍습은, 역사적으로 우연히 그렇게 되었거나 단순한 사회적 관습이 아니라, 하느님이 아담과 이브를 낙원에서 쫓아내기 이전에 이들에게 가죽옷을 주셨으므로, 옷 입는 습관이 인간의 천성으로 굳어진 거나 마찬가지라는 이유였다.[33]

오늘날에도 유대인들은 다른 사람의 음부—ʿerwāh라고 표현되는 이 단어는 '나체' 또는 '벌거숭이'라는 뜻이다—를 쳐다보면 안 되고, 남자뿐만 아니라 특히 여자의 '수치스러운 나체'를 바라보지 못하게 되어 있다.[34] 예의를 갖추기 위해서는 벗은 상태로 기도해서는 안 되고,[35] 가족끼리도 상대방 앞에서 알몸을 드러내지 말아야 하는데,[36] 흔히 대표적인 사례로 함을 상기시키곤 한다. 노아가 거울 속을 너무 자세히 들여다보면서 벗은 몸으로 오두막에 누워 있었는데, 그때 함이 아버지의 성기를 보고 자신의 형제 셈과 야벳에게 그 사실을 전했다.

> 셈과 야벳은 겉옷을 가지고 가서, 둘이서 그것을 어깨에 걸치고, 뒷걸음쳐 들어가서, 아버지의 벌거벗은 몸을 덮어드렸다. 그들은 아버지의 벌거벗은 몸을 보지 않으려고 얼굴을 돌렸다(창세기 9:23).

그러나 노아는 술에서 깨어 "작은아들이 한 짓을 알고" 그와 그 후손에게 저주를 내렸다. 물론 이와 같은 금기는 아버지처럼 존경하는 인물에게만 해당되는 것이 아니라 누구에게나 마찬가지로 적용되었다.

> 홧김에 이웃에게 술을 퍼먹이고 술에 취하여 곯아떨어지게 하고는, 그 알몸을 헤쳐보는 자는 화를 입으리라!(하바국서 2:15).

12세기의 랍비 유다는, 남자는 혼자 있을 때에도 발가벗으면 안 되고, 남들 앞에서는 상체를 벗고 있어도 안 된다고 말한 바 있다.[37]

여자가 지켜야 할 예의범절은 근본적으로 훨씬 더 엄격했다. 유대인의 전통은 인간이 짐승보다 우월하다는 사실을 항상 강조해왔다. 그 증거로 여자의 젖가슴은 '이성(理性)이 깃들인 곳', 즉 심장 앞에 붙어 있으므로 인간의 아이는 짐승의 새끼와 달리 '그곳', 즉 어머니의 음부를 쳐다보면 안 된다는 것이다.[38)]

탈무드에 따르면, 여자가 팔과 허벅지를 드러낸 채 빨래하고 있을 때 남자가 그 장면을 쳐다보아서는 안 된다.[39)] 기원전 5세기의 에스라 문서에서는, 모든 여자는 만일의 경우에 대비하여 겉옷 속에 일종의 허리싸개(腰布) 또는 속바지를 입으라고 말한다.[40)] 기혼녀가 대중 앞에서 의도적으로 팔뚝만 노출해도 그것은 이혼 사유가 되었으며,[41)] 또한 기혼녀는 남편이나 남자 형제, 또는 아들이 죽으면 애도하는 심정에서 자신의 옷을 찢는 행동을 하는데, 이때 옷이 엉덩이 아래까지 찢어지지 않도록 주의해야 한다.[42)]

월경이 있은 후 하나의 의식 행위로 목욕을 할 때 정숙한 여자는 목 부분까지 물에 잠기도록 하고, 팔다리를 오므려 자신의 알몸을 다른 여자들이 볼 수 없게 해야 한다.[43)] 유대교 세례식, 즉 유대교로 개종하려면 누구나 거쳐야 하는 이른바 개종 세례식에 임할 때 남자는 엉덩이까지, 여자는 목 부분까지 물속에 잠기게 하는 관습은 그 누구도 여자의 젖가슴을 보지 못하게 하려는 조치라고 설명되어왔다.[44)]

누군가가 여자의 음부를 보게 되면 그 여자는 명예를 상실하는 바, 성서에는 이렇게 씌어 있다.

> 예루살렘이 그렇게 죄를 짓더니, 불결한 여자와 같이 되었다. 그를 떠받들던 자가 모두 이제는 그의 벌거벗은 모습을 보고서 업신여기니, 이제 한숨지으며 얼굴을 들지 못한다(예레미야 애가 1:8).[45)]

또한 알몸을 본 사람이 자신의 남편인 경우에도 치욕이라고 인식되었다. 일반적으로 유대인 남편에게는 아내의 음부를 바라보지 말라고 분명하게 금지되어 있지는 않지만, 어쨌든 탈무드에는 아버지가 어머니의 음부를 쳐다보았기 때문에 아이가 눈먼 상태로 태어나게 되었다는 이야기를 랍비 요하난이 천사들로부터 들었다고 되어 있다.[46]

중세시대의 유대인들이 여자의 알몸을 그림으로 그린 솜씨를 보면, 그들이 여자의 알몸을 보는 데 익숙지 않았음을 알 수 있다. 팜플로나(이류냐)에서 발간된 1197년판 유대교 성서의 삽화를 보면, 파라오의 딸이 하녀 두 명과 함께 나일 강에서 아기 모세가 들어 있는 작은 상자를 막 주워올리는 장면이 그려져 있다(그림 151).[47]

151. 아기 모세의 발견.
팜플로나에서 발견된 히브리어 성서의 삽화, 1197.

이 그림에서 젊은 여자 세 명은 발가벗었는데도 이 그림을 그린 화가는 옷을 입었을 때 나타나는 가슴선을 그려넣었다.[48] 뿐만 아니라 음부가 없고, 젖가슴은 시늉만 낸 상태여서, 언뜻 보면 지난 세기에 '트리코'(몸에 착 달라붙는 옷—옮긴이)라고 일컫는 옷을 착용한 것처럼 보인다.[49]

신체에 대한 유대인들의 유별난 수치심은 그 후로도 수백 년 동안 지속되었고, 다른 유대인의 드러난 성기를 바라보는 행위가 계속해서 금지되어왔던 터라, 영화 「대학살」(Genocide)의 제작자들에게는 발가벗겨진 사람들이 집단으로 가스실에 끌려 들어가는 장면을 어떻게 처리해야 할지 난감한 문제가 아닐 수 없었다. 결국 그들은 그 장면을 대폭 줄이고 청색 필터를 이용하여 흐릿하게 처리하기로 결정했다.[50]

21

지옥의 문 앞에서

구약성서 몇 군데를 살펴보면, 당시의 유대인들은 간통한 여자나 매춘부를 벌할 때 '알몸을 드러내는'[1] 방법을 썼는데, 이것은 아마 겉옷 앞부분을 도려내거나 위로 걷어올린다는 의미로 이해하면 될 것이다. 그 예로 다음과 같이 창녀—이것은 니느웨 도시를 창녀로 비유한 것인데—에게 경고하는 구절이 나온다. "내가 네 치마를 얼굴 위로 걷어올려서 네 벌거벗은 것을 뭇 나라가 보게 하고, 네 부끄러운 곳을 뭇 왕국이 보게 하겠다"(나훔서 3:5).

또한 바빌로니아의 창녀에게 이렇게 말하는 장면도 있다. "얼굴을 가린 너울을 벗고, 치마(šōbel)를 걷어올려 허벅지를 드러내고, 물속을 걸어서, 네 맨살과 부끄러운 곳이 드러나 보이게 하라"(이사야 47:2,3).[2]

유대인들은 적대관계에 있는 종족들로부터 그와 같은 방법으로 치욕을 당하기도 했다. 이미 앞에서 언급했듯이 암몬족의 왕 하눈은 다윗이 보낸 사절들을 '허리까지' 벗겨서 수치스럽게 만든 바 있고, 아시리아 사람들은 적의 아내들을 욕되게 하려고 치마 앞쪽을 도려내거나(그림 152) 위로 걷어올리도록 강요했다.[3)]

152. 살마나사르 3세에게 포로로 잡힌 유대인들. 텔 발라바트에서 발견된 청동 부조, 기원전 9세기.

특히 고대와 중세는 물론 19, 20세기에 와서도 일반적으로 남자 앞에서 얼굴과 손 외에는 맨살을 드러내는 일이 없었던 유대인 여자들은 위와 같은 방법으로, 또는 그보다 더 심한 치욕을 겪었다. 유대인 여자들은 전통적으로 얼굴에 베일을 쓰지 않았으나,[4)] 적어도 이슬람 지역 일부에서는 이를테면 성추행을 방지하기 위한 목적으로 베일을 사용하도록 허용되었던 것 같다. 예컨대 1876년 동양학자 할레비는, 마라케시 시장에서 얼굴과 머리에 가리개를 착용하지 않은 유대인 소녀 여러 명을 무슬림 남자들이 음란한 표정으로 바라보고 있는 장면을 목격했다. 그가 전해들은 바에 따르면, 유대인 여자는 베일을 쓰지 않으면 더 이상 체면을 유지할 수 없다는 사실을 정부측에서 알고, 그 소녀들에게 이슬람교로 개종하도록 강요하기 위한 압력 수단으로 베일을 쓰지 못하게 금지한 것이었다.

실제로 이슬람 국가에서는 유대인 여자들을 매춘부로 취급하여 만지거나 심지어 추행하는 일이 잦았는데, 예를 들면 페르시아의 왕 나스르-아드-딘은 1890년에 훈령을 개정하여, 유대인 여자가 '정식 매춘부와 똑같이' 대중 앞에서 얼굴을 드러내지 않으면 모두 사형에 처하라고 명시적으로 규정한 바 있다. 이와 같이 베일을 쓰지 않고 다니는 유대인 여자들은 남자 회교도들이 볼 때 항상 유혹하는 것처럼 보였고, 이방인을 박해할 기회가 생길 때마다 유대인 여자가 우선적인 대상자로 떠올랐다. 그 예로 1820년 라마단이 시작된 지 13일째 되던 날, 회교도들이 유대인 구역인 페츠 지역을 습격하여 부녀자들을 모두 끌어내어 발가벗겨놓고 성폭행을 자행했다.[5]

동유럽과 같은 비회교 지역에서도 사정은 비슷해서, 유대인 여자에 대한 집단폭행이 발생할 때마다 어김없이 옷을 찢어 발가벗겨놓고 성폭행을 했다.[6] 이와 같은 만행은 특히 유대인 여자들을 제물로 삼아 과거부터 '성적 노리개'로 삼았던 전통으로 인해 더욱 심화되었다. 수세기 전부터 백인들이 흑인 여자에 대해 성충동이

153. 유대인 박해가 이루어지고 있는 동안 두 줄로 늘어선 사람들 사이로 여자를 지나가게 하는 장면. 렘베르크의 우크라이나 민병대, 1942.

특별히 강하다고 생각했던 것처럼, 유대인 여자는 음탕하다는 말이 속담처럼 되어버렸다. 이를테면 "절대로 만족하지 못하는 게 뭐게? 그야 유대인 지갑과 유대 여자의 보지이지"[7] 하는 식의 속담이 생겨났고, 바르샤바의 유대인 구역에서는 나치 부대가 유대인의 음란함을 보여줄 목적으로 남자와 여자를 한꺼번에 수용소에 몰아넣고, 완전 나체로 서로 목욕시켜주도록 강요한 다음, 그 장면을 필름에 담았다.[8]

이처럼 나체를 강요한 주요 원인은 물론 섹스에 대한 모험심 때문이라기보다 피해자의 존엄성과 개인적 정체성을 파괴하여 그들로부터 저항할 힘을 빼앗으려는 의도에서 비롯되었다.[9] 이런 이유 때문에 알몸을 드러내는 행위가 인격의 변화가 일어나는 성인식에서 항상 중요한 역할을 하는데, 이는 감옥에 처음 수감되거나 사창가에 발을 들여놓는 경우도 마찬가지였다. 이를테면 제2차 세계대전 이전, 유대인 소녀들은 유대인 인신매매자들에 의해 배에 실려 부에노스아이레스로 끌려간 다음, 특별히 마련된 경매소에 도착하여 실오라기 하나 걸치지 않은 모습으로 잠재적인 구매자들의 손으로 검사를 받은 다음, 아르헨티나와 브라질의 술집으로—대부분 싼값으로—팔려나갔다. 이미 갑판에서 거의 모든 소녀들이 옷이 벗겨진 채 폭행과 추잡한 짓을 당하는 바람에, 아예 수치심마저 상실함으로써 나중에 가서 새로운 '자기정체성'을 갖게 되었다.[10]

KGB 수용소에서는 몇 년 전까지만 해도 여자 수감자들을 강제로 발가벗겨 능욕하는 일이 일어났다. '정치적' 이유로 수감생활을 했던 이리나 라투신스카야의 말을 들어보자.

> 여자들이 수치심을 느낀다고요? 몸수색을 받을 때 실오라기 하나 없이 발가벗어야 합니다. 조사를 한다면서 붙잡아놓고 목욕탕으로 끌려 들어가면, '순전히 우연하게' KGB 장교들이 들러서

한바탕 웃어대지요. 그리고 수용소에 들어가면 반드시 의사와 수용소장, 그리고 검사 앞에서 자신의 몸을 보여줘야 합니다.

스탈린 시대 '수용소 군도'의 사정은 더욱 심했다.

수용소 목욕실로 갔다. 거기 말고 어디로 갔겠는가? 발가벗은 여자들은 상품과 같은 구경거리였다. 욕실에 물이 있든 없든 상관없이 이(蝨)검사뿐만 아니라 겨드랑이 털과 치모를 깎는 절차가 진행되는데, 이것이 이발사(이발사는 수용소 서열에서 귀족에 속한다)에게는 새로 들어온 여자들을 샅샅이 살펴볼 수 있는 기회였다. 나머지 바보 같은 여자들도 곧장 검사를 받으러 끌려갔다.[11]

가장 잔인하고 비인간적인 만행을 당한 사람들은 제2차 세계대전 당시 나치 집단수용소에 수감된 남녀 유대인들이었고, 그들이 어떤 치욕을 겪었는지는 다카우 수용소에 처음 수용된 사람들 앞에서 연설한 나치 친위대의 다음과 같은 환영사를 통해서도 알 수 있다. "너희에게 체면 따위는 없다! 저항할 수도 없다! 너희는 한 줌의 똥이므로 그렇게 취급받을 것이다!"[12]

유대인들은 집단수용소로 끌려가는 도중에도 치욕을 감수해야 했고—그 예로 로도스 섬에서 끌려와 아우슈비츠로 이송 중이던 유대인 여자들은 다짜고짜 "친위대원들이 보는 앞에서 옷을 몽땅 벗어라"[13]고 강요를 받았다—수용소에 도착한 뒤에는 최대의 굴욕적인 절차가 기다리고 있었다. 헝가리 출생의 유대인 여자가 아우슈비츠에 들어가면서 겪었던 수모를 이렇게 회상했다.

잠시 후 우리는 엄청나게 넓은, 텅 빈 홀 안으로 끌려 들어갔습니다. 바닥에는 돌이 깔려 있고, 거대한 비행기 격납고 같은 곳이었습니다. 안으로 들어가자마자 목소리가 굉장히 큰 사람이 완전히 옷을 벗으라고 명령하더군요. 우리는 깜짝 놀라 굴욕감을 참으면서 옷을 벗고 옷가지를 걸어놓을 장소를 찾으려 했습니다. 친위대원들이 그걸 눈치채고는 "몽땅 바닥에 내려놔라!"고 버럭 소리를 지르더군요. 우리는 명령대로 완전히 발가벗은 채, 실컷 웃어대는 보초병들 사이에 서 있었습니다. 초병들은 우리 주변을 빙빙 돌면서 음란한 소리를 지껄여댔습니다. 우리는 아무리 심한 악몽일지라도 그토록 굴욕적인 상황은 상상조차 못했습니다.

그런 다음 그들을 여러 군데 작은 방으로 몰아넣었다.

다시 한 번 우리는 친위대원들 앞에서 몸을 벌리고 검사를 받았습니다. 너무나 수치스러워 손으로 어디를 가려야 할지 허둥대고 있었어요.[14]

창녀들도 포함된 그 여자들 중에서 많은 수가 처음에는 뚫어져라 바라보는 보초병들 앞에서 옷벗기를 거부하다가, 매를 맞고서야 벗기 시작했다.[15] 더욱 치욕적인 사태가 아직 남아 있었다. 그 수용소에 수감되었던 한 여자는, 그에 뒤이은 과정이 "이따금 글로 공개되긴 했지만 나로서는 절대로 잊을 수 없는 충격이었다"[16]고 털어놓았다. 그것은 바로 머리를 포함한 신체의 모든 털을 깎는 과정이었다. 기혼부인은 물론 젊은 처녀들을 상대로 남자들이 그 짓을 하는 경우도 흔했다. 한 여인이 비르케나우 수용소에 관한 이야기를 이렇게 들려주었다.

그런 다음 우리는 남자 막사로 끌려갔습니다. 나중에 B막사라고 이름이 붙여진 곳이었지요. 거기서 완전히 옷을 벗고, 몇 해 동안 여자라곤 구경도 하지 못한 남자 수감자들로부터 이곳저곳에 면도질을 당했습니다.[17)]

이 과정이 특히 어린 소녀들에게는 수치스러운 일이 아닐 수 없었다. 열네 살 때 라벤스브뤼크 수용소로 끌려갔던 한 여자는 다음과 같이 회상했다.

그곳에서 나는 머리가 벗겨진 친위대원 앞에 발가벗은 채 서 있었다. 그때까지 나는 부모님 이외에 누구 앞에서도 알몸을 드러낸 적이 없었다. 그건 정말 끔찍한 일이었다![18)]

아우슈비츠에서 면도질을 당한 여자들은 다시 한곳에 모여 친위대원들 앞에서 '치마 걷어올리기'를 해야 했다. 아직 치모가 그대로 남아 있는 여자는 "끌려나가 호되게 얻어맞았다."[19)] 털을 깎는 이유가 겉으로는 위생을 위한 것이라 했지만, 실제로는 특별히 치욕을 안겨주기 위한 조치로서, 이런 방법으로 여자들에게 마지막 남은 존엄성을 빼앗으려는 의도에서 나온 것이었는데, 그것은 '아리안족' 수감자들 중에서 오직 동성애자들한테만 그런 조치를 취했다는 사실만 봐도 알 수 있다.[20)]

그 밖에 수감자들은—그 당시 처녀였던 어느 수감자의 말에 따르면—'짐승' 취급을 받았고, 특히 여자에 대해서는 "가축시장에서 가축의 입 따위를 열어보듯이" 여기저기 만져보면서 검사하는 과정이 있었다. "내 차례가 되자 친위대 의사가 젖꼭지를 눌렀다가 당기면서 '오라, 유대인이로군!' 하더군요."[21)]

숨겨놓은 귀중품을 색출한답시고 남자는 항문을, 여자는 음부를 잔인하게 벌려놓고 검사하는 것 또한 비인간적인 만행이었다.[22] 이와 같은 치욕적 행위는 전쟁 말기에 붉은군대 군인들이 수많은 독일 여자들에게 저지른 바 있는데, 쾨니히스베르크에서 그런 일을 당했던 증인의 말에 따르면, "산부인과 방식으로 숨겨진 보석이 있는지 진찰"을 받았다고 한다.[23]

이런 식으로 굴욕을 주는 행위는 그 후로도 계속되었다. 친위대원들과 수용소 하급 지휘관들은 여자들의 수치심을 건드리는 것을 재미로 삼았다.

> 여자 수감자 한 명이 막사 앞에 있는 사우나실에서 소독약을 탄 통 속에 수건을 집어넣는 일을 하고 있었다. 우리는 일렬로 줄을 지어 안으로 들어갔다. 한 사람씩 겨드랑이와 다리 사이를 문질러주는 것이었다. 근처에 모여 있던 친위대원들이 이 장면을 바라보면서, 정말 재미있다는 듯이 웃어대고 있었다. 무리를 지어 모여 있던 그들은 수치심에 쩔쩔매는 우리의 몸짓을 바라보느라 정신이 팔려 있었다. 한 여자가 소독을 거부하자 그들이 달려와 얼른 낚아채더니, 상스러운 욕을 해대면서 거칠게 저쪽으로 끌고 갔다. 그들에게 최대의 재미를 안겨준 것은 중년 여자들이었다. 야외에 설치된 그 나체 시설물이 여자들에게는 그야말로 최대의 충격이었다.[24]

살아남아 수용소 생활을 글로 남긴 여자들 중에서, 감시병들의 '음탕한' 시선이 참으로 굴욕적이었다는 것, 그리고 최소한의 속옷만 입고 있어도 감시원이 달려와 매질을 했다는 내용을 언급하지 않은 사람은 거의 없다.[25] 물론 시간이 흐름에 따라 수치심이 무뎌져 남자들이 쳐다봐도 아무렇지도 않게 되었다고 말하는 여자들도 있다.[26]

이미 전쟁이 진행되는 동안에도 집단수용소의 여자 수감자들은 할리우드 영화 광고에 등장했던 것처럼, 미국의 선전 포스터에서 나치 장교들의 성 노리개로 묘사되었고(그림 154), 실제로도 그들

154. 제2차 세계대전 중에 나붙은 미국의 선전 포스터.

은 항상 강제 성행위와 성폭력 대상자로 노출되어 있었다. 그러나 친위대에 소속된 사람들이 그런 짓을 저지르는 경우는 드물었다. 어떠한 '종족의 치욕'에 대해서도 엄한 처벌이 내려졌으므로, 그것이 두려웠기 때문이다. 물론 종족의 치욕이란 좁은 의미로 말한다면, 성적인 문제에 개입하는 것을 의미한다.

그 예로 돌격대장이었던 막스 토이프너는 유대인 여자를 발가벗기고 '다리 사이에' 지팡이를 꽂아놓고 사진을 찍다가 친위대원에게 발각됨으로써 1943년 5월에 '친위대 최고 경찰법원'에서 3년형을 선고받은 다음, 여기에 다른 혐의가 추가되어 도합 10년형을 선고받고 친위대에서 축출된 것은 물론 '군인자격 미달' 선고를

받았다. 유대인 여자를 찍은 '수치심도 없고 몰취미한 사진'은 '열등감의 표시'라는 것이 판결문의 요지였다.[27)]

그런데도 성적인 모욕 행위는 자주 일어났다. 예컨대 슈투트호프 수용소에서 목숨을 건 '스트립 행사'가 벌어졌다.

> 나치 장교들이 환자 막사에서 재미삼아 자기들만의 작은 '선발대회'를 열었다. 그들은 병에 걸린 여자들에게 강제로 옷을 벗게 하고, 패션쇼 무대의 모델처럼 자기들 앞에서 왔다갔다 쇼를 벌이게 했다. 그들은 자기들끼리 음담패설을 주고받으면서 여자들을 샅샅이 검사하여, 작업장에 보낼 여자와 성적 노리개로 이용할 여자를 분류했다. 그들은 희생자들의 음부를 눈요기하면서, 자기들의 취향에 맞지 않게 너무 말랐거나 연약하게 생겼을 때는, 기분 내키는 대로 '화장장으로 끌어내!'라며 명령을 내리곤 했다.

그러나 처형되지 않은 여자 환자들을 폭행한 것은 나치 장교나 친위대원들이 아니라, 수감자들 중에서 감독자로 발탁된 반장들이었다. 그들은 끊임없이 환자 막사를 들락거리면서 여러 사람이 보는 앞에서 여자들을 하나씩 추행했다.[28)] 다른 보고에 따르면, 새로 수감되는 유대인 여자들의 털을 깎는 일을 맡은 여자들에게 은밀하게 음식을 주고, 그 대가로 여자 수감자들의 나체를 감상하는 반장들이 있었다.[29)] 아우슈비츠 초기의 수감생활에 대해 당시 스물두 살이었던 여자는 이렇게 전했다.

> 이튿날 아침 점호가 끝나자, 우리 막사에서 가장 나이가 많은 여자가 나를 즉시 숨겨주었습니다. 반장의 눈에 띄면 낚아채듯 데려가기 때문이었지요.[30)]

물론 유대인 여자들뿐만 아니라 다른 여자 수감자들도 비참한 치욕을 당했다. 라벤스브뤼크 수용소에서 고문대에 올라갔던 독일의 여자 공산주의자는 이렇게 전했다.

> 나무로 만든 조임틀에 두 발을 단단히 고정시키더니 한 여자가 나를 묶더군요. 그리고 내 치마를 걷어올렸고, 엉덩이가 드러났습니다—바지는 이미 친위대 요원들이 지켜보는 가운데 고문대 위에서 벗은 상태였지요.[31]

형리들은 여자들에게 태형을 가한 후 일렬로 세워놓고, 나치 친위대 남자들이 구석구석을 자세히 들여다볼 수 있도록 치마를 치켜올리고, 허리를 굽히라고 강요했다. 그들은 "웃어대면서 음탕한 소리를 했다. 고문대 위에서 고문이 끝나면 그와 같은 치욕을 안겨주었던 것이다."[32]

프랑스 혁명 당시에도 주로 수감된 수녀들이 그와 같은 모욕의 대상이었다. 이러한 행위는 앞에서 소개했듯이, 라벤스브뤼크에서 수감생활을 했던 여자 공산주의자의 증언을 들어봐도 알 수 있다.

> 나치 친위대 사람들은, 수녀들이 어쩔 줄 몰라하면서 옷을 벗고 목욕하는 장면을 지켜보면서 즐거워했습니다. 수용소 담당 의사는 특히 수녀들이 알몸으로 줄을 서 있는 장면을 바라보면서 야한 소리를 지껄여댔습니다.[33]

'인간 이하의 존재'로 분류된 사람들은 대부분 더욱 가혹한 시달림을 당했는데, 예를 들면 폴란드 여자들이 그랬다. 어느 목격자는 1944년 노이엔감메 수용소에서 폴란드인 젊은 간호사 세 명과 또 다른 여자 수감자가 겪었던 일을 다음과 같이 증언했다.

그들 네 명이 욕실로 끌려갔다. 잠시 후 친위대 요원들이 무리를 지어 나타났는데, 그 중에 클렘트도 끼여 있었다. 그들은 젊은 여자들에게 옷을 완전히 벗게 한 다음, 몸에 나 있는 털을 모두 밀어버리라고 수용소 이발사에게 지시했다. 친위대 요원들은 즐겁다는 듯이 그 장면을 바라보고 있었다. 클렘트가 그 자리에 있던 사람들에게 말했다. "여자들한테는 면도를 잘해줘야 해. 수용소에 쥐가 들어오면 안 되니까 말야." 이 절차를 거치고 나서도 처녀 네 명은 며칠 뒤 친위대 요원 여러 명이 함께 자리한 가운데, 욕실 막사 맞은편 벙커에서 완전히 발가벗은 몸으로 목이 매달린 채 죽고 말았다. 물론 이미 온갖 학대와 비인간적인 고통을 당하고 난 뒤의 일이었다.[34]

독일로 이송된 외국인 여자 노동자들도 중간 기착지에서 방역작업과 신체검사를 받는 과정—그 밖에 이곳에서 머리를 짧게 자르고, 겨드랑이와 음부의 털을 깎는 과정도 이루어졌다—에서 점잖게 표현하자면, 수치심 따위는 전혀 고려되지 않았다.[35] 훗날 어느 러시아 여인이 한숨지으며 이렇게 말했다.

리츠만슈타트에서 우리는 옷을 소독하고 속옷을 되돌려받기 위해 또다시 알몸으로 나와서, 독일 군인들이 무리지어 서 있는 곳을 지나가야 했습니다. 정말 치욕적이었지요. 우리는 겨우 열여섯 살이었습니다![36]

물론 이런 짓은 많은 나치 대원들이 부추긴 결과였다. 1942년 가을, 전문기술자를 수용했던 차르코프 수용소 소장은 '위대한 독일 제국의 존엄성과 명예'를 해치는 상황에 대해 다음과 같이 지적했다.

지금까지 방역소에서 불미스러운 일이 있었던 것으로 보고되었다. 그 중에서 일부는 남자 근무자나 그 밖의 남자들이 부녀자들이 있는 샤워실을 들락거리며 그런 짓을 저질렀고, 심지어 비누칠을 해주는 사례도 있었다! 그런 다음 여자 샤워실을 사진으로 찍었다. 주로 지난 몇 달 동안에 이송된 우크라이나 주민들 가운데 여자 주민들은 도덕적으로 매우 건전하고 엄격하게 교육받은 여자들이었다는 점을 감안할 때, 그러한 행위는 민족적 수치로 받아들일 수밖에 없을 것이다.[37)]

22

중세와 근대 초기의 여성에 대한 성적 학대

현재 우세를 보이고 있는 문명이론에 따르면, 중세 말기에 남자가 여자에게 "인사를 나누거나, 대화를 하거나 춤을 출 때" 습관적으로 여자의 신체 부위를 만졌다고 한다. 그 신체부위란 이를테면 유방과 같이 오늘날 은밀하다고 일컫는 부분이며,[1] 여러 사람이 보는 앞에서 남자가 여자의 다리 사이에 손을 집어넣는 행위조차 '음탕하거나 아슬아슬하다'고 인식하지 않았으나, '18세기 후반부터' 비로소 '성을 문제시'하기 시작했다는 것이다.[2]

또한 그 책의 다른 부분에 따르면, 16세기에 이르러 비로소 성기를 '금기시'하게 되었고—나아가 '에로틱하다'고 받아들여졌으며—그때부터 손가락을 만지듯이 그 부위를 만지는 행위를 당연하지 않은 것으로 인식하게 되었다는 것이다. '그 후로' '여성의 젖가슴을 만지는 행위'뿐만 아니라 "성교와 관계없이 성기가 아닌 부분을 만지는 행위"까지 금기사항이 되었던 반면에, 지난 수십 년 동안 유방을 성행위와 구별했던 현상은 '의심할 바 없이 16세

기의 상황으로 되돌아간 것'이라는 주장을 펴고 있다.[3)]

엘리아스 자신의 주장은 약간 덜 조잡하지만, 이 문제와 관련하여 13세기 또는 14세기의 '상황'에 대한 그의 생각은 앞의 견해와 비슷하다. 예를 들어 15세기의 예법에 관한 그의 견해를 들어보면 분명히 알 수 있는데, 그에 따르면 당시에는 남자가 여자와 '은밀한' 대화를 나눌 때 '팔을 만지는' 일이 없었던바, '여성을 배려한 이와 같은 조치'는 이전 시대에 비하여 문명화 과정에서 한 단계 발전한 것으로서, 남자에게는 '상당한 정도의 긴장'이 요구되는 일이었다는 것이다.[4)] 따라서 엘리아스도 이전 시대에는 남자가 스스럼없이 여자를 '만졌다'는 전제를 두고 있는 셈이다.

문화사와 예술사를 연구하는 수많은 학자들도 자신들만큼 아는 사람이 없다는 생각을 가지고, 중세시대의 남녀교제 예법에 대해 비슷한 견해를 제시했다. 예를 들면 1460년경에 책표지 제작자가 만든 동판화로 「신랑이 신부를 만지는 장면」(그림 155)이 있는데,

155 청춘의 샘. 표지 제작자의 동판화 세부, 1460년경.

중세시대에 '만져보기'라고 불린 이 동작은 한참 후에 가서야 '추잡하다'는 이유로 금지되었다고 한다. 그 후로 남편이 될 남자에게는 신부의 다리 사이를 만지는 것까지 포함해서 '그 밖의 모든 자유'가 허용되었다는 것이다.[5)]

물론 문헌에 자주 나오는 이와 같은 주장[6)]에 근거가 전혀 없는 것은 아니다. 표지 제작자가 만든 이 동판화는 한편으로는 청춘의 샘 장면—중세 후기에 매우 성행했던 그림인데[7)]—을 묘사한 것으로,[8)] 이 남자는 그 샘물 덕분에 정력을 되찾아 젊어졌다는 사실을 깃털모자를 통해 암시적으로 드러내고 있다. 다른 한편으로, 이 동판화는 로타리 훈령(랑고바르드 왕국의 로타리 왕이 643년에 선포한 법령—옮긴이)의 조문과는 아무런 관련이 없다. 이 법전은 7세기의 중요한 게르만 민족법이자 문서로 기록된 랑고바르드 왕국의 가장 오래 된 법령으로, 그 중에 이런 조항이 들어 있다.

> 임자가 없는 처녀나 과부가 친척의 동의 없이 한 남자에게 시집을 가면, 임자 없는 남자에게 시집가는 경우라 할지라도 그 여자를 아내로 데려간 남자는 만져보는(anagrip) 대가로 20실링을 내야 하고, 불화가 생기는 경우에도 20실링을 내야 한다.[9)]

신랑이 신부의 음부를 만져보는 행위에 대한 금지 여부는 이 규정에 전혀 언급되어 있지 않고[10)] 다만 벌금에 관한 사항, 즉 어느 부분인지 더 이상 구체적으로 지적하지는 않았으나 남자가 처녀나 과부의 몸을 '접촉'하면 20솔리디(solidi)를—그 밖에 임자 없는 여자를 본인의 의사에 반하여 '겁탈'한, 즉 성폭행한 남자에게도 같은 액수의 벌금을 내도록 되어 있었는데—내야 한다고 명시되어 있다.[11)]

『바바리아 법』(*Lex Baiuvariorum*)에 따르면 결혼한 부인이든 미혼녀든 상관없이 여자에게, 바이에른에서 이른바 '호르크리프트'(horcrift)라고 일컫는 행위를 저지른 자는 6실링의 벌금을 내도록 규정되어 있었다. 앞에서 말한 '접촉'이란 결국에는 음부 접촉을 말하는 것이 아니라 그보다는 '덜 중요한' 신체 부위, 이를테면 젖가슴 따위를 뜻하는 것 같다. 이는 그 다음 대목에서 남자가 '옷 벗기기', 즉 여자의 옷을 무릎 위로 치켜올리는 행위를 하면, 12실링을 내야 한다고 명시된 것만 봐도 알 수 있다.[12)]

9세기 영국에서는 남자가 비천한 여자의 젖가슴을 만지면, 그 남자는 앨프레드 왕에 의해 제정된 법률에 따라 추행 혐의로 5실링의 벌금을 내도록 되어 있었다. 음탕하게 수녀의 젖가슴을 더듬거나 옷자락을 붙잡기만 해도 그 남자는 풍속사범으로 간주되어, 평신도 여자를 추행했을 때보다 더 많은 두 배의 벌금을 냈다.[13)] 또한 기독교 신자가 아닌 일반 처녀에게, 삽입을 하지 않았더라도 추행을 저지른 자는 벌금 10실링을 내야 하고, 기혼 부인을 추행했을 때는 30실링을, 처녀를 추행했을 때는 60실링을 냈다. 한편 귀족 여인을 상대로 그런 행위를 했을 경우에는 각각의 행위에 대해 벌금이 엄청나게 높았다.[14)]

7세기 고대 아일랜드의 아담나인 법은 벌금을 다음과 같이 규정했다.

> 처녀를 폭행한 경우에는 7쿠말, 한 손을 허리춤에 대거나 안으로 집어넣는 경우에는 10운첸, 여자를 욕보이기 위해 한 손을 옷 속에 집어넣으면 3운첸과 7쿠말, 여자의 옷을 치켜올리면 7운첸과 1쿠말을 내야 한다.[15)]

고대 아일랜드의 성문법인 '그라가스'(Grágás: '회색 거위'라는 뜻)의 규정들은 비교가 안 될 만큼 엄격해서, 이를테면 남자가 혹심을 품고 여자를 바닥에 쓰러뜨리거나 여자의 침대로 올라가면, '숲속 유배'라고 일컫는 종신 추방을 한다고 규정되어 있었다. 남자가 단지 여자의 침대로 접근만 하거나 동침하겠느냐고 묻거나, "여자를 속이기 위해 여장을 하면" 그런 행위에 대해 '생활권 울타리'라고 일컫는 '가벼운 추방'이 내려져 보통 3년 동안 시골로 추방되었다.[16]

바유바르족(게르만족의 일파—옮긴이)의 경우 결혼한 부인이나 처녀(hôrgrift)의 손가락만 만져도 부정한 행위로 간주되었고,[17] 8세기 프랑크족 계열 잘리에르족의 법률인 '잘리카 법'(Lex Salica)에 따르면, 자유민 남자가 임자가 없는 여자의 손가락이나 손을 접촉하면—법률 용어로는 '누른다'고 표현하는데—15실링을 지불하도록 되어 있었다.

여기에서 우리가 염두에 두어야 할 것은, 1페니히로 빵 24파운드를 살 수 있고, 1실링으로는 뿔이 달린 건강한 암소 한 마리를, 12실링이면 말 한 마리 또는 갑옷 한 벌을 구할 수 있었다는 점이다. 남정네의 불결한 손이 여자의 팔 깊숙한 곳으로 '배회'할수록, 자신의 돈주머니를 더 깊숙이 털어내야 했다. 만일 여자의 팔꿈치 아랫부분을 '만지면' 30실링을 내야 하고, 팔꿈치를 만지면 35실링, 젖가슴을 만지면 무려 45실링을 내야 했다.[18] 다른 사람의 코나 귀를 때려서 떨어져나간 경우에도 고작 600페니히 또는 15실링, 즉 3분의 1 가량의 금액만 내면 되었던 사실에 비추어본다면, 위의 처벌이 얼마나 가혹했는지 짐작할 수 있다.[19]

고대의 프리지아 법에 따르면, 여자의 뺨을 쓰다듬는 것도 음란한 행위로 처벌 대상이 되었다. 그 후 '뺨'(maxillam)이라는 단어가 '젖가슴'(mamillam)으로 바뀌었는데, 필사한 사람이 착각을 일으킨 것인지는 분명히 알 수 없다.[20] 그렇지 않다면 그것은 프리슬란트의 형법이 현저히 완화되었음을 나타내는 증거일 것이고,

그때부터는 젖가슴을 만져도 과거에 뺨을 어루만졌을 때 지불했던 만큼의 벌금만 내면 되었을 것이다. 어쨌든 여자를 음탕하게 만지는 행위는 일정한 기준에 따라 등급별로 분류되었다. 14세기 엠스 지방의 법률에 따르면, 여성의 옷 속에 손을 집어넣어 더듬은 남자는 3실링을 내도록 되어 있었다. 만일 옷 속에 손을 넣어 맨살을 만지면 9실링을 내야 한다. 상대방 여자가 임신을 했거나 월경 중일 때 그런 행위를 했을 경우에는, 엄청난 모욕으로 간주하여 행위자에게 1마르크를 징수했다. 그 돈을 마련하려면 대부분의 경우 재산을 전부 바쳐야 했고, 그 금액은 다른 사람의 두개골을 부쉈을 때 내는 벌금과 맞먹었다. 여자의 허리 아랫부분이 드러날 정도로 건드리거나 밀친 사람에게도 엄한 처벌이 내려졌다.[21)]

여자에게 입을 맞추는 행위도 일종의 음란한 접촉으로 분류되어 행위자에게 무거운 벌이 내려지는 경우가 많았다. 예를 들어 고대 전설의 법 개념과 일치하는 12세기의 '그라가스'에 따르면, 입맞춤할 의사가 있는 남의 여자에게 키스한 남자는 3마르크의 벌금을 내도록 되어 있었는데, 그것은 입에 키스한 경우였을 것으로 짐작된다. 그러나 여자가 원하지 않는데도 키스를 하면, 그 남자는 법의 보호를 받지 못하는 신세가 된다. 다시 말해서 누구든 그를 죽여도 벌을 받지 않게 된다.[22)] 그 후로는 여자에게 강제로 키스를 해도 그다지 가혹한 처벌을 받지 않았지만, 그래도 그 행위는 젖가슴을 만지는 것과 다를 바 없이 음란한 접촉 행위로 간주되었다. 이를테면 옛날 비스비(Wisby)를 비롯한 몇몇 도시의 조례가 그러했다.[23)]

중세 중반에 에스파냐의 카스티야 지방에서는 남자가 여자의 허벅지나 신체의 다른 부위를 노출시킨다든지 젖가슴이나 엉덩이 또는 음부를 만질 경우, 상대방이 처녀라면 그런대로 가벼운 벌을 받지만 혼자 사는 부인일 경우에는 좀더 무거운 처벌을, 과부인 경우에는 더욱 무거운 처벌을, 그리고 기혼 부인일 경우는 가장 엄한 벌을 받게 되어 있었다. 이런 경우에 행위자는 여자의 명예를 손상시켰을 뿐만 아니라 나아가 여자의 남편과 친척의 명예까지 손상시킨 것으로 간주되기 때문에, 이를테면 세플베드라(Sepúlvedra) 같은 곳에서는 보복법(lex talionis)에 따라, 다시 말해서 "가슴에는 가슴, 음부에는 음부"라는 식의 원칙에 따라, 고액의 벌금 이외에 추가로 처벌을 받도록 되어 있었다. 예컨대 피해자의 남자 친척들이 가해자의 아내나 누이, 또는 가까운 친척을 잡아다가—가해자가 저지른 행동과 똑같이—젖가슴이나 치마 밑을 만졌다. 물론 일반적으로 그 남자들은 죄없는 그 아내에게 오명이 씌워지지 않도록 아내의 이름은 비밀에 부쳤다.[24)]

점잖지 못하게 처녀를 만지면 어떤 결과가 일어나는지를 체험한 사람들이 있었다. 1466년 뵈멘의 레프 공작의 신하들은 카스티야 지방에 갔다가 올메도라는 도시의 숙소에 머물던 중, 분노에 찬 군중으로부터 공격을 받고, 활을 들고 방어하다가 마침내 왕이 보내준 귀족 몇 명의 도움으로 위기를 모면할 수 있었다. 군중이 격분한 이유는, 뵈멘의 기사 한 명이 젊은 처녀의 젖가슴을 만지다가 이에 항의하는 에스파냐 남자를 여관 밖으로 내던진 사건 때문이었다.[25)]

여자를 음란하게 '만지는' 습관은 항상 '문명화되지 못한' 멍청이 농부들에게서 나타나는 '점잖지 못한' 행동이라고 인식되었던 바, 그 예로 필사본에 들어 있는 삽화(그림 156)에, 광대 복장을 하고 나귀를 타고 가던 '멍청한' 파르치발이 천막 안에 잠들어 있던 예수회 여신도를 덮쳐 젖가슴을 만지고 있는 장면이 있다. 이 그림은 그가 '기사'로서의 행동규범과 거리가 먼 사람이라는 사실을 과시적으로 보여주고 있다.[26)] 하지만 이 그림은 이러한 사회계급에 속하는 남자들의 행동거지가 이른바 충동적이고 철면피한 천

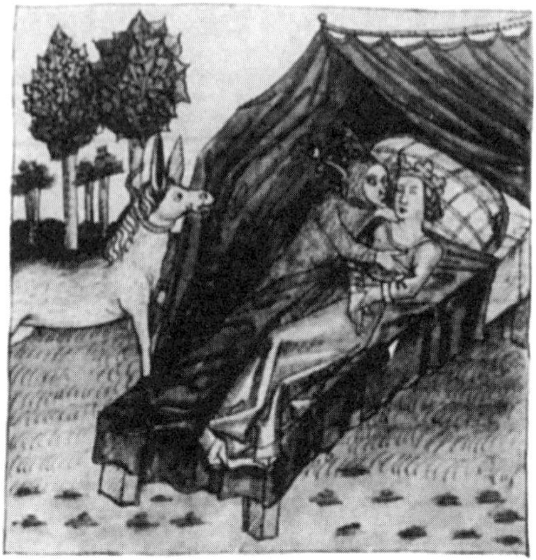

156. 잠든 예수회 여신도의 젖가슴을 주무르고 있는 파르치발.
어느 필사본의 삽화, 1467.

민들과 다르다는 사실을 말해주는 증거라고 볼 수는 없을 것이다. 하여간 13세기의 로베르 드 블루아는 『여성의 순결』(*Chastoiement des Dames*)이라는 책에서 경험이 없는 젊은 귀족 처녀에게, "벌거벗은 젖가슴을 느껴보고 이곳저곳 샅샅이 살을 더듬기 위하여" 손을 뻗는 음탕한 자들이 있다고 주의를 환기시키면서, 부끄러운 줄 모르는 손이 젖가슴을 만지지 못하도록 가슴자락에 바느질용 바늘을 꽂으라고 충고의 말을 전하고 있다.

그 어느 남정네도 자신의 손으로
그곳을 만질 권리를 가진 자를 빼고는,
그대 가슴에 손대는 것을 허락하지 마라.
맨 처음 바늘을 발명한 사람은,
그 누구든 손댈 권리가 없는 자가,

자신의 아내가 아닌 여인의 젖가슴에
손대지 못하게 하려는
그런 목적으로 만들었음을 알라.[27)]

남자가 여자의 젖가슴과 음부를 만지는 장면은 문학작품에도 등장한다. 여기에서 여성은 화를 내는 피해자로 묘사되기도 하고, 때로는 만지는 것을 기꺼이 참아주는 방조자로 그려지기도 한다.

그자가 흑심을 품고 여자를
손으로 부여잡고
달콤한 젖가슴을 만져보니
흡사 사과같이 생겼더라.[28)]

다른 대목에서도 유사한 장면이 묘사되어 있다.

그 사내가 파란 풀밭에서
장난을 치려는 듯이
여자를 쓰러뜨려 놓고
눈부시도록 하얗게 드러난
젖가슴을 만졌다네.[29)]

그리고 울리히 폰 튀르하임은 이졸트라는 인물을 등장시켜, 남자들이 특정한 곳을 만지고 싶어한다는 사실을 설명하게 한다.

내 손이 만지기 좋아하는 신체 부위가 있으니
그곳은 바로 은밀한 부분으로서,
그곳은 남근이 아니라

남자가 무척 들어가고 싶어하는,
뼈와 허벅지 사이에 숨어 있는 곳으로,
무릎 위의 엉덩이 근처이니,
그곳을 만지면
쾌감이 솟아나느니라.[30]

한편 중세시대의 서사시 「루오트리프」에 등장하는 남편은, 어떤 '빨강머리' 사내가 마치 화장실('은밀한 곳')을 찾으려는 듯이 자기 아내를 노리고 있다고 불평한다. 그 남편은 사실 바람둥이 사내가 한 손으로 자기 아내의 젖가슴을 가지고 희롱하면서, 나머지 한손으로는 허벅지를 만지고 있는 장면을 문틈으로 들여다보고 있는 중이다. 그러나 남편은 그자가 거기서 무슨 짓을 하고 있는지 알 수 없다. 아내가 그 부분을 모피 외투로 가리고 있었기 때문이다.[31]

157. 여자의 젖가슴을 만지고 있는 남자.
그라티안(Gratian)의 「데크레타」(Decreta)의 세밀화, 바젤, 1482.

아마 문화사가들은, 중세시대에 여자의 성감대를 만지는 행위는 오늘날과는 전혀 다른 의미를 가지고 있어서 외설적이라는 인식이 없었다는 자신들의 주장을 뒷받침하기 위해 그와 같은 자료들을 끌어들였을 것이다. 물론 그들의 주장은 사실과 전혀 다르다. 오히려 남녀간의 신체 접촉이 당시에는 오늘날보다 훨씬 더 금기시되었음을 뒷받침하는 증거들이 수없이 많다. 심지어 어떤 여자들—이를테면 오르젤뤼즈(Orgelûse de Lôgroys) 같은 여자—은 방금 자기 앞에서 낯선 남자가 만졌던 물건을 만지는 것조차 꺼렸다.[32] 이런 관습은 최근까지 동남아시아의 여러 지역에도 남아 있다.

어느 사회계층을 막론하고 그 시절에도 오늘날과 마찬가지로 기회만 있으면 여자의 젖가슴이나 사타구니를 만지려는 남자들이 있었다. 그러나 그런 행위는 언제나 당사자인 여자는 물론 그 남편, 또는 친척의 명예에 대한 심각한 도전 행위로 간주되었고, 그와 같이 만지도록 허락한 여자는 경박한 여자로 취급되었다. 그래서 중세시대 사람들은 베긴교(수도원 비슷한 공동체 생활을 하던 중세의 여신도 교단-옮긴이) 신도들이야말로 만져주기를 좋아하는 음탕한 여자들이라 믿었고, 그런 인식에 따라 1522년에 열린 어느 사육제 연극에서, 중년에 접어든 베긴교 여신도가 이제는 아무도 자기를 만지려 하지 않는다며 한탄하는 장면이 연출되었다.

> 나는 마치 빈 자루 하나가/말뚝에 걸쳐져 있는 것과 같은 신세라네.[33]

베르톨트 폰 레겐스부르크는 그런 여자들 전체를 유난히 음탕한 여자들로 보고, 남정네들이 '더듬어도' 싫은 내색을 전혀 하지 않는 것 같다고 말하면서 저주를 퍼붓고 있다.

어이구 저런! 자신의 몸을 손으로 만지도록 놔두다니! 더 깊숙이 들어가게 하려거든, 지옥의 바닥으로 떨어져 모진 고문이나 당하거라![34]

또한 200년 뒤에 그와 같은 확신을 갖고 있던 가일러 폰 카이저스페르크는 설교를 하는 가운데 다음과 같이 개탄했다.

부녀자들의 젖가슴을 만지는 데서 쾌락을 얻는 자들이 있습니다. 그런데 그들은 아무한테도 말하지 말라고 협박한 다음에 젖가슴을 만지기 때문에 더욱 음란한 것입니다.[35]

물론 도덕 교사와 같은 목사들이 이와 같이 싸잡아서 비난하는 소리를 곧이곧대로 받아들일 필요는 없을 것이다. 하지만 그들이 지적한 점을 근거로 짐작하건대, 중세 후기 도시사회의 성생활 방식이 상대적으로 이완되었다는 것과 전반적으로 성추행이 중세 초기 게르만 종족법에 의한 제재 조치에 비해 그다지 엄하게 다스려지지 않았다고 볼 수 있다.[36] 이렇게 보아야만 젊은 청년들이 골목길에서 처녀들을 '음흉하게 만지는 행위'[37]로 괴롭히려 했다는 사실이 이해될 것이다. 예를 들어 『그로비아누스』(*Grobianus*)라는 책을 저술한 저자는 근대 초기 도시사회의 도덕이 광범위하게 그런 식으로 문란해져 있었다고 보았다. 그는 빈정대는 어투로 젊은 청년들에게 아무 생각 없이 '만지라'고 말한다.

그와 같은 것을 너도 깨달아야 하느니라.
거리에서 처녀를 만나거든
달려들어
만지고 더듬되, 음탕하게 하라

(예의나 체면, 교양 따위는 신경 쓸 바 없느니라).[38]

그 시절에도 그런 행동에 대한 비난의 목소리가 수없이 많았다는 증거들이 있지만, 그와 같이 여자를 음탕하게 만지는 사례가 '소수'에 불과했을 것이라고 생각한다면 그것은 오산이다. 예를 들면 1520년 위벌링의 형리는, 추행 혐의가 있는 군츠라는 남자를 잡아다가 "두 손을 앞으로 묶고" 두 다리도 마찬가지로 묶어서 보덴 호에 밀어넣은 다음, "물속에 떠 있는" 동안 익사하지 않도록 머리를 치켜들게 하라는 지시를 받았다.[39] 이보다 10년 전에는 빌링겐에 거주하는 떠돌이 무오더러라는 남자가 무례한 '행동'으로 여자들을 괴롭히려 했다는 혐의로 처벌을 받았다.[40] 반면에 1517년에는 포도주 창고 관리자였던 74세의 노인이 아우크스부르크에서 60세가 넘은 귀부인 노파를 포함한 "여자들과 젊은 처녀들을 만진" 죄로 매를 맞고 도시 밖으로 쫓겨났다.[41] 1553년에 장크트갈렌에서는 '빈첼렌베르크의 가련한 한스'가 '부녀자들'을 음흉하게 만졌다는 혐의로 탑에 감금되었고, 얼마 후에는 한스 기거라는 자가 병원에서 "처녀 몇 명을 만지는 등 음흉하게 건드린" 죄로 같은 벌을 받았다.[42]

짐작건대 특히 병원에서 입원한 여자 환자와 하녀들을 상대로 성추행 사례가 많이 발생했던 것으로 보인다. 그런 까닭에 1507년 프라이부르크 병원 내규에 부칙을 추가하여, 나환자 병원의 남자 직원들로 하여금 나병에 걸린 여자든 건강한 여자든 '부녀자들'의 젖가슴이나 그 밖의 부위를 만져서는 안 된다고 규정했다.[43] 한편 스트라스부르의 나환자 병원에서는 근무 중인 하녀들의 '젖가슴'을 건드리지 말라고 남자 직원들에게 지시했다.[44]

이미 그 시절에도 '마찰을 즐기는 자들'이 있었다. 다시 말해서 여자를 뒤에서 붙잡아 자기 몸에 밀착하고, 사정에 도달할 때까지 허벅지를 문질러대는 남자들이 있었다. 그 예로 1592년 뉘른베르크의 유대인에 관한 예를 들어보자.

> 8월 25일 리히테나우에서 흘러들어온 유대인 남자가 기독교 여신도들을 뒤에서 덮쳐, 강제로 욕구를 채우려고 마음대로 희롱한 혐의로 태형을 당했다.[45)]

여자들끼리 상대방에게 모욕을 주기 위해 음부를 만지는 경우도 더러 있었다. 일반적으로 이러한 모욕 행위는 벌금형이 내려졌는데, 그 예로 1568년 기센에서 "니클라우스 폰 헤르보른의 아내가 멜히오르 폰 딜렌부르크의 아내에게 모욕을 준 혐의로 1플로리안(네덜란드 금화—옮긴이)을 벌금으로 납부했다."[46)] 뉘른베르크에서 형리로 일한 프란츠의 일기장에 따르면, 1587년 어느 여관집 딸이 자신의 하녀에게 그런 식의 모욕을 주기 위해 "슈미트라는 사람을 부추긴" 결과, 슈미트가 하녀의 "그곳을 만진 다음, 그 증거로 그 부분의 털을 몇 가닥 뽑으려 하자, 하녀가 비명을 지르는 바람에 입을 막으려고 엉덩이로 하녀의 입을 깔고 앉았는데, 측은한 생각이 들어 남근으로 그곳을 쓰다듬어주었다."[47)]

근대 초기에 잔인하지는 않지만 '만지는 행위'가 얼마나 수치스럽고 모욕적인 행위로 받아들여졌는지는 투르나이서(1531~96: 바젤 태생의 의사이자 연금술사—옮긴이)의 기록을 통해 확인된다. 그는 자기 아내의 음행과 추잡한 행동을 다음과 같이 자세히 묘사했다. 어느 날 슈퇴클라인이라는 사내가 어떤 여자의 사타구니 한가운데를 만지는 바람에 그 여자가 화를 내며 '욕'을 퍼붓자, 투르나이서의 아내가 그 여자를 달래면서 이렇게 말했다고 한다.

> 슈퇴클라인이 방금 너의 음부를 만지기는 했지만

너에게 아이를 배게 만들지는 않았지 않느냐.
만일 어떤 남자가 나의 음부를 그렇게 만졌다면
나는 그토록 고래고래 소리를 지르는 대신
틀림없이 할 일이 더 많았을 테니,
아마 울기 시작했을 거야.

투르나이서는 위층 다락방 창문에서 이 모든 이야기를 엿듣고 있다가 아내를 내려다보며 소리쳤다.

순진한 사람들에게 절대로
그런 소리를 하면 아니 되오
당신의 엉덩이와
음부를
만지게 하거나
젖꼭지를 꺼내주는 짓은
내가 허락할 수 없소
그런 일은 내가 해주리다.[48)]

뒤이어 17세기에도 수많은 여자들이 자신의 '엉덩이, 음부, 유방'을 만지게 했다는 이유로 재판을 받았다. 그러나 모든 정황 증거들로 보아 그동안 이러한 행위는—엘리아스의 문명이론에서 논의되는 것과 달리—분명히 엄한 처벌 대상이 아니었다. 물론 그와 같이 만지는 일을 당한 여자들이 고발했다는 사실은, 도시와 시골을 막론하고 그런 행위가 일상적인 교제방식이 아니었음을 말해주는 증거이며, 1615년 콤프턴 체임벌레인 출신의 한 남자가 말한 바에 따르면, 시골 처녀들에게는 어느 정도의 장난이 허용되었지만 정숙한 처녀는 만지면 안 되었다고 한다("언제든 정숙한 처

158. 크리스토프 루트비히 폰 샤움베르크의 원형 접시, 1630.

녀는 절대로 만지면 안 되지만, 그 밖의 가벼운 희롱은 죄가 아니라는 점을 그는 잘 알고 있었다").[49]

자신의 젖가슴이나 사타구니에 낯선 손이 접근해도 아무런 저항을 하지 않는 처녀나 부인들은 당장 바람둥이라거나 동네 창녀라고 소문이 나게 되고, 대부분 '남자 상대자'와 함께 처벌을 받았다. 그 예로 프랑켄 지방의 라이텐부흐에 살았던 한 남자는 자기 하녀의 "젖가슴을 만진 혐의로 네 시간 동안 매를 맞아 죄값을 치렀고" 또 다른 남자는 하녀의 가슴에 손을 댄 사실이 명백하기 때문에 "형틀에 손을 넣어 잘리는 형벌을 받았다."[50]

1633년 장크트 갈렌에서는 촐리코퍼와 쇼빙거라는 이름의 두 남자가, 곤첸바흐의 한 여자를 붙잡아놓고 "키스하고 더듬고 만지는 등 온갖 추잡한 짓을 했다"는 혐의로 체포되었다. 이 두 남자에게는 거액의 벌금형이 내려지고, 여자는 그 도시에서 달아남으로써 수배를 당하는 신세가 되었다.[51] 이와 달리 10년 전 리하르트 텐히는 무도회에서 샤운들러 부인에게 키스를 하고 젖가슴을 만진 혐의로 법정에 끌려나가 진술하면서, '나쁜 의도'는 없었다고, 다시 말해서 동침할 생각은 아니었다고 주장함으로써 그 부인과 함께 경고만 받고 풀려났다.[52]

남자들이 여자의 치마 밑이나 젖가슴을 만져서 성교에 따르도록 유도하는 경우도 흔히 있었다. 이를테면 1676년 헤일에 살던 헨리 힐은 홀리 레인 골목길에서 캐서린이라는 여자의 '은밀한 곳'을 만진 혐의로 재판을 받았다. 이 골목길에서 "그 여자가 마치 그의 아내처럼 몸을 맡긴 채 가만히 서 있었으므로" 그는 그 여자를 즐겁게 해줄 수 있었지만, "페니스가 좀처럼 곤두서지 않았다."[53] 그보다 2년 전 대서양 맞은편 뉴잉글랜드에서는 엘리자베스라는 여자가 이런 기록을 남겼다.

> 지난 추수감사절 저녁에 젖을 짜내고 있던 중, 리처드 네바스가 나에게 접근하여 외투 밑으로 손을 집어넣으려 하기에, 나는 크게 소리를 지르며 옆으로 돌아서서 몸을 피했다.[54]

성적으로 아직 제대로 성숙하지 않은 소년들도 그와 같이 만지고 희롱하는 경우가 있었는데, 일반적으로 그들도 역시 처벌을 면할 수는 없었다. 1697년 취리히에서 소년 네 명이 '천박하게 더듬는 행동'을 했다는 이유로 가택연금 판결을 받았다. 그뿐만 아니라 정상 참작을 고려하지 않은 채 남성다운 기백의 표시인 칼을 차고 다니지 못하도록 금지함으로써, 미래의 명예까지 상당한 손실을 입게 되었다.[55]

23

중세 이후와 오늘날의 여체 '더듬기'

중세 이후에도 남자들이 여자의 '은밀한 곳'[1] 또는 '앞치마 밑'[2]을 만지는 행위는 수그러들지 않았다. 또한 문명화 과정이라는 관점에서 볼 때, 이 시대의 남자들이 중세나 근대 초기에 비해 덜 수치스럽고 덜 잔인한 방법으로 성적 쾌락을 추구했다는 징후는 전혀 확인되지 않고 있다.

이를테면 1781년 프랑켄 지방에서는 하인 세 명이 야외에서 열여섯 살 먹은 하녀를 덮쳐서 "발가벗기고 입을 틀어막은 채 깔고 앉아 추행하다가, 기분이 최고조에 이르자 추잡한 손으로 아기를 낳는 곳을 멋대로 만져 상처를 입히는 바람에, 하녀는 피를 흘리고 밤새도록 심한 통증을 느꼈다."[3] 파리 경찰의 보고에 따르면, 혁명 전야에 다음과 같은 사건이 있었다.

> 1785년 6월 10일, 정오. 구두 수선공 P. 그리뇽의 아내인 54세의 마리 잔 클랭 부인이 길거리에서 성추행을 당했던바, 그들이

부인의 치마를 들추어 배와 엉덩이는 물론이고 그 밖의 신체 부위를 손으로 음란하게 만졌다고 부인이 증언하였음.[4]

당시에는 속바지를 입고 다니는 여자들이 극소수에 불과했던지라, 남자들이 장난치기가 쉬웠다. 농부나 대도시의 프롤레타리아 계급뿐만 아니라 상류 궁정사회에서도 가슴이 팬 옷을 입은 여자들의 젖가슴을 만지거나, 치마 밑을 더듬는 사례가 드물지 않았던 것 같다. 그 예로 1729년 『포시셰 차이퉁』지의 파리 주재 기자는 다음과 같은 내용의 기사를 보내왔다.

최근 이곳 중앙교회에서 거행된 사르데냐 여왕을 위한 화려한 장례 예배 도중에 큰 사건이 발생했다. 군중 속에서 악사 한 명이 옆에 있던 여인을 몰래 만지다가 체포된 것이다.[5]

한편 17세기 말 여러 사람이 모여 있는 궁정 모임에서, 어느 기병대 대위가 한 여인으로부터 따귀를 얻어맞은 뒤에 복수를 했으나 그 방법은 아무런 성과가 없었던 것 같다. 리제로테는 어느 편지에서 다음과 같이 전했다.

그가 망설이지 않고 나서더니 이렇게 말했다. "신사 여러분, 이건 여자가 할 행동이 아니라 남자의 행동입니다. 제가 분명히 확인시켜드리겠습니다." 그러고는 그 여자에게 다가가 치마를 머리 위로 걷어올리고는 큰 소리로 말했다. "여러분, 잘 보십시오. 만일 이 사람이 남자라면 저의 목을 치십시오. 하지만 확실히 여자라면, 저는 이 여자에게 경의를 표하고 나의 따귀를 때렸던 그 손에 키스를 하겠습니다."[6]

19세기에는 아주 점잖은 척하던 시대라서 성생활이 점차 공동생활의 무대 뒤로 숨어들었지만, 성추행에서는 아무런 변화가 없었다. 그 당시 런던 거리를 지나가는 여자들에 대해 공공연하게 젖가슴이나 치마 밑을 더듬는 사건이 빈번했음을 뒷받침하는 자료들이 수없이 많다. 그러니까 대부분의 경우 남녀를 막론하고 목격자들이 많았는데도 제지하는 사람이 없었던 것 같다.[7] 지난 세기의 50년대, 어느 청년이 피카딜리 거리에서 수많은 여자들의 사타구니를 더듬었다는 사실이 알려져, 런던의 일간지들이 이 사건을 상세히 보도한 일이 있다. 청년은 체포된 뒤 자신은 열정이 자주 폭발하는 예술가라고 변명을 늘어놓았다.[8]

상류계급에 속한 남정네들의 경우에도, 일단 낯선 문화환경 속으로 들어가면 '외부의 속박'이 '내면적 자제력'으로 변화되는 일은 거의 없었다. 다시 말해서 예절규범이 '내면화'되지 못함으로써 현지 여자들을 만나자마자 손으로 더듬기 시작하는 사례가 일어났던 것이다. 그 예로 헤르만 퓌르스트(1785~1871: 영국·프랑스·북아프리카에 관해 많은 여행기를 남긴 기행문학 작가—옮긴이)는 1940년대에 프랑스 영사관 직원의 안내로 카이로의 노예시장을 찾았던 경험을 다음과 같이 적었다.

> 그는 다짜고짜 14세 소녀의 팔을 붙잡고 만지기 시작하더니, 소녀의 몸을 감싸고 있던 외투를 벗기고는, 마치 과일이 얼마나 익었는지를 검사하듯이 젖가슴을 주무르는 것이었다. 그러고는 우리쪽을 향해 "아주 좋아, 오렌지처럼 잘 자란 새것이로군!"라고 큰 소리로 말했다. 그리고 이번에는 다른 소녀를 거칠게 만지면서, 소녀의 싫어하는 동작은 아랑곳하지 않은 채 길게 늘어뜨린 겉옷을 치켜올리고, "이건 별게 아니로군, 그냥 붙어 있을 뿐이야"라고 말하면서 겉옷을 다시 내려놓았다. 세번째 소녀는

에티오피아 출신으로 앞의 두 소녀보다 훨씬 예쁘게 생긴 탓으로, 발끝부터 수백 가닥으로 땋은 머리카락까지 온몸을 살피고, 혀를 내밀게 하여 치아 상태를 점검한 다음, 검사 소견을 종합하여 "이 아가씨는 건강하고 허리가 날씬하지만, 젖가슴이 너무 밋밋하도다!"라고 말했다.[9)]

특히 가난한 계층의 여자들은 공장에 끌려가 강제노동을 하는 동안, 상관들뿐만 아니라 남자 노동자들로부터 짐승 취급을 받으면서 성적 모욕을 당하는 일이 빈번했다. 예컨대 빅토리아 여왕 시대와 20세기 초 영국의 면직공장에서 일하던 수많은 여자들은 항상 젖가슴과 음부를 내맡겨야 했고, 1913년 맨체스터 근교의 올드햄에서 일하던 여자 노동자들은 "언뜻 보기에 치욕스러운 대우를 받는 것 같았으나, 수치심 때문에 감히 공개적으로 밝히지 못했다"[10)]고 한다.

20세기 초 러시아의 공장에서 일하던 여자 노동자들도 같은 처지에 있었다. 그들은 언어 폭력과 더불어 추행을 당했을 뿐만 아니라, 이따금 강간을 당하기도 했다. 그들의 일과는 작업이 끝나면 이른바 훔친 물건이 없는지 조사한다는 명목으로 상관 앞에서 '몸수색'을 받도록 되어 있었다. 몸수색을 실시하는 여성전용 출구 앞에는 항상 남자 노동자들이 떼거리로 몰려와 희한한 장면을 구경하면서 음담을 지껄여댔다. 이곳에서 여자들은 온몸을 구석구석 남김없이 수색당하는 것은 물론이고 젖가슴을 노출시키는 것도 늘 있었던 일인지라, 그로 인한 충격과 모멸감 때문에 울면서 집으로 돌아가는 여자들이 많았다. 여자 노동자들의 말에 따르면, 공장 내부의 높은 열기 때문에 대개 속옷 차림으로 일하지 않을 수 없었고, 그로 인해 모멸감은 더욱 컸다고 한다.[11)]

영국에서도 사정은 마찬가지였다. 의외라고 생각되겠지만, 1886

년 '면직공협회'에 소속된 170명의 남자 노동자들이 볼턴 방직공장에 여자 노동자들을 고용하지 말라고 시위를 벌인 사건이 있었다. 그 이유는 여자들을 무덥고 습기가 많은 공장 안에 들여보내 속옷 차림에 외설적인 자세로 작업을 시키기 때문이라고 했다.[12)]

옛날부터 남자들이 여자의 몸 가까이 접근하여 그 기회를 은근히 이용한 미묘한 상황은, 재단사가 여자에게 새옷을 입혀보는 경우였다. 감옥에 갇혀 있던 잔 다르크도 뻔뻔스런 재단사가 '둘시테'(dulciter)라는 새옷을 입혀주면서 젖가슴을 만지는 순간 뺨을 때린 일이 있었고,[13)] 그 뒤로도 수많은 여자들이 그와 비슷한 경우에 자기 몸을 더듬을까봐 두려워했다. 그렇기 때문에 1660년 루이 14세와 결혼한 포르투갈의 마리아 테레지아 공주는, 재단사나 코르셋 제조사가 새옷을 입혀보는 프랑스식 관습(그림 159)을 보고

159. 코르셋 재단사가 옷을 입혀보는 장면. 동판화, 17세기 후반.

깜짝 놀라, 남편에게 야만적인 풍습을 금지하라고—결과는 아무 소용이 없었지만—촉구한 일도 있었다. 테레지아 공주는 평생동안 이 풍습을 혐오했고, 새옷을 갈아입을 때마다 궁정 하인들이 지켜보고 있으면 병풍 뒤로 몸을 숨기곤 했다.[14)]

1825년 무렵 뮌헨의 코르셋 제조업자는 자신이 만든 '임산부용 코르셋'을 찬미하면서 다음과 같이 3개국어로 말했다.

> 옷을 걸치고 있는 여자의 신체 부위에 자를 대고 치수를 잴 수 있게 되었으므로, 이제 여인들은 신체 치수를 재는 낯선 남자의 손에서 벗어날 수 있게 되었다.[15)]

한편 1890년 『파리지엔』지는 브뤼셀의 유명한 1급 재단사에 대해, 그는 여성 고객의 젖가슴을 손으로 만지지 않도록 조심하는 사람이라고 소개하고, 그의 "고객에 대한 조심성은 대단하다. 그는 여성 고객의 몸에 음흉한 손길을 대지 않으며, 옷 입혀주는 여자에게 어떤 부분을 고쳐야 할지 알려주기 위해, 상아로 만든 자를 가지고 아름다운 여가수 B양의 윗도리 목 언저리를 잰다든지, 유명한 연극배우의 윗도리 갈라진 곳을 살짝 가리키곤 한다"면서 찬사를 보냈다.[16)](그림 160)

여성 본인의 의사에 반해 몸을 더듬거나 만지는 행위에 관해서는, 20세기 후반의 남자들이 이전 시대의 남자들에 비해 더 '문명화된' 행동을 보였다는 조짐은 하나도 없다. 또한 호가스의 그림을 보면, 군인 한 명이 우유배달 소녀를 뒤에서 껴안고 젖가슴을 만지는 가운데, 깜짝 놀라 뒤돌아서는 여자의 입에 키스를 퍼붓는 장면(그림 161)이 나오는데, 이런 종류의 사례들이 감소되었다는 증거도 없다.

이를테면 어느 여기자는 뮌헨의 10월 축제장에서 종업원으로 일

160. 『라 비 파리지엔』지에 실린 삽화, 1890.

하는 동안 남자들이 젖가슴, 엉덩이, 음부를 더듬으려고 끊임없이 등뒤에서 달려들었다고 증언한 바 있고,[17] 그 밖에 사람들의 왕래가 빈번한 길거리에서 특히 젖가슴을 만진다든지,[18] 엉덩이와 사타구니에 추행을 당했다고 증언한 여자들도 여럿 있다.[19] 대도시의 실내 수영장에서도 그와 같은 성추행이 일반화되어 있었고, 특히 어린 소녀들의 몸 전체를 '더듬는' 사례가 빈번했다. 그 중에서 터키 소녀들처럼 감히 가해자를 신고하지 못하는 외국인 소녀들이 주로 피해를 당했다.

사내아이를 변태적으로 선호하는 남자들이 소년의 성기를 만지는 경우도 있었다. 프랑크푸르트와 함부르크에서는 수영장에서 그와 같은 사례들이 자주 일어남에 따라, 순찰을 돌거나 수영복 차림의 경찰수색대를 투입하기에 이르렀다.[20] 바이에른의 문화부 장

161. 「핀츨리를 향한 행진」의 부분. 윌리엄 호가스, 1750.

관이자 "툰텐하우젠의 가톨릭 남성합창단 단장이면서 바이에른 학교의 기도회를 열심히 지원하는 후원자"[21]였던 체트마이르(기독교사회민주당 소속)는 뮌헨 근교의 에르딩에서 열린 무도회에서, 사회당 소속의 주의회 여성 의원 두 명의 유방을 더듬었다. 한편 목격자들의 말에 따르면, 동남아시아를 여행 중이던 서양 관광객들이 매춘부 또는 매춘부로 보이는 여자들을 상대로 공개된 장소에서 거리낌없이 사타구니를 만졌다고 한다.[22]

과거 영국 경찰은 여성의 참정권을 외치며 시위하는 여자들을 연행할 때, 의도적으로 땅바닥으로 고개를 숙이게 함으로써 치마가 머리 위로 치켜올라가게 하거나, 대개 다리 사이를 움켜쥐고 끌고 가는 사례가 많았던 반면에,[23] 이보다 반세기가 지난 시대의 좌익 여자 시위대들은 젖가슴을 잡힌 채 끌려가거나,[24] 경찰의 곤봉으로 젖가슴을 얻어맞았다.[25] 하이델베르크 경찰 관할구역에서 체포된 여학생들은 '무기 수색'을 당했고,[26] 여자들을 심문하는 도중에 몸의 은밀한 부분을 만지거나,[27] 백화점 수색대 요원들이 용감한 젊은 여자 도둑을 붙잡아 '몸 전체'를, 다시 말해서 훔친 물건을 찾아내려고 블라우스와 아랫도리를 더듬거나 속옷을 벗기는 사례들이 계속 늘어났던 것으로 보인다.[28]

이 문제와 관련하여 엘리아스의 문명이론을 지지하는 어느 학자는, 오늘날과 달리 근대 초기 정서상태의 전형적인 특징은 '성본능의 폭발'이 일어났던 점이라고 말하면서, 자신의 주장을 뒷받침하기 위해, 1567년 룩셈부르크의 어느 술집에서 도둑 혐의를 받고 있던 남자가 결백을 증명하기 위해 옷을 벗으려 하자, 여주인이 농담조로 "남자의 알몸을 쳐다보고 싶은 생각은 없어요"라고 말한 사례를 증거로 제시했다.[29] 그렇다면 그와 같은 '폭발적 사건들'이 20세기에도 수없이 많았다는 증거를 찾아내기는 어려운 일이 아닐 것이다.

오늘날 '문명이론가들'은, "행동과 충동억제의 문명화" 덕분에 "여성에게 새로운 자유 공간"이 주어지게 되었다고 주장하고 있다.[30] 그러나 그들 중에서 어느 누구도 앞에서 말한 '문명화'가 과연 어떤 양상으로 나타나고 있느냐는 문제를 제기한 사람은 없다. 최근 조사에 따르면, 직장에서 일하는 세 명의 여성 중에서 한 명이 최소한 한 번씩은 엉덩이에 추행을 당했고, 4명 가운데 1명꼴로 남자 동료에게 유방에 추행을 당했으며, 응답자 중에서 3퍼센트는 남자 동료가 어떤 방식으로든 성교를 하자는 의도로 여자 앞에서 바지를 열어 페니스를 꺼내 보였다고 한다.[31]

독일 여성부 장관의 위임을 받아 실시된 조사 결과에 따르면, 취업 여성의 72퍼센트가 최소한 한 번씩은 직장에서 성추행을 당했는데, 이 결과를 살펴본 사민당 국회의원 마를리제 도베르티엔은 남녀관계의 문명화가 이루어지지 않았다고 판단하고, 남성에게 거액의 벌금을 부과하는 형태로 '단호한 제재조치'가 필요하다는 의견을 제시하기에 이르렀다.[32] 미국의 조사 결과로는 미국 대학에 재학 중인 여학생 가운데 3분의 1 정도가 대학 교원들에 의해 교묘하게 또는 언어적으로 성적 '도전'을 받았고,[33] 독일 노동조합 동맹이 조사한 바에 따르면, 1988년 20만 명의 여성들이 직장 상사나 동료의 성적 도발에 대해 그들의 요구대로 행동하지 않았거나, 스스로 사표를 던짐으로써 직장을 그만두었다.[34]

독일 형법 제185조에 따르면 "더듬기, 가슴 주무르기, 사타구니 더듬기, 엉덩이 쓰다듬기 등"의 행위는 '모욕 행위'에 해당하고,[35] '위스콘신 법안 제450조'에도 "은밀한 곳"을 의도적으로 만지면 벌을 받도록 되어 있는데, 여기에서 '은밀한 곳'이란 젖가슴, 엉덩이, 항문, 그리고 회음부와 질을 포함한 음부를 의미한다.[36] 하지만 실제로는 그런 곳을 만져도 '성추행'의 법적 요건을 충족시키지 못하는 사소한 사건으로 취급되기 일쑤였다. 그 예로 한 남자가 길거리에서 여자의 젖가슴과 음부를 여러 차례 더듬은 사건에 대해 법원의 해석은 이러했다.

> 성추행 범죄로 성립되지 않음. 이 범죄의 구성요건을 갖추려면 몇 가지 현저한 성행위가 있어야 하고, 돌발적인 성행위라고 말할 수 없는 폭행 후유증이 있어야 함.[37]

그러나 1986년 어느 여인의 유방을 만진 버스 운전사에 대해 무죄판결이 내려졌는데, "유방을 잠깐 만진 행위"를 '성행위'로 분류하기에는 유죄 사유로 불충분하다는 것이 판결 이유였다. 따라서 모욕 행위의 요건이나 성추행의 요건을 충족시키지 않았다는 것이었다.[38]

한편 1990년 11월 추크 형사재판소는, 산부인과 의사가 상대방의 동의 없이 수많은 여자 환자들의 유방과 질을 "음험하게 만지고 마사지했다"는 증거를 확보하고, 12월의 징역형을 선고했다. 이에 대해 의사 자신은 성적인 욕구 때문에 여자 환자들을 자극한 것이 아니라 "오로지 의학적으로 허용된 치료법의 범위 안에서 치료 행위를 했을 뿐"[39]이라고 주장한 반면, 여자 환자들은 성추행으로 느꼈다고 말했다. 법원은 그에게 의사로서의 직업활동을 금지하지는 않았다. 언론 보도에 따르면 그 의사는 "형사처벌을 위한 조사를 받은 뒤 지금도 일주일에 두세 번씩, 물론 명백한 증상에 따라 서면으로 환자의 동의를 받아 그 치료법을 시행하고 있다"[40]고 한다.

24 남성에 의한 유방 희롱

이른바 '자연 부족'이나 그 밖의 낯선 사회에서도 젖가슴이나 음부를 만지는 행위는 여성 본인에 대한 모욕으로 간주되었고, 행위자에게 주어지는 형벌은 중세 초기의 게르만 민족법에 규정된 형벌과 비슷한 경우가 드물지 않았으나, 하여간 그동안 현저히 강화된 것은 사실이다.

인도 아삼 지역의 가로족 남자는 처녀를 유혹하고 싶으면, 성적인 자극을 줘서 소원대로 스스로 따르도록 하기 위해 흔히 젖가슴을 만지곤 했다. 그러나 이와 같이 만지는 행위는 매우 수치스럽고 모욕적인 일로 간주되기 때문에, 5루피 정도의 벌금형이 내려졌다. 특히 여자가 누워 있거나 저항할 수 없는 자세를 취하고 있는 순간에 남자가 젖가슴을 만지면 중범죄로 간주되었는데, 그와 같은 '추행'을 '시크드라'(sikdraa)라고 한다.[1] 가로 산악지대에 사는 코호족의 경우는 훨씬 더 형벌이 무거웠다. 이곳에서는 남자가 미혼 여성의 몸을 더듬으면, 신체의 어느 부분을 만졌든 상관없이, 그리고 여자 자신의 동의 여부와 관계없이, 남자 본인은 물론 부모까지 그 마을에서 추방당하는 경우가 이따금 있었다.[2] 니아스 섬(인도네시아 수마트라의 서쪽—옮긴이)에서는 남자가 여자의 유방을 만지면 그 손을 잘라버리도록 되어 있었고,[3] 타이완 산악지대의 수카바마윤족이 전하는 말에 따르면, 한 여인이 다른 부족의 남자에게 장난삼아 유방을 만져보라고 했는데, 이것이 수치스러운 행위로 간주됨으로써, 그 여자의 친척들이 상대방 남자를 그 자리에서 때려죽인 일이 있었다고 한다.[4]

미얀마의 시골 마을에서는 여자의 손만 만져도—유방을 만지는 행위는 물론이고—간통으로 간주되었고, 어린 소녀를 만지는 행위는 더욱 엄하게 다스려졌으며, 이 관습은 오늘날 대도시에서도 그대로 유지되고 있다. 그 예로 랑군의 한 청년이 공공장소에서 여자 친구의 손을 쓰다듬었다는 이유로 기소되어, 유명한 변호사를 고용했는데도 1년 징역형을 선고받았다.[5]

내가 오랑 벨로길리족—인도네시아 플로레스 섬의 동쪽 끝에 거주하는 아타 키반족(산악 부족)—을 만났을 때 어느 제보자가 증언한 바에 따르면, 옛날에는 젊은 청년이 처녀의 유방을 만졌다 하면, 그 처녀와 결혼을 하거나 작은 상아(gading)—손가락 끝에서 팔꿈치에 이르는 정도의 길이—를 벌금으로 내야 했고, 이를 거부하면 정글칼(parang)로 목을 베는 풍습이 있었으나, 지금은 '새로운 종교'가 들어오는 바람에 그 풍습이 변화되어, 그런 장난을 치는 자가 있으면 잡아다가 나무 몽둥이로 '피가 튀도록' 때리는데, 이처럼 벌을 주는 일은 처녀의 남자 형제들만 할 수 있다고 한다.[6] 이와 반대로 해상 생활을 하는 다야크족은, 젊은 남자가 장난치며 돌아다니다가 처녀의—드러난—유방을 만지게 되더라도 아무런 제재를 가하지 않았다. 그러나 결혼한 여자를 희롱하면, 설사 그 사실을 몰랐다 하더라도 심각한 모욕 행위로 간주되

어 5에서 8뭉쿨의 벌금을 물렸다.[7]

보르네오 섬에 거주하는 산악 부족인 두순족의 경우에도 처녀를 상대로 '유방 희롱'을 하는 남자에게 벌금을 부과했다. 그 예로 한 청년이 15세 소녀에게 뒤에서 접근하여―가리개를 착용한―젖가슴을 만진 혐의로 돼지 한 마리와 수탉 두 마리(=12달러)에 해당하는 배상 판결을 받았다. 이에 비해 결혼한 여자의 유방을 '희롱'한 남자에게는 엄청나게 많은 벌금이 내려졌는데, 아마 그것은 부인들이 처녀와 달리 유방을 드러낸 채 돌아다니는 것과 관련이 있는 듯하다. 부인의 손이나 팔을 쓰다듬는 것만으로도 수탉 한두 마리를 바쳐야 하고, 유방을 만진 경우는 약 50달러를 냈다. 한번은 어떤 남자가 남의 집에 초대된 자리에서 술에 취해 비틀거리다가, 실수로 안주인의 유방을 건드렸다가 물소 한 마리(=40달러)를 바쳐야 했다.[8]

보르네오 섬 북부의 사바 지역 해안 근처에 거주하는 두순(카다찬)족의 벌금 징수방식은 다음과 같다. 남자가 처녀의 손목을 만지면 0.5달러, 팔꿈치 위쪽을 만지면 1달러, 유방을 만지면 1.5달러, 엉덩이를 만지면 2.5달러, 허벅지를 만지면 4달러를 부과한다. 그리고 걸치고 다니는 치마(사롱)를 들추면 2.5달러, 키스를 하면 5달러를 징수한다. 또한 밤중에 처녀의 집에 들어가 몸을 만지거나 덮치면 20달러 이상을 물린다. 이때의 벌금 액수는 만지는 행위로 인해 발생한, 또는 발생할 수 있는 성적 자극의 강도에 따라 결정된다.[9]

길야킨족 여인은 낯선 남자의 손이 유방이나 허벅지에 닿았을 때 완강히 거부하지 않고 그대로 있으면, 동침을 허락한 것으로 간주되었다.[10] 이런 사정은 유럽의 '전통'사회에서도 마찬가지여서, 남자가 유방을 만지작거리거나 가랑이를 더듬어도 여자가 가만히 있으면, 계속해도 좋다는 의미였다. 그렇기 때문에 1866년 홀슈타인 지방에서 하녀가 '성폭행 미수' 혐의로 어느 하인을 고발했으나, 행위에 앞서 "남자가 만져도 되느냐고 묻는 말에 여자가 좋다고 대답했다"는 이유로 소송이 기각된 일이 있다.[11]

구아이로 인디언들은 지금도 남자가 여자의 몸을 어떤 부분이든 만진다는 것은 '있을 수 없는 행위'로 인식하고 있으며, 이를테면 엉덩이를 찰싹 때리기만 해도 대단한 모욕 행위로 간주하는 것 같다.[12] 카프카스 동부에 거주하는 레스기족은 최근까지도, 비록 고의성이 없더라도 낯선 여자의 맨손을 만지는 행위를 성범죄로 간주했던지라, 우발적으로 그와 같은 접촉을 하게 된 남자는 상대방 여자의 남편이나 남자 형제, 또는 애인에게 살해될 가능성이 아주 높았다. 그렇기 때문에 남자들은 특히 북적대는 홀에서 춤을 출 때, 여자들과의 거리가 불과 몇 센티미터밖에 떨어져 있지 않더라도 여자를 더듬지 않으려고 극히 조심하지 않을 수 없었다.[13]

많은 '전통'사회에서 모든 처녀들에게 주어진 최고의 지상명령은 문자 그대로 '처녀'로 남는 것이었고, 그래서 지난 세기에 딴 생각을 갖고 있는 처녀에게 어떻게든 청혼을 하고 싶어하던 보스니아 청년들은, 그 처녀로 하여금 용감한 다른 청년에게 시집가지 않고 '처녀'로 남게 하려고, 처녀의 손을 잡아당기거나 외투를 던져서 씌워주는 방법을 이용했다.[14] 터키 남부의 키르기스족과 목축업으로 살아가는 타타치족의 관습도 그와 비슷했다. 이를테면 총각이 한 처녀를 아무리 좋아하더라도, 그녀의 유방을 만지는 날에는 절대로 그 여자가 총각의 요구에 따르지 말도록 되어 있었던 것이다. 16세기 터키의 단편소설에, 남자 주인공을 흠모하는 처녀가 남자로 변장하여 주인공과 싸우는 이야기가 있다. 마침내 남자가 처녀를 제압하여 젖꼭지를 움켜쥐는 순간, 싸움은 끝이 나고 서로 포옹을 한다.[15]

수족이나 샤이엔족과 같은 대평원의 인디언들 사이에 악명 높은 풍습이 있었다. 이 풍습에 따르면, 또래들 중 한 청년이 부녀자의 치마 밑에 손을 넣어 음부를 만져서 '모욕'을 주면, 그 청년에게 특권이 부여되었다. 여자를 그런 식으로 만지려면 큰 위험이 따랐기 때문에, 무장한 적을 기습한 것과 마찬가지로 용감한 행동으로 인정되었던 것이다.[16] 샤이엔족 제보자들이 나에게 증언한 바에 따르면, 부인들이나 피해자의 친척들이 그런 짓을 저지른 남자를 붙잡아 배를 갈라 죽이는 사건이 자주 발생했다고 한다. 크로족의 젊은 청년들도 한밤중에 처녀가 잠자는 천막 주변을 맴돌다가, 한 곳에 가서 남근을 드러내려고 했다. 그런 청년을 붙잡았을 때는 양쪽 팔에 막대기를 묶어놓고 달려가게 했다. 이런 풍습을 매우 부도덕하다고 생각하는 사람들이 많았기 때문에, 모든 청년들이 여기에 참여하지는 않았다. 한 가지만 예를 든다면, 새 삶을 위한 오두막을 짓고 입주식('태양춤')을 벌일 때는 얌전한 청년만이, 다시 말해서 처녀의 가랑이 사이를 한 번도 만진 적이 없는 청년만이 특정한 자리에 앉게 되어 있었다.[17]

여자의 유방이나 음부를 만지도록 허용된 사람은 대부분의 사회에서 대체로 남편이었고, 만일 미혼 남성이 미혼 여성을 그런 식으로 건드렸을 때에는 의무적으로 그 여자를 아내로 맞이하도록 되어 있었다. 민다나오 섬의 만다야족은 결혼한 여자를 만지는 행위를 중대한 범죄로 취급했다. 만일 총각이 처녀의 유방이나 발꿈치, 또는 팔꿈치만 만져도 반드시 그 처녀와 결혼하도록 되어 있었다.[18]

결혼한 아샨티족 남자가 다른 여자의 유방을 주무르거나[19] 진주가 장식된 허리끈을 만지면, 두 사람 모두, 다시 말해서 남자 자신과 상대방 여자가 각각 간통한 것과 같았고, 그 대가로 남자는 여자의 남편에게 거액의 벌금을 물고, 동시에 자신의 아내한테도 벌금조로 선물을 주도록 되어 있었다. 상대방 여자가 약혼만 했을 경우에는 신랑이 될 남자에게 25파운드를 주어야 했다.[20] 에피크족의 경우에도 젖가슴을 만지는 행위는 간통으로 간주되었고,[21] 아칸족 여인이 남자에게 유방을 만지도록 허용하면 그것은 이혼 사유가 되었다.[22]

고대 그리스에서 여자의 젖가슴을 만지는 행위는 대개 성폭행의 전단계라고 인식되었고,[23] 고대 미술에서 유방 만지는 장면도 그런 의미로 해석되고 있다. 예컨대 기원전 7세기에 제작되어 사모스 섬의 헤라이온에서 발견된 그림을 보면, 제우스가 오른손으로 헤라의 젖가슴을 쥐고 왼손으로 목덜미를 만지는 장면과 더불어 뒤쪽에는 부엉이 한 마리가 그려져 있는데, 이 그림은 그 모습으로 보아 제우스가 헤라 여신을 범하는 장면이라고 알려져 있다.[24] 그 후의 화병 그림에 나오는 에로틱한 장면은 남자가 어린 소년의 페니스나 고환을 살며시 잡고 있는 그림은 있으나, 여자의 음부를 만지고 있는 그림은 음화(淫畵)임이 분명한 유곽 장면에서나 볼 수 있다. 일반적으로 동성애를 즐기는 장면보다 이성간의 접촉 장면이 훨씬 더 음란하게 묘사되어왔다. 이를테면 남자가 여자의 손목을 끌어당기거나[25]—아주 노골적인 경우—젖가슴을 만지는 장면을 묘사했다.

이와 같이 여자의 젖가슴을 만지는 행위는 그 밖의 많은 사회에서와 마찬가지로 성적인 지배권을 쥐고 있다는 의미도 포함하고 있는데, 그것은 상대방 여자뿐만 아니라 이런 경우에 흔히 민감한 반응을 보이게 마련인 남자 친척이나 남편들에 대해서도 성적인 우월감을 나타내는 표시였다. 그렇기 때문에 헤로도토스는, 페르시아 사절들이 마케도니아 왕궁에 와서 그리스 관습을 무시한 채 여자들에게 식사를 함께 하자고 요청한 사례를 다음과 같이 소개한 바 있다. "여인들은 하자는 대로 응했고, 잠시 후 페르시아 사절들은 술에 만취되어 여자들의 젖가슴을 만졌다." 이에 대해 마케도니아인들은 심한 모욕감을 느꼈고, 아민타스 왕은 청년들을 여자로 변장시켜 그 페르시아인들을 모두 칼로 찔러 죽이게 했다.[26)]

그 후에도 남자가 여자의 젖가슴을 만지는 행위는 여자를 기습하여 공격자의 의지대로 굴복시킨다는 의미이거나(그림 162), 자

162. '급진적 개혁'이라는 옷으로 변장한 죽음의 신이 '자유'의 젖가슴을 만지고 있는 그림. 조지 크룩섕크, 1819.

제력이 거의 없는 여자를 육욕으로 지배한다는 의미를 갖고 있었다.[27)] 예컨대 12세기 베젤레이의 책에 나오는 그림에는, 악마가 발가벗은 여자의 유방에 손을 얹은 자세를 취함으로써, 여자 스스로 육욕의 노예가 되었다는 사실을 보여주고 있다.[28)]

근대 초기의 그림에도 앞으로 누가 집안의 가장이 될 것인지를 명백히 알 수 있는 남자의 모습이 묘사되어 있다. 예컨대 16세기 피테르츠의 그림을 보면, 시선을 떨군 채 복종의 자세를 보이고 있는 장래의 아내 옆에서 사내다운 눈초리로 젖가슴을 만지고 있

는 남자의 모습이 그려져 있다(그림 163). 마찬가지로 1620년대에 이름을 알 수 없는 베네치아 화가의 그림에도 한 남자가 왼손으로 젊은 처녀의 어깨를 감싸고, 오른손을 처녀의 옷 속에 집

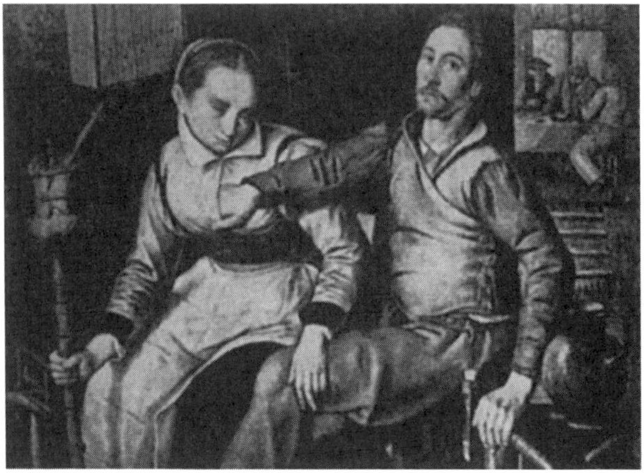

163. 피터 피테르츠의 「여관에 들른 부부」, 16세기 후반.

어넣어 분명히 젖가슴을 쥐고 있는 것으로 그려져 있다. 이 장면은 흔히 '사랑의 장면'(scena amorosa)이라고 해석되고 있으나,[29] 남자가 무표정하고 거만스러운 눈초리로 관람객에게 시선을 고정하고 있는 자세라든지 여자가 수동적인 자세로 눈을 내리깔고 있는 점을 고려한다면, 베네치아의 정부(情婦)와 남자 손님 사이의, 또는 사랑에 빠진 남녀간의 성희롱 장면이라고 보기는 어렵다.[30]

코린트가 1902년에 그린 「모델과 술잔이 있는 자화상」도 그와 비슷하다. 그는 젖꼭지가 드러나 보이도록 벌거벗은 유방을 움켜쥐고 있는데(그림 164), 이 여자와 제자 겸 애인관계로 지내다가 6개월 후에 결혼했다.[31] 이 그림에서도 화가의 모습은 앞으로 여자를 지배할 주인의 모습으로 묘사되어 있다.

164. 로비스 코린트의 「모델과 술잔이 있는 자화상」, 1902.

남자가 여자의 젖가슴에 손을 올려놓은 그림을 보고, 여성에 대한 남성의 지배를 나타낸 것이라고 설명하는 그림 해석의 전통은 수천 년의 역사를 가지고 있지만(그림 165), 이런 자세는 미술에서만 볼 수 있는 것은 아니다. 많은 사회의 현실 속에서도 남자들은 여자들이 '자기 과시' 또는 위협의 수단으로 사용하는 신체 부위를 '꽉 움켜쥐는' 행위를 통해 여성의 성욕과 재생산성을 통제하고, 나아가 여성의 공격성과 반항하는 힘을 다스리기도 한다(그림 166 · 167).

과거와 현재의 어느 문화권을 막론하고, 남자가 여성의 음부나 엉덩이를 만지는 행위는 굴복을 상징하는 행위의 극치였다. 지난 세기 파리에서는 경찰의에게 음부 검사를 받아 허가증을 받은 창녀를 희한하게도 '온순한 딸'(filles soumises)이라고 불렀다.[32)]

전통적으로 성폭행, 외설, 무분별한 육욕 등을 나타내는 '상징'으로서 그와 같은 희롱 장면이 묘사되어왔으나, 그것을 아내에 대한 남편의 지배, 또는 애인관계에서 여성에 대한 남성의 지배를

165. 메미-사부와 그의 아내. 기제(고대 카이로의 서쪽 도시), 기원전 2500년경.

나타내는 보편적인 상징이라고 보기에는 지나치게 음란해 보인다. 20세기에 들어와 성적 예의범절이 점차 하향곡선을 나타내기 시작

166. 영국의 집시 부부, 1983.

167. 루 번스타인의 사진, 1941.

한 이후, 그런 식으로 여성에 대한 남성의 우월적 자세를 묘사하는 경우는 더 이상 흔히 볼 수 없게 되었다. 예컨대 망사 스타킹을 신고 있는 여자의 다리 사이에 남자가 손을 집어넣어 엉덩이를 움켜쥐고 있는 광고 사진(그림 168)이라든지, 다리를 벌리고 있는

168. 독일의 광고 사진, 1983.

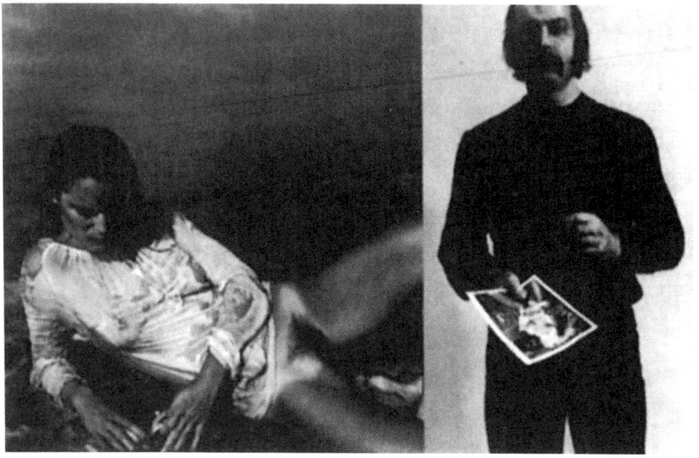

169. 페터 한델의 「누드가 있는 자화상」. 유화, 1980.

모델 사진과 '엄지손가락으로 그 위를 누르고 있는' 예술가 자신의 모습을 함께 묘사한 그림(그림 169)이 그와 같은 예가 될 것이다.

25

여자의 페니스 희롱

남자가 여자의 젖가슴이나 음부를 만지는 행위가 여성에 대한 남성의 지배를 나타내는 징표였다면, 거꾸로 여자가 페니스를 움켜쥐는 동작도 마찬가지이므로, 많은 사회에서 파렴치한 행위로 간주되었을 뿐만 아니라 남성 우위에 대한 반항 또는 반란으로 취급되고 있다. 그렇기 때문에 키쿠유족 아내는 성교 도중에 어떤 경우라도 남편의 페니스를 손으로 만질 수 없으며,[1] 줄루족 여자들에게도 남편의 성기는 금기의 대상이었다. 과거에 어떤 남자가 아내와 성교를 하려는 순간에 아내가 페니스를 삽입하지 못하도록 고환을 움켜쥐자, 이혼을 요구한 적이 있었다.[2] 투겐족의 말을 들어보자.

> 아내가 남편의 구타를 피할 수 없을 때는 페니스를 움켜쥐려고 하지요. 그렇게 되면 남편은 그 즉시 아내와의 동침을 중단합니다. 여자가 남자의 페니스를 만지면 안 되기 때문이지요.

아내가 남편과 화해를 하려면 자신의 염소 한 마리를 잡아서 바쳐야 합니다.[3)]

성교를 할 때 무조건 수동적인 자세를 취해야 하는 구시족 여인들도 파트너의 페니스를 절대로 만지지 못하게 되어 있었다. 만일 실수로 건드리게 되면, 그 여자는 귀신으로부터 벌을 받아야 하고, 그 귀신과 다시 화해를 하려면 제물을 바쳐야 한다.[4)] 포모족 노파는 이렇게 말했다.

인디언 남자는 자신의 다리 사이로 여자의 손이 들어오는 것을 허락하지 않아요. 남자가 그걸 원하지 않는 것이지요. 그건 나쁜 것이고, 위험하다고 사람들이 말하고 있어요. 여자가 페니스를 못 쓰게 만들지 모른다는 우려 때문이지요. 백인들은 그렇게 하는 것을 좋아해요.[5)]

그런 행동은 나바호족에게도 금기로 되어 있으나, 여자들 중에는 손님이 자기 집에 와서 숙박을 하게 되면, 손님의 잠자리로 슬며시 들어가 아랫도리를 벗기고 페니스를 문질러 빳빳하게 만들어 주는 것을 좋아하는 여자들이 많다.[6)]

지극히 억압적인 성도덕을 지닌 샤이엔족 여자들은 공격적이면서 상징적인 방법으로 그런 행위를 대신했다. 여자들은 '남근' 모양의 나무뿌리를 캐내어 마을로 가져온 다음, 저만치 남자들의 시선이 닿을 만한 장소에서 전쟁이 났을 때 내는 괴성을 지르기 시작한다. 그러면 남자들이 즉시 여자들에 대한 가상 공격을 개시하고, 가장 용맹스런 남자가 나무뿌리를 빼앗아 안전한 곳에 보관한다.[7)]

이와 같이 페니스나 고환을 단단히 움켜쥐는 행위는, 많은 사회의 여자들이 남자와 싸울 때 사용하는 최후의 무기로서 가장 효과적인 수단이었다.[8] 어느 잉갈리크족 여자는 남자가 성폭행을 하려고 달려들자, 큰 소리로 도와달라며 비명을 질렀다. 비명소리를 들은 다른 여자가 즉시 달려왔고, 두 여자는 힘을 합쳐 남자를 제압했다. 그러고는 남자를 땅바닥에 엎어놓고, 단단히 붙잡은 채 성기를 드러내어 만져줌으로써 남자에게 심한 수치와 모욕을 안겨주었다.[9]

로트바일에 사는 어느 농부의 아내는 남편과 심하게 다투다가 그곳을 상당히 거칠게 움켜잡았던 것 같다. 『치머 연대기』에 소개된 내용을 보자.

> 어느 날 그녀는 남편과 아주 심하게 다투고 나서, 밤중에 잠을 자다가 깨어나 남편의 거시기를 움켜쥐는 바람에 하마터면 잘려나갈 뻔했다. 남편은 한참 동안 고통을 겪으며 씨름하다가 겨우 벗어날 수 있었는데, 이 따위 못된 마누라는 이빨을 뽑아버려야 마땅할 것이다.[10]

비슷한 시기에 작성된 운터알자스 지방 돔페셀의 법원 기록에 따르면, 이 마을에 사는 남자가 처남과 싸우다가 상처를 입히는 바람에 '여자들이 달려드는' 사태가 벌어졌다. 목사가 왔어도 사태를 수습하지 못하자 남자의 아내가 발벗고 나서서 "남편의 불알을 움켜쥔 다음 돌멩이와 오물이 있는 곳에 밀쳐놓고 엉덩이를 재빨리 물어뜯었다."[11]

아이아시 호수(탄자니아—옮긴이) 남쪽에 거주하는 안얀야족 여인은 남자와 싸울 때 페니스나 음낭을 움켜쥐려고 한다. 그러다가 그것을 움켜쥐게 되면 그것을 밑으로 확 잡아당기는데, 그렇게 되면 상대방은 대부분의 경우 싸울 힘을 잃고 만다.[12] 빅토리아 호수 서쪽의 바하야족 여인은 남편과 싸우다가 그런 식으로 페니스를 건드리기만 해도 중대한 모독 행위로 간주되었고—이런 행위는 어머니의 젖가슴가리개를 찢는 것과 비교된다—나아가 이혼 사유가 될 수 있었다.[13)]

구약성서에 이런 구절이 있다.

> 두 남자가 싸울 때에, 한쪽 남자의 아내가 얻어맞은 남편을 도울 생각으로 가까이 가서, 손을 내밀어 상대방의 음낭을 잡거든, 너희는 그 여인의 손을 잘라라. 조금도 동정심을 가지지 말아라.[14)] (그림 170)

170. '남자의 음낭을 손으로 잡으면……'. 벤첼 성경, 14세기.

그 후 기독교는 물론 유대교에서도 이에 관한 처벌이 현저히 완화된 적이 드물지 않았는데, 탈무드에 따르면 그런 여자는 벌금만 내도록 되어 있었다.[15)] 하지만 결코 모세 율법을 도외시하지는 않았다. 예컨대 11세기에 에브로 강변(이베리아 반도—옮긴이)의 로그로뇨 지방에서 남자의 성기를 만지거나 잡아당기는 여자는, 남자가 여자의 손을 잘랐을 때 내는 벌금과 같은 액수의 벌금을 내거나 만인이 보는 앞에서 매를 맞게 되어 있었다.[16] 1642년 뉴잉글랜드의 청교도였던 찰스 션시는, 여자가 얻어맞지 않으려고 남자의 성기를 붙잡는다면 "그처럼 더러운 짓을 저지른 대가로 손을 잘라야 한다(이것이 내가 생각하는 도덕이다)"고 말했고,[17] 영국에서는 금세기 50년대까지만 해도 남자의 성기를 고의적으로 움켜쥔 행위에 대해 주어지는 최고 형량은 여자의 가랑이 사이를 만진 남자에 대한 형량보다 다섯 배나 높았다.[18]

성교를 할 때라도 남편의 '방울'(Schelle)을 만지면 정숙한 아내라고 볼 수 없고, 거꾸로 남편은 아내의 '음부'(Fut)를 만지지 못하게 되어 있었던 것 같다. 콘스탄츠의 치겔그라벤 사창가를 찾아갔던 사람의 이야기에 묘사되었듯이 대개 '손장난'은, 다시 말해서 페니스와 음낭을 만지작거리는 행위는 경박한 여자들이나 허가받은 매춘부들의 몫이었다.[19] 그 후로도 매춘부들이 고객의 사타구니가리개를 만지거나 그 안에 손을 넣는 장면만이 그려졌다—매춘부가 잠들어 있는 틈을 이용하여, 포주가 힘이 빠진 고객에게 정력제를 먹인 다음 효험이 있는지를 시험하는 장면을 묘사한 그림도 있다[20](그림 171). 런던 같은 곳에서는 허가받은 매춘부들이 길거리에서 고객의 바지 속에 손을 넣어 성기를 단단히 움켜쥐는 일도 있었고,[21] 몽펠리에의 도시 성곽 부근에 자리잡고 있는 에스튀브 거리[22] 또는 파리의 홍등가에서는 "여자들이 거리를 지나가는 행인들 앞에서, 심지어 늙은 사제들한테까지 젖가슴을 드러낸 채 자기 몸을 억지로 더듬게 했다." 메르시에(벨기에의 가톨릭 철학자·추기경—옮긴이)는 대로에서 이런 광경을 보고 참으로 천박한 행동이라고 한탄했다.[23]

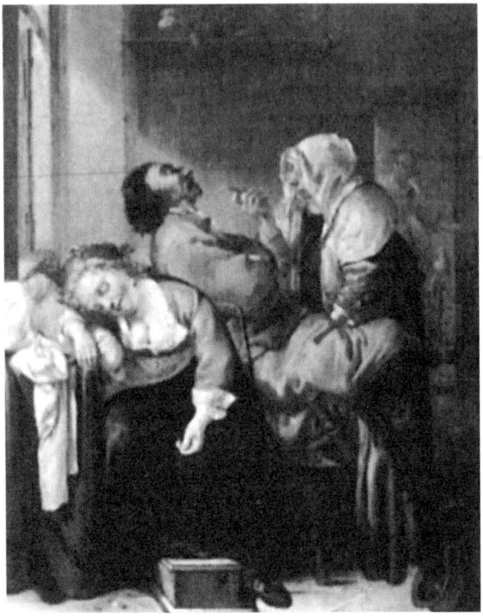

171. 정력제의 효능을 살피고 있는 포주. 야콥 두크의 그림, 17세기.

18세기에 보른하임의 홍등가를 찾아갔던 한 남자는 그곳에서 벌어지는 광경을 다음과 같이 전했다.

> 세번째 여자가 나에게 덤벼들었다. 그 여자는 내 무릎을 깔고 앉아 갖가지 손장난을 했다. 나는 준비를 갖추기도 전에 뭔가 느낌이 좋아서 이리저리 몸을 뒤척였다. 그 여자도 그걸 눈치채고는 이곳저곳을 부드럽게 애무해주었다.[24]

본래의 사창가뿐만 아니라 소문이 좋지 않은 술집에서도 손장난을 치는 여자들이 많았는데, 남자와 놀아난 여자는 적어도 평판이 나빠진다는 것쯤은 감수해야 했다. 예를 들면 1663년 법정에 섰던 남자의 진술에 따르면, 매클스필드(영국 서부—옮긴이)의 어느 술집에서 새뮤얼이라는 남자가 여자의 치마 밑에 손을 넣어 '여자의 필수품'을 더듬는 동안, "여자도 새뮤얼의 바지춤 안에 손을 넣고 있었기 때문에 주위에서는 새뮤얼이 얼이 빠져버렸다고 소문이 났고, 그로 인해 그는 망신을 당한 꼴이 되고 말았다."[25] 그 영국 여자가 과연 유죄판결을 받았는지, 그리고 유죄라면 어떤 판결을 받았는지는 알려져 있지 않다.

이에 반해 뉘른베르크 로테헤르츠 여관의 안주인이었던 우르줄 그리민은 1595년에 무거운 처벌을 받았다. 이 여자가 수많은 남자들의 "사타구니에 손을 넣어 페니스를 꺼내놓고는, 자신은 보모이므로 여자의 몸 속에 저주스러운 거시기를 밀어넣어 아이를 낳게 만든 사내가 누군지 알아낼 수 있다고 장담하면서, '계집들아, 이 사내를 따먹어라'고 말한 혐의 때문이었는데, 그로 인해 이 여인은 비난의 대상이 되어 매를 맞고 차꼬를 차는 신세가 되었고, 결국 양쪽 엉덩이를 불로 지지는 벌을 받은 다음 차꼬에서 풀려났다."[26]

이보다 100년 전 취리히에서는 음낭을 쥐고 희롱한 혐의로 두 여자가 각각 0.5마르크라는 엄청난 벌금을 시당국에 납부하고, 아울러 피해를 입은 헤르만 디트리히에게 1마르크씩 보상하라는 판결을 받았다.

> 그들은 철면피하게 바지를 잡아 벗겨 땅바닥에 던져놓은 후 고통을 느낄 정도로 음낭을 움켜쥐고 주물렀다. 그런데 그가 자신의 거시기를 희롱하지 말라고 점잖게 요청했더라면, 그들은 그런 짓을 하지 않았을 것이다.[27]

이와 달리 페니스를 부드럽게 만지는 행위는 동침을 하자는 여자의 신호였고—이를테면 고사르트(Jan Gossaert)의 그림에는 태초의 어머니인 이브가 왼손으로 사과를 쥐고 오른손으로는 아담의 페니스를 쥔 자세로 아담을 뚫어지게 바라보고 있는 장면이 묘사되어 있다[28]—그런 행동을 하기 시작한 여자는 돌이킬 수 없는 상황으로 빠져든다. 그렇기 때문에 성폭행 혐의를 받은 많은 남자들이 법정에서, 여자가 먼저 페니스를 만졌다는 사실을 납득시키기 위해 애썼던 것이다. 1527년 아우크스부르크의 프란츠라는 남자는 피해자라고 자처하는 여자가 먼저 자신의 "목을 껴안고, 사타구니를 자꾸만 부풀어오르게 했으며, 그때에야 자신도 그녀를 껴안았다"[29]고 주장했다. 정숙한 여인은 그런 행동을 하지 않았다. 이보다 6년 후에 같은 도시에서 한스 히버라는 하인은 마르가레테라는 하녀와 결혼을 약속한 이후 자주 동침을 했는데, 그 이유는 "그녀의 침대에 누우면 따뜻하게 해주기 때문"이라고 했다. 남자는 그 기회를 이용하여 여자의 젖가슴과 '부끄러운 곳'을 만졌으나, 여자는 단 한 번도 남자의 '은밀한 곳'을 만지지 않았다고 했다.[30]

이후의 세기에도 음란하고 적극적인 성행동을 보이는 여자를 그림으로 그릴 때는, 항상 페니스를 쥐고 있는 모습으로 묘사했고—이를테면 프랑스 혁명 당시 교회와 왕권에 반대하는 광고물에 등장한 수녀(그림 172)나, '왕실 창녀' 마리 앙투아네트의 모습(그림 173)이 그러하다—1893년 레이디우드라는 가명으로 발표한 자전적 장편소설『여인 천하』(*Gynecocracy*)에서 작가는, 여자가 자신의 페니스를 손으로 만져줄 때의 느낌을 다음과 같이 묘사했다.

> 그녀가 내 뒤에서 다리 사이에 손을 집어넣고 내 소유물을 꽉 움켜쥐는 바람에 나는 그녀 앞에서 부끄러웠다. 그녀가 그것을 잡아당기자, 나는 결국 나의 육체와 영혼이 모두 그녀의 노예가 되었노라고 고백했다. 그 순간 나는 비밀의 샘에서 여자의 힘이 나온다는 사실을 처음으로 분명히 알 수 있었다.[31]

172. 장-자크 르 퀘의 「그러니까 우리도 어머니가 되리라……」. 판화, 1792.

남자가 여자의 다리 사이를 만지는 행위와 달리 여자가 남자의 페니스를 만지는 행위는, 이미 남자들이 여자에게 성적으로 괴로움을 당하고 있는 오늘날에도,[32] 기분을 좋게 해주는 측면이 있다.

173. 「이발사의 보수 또는 수고에 대한 당연한 보상」, 1789년경.

그것은 옛날부터 남성의 "지배를 상징하는 신체기관"이 '세속화' 되었기 때문이다. 레이디우드가 '여자의 힘'을 깨달았던 그 시대에, 어느 노동자는 바지가 찢어지는 바람에 그것을 벗어버리고 앞치마로 몸을 가렸다.

> 그때 로자가 손수레를 밀쳐놓더니, 앞치마를 두르고 있는 그에게 달려오며 소리를 질렀다. "요한, 정오가 다 되었어요. 열두 시 종을 쳐야 해요!" 그러고는 그의 앞치마를 홱 벗겨버리고 남근을 움켜쥐더니 계속해서 "땡땡 땡땡" 하고 소리를 질렀다. 모두들 멈춰 서서 구경했다. 너무나 우스워서 사람들은 하던 일을 계속할 수가 없었던 것이다.[33]

한편 중세에 남부 독일의 여러 지역에서는 여자가 남자의 성기를 합법적으로 만질 수 있는 한 가지 상황이 있었다. 1328년에 발간된 루프레히트의 도시법 문서에는, 성폭행 혐의로 한 남자를 고발한 여인에 관한 다음과 같은 기록이 있다.

> 여자에게 싸울 기회를 주기 위해, 성폭행을 저지른 남자를 배꼽 부분까지 들어갈 수 있는 구덩이에 집어넣고 옴짝달싹하지 못하도록 밧줄로 묶은 다음, 왼손을 등뒤로 묶어놓고 다른 손에는 곤봉을 쥐어줘서 그걸 가지고 여자와 맞서 싸울 수 있게 했다. 그리고 여자에게는 무게가 1파운드쯤 되는 돌멩이를 머리수건 안에 넣어 손목에 매달게 했다. 그리하여 수건을 늘어뜨리면 돌멩이가 대롱대롱 매달리게 해놓고, 두 사람으로 하여금 심판관 앞에서 정당하게 싸우게 했다.[34]

이 여인은 폭행 혐의자를 제압하여 오른손으로 목조르기를 하고, 왼손으로는 '그의 거시기'를 움켜쥔 채 구덩이에서 끌어냈다. 이 장면은 1467년 펜싱 교사였던 한스 탈호퍼의 펜싱 교과서에 삽화로 실려 있다(그림 174). 이 삽화는 루프레히트의 법률 문서에 나

174. 「여자가 남자의 목을 휘어잡은 자세로 남자의 거시기를 움켜쥔 채 구덩이에서 끌어내려 하고 있다」, 1467.

와 있는 내용을 토대로 그린 것이지만, 남녀간의 법정 싸움이 실제로 그런 식으로 진행되었으리라고 생각하는 사람은 별로 없었다.[35]

그건 그렇다 치더라도 성기를 움켜쥐는 행위는 '보복법'(lex talionis)에 따라 성폭행범에게 치욕을 주는 모욕 행위였음이 분명하다. 다시 말해서 피해자의 명예를 더럽힌만큼 그 자리에서 가해자에게 모욕을 준 것인데, 이것은 치욕을 안겨주는 그 밖의 보복형 형벌과 비교되는 것으로, 그 방식에 따른다면 성폭행범에게는 질(膣)이 없으므로 하복부에 말뚝을 쑤셔넣는다.[36]

26

중세와 근대 초기의 여성에 대한 성폭행

1393년 12월 31일 저녁, 파리의 어두컴컴한 위셰트 거리에서 젊은 과부 이자블레는 네 명의 낯선 남자에게 붙잡혀 성교를 강요받았다. 자기 자신과 어머니를 위해 장을 보러 나왔다가 귀가하던 이 여인은 그들의 부당한 요구에 화를 내며 거절했다. 그러자 그들 중 한 남자가 나서더니, 당신이 매춘부라는 사실을 자기가 알고 있다고 말했다. 이미 12년 전에 자신과 '성교'를 한 적이 있다는 것이었다. 그리고 그들은 여자를 붙잡아 뒷골목으로 끌어다놓고, 여자의 어깻죽지 사이에 칼을 들이대면서 마구 때렸다. 그러고는 여자의 얼굴에 외투를 뒤집어씌운 채 '라 유즈'라는 이름의 한적한 술집으로 데려갔다. 당연히 술집 주인이 그 사실을 알게 되었고, 그들은 여자를 건드리지 않고 조용히 집으로 돌려보내겠다고 술집 주인 앞에서 약속했다. 그러나 그들은 오히려 지저분한 사창가로 알려진 아브뢰부아르-드-마콩 거리로 끌고 가서, 버려진 건물에 가둬놓고 세 남자가 달려들어 성폭행을 저질렀다.[1)]

그 시절, 어둠이 깔리기 시작한 이후에 어떤 이유로든 여자가 골목길을 돌아다닌다는 것은 특히 위험한 일이었다. 그렇기 때문에 파리의 어느 수공업자 조합에서는 13세기부터 내려오던 규정을 개정하자는 요구가 있었다. 야경꾼 남편이 근무할 수 없을 때는, 어두워진 시각에 그 아내가 나가서 결근 사실을 통보하도록 되어 있었던 것이다. 여자 혼자이거나 아이를 데리고 있거나, "예쁘든 못생겼든, 늙었든 젊었든, 힘이 세든 약하든 간에" 그 시각에 조명이 없는 외딴 골목길을 여자가 지나간다는 것은 너무나 위험했던 시절이었기 때문에,[2] 성폭행을 저지른 범인들은 매춘부가 아니고는 그 시각에 거리를 헤매는 여자가 어디 있느냐고 변명을 늘어놓는 경우가 흔했다.[3]

여자가 남편이나 아버지를 찾기 위해, 이를테면 이탈리아식 술집과 같은 명백한 '남성전용 업소'에 들어가는 경우에도—쫓겨나지 않는다면—매춘부 취급을 받았고, 최소한 성희롱 정도는 당하기 일쑤였다. 예를 들면 파리의 어느 젊은 여자가 술집에 들어서자, "저 갈색머리 여자는 내가 해치울 거야!"라고 지껄이는 남자 목소리가 들렸다. 19세기에 이르러서도 그런 술집에 들어간 여자는 남자 손님들에게 끌려가 성폭행을 당하는 사례가 많았다.

1761년, 평민 출신이었던 16세의 어느 소녀는 파리의 술집에 들어서자마자 여러 명의 남자들에게 이끌려 강제로 합석하게 되었다. 그 자리에서 그들은 먼저 소녀를 꼼짝 못하게 붙잡아놓고는, 잠시 후 한적한 곳으로 함께 가자고 강요했다. 그들 중에는 귀족 남자가 한 명 있었는데, 그가 자기를 "초야권(初夜權)을 가진 주인님"이라 불러달라고 요구하면서 맨 먼저 소녀를 폭행했다.[4]

하지만 저녁에 얌전하게 집에 머물러 있는 여자라 하더라도 혼자 있을 때, 다시 말해서 남편이나 가족의 보호를 받을 수 없는 상황이거나,[5] 하층계급과 같은 주변계층이거나 유대인 가문이거나,

또는 그 마을에 들어온 지 얼마 되지 않아 아직 사회적 그물망에 편입되지 못한 여자는 위험할 때가 이따금 있었다.[6] 파리 같은 곳에서는 대학생들이 복면을 하고 무기를 든 채, 젊은 과부나 보호를 받을 수 없는 여자들의 집에 떼거리로 침입해서 윤간을 저지르는 예가 드물지 않았다.[7]

중세 후기에 저질러진 성폭행의 특징은 가해자들이 폭행을 전후해서, 또는 폭행을 하는 동안에 피해자를 매춘부 또는 바람난 여자라고 매도했다는 점이다. "매춘부 다루듯 했다"는 말은, 14세기 노르망디 지방에서 집단 성폭행을 의미하는 유행어였는데, 파리나 디종 같은 여러 도시에서도 이런 일에 가담하는 자들은 주로 젊은 남자들이었다.[8] 이미 앞에서 언급했듯이, 이자블레를 겁탈한 가해자들은 젊은 여자의 눈앞에서 매춘부라고 욕을 했고, 1516년에는 남자 여러 명이 한 여자를 끌고 가면서, 함께 있던 다른 여자에게 큰 소리로 "이 여자는 매춘부야"라고 말했다.[9]

성폭행범들이 피해자를 매춘부라고 매도하는 이유에 대해 몇몇 역사가들이 밝힌 견해는 이러하다. 이를테면 14세기 파리에서는 매춘부를 폭행한 사건을 놓고 성폭행이 아니라는 판결을 내렸기 때문에, 가해자의 입장에서 위험이 줄어들게 되었다는 것이다.[10] 물론 이러 견해를 뒷받침하는 증거는 그 밖에도 여럿 있다. 가해자들이 서로간에, 또는 증인 앞에서, 또는 혼자서 정숙하지 않은 여자를 혼내주려 했다고 자신의 범행을 합리화하려는 경향이 있었기 때문에 그런 일이 자주 발생했던 것이다.

한편 당시 파리에서는 허가받은 매춘부를 폭행해도 처벌이 전혀 없었던 것은 아니다—예컨대 1392년 우도 기뉴라는 이름의 남자는 매춘부를 집단 성폭행한 혐의로 참수형을 당했다.[11] 다른 한편으로 범인들은 법정에서 피해자가 '천한 여자'였다는 증거를 제시해야 했을 것이다. 그러나 지금까지 남아 있는 사실들이 있다. 이를테면 범인들이 실제로 매춘부나 바람둥이로 소문난 여자들을 성폭행 대상자로 삼는다는 것, 그리고 특히 대학생들은 지금까지도 창녀들(meretriculae)을 다름 아닌 짐승으로 본다는 것, 그렇기 때문에 밤중에 골목길에서 그들을 덮쳐 발가벗기고, 음부를 만지고 폭행한다는 것 등이다.[12]

성폭행—특히 집단 성폭행—의 희생자가 된다는 것은, 오늘날의 여성과 마찬가지로 당시의 여성들에게도 크나큰 치욕이었다. 그러나 중세시대의 여성들에게 씌워진 치욕, 다시 말해서 수치스러운 낙인은 훨씬 치명적이었고, 그 사실이 대부분의 여성들에게는 '사회적 죽음'과 다를 바 없었다. 그 결과 기혼 여성들은 남편에게 버림을 받았고, 젊은 처녀들은 결혼 시장에서 가치를 상실함으로써 홍등가로 향하는 것 외에는 다른 길이 없었다.[13]

이를테면 중세 후기의 사부아 지방(알프스 산맥과 제네바 호수 사이—옮긴이)에서는 여성들이 치욕과 '험담'을 너무 두려워했던 탓에 성폭행을 당해도 대부분 신고하지 않았고,[14] 그 시절 영국에서 일어난 성폭행 사건의 통계 수치도 매우 불확실한 것으로 추정되고 있다. 성폭행을 당한 피해자들 중 감히 신고를 하려는 사람이 없었기 때문이다. 신고를 한다는 것은 본인은 물론 가족한테도 수치스러운 일이었고, 재판 과정도 대부분의 경우 그들에게는 너무 힘들었을 뿐만 아니라 극도로 치욕적이었다.[15] 수치스러운 일이 법정에 상정되어 '그 일'에 대해 공방이 벌어지면, 처녀이든 부인이든 견디기가 어려우므로, 중세 후기의 독일에서는 피해 여성의 친척, 또는—피해자가 하녀인 경우—하녀의 주인이 소송을 대신할 수 있었다.[16]

그러나 가족이 최대한 피해 사실을 숨기는 사례도 많았다. 어느 귀족 가문은 수치스러운 일로 인해 딸의 혼사를 그르치는 사태를 상상하기가 싫었다.

> 그 전쟁 때 저명한 독일 백작은 에스파냐 사람들을 자신의 성으로 불러들였다. 그들은 백작의 딸을 포함한 처녀들이 있는 방에 머물게 되었다. 나도 그 방에 있었다. 그들 모두는 당장 여자들에게 달려들어 결혼한 것과 다를 바 없이 행동했다. 신의 특별한 은총이 아닐 수 없었다. 이 사실을 눈치챈 사람은 아무도 없었으니, 누가 험담을 하겠는가? 게다가 본 사람이 아무도 없지 않은가?[17]

법을 만드는 사람들도 항상 성폭행을 당한 여자들로 하여금 그 일로 인해 불이익을 당하는 일이 없도록 최대한의 노력을 기울였다. 이를테면 폭행에 의해 처녀성을 잃더라도 그 자체를 인정하지 않았고, 앞으로 있을 결혼을 위해 피해 여성으로 하여금 "처녀인 것처럼 장신구와 화관을 공개적으로 쓰고 다니도록 허용하고, 매춘부로 오해받지 않도록 면사포를 쓰고 다니게 했다."[18] 그러나 실제로는 이러한 법적인 배려가 거의 이행되지 않았다.[19]

역사가들 중에는 지난 시절 대부분의 여자들이 성폭력에 대해 아무런 저항을 하지 못하고 '그저 말없이 당했다'고 주장하는 학자들이 많이 있으나, 여러 근거 자료를 살펴보면 절대로 굴복하지 않고 암사자처럼 맞서 싸운 여자들도 적지 않았다는 사실이 드러난다. 이때 성폭행을 당한 여자들은 오로지 닥쳐올 운명을 생각하면서 예상치 못한 힘을 발휘할 수 있었다. 예컨대 영국의 법원 기록에 따르면, 성폭행을 당하지 않으려고 죽을 각오로 투쟁한 여성들이 많았으며,[20] 『치머 연대기』 작가는 음탕한 수도사에 의해 방에 감금되었던 어린 소녀의 이야기를 다음과 같이 기록했다.

> 그의 흑심을 눈치챈 어린 처녀는 어쩌면 자기한테 성폭행을 저지를지 모른다는 생각에(그가 이미 옷을 벗어 걸어놓았기 때

문에), 잽싸게 두 손으로 수도사의 성기를 움켜쥐고 온 힘을 다해 압박했다. 그러자 수도사는 너무나 아파서 정신을 차릴 수가 없고 처녀를 물리칠 수 없게 되자, 고통스러운 비명을 지르면서 자신의 하인에게 도움을 청했다. (……) 소녀가 그의 무기를 못 쓰게 망가뜨려놓았기 때문에, 수도사는 오랫동안 이처럼 수도사답지 못한 행동을 못하게 되어 외과의에게 치료를 받아야 했다.[21]

175. 프란스 반 브루게의 「수도사와 실잣는 여인」, 1485년경.

이보다 200년이 지난 1728년 오순절에 야생동물 감시원이었던 장 고비노가 파르 마을의 코르펠이라는 여자를 헛간으로 끌고 가서 겁탈하려고 시도했다. 앞에서 소개한 수도사처럼 이 남자도 자기가 잘못하고 있다는 사실을 깨닫지 못한 채, 소녀를 강간하려고 바지 속에 있던 그 신체 부위를 끄집어냈다. 그러자 처녀는 "자기 주머니에서 작은 칼을 꺼내어 그 칼을 휘둘렀다. 마침내 그녀는 타르켓의 운명을 시험하는 대신에 침입자인 아바이야르의 운명에 시련을 안겨주었다." 물론 그녀의 용감한 행동이 판사들에게는 조금도 마음에 들지 않았다. 그래서 반항적인 이 소녀에게 "5년간 병원에 감금하라"는 유죄판결을 내렸다.[22)]

1497년 "처녀든 부인이든 가리지 않고 범하는 자"로 소문이 자자했던 비르템베르크의 공작 에버하르트가 콘스탄츠 시민들의 분노를 무시하고 그 도시에 머물면서 너무나 추잡하고 못된 짓을 저질렀기 때문에, 그의 방문과 관련된 사건들을 독일어로 공문서에 기록하는 일을 맡은 시청 서기가 이와 관련된 사항을 라틴어로 기록했다. 바람둥이로 유명한 그가 주교청의 서기였던 한스 후버의 딸을 '집요하게' 따라다니자, 주교청의 변호인은 당분간 그 딸을 보호하려고 자기 집에 머물게 했다. 그러자 공작은 복수를 하려고 자신의 하인 두 명을 불러 교회 길목에 잠복시키고는 그 변호인을 폭행하라고 지시했다.

그러나 종교재판소의 공증인이 그 '고귀한 박사님'과 합세하여 일당을 두들겨주고 쫓아버렸다. 계획이 수포로 돌아간 공작은 위험을 무릅쓰고 만성절 전날 밤에 자신이 직접 나서서, 서기가 살고 있는 골목길의 어느 집으로 몰래 침입했다. 한 과부가 두 딸과 함께 살고 있는 집이었다. 집 안으로 들어간 그는 그동안 노리고 있던 어린 딸을 덮쳤다. 그러나 그 아이가 완강하게 저항하면서 살려달라고 소리를 지르는 바람에 이웃 사람들이 달려오게 되었고, 결국 바람둥이 공작은 도망가지 않을 수 없었다.[23)]

하인리히 4세 황제의 동생인 슈바벤의 콘라트는 1196년에 한 처녀를 "심하게 강간"하려다가 물어뜯겨서 죽었다. 연대기 작가 부르하르트(Burchard von Ursberg)는 그 사건을 매우 반겼지만, 자신도 역시 "사실 온전한 남자인데도 간음과 추행 등 온갖 사치와 추잡한 행위의 노예"[24)]가 되고 말았다. 얼마 후, 그러니까 13세기

초의 영웅 서사시 「아이올」(Aiol)은 반항적인 처녀를 역사적인 인물로 묘사했다. 이교도 왕의 딸 미라벨이 자신을 겁탈하려던 노상강도 로보에게 달려들어 두 손으로 음낭을 움켜쥠으로써 힘을 못 쓰게 만들었던 것이다.[25]

한편 노상강도와 해적들은 여자들을 덮쳐서 돈과 귀중품 이외에 체면까지 강탈해갔다.[26] 그러나 가끔씩 그들의 피해자가 그들의 의도를 좌절시킨 예는 영웅 문학에만 등장했던 것은 아니다. 이를테면 17세기의 유명한 해적 헨리 모건이 페루로 항해 중이던 에스파냐 배를 습격하여 한 여인을 겁탈하려고 하자, 여인은 마치 암호랑이처럼 손톱으로 할퀴고 이빨로 깨물면서 작은 주머니칼로 그의 심장을 찌르려 했다. 모건은 뒤로 몸을 피해서 위험을 겪지는 않았지만, 더 이상 그 여자를 건드리지 못했다.[27]

나이가 아주 어려 경험이 없는 그 밖의 처녀들은 기껏해야 소리를 질러서 반항하거나, 두려움과 충격 때문에 정신을 차리지 못하고 멍해져 말 한마디 못하고 그냥 당하기만 하는 경우가 많았다. 1788년 브라이텐부르크령 콜모르 마을 여관의 주인 부부는 어린 하녀 아벨 에거스가 거부하는데도, 여행 중에 찾아온 30세 연상의 기혼자 땜장이를 하녀의 방에 투숙시켰다.

> 잠시 후 지크프리트가 안주인에게 물었다. 하녀와 동침하면 안 되겠느냐는 것이었다. 안주인은 안 된다고 말했다. 그랬더니 그는 동침만 할 뿐이지 해를 입히지 않을 거라고 대답했다. 안주인이 그러지 말라고 했는데도, 그는 자기 침대에서 일어나 통로를 지나 하녀의 침대로 건너가더니 그 옆에 누웠다. 안주인은 하녀를 가만히 놔두라고 계속 말렸다. 그래도 그는 자기 자리로 돌아오지 않고 계속 그곳에 있으면서 자기 의지대로 하녀의 몸을 범하고 말았다.[28]

앙시앵 레짐(구체제) 시대의 파리에서는 처녀들이 아무런 저항을 하지 못했고, 재판 진행과정에서도 공격을 받으면 기절을 하는 바람에 아무 말을 못하는 경우가 흔했으며,[29] 설사 기절을 하지 않았더라도 대부분의 피해자들은 상대방의 시선이 마주치기만 해도 무서워서 견디지 못했다. 1733년 홀슈타인 지방의 산파가 전하는 말에 따르면, 한 여인이 분만 직전에 임신 경위를 털어놓았는데, 어느 날 어떤 남자가 자기 방에 들어오더니 "자신에게 덤벼들어 오빠의 침대에 올려놓고는, 바지를 벗긴 다음 남근을 질 속에 삽입했다"고 한다. 그 후 여인이 그 남자와 오래도록 관계를 지속했다는 이유로, 산파는 강간이 아니라고 했다.[30] 그 밖에도 이런 사례는 여럿 있었다. 아마 강간을 당한 여자들은 한번 자신의 몸을 '겁탈'당하고 나면, 자신은 이미 가해자의 '소유물'이라고 생각했던 것 같다.

산파는 위의 사건을 '성폭행'이 아니라고 판단했지만, 물론 그와 같은 견해가 일반적으로 인정된 것은 아니었다. 이를테면 1382년 영국 의회는, "부인이건 처녀건 딸이건 부녀자들"을 대상으로 하는 성폭행 사건이 갈수록 많아진다고 지적하면서, 피해자들 중에서 많은 여자들이 강간을 당하고 나서 그 행위를 그대로 받아들이는 것 같다고 주장했다. 동시에 의회는 그렇더라도 그것은 성폭력에 해당되며, 가해자를 색출하여 성기를 자르고 생명을 빼앗는 일은 피해자의 남편이나 아버지가 할 일이라고 강조했다.[31]

한편 그 시절에도, 일견 성폭행인 것 같아도 사실은 그것을 원하는 여자들이 많으므로 여자를 범하려면 과감하게 해야 한다고 생각하는 이들도 있었다. 그리고 여자는 한번 건드려주면 정욕이 저절로 솟아난다는 것이다. 예컨대 사보나 태생의 미켈레 데 쿠네오가 친구에게 보낸 편지도 그런 의미를 담고 있다. 다음은 그가 콜럼버스의 제2차 아메리카 항해에 따라나섰다가 쓴 편지의 일부이다.

> 나는 아주 예쁜 카리브 여자를 보트에 싣고 나갔다네. 앞에서 말한 제독이 내게 선물로 보내준 여자였어. 나는 그 여자를 내 선실로 데려갔지. 이 여자는 자기들 관습대로 알몸이었던지라 나는 정욕에 사로잡히지 않을 수 없었다네. 내가 욕구를 채우려고 접근했더니, 여자가 한사코 손톱을 들이대며 반항하는 바람에 아예 처음부터 건드리지 말걸 하는 생각이 들더군. 하지만 그걸 보는 순간(자네한테 모든 걸 털어놓자면) 내가 밧줄을 집어들어 힘껏 두들겨주었지. 그랬더니 고래고래 비명을 질러대는데, 아마 자네라도 못 견뎠을 거야. 그러다가 결국 화해를 하고 일을 치르기로 했는데, 자네한테 하는 말이지만 그 여자는 매춘부 훈련소에서 훈련받은 여자 같았어.[32]

이미 13세기 우화시에도, 진정한 남자라면 여자가 반항을 하더라도 뚜쟁이가 동침하라고 충고하면 반드시 '범하라'는 교훈이 들어 있는데, "이 여자는 내 거야"[33]라는 말을 하면서 겁탈했다는 사실은 놀라운 일이 아니다. 12세기 크레티앵 드 트루아(중세 프랑스의 설화작가—옮긴이)는 섹스 공격에 맞서 반항하는 여자가 있다면, 이런 싸움에 한해서는 여자가 언제나 승리하게 되어 있으므로 여자는 그냥 반항하는 척하는 것뿐이라고 말했다.[34] 당시의 문학작품에서도 여자들은 전혀 강제적이지 않은 방법으로 섹스를 '강요'당했다.[35] 콘라트 폰 뷔르츠부르크의 작품에도 다음과 같은 구절이 나온다.

> 그가 사랑을 얻으려고 실랑이를 벌이면서
> 일부러 여자에게 달려들었으나

여자가 이리저리
밀치고 부딪쳤다네.
두 사람은 실랑이를 벌이느라
풀밭 위에 뒹굴었고,
마침내 그가 푸른 잔디를
침대로 삼아
수없이 남자다운 행동을 하였더니,
두 사람 모두 한덩어리가 되었더라.[36)]

물론 중세시대에도 남자가 아무리 강압적인 방법으로 성교를 하더라도 정상적인 성행위가 있었고, 이것과는 분명히 다르게 강간을 의미하는 표현들이 있었으며, 프랑스에서도 '강간하다'(force foutre)[37)]라는 노골적인 단어가 있었다. 그러나 일반 작가들이나 연대기 작가들이 정상적인 동침을 의미하는 단어와 동일한 단어를 썼을 가능성도 배제할 수 없다. 예를 들면 15세기에 다르마냑 백작의 군사들이 남부 독일에 침입하여 남자들을 쫓아낸 다음 '부인과 딸과 하녀들'을 데리고 '동침'했다는 기록이 있다.[38)]

27

'비명소리와 축축한 음부'

많은 사회에서 여자가 너무 놀란 나머지 몸이 굳어져 겨우 말로만 반항을 하다가 고스란히 성폭행을 당했거나, 가해자가 목에 칼을 들이대는 바람에 비명을 지르면서 강간을 당했더라도, 강간 피해자라는 사실을 인정받을 가능성은 거의 없었다. 이를테면 소말리와 아파르의 여인들은 강간을 당할 위기에 놓이면, 이럴 경우에 대비하여 훈련받은 날카로운 후두음(키키키!)을 질러댔다.[1] 그리고 15세기 레겐스부르크의 도시법은 다음과 같은 과거의 규정을 다시 채택했다.

> 남자가 여자를 때리면서 강간을 했다면 여자는 찢어진 옷, 쉰 목소리, 흐트러진 머리카락, 축축한 음부 등의 증거를 제시해야 한다.[2]

레겐스부르크의 프란체스코파 수도사였던 베르톨트는 설교 도중에 이런 질문을 자주 받았다.

"베르톨트 형제님, 들판에서 여자가 강간을 당하게 되어 비명을 지르면서 저항했다는 말을 자주 들었습니다. 힘센 남자를 어떻게 하면 물리칠 수 있을까요?"

이에 대해 그는 이렇게 대답했다.

"입으로 물고 할퀴고, 온 힘을 다해 저항하면서 소리를 지르시오."[3]

그 시절, 그러니까 13세기 영국의 여자들은 남자가 덤벼들면 '비명'을 지르도록 되어 있었고, 남자든 여자든 그 소리가 들릴 만한 거리에 있는 사람은 반드시 피해자를 도와주도록 의무화되어 있었다.[4]

브르노 시의 배심원 규정에는 "만약 소리를 지르지 않고 조용히 있었다면, 여자가 동의한 것으로 간주한다"[5]는 조항이 있었고, 문학작품뿐만 아니라 형법 조항을 보더라도 피해자가 최소한 비명을 지르지 않으면 피해자 자신한테도 책임이 있다는 내용이 공통적으로 들어 있다.[6] 14세기에 어느 증인이 법정에서 진술한 내용은 다음과 같다.

> 소동이 벌어진 듯 사람들이 떠드는 소리가 들리기에 그가 창밖을 내다보니, 남자 두 명이 여자 한 명을 질질 끌어오고 있었다. 그 중 한 명이 여자를 창문 아래 땅바닥에 쓰러뜨려 놓고는, 그녀의 몸에 달려들어 강제로 겁탈하려 했다. 그러자 여자는 비명을 지르면서 순결한 여자임을 보여주었다.[7]

그렇기에 1536년 아우크스부르크에서 강간 혐의로 기소된 란츠페르거는 "만일 그 여자가 원하지 않았다면 비명을 질렀겠지요"라고 항변했고, 이보다 앞선 1496년에는 가해자가 진술을 통해 다음과 같이 자백했다. "강간을 한 것은 아닙니다. 여자가 저항을 하지 않았으니까요. 나는 사실 그 여자가 원하는지 싫어하는지를 알 수가 없었습니다."[8)]

물론 그런 이유로 피해 여성으로 하여금 비명을 지르지 못하게 하려는 가해자들도 있었다. 이를테면 1383년 콘스탄츠의 푸줏간 주인 포겔은 어린 처녀를 뒤쫓아가서 쓰러뜨려 놓고 목에 칼을 들이댔으며,[9)] 같은 시기에 슈타델호펜 출신의 요하네스 리프가 취리히 법정에서 진술한 내용은 다음과 같다.

> 그가 여자의 집으로 쳐들어갔을 때 여자가 거기 있었다. 그가 여자에게 숙식을 청하자, 여자는 "난 당신이 좋아요. 소파에 누우시겠어요?"라고 물었고, 그가 "좋습니다"라고 대답했다. 여자가 베개 두 개를 가져왔다. 그러자 그는 여자에게 흑심을 품고 오랫동안 여자와 씨름을 했다. 그때 여자가 비명을 지르자, 그는 소리를 지르지 못하도록 여자를 때리면서 목에 칼을 들이댔고, 폭언을 하면서 물건으로 폭행을 했다.[10)]

1646년 중국의 청나라 형법에 따르면, 성폭행이 진행되는 동안 피해자가 처음부터 끝까지 저항을 하고 성교 도중 계속해서 비명을 질러야 비로소 성폭행으로 인정되었다.[11)] 그렇지 않으면 피해자 자신도 그 행위를 통해 쾌감을 느끼기 시작했음을 증명하기 때문이라는 것이다.[12)] 만일 여자가 반항과 비명을 중지하면, 그것은 다만 상호간의 합의에 의해 이루어진 '허용되지 않은 성교'로 인정되어, 그 벌로 처녀에게는 묵직한 대나무로 80대, 기혼녀에게는 90대의 매질이 가해지는 반면 남자는 처벌을 받지 않았다. 성폭행 장면을 목격한 남자가 이후에 뒤이어 피해자를 폭행하면, 이미 정조를 잃은 여자라는 이유로 그의 행위는 성폭행으로 인정되지 않았다. 이 경우 물론 가해자에게 무거운 대나무로 100대의 태형이 주어지고, 피해자도 계속해서 저항을 하고 비명을 지르지 않았다면 같은 벌을 받았다.[13)]

중세 후기와 근대 초기의 독일—법률상으로 볼 때—에서도 대개 피해자가 부득이 삽입을 받아들이지 않을 수 없을 경우에만 성폭행으로 인정되었고, 단순히 위협에 굴복하거나 겁을 먹은 상태에서 당한 경우는 성폭행으로 인정되지 않았다.[14)] 예를 들면 1514년 막시밀리안 1세의 국법은, 오늘날 우리가 강간이라고 일컫는 것("부녀자가 본인의 의사에 반하여 정절을 강탈당한 경우")과 폭행("사실상 강압적 행위를 행한 경우")을 정확히 구분했다.[15)] 이와 관련된 사항은 이후 약간의 변화는 있었으나, 대부분의 법조항은 사실 그러한 분류 방식을 그대로 유지했다. 이를테면 19세기 영국 형법은 성폭행의 증거로 싸움이나 신체적 상해 사실을 요구하지는 않았으나, 판사들은 격렬한 싸움이 벌어지고 나서 행위가 이루어졌을 때라야 비로소 성폭행으로 인정했으며,[16)] 대부분의 경우 20세기 말에 들어와서도 사정은 다르지 않았다. 오늘날에도 거의 모든 법정에서는 피해자의 몸에 자상이나 찰과상, 긁힌 혈흔, 상처, 팔다리의 탈구와 같은 증거가 있어야 폭행으로 인정되고 있다.[17)]

성폭행이 성립되기 위한 필수적인 조건으로는 '비명을 지른 입'과 싸움, '찢어진 옷', '흐트러진 머리카락'이 있어야 했고, 나아가 '축축한 음부', 다시 말해서 질 속에 정액이 들어 있어야 했다. 나중에는 산파에 의해 정액의 흔적과 더불어 강제적인 삽입으로 인한 자상이나 그 밖의 여러 가지 상처를 찾기 위한 조사가 이루어졌다.[18)] 물론 모든 사회에서 이런 증거물을 요구했던 것은 아니고, 특히 이전 시대에는 그런 증거가 필요하지 않았다.

예컨대 13세기 이전의 영국에서는 여자를 쓰러뜨려서 삽입을 하면, 즉시 성폭행으로 간주되었다. 1287년 허트퍼드셔에서 발생한

145건을 조사한 결과, 그 중 성폭행 혐의로 고발된 후고라는 남자에게 유일하게 무죄판결이 내려졌다. 그가 피해자와 교접은 했으나 질 속에 사정하지 않았다는 이유 때문이었다. 이러한 규정은 14세기 중에 약간 변화되어, 범인이 여성의 몸 안에 사정해야 한다는 점이 필수조건이 되었고,[19] 17세기 데이비드 젠킨스의 판사 지침서에는 "성폭행이 성립되려면 '질내 삽입'(rem in re)과 함께 '정액 방출'(emissio seminis)이 있어야 하며, 그렇지 않으면 중죄가 성립되지 않는다"[20]고 되어 있었다.

물론 여자의 질 속에서 사정이 이루어져야 한다는 점은 필수적이지만, 사실이 그러한지를 확인하기가 쉽지 않은 경우가 있었다. 예를 들면 1698년 매사추세츠에서 강간 소송이 벌어졌을 때, 허드슨이라는 농부 자신은 피해자 메리 호손의 몸 안에 사정한 것으로 확신했던 반면에, 피해자인 여자는 범인의 "욕정이 솟구쳤지만, 내가 온 힘을 다해 맞붙어 싸웠기 때문에 그는 내 몸 안에서 욕정을 채우지 못했습니다. 하지만 자기 자신은 성공했다고 생각했겠지요"[21]라고 진술했다.

카롤리나 형법(1532년에 제정된 독일 최초의 형법—옮긴이)에 따르면 "정액 방출에 의해 완전하게 이루어진" 성폭행 사건의 범인은 참수형을 당했다. 그러나 사정하지 않았으면 정상참작이 되어 범인에게 "특별한 처벌, 즉 공공장소에서 태형이 이루어지고 나라 밖으로 영구 추방령이 내려졌다."[22] 물론 산파가 피해자를 조사할 때, 그와 같은 사정 여부를 증명하기가 쉽지 않았으므로 '축축한 음부'를 조건으로 제시하는 경우가 많았다. 그래서 이를테면 1546년에 제정된 팜하겐 마을의 형법에는 다만 다음과 같이 되어 있었다.

정숙한 처녀가 정절을 빼앗겼을 때 그것을 올바르게 증명하려면, 일이 벌어졌을 당시 뜯기고 헝클어진 머리카락을 그대로 둔 채 판사 앞에 찾아와, 오른쪽 가슴에 손가락 두 개를 얹고 맹세하면, 그 여자는 충분히 그 사실을 증명한 것이 된다.[23)]

그러나 1780년 무렵에 이르러 갑자기 영국의 몇몇 법원에서는 사정했다는 증거를 성폭행의 조건(conditio)으로 제시해야만 인정하기 시작했고, 그 결과 강간 혐의로 사형선고를 받는 범인이 거의 나오지 않았다. 대부분 사정 사실을 증명할 수 없었기 때문이다. 그러다가 1828년에 이르러 마침내 '정액 조항'이 폐지되었다. 이에 대해 치티라는 의사는 이런 생각을 갖게 되었다.

말로 설명할 수 없는 미묘한 감정이 있기 때문에, 여자가 온갖 저항 수단을 동원했는데도 완전하게 강간당했다는 사실을 대부분의 남자들이 알고 있더라도, 결혼할 목적으로 데려간다고 하면 이를 막을 수 없으며, 최소한의 확실한 증거가 없기 때문에 과거의 강간 관련법에 비추어 성교 행위가 불완전했는지를 확신하기가 어렵다.[24)]

그 영국인이 점잖게 표현한 그 내용은 사실상 여자와 제대로 '관계'를 가져서 여자의 몸 속에 사정을 함으로써 '소유'해본 남자들만이 가질 수 있는 감정이며, 또한 남자에게 '겁탈'을 당해본 여자들만이 느끼는 감정이다. 그렇기 때문에 성폭행을 당한 피해자들은 사건 이후, 정액과 그 냄새를 '제거'하기 위해 몇 달 내내 음부를 씻고 헹궈내는 일을 계속했던 것이다. 조사 결과에 따르면 피해자의 42.7퍼센트가 씻어내야 한다는 강박관념에 사로잡혔고, 구강성교를 강요당한 여자들은 입을 헹궈야 한다는 강박감을 느꼈다고 한다. 많은 포유동물들이 성기가 충혈되면 암컷이든 수컷이든 동족을 향해 정액과 소변이 혼합된 분비물을 이따금 방사하고, 이때 수컷은 때때로 '되쏘기'를 하기 때문에 그로 인해 본격적인 방사 대결이 벌어진다고 알려져 있다. 이러한 행동은 다 자란 사내아이들이 수음하다가 상대방을 향해 정액을 '발사'하는 것과 비슷하다.[25)]

그림 176은 발리 섬의 악마 부타 엥게르가 우람한 페니스를 드

176. 발리 섬의 악령 '부타 엥게르'.

러낸 채 적을 향해 정액을 '분사'하고 있는 장면이다. 이것은 로마 공화정 시대 고리 모양의 돌에 그려진, 헤르메스 신이 침략자를 향해 정액을 분출하고 있는 장면과 유사하다. 그리고 그림 177은 에스파냐 갈리샤의 남자가 여자 사진사 앞에서 팬티를 내린 채 오줌을 갈기는 장면인데, 이것은 "오줌에 의한 영역 표시와 교접이라는 공통된 행동의 뿌리"가 있다고 주장한 행동연구자의 가설을 뒷받침하는 증거이다.[26)] 올라프 굴브란손은 자신이 청년 시절 친구와 함께 길을 가다가 잠들어 있는 '린트슈트룀 양'에게 오줌을 갈겼던 기억이 있다[27)](그림 178). 한편 웨일스 북부의 케이리오그 계곡에 사는 청년들은 흔히 사모하는 처녀에게 이런 요구를 했다.

177. 「라자의 사육제」, 1985. 크리스티나 가르시아 로데로가 찍은 사진.

함께 걷자는 청년의 제의를 처녀가 받아들이면 청년은 한적한 장소로 데리고 가서 "해볼 테야(rhythu)?"라고 묻는다. 처녀가 "좋다"고 말하면 청년은 처녀가 쓰고 있는 모자의 챙을 이빨로

178. 올라프 굴브란손의 스케치.

물고, 자신의 바지 앞부분을 열어 처녀의 옷에 오줌을 눈다. 청년은 자신의 성기를 노출함으로써 여자에게 사내다움을 증명해 보이려는 것이었다.[28]

그는 오줌을 싸서 처녀에게 표시를 해두는 것으로 소유하고 싶다는 의도를 표명한 셈이므로, 이것은 성폭행범이 피해 여성의 몸에 자신의 '흔적'을 남김으로써 그 여자를 소유하게 되는 것과 흡사하다. 남자가 먼저 피해 여성의 '몸 안에 사정'을 하면, 그 여자는 완전히 정조를 상실하게 된다. 그렇기 때문에 자신에게 강간당했던 여자가 제3의 남자에 의해 정액으로 '표시'를 당하면, 그 여자를 버린다고 한다.[29)]

남자가 여자를 성폭행했다거나—다시 말해서 완력으로 쓰러뜨리고 삽입을 했다거나—강간했을 경우, 여자가 잠자는 상태이거나 의식이 없는 상태에서[30)] 피해 여성의 동의 없이 이루어졌다는 이야기들이 어느 시대, 어느 사회를 막론하고 있어왔다. 이를테면 루존 북부에 거주하는 칼링가족은 어떤 남자라도 혼자서는 여자를 강간할 힘이 없다는 말을 했는데, 다만 여자를 위협하면 겁에 질려 동의할 뿐이라고 했다.[31)]

1670년 무렵 라이프치히 대학 의학부가 발부한 증명서에 따르면, 남자의 힘이 특별히 강하거나 피해자가 아직 성적으로 성숙되지 않은 소녀인 경우를 제외하면, 일반적으로 남자 혼자 여자를 강간한다는 것은 불가능하다고 한다.[32)] 1743년에 법학자 베크는 "남자 한 명이 다른 사람의 도움을 받지 않고 17세가 넘은 처녀를 그녀의 의지나 동의 없이 강간할 수 있느냐"는 질문을 받고 이렇게 대답했다.

> 실제로 어떤 조건이었는지 상황에 따라 다르지만, 여자가 아직 어려서 연약하거나 술에 취한 경우를 제외하면, 남자 혼자 성숙한 처녀를 본인의 의지에 반해 동의 없이 욕을 보이거나 강간할 수 있다고 생각하지 않습니다. 여자는 자신의 의지대로 여러 가지 방법으로 동침을 거부할 수 있기 때문입니다.[33)]

이런 의견의 바탕에는 건강하고 어느 정도 힘이 센 여자가 남자를 성폭행 혐의로 고발하는 경우는 악의가 숨어 있다고 보려는 생각이 깔려 있는데, 이와 같은 견해를 갖고 있는 사람들 중에는 볼테르[34]와 같은 지식인뿐만 아니라 재판관들도 많이 있었다. 예를 들면 1800년 농부의 딸 안나가 피시바하우 영지 재판정에서 진술한 바에 따르면, "천주교 축제 일주일을 앞두고 사람들이 모두 교회에 가 있는 시간에 왕궁의 경기병(輕騎兵)이 처녀의 집으로 찾아와, 말에게 먹이를 달라고 부탁하기에 헛간에 가서 꺼내다주었는데, 임신을 하게 되었다고 말했으나, 사람들은 그녀가 힘이 센 여자였던지라 그 진술이 의심쩍었기 때문에, 사실대로 말하지 않으면 더욱 호되게 다루겠다고 위협하자 소녀는 솔직히 고백하겠다고 맹세하면서, 자기가 별로 저항을 하지 않았으므로 자신에게 잘못이 있다고 털어놓았다." 그리하여 이 처녀에게는 경박하다는 이유로 유죄판결이 내려졌다. 그러나 이보다 1년 전에 네 명의 부하를 데리고 온 프랑스 경기병에 의해 강간을 당했다고 고발한 그녀의 언니 엘리자베스의 주장은 그대로 받아들여졌다.[35]

그 후 남자 혼자서는 여자의 의지에 반해 질 속에 삽입할 수 없다는 확신이 널리 퍼져 있었으나, 1809년 의학자 엘베르트는 여성 본인의 의지에 반해 "옷을 벗기고 성기를 접촉하면" 그것이 곧 성폭행이라 보고, "남자가 여성의 의사를 무시한 채 폭력으로 제압하여 음부에 남근을 갖다대고 음란한 마찰을 하는 일도 상정할 수 있다"고 말하면서 다음과 같은 의문을 제기했다.

> 경험이 한 번도 없는 처녀가 그 과정에서 새로운 느낌을 갖게 되어 자기도 모르게 상당한 정도의 성욕을 자극받고, 따라서 동침 거부 행위를 계속할 수 없는 상태에 이르게 되지 않을까?[36]

28 성폭행범과 처벌

여성을 성폭행하여 유죄로 인정된 자에게 주어지는 형벌을 살펴보면, 중세 동안에 점차 완화되어갔다는 느낌을 갖지 않을 수 없다. 예컨대 브랙턴(Henry de Bracton)에 따르면 11, 12세기 영국에서는 심지어 범행에 직접 가담하지 않은 방조자까지 사형에 처하거나 신체 일부를 잘라냈으나, 브랙턴이 살던 당시에 처녀를 성폭행한 자에 대한 형량은 그의 저서 『잉글랜드의 법과 관습에 대하여』(중세 최대의 영국 법률서—옮긴이)에 따르면 다음과 같았다.

> 이러한 범행을 저지른 자는 다음과 같은 형벌을 받는다. '눈에는 눈'이라는 원칙에 따라 사지를 자른다(……). 따라서 흑심을 품고 처녀의 아름다운 몸매를 바라본 자는 눈을 빼버린다. 또한 뜨거운 욕정을 불러일으킨 자는 고환을 잘라낸다.[1)]

게다가 이와 같이 완화된 처벌이 13세기 이후로는 사실 벌금으로 대체되는 경우가 점점 많아졌다. 그러나 벌금이 워낙 많아 그 강도로 보아서는 과거와 마찬가지였거나, 오히려 더 가혹한 처벌이 되기도 했다. 벌금을 내느라 범인 자신과 더불어 그 가족까지 완전히 파멸하기 일쑤였기 때문이다. 그런 까닭에 성폭행범을 사형하거나 신체 일부를 잘라내는 처벌을 꺼렸을 가능성이 아주 높다. 다시 말해서 대부분의 사건에서 범행을 입증하기가 쉽지 않았을 뿐만 아니라, 결혼 이후의 성교(post coitum)를 고려하지 않은 채 혼인을 빙자하여 동침을 요구했다는 이유를 내세워 남자를 성폭행으로 고발하는 여자들이 많았을 것이므로, 위와 같은 처벌을 너무 과중하다고 보고 꺼렸던 것 같다.[2)]

중세 후기에서 근대 초기에 이르는 시기에 스톡홀름—이곳은 성폭행 사건이 상대적으로 드물게 일어나는 곳이었지만—에서는 사형 집행이 일반화되었던 것으로 보인다. 이런 범죄는 사생활 침범죄—문자 그대로는 '서약'(edsöre) 위반죄—로 간주되었는데, 이는 주거 침입죄가 가정의 사생활 영역을 침범한 것이므로 중형이 내려진 것처럼,[3)] 성폭행도 여성의 몸이라는 사적 영역을 침범한 것으로 보았던 것이다. 그 당시에는 물론 여성의 정조 여부에 따라 차이가 있었다. 이를테면 『작센슈피겔』지에 실린 기록을 보면 배회하는 여자, 즉 매춘부 또는 자신의 애인을 본인의 의사에 반해 범했을 때에는 사형에 처할 수도 있었다. 바꾸어 말해서 범인을 처형할 것이냐의 여부가 판사의 재량에 달려 있었다.

> 배회하는 여자와 자기 애인을 동의 없이 차지한 자에 대해서는 그의 신체를 빼앗아도 된다.[4)] (그림 179)

어떤 경우든 성폭행이 발생하면 현장 주변에 있던 모든 것이 오염된 것으로 간주되었고, 따라서 범행 장소로 사용된 집을 허물고

179. '배회하는 여자' 또는 애인에게 추행하는 장면. 『작센슈피겔』, 1233년경.

범행을 목격한 개나 닭을 비롯한 가축까지 죽이도록 되어 있었다.

> 범죄 사건이 일어나 처녀든 부인이든 강간을 당할 때 이용된 집은 허물어버려야 하고, 강간 행위 당시에 그 자리에 있었던 모든 짐승은 목을 쳐야 한다.[5]

젊은 처녀를 성폭행한 자는 그 행위에 의해 결혼 시장에서 처녀의 가치를 크게 하락시킨 셈이지만, 몇 가지 규정에 따르면 목숨을 건질 수 있는 길이 있었다. 이를테면 자신 때문에 손해를 입은 상대방 처녀와 결혼하겠다고 선언하면 된다. 예를 들면 중세 후기의 『생세베르의 관습법』 조항을 보면 "처녀를 겁탈"한 사람뿐만 아니라 "강제로 성교한 자"는 피해 여성과 결혼을 하거나 결혼 지참금을 주면 된다고 규정되어 있었다. 가해 남자가 이미 기혼이거나 경제적 능력이 부족할 경우에는, 개에게 물려 머리통을 잃게 된다. 하여간 문서(또는 양피지)에 그렇게 기록되어 있다.[6]

물론 전혀 다른 규정도 있었다. 예를 들면 14세기 『브뤼게의 프랑스 관습』에는 "여자를 강제로 능욕"했더라도 곧바로 결혼하기로 작정한 자는 "살인죄에 상응하는 벌"을 받지 않는다는 조항이 들어 있다.[7]

성폭행을 저지른 죄인이 일부 법에 따라 피해 여성과 결혼을 하거나 지참금을 지급함으로써 사형을 면제받았다는 사실은, 성폭행을 단순히 혈연집단이나 남편의 '소유'로 되어 있는 '물질적 재산'에 손해를 끼친 행위로 인식했음을 짐작케 하며, 사실 피해자의 순결 따위는 중요시되지 않았다고 주장하는 문화사가들이 많다. 물론 그 주장이 전적으로 옳지는 않다.

예컨대 삭소(Saxo Grammaticus, 1150~1220)의 『덴마크의 역사』(*Gesta Danorum*)에 따르면, 12세기 말의 성폭행은 피해 여성의 남편과 아버지의 '소유권'만을 침해한 것이 아니라, 여성 본인의 성생활의 자유를 침해한 행위로 간주되었다.[8] 이 문제와 관련된 메로빙거 시대의 형법에 따르면, 성폭행과 부도덕한 접촉 행위를 여성의 순결과 수치심에 대한 침해로 받아들였고, 당시의 수치심 기준이 매우 높았기 때문에 피해 사실을 법원에 고발하는 여성이 거의 없었으며 심지어 죽음을 택하는 여자도 많았다.[9]

유대인들도 전통적으로 폭행이나 강간을 여성에 대한 순결 훼손이자 모욕이라고 인식했다.[10] 범인이 피해자를 오르가슴에 도달하게 만든 경우에도 마찬가지였다.[11] 마이모니데스(1135~1204: 유대인 학자—옮긴이)에 따르면, 그와 같이 여성이 오르가슴에 이른 경우가 실제로 있었던 것으로 보인다. 모든 여성은 남자의 성기가 자신의 몸 안에 들어와 있음을 느끼게 되면, 정욕이 모든 이성이나 도덕을 몰아내기 때문에 스스로 성행위에 동의하지 않을 도리가 없다는 것이 그의 주장이다.[12]

이와 관련한 고대 아테네 사람들의 생각은 분명히 달랐다. 그렇기 때문에 많은 연구자들은 여성에 대한 성폭행보다 유혹을 더 중대한 범죄로 인식했다.[13] 왜냐하면 성폭행을 저지른 자는 단순히 짧은 시간 여성의 육체만을 지배하지만, 유혹한 자는 오랫동안 여성의 영혼을 소유하기 때문이었다. 그래서 오이필레테스(Euphiletes) 같은 이는 법정에서, 성폭행범은 의심할 바 없이 피해 여성으로부터 증오의 대상이 되는 반면, 유혹한 자는 상대방 여자의 영혼을 파탄시키고 그 여자의 남편보다도 더 많이 그 여자를 소유하는 셈이라고 진술했다.[14]

중세와 근대 초기의 문헌에 따르면, 성폭행범에 대한 실제적인 형량은 각양각색이었다. 중세시대 헝가리의 성폭행범은 '흉악한 강간'(stuprum violentum)에 의해 피해자의 순결을 더럽혔다는 혐의로 살인자와 똑같은 형벌을 받았고,[15] 1390년 베긴회 수녀를 강간한 바젤의 직조공은 겨우 한 달 동안 '탑 안에' 감금되었다가 도시의 경계석 바깥으로 5년 동안 추방되었다.[16] 1423년 콘스탄츠의 링글리라는 남자는 어린 소녀를 폭행하고도, 산파가 확인한 바에 따르면 '소녀의 치부를 약간 손상'시켰지만 목숨은 구할 수 있었다. 바젤의 직조공처럼 그 남자도 살던 도시에서 추방되었는데, 물론 그것은 영구 추방이었다. 이보다 6년 후, 테거빌렌 출신의 슈테뷔츨린은 더욱 가혹한 법의 심판을 받았다. 그는 의붓딸에게 동침을 강요했다가 '허허벌판'으로 끌려나갔다. 사람들은 그를 가시더미가 깔려 있는 폐광 속에 집어넣고 말뚝에 손발을 묶은 다음, 뾰족하게 깎은 막대기를 그의 아랫도리에 찔러넣었다. 그 자신이 의붓딸의 아랫도리에 페니스를 밀어넣었던 것과 똑같이.[17]

성폭행 미수로 간주되는 행위도 매우 다양했다. 예를 들면 장크트 갈렌의 우르반 슈펜린은 자신이 근무하는 공장 사장의 딸을 '덮친' 혐의로, 다시 말해서 달려들어 쓰러뜨린 혐의로, '추행'을 기도했다는 판결을 받았으나 나중에 중재를 통해 서약함으로써 순결 훼손죄로 감형되어 제법 많은 벌금을 냈다. 한편 1609년에 일어난 사건에서는 강간을 당했다고 고발한 여자의 진술 때문에 강간 미수로 인정되지 않았다. 로지나라는 여자가 말하기를, 가해자가 "페니스를 몸에 갖다대고 못되게 굴었지만" 자신이 완강히 저항하는 바람에 삽입하지 못했다고 진술했던 것이다.[18]

엘리아스의 문명이론을 추종하는 학자들은, 중세와 근대 초기의 여성들이 오늘날의 여성과 달리 "성충동이 급격하게, 때로는 폭력적으로 일어나기 쉬웠다"고 주장하면서, 귀족 남자가 길에서 농부 아낙과 마주치면 내키는 대로 추행을 했다고 말한다.[19] 이를테면 우셀 같은 이는, "중세시대에 마음에 드는 처녀를 한적한 곳에서 만났을 때, 성폭행을 하지 않은 기사가 있었다면 놀림감이 되었을 것"이라고 주장했다.[20] 여기에서 주목할 점은, 그 저자들 중 어느 누구도 자신의 주장을 뒷받침할 만한 단 하나의 증거도 제시하지 못했다는 사실이다. 필경 그들은 12세기 안드레아스 카펠라누스의 저서 『사랑의 책』(*Li livres d'amours*, 프랑스 궁정의 사랑을 다룬 책—옮긴이)에 나오는 대목을 참고했을 것이다. 이 책에서 저자는 귀족 독자들에게, 만일 농부 아낙을 희롱하고 싶은 욕구에 사로잡히거든 부담감을 조금도 갖지 말라고 충고한다. 요컨대 좋은 기회라고 생각되면, 다음번을 기다릴 것이 아니라 당장 덤벼들라는 것이다.

> 그대가 농부 아낙을 사랑하고 싶은 욕망에
> 사로잡히는 일이 생길 때,
> 적절한 상황에 이르거든
> 그대는 전혀 억제할 필요가 없나니,
> 곧바로, 다른 한가로움을 찾지 말고,
> 그렇게 그대의 쾌락을 완수하라,

억지를 부릴 필요가 없지 않다면 억지로라도
그대의 능력에 맞추어 애쓸지어다.
다른 식으로는 자신의 사랑을 주려고 하지 않는 것이
바로 농부 아낙의 방식이므로
그대는 거기 도달하는 데 애를 먹을 것이로다.
내가 아는 한, 훌륭한 남자가 바람을 가질 때
그녀에게 더 훌륭하기를 바랄수록
그녀가 더 천함을 알게 되리라.[21)]

카펠라누스에 따르면, 충동적으로 살아가는 농부들의 생활은 짐승과 다를 바 없이 길들여지지 않아 아주 '미개'하므로, 농부 아낙에 대한 성폭행은 사실상 폭행이 아니라는 것이다. 따라서 귀족 신사가 시골 처녀에게 관능적인 자극을 받아 처녀를 덮쳤다 하더라도, 그것은 농부들 사이에서는 흔히 발생하는 일상적인 사건일 따름이었다. 계속해서 카펠라누스는 이렇게 말한다.

> 올바른 몸과 마음을 가진 농부라면 그런 일이 거의 없을 것이다. 그러나 그들은 당나귀나 말처럼 자연스럽게 육욕의 자극을 받음으로써 성장하는 동안 순결을 유지하지 못하고 있는바, 그들은 천성적으로 그렇게 자라온 것 같다.[22)]

그러나 전문가들은 오래 전부터 카펠라누스의 저서를 중세시대의 '강간 문제의 유용한 근거자료'로 인정할 수 없다는 데 일치된 견해를 보이고 있다.[23)] 물론 많은 기사들이 농부 아낙을 폭력으로 '겁탈'하거나, 오늘날 '5분 서서 하기'라고 일컬어지는 행위와 같은 방식으로 강간을 시도했다는 데에는 의심의 여지가 없다. 아일하르트(중세시대의 독일 시인-옮긴이)의 『트리스트란트』(*Tristrant*)에 등장하는 궁녀는 덤벼드는 남자를 향해 이렇게 말한다.

> 뭘 하시려는 거예요? 아시다시피 저는 농부 아낙이 아니랍니다. 이토록 짧은 시간에 제가 마치 당신의 것이 된 것처럼, 저에게 육체적인 사랑을 요구하다니요.[24]

중세시대에는 '계급차별적 재판'이 엄존하고 있어서, 이를테면 농부나 일반 시민이 여자를 강간한 경우와 비교할 때, 귀족이 하층계급 여자를 폭행한 경우에는 아무런 제재를 받지 않거나 아주 가벼운 처벌만 받고 풀려날 가능성이 훨씬 많았다는 사실에는 논란의 여지가 없다. 예컨대 프랑스 귀족이 농부 아낙에게 성폭행을 저질러도 경미한 벌을 받는 것으로 끝나는 경우가 흔했고,[25] 영국에서도 귀족계급의 어린이나 처녀 또는 부인이 피해자인 경우는, 하층계급의 기혼녀나 이미 소문이 좋지 않게 나 있는 여자를 폭행한 경우에 비해 벌을 받을 가능성이 훨씬 많았다.[26] 그리고 초기 르네상스 시대의 베네치아에서는 귀족 남성들의 성범죄 사건이 다른 계층에 비해 많았으면서도 관대하게 처리되었고, 이탈리아의 다른 어느 도시보다도 이곳의 형량이 미약했다고 알려져 있다. 예를 들면 14세기 중반에 귀족이 아닌 처녀를 폭행한 33명의 귀족 중에서 12명이 징역형을 받았고, 나머지는 벌금만 내고 풀려났다.[27]

이런 사례들이 있었다고 해서 귀족이 농부 아낙이나 평민 여인들을 짐승처럼 취급하여 내키는 대로 '요절'을 내주었다거나[28] 귀족이라 해서 그들에게 무슨 짓이든 할 수 있었던 것은 결코 아니다. 예를 들면 14세기에 무장을 하고 있던 모레라는 귀족이 말을 탄 채 타이유르의 아들 로베르트를 짓밟아놓고 창으로 찌르려던 순간, 상대방이 말안장에 앉아 있던 그를 능숙한 기술로 끌어내려

죽여버렸다. 뒤이어 벌어진 재판 과정에서 요크셔의 판사들은 정당방위로 인정하여 피고를 석방했다.[29)]

부르군트 공국의 통치자 필리프 대공이 제네바 시를 통치하기 위해 제정한 1438년의 훈령에 따르면, 어느 계층이든 여자를 유혹하거나 겁탈한 남자는 누구나 똑같이 엄한 처벌을 받도록 되어 있었다. 피해자의 가족이 보상금을 받고 입을 다문 사건에 대해서는, 처벌 문제가 공적인 관심사였으므로 시(市)의 대표들이 대신 소송을 제기했다. 만일 담당 공무원이 2주일 안에 소송을 제기하도록 되어 있는 규정을 이행하지 않으면 50년 동안 그 도시와 거주지에서 추방을 당했는데, 이는 곧 영구 추방이나 다름없었다.[30)]

12세기에 노브고로트(러시아 연방 북서부의 주—옮긴이)와 고틀란드(스웨덴 동부의 섬—옮긴이)의 여러 도시들은, 성폭행을 당한 여자 노예에게 그 보상으로 자유를 주기로 합의하고 협정을 체결하였다. 노예 신분인 여자가 단순히 성추행만 당한 것으로 증명되면, 그 여자에게는 위법 행위(obida)를 당한 보상으로 1그리브나를 지급했다. 그와 같은 성범죄나 위법 행위는 결혼의 가치를 떨어뜨릴 뿐만 아니라, 여성에 대한 치욕(sram)이자 순결 훼손으로 간주되었다. 여자 노예에게도 성적인 순결이 있고 개인적인 정체성을 갖고 있으므로, 이를 침해하는 자는 처벌해야 한다고 보았던 것이다.[31)]

과거 키예프 왕국에서는 농노 처녀도 귀족에게 성폭행을 당했을 경우에 고발하면 승소할 수 있는 가능성이 많았고,[32)] '민중을 위한 궁정법'에는 범인을 노예로 팔아 넘긴다는 규정이 있었다. 피해자가 결혼한 여자일 때에는 범인의 전 재산을 피해 여성의 소유로 넘겨주고, 미혼일 때에는 재산의 일부를 넘겨주도록 되어 있었다.[33)] 스몰렌스크와 리가(레틀란드의 중심 도시—옮긴이) 사이에 맺어진 무역협정에는, 노예와 매춘부들이 강간을 당하는 경우에도 가해자로 하여금 적절한 보상을 하도록 한다는 규정이 있었고, 모스코비치와 키예프 왕국에서는 피해자가 피해 사실을 증명하는 것이 아니라 가해자가 무죄를 증명하도록 되어 있었다.[34] 또한 성폭행 사건은 여자 자신이 소송을 이끌도록 되어 있었는데,[35] 이처럼 특이한 제도는 서방 국가에도 있었다. 1270년에 제정된 『생루이 성규(成規)』(*Établissements de Saint-Louis*)에 이런 규정이 있었다.

> 그 어느 여성일지라도 영주에게 소속되어 있으므로 민사상의 소송에 따르지 않았으나, 신체와 관련된 문제일 때에는 예외가 된다.[36]

기사가 길에서 농노 처녀와 마주쳤을 때, 폭행하지 않으면 놀림감이 되었다는 주장은 과연 맞는 것일까? 물론 그들 중에는 농부나 평민 처녀를 용감하게 '해치웠다'고 자랑하는 자들이 많지만, 그와 같은 주장은 허풍에 불과하다고 보아야 할 것이다. 예컨대 1481년 하이델베르크에서 '라인슈트롬 기사단'이 기마전을 개최했는데, 귀족이라도 경기 도중에 "부녀자를 위협적인 말이나 도구로 위협해서 폭행을 저지른 자"에게는 벌을 주기로 했다.[37]

14세기 초, 슈타이어마르크의 오토카르는 자신이 쓴 운문 형식의 연대기에서 나사우의 아돌프에 대해 "그가 부녀자들을 강간했다"는 사실에 대해 크게 의구심을 표시했고, 발른하우젠의 지크프리트는 1298년 마인츠에서 왕이 선제후들에 의해 폐위된 이유를 "처녀를 강간했기 때문"이라고 했다. 그리고 마지막으로 한 가지 예를 들면 1271년 프라이부르크의 젊은 백작 하인리히가 어둠을 틈타 어린 평민 처녀를 추행한 사건이 생기자, 도시에 반란이 일어나 마침내 시민 모두가 그에게 충성을 맹세하기를 거부했다.[38]

29

전시(戰時)의 성폭행과 '정액받이 부대'

중세시대에 자주 있었던 십자군 원정 당시 수많은 여자들이 성적으로 정복과 굴복을 당했다는 점에는 의문의 여지가 없으며, 그러한 집단 성폭행이 부분적으로 얼마나 끔찍스러웠는가는 연대기 작가 풀허(Fulcher von Chartres)의 말을 들어보면 알 수 있다. 그의 기록에 따르면, 1098년 6월 28일 십자군 병사들은 보헤문트(Bohemund von Tarent)의 지휘로 안티오키아(투르크메니스탄의 고대 도시로 지금의 메르프-옮긴이)의 사라센 진영을 습격했을 때, 여자들을 강간하지는 않았다. "적진 천막에 있던 여자들에 관해서 말한다면, 프랑크족 병사들은 그들을 강간하는 대신 창으로 배를 찔러 죽였다."[1)]

이때 십자군 병사들은 대개 사라센 여인과 기독교 여신도들을 그다지 구분하지 않았다. 서양의 많은 연대기 작가들은, 회교도 전사들이 동방순례를 다녀온 기독교도들처럼 점령 지역의 여자들에 대해 기본적으로 '문명화된' 행동을 보였으며, "음탕하게 웃어대며 라틴 여인들을 농락하는" 따위의 행동을 하지 않은 사실을 중요하게 다루었다. 예컨대 여자에 굶주린 십자군 기사들—병영의 위안부들을 모두 내보낸 상태에서—이 1204년 비잔틴을 점령하자, 비잔틴 남자들은 아내와 딸들이 무척 걱정스러웠다. 역사가 니케타스 코니아테스가 전하는 바에 따르면, 과연 그들의 걱정은 당연한 것이었다.

> 그들은 당장이라도 약탈과 폭행을 시작하려는 듯이 아름다운 여인들을 뚫어져라 바라보고 있었다. 우리는 여자들이 걱정스러워 몸이 떨릴 정도였던지라, 즉시 여자들을 한가운데로 모아놓고 빙 둘러섰다. 어린 소녀들에게는 얼굴에 길바닥의 오물을 바르도록 지시하고,[2] 평소에 뺨의 광채를 강조하기 위해 바르던 화장을 모두 지우게 했다.

하지만 이러한 모든 조치에도 불구하고 여자들은 자신들의 운명을 피할 길이 없었다. "그때 남자들이 다가왔다. 그들은 신의 은총을 받은 병사로서 전지전능한 하느님의 군대이므로 어깨에 십자가 표시를 달고 있는 한, 여자를 건드리지 않겠다고 굳게 다짐하지 않았던가!"[3]

남의 나라뿐만 아니라 자기 나라에서도 여자들을 닥치는 대로 겁탈한 부대들이 많았다. 14세기의 어느 연대기 작가가 남긴 기록에 따르면, 알란이 이끄는 부대가 숙영을 하기 위해 성 알반 수녀원에 진입하려는 것을 수녀원 부원장이 거절하자, 병사들이 무력으로 쳐들어가서 여자들을 차례로 겁탈했는데, "수녀 초년생부터 시작해서 창문을 넘나들며 부인들을 겁탈하고 마침내 수녀들까지 폭행했다."[4] 이때부터 점령당할 위험에 놓인 도시의 여자들은, 만일 적에게 점령을 당할 경우 그들에게 희생당하지 않으려고 인근

180. 전쟁이 끝난 뒤 점령지의 여자들을 성폭행하고 있는 기사들. 헥토르 뮐리히의 펜화, 1455.

지역으로 피난하는 일이 많았다(그림 181).

이런 관점에서 본다면, 16세기에 신세계의 '야만인들'을 습격한 에스파냐 군인들은 양심의 가책을 그다지 느끼지 않았던 것 같다. 오늘날에도 안달루시아 사람들은, 자기네 고향 사람들이 아메리카를 정복했을 당시에 한손에는 십자가를, 다른손에는 남근을 쥐고 있었을 것이라고 말하지만, 이는 조금 과장된 말일 것이다. 예컨대 아타우알파를 정복했던 피사로 휘하의 군인들에 대해, 벤초니는 1565년에 쓴 글에서 다음과 같이 전하고 있다.

> 그 후 그들은 주변 마을을 순찰하기 위해 1마일쯤 되는 곳에 도착했을 때, 숲에서 멀리 떨어진 야외 욕탕과 연못에서 한 무리의 여자들이 놀고 있는 광경을 발견했다. 그 여자들은 자기들의 강력한 왕이 소수의 적에게 잡혔을 것이라고는 상상도 못하고 있었다. 그래서 그들은 물속에서 즐겁게 놀고 있었다. 이에 에스파냐 병사들은 도착 즉시 옷을 훌훌 벗어던지고 여자들이 노는 한가운데로

181. 동맹군이 철수하자 피신했던 여자들이 이슬레 시로 돌아오고 있는 장면.
부르군트 전쟁을 기록한 실링의 연대기, 1480.

뛰어들어 예쁜 여자들을 나꿔챈 다음, 아타우알파 진영을 습격했을 때처럼 닥치는 대로 못된 짓을 저질렀다. 신세계에 관한 글을 남긴 작가들은, 이곳 온천과 아타우알파 진영에서 5천 명의 여자들이 잡혀갔다고 증언한 바 있다.[5] (그림 182)

1615년 아얄라(Felipe Guaman de Ayala)의 저서 『새로운 연대기』(*Nueva crónica*)에 실린 삽화에는, 에스파냐 사람들이 잉카 여인들을 폭행하는 장면이 약간 점잖게 묘사되어 있다. 예를 들면 「지방관과 목사와 중대장이 돌아가면서 여인의 음부를 관찰하다」라

182. 아타우알파를 격파한 에스파냐 사람들이 목욕 중인 잉카 여인들을 겁탈하고 있다. 테오도르 드 브리의 동판화.

는 제목의 그림(그림 183)에는 음부를 엿보고 있는 장면이 그림 앞면에 묘사되어 있다.[6] 그러나 화가가 여인의 음부와 엉덩이를 분명하게 드러낸 이 장면은, '에스파냐 병사들이 전쟁을 통해 얻은 여자들을 데리고 성기와 입으로 성교를 즐겼다'는 사실을 보여주고 있다.

에스파냐 병사들은 멕시코를 정복했을 때에도 여자들에게 온갖 잔악 행위를 저질렀다. 그렇기 때문에 디아스 델 카스티요(Díaz del Castillo) 자신도 다음과 같이 언급하지 않을 수 없었다. "병사들은 15명에서 20명 단위로 무리를 지어 마을을 돌아다니면서 약탈을 저질렀고 여자들을 폭행하는 등 터키에 갔을 때와 똑같은 짓을 하고 다녔다."[7]

이와 같은 증거자료들을 근거로 우리는 자칫하면, 중세와 근대

183. 에스파냐 남자들이 안데스 지역 인디언 여인을 추행하고 있다.
아얄라의 『새로운 연대기』에 실린 삽화, 1615년경.

초기의 군인들이 폭력에 대한 면죄부를 갖고 있었다거나, 사로잡은 여자들을 마음대로 농락할 수 있는 관습법 같은 것이 있었다는

184. 성을 점령한 적군 병사들이 여자들을 욕보이고 있다. 프랑스 세밀화, 14세기 후반.

결론을 내리기 쉽다. 그러나 실제 사정은 그렇지 않았다. 구약성서만 보더라도 다음과 같은 구절이 나오는 것처럼, 이는 전쟁 중에 여성을 상대로 저질러지는 성범죄를 '문명화'하려는 시도였다고 볼 수 있다.

> 그 포로들 가운데서 마음에 드는 아리따운 여자가 있으면 그를 아내로 삼아도 된다. 그 여자를 아내로 삼을 사람은 그 여자를 자기 집으로 데리고 가서, 그 머리를 밀고 손톱을 깎고, 잡혀 올 때 입었던 포로의 옷을 벗게 하여야 한다. 그리고 한 달 동안 집 안에 있으면서, 자기의 부모를 생각하면서 애곡하게 하여야 한다. 그런 다음에라야 동침할 수 있다. 이렇게 하여 부부가 된다. 그 뒤에 그 여자가 더 이상 남편의 마음에 들지 않으면, 그 여자의 마음대로 가게 하여야 하며, 돈을 받고 팔아서는 안 된다. 남편이 그 여자를 욕보였으므로, 종으로 팔아서는 안 된다. (신명기, 21:11~14)[8]

1385년에 제정된 리처드 2세의 '전쟁규약'에 따르면, 성폭행범으로 인정된 병사는 모조리 참수형을 당했다.[9] 그러나 당시의 연대기 작가들이 전쟁 중의 성폭행을 명예롭지 못한 범죄라고 생각한 나머지 모른 체하는 경우가 대부분이었기 때문에, 이에 관한 당시의 기록들은 신뢰성이 없으며,[10] 나아가 그 죄인들이 실제로 어느 정도 처벌을 받았는지도 알 수 없다.[11] 사실 이 부분에 대해서는 의구심을 갖지 않을 수 없다. 1642년에 제정된 『전쟁관습법』의 조항에 성폭행이나 "부자연스러운 능욕"을 저지른 자를 사형에 처한다는 규정이 있기는 하지만 특이하게도 "무자비하게"[12]라는 단서를 달아놓음으로써 지휘관에게 대폭적인 재량권을 주었기 때문이다.

「로이트키르히 용병의 서약서」 중에 이런 조항이 있다.

제5조. 너희는 예배당이나 교회 또는 밀실에서 과부, 고아, 방앗간집 딸, 보모, 유부녀, 처녀를 욕보이거나 모욕하지 말 것이며, 특히 능력이 닿는 한 도와주고 보호하고 감싸줘야 한다.

여자를 폭행한 자를 사형하는 부대들도 많았다.

음탕한 자는 그리스도 하느님의 왕국을 소유할 수 없나니, 사도의 말씀처럼 부녀자를 강간하는 자는 누구든 고통스러운 벌을 받을지니라.[13)]

1525년 5월 10일자로 공포된 라인 강변 알자스 농부들의 전쟁법에는, "부녀자를 괴롭히거나 폭언으로 치욕을 안겨준 모든 자에게는 체형을 가한다"[14)]는 내용이 있었다.

이러한 조항들이 있었음에도 불구하고 농민전쟁 중에도 '당연히' 수많은 성폭행 사건들이 발생했고, 심지어 여자들이 성폭행 협박을 압력 수단으로 이용하는 경우도 있었다. 그런 사례는 1525년 3월에 있었다. 폭도들이 헤그바흐 수도원의 곡식을 훔쳐가는 큰 사건이 일어나자, 수녀들이 슈바벤 동맹측에 경고를 보냈다. 그러자 한 무리의 농부 아낙들이 수도원으로 몰려가 다음과 같은 말로 수녀들을 위협했다. "농부들한테 오기만 해봐라. 머리에 천을 뒤집어 씌워서 아이를 갖게 하여 우리처럼 고통을 받게 해줄 테다."[15)]

모든 시대에 걸쳐 적대국 여자들에 대한 성폭행을 엄격하게 금지한 이유는 짐작건대 예의범절을 위해서가 아니라, 집단 성폭행이 이루어지는 동안 여자를 차지하기 위해 심각한 싸움이 벌어지는 사례가 적지 않았으므로, 성문란 행위를 방치하면 결국 군대의 기율을 위태롭게 한다는 사실 때문일 것이다.[16] 특히 중세 후기에는 병사들의 성생활을 규율에 따라 통제하려는 목적으로 병영 안에 위안부를 두도록 허용하고(그림 185), 이들을 성적인 용도로

185. 니클라우스 마누엘 도이치 데어 윰게의 '용병과 위안부', 1546.

이용하는 것뿐만 아니라 그들에게 음식 만들기나 세탁과 같은 필요한 일을 맡겼고, 때로는 특정한 군인이나 용병이 그들과 깊은 관계를 맺는 경우도 있었다. 중세 중반에는 대개 이와 같은 '떠돌이 여자들'을 허용하지 않았다. 수도사 로베르트가 전하는 바에 따르면, 1095년에 있었던 제1차 십자군 원정에 즈음하여 교황 우르반 2세는 포고문을 통하여, 남편이나 남자 형제 또는 개인적인 보호자와 동반하는 경우를 제외하고 절대로 여자를 원정대에 참여시키지 말라고 지시했다.[17]

매춘부를 데리고 가지 말라는 이와 같은 금지 조치가 초기의 5차 원정까지 발효되기는 했으나, 위반 사례가 끊이지 않았다.[18] 알

카티르가 전하는 바에 따르면, 당시 생잔다르크로 불리던 아코(지중해의 이스라엘 도시—옮긴이)를 점령할 때, 프랑크족 여인들도 전투에 참여했다고 한다. 이들은 대부분 십자군에게 '쾌락과 즐거움과 오락을 제공'하기 위하여 오리엔트에서 잡혀온 여자들이었다. 배 한 척에 예쁜 여자들이 무려 300명이 타고 있었으며, 이 매춘부들 때문에 전선을 바꾼 아랍 군인들도 많았다고 한다.[19] 1191년 아랍인들이 점령하고 있던 아코를 독일 기사들과 함께 재탈환한 영국 왕 리처드 1세는 매춘부들로 하여금 군부대를 따라다니지 못하게 했다. 그러나 살라딘(1187년 대규모 십자군 원정대를 무찌르고 예루살렘을 정복한 이집트 아유브 왕조의 창설자—옮긴이)의 비서가 남긴 기록에 따르면, 매춘부들은 아랍 병사들의 가슴을 더욱 두근거리게 했다.

> 온갖 치장을 하고 신음소리를 내며, 애태우듯 식욕을 자극하면서, 불꽃처럼 대담하게, 코먹은 목소리로 풍만한 허벅지를 드러낸 채, 그들은 쾌락을 위한 상품을 내놓고, 발목에 차고 있던 은빛 장신구가 금귀고리에 닿을 만큼 다리를 치켜올리면서, 스스로 사내들의 과녁이 되어, 창으로 찔러주기를 바라면서, 자신의 방패를 향해 창을 겨누어주기를 바라고 있었다. 그들은 구멍 속으로 도마뱀을 유인하듯, 잉크병 속으로 펜을 유도하듯, 깊은 계곡으로 냇물을 끌어들이듯, 칼집 속으로 칼을 유도하듯, 아궁이에 땔감을 쑤셔넣듯, 다리와 다리를 맞대고 투쟁을 계속했다.[20]

제1차 십자군 원정 중에 교황의 금지령에도 불구하고 안티오키아 주둔지에 수많은 매춘부들이 나타나자, 노르만의 지휘관 보헤문트는 기사들로 하여금 "무절제한 생활로 인해 타락함으로써 주인의 노여움을 사는 일이 없도록" 하기 위해 매춘부들을 몰아냈다(그림 186).

186, (위) 안티오키아 외곽의 십자군 주둔지에서 위안부들을 몰아내는 장면.
(아래) 십자군이 아랍 첩자들을 거세하는 장면, 1490년경.

이보다 100년이 지난 뒤 로베르트(Robert von Clari)가 전하는 바에 따르면, 1204년 비잔틴 함락에 앞서 주교들은 기도를 통해 이 전쟁을 정의로운 전쟁이라고 표현했다. 이를테면 비잔틴을 오염시키지 않기 위해 "경박한 여자들을 모조리 색출하여 군인들로부터 격리하라는 명령을 받고, 모두 배에 태워 멀리 내보냈다."[21]

중세 후기에도 '떠돌이 여자들'을 용인한 적도 있고, 몰아낸 적도 있었다. 잔 다르크에 관한 예가 있고,[22] 1525년 4월 27일 공포된 타우버탈 농민들의 군령(軍令) 제5조에는 "정숙하지 않은 여자들을 영내에 허용해서는 안 된다"[23]는 규정이 있었다. 그 무렵 정반대 방향의 세계에서 잉카 제국의 전사들은, 베가(Garcilasco Vega: 페루 출신의 에스파냐 역사가—옮긴이)가 전하는 바에 따르면, "더 큰 손해"를 예방한다는 명목으로 '미타 후아르미'(mita huarmi)라 일컫는 위안부들을 데리고 있었는데, 에스파냐 사람들은 그 손해가 무엇인지는 더 이상 설명하지 않았다. 이들 '미타 후아르미'들은 일반적으로 주택가 외곽의 허름한 오두막에서 살았기 때문에 '초원에 사는 사람들'(pampairuna)이라고 불리기도 했으며, 경멸스러운 계층이라는 이유로 정숙한 여자는 그들과 한마디라도 대화를 나누지 못하게 되어 있었다.[24]

1684년에서 1687년 사이에 제정된 프랑스의 각종 군법에 따르면, 반경 2마일(=9.66킬로미터) 안에 매춘부가 얼씬거리면 코를 자르고 귀를 찢어버린다고 명시되어 있었으나, 그와 같은 가혹한 형벌이 집행되었는지는 의문이다.[25] 중세에서 근대 초기까지 위안부를 몰아내거나 그들에게 형벌을 주는 사례가 많았지만, 상류 계층에서는 여전히 위안부들을 받아들이고 있었으며, 17세기 초에는 군인 100명에 약 5명의 위안부가 있었다.[26]

군인들의 약탈과 집단 성폭행—적진뿐만 아니라 자기 나라에서도—은 17, 18세기에도 엄격하게 금지되어 있었지만, 주민들은 여전히 안심할 처지가 아니었다.[27] 위안부나 주보(酒保)의 여자들을 내보낸 조치도 프랑스 군인들의 성폭행을 줄이는 데 아무런 도움이 되지 않았다. 이를테면 뉘른베르크에서 발행된 전단을 보면, 1689년 루이 14세 부대가 하이델베르크를 처음 점령했을 당시의 상황을 알 수 있다.

> 그들은 대로에서 여자들에게 추잡한 욕정을 드러냈는데/14, 15세의 어린 소녀들도 예외가 아니어서/그런 일을 겪은 아이들이/울음을 터뜨리곤 했다.[28]

물론 이런 만행을 저지른 자들이 처벌을 받는 경우도 드물지는 않았지만—예컨대 1680년 브라이스가우의 프라이부르크에서 프랑스 장교 두 명이 주보에서 일하던 엘리자베타라는 젊은 여자를 폭행했다가 그 중 한 명이 고발되어 '체포'된 바 있다[29]—도시를 점령한 직후에 일어나는 집단 폭행에 대해서는 지휘관조차 전혀 통제할 수 없었다. 그렇기 때문에 하이델베르크를 점령했던 1693년에 장교들은—이 도시를 처음 점령했던 4년 전의 성폭행 사건이 수없이 발생했던 점을 고려하여—피란을 가지 못하고 성에 남

187. 네덜란드 여인들을 폭행하고 있는 프랑스인들. 드 후그헤의 에칭, 1673.

아 있는 주민들, 즉 부녀자들을 하일리히가이스트 교회로 집결시켰다가 나중에 카푸친 교단의 수도원으로 이송하도록 지시했다. 그런데도 프랑스군에게 붙잡힌 많은 '여자들'이 '대로에서 능욕'을 당하고 죽어갔다. 수많은 남녀를 알몸으로 "발가벗기고, 특히 여자들을 너무나 비인간적으로 다룬 탓에 하느님조차 얼굴을 붉힐 정도였다." 마침내 교회가 불길에 휩싸이자 이곳으로 피신했던 사람들은 들판으로 빠져나올 수밖에 없었고, 이때 다시금 수많은 여자들이 만인이 바라보는 가운데 길바닥에서 폭행을 당했으며, 이어서 '강제로 주둔지로 끌려가' 그곳에서 또다시 폭행을 당했다.[30)]

그 뒤 수세기 동안 프랑스 군인들이 적대국이나 자기 나라에서 현지의 여자들에게 더 문명화된 행동을 보였다는 증거는 전혀 없으며, 평화시에도 군인들에 의한 성폭행은 일상화되어 있었다. 예를 들면 나폴레옹 공화력 4년(1796)에 센-인페리에 지방의 8대대 병사들이 어린 소녀 두 명을 붙잡아 잔인하게 폭행한 사건이 일어나자, 낭트 주민들이 폭동을 일으킨 바 있다. 채 16세도 되지 않은 소녀에 대한 의사의 진찰보고서에 이런 내용이 있다.

> 그녀의 생식기에 그 광적인 행위가 되풀이되어, 그로 인한 발열과 부종 증세를 동반한 통증을 겪었다. 여러 명의 병사들이 그 시민에게 그런 행위를 폭력으로 저질렀던 것이다.

피해 여성과 같은 마을에 사는 청년들이 보복을 하려고 나서는 바람에 그들과 군인들 사이에 본격적인 전투가 벌어지는 사례도 자주 있었다. 청년들은 '자기네 마을'의 젊은 처녀나 부인들에 대한 군인들의 습격 행위가 곧 자신들의 명예에 대한 도전이라고 생각했던 것이다.[31)]

18세기 말 프랑스 군대는 세탁부와 주보의 여자들을 데리고 다넜고, 혁명 초기에는 여자 옷을 입은 여군들도 있었으나, 공식적인 매춘부들은 여전히 따라다니지 못하게 했고, 부대가 주둔하는 지역의 여자들과 병사들 사이에 접촉이 이루어지지 않도록 어느 정도 노력을 기울였다. 예를 들어 슈바벤의 화가 플루크는 1796년 비베라히에 주둔했던 프랑스군의 군령에 대해 이렇게 회상했다. "프랑스 부대는 병영에 여자를 들여놓아서는 안 된다는 규칙을 세워놓고, 그 내용을 직접 시민들에게 알렸다."[32]

한편 현지 여자들의 입장에서는 군인들로부터 성폭행을 당할 가능성이 많았고, 이에 따라 지휘관들은 그런 사태를 막으려고 노력을 기울였다. 예를 들면 보나파르트는 이집트 원정을 위해 '오리엔트' 호를 타고 가면서 프랑스 공화력으로 수확의 달 4일, 그러니까 1798년 7월 22일 육군에게 포고령을 내렸는데 그 중 이런 조항이 들어 있었다. "우리가 가는 곳의 주민들은 여자들을 대할 때 우리와 다른 방식을 취한다. 그러나 어느 나라든 여자를 폭행하는 자는 괴물이다."[33]

물론 여자에 대한 폭행이 프랑스 군대에 국한된 것만은 아니었다. 예를 들면 7년전쟁이 진행되던 1760년 러시아 부대는 베를린 안팎에서 수많은 여자들을 발가벗겨 괴롭힌 다음 대로에서, 처녀든 노인이든 가리지 않고 '짐승'처럼 강간했다. 얼마 후 오스트리아 군인과 작센 군인들도 그들과 전혀 다를 바 없는 만행을 저질렀다.[34]

1746년 컬로든 전투(1745년 영국에서 재커바이트들이 일으킨 '45년 반란'의 마지막 전투—옮긴이)가 끝난 후 영국인들은 집단으로 스코틀랜드의 하일랜드 여자들을 습격했는데, 남편을 나뭇가지에 매달아놓고 죽어가는 남편이 보는 앞에서 여자를 폭행한 사례도 적지 않았다. 남편이 죽음을 당하고 살아남은 아내들은 아홉 달 동안 동침을 하지 않겠다고 다짐했다. 이에 글렌모리스턴의 지주의 말에 따르면, "남편들은 그와 같은 혁명에 동의했다. 그러나 그들(부인들)은 강간에 의해 어린아이와 함께 쓰러져 죽는 일이 (다행히도) 없었으며, 나쁜 병에 걸리지도 않았다."[35] 물론 그 이전에 스코틀랜드의 하일랜드 사람들 자신들도 전쟁 중에 적군 여자들을 정중하게 대접하지는 않았다. 그들도 가축을 비롯한 온갖 재산을 약탈했을 뿐만 아니라 여자들의 옷을 몽땅 벗기고, 1583년에 그랬듯이 "여자들을 때리고 윽박지르고, 머리카락을 자르고" 또다시 추행했다.[36]

에스파냐 사람들은 16세기 정복자들에게 그랬던 것처럼 18세기에도 선원들에게 원주민 여자들에 대한 폭행은 물론 모든 종류의 성행위를 금지했고, 비교적 소수의 선원들이 타고 있을 때에는 이 규칙의 준수 여부를 어느 정도 감시할 수 있었다. 어쨌든 1792년에 아메리카 북서부 해안에서 하이다족(북서아메리카 인디언—옮긴이) 남자들이 선장 카마뇨와 선원들에게 여자를 제공했는데도 선장이 이를 거절하자, 인디언들은 "그 지역에 장사하러 들어온 영국인을 비롯한 외국인들이 흔히 여자들에게 성희롱을 즐긴 사실을 많이 보아왔던 터에, 이들이 여자를 그대로 받아들이지 않고 원하는 여자를 고르는 것을 보고 무척 놀라워했다."

하이다족 인디언들은 그 여자들의 가치를 높이기 위해 술책을 써서 귀족 여인들이라고 속였던 것인데, 사실 자기들끼리는 매춘부처럼 취급하는 노예들이었다. 폴리네시아 사람들이 그랬던 것처럼 자기들보다 우월한 외지인이 찾아오면 정숙한 여자들을 건드리지 못하게 하려고 그와 같은 여자 노예들을 제공했던 것이다.[37] 이처럼 하이다족 인디언들은 카마뇨 선장에게 추장의 딸로 자처하는 여자를 제공했다. 선장은 항해일지에 "이 여자는 아랫입술에 나무못을 끼우지 않고 있어서 겉으로 보기에 상당히 매력이 있었다"고 적었다. 아메리카 북서부 해안에 거주하는 하이다족, 침시안족,

틀링깃족 등의 인디언 귀족 여인들은 초경이 지나고 나면 성숙한 여자라는 표시로 입술에 나무못을 끼우고 다니는 특징을 보였는데, 이런 풍습이 노예들에게는 허용되지 않았다.[38] 귀족 여인이 백인과 동침하는 행위는 자기 자신뿐만 아니라 친척 전체의 명예를 더럽히는 행위로 인식되었던 것 같다(그림 188).

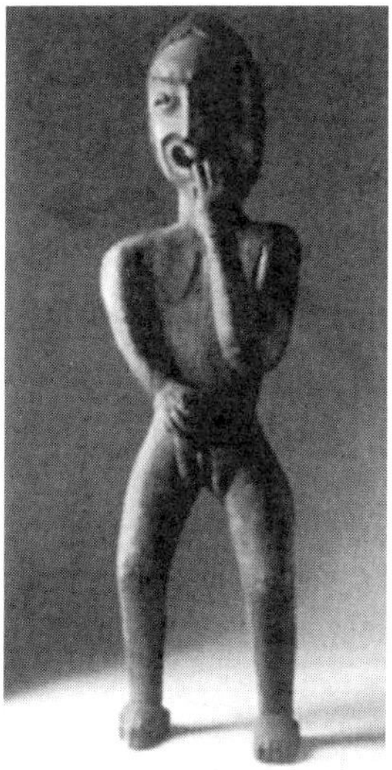

188. 백인 남자와 동침한 콰키우틀 인디언 여인을 풍자한 인형, 19세기 후반.

19세기와 특히 20세기에 들어와서는 여러 나라의 군대에서 군인들에게 매춘부를 공식적으로 공급하기 시작했다. 최소한 사실로 증명된 한 가지 사례를 들자면, 일본군이 난징을 점령했던 1937년에 일본 군부가 많은 수의 매춘부들을 이곳으로 들여보내자, 잔인한 집단 성폭행의 물결이 그제야 잠잠해졌다.[39] 중국과의 전쟁이 진행되는 동안 일본군은 약 20만 명의 한국 여자와 일본 여자들을 위안부라는 이름으로 후방 부대에 배치했다. 그리고 1943년 7월 30일자 법령에 따라 다시 동일한 수의 한국 여자들을 강제로 모집

했는데, 이들 중 3분의 2는 오로지 매춘부 역할에만 전념하게 했다. 한국어로 '정액받이 부대'라고 일컫는 그들은 정조를 잃었다는 이유로 가족에게 돌아가지도 못하고, 결혼이나 정상적인 생활도 할 수가 없었다.[40)]

치레나이카(북아프리카의 리비아 동부에서 이집트에 이르는 지역-옮긴이)에 주둔했던 이탈리아 부대의 사령관 그라치아니 장군은 1932년 5월 17일자 '원주민 여자와의 공식적인 관계'라는 제목의 회람을 통해 병사들에게 현지 여자와 접촉하지 말라는 명령을 내렸다. 그리고 그 예방조치로 병영 안에 최대한 유곽을 설치하라고 지시했다.[41)]

19세기 독일어권의 여러 부대에도 위안부들이 있었으나—그 예로 1806년 바르텐스레벤의 프로이센 연대는 '여자 33명'을 데리고 다녔다[42)]—야전 유곽은 한참 뒤에 설치되었고, 오스트리아-헝가리 전선에서는 제1차 세계대전에 이르러 처음으로 군지휘부에서 그러한 조치를 취하기로 결정했다.[43)]

인도차이나 전쟁 당시 프랑스 군인들은 알제리 매춘부들로 구성된 '이동식 창녀촌'을 이용했는데, 이 여자들은 부대가 이동하는 대로 최전선까지 따라다녔다. 얼마 후 미군은 국방부와 웨스트멀랜드 장군의 명시적인 허락으로 주둔기지 안에 베트남 여자들로 구성된 유곽을 운영했고,[44)] 고무 인형을 여자 대용으로 이용하거나(그림 189) 현지 여자를 폭행한 경우를 제외하면, 1973년 미군들이 이용한 매춘부는 약 30만에서 50만 명에 이르렀다.[45)]

이와 달리 민족주의를 표방하는 세르비아 민병대가 1992년 여름 처음에는 보스니아의 수많은 회교도 여인들을 폭행하다가, 그 다음에는 특정한 집을 정해놓고 그곳에서 약 1만 명의 여자들에게 계속해서 성행위를 강요했다. 즈보르니크 근교의 리플레 마을에서 성폭행을 당한 젊은 여자 네 명은 이렇게 전했다.

189. 걸프 전쟁 중의 미군 병사들, 1991.

우리는 10일 동안 세르비아 민병대에게 붙잡혀 위장막을 친 유곽에 감금되어 있었습니다. 그러고는 매일 밤 세 명 이상의 남자들에게 폭행을 당했어요.[46]

언론 보도에 따르면, 같은 해 11월 말까지 이미 5만 명의 여자들이 성폭행을 당했고, 그 중에서 많은 여자들이 36개 지역에 수용되어 매춘부 노릇을 강요당했으며, 이곳에서 보스니아와 크로아티아 여자들은 남자 두 명에 의해 동시에 항문과 질에 폭행을 당하기도 했다.[47] 세르비아 텔레비전 방송은 이 숫자를 언급하면서, 보스니아에 매력적인 여자가 그 정도로 많지 않을 것이라고 덧붙였다.

30

강간과 문명화 과정

엘리아스를 비롯하여 그의 추종자와 후계자들은, 중세시대와 근대 초기에 여성들에게 가해진 만행과 잔인한 성폭행이야말로 그 시대 사람들의 '정서 상태'와 '충동 관리'가 현대 유럽인의 그것과 근본적으로 차이가 있음을 보여주는 하나의 본보기라고 생각했다.

> 여성은 기본적으로 육체적 만족의 대상으로서 약탈과 성폭행을 통해 즐거움을 주는 존재였던바, 이들에 대한 불신감이 존재하고 있었다.

그리하여 기사(騎士)들은 가끔씩 자기들의 아내를 꼼짝 못하게 다잡아놓았을 뿐만 아니라[1] 나아가 아주 일반적으로는 "여자에 대한 욕정을 마음껏 누리고, 한편으로는 적대적인 일체의 대상을 파괴하고 괴롭히는 행동을 통해 증오심을 한껏 표출하려는" 자세를 가지고 있었다는 것이 그들의 주장이다.[2]

제2차 세계대전에 직접 참전한 일이 있는 엘리아스는, 여성을 대상으로 저지르는 요즘 군인들의 잔인성과 성폭행 자세를 전혀 다른 시각에서 바라보고 있다.

> 그것은 강박관념처럼 굳어진 수많은 규율과 금기에 의해 통제되고 위축되어 있다. 또한 그것은 기타 모든 형태의 쾌락과 마찬가지로 상당히 변질되어 '순화'되고 '문명화'되었기 때문에, 기껏해야 꿈을 꾸거나 병적인 현상으로 분류되는 발작이 일어날 때, 통제불능의 돌발적인 힘에 의해 나타나고 있을 뿐이다.[3)]

계속해서 그는, 현대인에게는 안정된 자기통제 장치가 강력한 힘으로 작용하여 현대인을 총체적으로 지배하고 있으므로, 그와 같은 '병적인' 증상들이 거의 나타나지 않고 있다면서 다음과 같이 주장한다.

> 문명화된 사회의 일상 속에서 길들여져 필연적으로 변질되고 위축될 수밖에 없었던 공격성은 특수한 상황(전쟁이나 혁명을 의미함—필자)에 놓이더라도 과거의 상태로 쉽사리 돌아가지 못하고 있다.[4)]

그렇다면 엘리아스가 여기에서 인위적으로 암흑화된 중세시대를 이상화된——은유적인 표현이지만——현재와 비교하고 있는 것이 아닌지 반문할 사람이 있을 텐데, 사실 엘리아스가 설정한 인간상은, 다시 말해서 충동이 억제되어 '문명화된' 인간의 이미지는 현실과 너무나 동떨어져 있는 것 같다.[5)]

엘리아스는 현대의 문명화된 삶을 살아가기 위해서는 자제력이 필수적이라는 전제 아래, 중세시대의 남자들이 그와 같은 '자기통제 장치'를 활용할 줄 몰랐던 탓으로, 당시의 여성들이 오늘날의 여성에 비해 훨씬 더 많이 성폭행을 당했다고 주장하고 있으나, 이러한 그의 주장은 오히려 정반대 사실을 반증하고 있어서, 과거나 지금이나 '문명화 과정'이 진행되면서 남성에게 성폭행을 당하는 여성들이 갈수록 더 늘어나고 있음을 시사한다.[6)]

예를 들면 14세기 당시 성폭행을 저지른 자가 특히 많았다고 알려진 영국에서는, 법의 심판을 받은 성폭행범의 수가 대략 오늘날과 비슷할 정도로 많았고 오늘날과 달리 유죄판결을 받는 사례도 많았으나, 오늘날의 영국은 독일이나 미국에 비해 성폭행 사건이 아주 적게 발생하는 나라가 되었다.[7)]

매사추세츠 주에서 이 문제를 관찰했던 사람들은 1790년의 범죄 사건 전반을 놓고 보았을 때, 90퍼센트가 감소되고 성폭행 사건은 98퍼센트가 줄어들었다고 밝혔는데,[8)] 이는 중세 후기뿐만 아니라 오늘날과 비교하더라도 근본적으로 차이가 있는 비현실적 수치가 아니다. 최근의 연구 결과에 따르면, 스코틀랜드에서 일어난 성폭행 및 성폭행 미수 사건의 93퍼센트가 신고되지 않았다.[9)] 또한 1976년에서 1980년 사이에 런던 강간 위기센터가 발표한 바에 따르면, 성폭행을 당한 것으로 알려진 여성의 75퍼센트가 신고를 포기했으며, 1982년 런던에서 조사한 결과에 따르면, 범죄 사건의 8퍼센트만이 경찰에 신고되었다.[10)] 1980년대 통일 이전의 서독에서는 해마다 7천 건의 성폭행 사건이 접수되었지만, 실제 발생건수는 14만[11)]에서 20만 건으로 추정되며, 여기에 약 16만 건에 이르는 부부간의 '합법적' 성폭행은 포함되지 않았다.[12)]

1984년 미국에서 성폭행 또는 성폭행 미수로 신고된 경우는 약 20만 건에 달했다. 면밀한 통계수치에 따르면, 적어도 미국 여성 4명 중 1명은 평생 동안 적어도 한 번은 그와 같은 범죄의 대상이 되었다는 결론이 나온다.[13)] 다른 통계에 따르면, 미국 여성 전체의

62퍼센트 내지 69퍼센트가 이미 범인에게 신체적 폭행을 당한 성폭행 미수를 겪었고, 이보다 훨씬 더 많은 여성들이 섹스 파트너에게 신체적 폭력을 당했다. 말하자면 여성이 원하지 않거나 혐오하는 구강성교 따위의 행위를 강요당했던 것이다.

미국 대학의 전체 남학생들 중에서 약 4분의 1에 해당하는 수가 최소한 한 번 정도는 성폭행을 시도한 적이 있다고 대답했고, 그보다 훨씬 많은 수의 남학생들이 한 차례 이상의 '데이트 강간'을 성공적으로 해냈다고 털어놓았다.[14] 또 다른 설문조사에서 응답한 대부분의 대학생들은, 여자가 함께 외출하자는 말을 했다는 이유로 자신에게 동침할 권리가 있다는, 다시 말해서 여자의 반항을 무릅쓰고 동침할 권리가 있다는 생각을 갖고 있었다.[15]

1960년에서 1980년 사이에 신고된 미국의 성폭행 사건은 100퍼센트 증가율을 보였으며—이는 다른 종류의 폭력범죄 건수보다 많다[16]—1977년에서 1986년 사이의 성폭행 사건 발생률은 34.1퍼센트 증가세를 보였고, 살인사건 증가율은 8.5퍼센트에 그쳤다.[17] 물론 이 기간 중에는 폭행을 당한 여성들의 신고율에 변화가 있었다는 점을 고려해야 한다.

현대 산업사회의 성폭행 발생률이 매우 큰 편차를 보이고 있기는 하지만[18] 일반적으로 '문명화 과정'의 진행과 더불어 그 발생률이 점차 증가하고 있다는 사실을 확인할 수 있다. 그 이유는 무엇보다도 '예측 불가능한' 현대 사회에서 사회 통제가 약화됨에 따라 범인이 처벌받을 위험성도 줄어들었기 때문일 것이다.[19] 다시 말해서 남자가 여자를 강간하더라도 유죄판결을 받지 않을 가능성이 높아진 것이다. 그래서 미국의 경우 이런 추론이 나왔다.

> 모든 경우를 고려한다면, 강간범이 처벌받을 가능성은 0.04퍼센트 정도의 최소치에 불과하다. 나아가 실제로 극소수의 범인

에게 내려진 처벌조차 아주 경미했다.[20)]

한편 현대 소비사회에서 소비재로 제공되는 상품을 폭력으로 얻으려는 경향이, 특히 소외계층이나 낙오자들에게서 매우 강하게 나타나고 있는 현실도 크게 작용할 것으로 짐작된다.[21)] 이때 성적 쾌락을 제공하는 여성들, 다시 말해서 부가적으로 상대방의 상태를 고양시켜주는 쾌락의 제공자인 여성들도 예외는 아니다.[22)]

중세사회의 여성이 오늘날과 달리 주로 '육욕의 충족 대상'으로, 다시 말해서 마음 내키는 대로 성희롱을 할 수 있는 대상으로 간주되었다는 것이 엘리아스의 견해라면, 쾌락주의적 현대 소비사회의 남성들이 상대방의 의지에 반해 여성을 '소유'할 수 있다고 생각하는 상황에서, 엘리아스는 성의 상품화 효과를 과소평가한 셈이다. 흔히 인용되는 미국 속담에 "월경할 나이에 접어든 여자는 살해될 나이가 된 여자이다"라는 말이 있다. 영국 펜턴빌 교도소에 수감 중인 대부분의 재소자들은 특이하게도 성숙한 부인이나 13, 14세 소녀, 즉 '월경'의 나이에 접어든 소녀를 폭행하는 행위는 비행도 아니요 범죄도 아니라는 생각을 갖고 있다. 임신할 수 있는 연령에 이른 여성—이들을 흔히 '교도소의 사냥감'라고 부르는데—은 '공정한 게임', 다시 말해서 누구든 기회만 있으면 그 짐승을 잡아가는 것이 아주 자연스러운 일로 간주되는 대상자였다.[23)]

많은 남성들이 성적으로 성숙한 여자의 육체를 소유할 수 있는 천부적 권리를 가지고 있다는 생각을 20세기에 들어와 비로소 갖게 된 것은 물론 아니며, 성충동은 불가항력적인 것이라는 인식과 더불어 남성으로 하여금 성적인 대상을 약탈하게 만드는 '본성'도 역시 최근에 생긴 것은 아니다. 15세기에 디종에서 매음굴을 찾아갔던 어떤 남자는 "본성이 나를 성숙하게 만들었다"고 고백한 일이 있으며,[24] 1388년에 푸아투 지방에서는 청년들이 저지른 성폭행 사건에 대해, 그것은 그 나이에 특징적으로 나타나는 성적 방종이라면서 사죄한 바 있다("재미삼아 해본 일인데 젊음의 본성이 절정에 이르러 어쩔 수 없이 그렇게 되었습니다").[25] 이러한 '남자의 본성'은 가끔씩 고개를 쳐들 때마다 먹이를 먹여줘야 진정되는 일종의 골칫거리로 취급되었다. 그 예로 1526년 장크트 갈렌에서 콘스탄츠 출신의 재세례교파 신도였던 한스 슈라디는 이렇게 말했다. "본성에 장애가 생기면 그는 자신의 어머니, 고모, 누이 등 어떤 여자든 능욕하려고 덤벼들었다."[26]

31

"이년아, 유대인 계집은 없어!"

엘리아스는 문명화 과정이 진행됨에 따라 일상생활에서 폭력성이 현대의 '자기통제 장치'에 의해 위축되고 억제되어 기껏해야 꿈을 꿀 때나 '환자'의 발작 형태로만 나타나게 되었다고 주장했으나, 이 문제는 접어두더라도, 두번째 주장에 대해서도 의문을 제기하지 않을 수 없다. 다시 말해서 길들여진 인간의 본성—이 경우에는 특히 남자의 본성—이 전쟁이나 내란 중에도 "쉽사리 과거의 상태로 돌아가지 못하고 있다"는 주장은 적절한 것인가?

『에스콰이어』지는 1984년 11월호에서 전쟁이란 '섹스의 분출'(a sexual turn-on)이요 "여성의 입장에서 인간생활의 비밀스런 사랑이란 출산으로 향하는 첩경"이라고 표현했는데,[1] 예컨대 베트남 전쟁을 취재한 기자들이나 참전 군인들의 목격담을 들어보면 그 말이 맞다는 것을 알 수 있다. 미군은 베트남 농부들의 오두막으로 쳐들어가서, 아버지가 보는 앞에서 어린 딸을 폭행함으로써 그 아버지로 하여금 비밀을 털어놓게 하는 수법을 흔히 사용했다.[2]

창녀가 아닌 여자가 필요하다고 칩시다. 각자 M-16 소총을 갖고 있으므로, 구태여 여자를 구할 돈이 필요하겠습니까? 그냥 마을로 내려가서 원하는 대로 데려오면 되는 겁니다. 그런 장면 말고는 여자와 섹스를 한 번도 해본 적이 없는 병사들도 있는 것 같았습니다. 그들은 돌아올 때쯤이면 이미 두 가지 면에서 고참병이 되어 있었습니다.

다시 말해서 여자를 먼저 강간하고 나서 살해했던 것이다. 이런 병사들과 달리 그 중에는 '성병'에 대한 두려움 때문에 마을에 들어가서도 강간을 하지 못하고, 그 대신 아무 여자나 닥치는 대로 두개골, 복부, 또는 성기에 총질을 해대는 병사들도 있었다.[3)]

일부 군인들은 임신한 여인을 강간하여 죽여놓고는, 웃고 떠들면서 배를 갈라 태아를 꺼내기도 했다.[4)] 그런 장면을 목격한 어느 여인은 재판정에서 이렇게 증언했다.

여자아이 세 명이 완전히 발가벗겨진 채 온통 피범벅이 된 모습을 보았습니다. 내 친구들이 강간을 당하면서 발버둥치는 장면도 보았습니다. 미군들이 여자아이의 음부에 빈 맥주병을 쑤셔넣고, 그런 다음 질 속에 담배를 짓이겨 넣기도 했습니다.[5)]

해병대 하사였던 스코트 캐밀은 군인들 사이에서 '프리티 소프"(pretty sop)라고 일컬어지는 작전에 대해 다음과 같이 설명했다.

우리는 마을을 수색하여 사람들을 찾아내면, 몸 안에 아무것도 숨기지 못하게 하여 안전을 확보한다는 구실로 여자들의 옷을 몽땅 벗겼는데, 페니스를 수색 도구로 사용했습니다. 그것이 바로 강간 행위였지만 몸수색이라는 표현을 썼습니다.

질문자 몸수색이라고요?! 장교들도 그 자리에 있었습니까?

캐 밀 네, 물론입니다!

질문자 중대 차원에서 실시된 것입니까?

캐 밀 중대 차원에서 실시했습니다.

질문자 그런 일이 벌어질 때 중대장이 옆에 있었습니까?

캐 밀 예.

질문자 중대장이 허락했습니까? 아니면 그냥 묵인한 겁니까?

캐 밀 한번도 그런 짓을 하지 말라고 금지령을 내리거나, 무슨 말이든 언급한 적도 없습니다. 중요한 것은 기자들이 있을 때는 그런 짓을 하지 말라고 했습니다. 그러나 기자들이 없을 때는 무슨 짓을 해도 상관없었습니다. 한번은 우리 중의 명사수가 여자를 쏘아 명중시킨 일이 있었습니다. 쓰러진 곳으로 가보니 그 여자가 물을 달라고 애원하고 있었습니다. 소위가 그 여자를 죽이라고 명령하면서 옷을 모두 찢어버리더군요. 그러자 그들은 양쪽 젖가슴을 찌르고, 허벅지를 벌려놓고는, 참호공사를 할 때 사용하는 연장을 질 속에 쑤셔넣었습니다. 여자는 계속해서 물을 달라고 애원했습니다. 그러자 그들은 연장을 다시 꺼내고 그 대신 나뭇가지를 박아 넣었습니다. 그런 다음 여자를 총으로 쏴 죽였습니다.

그뿐만 아니라 여자의 시체를 놓고 연장이나 총으로 또다시 '성교'를 하는 경우도 자주 있었는데, 이럴 때면 이따금씩 자극을 받아 사정하는 병사도 있었다. 그 예로 존 맬러리 대위가 전하는 말을 들어보자.

제11기갑부대 대원들이 어느 날 북베트남군 간호원을 살해한 적이 있었습니다. 곧장 군인들이 자동차를 수리할 때 사용하는

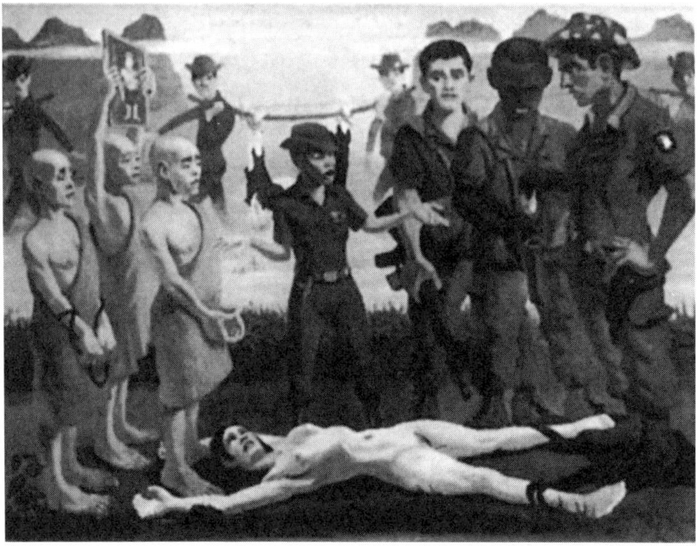

190. 존 울프의 「푸 록 근처에서 발생한 사건」. 유화, 1986.

오일 분무기를 가져다가 질 속에 윤활유를 가득 뿌렸습니다.[6]

때로는 군인들이 집단 폭행 장면을 촬영하여 '포르노 영화'를 만들거나[7] 폴라로이드 카메라로 사진을 찍었다. 그 예로 미군 병사 두서너 명이 들판에서 일하고 있던 젊은 부인에게 달려들어, 아기를 빼앗아버리고 강간한 다음, 둘 다 죽여버리는 장면을 찍은 사진이 있다.[8]

강간을 비롯한 잔인한 성폭행에 가담하지 않으려는 병사들은 상관에게 '겁쟁이'라고 놀림을 받거나 동료들 앞에서 창피를 당하기 일쑤였으나, 범행을 즐기는 군인들이 더 많았던 것 같다. '미 라이 학살사건'[9]에 가담했던 어느 군인은 "병사들이 재미삼아 그짓을 했다"고 말했다. 이곳에서 학살된 500여 명의 양민들은 부녀자와 노인이 대부분이었으며, 미군은 14세 이상의 수많은 여자들을

강간하고 젖먹이와 어린이까지 모두 배를 갈라서 살해했다.[10]

이 학살사건에 가담했던 또 한 사람은, 그 과정에서 느꼈던 감정이 마치 소년 시절에 처음으로 '수음'을 했을 때의 느낌과 같았다고 말했다.

> 해서는 안 되는 짓을 저질렀다는 생각 때문에 죄책감이 들었습니다. 그런 것은 완전히 자연스러운 행동이고 불가항력적인 것이라는 말을 어디선가 듣기는 했는데, 도대체 뭐가 옳은지 모르겠어요![11]

한편 부대 지휘관이었던 존 스메일은 그 사건에 대해 이렇게 말했다. "하지만 그건 지극히 일상적인 활동입니다. 거의 누구나 그렇게 할 수밖에 없어요—적어도 한 번은 말입니다. 그 사람들도 인간일 뿐입니다!"[12]

그와 같은 '일상적 활동'은 지난 150년 동안 미국 역사에서 끊임없이 계속되어온 것으로서[13] 물론 미국의 군부대에만 한정된 것은 아니었다. 제2차 세계대전 당시 독일군의 러시아 원정이 계속되는 동안 수많은 아내와 젊은 처녀들이 전진하는 군대에 의해 폭행을 당했으나, 그와 같은 전쟁범죄 행위가 제대로 소추된 적은 거의, 아니 전혀 없었다. 실제로 카이텔(나치 총사령부의 지휘관-옮긴이)이 서명한 「비밀명령서」에는 "독일군과 그 가족이 적국 민간인을 상대로 저지른 행위가 군사적 위법 행위일 경우 강제 소추하지 않는다"는 내용이 들어 있었는데, 독일군 총사령관 브라우히치가 내린 그 명령서는 다음과 같은 지시와 함께 하달되어 반드시 지키도록 되어 있었다.

> 어떤 상황일지라도 모든 지휘관들은 독일군에 소속된 개개인

의 자의적인 탈선을 방지하고, 부대원의 난동 행위를 예방할 임무를 지닌다.[14)]

이러한 지시에도 불구하고 특히 여자 게릴라 요원이라고 생각되는 여자들에 대해서는 습관적으로 강간하거나 성적 희롱을 통해 모욕을 주었다. 예컨대 1940년 폴란드의 토마쇼프에서, 한 여인의 품안에서 탄환이 발견되었다는 이유로 독일 군인이 그 여인을 경찰서로 데려오자, 경찰관 한 명이 이렇게 말했다. "저 여자가 과연 팬티를 입고 있는지 무척 긴장이 되는군. 어디 한번 살펴볼까. 하여간 내가 손 좀 봐야겠어."

그러고는 곧장 그 폴란드 여인을 괴롭히다가 마침내 거칠게 바닥에 쓰러뜨렸다. 여자가 다시 일어났을 때 주위에 둘러 서 있던 사람들은 그녀의 처참한 모습을 바라보았다.

속옷이 무릎까지 완전히 피로 물들어 있었다. 흥분한 나머지 하혈을 하게 된 모양이었다. 그러자 여전히 그 여자 앞에 서 있던 경찰관은, "저 여자는 월경 중이야. 아무리 성교를 해도 표시가 안 나겠군" 하고 말했다.[15)]

독일 방위군과 나치 친위대가 슬라브 여인들에게 저지른 만행은 반인륜적이고 잔인한 것이었지만, 이보다 5년이 지난 뒤 독일 여자들에게 행한 러시아 붉은군대의 집단 폭행은 거기에 비할 바가 아니었다. 물론 미국과 프랑스 군대가 저지른 만행, 다시 말해서 북아프리카 부대가 저지른 집단 폭행도 두말할 나위가 없다. 브루흐잘(독일 카를스루에 근처의 소도시—옮긴이)과 그 주변 지역에서는 30퍼센트에서 40퍼센트의 여자들이 프랑스군에게 강간을 당했으나, 현지 여자들을 매춘부로 동원할 수 있는 곳에서는 강간

사건이 아주 드물었다.[16] 미군에 의한 집단 강간사건도 많았다. 여러 보고서에 따르면 미군들은 연합군에 소속된 나라의 여자인지 아닌지는 거의 구별하지 않았던 것 같다. 미군 병사들은 프랑스 여자들을 잔인하게 폭행한 다음에 '석방'했는데, 이처럼 폭행을 당하고도 살아남은 여자들은 병원에서 치료를 받아야 했다.[17] 그리고 메클렌부르크 주의 카스탄 마을에서는 미군 병사들이 러시아 여자 노동자들을 덮쳤다.[18]

러시아 병사들은 미군보다 한술 더 떠 연합군 국가의 여자들에게 지극히 잔인한 집단 폭행을 가했으며, 이러한 전쟁범죄 중에서 상당히 많은 사건들이 적에 대한 복수심과 전혀 관계없이 저질러졌다. 연합국에 속했던 유고슬라비아의 경우만 하더라도 붉은군대 병사들이 저지른 폭행 사건은 강간 1219건, 강간 미수 329건, 강간 및 살인 111건, 살인 미수 248건이었으며, 그 밖에 알려지지 않은 사례들이 훨씬 더 많았을 것이다.[19] 이때 일부 피해자들은 상상할 수 없을 만큼 잔인하게 살해되었다. 1945년 2월 헝가리 국경에서 멀지 않은 어느 마을에서는 13세 소녀가 16명의 소련군 병사들에게 집단 성폭행을 당했다. "마지막 열여섯번째 군인은 칼로 성기에서 배꼽 부분까지 소녀의 몸을 가르는 만행을 저질렀다."[20]

이러한 만행에 대해 질라스(Milovan Djilas, 제2차 세계대전 당시 저항운동을 주도했던 유고의 정치지도자이자 작가—옮긴이)가 스탈린에게 질문을 던지자, 스탈린은 자신의 병사들이 격전을 치른 뒤 '여자를 좀 즐긴 것'이 뭐가 나쁘냐면서, 여자들에게 '위험한' 시간이래야 겨우 전투가 끝난 이후 여섯 시간 정도라는 것쯤은 누구나 아는 일이 아니냐고 대답했다.[21] 그러니까 만일 유고 여자들이 몇 시간 동안 산속으로 들어가 있었다면, 그것은 단지 양말을 꿰매기 위해 들어간 것뿐이라는 주장이었다.[22] 결국 폴란드에서 소련 군인들은, 자기들이 독일군으로부터 폴란드 여자들을 해방시킨 은인이라는 이유로 폴란드 여자를 차지할 권리가 있다는 주장을 내세움으로써 수많은 강간 행위를 정당화하려 했다.[23]

소련군으로서 특히 수치스러운 것은, 소련군 병사들이 닥치는 대로 '거의 모든 여자들'을 강간했다는 사실이다. 그 중에는 생지옥과 다름없는 아우슈비츠 수용소와 비르케나우 수용소에서 살아남은 유대인 여자들도 끼여 있었지만, 그들도 예외가 아니었다. 이때 소련 군인들은 강제수용소에 수용되어 있던 여자의 말처럼, "외모를 보고 소스라치게 놀라면서도" 만행을 저질렀다.[24] 어느 유대인 여자의 말에 따르면, 리가 근처의 수용소에 수감되어 있던 여자들 중에서 이미 수많은 여자들이 탈출 직전에 라트비아 지역의 친위대원들로부터 기관총 세례를 받고 쓰러져간 직후였던지라, 처음에는 기쁨과 감사의 마음에 벅차서 소련 해방군을 환영했다.

> 그 뒤에 소련군이 왔어요. 우리는 철조망 위에 올라가 손을 흔들었습니다. 모두 눈물을 흘렸지요. 소련군은 우리를 보고 정문을 통해 들어오더니, 통역관을 불러왔습니다. 우리한테 막사로 돌아가라고 하기에 모두 지시에 따랐습니다. 그런데 우리의 기쁨은 점차 가라앉기 시작했지요. 끔찍한 일이 벌어졌던 우리 방에는 어린 소녀를 포함해서 12명의 여자가 있었습니다. 우리는 그냥 앉아서 기다리고 있었지요. 말 한마디 꺼내는 사람이 없었습니다. 그때 갑자기 문이 열리더군요. 최소한 20명쯤 되는 러시아 군인들이 나타났습니다. 자유를 위해 싸운 영웅들이 20명씩이나 나타난 것이지요. 우리는 그들에게서 오직 좋은 일만 기대하고 있었습니다.
>
> 그런데 젊은 장교 한 명이 씽긋 웃더니, 소리지르는 여자는 누구든 죽이겠다는 표시로 목을 베는 시늉을 하더군요. 잠시 후 그들은 우리를 한 사람도 빠짐없이 발가벗기고 강간하기 시작했

습니다. 나는 러시아 군인 두 명을 상대해야 했습니다. 죽을 힘을 다해 저항했지만 소용이 없었습니다. 그들은 나를 침대나 테이블 또는 방바닥에 눕힌 것이 아니라, 허리를 굽히라고 요구했습니다. 한 명이 일을 마치자마자 다음 사람이 덤벼들었습니다. 이미 성기를 꺼내놓고 자기 차례가 오기를 기다리고 있었던 것이지요. 순순히 말을 듣지 않는 여자들은 처참한 꼴을 당했습니다. 그러나 비명을 지르거나 우는 여자는 하나도 없었습니다.

얼마 후 출입문이 열리면서 더 많은 러시아 군인들이 들어와서 똑같은 짓을 했습니다. 나는 더 이상 못하겠다고 생각했지만, 허리를 굽히라고 윽박지르더군요. 거인 같은 군인이 내 머리통을 자신의 다리 사이에 끼운 채, 내 손을 뒤로 제치더군요. 나는 무릎으로 주저앉아보았지만, 내 몸은 다시 억센 팔로 들어올려져서 허공에 매달리는 꼴이 되었습니다. 그런 자세로 여러 차례 강간을 당했습니다. 고개를 겨우 돌려 주위를 둘러보니, 동료들도 똑같은 방법으로 강간을 당하고 있었습니다. 이것이 바로 해방이라는 것이었지요. 빵 대신 주어진 최악의 범죄였던 것입니다.

얼마 후 이 유대인 여인이 소련군 고위 장교에게 찾아가 그와 같은 범죄 사실을 알리면서, 자신은 수용소에 갇혀 있던 유대인이라고 소리를 지르자, 그는 싱긋 웃으면서 "이봐, 유대인 따위는 없어. 나도 알고 있다고!"라고 말하더니 다시금 그 여자를 강간했다.[25)]

독일군에게 끌려가 강제 노동에 동원되었던 소련 여자들도 똑같은 일을 당한 경우가 많았다. 이른바 '해방군'이라는 자들이 그 여자들을 발가벗겼는가 하면, 임신 중인 여자들한테는 "뱃속의 태아가 튀어나올 때까지" 매질을 했다. 소련 군인들은 소련으로 재송환하는 도중에 많은 여자들을 불러내어, 여러 사람이 보는 가운데 같은 열차에 타고 있던 독일군 포로들의 성기를 자극하여 발기시키라고 강요했다. 그러고는 독일군 포로들로 하여금 러시아 여자들을 상대로 성행위를 하라고 시켰다. 그러고 나서 독일군 포로의 머리에 총을 겨누어 사살하고, 여자들에게는 각각 성기에 30대의 매질을 가한 뒤, 피가 흐르는 상태로 각자의 차량으로 돌려보냈다.[26)]

한국과 중국의 군인들도 동맹국 여자들뿐만 아니라 자기 나라의 여자들한테도 집단 성폭행을 자행했다. 일본군이 한국 점령 기간 중에 수많은 여자들을 강간한 이후, 한국을 도우러 들어온 중국군도 한국 여자들에게 똑같은 폭행을 되풀이했다. 하지만 강간은 이것으로 그치지 않고, 한국 군인들이 일본군으로 변장한 채 무리를 지어 부녀자들을 겁탈하는 사례가 자주 발생했다. 그 여자들 중에는 이러한 치욕을 견디지 못하고 목숨을 끊은 여자들이 많았다. 그 시절에 각자 품속에 지니고 다니던 은장도를 이용하여 자살을 택했던 것이다.[27)]

일찍이 전쟁에 패한 나라의 여자들이 겪어야 했던 집단 성폭행 중에서 최악의 사태를 꼽는다면, 제2차 세계대전이 끝날 무렵 소련군이 독일 여자들에게 저지른 만행을 들 수 있을 것이다. 면밀한 조사 결과에 따르면, 1945년 초여름에서 가을까지 베를린 지역에서만 11만 명의 부녀자들이 소련군 병사들에게 피해를 당했으며, 그 중에서 40퍼센트는 여러 번 폭행을 당한 경우였다. 그 가운데 약 10퍼센트는 성폭행으로 목숨을 잃었고, 그 밖에 강간에 대한 두려움 때문에 미리 자살한 여자들도 수없이 많았다. 믿을 수 있는 조사 결과에 따르면, 독일 동부지역에서 적어도 200만 명의 여자들이 한 차례 이상 소련군에게 성폭행을 당했다.[28)] 군인들 자신은 성폭행 사실을 공식적으로는 부인했지만, 상부의 지시로 그와 같은 전쟁범죄를 저지른 부대가 많았던 것으로 보인다.[29)] 예컨대 소콜로프스키 장군은 베를린에 주둔했던 자기 부대 병사들의 행동에 대해 이렇게 말했다. "우리 병사들은 첫 승리의 감격에 도취되어, '신사의 나라'인 이 나라 여자들에게 보여줄 수 있을 만큼 충분한 보상을 받았습니다."

그러고는 히죽 미소를 지으며 덧붙였다. "그러나 대부분의 독일 여자들이 반드시 정숙한 처녀였던 것은 아닙니다."[30]

191. '이년, 이리 와!' 베를린, 1945.

피해 여성 중에는 수많은 소녀들이 끼여 있었는데, 그 중에는 13세도 채 안 된 '무지한' 아이들도 많았다. 그래서 그들은 "자신이 무슨 일을 겪고 있는지조차 전혀 모르고 있었다. 심지어 그 뒤로 남자와 동침을 할 수 없게 되거나 '성행위 자체에 대한 혐오증세'로 발전한 경우도 많았다."[31] 나이가 아주 어린 소녀들은 특히 잔인한 방법으로 폭행을 당하는 경우가 많았다. 심지어 회음부에서 항문까지 찢겨져 피를 흘리고 있는 소녀와[32] 성교하기 위해, 수십 명의 군인들이 줄을 서서 기다리는 장면도 드물지 않았다.[33] 폴란드의 어느 저항군 병사는 소련군 여단의 대위가 자신에게 털어놓았던 말을 다음과 같이 회상했다.

성교는 충분히 해봤지. 그동안 내내 말이야. 나이가 든 여자도 있고 젊은 여자도 있었지만, 제일 좋았던 것은 꼬마 계집애를 엄마가 보는 앞에서 해치울 때, "엄마, 엄마!" 하고 소리를 지르는 장면이었지. 내 밑에 깔려서 숨이 끊어지는 아이도 가끔 있었지만.[34]

중년 여자들을 강간할 때에는 성교하면서 젖가슴을 물어뜯고 나중에는 배를 갈라 죽이는 경우도 흔했다. 슐레지엔 지방에서 "러시아 군인 30명이 소녀 한 명을 폭행하는" 장면을 목격한 증인은 다음과 같이 말했다.

여자아이가 폭행을 견디지 못하고 숨을 거두는 경우도 많았습니다. 그러나 러시아 군인들은 아랑곳하지 않았습니다. 그러다가 숨이 끊어진 아이의 시체를 거꾸로 해서, 다리를 벌려놓은 채 울타리에 걸쳐놓았습니다.[35]

소련군 여러 명이 여자 시체를 놓고 차례로 성교하는 장면을 목격한 증인들도 많았다.[36] 의사였던 렌도르프 백작은 쾨니히스베르크의 한 병원에서 여자 환자들을 상대로 소련 군인들이 저지른 만행을 다음과 같이 적었다.

반쯤 시체가 된 여자라 할지라도 그들은 아랑곳하지 않았다. 80대 노파라도 그들은 대환영이었고, 내가 담당한 여자 환자들 중에서 머리에 부상을 당하여 의식이 없는 여자가 있었는데, 그 환자는 본인도 의식하지 못하는 상태에서 여러 차례 강간을 당했다.[37]

오데르 강변의 슈타이나우에서는 미성년 여자아이와 방금 출산을 마친 산모는 물론이고 양로원의 노파들까지 모조리 폭행을 당했으며, 그 중에서 절반이 폭행 도중에 또는 그 직후에 사망했다. 슐레지엔의 수녀들은 소련군에 의해 강간을 자주 당한 나머지 음부가 완전히 찢어지고 골반뼈가 부서지기도 했다.[38)]

전쟁의 소용돌이 속에서 성폭행을 당할 위험성은, 제2차 세계대전이 끝난 지 반세기가 지난 오늘날에도 전혀 달라지지 않았다. 그 예로 1992년 여름 세르비아 군인들은 임신한 보스니아 여인들을 강간하고, 배를 갈라 태아를 꺼내어 나무에 걸쳐놓았다.[39)] 이스라엘 군사령부는 여군을 전투부대에 배치하지 않았는데, 그 이유는 여군이 아랍군의 포로가 되면 폭행을 당할 수 있으므로 그 위험을 피하기 위한 조치라고 했다.[40)] 걸프 전쟁 중에 미군 병사들이 이라크 포로들의 수용소 안으로 침입했던 사건 때문에 말썽이 일어났던 사례도 있었다. 이라크 군대가 쿠웨이트를 침공했을 때 그 작은 나라에서 구강성교를 당한 남자아이들을 제외하더라도, 5천 명으로 추산되는 부녀자들이 성폭행을 당했다[41)]는 사실을 놓고 볼 때, 위와 같은 염려는 충분히 이유가 있다고 보아야 할 것이다.

한편 1978년 미군 인사부가 설문조사를 실시한 결과, 여군장교의 34퍼센트와 여군사병 및 하급장교의 44퍼센트가 동료 남자 군인들에게 성폭행을 당할지 모른다는 두려움 때문에, 전투부대에 배치되기를 꺼린다고 응답한 사실은 주목할 만하다.[42)]

여자가 어떤 식으로든 남자에게 노출되었을 때에는 강제로 성교를 당할 위험이 도사리고 있었다. 그렇기 때문에 근대 초기의 모든 법률 문서들을 보면 여자 죄수들을 감옥에 보내면 안 되며, 부득이한 경우에는 반드시 남자와 격리시켜야 한다고 강조한다.[43)] 14세기 영국에서는 여자 미결수들을 남녀 공용 교도소에 수감한 경우가 많았는데, 그 결과 여자 수감자들이 남자 재소자들이나 간수들의 폭행 대상이 되기 일쑤였다. 그런 행위를 하는 자에게는 엄한 처벌이 기다리고 있었는데도 말이다. 만일 간수가 미결수들을 강간하면, 그 행위는 피보호자를 강간한 것이므로 '간통 성격의 강간'으로 분류되어 특별히 엄하게 다스려졌다.

그러나 중범죄를 저질러 사형을 기다리는 여자가 강간을 당해 임신을 하면, '아기'를 수태한 여자를 처형하지 않는다는 규정에 따라 목숨을 구하게 되는 희한한 사례도 발생했다. 예를 들면 14세기 초 노스햄프턴셔 출신의 마틸다라는 여자가 그런 경우였다.[44] 그 후 간수와 '여자 피보호자'의 성교 행위는 강간이 아니라 단순한 '음란 행위'(stuprum)에 그쳤더라도 일차적으로 직무 위반죄가 적용되고, 여기에 공공시설인 교도소의 안전을 위협한 죄가 추가되었다. 그렇기 때문에 수감된 여자가 허가받은 매춘부인 경우, 정상 참작이 고려될 수 있는데도 그 범행 자체에 대해서는 매우 엄한 벌이 내려졌다.[45] 그런데도 교도소의 강간은 계속되었고, 여자 미결수를 남녀 따로 격리하여 수감하는 제도가 도입된 이후에도 간수에 의한 성범죄는 끊임없이 일어났다. 플리트 교도소와 킹스벤치 교도소에서 몸소 수감생활을 한 바 있는 런던의 서적상 모제스 피트는 1691년에 뉴게이트 교도소의 파렴치한 행위를 고발하는 소책자를 발간하여 세인의 관심을 모은 바 있다. 이 책자에 실린 삽화 중에는 간수가 수감된 여자들을 성폭행하기 위한 예비 동작으로 음부를 만지는 장면이 그려져 있다[46](그림 192).

잔 다르크도 감옥에 수감되어 있는 동안 성추행과 성폭행 미수를 당하지 않을 수 없었다. 알려진 바에 따르면 잔 다르크는 임무를 부여받은 처음부터 남장을 했는데, 그 이유는 자신의 말처럼 주변에 있는 남자들의 성적인 환상을 효과적으로 억제해서 그들의 접근을 차단하려는 데 있었다(원문을 인용하면, "국사로 인하여 자주 만나지 않을 수 없는 남자들이 그녀에게 육체적이거나 음탕

192. 뉴게이트 교도소에서 간수가 강간하려는 순간, 1961.

한 환상을 품지 않도록" 하기 위한 조치였다[47]).

실제로 잔은—재판을 받는 동안 생각을 바꾸어 여자 옷을 입게 된 이후—보초병뿐만 아니라 같은 감방에 있는 다른 사람들에게 성추행을 당했다. 다시 말해서 음탕하게 만지는 수모를 겪었다. "그녀는 감옥에서 간수들에게 추행을 당했으며, 때로는 그들이 다른 사람을 시켜 자신에게 그런 짓을 했노라고 심하게 항의했다."[48] (그림 193)

잔 다르크는 이전에도 가끔씩 '몸더듬기'를 당한 일이 있었다. 이를테면 1450년 에몽 드 마시(Haimon de Macy)가 명예회복을 위한 재판정에 나와 진술하는 가운데, 자신이 보르부아르 성에서

193. 잔 다르크가 영국 감옥의 간수들에게 추행을 당하는 장면.
프랑스의 소입상, 15세기.

잔 다르크의 젖가슴을 만지려고 옷 속에 손을 집어넣으려 한 적이 여러 번 있었다고 시인하면서, 그럴 때마다 이 처녀가 완강하게 뿌리쳤다고 말했다. "그는 대화를 나누는 도중에 그녀의 주름진 옷깃 안에 손을 넣어 젖가슴을 만지려고 여러 차례 시도했다. 그러나 잔 자신은 그것을 전혀 원하지 않았고, 말을 걸어오는 그를 온 힘을 다해 뿌리쳤다."

그러나 그의 희롱 시도는 잔이 감옥에서 겪은 것만큼 위협적이지는 않았던 것으로 보인다. 훗날 피에르 신부가 전하는 바에 따르면, 무슨 이유로 다시 남장을 하고 다니느냐는 질문에 대해 다음과 같이 대답했다고 한다.

> 잔은 자신이 남장을 하고 있다는 사실에 대해 양해를 구하면서, 여자처럼 옷을 입고 있을 때 영국인들이 감옥에서 자신에게

온갖 못된 추행을 저질렀고, 때로는 다른 사람을 시켜 그런 짓을 했노라고 공개적으로 털어놓았다. 그러면서 그녀는 실제로 얼굴이 눈물로 뒤범벅된 채 흐느꼈고, 얼굴 표정이 일그러지면서 모욕감으로 인해 창백해져 있었다. 그 모습을 바라보고 있던 나는 그녀에게 안쓰러운 마음으로 동정심을 느끼고 있었다.

이 사실은 도미니크 교단의 라드베누 신부가 확인해준 바 있다. 그가 성령 강림제 일요일에 잔에게 들은 바에 따르면, 귀족계급의 영국 신사 한 명이 감방으로 찾아와 잔 다르크에게 성폭행을 시도했다는 것이다.[49] 하여간 그 영국 귀족은 이 처녀를 강간하려다가 뜻을 이루지 못했음이 분명해 보인다. 수도사 투무이예가 1431년 5월 30일 아침에 감방으로 찾아가 문을 열고 잔 다르크를 장작더미가 쌓여 있는 곳으로 데려가려고 했을 때, 그녀가 울면서 애원했지만 결국 그 처녀는 '조금도 더럽혀지지 않은 채' 화형을 당하고 말았다.[50]

19세기에 들어와서도 여죄수 감방에 수감된 여자들이 간수들에게 강간을 당해 임신에 이르는 사례가 많았다.[51] 그러다가 여자 간수 제도가 도입되면서 사정이 달라졌다.[52] 그렇지 못한 곳에서는 지금도 감방의 여자들이 간수들에게 성폭행을 당하고 있다. 예를 들면 이란의 간수들은 수감된 처녀를 강간하고는, 처녀가 죽으면 그 집안의 모든 여자들이 천국에 간다는 이슬람 교리를 그 구실로 내세우곤 했다.[53]

32

성폭행과 모욕

여자에 대한 폭행이 피해자 자신의 치욕에 그치는 것이 아니라, 남편이나 남편 친척에게도 치욕이 된다는 사실은 수많은 사례들이 증명하고 있다. 예를 들면 적군의 말과 여자들을 타보는 것이 남자의 최고 행복이라고 말했던 칭기즈 칸이 바로 그 사실을 정확히 표현한 셈이다.

프로코피우스(비잔틴의 역사가—옮긴이)가 남긴 책 중에는, 비잔틴의 한 여인이 배를 타고 가던 도중에 해적에게 붙잡힌 이야기가 나온다. 돛이 달려 있는 해적선 난간에 서 있던 이 여인은 낙담하고 있던 남편을 향해, 자기는 강간을 당하지 않을 것이므로 치욕을 당할 걱정은 하지 말라고 소리쳤다. 그러고는 즉시 바다로 뛰어들어 죽음을 택했다.[1]

14세기 영국에서는 남자들이 적군의 아내를 강간하는 방법으로 보복하는 사태가 가끔씩 발생했고,[2] 남편이 보는 앞에서 부인을 능욕함으로써 특별한 만족을 느끼는 강간범들이 있었다. 그 예로 새뮤얼 페피스가 기록한 1664년 2월 22일자 일기를 보면, 프랑스 남자 두 명이 영국인 부부의 침실로 쳐들어가 남편 앞에서 부인을 욕보인 다음 다시금 횃불을 쑤셔넣었다.[3] 1749년 베를린에서 발간된 『포시셰 차이퉁』이 보도한 바에 따르면, 파리에서 세 명의 왕실 시종들이 어느 향료 상인의 "집으로 쳐들어가서 남편이 보는 앞에서 부인의 정절을 강탈"하기로 약속했는데, 그것은 분명히 그 남편에게 치욕을 안겨주기 위한 목적이었다.[4] 1829년에는 런던의 소모공(梳毛工) 토머스 다울링과 그의 동료 두 명도—계획적인 행위는 아니었지만—그와 똑같은 짓을 저질렀다. 이들 세 사람이 다른 동료와 다투던 중에 너무 흥분한 나머지, 우연히 그 자리에 와 있던 그 동료의 아내를 남편이 보는 앞에서 강간하게 되었던 것이다.[5]

이런 사건들은 오늘날에도 적지 않게 일어나는 것 같다. 예를 들면 새크라멘토 시의 동쪽 지역에 살던 한 남자는 1976년 말부터 1978년 가을까지 남의 집에 침입하여 40여 명의 부인을 강간했는데, 그때마다 매번 남편을 먼저 줄로 단단히 묶어놓고 강간 장면을 지켜보도록 하는 데 중점을 두었다.[6] 이슬람 국가에서는 정적(政敵)의 명예를 손상시키려는 의도로 그들의 가족 중에서 아내와 여자들을 강간하는 사례가 매우 빈번했고, 그 때문에 훼손된 남편의 명예를 조금이라도 회복시키려고 자살을 택하는 아내들이 적지 않았다. 파키스탄의 야당 정치가 베굼(Kurshed Begum)의 아내가 바로 그러한 운명의 길을 택했고, '파키스탄 인민당'의 저명한 정치가의 여자 친척 한 명은 시장에서 완전히 발가벗은 몸으로 끌려다녔다. 1991년 11월 부토 대통령과 가까운 사이였던 여성 패션 디자이너 하야트가 대통령 사위의 부탁을 받은 열두 명의 남자에게 열두 시간 동안 성폭행을 당하자, 이 사건을 계기로 수많은 파키스탄 여성들이 대로에서 면사포를 불태우며 이 사건은 물론 그

와 비슷한 범죄에 대한 반대 시위를 벌인 바 있다.[7]

1971년 파키스탄 군인들이 나이를 가리지 않고 수십만 명의 벵골 지방 여자들을 겁탈하고 결혼한 여자들에 대해서는 의도적으로 남편 앞에서 폭행을 했다고 수많은 목격자들이 증언하고 있다. 한편 '자유의 투사'(Mukti Bahini)라고 일컫는 벵골 지방 남자들도 기회만 주어지면 동족 여자들을 덮쳤으며,[8] 이보다 몇 년이 지나 벵골 군인들과 이주민들은 양민학살이 있었던 동안 치타공 힐 트랙츠(방글라데시 치타공 시의 남서쪽으로 뻗어 있는 구릉지대—옮긴이)에 거주하는 산악 부족에게 똑같은 만행을 되풀이했다. 대규모의 벵골인 남자들이 수많은 원주민 부녀자들을 강간하고 나서 '성적 노리개'로 사용하기 위해 군부대 안으로 끌고 갔던 것이다. 게다가 '문명화된' 벵골 지방 동부의 제26연대 부대원들은 '미개한' 어린 처녀들의 질 속에 대나무를 쑤셔넣었다.[9]

국왕의 통치를 받고 있던 이란에서는 남편들에게 치욕을 안겨주어 '고분고분하게' 만들기 위해 그들의 아내를 눈앞에서 강간하는 사례들이 상습적으로 진행되었는데, 이 관습이 바로 호메이니 정권을 유지시킨 버팀목이었다. 한국, 인도, 에스파냐, 러시아 등 그 밖의 여러 나라에서도 남편을 옆에 데려다놓은 자리에서 그 아내의 음부와 항문에 삽입하는 사례들이 있었고, 목격자들의 증언에 따르면 칠레에서는 그런 목적으로 특별히 훈련시킨 개를 이용했다.[10]

팔레스티나에서는 신고되지 않은 성폭행 사건이 아주 많을 것으로 추정되고 있다. 성폭행 피해를 입은 여자의 남편, 아버지, 또는 남자 형제들이 자기들의 명예가 더럽혀진다는 이유로 신고하지 못하게 압력을 주기 때문이다. 그래서 '6일전쟁'이 벌어졌을 때에도, 팔레스티나 남자들이 자신의 여자 가족이 성폭행을 당하면 자신의 명예를 잃게 된다는 우려 때문에 이스라엘 군인들에게 대항하지 못하고 도망쳤다고 한다.[11] 팔레스티나 여자 라스미야의 말에 따르면, 이와 같이 강간을 두려워하는 심리는 고문을 할 때 이용되기도 했다.

> 그들은 먼저 내 옷을 모두 찢어버리고, 나를 땅바닥에 내동댕이쳤다. 실내에는 민간인 남자와 군인들로 가득 차 있었다. 그들은 내 알몸을 바라보고 킬킬대면서 막대기로 찌르고, 특히 젖가슴을 중심으로 온몸을 꼬집었고, 그로 인해 내 몸은 피투성이가 되어버렸다. 그러자 그들은 나무막대기를 가져왔다. 매끄럽지 않은 막대기였다. 그들은 그것을 내 몸속에 찔러넣어 처녀막을 찢었다. 그런 다음 나의 아버지와 약혼자를 들여보내 내 모습을 보여주었다. (……) 어느 날 강제로 끌려가 의자에 앉게 되었다. 맞은편에 조사부장인 아부하니가 의자에 앉아 있었다. 그는 두 발을 내 의자의 양쪽에 올려놓고는 귀를 때리기 시작했다. 마침내 나는 아무 소리도 들을 수 없게 되었다. 그러자 그들은 우리 아버지를 들여보내 내 옷을 벗기게 하고 성교를 강요했다. "이 여자는 당신 딸이 아니야. 당신 마누라란 말야. 자, 박아라!" 아버지는 고함을 질렀고, 결국 그들에게 얻어맞아 의식을 잃고 말았다.[12]

붉은군대 부대원들도 부인과 딸을 폭행하면서 남편이 지켜보게 했던 사례가 자주 있었고,[13] 그 장면을 보고 극심한 굴욕을 느낀 나머지 아내를 죽이고, 이어서 스스로 목숨을 끊는 남편들도 많았다.[14] 게다가 그런 남편들 중에는 아내가 너무 용감하지 못해서 범인에게 제대로 저항하지 않았다고 생각하는 사람들도 적지 않은 것 같다. 예컨대 루르포트에서 금속 노동자로 일하던 남자가 이렇게 말했다. "흑인이 말하기를, '독일 군인들은 6년 동안 싸웠는데, 그 아내는 겨우 5분 동안 싸웠잖소!'라고 하더군요. 하나부터 열까지 모두 맞는 말입니다. 정말 부끄럽습니다."[15)]

드브뢰를 비롯한 몇몇 학자들은 이런 사례들을 근거로 다음과 같은 결론을 내렸다. 즉 여성에 대한 폭력은 일반적으로 피해를 입은 여성 자신들의 치욕이 아니라, 남편들이 자기 아내를 효과적으로 지켜주지 못했다는 점에서 그 남편들의 나약함과 비굴함을 드러낸 결과라는 것이다.[16)] 성폭행의 의도가 반드시 상대방에게 치욕을 안겨주려는 것만은 아니었다는 사실은 접어두더라도, 그들의 주장에서 발견되는 오류는 부분적인 현상을 일반화했다는 점에 있다. 물론 그러한 해석을 뒷받침하는 사례들—이미 앞에서 소개한 바 있듯이—이 많다는 사실은 인정할 수 있다. 그러나 폭행 사례 전체를 동일하게 해석한 데서 오류가 있었던 것 같다. 모든 자료와 범인들의 진술을 살펴보면, 피해자에게 치욕을 안겨주려는 경우가 많았음을 증명하고 있다.

예를 들면 성폭행을 저지른 말레이시아의 한 남자는, "오르가슴을 얻기 위해 성폭행을 하는 것이 아닙니다. 여자에게 고통을 주려는 것이지요"[17)]라고 말했고, 또 어떤 남자는 제법 수사적인 질문을 던졌다.

> 내가 왜 여자를 강간하느냐고요? 나는 본질적으로 남자로서 맹수인 셈이고, 남자에게 모든 여자는 사냥감이니까요. 여자를 덮쳐서 절대로 빠져나가지 못하게 붙잡아놓았을 때, 그 여자의 얼굴 표정이 눈에 선합니다. 내가 승리해서 여자를 차지했다는 기분이 들지요.[18)]

또 다른 성폭행범의 진술도 그 사실을 뒷받침하고 있다.

> 충격을 받은 여자의 표정이 나에게 영향을 줍니다. 그 때문에

나는 완전히 다른 사람이 되는 겁니다. 나의 관심사는 섹스가 아니라, 그 여자에게 치욕을 안겨주는 것입니다. 이처럼 강압적인 행위를 하고 나면 뭔가 굉장한 기분이 들지요. 나야말로 어엿한 사나이라는 그런 기분 말입니다.[19)]

이런 사실을 감안한다면 피해자가 취할 수 있는 최선의 전략은 상황에 따른 자기방어인 것 같다. 동정을 요구하거나, 말을 걸거나, 자발적으로 허락하겠다는 태도를 보이면, 대부분 상대방의 우월감을 한층 높여주기 때문이다. 그 예로 어느 매춘부는 한 남자가 덤벼들자 얼른 이렇게 말했다. "진정해요. 난 창녀예요. 절대로 싸우지 않고 마음대로 해드릴 테니 진정해요."

그러나 이 여자는 정반대의 결과를 얻고 말았다. 범인이 원하는 것은 단순한 성교가 아니라 강압적인 성교였으므로, 더욱 잔인한 방법으로 폭행을 했던 것이다.[20)] 어떤 성폭행범은 피해자를 대할 때마다 "싸우거나 아니면 성교를 하거나" 두 가지 경우만 경험했다고 털어놓았고,[21)] 또 다른 남자는 "성폭행은 자의적으로 할 때라야 만족감을 더 느낀다"[22)]고 말했다.

미국의 설문조사 결과에 따르면, 성폭행을 저지른 남자들이 전반적으로 여자의 '덫'에 걸렸다거나 '잡아먹힐 듯한' 위협을 느낀다는 것이며, 어떤 범인들은 여자라는 존재에 대해 남자를 사냥감으로 간주하여 먹어치우는 거미에 비유했다.[23)] 부코프스키(Charles Bukowski)는, 남자들이 자기들의 처지를 참지 못하고 이따금 복수하기 위해 한 여자를 혼내준다면 여자들이 멍청하게 보고만 있지 않을 것이라고 많은 남자들에게 말했는데, 그 말은 진심에서 나온 말이었다.

여자는 우리를 낳아주는 것으로 그치지 않는다(그 사실 자체만으로도 겁나는 일이지만). 만일 우리가 결단을 내리지 못하고 머뭇거리고 있으면, "예라, 이놈아!" 하면서 호되게 나무란다. 그들은 우리를 마음대로 요리한다. 우리가 겁이 나서 머뭇거리고 있을 때, 그들은 욕하고, 깔보고, 창피를 준다. 여자들은 교육자의 모습으로 나타나 우리에게 어쩔 수 없는 바보라는 사실을 가르쳐주고, 설익은 계집이 사랑의 갈증에 시달리는 우리를 냉정하게 퇴짜놓기도 전에, 그들은 우리의 자존심을 깡그리 짓밟아버린다. 그리고 남자가 목을 조르려고 달려들면 그때에야 깜짝 놀란다.[24)]

남자들이 훼방꾼처럼 페니스를 곧추세우고 나타나면, 무엇보다도 여성 동성연애자들이 자존심에 위협을 느끼는데, 이 사실을 뒷받침하는 사례들이 여럿 있었다. 미국에서 발생하는 전형적인 사례를 들자면, 범인이 레즈비언 전용 술집 앞에 숨어서 기다리고 있다가, 한 쌍을 골라 눈치채지 못하게 집까지 뒤따라가서 집 안으로 침입한 다음, 둘 중의 한 여자를 강간하면서 나머지 한 여자로 하여금 그 장면을 지켜보도록 강요한다.[25)] 1983년 여름, 부퍼탈의 여성 전문서점 '드뢰펠미나'에 '대독일-라이히스가우 부퍼탈 국가사회주의 투쟁협회 레즈비언 말살 운동본부'라는 이름으로 전단이 뿌려졌는데, 거기에 이런 내용이 있었다.

레즈비언만을 골라서 강간하라, 최대한 그들에게 치욕을 안겨주고, 그들의 추잡한 긍지를 꺾어버려라, 그들을 오물 속에 처넣어라![26)]

이 사건은 단순히 정치적으로 머리가 돈 몇몇 청년들의 도발적인 소행이라고 볼 수도 있겠지만, 이것이 바로 반세기 이전의 현실이었다. 이를테면 그 당시 뷔초프 강제수용소에서는 한 무리의 여자 동성애자들을 별도의 막사에 수용했는데, 감시병들이 다른 막사에 수용된 러시아 포로와 프랑스 포로들을 시켜서 이 여자들을 덮치게 하여 "이번에는 제대로 강간을 당하게" 만들었다. 이때 나치 친위대원 한 명이 남자 포로들에게 이렇게 말했다.

> 이것이 마지막 쓰레기다. 우리는 우리의 페니스로 저것들을 능욕하고 싶지 않다. 너희들이 제대로 해치운다면, 각자에게 술 한 병씩을 주겠다![27]

성폭행범은 단순히 육체적 쾌락이 아니라 상대 여자에 대한 모욕을 노리는 경우가 많으며, 이와 같은 사실은 성폭행범들이 단순히 여자의 몸에 삽입하는 것 이상을 추구하거나, 그 밖의 것을 요구했던 사례를 통해 확인할 수 있다. 중세부터 근대 초기에 이르는 자료들을 살펴보면, 가해자들은 강간을 시작하기에 앞서 먼저 피해자를 때려눕혀놓고—언어 폭력을 완전히 배제하더라도—부분적으로 상당한 부상을 입혔다는 사실을 확인할 수 있다.[28] 많은 경우 성폭행범들은 피해자의 옷을 찢어서 벗겨버렸기 때문에, 12세기 초반 크레티앵 드 트루아의 『페르스발』(소박하고 야성적인 젊은 기사가 불가사의한 성에서 신비한 시련에 부딪히는 이야기—옮긴이)에 나오는 표현처럼 "하얀 젖가슴이 드러났다."[29] 오늘날에도 피해 여성에게 완전히 옷을 벗으라고 강요하는 폭행범들이 많고, 범행 이후에 그들이 말하고 있듯이 그 목적은 피해 여성에게 치욕을 더 안겨주려는 데 있다.[30] 조사 결과에 따르면 전체 사건의 54.7퍼센트는 범인의 손으로 피해자를 완전히 발가벗기거나, 피해 여성 스스로 다 벗으라고 강요한 경우였다. 그리고 45.3퍼센트는 일부분만 벗어도 범인이 만족했다.[31]

194. 30년전쟁 중에 한 군인이 여자를 발가벗겨 추행을 하고 있다. 레온하르트 케른의 석고 인물상, 1658년경.

1770년부터 1845년 사이에 런던에서 접수된 성폭행 사건에 관한 증거자료들을 살펴보면, 피해자의 70퍼센트가 행위 도중에 부상을 입었고, 그 중 많은 수가 그 부상 때문에 오랜 기간 고통을 받았다. 범인의 28퍼센트는 여자를 덮친 다음 불필요하게 때려눕혔고, 23퍼센트는 폭행을 가한 뒤에 모욕까지 주었다. 그리고 17퍼센트는 여자를 강간한 다음 음부를 찢어 엄청난 상처를 안겨주었다.[32)]

오늘날에도 여자의 음순을 찢고, 질을 물어뜯고, 그 위에 대변이나 소변을 보고, 음부와 항문에 물건을 밀어넣는 따위의 만행을 저지르는 범인들이 적지 않다. 덴버나 로스앤젤레스의 경찰서에서 성폭행 피해자들이 작성하는 진술서에는 '질 속에 삽입한 물건', '직장에 삽입한 물건' 등을 기록하는 항목이 포함되어 있다.[33)]

범인이 피해 여성을 치욕스럽게 만들기 위해 특별한 방법으로 강간하는 사례도 아주 빈번하게 발생한다. 최근에 실시된 조사에 따르면 가해자의 40퍼센트가 피해자의 질뿐만 아니라 입에도 폭행을 했고, 10.7퍼센트는 추가로 항문에 폭행했다. 이런 꼴을 당한 대부분의 여자들은 특히 강제적으로 행한 구강성교에 대해 혐오스럽고 구역질이 난다고 말했다.[34] 베트남 전쟁 당시에는 수많은 베트남 여자들이 미군 병사들에게 항문 폭행을 당하고 구강성교를 강요받았으며,[35] 붉은군대 군인들도 독일 여자들을 상대로 온갖 기이한 방법으로 추행을 저질렀다. 슐레지엔 출신의 어느 여자 증인은 이렇게 말했다.

> 러시아 군인들이 여자들을 발가벗겨 네 발로 방 안을 기어다니게 하고는, 자신들도 발가벗은 채 개처럼 올라탔습니다. 때로는 입에 성기를 넣으라고 강요했고, 그런 일을 겪고 나면 우리는 극심한 구토와 함께 아랫도리에서 피가 흘렀습니다.[36]

중세시대부터 근대 초기까지 알프스 북부의 유럽에서는 여자의 항문에 폭행을 했다는 기록이 거의 없는 것 같으나,[37] 르네상스 시대 이탈리아의 사정은 달랐다. 14, 15세기 베네치아와 피렌체의 수많은 재판기록을 살펴보면, 소년뿐만 아니라 성인 여성, 그리고 특히 소녀를 상대로 폭력에 의한 항문삽입 사건이 많았음을 확인할 수 있는데,[38] 예컨대 1396년 피렌체에서 일곱 살 소녀를 폭행한 범인이 참수형을 당했다.[39] 또한 로렌초(Lorenzo)의 저서 『일 트렌투노 델라 차페타』(*Il trentuno della Zaffetta*)에 따르면, 1531년 한 남자가 왕족의 애인을 흠모하던 중 여자가 약속했던 것과 달리 문을 열어주지 않자, 보복하기 위해 그 여자를 80명의 남자가 폭행하게 했다. 궁지에 몰린 이 여자가 첫번째 남자에게 자신을 풀어주면 앞으로 무료로 서비스를 해주겠노라고 제안했지만, 이것이 오히려 그 남자를 격분시키는 결과가 되고 말았다. 이 대

195. 쇼엔 우에무라의 목판화, 1800년경.

목에서 저자는 "그 즉시 그는 여자의 항문에 폭행을 했다"고 쓰고 있는데, 물론 그것은 '욕정'으로 인한 행동이 아니었다.[40]

실제로 오늘날에도 범인들이 피해자에게 항문성교를 강요하는 동기는 욕정 때문이 아니라, 그 행동을 통해 여자를 더욱 굴복시켜 지배할 수 있다는 생각 때문인 경우가 많다.[41] 그런 말을 하는 사람들은 폭행범과 피해 여성들뿐만이 아니다. 성범죄자는 아니지만 항문성교를 선호하던 한 남자는 다음과 같이 말했다.

> 항문성교를 할 때에는 여자를 더욱 내 손아귀에 쥐고 있는 것 같은 기분이 듭니다. 여자가 움직일 수 없어서 도저히 빠져나갈 수 없는 상태가 되니까요. 음부에 성교를 할 때에는, 여자가 아무 통증 없이 몸을 굽혀 일어날 수 있습니다. 음부가 훨씬 유연하기 때문이지요. 여자가 자진해서 복종하는 자세를 취할 때 특히 에로틱한 기분을 느낍니다.[42]

대부분의 피해자들은—강제적인 구강성교를 제외하고—다른

어떤 형태의 폭행보다도 폭력적인 항문성교에서 가장 심한 치욕을 느꼈으며, 또한 역겹고 충격적인 느낌을 받았다.[43] 이러한 폭행이 질 삽입 방식에 비해 '상당히 나쁜 특성'을 지닌다고 많은 책의 저자들이 일치된 견해를 보이고 있으나, 강제적인 구강성교나 항문 및 질 속에 성기를 밀어넣는 행위와 더불어 폭력적인 항문성교가 재판정에서 아예 폭행으로 인정되지 않는 나라들이 있다. 예를 들면 영국과 프랑스 같은 나라가 그러하다. 이에 반해 독일은 형법 제178조에 따라 강제적인 항문성교 및 구강성교를 성폭력으로 간주한다.[44] 법적으로 볼 때 이것은 분명 여성의 명예와 존엄성의 문제가 아니라, 피해 여성의 임신 가능성을 위협하는 행위라는 점을 중요시한 경우였다. 그 밖의 사회에서는 사정이 조금씩 다른데, 이를테면 에리트레아(1995년에 독립한 에티오피아 북동부의 국가—옮긴이)의 티그리냐족은 페니스가 아닌 막대기나 그 밖의 물건을 이용하여 여자를 폭행한 범인에게 더 엄한 처벌을 내린다.[45]

33

가해자의 쾌감과 피해자의 쾌감

성폭행을 통해 성적인 만족을 얻기보다는 피해 여성을 지배하고 치욕을 안겨주려는 범인들이 많았다는 사실은 명백하다. 이 사실을 놓고 사람들—특히 여자들—은, 모든 성폭행의 일차적인 목적이 성범죄가 아니라 공격적인 지배욕을 표출하려는 데 있다는 결론을 내렸다. 예를 들면 "성욕은 여자를 통제하기 위한 수단이거나 모욕을 주려는 수단일 뿐"[1]이라는 것이다. 스코틀랜드 야드(런던 경찰 본부－옮긴이)의 범죄수사국에 근무하는 윈 존스도 최근에 이렇게 말했다. "강간의 동기가 성욕에 있다는 잘못된 인식을 없애야 합니다. 언제나 폭력을 행사하여 모욕을 주려는 것이 그들의 의도입니다."[2]

물론 이 주장은 중요한 핵심을 간과한 것 같기도 하다. 그러나 성폭행범의 상당수가 성욕 때문이 아니라, 피해자를 지배하거나 모욕하려는 의도로 범죄를 저지른다는 사실에는 논란의 여지가 없다. 다만 여기에서 잊지 말아야 할 것은, 전쟁 때는 물론 일상 속에서도 성적인 만족을 얻기 위해 여자의 육체를 소유하려는, 옛날식 표현을 빌리자면 '사냥감'으로 삼으려는 남자들이 많다는 사실이다. 그 예로 1613년 부녀자 몇 명과 암퇘지 한 마리를 능욕한 자크 페리숑이 법정에서 진술한 내용은 다음과 같다.

> 그에게는 여자를 탐욕스럽게 소유하고 싶은 마음을 솟아나게 하는 이상한 정열이 있었던바, 그 정열 때문에 그자는 앞서 말한 것처럼 일곱 살에 불과한 마리 잔 푸아레를 추행하기에 이르렀고, 앞서 말한 예순 살이 넘은 주느비에브 보클레라 외에도 여러 명의 여자를 추행했던 것이다.[3]

이 남자는 어린 소녀든 중년 부인이든, 아니면 돼지든 간에 암컷이라면 거의 가리지 않고 덤벼들었지만, 이러한 유형의 성폭행범이 주류를 이루고 있는 것 같지는 않다. 만일 성폭행이—많은 여성주의자들이 주장하듯이—여성 **그 자체**에 대해 힘과 폭력을 행사하기 위한 수단이라면, 가해자들이 특정한 연령층의 부녀자를 선호하는 일이 없어야 할 것이다. 그러나 실상은 그렇지 않다. 이를테면 미국에서는 월경이 시작되기 이전의 여자아이와 폐경 이후의 여자가 폭행당하는 사례는 임신할 수 있는 연령층의 경우에 비해 현저히 적다.[4] 물론 오늘날 어린아이나 노년층 여성에 비해 가임 연령의 여성들이 위험상황에서 활동하는 기회가 많다는 사실을 고려해야 할 것이다. 독일에서는 15세에서 24세에 이르는 여성들이 성폭행을 가장 많이 당했다.[5] 스웨덴의 사정도 이와 비슷해서 성폭행 피해를 당한 여성 중 14세 이하는 2퍼센트, 15세에서 19세 사이는 13.8퍼센트, 20~24세는 16.4퍼센트, 25~29세는 12퍼센트, 30~34세는 8퍼센트, 35~39세는 4.4퍼센트, 40~44세는 5.2퍼센트, 45세 이상은 7.1퍼센트였다.[6]

전쟁 중에도 젊은 부인과 나이든 처녀들이 주로 성폭행을 당했다. 이를테면 1945년 붉은군대의 많은 군인들이 시장에서 독일 처녀들을 짐승처럼 주물렀는데, 아직 젖가슴이 발달하지 않은 여자아이들에 대해서는 "형편없군!"이라고 말하면서 돌려보냈다. 요즈음 발칸 반도의 세르비아 군인들은 보스니아와 크로아티아 마을을 순찰하면서, 어린아이들이 놀고 있는 집을 미리 눈여겨보아 둔다. 그리고 밤이 되면 그 집에 침입하여 젊은 부인들을 '겁탈'한다. 목격자들은 세르비아 군인들이 12세 소녀와 중년 부인들을 폭행했다고 증언한 바 있지만, 아무래도 20대 여성들이 최고 사냥감임은 물론이다.[7)]

폭행의 동기가 성욕 충족에 있는 경우는, 많은 가해자[8)]와 피해자들의 진술을 통해 확인된 바 있다. 이를테면 여자가 남자에게 한번 일정한 부분까지만 허용하고 더 이상은 허락하지 않는데도 남자가 그 이상을 강제로 추행한다면, 그런 모든 행위가 여기에 해당될 것이다. 다시 말해서 여자가 '여기까지만 되고 그 이상은 안 된다'고 했을 때, 남자 쪽에서 여자의 의사를 무시하는 행위가 그것이다.[9)] 가끔은 남녀 한 쌍의 성교 장면을 '눈요기'하던 남자가 흥분을 참지 못해서, 남자 파트너를 몰아낸 다음에 그 여자를 폭행하는 사례가 발생하는데,[10)] 이러한 경향은 인간과 가까운 동물계에서도 발견된다. 인간을 제외한 대부분의 영장류 수컷은 교미 중인 다른 수컷을 암컷에서 떼어내어 몰아내고, 그런 다음 자기가 직접 암컷을 차지하려고 덤벼든다.[11)]

그 밖에 가해자와 피해자 모두가 과연 성폭행을 통해 적어도 가끔씩은 쾌감을 느끼는지에 관한 의문이 남아 있다. 모든 여자들이 '근본적으로' 폭행당하기를 기대하는 게 아니냐는 의문은 수천 년 전부터 계속 제기되어왔던 것이 사실이고, 그러한 의문은 늘 강간 문제에 비상한 매력을 주는 요소였다. 아나이스 닌(1903~77: 에로틱한 소설과 일기로 유명 프랑스 태생의 미국 여류작가—옮긴이)은 1937년 여름 일기장에 이렇게 적었다.

> 성폭행을 당하고 싶다는 생각은 어쩌면 남몰래 느끼는 여성의 에로틱한 욕망이 아닐까.[12)]

공격심리 전문가로 잘 알려진 스토르(Anthony Storr)는 그 후 다음과 같이 닌의 생각을 뒷받침해주었다.

> 무방비 상태의 여자를 데리고 성욕을 발산하려는 무자비한 남자에게 붙잡혀 능욕당한다는 상상은 여성의 섹스에 광범위한 호소력을 갖는다.[13)]

성연구가 두 사람도 위의 의견에 동의를 표하고, "강간이라는 것이 여성에게는 금지된 성교에 참여할 수 있는 기회를 제공한다는 사실은 잘 알려져 있다. 이럴 경우 여자는 도덕적 비난을 받을 염려도 없고, 따라서 죄가 되지도 않는다"고 말하면서 다음과 같은 이집트 속담을 소개했다. "여자는 10번 연속해서 강간을 당한 다음에야 비로소 살려달라고 소리를 지른다."[14)]

한편 '지옥의 천사들'(Hell's Angels)도 아랍인들의 속담을 좋아했던 것 같다. 롤링 스톤스의 친위대 역할을 맡았던 그들은 알타몬트에서 콘서트가 진행되는 동안 한 젊은 남자를 칼로 살해하고, 일련의 여자 관중들을 성폭행한 다음, 그 중 한 명이 이렇게 말했다. "우리는 우리 손으로 직접 붙잡아온 여자만 해치웁니다! 그런데 온갖 성폭행을 당하고 나서 차분히 그 일을 되짚어보기 이전에, '성폭행'을 당했다고 소리지르는 여자는 본 적이 없어요." 이에 대해 '지옥의 천사들'의 전기를 썼던 헌터 톰슨은 이렇게 말했다.

여자들은 성폭행의 공포 속에서 살아가고 있다. 그러나 모든 여자들의 자궁 속 어딘가에, 그 단어가 나올 때마다 호기심으로 반응하는 묘한 신경이 자리잡고 있다.[15)]

여자들의 '자궁'이 그들 자신의 의식과 반대로 폭행을 갈망한다고 굳게 확신하고 있는 사람들은 언제나 남성들이었는데—물론 때때로 여성도 있었지만—그 중에는 공상적 사회주의자 프루동[16)]으로부터 시작하여 나치 시대의 인종 전문가들[17)]을 거쳐 미국의 텔레비전 제작자[18)]와 성연구가들에 이르기까지 다양한 정치적·이데올로기적 색채를 지닌 사람들이 있었다. 하지만 아무래도 여자들이 진정으로 원하는 바가 무엇인지에 관한 면밀한 연구는 심리분석가들의 몫이라고 보아야 한다. 그 대표자인 그로덱(G. Groddeck)은 여성의 근본적인 욕망을 밝혀내기 위해서는 그들의 '자아'를 연구할 것이 아니라 '타아'(他我), 즉 '무의식'에 관심을 두어야 한다고 말했다.

무의식의 감정을 확인하려면 그것을 말해주는 기관, 즉 여성의 정욕기관을 살펴봐야 한다. 그러면 여러분은 질벽이나 음순, 음핵, 또는 젖꼭지가 의식의 불쾌감에 의해 아무런 영향을 받지 않는다는 사실을 알게 되면 놀랄 것이다. 사고력을 가진 인간이 성행위를 좋아하든 싫어하든 상관없이, 이러한 신체기관들은 마찰에 반응하고 적절한 흥분에 대해 나름대로의 방식으로 반응을 보인다. 산부인과 의사나 판사 또는 범인에게 질문을 던져보면 나의 주장을 증명해줄 것이다. 쾌감 없이 성폭행을 당하거나 무의식 상태에서 강간을 당한 여자들한테서도 정확한 대답을 들을 수 있을 것이다. 다만 이런 경우에는 반드시 질문하는 요령을 알고 있거나, 아니면 신뢰감을 얻어내는 일이 중요하다.[19)]

그 이유는 여자가 일단 굴욕감을 느껴 한탄하기 때문인데, 가만히 살펴보면 자신의 젖꼭지와 클리토리스가 진실을 말해주었음을 알게 된다. 다시 말해서 흥분으로 인해 성폭행에 동의했다는 증거가 남아 있게 된다. 그렇기 때문에 어떤 심리분석가는 "근본적으로 성폭행에 의해 치욕을 느끼는 여자는 아무도 없다"고 말하며, 그러므로 폭행을 당하기 이전과 폭행 도중에 느꼈던 공포감이 성적 쾌감으로 바뀌지나 않을까 두려워하는 여자들이 있다는 것이다.[20] 상당히 심리분석적인 논의방식과 정치적 좌익 성향을 지닌 어느 전문가는 한 술 더 떠 여자는 성폭행을 당할 때 가장 집중적인 쾌감을 경험하는 법이며, 완고한 여성조차 폭행당할 때 오르가슴에 도달한다고 주장했다. 오로지 그런 방법을 통해서만 여성의 은밀한 소원이 충족되기 때문이라는 것이다.[21]

이미 고대에도—적어도 남자들의 세계에서는—여자는 강제로 성교를 당하는 것을 좋아하기 때문에 성폭행을 원한다는 생각이 지배적이었다.[22] 헤로도토스에 따르면 페르시아 사람들은 이렇게 말했다. "강간은 차분하게 이루어질 때까지 기다리는 자가 현명하다. 사실 여자가 스스로 동의하지 않고는 아무도 여자를 강간할 수 없기 때문이다."[23]

그리고 그 후대의 오비디우스는 한 술 더 떠서, 남자가 여자를 강간하는 데 실패하면 여자는 비록 겉으로는 무사히 빠져나온 데 대해 기뻐하는 것 같지만 사실 실망하게 될 것이라면서 이렇게 말했다.

> 갑작스런 폭력에 의해 사랑을 강탈당하는 자는 누구나 기분이 좋아지게 마련이며, 이때의 뻔뻔스러움은 선물이나 다름없다. 그러나 강간을 당할 수도 있는 상황에서 아무 사고 없이 끝나버리면, 그 여자는 겉으로 안도의 표정을 짓겠지만 사실 애석한

마음을 가질 것이다. 포에베는 강간을 당했다. 누이동생도 강간 당했다. 그리하여 두 여자는 강도가 마음에 들었다.[24)]

중세시대에도 변함없이 그와 같은 생각이 널리 퍼져 있었다. 이를테면 크레티앵 드 트루아는, 여자가 강간당하지 않으려고 저항하는 것 같지만 사실은 짐짓 저항하는 척할 뿐이지 실제로 저항하는 것은 아니라고 밝혔다. 한편 12세기에 콘헤스(Wilhelm von Conches)는, 여자가 강간을 당할 때 처음에는 싫어하지만 행위가 진행됨에 따라 육체의 쾌감이 정신의 저항을 누르고 승리하게 되어 있다고 말했다.[25)] 그 시대 남자들 사이에 이런 생각이 얼마나 널리 퍼져 있었는지는 크리스틴 드 피장의 작품을 통해 알 수 있다. 1404년에 발표된 그녀의 작품 『여자의 도시』(*Livre de la Cité des Dames*)에서 여자 등장인물은 이렇게 말한다.

> 남자들은 걸핏하면 여자는 강간당하기를 원하는 존재라는 말을 지껄이고 다니는데, 나는 그런 말을 들을 때마다 아연실색하지 않을 수 없어요. 하여간 나는 여자들이 그런 추잡한 짓을 좋아할 거라는 생각은 상상조차 못하겠어요.

이에 대해 크리스틴은 다음과 같이 대답한다.

> 걱정 말아요. 품행이 나무랄 데 없는 정숙한 여자는 강간을 당하면 정말이지 조금도 즐거움을 느끼지 않아요. 오히려 지독한 고통을 느낄 따름이지요.

이어서 그녀는 강간을 당한 여자가 스스로 목숨을 끊었거나, 범인을 살해했거나, 강간에 대한 두려움 때문에 미리 자살한 사례들

을 예로 들었다.[26)]

물론 크리스틴처럼 여러 사례들을 제시한다 해도 남자들의 머릿속에 깊숙이 박혀 있는 확신을 흔들어놓지는 못할 것이다. 강간이 치욕적인 행위라거나, 피해 여성들이 그것을 치욕으로 받아들이는지에 대해 따지는 사람이 없기 때문이다. 오히려 남자들은, 여자가 정숙 따위는 아랑곳하지 않고 강간을 즐겁고 자극적인 것으로 생각하고 있으며, 따라서 실제로는 여자가 강간을 통해 쾌락을 느끼지 않느냐는 의심을 품고 있었던 것이다.

여자는 강간을 당하는 동안 성적으로 흥분되고, 바로 그렇기 때문에 여자에게도 책임이 없지 않다는 논란은 중세 후기와 르네상스 시대 내내 지속되었던바, 특히 유명한 루크레티아[27)] 사건이 화제에 올랐다. 고대 로마 시대의 강간피해자로 잘 알려진 이 여인의 성적인 굴복 장면은 근대 초기에 수많은 그림의 소재로 등장했는데, 당시 사람들에게 그 그림들은 틀림없이 음란물로 보였을 것이다(그림 196).[28)] 15세기 초에 발간된 살루타티(Coluccio Salutati)의 『루크레티아의 항변』(*Declamatio Lucretia*)에서는 가해자인 타르퀴니우스가 루크레티아의 젖꼭지를 만져서 흥분시킨 것처럼 암시되어 있고, 루크레티아 자신도 뭔가 예방조치를 취하지 않으면 그와 같은 추잡한 행위 때문에 쾌감을 느끼게 되지 않을까 걱정하고 있다("만일 내가 거부하지 않는다면 추잡한 짓에 쾌감을 느끼게 될 것만 같구나").[29)] 이미 천년 전에 아우구스티누스는, 루크레티아가 전혀 비난받을 짓을 저지르지 않았는데도 왜 자살을 했느냐는 의문을 제기하면서, 그 이유는 아마 타르퀴니우스에게 강간을 당하는 도중에 성적 흥분을 느꼈기 때문일 것이라고 추측했다.[30)]

상대 여자가 행위 도중에 흥분을 하는지 아닌지가 대부분의 범인들에게는 전혀 관심 밖의 일인 것으로 짐작되지만,[31)] 이따금 범

196. 하인리히 알데그레버의 「타르퀴니우스와 루크레티아」. 동판화, 1539.

인이 피해자를 자극하는 사례가 있었으며, 그 목적은 삽입을 좀더 쉽게 하려는 데 있었을 것이다. 세계대전 막바지에 어느 목격자는 이렇게 말했다.

> 러시아 군인 한 명이 벙커 안에 있던 다른 군인들에게 무조건 잠을 자라고 명령하고는, 손전등을 들고 문 앞에 누워 있는 여자의 치마 밑으로 기어가더군요. 그는 여자의 몸을 마찰시킨 다음 벙커 밖으로 데리고 나갔습니다. 그러고는 여자를 발가벗겨서 차가운 돌바닥 위에 눕혔지요.[32]

상대방 여자가 강간을 즐겼다고 주장하면서 자신의 범행을 변명하는 범인들도 적지 않다.[33] 물론 그 남자들이 정말로 그렇다는 확신을 가졌는지, 아니면 단지 처벌을 벗어나기 위해 거짓말을 한 것인지는 알 수 없다. 예컨대 미 라이 학살사건에 가담했던 한 남자는 어린 소녀를 오두막으로 끌고 들어가 옷을 벗기고 성교를 했다고 고백했다. 처음에는 소녀가 반항했으나 얼마 후 "점차 좋아하는 표정을 짓더니 성욕을 드러내기 시작했다"고 한다. 그는 강간 후 소녀를 살해했다.[34)]

18세기에 강간살인죄로 체포된 25세의 청년 투뉴의 말을 들어보면, 비바라(프랑스 동남부 산악지대—옮긴이)의 숲속에 살던 그는 길목에 숨어 있다가 지나가는 양치기 처녀들을 덮치는 방법으로 12명을 강간하고, 그 중 몇 명은 목졸라 죽였다. 그의 말에 따르면 이때 여자아이들이 강간을 당하면서도 좋아했다고 한다.[35)] 그리고 최근의 어느 범인은 자랑삼아 이런 말을 했다.

> 마치 레슬링 경기를 하는 기분이었지. 여자가 암사자처럼 반항하면서 짐승같이 비명을 질러대더군. 그러고는 나를 이빨로 물고, 발로 차고, 손톱으로 할퀴고, 마구 때렸어. 하지만 내가 계집을 쓰러뜨려 놓고 뺨을 갈겼더니 결국 포기하더군. 그래서 먼저 음부를 요절내고 항문에 삽입한 다음, 마지막 대단원을 위해 내 몸이 완전히 말라비틀어질 정도로 입으로 빨게 했지. 나중에 그애가 하는 말이, 여태껏 해본 것 중에 최고라는 거야.[36)]

이런 남자들 중에는, 여자는 한번 제압당해서 실컷 '능욕'을 당해야 비로소 진정한 여자가 된 기분을 느낀다고 굳게 믿는 자들이 많은 것 같다. 범행 현장에서 체포된 한 남자는 변명하기 위해 이렇게 말했다.

> 내 말은, 남자가 자신의 공을 차내고 싶어하는 것만큼 대부분

의 여자들도 자신의 상자에 많은 공을 주워담고 싶어한다는 것입니다. 그들은 붙잡혀 심하게 당하기를 원하지요. 그래야 여자가 된 기분이 드니까요.[37]

또한 피해 여성으로 하여금 강간이 즐겁다는 말을 하라고 강요하는 남자들도 있다. 실제로 어느 피해 여성은 강간을 당하는 도중 가해자가 이런 말을 했다고 전했다. "난 너의 모든 걸 알고 있어. 너도 다르지 않아. 여느 여자들과 다를 바가 없단 말야. 영화에서 다 봤어. 넌 얻어맞는 걸 좋아하는 여자야!" 그 남자는 이렇게 말하면서 여자를 잔인하게 때리기 시작했다. "그자들이 하는 장면을 여러 번 봤어. 강간을 하는 동안 남자가 여자를 때리니까, 여자가 좋다고 말하더군. 너도 좋아하고 있는 거야. 좋다고 말해 봐!" 그자는 계속해서 여자를 때리면서 강간이 좋다는 말을 하라고 강요했다.[38]

미국 흑인 두 명에게 강간을 당한 어느 여인은, 행위 도중에 그 두 사람이 "너도 재미있지 않느냐, 너도 좋지 않으냐"고 끊임없이 묻더라고 말했다.[39] 많은 경찰관들의 입장에서도 범인이 피해자를 오르가슴에 이르게 했는지 아닌지를 알아내는 것이 하나의 강박관념처럼 되어버린 것 같다. 어떤 여자가 강간을 당하고 나서 경찰을 불렀더니, 그 경찰에게 두번째 폭행을, 다시 말해서 폭언을 당했다고 말했다.

그 일이 벌어진 직후였지요. 그러니까 나는 여기 바닥에 쓰러진 채, 얼굴에서 계속 피가 흐르고 있었지요. 내가 경찰을 불렀을 때는 거의 미칠 정도로 엉망이었습니다. 경찰이 도착해서 나에게 처음 던진 질문은 "재미가 있더냐?"는 것이었습니다.

상처투성이의 여자가 탈진한 상태로 침대에 눕혀지고 나서 질문이 이어졌다.

> 본격적으로 질문이 시작되었지요. 그들이 나에게 그런 질문을 하리라고는 상상도 못했어요. 공무원 다섯 명 정도가 내 침실로 몰려오더군요. 그러고는 이런 걸 물었어요. "그자가 들어왔을 때 당신이 어떤 자세로 있었는지 정확하게 그대로 자세를 취해 보시오. 강간당하기를 원하지 않았다면 왜 다리를 벌렸습니까? 그자의 페니스를 봤습니까? 본 대로 말해보시오. 당신은 그 자의 페니스를 만졌습니까? 그걸 당신 입에 넣었습니까? 오르가슴을 느꼈습니까?"[40]

법정에서 심리를 할 때에도 피해자를 상대로, 가해자가 성적인 자극을 주었는지, 아니면 피해자 자신도 오르가슴을 느꼈는지 따위를 묻는 판사들이 많았다. 만일 그렇다고 대답하면 성폭행이 성립되지 않는 것으로 인정되기 때문이었다.[41] 이미 17세기에 카르프초프는, 피해자가 행위 이전이나 이후에 또는 행위 도중이거나 간에 어느 시점에서도 성적 흥분을 느끼지 않았어야 비로소 강간이 성립된다고 주장한 바 있다.[42]

강제적인 성교가 피해자에게 쾌감을 준다는 주장이 '남성만의 환상'은 아닌 듯하다.[43] 미국의 한 조사 결과에 따르면, 미국 여자들의 상당수는 자기들이 강간을 당하면 성적으로 흥분되지 않을 것이라고 생각했지만, 다른 여자들에 대해서는 그럴 수 있을 것이라고 답변했다.[44] 이와 관련하여 1971년 『리스펀스』(*Response*)지에 "강간, 고통인가 황홀경인가?"라는 제목의 기사가 실렸다, 이른바 그 '조사 결과'라는 것에 따르면 강간 피해 여성의 73퍼센트가 그 행위를 통해 '재미'를 느꼈다고 응답했고, 47퍼센트는 오르가슴까지 경험했다고 대답했다. 결론적으로 가해자에 의해 강요된 성행위를 통해 폭행을 당한 여자들 중에서 상당수가 항문성교나 구강성교 같은 행위를 거절했지만 결국 모든 것을 완전하게 허용했으므로 '매우 에로틱한' 행위로 받아들인 것이나 다름없다. 그 여자들이 계속해서 "내가 짐승이 된 것 같았어요"라는 식으로 말한 점으로 볼 때, 대단한 만족감을 얻었던 것 같고, 범인에게 맞서 싸우던 처음의 저항이라든가 두려움 따위가 잠시 후 본격적인 색정으로 변한 것처럼 되어 있다.[45)]

그러나 이 '조사'라는 것은 실시된 적이 전혀 없었음이 분명하다. 다시 말해서 그 기사에 소개된 '조사 결과'는 모두 제멋대로 꾸며낸 거짓이며, 음란물의 목적에 맞도록 조작된 결과였다. 하지만 많은 전문가들의 주장처럼 "강간을 당한 여자들이 쾌감을 느꼈다는 그들 자신의 보고(포르노 제외)가 전혀 없었다"[46)]는 의미는 아니다.

강간을 당한 여자들의 개별적인 진술들 가운데에는, 극도의 공포감에 휩싸여 있으면서도 성적으로 흥분되었음을 말해주는 내용이 있는 것도 사실이다. 어느 피해자는 "자기도 모르게 오르가슴에 도달했다"고 말한 바 있고, 또 어떤 피해자는 이렇게 말했다.

> 피터 씨가 입으로 질 근처를 애무했을 때, 비록 내 의지에 반하는 것이었지만 성적 흥분을 감출 수 없었습니다. 신음소리도 낸 것 같고요.[47)]

하지만 이때의 성적 느낌은 아무래도, 흔히 겪는 '홍건한 꿈' 속에서의 '쾌감 없는 오르가슴'이나, 범인에 의해 강제로 구강성교를 당한 남성의 쾌감에 비해 '무미건조'하고 '생기 없는' 흥분,[48)] 다시 말해서 만족스럽지 못한 감정일 것이다. 또한 가해자가 그다지 폭력을 쓰지 않을 때에만 나타나는 이러한 감정은[49] 대개 피해자를 완전히 정신차리지 못하게 만드는데, 이때 피해자가 느끼는 혐오감과 치욕은 가해자 자체로 인한 것이라기보다는 강간을 당하는 동안의 불만족스러운 감정 때문인 경우가 많다.[50] 앞에서 소개한 루크레티아도 "아무리 쾌감이라 하지만 그것은 서글프고 기분 나쁜 쾌감"이라는 말을 하고 있다.[51] 아마 그런 식으로 강간을 당한 여자가, 자신이 흥분했던 사실이야말로 비난받아 마땅한 부도덕한 여자라는 사실을 입증하는 증거라고 생각하기 때문에 더욱 그런 느낌을 받았던 것 같고, 이와 마찬가지로 라틴아메리카의 감옥에 수감 중이던 포로들도 고문자들의 강요에 의해 사정을 함으로써 자신들도 가해자와 함께 공범이 되었다는 죄책감을 느꼈을 것이다.[52]

지금까지 보아왔듯이 남자들도 공포 분위기나 긴장 상황에서 발기가 되어 사정하는 사례가 일어날 수 있었다. 제1차 세계대전에 참전했던 남자들 중에는 돌격 명령에 따라 참호를 박차고 나오는 순간에 사정했다는 사람들이 있었고,[53] 이중제국(1867년에서 1918년까지 오스트리아 황제가 헝가리 국왕을 겸했던 시기의 이른바 오스트리아-헝가리 제국—옮긴이)의 마지막 형리였던 요제프 랑의 말에 따르면, 사형선고를 받은 죄수가 처형되기 직전에 성적 흥분을 일으키는 사례가 자주 있었다고 한다.[54] 남녀 방화범이나 상점 도둑도 흥분을 하거나 잡힐 것 같은 두려움에 휩싸이는 순간에 오르가슴을 경험한다고 알려져 있다.[55] 그렇다면 이와 마찬가지로 강간 피해자도 극도의 공포에 사로잡히면 그와 같은 흥분을 일으킬 수 있다고 보아야 한다.

이 모든 경우에 자신의 의지와 상관없이 일어나는 성적 흥분은 심리분석가의 두뇌를 통해 나오는 생각과는 완전히 다르다. 이를테면 드브뢰는 이렇게 말하고 있다.

오늘날 '성폭력 반대' 운동(=반남성 운동)이 요란하게 벌어지고 있는데도 강간을 당하는 여성에게서 강한 정욕이 분출되는 사례가 발생하고 있는데, 이는 강간이 여성의 마조히즘을 만족시켜주기 때문이며, 또 한편으로는 여성의 입장에서 자신이 당한 강간에 대해 '책임'이 없기 때문이다.[56]

그림 197에 나와 있는 여인은 강간을 통해 성적 만족을 얻는 모습으로 그려져 있지만, 이것은 현실이 아니라 포르노그래피의 산

197. 「약탈당하는 여자」. 아실르 드베리아의 석판화, 1830년경.

물에 불과하다.[57] 사실은 겁탈을 당하는 여자들이 처음으로 성을 경험하기 때문에 그대로 당하는 것이 아니라, 앞서 강간을 당한 수많은 여자들이 최악의 치욕이라고 말했던 바로 그 치욕을 경험하고 있는 것이며,[58] 이 경험은 앞으로 살아가는 데에도 지속적으로 영향을 미친다. 그 결과 자존심에 심각한 손상을 입는다는 사실은 논외로 하더라도, 생활 전반에 대한 공포감이 찾아오기 때문에 많은 사람이 모인 곳에 가기가 어쩐지 두렵고, 성적 감정의 변화와 함께 모든 남성에 대해 근본적인 불신을 갖게 된다. 강간 피

해를 당한 27명의 여성을 대상으로 조사한 결과, 5명에게서 질위축 및 불감증 같은 성기능 장애가 나타났고, 다른 5명은 성관계가 문란해졌으며, 2명은 오직 다른 여자들과 함께 있을 때에만 성교를 하게 되었다.[59)]

필립스라는 여자가 1748년에 펴낸 자서전에서 밝힌 바에 따르면, 그녀는 강간을 당한 이후 오랜 기간 '전혀 마음의 안정'을 찾을 수 없었고, 게다가 딴 남자에게 '더럽혀졌다'는 이유로 남편한테서 쫓겨나고 말았다. 나아가 그녀는 여러 해가 흘러간 지금까지도 그 사건의 충격을 조금도 극복하지 못하고 있으며, 그 끔찍스러운 경험을 떠올릴 때마다 "흐르는 눈물을 도저히 막을 수 없다"고 썼다.[60)]

'강간 환상'에 빠져서 그것을 즐기는 여자들이 많이 있다고 치더라도, 강간을 당한 여자들의 위와 같은 현실을 부정할 수는 없다. 사실 여성의 강간 환상은 일반인들이 상상하는 것과 달리 극히 드물게 나타나는 현상이다.[61)] 뿐만 아니라 실제로 발생하는 강간 범죄는 여자들이 상상하는 것보다 훨씬 잔인하고 많은 상처를 남긴다. 그렇기 때문에 상상에 의한 강간은—영화에 나오는 대부분의 강간 장면을 포함해서—흔히 '가상 강간'이라는 말로 표현되었던 것이다.[62)] 또한 여성들은 강간 장면을 상상할 때, 실제의 강간과 반대 방향으로 상상할 수 있다. 다시 말해서 여성은 환상을 지배하는 주인이며, 따라서 남자에게 당하는 강간의 강도를 원하는 대로 조절할 수 있다. 그렇기 때문에 강간죄로 유죄판결을 받은 남자가 "여자는 부드러운 것을 좋아하지 않으므로 거칠고 잔인한 행위를 갈망하지요"[63)]라는 식으로 자신의 범행을 변명하려 시도하지만, 이는 착각에 불과한 것이다. 성행위에 따르도록 외부로부터 가벼운 강요를 받는다거나 '꼼짝 못하게 붙잡힌 상태'에 있다고 상상을 하면, 실제로 성적 흥분이 일어나는 여자들이 있는 것 같지만, 그러한 강요가 너무나 심하고 잔인하기 때문에 그런 환상을 즐기는 여자는 극소수에 불과하며, 여자를 오히려 전혀 다른 방향으로 몰아가는 경우가 있다.[64]

강간 환상은 포르노에 나오는 강간 장면을 지켜보는 순간에도 일어나는 것 같다. 의외로 많은 여자들이 그런 장면을 보고 쾌감을 느끼고 있지만, 이것은 분명히 그 장면을 지켜보는 여성 자신이 피해자가 아니라고 느끼기 때문에 나타나는 현상이다. 또한 여자가 포르노 강간 장면을 보면서 자극을 받는 이유는 폭력과 수치심 때문이 아니라, 그 장면 자체에서 피해 여성이 색정에 못 이겨 울부짖거나 신음소리를 내는 등 성적인 요소가 지배적이기 때문이다.[65]

실험을 통해서도 여성 피실험자들은, 잔인한 행동이 가해지지 않은 상태에서 오르가슴에 도달하는 여자 피해자의 모습을 보여주었을 때 성적 흥분을 일으킨다는 사실이 밝혀졌다. 그와 반대로 남자 피실험자들은 "오르가슴과 고통을 느끼는 여자의 모습을 바라보는 순간에 흥분이 고조되었다."[66] 그러나 강간을 당하는 여자의 성욕이 고조될수록 그것을 바라보는 남자 피실험자들의 흥분 상태도 더욱 고조되었다. 피해 여성이 육욕에 못 이겨 반항하는 장면이 나올 때마다 남성 피실험자들도 자신의 행위를 정당화하려 했고, 자신도 여자를 강간할 수 있다고 생각하는 경향이 있었다.[67]

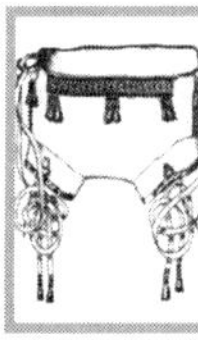

34 반항적인 여자 길들이기

대체로 강간 중에서도 매우 치욕적인 것으로 인식되는 집단 강간[1]을, 특히 성생활이 문란한 여자들을 길들이기 위한 수단으로 이용하는 일은 '전통사회' 남성들의 전형적인 수법이었다. 앞에서 소개했듯이 중세 후기의 도시 청년들은 밤중에 평이 좋지 않은 여자들의 집으로 쳐들어가서 강간을 일삼았다.[2] 그 대상은 예를 들면 성직자의 애첩이거나, 남편과 별거 중이라는 이유로 경박하다고 손가락질당하기 쉬운 여자들이었다.[3]

그 밖에 부녀자가 남자에게 반항하거나 모욕을 주는 일이 생기면, 그 남자는 자기 몸에 달려 있는 몽둥이로 반항적인 여자를 길들이기 일쑤였다. 예컨대 1527년 마그데부르크에서 훗날 칼로 처형을 당한 목동 브로시우스는 "온갖 고통스런 고문에 못 이겨 다 털어놓고" 고백했다.

그 계집(열 살이나 열한 살 된)이 그에게 말을 걸면서 "이봐,

내 뒤를 핥아 줘!"라고 말했다. 그러자 목동은 계집애를 뒤쫓아 가서 덤불 속에 눕힌 다음, 자신의 몽둥이를 꺼내어 완력으로 음란한 짓을 했다. 이제 그는 음탕한 짓을 다 끝내고 육욕이 모두 충족되자, "자, 됐지, 이제 가봐!" 하고 말했다.[4)]

여자가 지나치게 '몸치장'을 하고 부끄러움도 모른 채 자극적인 행동을 한다거나, 야한 옷차림에 장신구를 달고 다니는 행위도 여자로서 "강간을 당해야 마땅한" 파렴치한 행위에 속했다. 오늘날에도 북아메리카 사람들은 이렇게 말한다. "착한 계집은 강간을 당하지 않는다. 나쁜 계집은 강간을 당해도 불평할 자격이 없다."

그래서 북부 알래스카의 콜빌족 에스키모인과 포인트-배로(알래스카의 북극점—옮긴이)의 에스키모인들이 말하기를, 부끄러움을 아는 여자는 절대로 '곤경'에 빠지는 일이 없으므로 강간을 당하는 여자는 항상 본인 탓이라고 했다. 물론 강간을 당한 여자의 남편은 이 사태를 바라보는 시각이 달랐다. 남편은 자기 아내를 탓하는 것이 아니라, 범인의 아내에게 몰래 접근하여 강간을 하고는 아무 탈이 없었던 것처럼 행동했다.[5)] 19세기에 들어와서도 에리트리아의 티그리냐족 처녀는 지나치게 치장을 하고 다니다가, 다시 말해서 유리구슬로 장식한 파란 목걸이에 눈썹을 칠하고 다니다가 강간을 당하면, 배상금을 한푼도 요구할 수 없거나 아주 적은 액수만 요구할 수 있었다.[6)]

한편 젊은 처녀가 고분고분하지 않거나 순응하려는 자세를 확실히 보여주지 않으면, 그것조차 비난의 대상이 되는 사회가 많다. 이를테면 남아메리카의 카넬라족 인디언의 경우, 성적으로 성숙한 처녀가 일정한 칩거 기간이 끝난 이후에도 얌전을 빼면서 계속 반항하면 가끔씩 한 무리의 청년들이 숲속 어딘가에 숨어 있다가 나타나서, 인종학자의 점잖은 표현을 빌린다면, "처녀에게 몸을 달라고 강요"한다. 사건이 터지고 난 뒤 처녀의 부모는 자기 딸의 '어리석음' 때문에 청년들이 그런 행동을 하게 되었다고 생각하고, 여기에 대해 몹시 수치스러워한다.[7] 남태평양의 망가이아 섬에서도 이처럼 "콧대 높은" 처녀는 집단 강간(tauati)의 대상이 되었으며, 일반적으로 피해 여성은 그 일 때문에 체면이 깎이고 수모를 당했다고 생각하기 때문에 절대로 신고를 하지 않는다.[8]

마누스족(애드미럴리티 제도의 마누스 섬에 사는 원주민—옮긴이)의 남편은 아내가 지나치게 자기 주장을 내세우면서 남편의 권위를 무시하려 들면 주말에 아내를 숲속에 데려다놓고 자기 친구들을 시켜 '능욕'하게 했고,[9] 이와 유사하게 킵시기족 남자들도 아내 또는 과년한 딸이 반항하거나 가출하면 젊은 전사들을 동원하여 집단 성폭행을 시켰다.[10]

이런 식으로 벌을 받는 대상은 주로 성생활이 문란한 여자들이었다. 예컨대 오스트레일리아 남부에서는 성생활이 문란한 여자가 있으면, 한 무리의 남자들이 그 여자를 습격하여 '충분한 능욕'을 해주었고,[11] 앙골라의 한야족은 일종의 성폭행 방법으로 그런 여자들에게 특별한 치욕을 안겨주었다. 말하자면 간통한 여자가 있을 때에는 네 발로 엎드린 채 엉덩이를 뒤로 치켜올리게 해놓고, 남자 여러 명이 뒤에서 차례로 올라탔던 것이다.[12]

모하비족은 성행동이 자기중심적이고 적극적인 여자를 '카말로이'라고 불렀는데, 그런 여자에 대해서는 집단 성폭행만으로 끝나는 것이 아니라 음핵을 잘라내어 보통 여자로 되돌려놓는다.[13] 문두루쿠족은 남자의 성욕을 '자극'하는 여자가 있을 경우, 집단 성폭행으로 다스렸다. 문두루쿠족 남자들은 남자의 역할을 무시하는 여자가 있으면 특히 예민해져서, 여자의 기를 꺾어놓기 위해 과거에 있었던 강간 행위에 대해 큰 소리로 낱낱이 떠들어댄다. 그러면 멀리서 그 소리를 엿들은 여자들이 극도로 불안해져 행동을 조

심하게 된다.[14)]

디에리족, 쿠난다부리족, 얀다이룽가족 및 그 밖의 중앙 오스트레일리아 부족들은 '남성의 집'에 드나들 수 있는 성인 남자라면 누구나, 젊은 처녀에게 세상 물정을 확실히 가르쳐줘서 이제부터는 잔꾀를 부리지 못하게 하기 위해, 미래의 신랑감 앞에서 처녀를 강간함으로써 '길들이기'를 할 수 있는 권리를 갖는다고 알려져 왔다.[15)] 이는 고대 스웨덴의 티드렉스 전설의 한 대목을 연상시킨다. 이 전설에서 지크프리트는 브륀힐트에 대해 군터에게 이런 말을 들려준다.

> 그 여자의 특징을 말한다면, 처녀로 있는 동안에는 어떤 남자보다도 힘이 셉니다. 그러나 한번 처녀성을 잃고 나면, 보통 여자보다도 힘이 약해지지요.[16)]

남자들끼리만 알고 지내는 '신앙의 비밀'을 여자들이 알아차리게 되면, 남성의 권위가 흔들리는 경우도 있다. 예컨대 오스트레일리아의 무린바타족은 남자들만의 '신성한' 추룽가스(추링가스)[17)]를 보관하는 장소가 있는데, 만일 여자가 그곳에 들어가 비밀스런 물건을 보게 되면 대개 그곳을 지키던 남자들이 그 여자를 죽였다. 여자가 추룽가스를 직접 보지 못했더라도 그 여자에게 엄한 벌이 내려졌다. 이를테면 여자를 붙잡아놓고 남자 전체가 달려들어 성폭행을 했다. 이때 벌을 주기 위해 모인 남자들—대개 30명에서 50명까지—은 한 줄로 서서 앞사람이 사정할 때까지 기다린다. 이와 같은 끔찍스러운 절차가 한동안 밤마다 반복되었다고 한다.[18)]

카라야족은 가면을 쓴 존재가 유령이 아니라, 남자들이 가면을 만들어 쓰고 다닌다는 사실을 여자가 우연히 알아채게 되면, 그 여자는 집단 성폭행을 통해 벌을 받았으며, 이때부터는 여자로서의 명예를 상실한 채 남성의 집에 가서 청년들에게 매춘부 노릇을 하게 되어 있었다.[19] 그와 달리 메히나쿠족 여자는 남성의 집으로 끌려가 집단 성폭행을 당하는 것으로 마무리되었다. 남성의 집이 밖에서 보일 수 있도록 개방되어 있었던 옛날에는, 여자들은 성폭행에 대한 두려움이 뼈에 사무치도록 컸던 탓에 남성의 집 앞마당을 지나갈 때에는 항상 시선을 딴 곳에 두고 다녔다.[20] 오늘날에는 남성의 집 옆에 아주 나지막한 입구가 한 개만 있어서 기어들어가도록 되어 있으므로, 멀리서 내부를 힐끗 바라보는 것쯤은 문제가 되지 않는다.[21] 물론 사방의 벽은 전혀 방음이 되어 있지 않기 때문에 안에 있는 남자들이 마을 여자들 각자의 음부에 관해, 이를테면 크기, 색깔, 냄새 따위에 관해 큰 소리로 떠들어대는 소리를 밖에 있는 여자들이 들을 수 있고, 이에 해당되는 여자들은 극심한 수치를 느끼게 된다.[22]

예나 지금이나 '부족사회'에서 이와 같은 성폭행이 자신이 속한 집단의 여자들에게 지배권을 행사하기 위한 중요하고도 효과적인 수단의 하나였다면, 어떤 사회에서는—모든 부족사회가 그렇지는 않지만—전쟁이 벌어지면 여자를 약탈해가는 사례가 많았다. 폴리네시아,[23] 뉴기니, 남아메리카 등지의 부족사회를 그 예로 들 수 있다. 이를테면 뉴기니 섬의 동부 고지대에 거주하는 카마노족, 우수루파족, 포레족, 야테족을 비롯한 몇몇 부족의 전사들은 이웃 마을을 습격하면, 여자들을 죽인 다음 그 시체를 놓고 성교를 하는 사례가 많았다.

그 밖에 남자를 죽인 경우에는 시체 위에 웅크리고 앉아 허벅지로 성교 시늉을 하면서 시체의 페니스를 만지작거린다. 그 남자들은 살아 있는 여자를 강제로 능욕하는 것이 더 재미있다고 인정하면서도, 시체를 대상으로 할 때에는 살아 있는 여자에게 할 수 없던 행동도 할 수 있고, 훨씬 더 잔인하게 할 수 있다고 말했다. 이들의 말로 짐작건대 이곳 어머니들은 자신의 딸이 남자들에게 호락호락 넘어가지 않도록 하기 위해, '성행위'를 할 때에는 매우 공격적이고 전투적인 자세로 하라고 가르쳤던 것 같다.[24)]

야노마뫼족의 돌격대 전사들은 다른 마을을 습격하면, 맨 먼저 그곳에 사는 여자들을 강간했다. 그들은 낯선 부족의 여자를 강간하는 행위야말로 모험적인 전쟁에 참가하는 남자로서 최대의 매력이라고 말했다. 작전이 성공적으로 끝나면 그들은 일부 여자들을 자기 마을로 데려와 원하는 모든 남자에게 다시 한 번 강간의 기회를 주었다.[25)] 수라라족과 파키다이족은 이렇게 잡아온 여자들을 언제라도 성교가 가능하도록 준비시켜놓았다. 이들을 강간할 때에는 남자들이 대개 네댓 명 단위로 찾아와, 포로 신세가 된 여자의 팔이나 머리카락을 움켜쥐고 숲속으로 끌고 들어간다.

만일 여자가 반항하거나 어떤 식으로든 항의하면, 이미 상처 자국이 나 있는 정수리를 때리거나, 날카로운 짐승 이빨이 달려 있는 칼로 몸을 그어 피투성이로 만든다. 이런 식으로 한 여자를 해치우고 나면, 대개 모두들 즐거운 분위기로 돌변한다. 물론 여기에 모인 남자들은 아내들이 못마땅한 표정으로 이 사태를 지켜보고 있다는 사실을 잊지 말아야 한다.[26)] 질투의 유령이 끊임없이 이곳 마을을 염탐하고 있기 때문이다.[27)]

여기에서 우리는 이들 사회가 성폭행 자체를 용인하고 있다거나 일상적으로 벌어지는 일이라고 오해해서는 안 된다. 만일 자기 부족의 여자를 강간하는 자가 있으면, 그 남자는 직접적인 처벌을 받지는 않지만 훨씬 더 심각한 사태를 각오해야 한다. 다시 말해서 그런 범죄를 저지른 자는 죽은 뒤에 자신은 화장의 혜택을 입지 못한다는 사실을 잘 알고 있다. 이렇게 되면 자신의 영혼이 멸망하므로, 그것은 곧 다시 태어날 수 없음을 의미하며, 또한 자신의 크나큰 재앙이므로 자살을 택하는 사례가 많다.[28)]

남아메리카 인디언들 사이에서는 전쟁 중의 강간이 흔했던 반면에, 북아메리카에서는 아주 드물었다. 17세기와 19세기 사이에 인디언 전사들에게 잡혀갔던 백인 여자들은 거의 언제나 이렇게 말했다. "인디언들은 잡혀온 여자들에게 상당히 친절했습니다. 추잡한 행동이나 무례한 요구를 전혀 하지 않았으니까요."

18세기에 인디언의 사정을 속속들이 잘 알고 있던 조지 크로건(미국의 인디언 담당관—옮긴이)은 이렇게 말했다.

> 그들에게 사법권이나 법률 같은 것은 없었지만, 내가 알고 있던 것보다 더 많은 자연법이 있어서, 강간을 저지르는 자는 사형에 처해졌다. 강간은 경멸의 대상이 되는 범죄였던 것이다.

한편 그들이 잡아온 여자들을 다시 백인사회로 되돌려보내는 장면을 보았던 어느 목격자는 다음과 같이 말했다.

> 그들이 그 여자들에게 결혼을 강요해서 여자의 연약한 마음을 아프게 만든 적은 단 한 번도 없었습니다. 그 여자들에게 선택의 자유를 주었던 것이지요. 독신으로 남기로 선택한 여자들은 그것 때문에 고통을 받은 게 아니었습니다.[29)]

이제 전쟁 중의 성폭행 문제는 접어두고 자기 부족 내부에서 일어나는 경우만을 놓고 본다면, '전통사회'에서 발생하는 성폭행의 특징은 현대사회에 비해 집단 성폭행이 훨씬 더 많았다는 점이다.[30)] 그리하여 남성 집단은 이러한 집단 성폭행을 통해 부녀자들로 하여금 사회적 역할에서 이탈하지 못하도록 방지하고, 무엇보다도 남성의 지배 영역을 위협하지 못하게 했던 것이다.

나는 '전통사회'에서도 가끔씩 여성에 대한 '개별적 성폭행'이 있었다는 사실을 부정하려는 의도는 조금도 없다. 예를 들면 야쿠트족 여자들은 한때 네 개의 긴 가죽끈과 복잡한 매듭이 달린 사슴가죽 속바지를 착용함으로써 강간을 어렵게 만들었는데(그림 198),[31] 이것은 적어도 강간을 하려고 덤벼드는 자들이 있었음을 말해주는 증거라고 볼 수 있다. 나바호족 사람들 사이에 전해지는

198. 사슴가죽으로 만든 야쿠트족 여인들의 속바지.

말에 따르면, 여자가 적극적으로 방어자세를 취했으므로 강간 시도가 성공한 예가 전혀 없었다고 한다. 그리고 못된 짓을 하려고 덤벼드는 남자가 있으면, 여자가 상대방의 성기를 움켜쥐고 온 힘을 다해 압박하면서 매달림으로써 끝내 상대방에게 그 보상으로 목걸이나 이불 따위를 내놓겠다는 약속을 받아냈다고 한다.[32]

그러나 이와 같은 당시의 강간 사건은 상대적으로 사회통제가 미약한 현대의 '익명 사회'와 비교할 수 없을 만큼 드물게 발생했다.[33] 당시의 남자들이 노린 대상은 자신의 거주 지역 바깥의 낯선 여자들이었다. 예컨대 아이포족은 가끔씩 여행 중인 외지인들이 나타나면, 그 중 남자들을 죽여 없애고 남아 있는 여자들을 강간하거나, 멀리 떨어진 계곡의 여자들이 자기들끼리 돌아다닐 때 그

들을 폭행하는 경우가 대부분이었다.[34)]

또한 나는 현대사회에서 '남성 집단'에 의해 이루어지는 성폭행이 여전히 존재하고 있는 사실을 문제삼고 싶지는 않다. 대개 이러한 집단 성폭행은 동성애적 성격을 지닌 것으로서, 집단 성폭행에 가담하는 남자들은 '여자들' 앞에서 남자다움을 확보하려는 의도를 갖고 있다.[35)] 그러나 개별적으로 성폭행을 저지르는 남자들은 흔히, 여자들에게 제동을 걸어주는 사람이 가끔씩 필요하다는 이유를 내세운다. 이를테면 미국의 성폭행범들은 "여자를 본래의 위치로 돌려보내기 위해"[36)] 그런 일을 했노라고 말하거나, "그 여자는 마땅히 겪어야 할 일을 겪었다"는 식으로 피해 여성을 하찮게 여기는 발언을 하기도 했다.

또한 어느 스위스 남자는, 성폭행은 반항적인 여자를 길들이기에 알맞은 수단이라면서 "여자는 성폭행을 당해봐야 비로소 고분고분해진다"고 말했다.[37)] 독일의 여성계에서 활동하던 젊은 터키 여자들 가운데 상당수가 자기 나라 남자들에게 '처벌'이라는 구실로 성폭행을 당했던 것도 우연한 일이 아니다.[38)] 여자가 '불쾌한' 행동을 했다는 이유로 '벌'을 준다면서, 여자를 성폭행한 자들도 있었다. 어느 미국인 남자는 피해 여성의 항문과 음부에 폭행을 하려다가 여의치 않자, 다섯 시간 동안이나 야구방망이처럼 생긴 물건으로 항문을 폭행하면서 계속해서 이렇게 말했다. "넌 나쁜 년이기 때문에 벌을 받는 거야. 네가 한 놈을 겁탈할 때마다, 내가 너를 한 방씩 먹여주겠어."[39)]

이 남자의 말 가운데 희한한 것은, 이 젊은 여자가 '겁탈을 당할 때'가 아니라, 그녀가 남자를—능동적으로—'겁탈'할 때마다 벌을 주겠다고 말한 부분이다.

그러나 중요한 점은, 좀더 광범위하고 효과적인 사회적 통제 가능성을 갖고 있는 '전통사회'에서는 여성의 육체를 범죄적 방법으로 소유하려는 행위, 즉 성폭행이라든가, 치욕을 안겨주려는 부당한 행위들이 오늘날에 비해 훨씬 드물게 발생했다는 사실이다. 내가 플로레스 동쪽의 레볼레마 지역에 거주하는 오랑 벨로길리족[40]을 찾아가 남자 몇 명에게 부녀자들에 대한 성폭행이 가끔씩 일어나느냐고 물었을 때, 그들의 대답은 아니라는 것이었다. 그 이유는 여자들이 정글칼(pārang)을 다루는 솜씨가 아주 능숙하기 때문이고, 다른 하나는 마을 사람 모두가 범인의 이름을 금방 알아낼 수 있기 때문이라고 했다.[41]

오늘날의 '서양'사회 내부에서도 '익명성'이 강한 거대한 대도시에서는 시골에 비해 범죄발생률이 기본적으로 높게 나타나고 있으며, 범죄 유형으로는 특히 여성에 대한 성폭행과 같은 대중적 폭행범죄가 많다. 인구가 증가하고 인구밀도가 높아감에 따라 낯선 사람들과의 접촉 기회가 늘어나고, 공공장소에서의 상호작용도 갈수록 자주 이루어지고 있다. 소규모의 '전통사회'뿐만 아니라 오늘날의 시골 주민들에 비해 대도시 주민들은 훨씬 이질적이기 때문에 잠재된 갈등이 더욱 커지고 있다.[42]

주(註)

책을 펴내며

1) A. Bryson, "The Rhetoric of Status: Gesture, Demeanour and the Image of the Gentleman in Sixteenth- and Seventeenth-Century England", *Renaissance Bodies*, ed. L. Gent/N. Llewellyn, London, 1990, p. 149에서 인용.

2) R. H. Pearce, *Rot und Weiß*, Stuttgart, 1991, p. 29, 34에서 인용.

3) P. Schäfer, "Das Amerikabild in Günther Froebels 'Allgemeiner Auswanderungs-Zeitung', 1846 bis 1871", *Mundus Novus*, ed. P. Mesenhöller, Essen 1992, p. 110.

4) D. Knox, "Disciplina: The Monastic and Clerical Origins of European Civility", *Renaissance Society and Culture*, ed. J. Monfasani/E. F. Rice, New York 1991, p. 132 참조.

5) V. Kasiepo, "Die frohe Botschaft Eurer Zivilisation", *Kinder der Steinzeit?*, ed. M. Debout, Moers 1991, p. 16 참조. '백인들의 길'을 걸어간 나라들의 지식인은 대부분 이미 지난 세기에 이러한 생각을 자기들의 것으로 받아들였다. 예를 들면 1871년에 일본 대표단은 북아메리카 인디언을 만나고 나서, 한 미국 장성에게 이런 질문을 던졌다. "저 사람들을 가르쳐서 문명 상태로 이끌어낼 수 있을까요?" 미국 장성은 이 질문에 부분적으로는 동의하고 부분적으로는 아니라고 대답했다(S.

Shimada, "Der Reisebericht der japanischen Delegation 1871~1873", *Kea* 2, 1991, p. 40참조).

6) N. Elias, *Über den Prozeß der Zivilisation*, Basel 1939, II, p. 346, 427.

7) N. Elias, "Fernsehinterview", *Südwestfunk* 3, 13. Juni 1988, p. 37f.

8) K. -S. Rehberg, "Mythenjäger unter sich: Zur Elias-Duerr-Debatte", *Psychologie heute*, Dezember 1991, p. 65. 이를테면 륄레(E. Rühle, "Versuchte Entzauberung eines Mythos", *Esslinger Zeitung*, I. Juni 1989)의 견해는 다음과 같다. "문명이론에 대해 제국주의적 특성을 지닌 식민주의적 사고 모델이라고 지적한 뒤르의 비판은 자세히 검토해보면 의도적이거나 아니면 무지한 오해에서 비롯된 트집임이 드러난다." 륄레가 실제로 나의 비판을 '자세히 검토'했다면 그 결과는 유감스럽게도 그 사람만의 비밀로 남아 있는 것 같다.

9) B. Roeck, *Lebenswelt und Kultur des Bürgertums in der frühen Neuzeit*, München 1991, p. 103f. 이에 반하여 예루셰크(G. Jerouscheck, Rezension von H. P. Duerrs Nacktheit und Scham, *Zeitschrift der Savigny-Stiftung für Rechtsgeschichte, Germanist.* Abt. 1990, p. 571)는, 만일 나의 비판이 맞다면 어째서 내가 "도덕적으로 낫다고 선언할 수 있는지 밝혀지지 않고 있다"고 했다.

10) N. Elias, 앞의 책, p. 346.

11) 같은 책, p. 347. 블로크(A. Blok, "Widder und Böcke: Ein Schlüssel zum mediterranen Ehrkodex", *Europäische Ethnologie*, ed. H. Nixdorff/T. Hauschild, Berlin 1982a, p. 205)에 따르면, 엘리아스는 암스테르담에서 열린 강연에서 여러 아프리카 종족들을 언급하면서, 그들이 국가를 형성하지 못하고 문자를 발전시키지 못함으로써 "정글 속에서 언제 잡아먹힐지도 모르는 위험에 노출된 상황에서 짐승처럼 살았다"고 주장했다. 이런 식의 발언을 듣는 사람이라면, '짐승과 비슷한 흑인들'이라고 말했던 빅토리아 왕조의 식민 통치자를 연상하지 않을 사람이 어디 있겠는가?

12) M. Schröter, "Scham im Zivilisationsprozeß: Zur Diskussion mit Hans Peter Duerr", *Gesellschaftliche Prozesse und individuelle Praxis*, ed. H. Korte, Frankfurt/M. 1990, p. 54.

13) G. H. Loskiel, *Geschichte der Mission der evangelischen Brüder*

unter den Indianern in Nordamerika, Barby 1789, p. 22.

14) 같은 책, p. 195f. 그 밖에 E. H. Ackerknecht, "White Indians", *Bulletin of the History of Medicine* 1944, p. 32 참조.

15) M. Jemison, *Niederschrift der Lebensgeschichte*, ed. U. Lauer/J. Osolin, Frankfurt/M. 1979, p. 100. 포로로 잡힌 유럽인들이 고향으로 돌아가기를 거부했던 데는 대개 다른 이유가 있었다. 예를 들어 마야족의 추장이 되었던 구에레로는 고향으로 돌아가지 않았는데, 주요 이유 중 하나는 그 동안 인디언 여자를 데리고 살면서 낳은 3명의 자녀에 대한 애정 때문이었다(B. Diaz del Castillo, *Geschichte der Eroberung von Mexiko*, ed. G. A. Narciß, Frankfurt/M. 1988, p. 62 참조. 구에레로에 관해서는 T. Bargatzky, "Aguilar und Guerrero: Zwei versprengte Spanier in Yukatan im Zeitalter der Conquista", *Zeitschrift der Ethnologie* 1981, p. 165f. 참조).

16) 세월이 흐름에 따라 우리의 '헌 옷가지'가 다른 사회의 구성원들에게 어떤 식으로 강요되었는지에 관한 논의는 다음 책에서 다룰 예정이다. 이 자리에서는 브라질의 카투키나족 여인들에 관해 언급하는 것으로 충분할 것이다. 이 여인들은 큰 강가에 가까이 갈 때마다 유럽식 옷을 입어 젖가슴을 가렸는데, 그 이유는 브라질 사람들에 의한 성폭행을 이런 방법으로 막으려 했던 것이다(1992년 9월 22일, ZDF 방송).

17) M. Schröter, 앞의 책, p. 56.

18) G. Bleibtreu-Ehrenberg, "Krieg und Frieden: Zur Elias-Duerr-Debatte", *Psychologie heute*, Dezember 1991, p. 67f. 참조. 이와 같이 내가 비우호적인 표현을 쓰고는 있지만, 나는 지금까지 엘리아스 후계자의 입에서 나온 비판 가운데서—보우터(Cas Wouter)의 비판을 제외하면—슈뢰터(Schröter)의 비판이 그래도 가장 진지하고 객관적이었다는 점을 강조하고 싶다. 슈뢰터의 주장에 관한 논의는 다음에 나올 책에서 상세히 다룰 예정이다. 이들 학파의 수준 차이가 어느 정도인지를 확인하려면 슈뢰터 또는 보우터의 주장을 엘리아스 해석자 보그너(Bogner)의 글과 비교해보면 쉽게 알 수 있다. 잘난 척하기로 이름난 보그너는 내가 "열린 문으로 침입"할까봐 두려워서 아예 출입문을 닫아놓고 사는 사람이다(A. Bogner, "Die Theorie des Zivilisationsprozesses als Modernisierungstheorie", *Der unendliche Prozeß der Zivilisation*, ed. H. Kuzmics/I. Mörth, Frankfurt/M. 1991, p. 37f. 참조). 그 밖에 비록 스스로 화약을 발명한

사람이라는 인상을 남기지는 않았지만 그 대신 비판할 때마다 갈수록 교만해지는 작자가 바로 역사학자 야리츠(G. Jaritz, "Die Brouch", *Symbole des Alltags-Alltag der Symbole*, ed. G. Blaschitz et al., Graz 1992, p. 399)인데, 그는 사물을 "완전히 정반대로" 볼 수도 있다는 사실을 발견한 사람이다.

19) H. P. Duerr, *Der Mythos vom Zivilisationsprozeß*, Bd. II: *Intimität*, Frankfurt/M. 1990, p. 265ff. 참조.

20) B. Krause, "Scham und Selbstverhältnis in mittelalterlicher Literatur", *Das Andere Wahrnehmen*, ed. M. Kintzinger et. al., Köln 1991, p. 194. 이어서 저자는, "모든 수치심의 '원초적 경험'이 바로 '노출 수치심'이라고 볼 수 있지만, 모든 수치심을 오직 '노출 수치심'과 연관지으려는 자세는 문제가 있다고 생각된다"고 적고 있다. 그러나 이러한 '연관'은 오직 크라우제 혼자만의 상상일 뿐이다.

21) 이 입장에 대한 엘리아스의 반응은 이러했다. "그의 주장은 갓 태어난 아이가 이미 수치심을 나타낸다는 것인가?"(C. Wouter, "Elias and Duerr", Ms., p. 1에서 인용). 그의 반론은, 신체적 수치심이('문화적으로 습득된 것'이라는 견해와 반대로) '선천적'인 것이라는 명제를 옹호하는 사람들의 입장에서도 당연히 진지하게 받아들일 수 없을 것이다. 신생아에게는 여성의 유방이나 남성의 수염이 나타나지 않는 것이 정상이다. 그런데도 그것은 '문화적으로 습득된 것'이 아니다. 슈뢰터(앞의 책, p. 57)는, "어쨌든 수치심은 인간의 선천적인 반응이 아니라 모든 어린이가 새롭게 습득해야 할 감정이라는 지적이 많다"고 말한다. 불행하게도 슈뢰터는 자신이 그런 지적을 어디서 확인했는지 출처를 '지적'하는 것을 잊고 말았다.

22) 뢰플러(S. Löffler) 여사는 멋지게 갈겨놓은 논평문("Auf dem Schampfad", *profil 45*, 5. November 1990, p. 107)에서, "어린아이들은 자신의 발가벗은 몸을 보고 수치심을 느끼기 시작하는데, 이것은 '계통진화사적인 적응방식이 행동에 결정적으로 작용한다는 사실을 반증하는 강력한 증거'이다"라는 주장이 마치 나의 주장인 것처럼 인용했다. 이제부터는 뢰플러 여사가, 나와 비판적인 논쟁을 벌였던 저자들의 주장을 인용할 때, 마치 그것이 나의 발언인 것처럼 뒤집어씌우는 일이 없었으면 대단히 감사하겠다. 이런 점에서 젱거야말로 가장 빛나는 공적을 세운 사람이다. 그는 매우 진지한 어투로 "자신의 생식기가 추하게 생겼으므로 감추고 다녀야 한다는 사실을 이미 수천 년 전에 깨달았다"(Gerti

Senger, "Freiheit für die Pussy!", *Penthouse* 7, 1991, p. 112)는 주장을 인용문으로 제시하면서, 그 주장을 나에게 뒤집어씌웠던 것이다. 그러나 그것은 내가 한 말이 아니라, 성 연구자이면서 부인과 전문의인 후버(Richard Huber)의 주장이었다. 그리고 나는 저서의 한 항목 전체를 할애하여 그의 주장이 옳지 않다는 사실을 증명한 적이 있다(H. P. Duerr, 앞의 책, 제15장 참조). 위의 논평을 쓴 여기자 두 명이 과다한 업무로 인하여 논평하고자 하는 책을 읽어볼 시간조차 없었기 때문에 그렇게 되었다고 변명할 수도 있을 것이다. 그들의 변명은 인정해주고 싶다. 그러나 엘리아스 전문가라고 알려진 사회학자 두 명의 발언은 그대로 넘어갈 수가 없다. 그들은 '개화된 행동규범은 사회유전학적 변수(變數)'가 아니라, '인간에게 인류학적 상수(常數)로 주어진 것'이라는 말을 내가 했다고 주장하면서, 심지어 어리석고도 뻔뻔스럽게 나의 저서에 나오는 쪽수까지 제시했다(Baumgart/ V. Eichener, *Norbert Elias zur Einführung*, Hamburg 1991, p. 91f. 참조). 해당 페이지를 열어보면 이 두 저자의 주장이 날조되었다는 사실이 당장 밝혀질 것이다. 계속해서 두 저자는 나의 주장을 인용했다. 이를테면 내가 "특히 '그들은 자신들이 벌거벗었다는 사실을 알았다'는 성경 구절은 수치심의 공간적·시간적 보편성을 입증하는 증거"라고 주장했다는 것이다(같은 책, p. 92). 저자들은 이처럼 무지막지한 뒤집어씌우기 수법을 동원하여, 내가 마치 인간의 타락에 관한 성경 이야기를 경험적 증거자료로 이용한 것처럼 호도하려 했음이 분명하다. 지금까지의 비판 중에서 중립적인 입장에서 논의를 전개한 인물을 꼽는다면 스코브로넥(F. M. Skowronek, *Eigene und fremde Kultur in der Kontroverse zwischen H. P. Duerr und N. Elias*, Göttingen 1992, 제4장)을 들 수 있다.

23) 이 책의 제1권에서 나는, "왜 '신체적 수치심'이 명백하게 인간의 모든 사회생활에서 불가결한가"에 관한 물음을 다음 책에서 다룰 것이라고 예고한 바 있으며(H. P. Duerr, *Der Mythos vom Zivilisationsprozeß*, Bd. I: *Nacktheit und Scham*, Frankfurt/M. 1988, p. 341), 제2권에서 그 약속을 이행했다(앞의 책, 제16장). 나의 견해로는 이와 같은 예고가 나간 다음 적절한 논평이 나올 때까지는 상대방을 헐뜯는 행위를 자제하는 것이 공정성을 유지하기 위한 최소한의 조건이라고 생각한다. 그러나 유감스럽게도 슈뢰터 자신은 그러한 예의조차 갖추지 못하고 다음과 같이 입을 열었다. "그런데 뒤르가 인간의 본질적 특성에 관한 명제만을 언급했을 뿐 당장 제기되는 질문, 다

시 말해서 수치심의 사회적 기능이 무엇이냐에 관한 질문은 제기하지도 않았는데, 이것은 근본적으로 미흡하다. 바로 이 부분에서 우리는 그의 이론적인 기본 바탕의 허약성이 광범위하게 나타난다는 사실을 아주 민감하게 느낄 수 있다"(M. Schröter, 앞의 책, p. 58).

24) 레베르크(앞의 책, 66)는 적어도 이 명제에 관한 유일한 비판자이다. 물론 그는 여기에서 오직 긴장감소라는 측면만 인정할 뿐, 파트너끼리의 결속 촉진이라는 '긍정적'인 측면은 인정하지 않고 있다. 나의 이론에 대한 에할트(H.C. Ehalt, "Schwellen und Zwänge: Zur Elias-Duerr-Debatte", *Psychologie heute*, Dez. 1991, p. 67)의 견해는, 내가 "성과 관련된 분야에서 규범을 너무 성급하게 인정"함으로써 '잘못'을 저질렀다는 것이다. 에할트의 이와 같은 비판이 나름대로 가치를 가지려면, 예를 들어 신체적 수치심을 모르는 인간사회가 있다는 사실을 제시한다든지 하는 식으로 나의 '잘못'을 증명할 수 있어야 한다. 아이히베르크(H. Eichberg, "Nackte Dänen: Zur Elias-Duerr-Debatte", *Psychologie heute*, Dezember 1991, p. 71) 역시 신체적 수치심은 "보편적인 유의 가치를 지닌 것으로 취급될 수 없다"고 주장하는데, 그도 역시 단 하나의 반대되는 예를 가지고 보편성의 명제를 잘못이라고 호도해서는 안 될 것이다.

25) 이와 관련된 논제는 마지막 책에서 상세히 논의할 예정이다.

26) N. Elias, 앞의 책, p. 397.

27) 같은 책, p. 403.

28) 이 문제와 관련하여 엘리아스의 이론에 강하게 경도되어 있는 클라인슈펜(T. Kleinspehn, "Schaulust und Scham: Zur Sexualisierung des Blicks", *Kritische Berichte* 3, 1989, p. 31f.)은 지적하기를, 근세에 들어와서도 광범위하게 "윗사람이 발가벗은 몸을 시종들에게 보여줄 수" 있었고 "그 반대의 경우는 불가능했던 것"으로 보인다면서, 이것은 "뒤르가 간과하고 있는 예시적인 측면"이라고 했다. 나는 그가 비판했던 그 책 중에서도 특히 제15장('하인, 노예, 천민들 앞에서의 노출')을 읽어주기를 바란다. 나는 그 부분에서 특히 샤틀레(Châtelet) 후작 부인과 그녀의 하인 롱샹에 관하여 자세히 언급했다.

29) M. de Montaigne, *Les Essais*, Paris 1922, I. p. 20. 막시밀리안의 낡은 기도서에는 심지어 거적 위에 놓여 있는 남자 시체가 한 손으로 생식기 부분을 덮고 있는 그림이 들어 있다(F. Unterkircher, *Maximilian I., einkaiserlicher Auftraggeber illustrierter Handschriften*,

Hamburg 1983, Tf. 8 참조).

30) S. Neckel, *Status und Scham*, Frankfurt/M. 1991, p. 139. 네켈은 계속해서, 내가 인간의 현대적인 '편린화'는 '오직 자유'만을 보장한다는 말을 했다고 적었다. 그의 주장은 멋대로 지어낸 것이며, 따라서 아무런 증거를 제시하지 못했다.

31) K. -S. Rehberg, "Mythenjäger unter sich: Zur Elias-Duerr-Debatte", *Psychologie heute*, Dezember 1991, p. 66. 그러한 반론을 제기한 사람은 내가 아니라, 아이로니컬하게도 나를 비판하는 사람들이었다. 예를 들면 쾨스틀린은 경박하게도 이런 말을 한다. "그(뒤르)는 수치심을 역사 속에서 습득된 문화 감정으로 파악하는 것이 아니라 오직 자연적으로 느끼는 감정이라고 이해함으로써, 수치심과 고통을 모든 인간에게 내재된, 인류학적 상수(常數)로 보고 있지만, 그 논거는 지역적 · 시대적 · 계층적 차이를 보이는 경험적 현상과 일치되지 않는다"(K. Köstlin, "Die 'Historische Methode' der Volkskunde und der 'Prozeß der Zivilisation' des Norbert Elias", *Volkskultur, Geschichte, Region*, ed. D. Harmening/E. Wimmer. Würzburg 1990, p. 73).

32) 심지어 보우터(C. Wouters, 같은 곳)는 나의 논거 가운데 엘리아스 이론에 대한 '암시적 승인'이 감지된다고 말했다. 다시 말해서 내가 "17세기와 18세기의 사람들이 16세기 초반과 똑같이 수치심을 가졌다거나 아니면 숨김없이 행동했다거나 하는 점을 일반화해서 말할 수 없다"(1988, p. 425)고 밝힌 부분이 그러하다는 것이다. 이로써 내가 차이가 존재한다는 점만 밝혔을 뿐, 이런 차이로 인하여 엘리아스가 말하는 대로 일반적인 진화론을 규정할 수 있다는 사실은 구체적으로 밝히지 않았다는 것이다. 이렇게 볼 때 어쨌든 보우터는 슈뢰터와는 다른 방향을 선택하고 있는 셈이다. 슈뢰터는 "모든 시대(와 문화)는 신에 대해 동일한 거리에 있다"고 보는 '지적 견해'(Schröter, 앞의 책, p. 49)를 나에게 떠넘기면서, 그 주장에 대한 증거는 제시하지 못하고 있다. 보이틴(W. Beutin, *Sexualität und Obszönität*, Würzburg 1990, p. 25)도 "인간의 성생활에는 아무 변화가 없었다"는 견해를 나에게 전가하고 있는 것 같다.

33) P. Burke, "Keine Alternative? Zur Elias-Duerr-Debatte", *Psychologie heute*, Dez. 1991, p. 65.

34) 나의 저서 제2권에 대해 가장 형편없는 논평을 제시한 겝하르트(E. Geb-

hardt)는 그 논평을 통해서 자신의 세계관적 주제를 숨김없이 드러내면서 다음과 같이 주장했다. "뒤르가 말하는 수치심에는 어떻든 역사적·사회적 특성이 반영되어 있지 않다"(Rezension von H. P. Duerrs *Intimität*, *Südwestfunk*, 8. Febuar. 1991). 그는 또 다른 대목에서, "모든 백조는 반드시 모두 흰색이며 본래부터 흰색으로 태어났다는 식의 명제에 반박하려면 검은 백조 한 마리만 있으면 된다"고 토를 달았는데, 이것은 아마 신체적 수치심의 보편성에 관한 나의 명제를 지적하는 듯하다. 겝하르트는 이처럼 훌륭한 문장을 만들어내기 위하여 틀림없이 자신의 교과서인 『학문론 제1권』을 세심하게 들여다보았을 것이다. 그런데 그는 그 책에 너무 깊숙이 몰두한 나머지 '검은 백조'를, 다시 말해 수치심에서 해방된 사회를 발견할 수 있는 장소가 어디에 있는지 밝혀야 한다는 사실을 까맣게 잊고 있었다. 그와 반대로 어떤 저자는 나의 '논거'에 대해 전반적으로 '날조될 가능성'은 없다고 말하고 있다(F. E. Hoevels, Rezension von H. P. Duerrs *Nacktheit und Scham*, *System ubw*, Mai 1991, p. 83). 이러한 비난은, 평자의 표현대로, 이미 "몇몇 대표적인 비판에서 감지될 수 있다"는 것이 그의 주장이지만, 특이한 그의 주장을 뒷받침할 수 있는 근거는 보이지 않는다. 보그너(A. Bogner, "Die Theorie des Zivilisationsprozesses als Modernisierungstheorie", *Der unendliche Prozeß der Zivilisation*, ed. H. Kuzmics/I. Mörth, Frankfurt/M. 1991, p. 37)는 "귀납법을 통해서 알퀘이터 발언을 증명하려는 시도는 카를 포퍼(K. Poper)의 방법론적 처방과 완전히 일치되지 않는다"는 식으로 과장되면서도 특이한 발언을 함으로써, 과거 다른 민족문화의 높은 수치심 규범에 대한 나의 증거 제시에 대해 결론적인 견해를 제시했다. 보그너가 이미 포퍼에 대해 알고 있다니 나로서는 반가운 일이며, 그 지식을 독자에게 알리고 싶어 하는 그의 심정도 충분히 이해하는 바이다. 하지만 그런 식의 자랑은 그만두고 차라리 포퍼가 그에게 권했을 것으로 추측되는 작업을, 다시 말해서 '알퀘이터 발언'을 날조하는 일에 더욱 몰두하는 편이 나을 것이다.

35) H. Eichberg, 같은 책, p. 71과 "Civilisering, skam og homoseksualitet: Nye bidrag til kropssociologien", *Centring* 25, 1990, p. 126f.

36) O. König, "Verteidiger der Schamhaftigkeit: Zur Elias-Duerr-Debatte", *Psychologie heute*, Dezember 1991, p. 68.

37) 쾨니히는 다른 책에서도 같은 말을 하고 있다(O. König, *Nacktheit*,

Opladen 1990, p. 15 참조). 로퍼(L. Roper, "Sexual Utopianism in the German Reformation", *Journal of Ecclesiastical History* 1991. ______: "Wille und Ehre: Sexualität, Sprache und Macht in Augsburger Kriminalprozessen", *Wandel der Geschlechtsbeziehungen zu Beginn der Neuzeit*, ed. H. Wunder/C. Vanja. Frankfurt/M. 1991, p. 395)는 중세 후기 아담파(派) 신도들의 나체 생활에 관한 나의 논문을 언급하면서, 내가 "이 교파가 도달했던 영혼과 정신 사이의 딜레마에 관한 다양하고도 복잡한 결의들"을 매우 단순화했다고 적었는데, 그의 이런 견해는 전적으로 옳다. 그러나 만일 나의 관심사가 성적 유토피아주의의 역사를 쓰는 데 있었다고 가정할 때만이 그것이 하나의 반박으로 성립될 수 있을 것이다.

38) M. Schröter, 같은 책, p. 64.

39) R. van Dülmen, "Eine schamlose Entmythologisierung: Hans Peter Duerrs Theorie der Intimität", *Süddeutsche Zeitung*, 21. März 1991.

40) 같은 책. 저자는 나의 책에 대해 "제1권의 공개적인 비판이 명백함보다는 더 많은 혼란을 초래했다"고 지적하면서, "뒤르의 시도는 엘리아스의 업적에 대한 경외심으로 인하여 좌절하지 않도록 명쾌하고도 비판적인 논의가 필요하다"는 말로써 자신이 제기한 비판의 근거를 댔다. 이 역사학 교수는 이미 저널리스트들에 의해 다소 주제넘지 않게 제기되었던, 그리하여 그동안의 '논거'를 재탕한 것밖에는 더 이상 새로운 논점을 제시하지 않았다. 그렇기 때문에 이같이 거창한 그의 시도에 어울리는 '업적'을 기대했던 사람들은 자연히 실망을 느낄 것이다. 여기에서 그는 나에게, 엘리아스에 대항하는 내 나름의 논거를 계속적으로 제기하라며 용기를 북돋워주고 있다. 이를테면 수치심 문제를 "생식기를 덮은 정도에 관련시키지 말라"든지, "그림자료나 문헌자료를 직접적인 현실모사로 평가하지 말라"는 식으로 충고해주었다. 그리고 수치심 이론(1990, 제16장)이나 또는 근세 초기의 수치심 규범과 괴로운 감정의 규범에 관한 나의 논의(같은 책, p. 20ff)에 대해 한마디 언급도 없이 오로지 그는 "'인간의 본질'에 관한 논의"만으로는 충분하지 않다고 단정적인 견해를 표명했을 뿐이다. 니스트로이(B. H. E. Niestroj, "Norbert Elias and Hans Peter Duerr", Ms. p. 3)와 같은 여성 비평가 역시 이 명제에 관해서는 한마디도 말하지 않는 대신 아주 간결하게

"어쨌든 뒤르는 설명에 전혀 관심이 없는 사람"이라고 지적했다.

41) R. van Dülmen, 같은 책, p. 185.

42) H. P. Duerr, *Der Mythos vom Zivilisationsprozeß*, Bd. II: *Intimität*, Frankfurt/M. 1990, p. 20ff. 참조. 슈뢰터(앞의 책, p. 73f.)는 1978년에 발간된 나의 저서 『꿈의 시대』(*Traumzeit*)를 언급하는 가운데 나에게 "아직도 변화에 관심을 가지고 있는 것" 같다면서, 중세부터 근세에 이르는 서유럽의 발전과정에 대해 "중세 중엽에는 '감각성의 통제'가, 중세 후기에는 상대적인 이완현상이, 16세기에 들어와서는 새로운 '감성의 억압'이 나타났다"는 식으로 '3단계 모델'을 제시했다고 소개했다. 그리고 제1권 『나체와 수치심』(*Nacktheit und Scham*)에 관해서는, "전혀 다른 기초 위에서 설정한 초기의 모델을 후기의 모델과 연관시키려는 그 어떤 조치도 취하지 않음으로써" 결함을 드러냈다고 비판했다. 『나체와 수치심』(p. 11f., 341)에 관하여 슈뢰터는, 중세 후기 도시의 '자유화'와 이에 대한 반응에 관한 개략적인 논의를 제시하지 않았다는 것만 지적했을 뿐, 그 밖에는 아무런 언급을 하지 않았다. 그가 지적한 개략적인 논의는 제2권 『은밀한 몸』(*Intimität*)에서—물론 이 책은 슈뢰터의 비평문 작성 당시엔 발간되지 않은 상태였다—상세히 다루었다. 이 논의를 최소한이나마 언급한 비평가는 내가 알기로는 로만(H. M. Lohmann, 1991) 한 사람뿐이다. 그는 우선 다음과 같이 긍정적인 반응을 보여주었다. "문화적인 면에서 '원시인들'은 근원적으로 수치심을 모르는 순박한 상태에 머물러 있다가 '문명인'으로 올라갈수록 점차 수치심이 높아지는, 이른바 단계적 상승선은 존재하지 않는다는 뒤르의 주장은 엘리아스와 반대되는 주장으로서 정당성을 갖는다." 그러나 잠시 후 그는 자신의 용기 때문에 겁이 났던지 "근세 이전 시대와의 급격한 문명적 단절"을 나타내는 예시적인 증거라면서 "야만적인 공격성이나 성생활에 대한 사회적 배척과 억압이 심화되면서 공격성 및 성생활에 대한 승화된('문명화된') 관습이 조성되었다"고 주장했다(같은 책). 마르틴(H. Martin)의 경우는 엘리아스와 나의 명제 중에서 어느 쪽을 옳다고 보는지, 또는 둘 다 옳다고 보는지, 그의 입장을 알 수 있다면 흥미로울 것 같다.

43) 1300년쯤에 프랑스의 숲 면적이 약 1천 300만 헥타르였다는 사실을 상상해보라. 이는 오늘날보다 100만 헥타르가 적은 것이었다(J. Gimpel, *Die industrielle Revolution des Mittelalters*, Zürich 1980, p. 82.; E. Schubert, *Einführung in die Grundprobleme der deutschen*

Geschichte im Spätmittelalter, Darmstadt 1992, p. 59.; V. Fumagalli, *Mensch und Umwelt im Mittelalter*, Berlin 1992, p. 51ff. 참조).

44) J. A. Brundage, "Sumptuary Laws and Prostitution in Late Medieval Italy", *Journal of Medieval History* 1987, p. 346 참조.

45) A. Cabanès, *Mœuers intimes du passé*, Paris 1924, IV, p. 30f. 참조. 특히 이탈리아의 초기 문예부흥기에 성직자들은 남자들에게 여자와 도시의 유혹을 조심하라고 요구했다(J. Monfasani, "The Fraticelli and Clerical Wealth in Quattrocento Rome", *Renaissance Society and Culture*, ed. E. F. Rice, New York 1991, p. 191 참조). 니콜레스(Alexander Nicchole s)는 1620년에 쓴 『결혼에 관한 담론』에서 젊은 처녀들에 관해 이렇게 적었다. "처녀를 도시로 보내어 허영심의 학교에 보내라. 그리고 처녀가 보는 앞에서 시범을 보여라. 그러면 처녀는 때가 되면 새로운 사람이 될 것이고, 전에는 합법적인 것도 부끄러워서 생각조차 못했지만 이제는 불법적인 그 짓도 부끄러움 없이 실천할 것이다"(C. Jordan, *Renaissance Feminism*, Ithaca 1990, p. 288에서 인용).

46) J. M. Saslow, "Homosexuality in the Renaissance", *Hidden From History*, ed. M. B. Duberman, New York 1989, p. 95 참조.

47) B. -U. Hergemöller, "Die 'unsprechliche stumme Sünde' in Kölner Akten des ausgehenden Mittelalters", *Geschichte in Köln*, Dezember 1987, p. 14, 38 참조.

48) 예를 들어 근세 초기에 런던으로 해마다 3천 명의 새로운 이주민이 유입되었는데, 그 중에서 1천 200명 이상은 영국 전역에서 몰려온 견습기능공들이었다(S. Rappaport, "Reconsidering Apprenticeship in Sixteenth-Century London", *Renaissance Society and Culture*, E. F. Rice, New York 1991, p. 240 참조). 14세기 이후로 수공업 기술자들의 높은 유동성에 관해서는 이젠만(E. Isenmann, *Die deutsche Stadt im Spätmittelalter*, Stuttgart 1988, p. 321f.) 참조. "외지인의 유입이 많아지자 범죄가 늘어나는 경향이 나타나면서 사회통제의 수단은 원주민보다 외지인에게 더 허술했다. 그 이유는 경찰이 외지인의 전과(前過) 사실에 관한 정보를 가지고 있지 않았기 때문이다. 또한 외지인은 현재 살고 있는 도시에서 소유한 재산이 거의 없었으므로 (처벌로서의) 추방은 물질적 손실을 초래하지 않았다"(W. Prevenier, "Violence Against Women In a Medieval Metropolis: Paris Around

1400", *Law, Custom, and the Social Fabric in Medieval Europe*, ed. B. S. Bachrach/D. Nicholas, Kalamazoo 1990, p. 267f. 그 밖에 E. Österberg/D. Lindström, *Crime and Social Control in Medieval and Early Modern Swedish Towns*, Uppsala 1988, p. 59f. 참조). 이와 비슷하게 로버츠 역시 "익명화된 도시에서 행동규범의 붕괴"에 관하여 언급한다. "아마 대도시 생활은 항상 작은 마을이나 시골생활에 비해 젊은이들에게 더 많은 자유와 기회를 제공했던 것 같다"(M. J. D. Roberts, "Public and Private in Early 19th-Century London: The Vagrant Act of 1822 and Its Enforcement", *Social History* 1988, p. 278).

49) J. M. Carter, *Rape in Medieval England*, Lanham 1985, p. 68f., 145 참조. 오늘날에도 시골에서 일어나는 범죄는 도시의 경우보다 발생 비율이 근본적으로 낮다. "시골에서는 누구나 친근하고 서로 알고 지내기 때문에 폭행을 저지르면 보복을 당하기가 쉽다"(W. M. Shields/L. M. Shields, "Forcible Rape: An Evolutionary Respective", *Ethology and Sociobiology* 1983, p. 128). 최근 독일의 조사 결과에 따르면 범죄자의 65.3퍼센트가 희생자와 전혀 면식이 없는 경우였다(H. Feldmann/J. Westenhöfer, *Vergewaltigung und ihre psychischen Folgen*, Stuttgart 1992, p. 51 참조). 스톡홀름 시당국의 조사에 따르면 범인의 68퍼센트는 완전한 외지인이고, 30퍼센트가 잠깐 만난 적이 있는 사람이며, 그냥 얼굴만 아는 사이가 1퍼센트, 아주 잘 아는 사이가 1퍼센트였다(P. -O. H. Wikström, *Urban Crimes, Criminals, and Victims*, New York 1991, p. 78 참조). 신고 정신에서도 관례적으로 시골사람들이 도시인에 비해 근본적으로 강한 것 같다. "가족의 유기체적 단결심과 서로 알고 지내는 마을 공동체는 낯선 사람들끼리 모인 '괴물' 같은 도시와는 차이가 있었다. 도시에서는 시골과 같은 '상부상조'라는 것이 존재하지 않았다"(F. McLynn, *Crime and Punishment in Eighteenth-Century England*, London 1989, p. 110; J. M. Beattie, *Crime and the Courts in England 1600~1800*, Princeton 1986, p. 130 참조).

50) J. Le Goff, "Der Mensch des Mittelalters", *Der Mensch des Mittelalters*, ed. J. Le Goff, Frankfurt/M. 1989, p. 26.; J. Rossiaud, *Dame Venus*, München 1989.

______: "Der Städter", *Der Mensch des Mittelalters*, ed. J. Le Goff,

Frankfurt/M. 1989a, p. 171 참조.

51) G. Ruggiero, "Sexual Criminality in the Early Renaissance: Venice 1338~1358", *Journal of Social History* 1975, p. 28 참조.

52) C. Jones, *The Charitable Imperative*, London 1989, p. 24 참조.

53) 그 후에도 사정은 마찬가지였다. "19세기의 경우 프랑스에서 과거부터 자유가 오래도록 유지되어왔던 지역—방데 지방—의 사생아 출산율이 가장 낮았다는 사실은 확실히 우연이 아니다. 그것은 이 지역 처녀들이 공개적으로 또는 거의 공개된 거나 다름없이 남자와 교제하기 때문이었다"(J. -L. Flandrin, "Repression and Change in the Sexual Life of Young People in Medieval and Early Modern Times", *Family and Sexuality in French History*, ed. R. Wheaton/T. K. Hareven, Philadelphia 1980.

______: "Amour et mariage", *Dix-huitième siècle* 1980a, p. 176).

54) A. L. Beier, *Masterless Men: The Vagrancy Problem in England, 1560~1640*, London 1985, p. 53f.

55) C. Lindholm/C. Lindholm, "Life Behind the Veil", *Anthropology*, ed. D. E. K. Huntner/P. Whitten, Boston 1982, p. 232.; W. Spiegel, *Der Raum des Fortschritts und der Unnatur*, Trier 1992, p. 41ff. 참조. 터키의 시골사람들이 인식하는 시골은 '순수한' 곳인 반면, 도시는 '오염된' 곳이다(C. Delaney, *The Seed and the Soil*, Berkeley 1991, p. 42 참조).

56) R. I. Levy, *Tahitians*, Chicago 1973, p. 340 참조.

57) L. Romanucci-Ross, "Melanesian Medicine", *Culture and Curing*, ed. P. Morley/R. Wallis, London 1978, p. 130.; F. M. Skowronek, 같은 책, p. 121 참조.

58) R. Thompson, *Women in Stewart England and America*, London 1974, p. 234에서 인용.

59) M. Bergmeier, *Wirtschaftsleben und Mentalität: Modernisierung im Spiegel der bayerischen Physikatsberichte 1858~1862*, München 1990, p. 424에서 인용.

60) N. Bizimana, *Müssen die Afrikaner den Weißen alles nachmachen?*, Berlin 1985, p. 111. 그 밖에 E. Dettmar, "Der Blick kehrt um", *Kea* 2, 1991, p. 82f. 참조. 두 가지 사례를 소개해 보겠다. 얼마 전 잘츠부르크 시내에서 열두 살 난 여자아이가 버스에서

내리려다가 낯선 남자에 의해 강제로 다시 끌려올라갔다. 비명을 지르는 아이에게 어느 누구도 관심을 두지 않았다. 몇 정거장 더 지나서 남자는 버스에서 아이를 강제로 끌어내린 다음 열려 있는 차고 안으로 데려가서 폭행을 했다(Rhein-Neckar-Zeitung, 19. Juni 1992 참조). 매사추세츠에 있는 뉴베드퍼드에서 저녁 아홉 시에 한 젊은 여자가 담배를 사러 술집에 들어갔다. 몇 시간이 지난 뒤에 여자는 옷이 반쯤 벗겨진 상태로 비명을 지르며 밖으로 도망쳐 나왔다. 이미 당구대 위에서 여러 남자에 의해 심한 폭행을 당한 뒤였다. "그런 일이 벌어지는 동안 한 무리의 남자 구경꾼들이 그 광경을 지켜보면서 다른 사람들을 부추겼다. 경찰을 부른 사람은 아무도 없었다"(L. S. Chancer, "New Bedford, Massachusetts, March 6, 1983-March 22, 1984", *The Social Construction of Gender*, ed. J. Lorber/S. A. Farrell, Newbury Park 1991, p. 288).

61) N. Elias, *Über den Prozeß der Zivilisation*, Basel 1939, I, p. 142.

62) 같은 책, p. 102.

63) 같은 책, p. 192.

64) 같은 책, 제II권, p. 404.

65) 같은 책, p. 317.

66) 모든 비평가 중에서 이 문제를 가장 명쾌하게 파악한 사람은 쿠스미크스(H. Kuzmics, "Zeitdruck und Individualisierung als Probleme der Moderne: Überlegungen zu den neueren Beiträgen von N. Elias und zu H. P. Duerrs Elias-Kritik", *Österreichische Zeitschrift für Soziologie* 1988, p. 88)이다. 예글레(U. Jeggle, "Zur Dialektik von Anständig und Unanständig im Zivilisationsprozeß", *Österreichische Zeitschrift für Volkskunde* 1992, p. 294)는 뒤늦게 나타나더니, 내가 엘리아스에 대해, 근대 이전 '다른 종족의' 사회가 전반적으로 아무런 수치심 규범을 갖고 있지 않았다는 주장을 비판했다면서, 엘리아스의 주장은 그와 반대로 억제력이 없는 인간은 '유령'이라는 점을 강조했던 것이라고 그를 두둔했다. 볼레(H. H. Bohle, "Zivilisationsprozeß und Nacktheit", *Sozialwissenschftliche Literaturrundschau* 1992, p. 41) 역시 매우 까다로운 논거를 통해서 비슷한 비판을 하고 있다. 물론 내가 말하고자 하는 핵심은, 그런 사회에 전반적으로 억제력이 있었다고 말하려는 것이 아니라, 그 사회에서도 오늘날의 우리 사회에 비하면 억제력이 부족하지 않았다는 사실을 강조

하고 싶은 것이다.

67) 물론 이와 관련하여 중세 중엽에도 변화가 있었다. 광범위한 친족간의 결속이 결정적으로 작용하던 앵글로색슨 시대와 반대로, 예를 들어 13세기 영국에서는 대부분 핵가족으로 구성된 농촌 가정은 상대적인 자율성을 누렸다. 광범위한 친족간의 결속에서 나타났던 권한은 점차 '공동체와 국가' 쪽으로 옮겨갔다(P. Laslett, *Verlorene Lebenswelten*, Wien 1988, p. 116ff.; F. Gies/J. Gies, *Life in a Medieval Village*, New York 1990, p. 106f. 참조). 그렇지만 그 시대—즉 13, 14세기—에도 시골의 가족은 대도시 가족보다 규모가 컸고, 소도시에서도 독신 가정은 적었다(B. A. Hanawalt, *Crime and Conflict in English Communities 1300~1348*, Cambridge 1979, p. 30 참조).

68) 엘리아스의 주장처럼 '전통적' 사회를 '타자(他者) 강요'로 특징지을 수 있는지, 그리고 그 현상이 문명화 과정에 따라 점점 더 '내면화'되는 것인지, 다시 말해서 '자기 강요'로 변화되는 것인지에 관해서는 다음 책에서 상세히 논의할 예정이다.

69) J. M. Varawa, *Nur ein paar Inseln weiter*, Reinbek 1990, p. 271; D. M. Spencer, "Etiquette and Social Sanction in the Fiji Islands", *American Anthropologist* 1938, p. 266ff. 참조.

70) N. Elias, 앞의 책, II권, p. 380.

71) H. P. Duerr, "Vorwort", *Der Wissenschaftler und das Irrationale*, ed. H. P Duerr, Bd. I, Frankfurt/M. 1988.
_____: *Der Mythos vom Zivilisationsprozeß*, Bd. I: *Nacktheit und Scham*, Frankfurt/M. 1988, p. 10f. 참조.

72) N. Elias, 앞의 책, 제I권, p. 278.

73) H. P. Duerr, *Der Mythos vom Zivilisationsprozeß*, Bd. II: *Intimität*, Frankfurt/M. 1990, p. 24 참조.

74) N. Bulst, "Zum Problem städtischer und territorialer Kleider-, Aufwands- und Luxusgesetzgebung in Deutschland(13. bis Mitte 16. Jh.)", *Renaissance du pouvoir législatif et génèse de l'état*, ed. A. Gouran/A. Rigaudière, Montpellier 1988, p. 56; E. Goldsmith, "The Family Basis of Social Structure", *The Ecologist* 1976, p. 53 참조.

75) 지난 1960년대 후반과 특히 1970년대에 나타난 특징이라면, 철학을 비롯한 정신과학 및 문화학 분야의 수많은 학파들이 '상대화 과정'을 겪어

왔다는 점이다. 그리하여 비트겐슈타인의 '삶의 형식'(단수)은 '삶의 형식들'(복수)로 바뀌고, 이른바 인종학 방법론 분야에서 후설(E. Husserl)의 '삶의 세계'는 '삶의 세계들'로 해체되었으며, 가다머(H.-G. Gadamer)는 인식론적 '객관주의'에 대해, 콰인(W.V.O. Quine: 미국 철학자, 하버드 대학 교수—옮긴이)은 의미론적 '객관주의'에 대해 비판을 제기했다. 한편 파이어아벤트(Feyerabend)는 쿤(Kuhn)과 함께 포퍼의 축적이론에 대항하여 '측정불가 이론'을 제시하였다. '보편적 문명화 과정'에 관한 엘리아스의 구상에 반박하는 글을 통하여 그 과정을 이른바 교란시키려고 시도한 인물이 있었다면, 내가 아는 범위에서는 그가 바로 아이히베르크(H. Eichberg "Zivilisation und Breitensport", *Sozialgeschichte der Freizeit*, ed. G. Hauck, Wuppertal 1980, p. 83f)였다(그 밖에 같은 저자의 책 "Strukturen des Ballspiels und Strukturen der Gesellschaft", *Die Veränderung des Sports ist gesellschaftlich*, ed. W. Hopf, Münster 1986, p. 35ff. 참조).

최근에는 레베르크(앞의 책, p. 66)가, 나의 엘리아스 비판과 비슷한 함축성이 들어 있는 것으로 이해한 것 같다. 그는 나의 '반론'이 "엘리아스를 추종하는 문명이론가들"로 하여금 단수로 제시된 문명이론과 결별하지 않을 수 없도록 만들었다고 지적했다. 물론 나의 본래 의도는, 문명화 과정을 세분해서 문화별·시대별로 나누려는 것이 아니라, 충동 모형화의 문명화 과정이 엘리아스적인 의미로 실현되지 않았다는 점을 증명하려는 것이었다. 슈트라서(P. Strasser, Kommentar zur Duerr-Elias-Kontroverse, Ms.원고본, p. 1f.)는 엘리아스의 이론 및 나의 비판에 대해 원칙적인 유보를 선언했다. 다시 말해서 그는, "각기 다른 문화의 정서와 행동의 복합성에 대해 경험적으로 유의할 만한 비교 단위가 설정되지 않는다"는—상대주의적—논거를 제시했던 것이다.

76) P. Strasser, 앞의 책, p. 2.

77) N. Elias, 앞의 책, 제II권, p. 328. 국가에 의한 권력 독점이 폭력행위를 감소시키지 못했다(V. Bennholdt-Thomsen, "Zivilisation, moderner Staat und Gewalt", *Beiträge zur feministischen Theorie und Praxis* 1985, p. 25f.)는 견해에 대해서는 나도 동감하지만, 여성에 대한 성폭력이라는 페미니즘적 관점으로 그 시각을 좁힌 것은 잘못이라고 생각된다.

78) 같은 책, 제I권, p. 265.

79) 같은 책, 제II권, p. 98.

80) 같은 책, 제I권, p. 265. 이미 엘리아스의 저서에 대해 처음으로 논평했던 비평가는, 성생활에 대한 나의 논의가 너무 성급하게('신속하게') 진행되었다고 지적한 바 있다(R. Aron, Rezension von N. Elias' Über den Prozeß der Zivilisation, *Annales Sociologiques* 1941, p. 55 참조). 누구나 쉽게 인식할 수 있겠지만, 그와 반대로 나는 제1권과 제2권에서 인간 육체의 성적인 측면에 중점을 두었다. 이 책에서도 '성적인' 폭력과 공격성에 관한 주제가 중점적으로 다루어졌다.

81) N. Elias, "Fernsehinterview", *Südwestfunk* 3, 13. Juni 1988.

82) N. Elias, "Die Genese des Sports als soziologisches Problem", *Sport im Zivilisationsprozeß*, ed.. W. Hopf, Münster 1984, p. 33. 나아가 엘리아스는 "과거와 비교할 때 오늘날의 인류는 폭력 행위에 대항할 수 있는 수치심 및 괴로운 감정의 한계에 도달함으로써 발전을 이룩했다"고 주장한다(같은 곳). 예글레(같은 책)는, 엘리아스가 강조한 점이 '발전이라는 의미의 진화'에 있지 않다는 이유를 대면서, 나한테 "열린 문으로 엘리아스의 집에 쳐들어갔다"고 꼬집었는데, 그렇다면 나는 이 비평가에게 엘리아스의 책을 다시 한 번 읽어보라고 권하고 싶다.

1. '여자의 무기'

1) 앤 보니는 이미 어린 시절부터 '사내 같은 아이'였던 것으로 보인다. "이 아이는 사나운 기질에다가 대단한 용기를 지니고 있었다." 그 예로 어떤 청년이 앤에게 성적인 모욕을 주자 앤은 '아주 잔인하게 물어뜯었고' 청년은 그 상처 때문에 오랫동안 고생했다. 그 후 해적 라캄이 앤에게 간청하자 앤은 남장을 하고 그를 따라 승선하게 되었다. 본래 여자는 해적선의 선원으로 고용될 자격이 없었다. 나중에 발견된 승선 규정에 따르면 누구든 앞으로 해적이 될 사람은, 남장한 여자를 배에 태운 사실이 발각될 경우 처형을 당해도 좋다는 서약을 하도록 되어 있었다(H. Leip, *Bordbuch des Satans*, München 1959, p. 320; D. Mitchell, *Piraten*, Wien 1977, p. 88 참조). 맥 리드가 난파된 배의 선원으로 대우받았다고 했지만 존슨 선장의 기록으로는 확인되지 않는다. 그의 기록에 따르면 청년 선원은 서인도 제도로 가다가 버뮤다 근처에서 해적들의 습격을 받은 네덜란드 배에서 '넘겨받은' 선원이었다.

2) C. Johnson, *Histoire des Pirates Anglois*, London 1774, p. 173

참조.

3) 메리는 어머니 밑에서 사내아이처럼 양육되어 처음에는 사환으로 있다가 견습 선원을 거쳐, 기병대와 보병대에서 사병으로 근무했다(Johnson, 같은 책, p. 167ff. 참조). 메리는 영국 전함에서 견습 선원으로 근무하던 시절에도 집요하게 성관계를 요구하는 선원들 때문에 끊임없이 괴로움을 당했다. 그렇다고 해서 선원들이 이 아이의 진짜 성별을 알아챘다는 말은 결코 아니다. 그 배의 선실에서는 동성연애 관계가 실제로 있었고 또 있을 수 있는 일이었다.

4) Johnson, 앞의 책, p. 176. 미첼(Mitchell, 앞의 책, p. 86)은, 앤과 리드가 처음부터 창녀 신분으로 승선했을 가능성이 있다고 주장하면서, 이 여자들이 "선원들의 요구를 모두 들어주었다"는 증언을 그 근거로 제시하고 있다.

5) D. Botting, *Die Piraten*, Amsterdam 1979, p. 150 참조. 저자는 1721년 발간된 『라캄 선장과 해적들의 재판』이라는 제목의 보고서를 근거로 삼았다. 존슨(앞의 책, p. 165)에 따르면, 라캄 일당이 사형선고를 받았을 때, 해적 두 명이 자신들은 '임신한 여자'라고 자백했는데, 그것은 처형을 연기해줄 것을 요청하려는 목적이었다고 한다. 누구나 짐작할 수 있는 일이지만 남자 행세를 하고 싶은 여자들한테는 무엇보다 풍만한 가슴이 문제가 된다. 그런데도 진짜 여자라는 사실이 금방 발각되지 않았다니 놀라운 일이다. 17세기에 군인으로 근무하면서 여자들과 수많은 염문을 일으켰던 바스크족의 여자 용사 에라우소(D. C. de Erauso)는 '인위적으로 가슴을 납작하게' 만들었는데, 큰 부상을 당하고 나서야 비로소 여자라는 사실이 밝혀졌다(M. Mamozai, *Komplizinnen*, Reinbek 1990, p. 47f. 참조).

사내아이로 키워져서 나중에도 계속 남자 행세를 했던 몬테네그로의 한 여인이 있었다. 죽기 직전에 그녀를 목욕시켜준 여러 명의 여자들은, 처음부터 묶어매는 데 익숙해져서 유방이 전혀 발달하지 않았다는 사실을 알게 되었다(R. Grémaux, "Mannish Women of the Balkan Mountains", *From Sappho to de Sade*, ed. J. Bremmer, London 1989, p. 147 참조). 중세시대에 수도사로 살았던 힐라리아라는 여자에 관하여 다음과 같은 보고가 전해오고 있다. "그 여자의 가슴은 다른 여자들의 것과 달랐다. 금욕주의적인 생활방식 때문에 가슴이 오그라든 것이다. 말하자면 여성의 병(=월경) 때문이 아니었다. 그건 신이 정해준 것이니까." 젖가슴이 마치 '시들어버린 잎사귀처럼' 늘어져서 옷을 입고 있으면 눈에 띄지 않았던 아나스타시아도 신체적으로 전혀 여성적인 특징을 보이지 않았다고 한다(E. Patlagean, "L'histoire de la femme déguisée en moine et l' volution de la sainteté féminine à Byzance", *Studi medievali* 1976, p. 605f.; M .R. Lefkowitz, *Die Töchter des Zeus, München* 1992, p. 134 참조).
'마리트겐 얀스'는 무더운 서부 아프리카에 가서도 남들과 함께 수영하기를 거부했다. "가끔씩 그는 사병들을 데리고 개울로 목욕을 하러 갔다. 그때 그는 내의와 짧은 군복 치마를 입고 있었다. 수영할 줄 모른다는 이유로 물 속에서 장딴지보다 깊은 곳으로는 더 이상 들어가지 않았다." '다비트' 얀스가 서인도 주둔 부대의 성채에 도착한 뒤로 병이 나서 병원에 입원했다. 이 여인의 연대기를 쓴 작가는 이렇게 기록했다. "오랫동안 계속된 병 때문에 속옷이 더러워졌다. 새옷을 입히려고 했지만 그녀는 며칠이나 미루기만 했다. 병실에 사람들이 가득 차고 밤에는 불도 피웠다." 마침내 얀스를 찾아온 동료들이 더러워진 속옷을 갈아입히라고 재촉했다. "그녀의 속옷을 벗기다가 가슴이 드러나자 모두 놀라서 손을 놓고 말았다." 마리트겐은 충격을 받아 졸도했다(R. M. Dekker/L. C. van de Pol, *The Tradition of Female Transvestism in Early Modern Europe*, New York 1989, p. 15, 21 참조). '요나스 디륵세스'는 사람들이 '그 남자'에게 적도제(赤道祭)를 치르려고 강제로 속옷을 벗기는 바람에 여자라는 사실이 밝혀졌고, 1747년에는 '남자'로 행세하던 사람의 '유방'이 그런 식으로 드러났는데, 그는 여러 해 동안 선원생활을 하다가 알크마르의 형틀 위에서 매질을 당했다고 한다(H. -F. v. Tscharner, *Die Todesstrafe im alten Staate Bern*, Bern 1936, p. 35 참조). 8세기에 마호메트의 후계자 알-마디는 딸 바누카를 지극히 사랑한 나머지 남자 옷을 입혀서 여행길에 데리고 다녔다. 목격자는 이런 말을 전하고 있다. "나는 알-마디가 부대를 이끌고 바소라에 도착하는 장면을 보았다. 옆에는 경비대장이 있고, 두 사람 사이에 바누카가 있었다. 이 여자는 젊은 남자처럼 차려입고 검은 외투와 칼을 착용하고 있었다. 그러나 나는 그 옷 속에 젖가슴이 있다는 것을 알 수 있었다" (F. Mernissi, *Die Sultanin*, Frankfurt/M. 1991, p. 83). 17세기에 군인이었던 네덜란드 여자는 엉덩이에 부상을 입고 전투가 끝난 후에 병원에 입원했는데, 두 달 동안이나 여자라는 사실을 숨길 수 있었다. 그러다가 화상이 도져서 상처 부위를 잘라내지 않을 수 없게 되어 하의를 벗어야 했다. 군의관이 다른 사람에게 이렇게 말했다고 한다. "맙소사,

갈라진 곳이 예상보다 대단하더군!"(R. M. Dekker/L. C. van de Pol, 앞의 책, p. 21).
미국의 남북전쟁 시절에도 여자들이 남장을 하고 다니다가 부상당한 뒤에야 의사들에 의해 들통이 났다(A. Russo/C. Kramarae, *The Radical Women's Press of the 1850s*, New York 1991, p. 141 참조). 머더 로스라는 이름으로 알려진 '크리스천 데이비스'는 18세기 초반에 이런 말을 전한 바 있다. "나는 머리카락을 잘라버리고 남편의 옷을 입었다. 가슴이 충분히 커보이지 않으면 여자라는 사실이 드러나지 않고 가슴의 부상을 예방할 수 있으므로 양복조끼를 꿰매 입었고, 준비한 가발과 모자를 썼다." 소변을 볼 때는 '은그릇'을 사용했는데, "페인트를 칠해서 가죽끈으로 몸에 동여매고 다녔다"고 한다. 이 물건은 그녀 아버지의 전우였던 보되 대위한테서 물려받았는데, 사실은 그 장교가 어느 날 자기의 부모님 집에서 하룻밤을 지낸 다음 잊고 간 것이라고 한다. 이 장교의 진짜 성별이 밝혀진 것은 전사한 뒤였다(J. Wheelwright, *Amazons and Military Maids*, London 1989, p. 25 참조). 1701년에 함부르크에서 살인 혐의로 처형된 사건이 전해오고 있다. 이 여자는 남장을 하고 '하인리히'라는 이름으로 '남자 성기'를 달고 살았다고 한다(H. Soltau, "Verteufelt, verschwiegen und reglementiert: über den Umgang der Hanseaten mit der Prostitution", *Hamburg im Zeitalter der Aufklärung*, ed. I. Stephan/H.-G. Winter, Hamburg 1989, p. 382 참조).

6) V. Melegari, *Die Geschichte der Piraten*, Hamburg 1978, p. 37.
7) *Thule* XIII, ed. F. Niedner, I. 10.
8) R. Geyer, "Die arabischen Frauen in der Schlacht", *Mitteilungen der Anthropologischen Gesellschaft in Wien* 1909, p. 148ff.; B. Farès, *L'honneur chez les Arabes avant l'Islam*, Paris 1932, p. 123; W. Dostal, "Zum Problem der Mädchenbeschneidung in Arabien", *Wiener Völkerkundliche Mitteilungen* 1958, p. 84f. 참조.
9) R. Much, "Die germanischen Frauen in der Schlacht", *Mitteilungen der Anthropologischen Gesellschaft in Wien* 1909, p. 160. 이와 같은 무리한 요구를 약간 부드럽게 표현한 예는 「티투렐」(독일 시인 볼프람 에셴바흐의 미완성 서사시—옮긴이)이라는 작품에 나온다. 치오나툴란더는 창을 가지고 결투를 시작하기에 앞서 숫처녀에게 다음과 같이 간청한다. "사랑스러운 그대의 몸에 있는 하얀 가슴을 보고 싶

소. /그대의 젖가슴과 백설처럼 부드러운 허리를 생각하노라면/나의 힘이 사라진다오." 숫처녀 지구네(Sigune)는 그에게 승리하도록 격려하기 위하여 자신의 상체를 드러내고 슬쩍 보여주었는데, 그 대신 '음부'(die brûne: M. Lexer, *Mittelhochdeutsches Handwörterbuch*, Bd. I, Leipzig 1872, I, p. 356 참조)는 모피로 덮고 있었다. "그녀는 은밀한 부분 중에서 음부를 가죽옷으로 덮었더라"(P. Schultz, *Die erotischen Motive in den deutschen Dichtungen des 12. und 13. Jahrhunderts*, Greifswald 1907, p. 92에서 인용).

10) R. Geyer, 앞의 책.

11) Tacitus, *Germania* 8. 1. 그 밖에 R. Much, 앞의 책, p. 159; R. Bruder, *Die germanische Frau im Lichte der Runeninschriften und der antiken Historiographie*, Berlin 1974, p. 137 참조. '노예처럼 애걸하는 행동'에 주목해야 할 것이라는 견해에 대해 저자들은, 타키투스가 묘사한 게르만 여인들의 품위 있고 자존심이 강한 모습과 비교할 때 일치되지 않는다는 점을 지적하고 있다. 카이사르는 켈트 여인들의 그러한 이미지에는 분명히 관심이 없었다.

12) Caesar, *Bellum Gallicum*, VII, 47. 5ff.

13) 유스티누스에 따르면 페르시아 키로스 2세의 병사들이 아스티아게스가 지휘하는 메디아인들을 상대로 싸울 때, 페르시아 여인들이 자기편 병사들에게 음부를 드러낸 뒤 보여주었다(R. Much, 앞의 책, p. 159; M. S. Kirch, *Deutsche Gebärdensprache*, Hamburg 1987, p. 49 참조).

14) A. al-Wardi, *Soziologie des Nomadentums*, Neuwied 1972, p. 86 참조. 시드(에스파냐의 국민적 영웅—옮긴이)가 자모라로 쳐들어갈 준비를 하고 있을 때 공주가 성벽 위에 올라가 얼굴의 베일을 벗은 다음, 그 도시에서 후퇴하지 말라고 간청하는 노래를 불렀다. "그녀의 아름다운 두 눈에서 눈물이 흘러내리네/성벽에 가슴을 짓누르며/베일을 벗었네"(J. G. Herder, *Der Cid*, 28. 1910 12ff.). 1911년에 300여 명의 테헤란 여인들도 국회가 열리고 있는 회의장에 난입하여 그와 같은 소동을 벌였다. 이 광경을 목격한 한 서양인이 이렇게 전하고 있다. "담으로 둘러싸인 가옥과 여자들의 거처(하렘)에서 '소수 부족'의 가족 300여 명이 확고하게 결심한 듯 뺨에 붉은 점을 칠하고 밖으로 몰려나왔다. 치마나 소매 속에 권총을 지니고 있는 여자들도 많았다. 그들은 곧장 국회의사당 앞으로 몰려가 그곳에서 큰 무리를 이루었다. 그러고는 대통령에게 안으로 들여보내달라고 요구했다. 안전하게 보호를 받고 있던 페

르시아인 어머니들과 딸들로 구성된 이들은 권총을 꺼내어 위협하면서 베일을 벗어던지고는 자기들의 결심을 알렸다. 만일 국회의원들이 의무를 저버리고 페르시아 민족의 자유와 존엄성을 보장해주지 않는다면, 먼저 자신들의 남편과 아들을 죽이고 그 다음에 스스로 목숨을 끊겠다는 것이었다"(E. Glassen, "Nimm den Schleier, Schwester!", *Waren sie nur schön?*, ed. B. Schmitz/U. Steffgen, Mainz 1989, p. 307에서 인용).

베일을 벗은 여자가 주도권을 쥐게 되는데, 이는 성의 주도권을 의미하기도 한다. 예를 들면 이슬람 이전 시대에 아랍 여인이 남자 앞에서 머리와 얼굴을 가리고 있던 키나(qina)를 벗을 경우, 이것은 상대방에게 성관계를 허락한다는 뜻이었다(G. Jacob, *Altarabisches Beduinenleben*, Berlin 1897, p. 46 참조). 두건을 벗는 행위는 중지하라는 요구의 표시일 수도 있다. 그루지야 사람들의 경우 남자 둘이서 결투를 벌이고 있을 때, 한 여자가 두건을 벗는 경우가 더러 있었다. 이렇게 되면 결투를 건 사람은 즉시 결투를 중단하도록 되어 있었다(T. Dragadze, "Sex Roles and State Roles Soviet Georgia", *Aquiring Culture*, ed. G. Jahoda/I. M. Lewis, London 1987, p. 292 참조).

15) E. Knabe, *Frauenemantipation in Afghanistan*, Meisenheim 1977, p. 133 참조.

16) L. De Mause, "Probe-Kriege", *Psychologie heute*, Sonderheft 1984. p. 136 참조.

17) P. Sartori, "Ein europäischer Kriegsbrauch", *Archiv für Religionswissenschaft*, 1935, p. 191 참조.

18) K. Singer, "Cowrie and Baubo in Early Japan", *Man* 1940, p. 52 참조. 아이누족 여인은 전통적으로 낯선 사람 앞에서 절대로 상체를 드러내는 일이 없었다. 아기에게 젖을 물릴 때도 아무도 보지 못하도록 주의를 기울였다. 그래서 되도록이면 젖꼭지만 꺼내어 젖을 먹였다. 이런 관습은 그 후 부끄러움을 덜 타는 일본인들의 영향으로 달라졌다(C. S. Ford/F. A. Beach, *Patterns of Sexual Behavior*, New York 1951, p. 47 참조).

19) S. Hurwitz, *Lilith-die erste Eva*, Zürich 1980, p. 29에서 인용. 지난 세기에 키클라데스 섬에 살던 뱃사람들은, '바다의 라미아'가 젊은 남자들에게 접근하여 강간한 다음 살해한다고 믿었다(J. C. Lawson, *Modern Greek Folklore and Ancient Greek Religion*, Cambridge

1910, p. 172 참조).

20) R. Corbey, "Alterity: The Colonial Nude", *Critique of Anthropology* 1988, p. 89 참조. 요루바(Yoruba)의 '샹고 장대' 위에는 대부분 젖가슴을 위로 치켜올리고 있는 여자의 모습이 그려져 있다. 펨버턴(J. Pemberton, "Descriptive Catalog", *Yoruba Sculpture of West Africa*, ed. B. Holcombe, London 1982, p. 142)에 따르면 여인들이 신을 맞이할 때 그런 몸짓을 한다는 것인데, 실제로 서아프리카는 물론 서인도의 여러 부족사회에서도 그런 몸짓을 흔히 볼 수 있다. 그러나 이런 동작은 두려움을 불러일으키는 천둥의 신 샹고에 대한 거부의 뜻을 담고 있을 수도 있다. 요루바의 문학작품인 『오리키』(*oriki*)에 이런 대목이 나온다. "그는 말에 올라타듯이 불 위에 올라탄다. 번개여! 너는 무슨 옷을 입어서 번개로부터 네 몸을 보호하려느냐! 죽음의 옷을 입으렴. 샹고는 죽음이라, 염색한 수건에서 쪽빛 물감이 떨어지듯 죽음은 계속해서 물감을 떨어뜨린다. 샹고가 싸움을 벌이지 않을 때도 우리는 그가 두렵다. 그러나 그의 눈빛에 전쟁의 기운이 이글거리면 적이든 숭배자든 모두 그에게 간청한다. 눈과 입에 불을 머금은 채 지붕에 불을 지르며 그는 혼자서 메뚜기떼처럼 도시를 헤집고 다닌다!"(W. F. Bonin, *Die Götter Schwarzafrikas*, Graz 1979, p. 294에서 인용). 이탈리아 영화 「무쇠 장관」(1977)에 등장하는 마피아 추적자 모리(Cesare Mori)는 시칠리아 섬에 있는 마피아 본부 쪽으로 관개수로를 돌려놓는다. 그러자 화가 난 마을 여인들이 즉각 신에게 물을 요구하는데, 이때 여자들은 머리를 풀어헤치고 유방을 드러낸다.

21) A. J. Shelton, *The Igbo-Igala Borderland*, Albany 1971, p. 41 참조.

22) E. M. Guest, "Ballyvourney and Its Sheela-na-gig", *Folklore* 1937, p. 374; H. P. Duerr, *Sedna oder Die Liebe zum Leben*, Frankfurt/M. 1984, p. 398f 참조.

23) A. Weir/J. Jerman, *Images of Lust*, London 1986, p. 9 참조. 그렇지만 당시에 이미 외설성이 적은 그림을 요구하는 목소리도 있었다(J. Andersen, *The Witch on the Wall*, København 1977, p. 64 참조). 미적인 감각을 동원하여 묘사한 것도 있었다. 예를 들면 북독일 농가의 벽돌건물에서 빗자루(=페니스)와 맷돌(=음부)이 얽혀 있는 형상을 자주 볼 수 있다(A. Huber, "Die Fickmühle", *Mitteilungen der ANISA* 1992, p. 69 참조).

24) G. -J. Witkowski, *Les seins dans l'histoire*, Paris 1903, p. 14 참조. 프톨레마이오스가 전하는 바에 따르면, 아마존 여인들은 전투에 앞서 불로 지져서 없애버린 자기들의 오른쪽 유방을 드러내 보여줌으로써 적을 놀라게 했다(M. Kronberger, "Die Amazonen", *Nachrichten aus der Zeit*, ed. E. Specht, Wien 1992, p. 125 참조).

25) W. Endrei/I. Zolnay, *Fun and Games in Old Europe*, Budapest 1988, p. 137 참조. 재난 방지의 의미를 지닌 중세 후기 창녀들의 경주에 관해서는 H. P. Duerr, *Der Mythos vom Zivilisationsprozeß*, Bd. II: *Intimität*, Frankfurt/M. 1990, p. 327f., 535f. 참조.

26) I. Eibl-Eibesfeldt/W. Schiefenhövel/V. Heeschen, *Kommunikation bei den Eipo*, Berlin 1989, p. 49, 112 참조. 아이베스펠트(1991, p. 164)에 따르면 코르테스(Cortés)가 묘사한 장면은 이러하다. 모테쿠소마(Motecuzoma)는 "전투에서 패색이 짙어지자 에스파냐 군인들에게 여자들을" 보냈는데, 그 여자들이 "침입자들 앞에서 한쪽 유방을 드러내놓고 젖을 짜냈다." 이 이야기에는 뭔가 착각이 있는 듯하다. 내가 코르테스의 편지와 정복자들의 연대기를 뒤져보았지만 그런 대목을 찾아내지 못했다. 이에 관한 자료수집에 도움을 준 쾰러(Ulrich Köhler), 바르가츠키(Thomas Bargatzky), 쾨니히(Viola König)에게 고마움을 전한다.

27) I. Eibl-Eibesfeld의 1992년 1월 28일자 편지. 같은 저자, *Das verbindende Erbe*, Köln 1991, p. 163 참조.

28) I. Eibl-Eibesfeldt/C. Sütterlin, "Fear, Defence and Aggression in Animals and Man", *Fear and Defence*, ed. P.F. Brain et. al., Chur 1990, p. 383, 405; W. Schiefenhövel, *Geburtsverhalten und reproduktive Strategien bei den Eipo*, Berlin 1988, p. 30.

29) G. Devereux, "The Cultural Implementation of Defense Mechanisms", *Ethnopsychiatrica* 1978, p. 87 참조. 가드너(Robert Gardner)의 영화 「모래의 강」(Rivers of Sand, 1974)에서 하마르 여인은 남자들에게 달려들어 유방을 들이대며 때리라고 부추긴다.

30) F. W. H. Hollstein, *German Engravings, Etchings and Woodcuts ca. 1400-1700*, Amsterdam 1954, I, p. 57 참조.

31) G. -J. Witkowski, *Les seins dans l'histoire*, Paris 1903, p. 12 참조.

32) C. Lawrenz/P. Orzegowski, *Das kann ich keinem erzählen: Gespräche mit Frauenüber ihre sexuellen Phantasien*, Darmstadt

1988, p. 23 참조.

33) G. Devereux, *Baubo, die mythische Vulva*, Frankfurt/M. 1981, p. 188 참조. 1595년 무렵에 퐁텐블로(프랑스 북부 도시–옮긴이)의 학교에서 제작된 「가브리엘과 그의 자매」라는 제목의 그림을 보면, 가브리엘이 손가락 두 개로 빌라르 공작부인의 젖꼭지를 만지며 잡아당기는 장면이 있는데, 이에 대한 해석은 다음과 같았다. "한 사람이 여자의 발기된 젖꼭지를 꼬집고 있고, 상대방 여자는 간접적인 유혹의 표시로 여성 생식기의 상징인 금반지를 보여주고 있다"(G. Néret, *L'érotisme en peinture*, Paris 1990, p. 61).

34) P. Anderson, "The Reproductive Role of the Human Breast", *Current Anthropology* 1983, p. 33.; S. G. Frayser, *Varieties of Sexual Experience*, New Haven 1985, p. 70; R. Huber, "Stillakt und Liebesakt", *Sexualmedizin* 1985, p. 558 참조.

35) G. Devereux, *Träume in der griechischen Tragödie*, Frankfurt/M. 1982, p. 330 참조. 그리스인들은 남성의 '능력'은 고환에 있고 여성의 능력은 유방에 들어 있다고 생각했다.

36) S. Nanda, "The Hijras in India", *The Many Faces of Homosexuality*, ed. E. Blackwood, New York 1986, p. 38 참조. 파바이야(pavaiyā)는 '히즈라'와 동일한 종족인 듯하다. 19세기 말 무렵의 이야기에 따르면, 파바이야는 주로 북부 구자라트의 파탄 남쪽 지역과 만데비 근처의 쿠치 해안에 머물면서 구걸하며 살았다고 한다. 그들의 여신 '마추 마타'(Machu Māta)는 유방을 스스로 잘라버렸기 때문에 양쪽 모두 없다고 알려져 있다. 그 이유는 자기 부족을 욕되게 하는 자들의 머리 위에 피를 뿌려주기 위해서였는데, 이런 일이 꽤 많았던 것으로 보인다. 파바이야들은 끊임없이 멸시당하면서 살았던 것으로 짐작된다(G. Bleibtreu-Ehrenberg, *Der Weibmann*, Frankfurt/M. 1984, p. 121 참조).

2. 공격적인 유방 노출

1) G. -J. Witkowski/L. Nass, *Le Nu au Théâtre*, Paris 1909, p. 203 참조.

2) *Rhein-Neckar-Zeitung*, 27. Juli 1990 참조.

3) *Spiegel* 18, 1969, p. 222. 그 후 아도르노는 이 사건에 대해 이해할 수 없다는 듯이 언짢은 반응을 보였다. "모든 형태의 성적인 억압이나 성적인 금기에 대해 늘 반대 입장을 보였던 나에게 하필 그런 짓을 하다니! 계집애 세 명이 히피 차림으로 나타나 나를 희롱하면서 쫓아냈단 말이야! 정말 가소로운 짓이었지. 그것들이 노린 장난의 효과란 사실은 소인배 같은 남자가 계집애의 젖가슴을 보고 낄낄대는 장면이었을 거야. 물론 그런 남자는 모자라는 놈이란 것도 계산에 넣었겠지"(*Spiegel* 19, 1969, p. 206). 그러나 막상 그 교수가 이해할 수 없었던 점은, 노출된 젖가슴을 보고 좋아라 낄낄대던 장면이 아니라 이 사태에 대해 분노를 나타낸 학자들의 반응이었던 것 같다. 얼마 후 프랑크푸르트의 여성 전문가들이 나에게 말하기를, 아도르노는 '유방 페티시즘' 환자이며 자신의 취향에 맞는 젊은 여성의 드러난 젖가슴 부분을 뻔뻔스럽게 들여다보는 습관이 있으므로 놀림을 당해도 마땅하다는 것이었다. 이와 반대로 프리데부르크(L.v. Friedeburg)는 아도르노에 대해, 가슴으로서 있는 사람이 아니라 다리로 서 있는 사람이라고 말했다(1987년 5월 2일의 발언).
4) P. Sloterdijk, *Kritik der zynischen Vernunft*, Bd. I, Frankfurt/M. 1983, I, p. 27.
5) B. Latzka, *Sextourismus in Südostasien*, Frankfurt/M. 1987, p. 200.
6) H. Mester, "Der Wunsche einer Frau nach Veränderung der Busengröße", *Zeitschrift für psychosomatische Medizin* 1982, p. 74.
7) B. Delfendahl, "Further Notes on the Female Lingam", *Current Anthropology* 1981, p. 439f. 참조. 미국의 한 레즈비언은 자신을 분석 대상으로 삼은 연구자에게 말하기를, 만일 예기치 않은 문제가 일어나면 "보조 유방을 몇 개 더 만들겠다"고 말했다(E. V. Siegel, *Weibliche Homosexualität*, München 1992, p. 92 참조).
8) S. Plogstedt/K. Bode, *bergriffe. Sexuelle Belästigung in Büros und Betrieben*, Reinbek 1984, p. 122. 그런데 런던의 '사무실의 남성보호 협회'는 직장 동료 여성의 꽉 끼는 청바지, 너무 헐렁한 블라우스, 깊게 파인 셔츠 및 그와 비슷한 복장을 '성적 도발 행위'로 간주하여 해고 사유로 인정할 것을 요구했다(*Spiegel* 47, 1990, p. 111 참조).

9) G. de Soultrait, "Défi d'une réplique pour une scène", *Traverses* 1983, p. 123 참조.

10) D. Ayalah/I. J. Weinstock, *Breasts*, New York 1979, p. 13.

11) 같은 책, p. 23, 117.

12) 보어(W. den Boer, *Private Morality in Greece and Rome*, Leiden 1979, p. 257)는, 프리네가 양쪽 젖가슴만을 드러냈는지 아니면 그 이상을 드러냈는지 알 수 없다고 했지만, 아테나이오스(Athenaios)는 분명히 한쪽 유방이라고 말하고 있으며, 보이지 않는 부분은 더욱 아름다웠을 것이라고 했다. 그녀가 항상 야무지게 옷을 입고 다녔고 공중목욕탕에는 한 번도 가지 않았다는 말을 그가 한 것을 보면, 그가 그 사실을 어떻게 알았는지는 혼자만의 비밀인 것 같다. 다만 그녀는 비밀 예배의식이나 포세이돈 축제가 있을 때에만 여러 사람이 지켜보는 앞에서 물속으로 들어가는데, 이때도 망토만 걸치고 머리를 풀어헤친 모습이었다고 한다. 한편 고대 스파르타의 여인들이 메시니 사람들이라고 짐작되는 남자 부대원들 앞에서 신체의 어느 부분을 노출했는지는 분명하지 않다(S. Wide, *Lakonische Kulte*, Leipzig 1893, p. 137 참조).

13) Athenaios, *Deipnosophistes* XIII, 590 cff.

14) Euripides, *Andromache* 627ff.

15) M. Wex, '*Weibliche*' und 'männliche' Körpersprache als Folge patriarchalischer Machtverhältnisse, Hamburg 1979, p. 297 참조. 물론 12세기에 널리 알려졌던 이야기 중에 베즐레 마을의 생마들렌 교회에 관한 일화가 전해오는데, 그 교회의 기둥머리 위의 장면은 다른 의미를 지니고 있다. 한 수도원의 원장으로 은둔생활을 하던 성녀 외제니는 처녀에게 임신을 시켰다는 혐의로 심문을 받게 되자, 자신의 무죄를 증명하기 위하여 재판관 앞에서 옷을 벗었다(C. Frugoni, "L'iconographie de la femme au cours des Xe-XIIe siècles", *Cahiers de civilisation médiévale* 1977, p. 184 참조).

16) O. König, *Nacktheit*, Opladen 1990, p. 290에서 인용. 이 책의 저자는 물론, "상품광고에서 나체의 위력이 강력해서 여성들이 자신들의 무기로는 그런 광고를 타도할 수는 없을 것"이라는 이유를 들면서, "그런 식의 페미니즘적 유방 노출 시위"를 "오늘날에는 거의 상상할 수 없다"(같은 책, p. 377)고 말한다. 그렇다면 나는 그러한 도전이 적절한 상황에서는 여전히 성과를 얻을 수 있다는 사실을 과소평가하고 있는 셈이다. 예를 들면 앞에서 언급한 백화점 도둑 사건이나 얼마 전 하이델베르르

199. 성녀 외제니의 유방 노출. 베즐레에 있는 교회의 기둥머리 장식, 12세기.

크에서 일어났던 두 가지 사건이 이를 증명하고 있다. 김나지움의 한 여학생은 선생님 앞에서 순간적으로 스웨터를 벗어 맨가슴을 드러내 보임으로써 마음먹은 것을 달성한 일이 있다. 한 여대생은 동료 남학생한테 실연당하자 여러 사람이 모인 곳에서 젖가슴을 드러내어 역시 효과를 얻었다(1992년 1월 26일 Teresa Haußig의 증언).

17) D. E. Morrison/C. P. Holden, "The Burning Bra: The American Breast Fetish and Women's Liberation", *Sociology For Pleasure*, ed. M. Truzzi, Englewood Cliffs 1974, p. 347f., 362. 일찍이 쾨니히(R. König, "Busenfrei oder nicht?", *Macht und Reiz der Mode*, Düsseldorf 1971, p. 221)는 상체를 드러내놓고 다니기의 '해방 의미'에 주목한 적이 있다.

18) R. J. Freedman, *Die Opfer der Venus*, Zürich 1989, p. 7 참조. 심리분석가들이 그랬듯이 이 운동을 "여성의 유방에 대한 상징적 결별선언"으로 보려는 시각은 너무나 잘못된 해석이다(L. Blackman/P. Crow,

Streaking, West Palm Beach 1974, p. 37 참조). 결론적으로 여성들이 자신들의 가슴을 납작하게 조인 것이 아니라 브래지어를 풀어 내던진 것이기 때문이다.

19) M. Martischnig, "Schöner Vogel Jugend", *Gegenwartsvolkskunde und Jugendkultur*, ed. K. Beitl/E. Kausel, Wien 1987, p. 201 참조. 바이에른의 여러 지역에서는 18세기 중엽에 젊은 여성들이 정숙하지 않게 보이는 가슴가리개를 두르고 조직적으로 당국에 요구 조건을 내세우는 경우가 있었던 것으로 생각된다. 예를 들어 1741년 자흐랑 마을에서는 18세부터 23세까지의 여성 35명이 "거슬리는 옷차림에 좁은 가슴받이를 착용"했다는 이유로 처형을 당했다. 이런 식의 도발 행위가 그 후 여러 해 동안 계속되어 의도적인 '작은 전쟁'으로 확대되었던 것으로 보인다(S. Breit, *'Leichtfertigkeit' und ländliche Gesellschaft*, München 1991, p. 93 참조). 특히 17세기 초반에 가슴이 깊게 파인 옷을 입고 다니는 여자들에 대해 비판적이었던 사람들이 그들에게 부끄러움을 모르는 여자라느니 심지어 폭도라는 표현까지 사용했던 사례는 특기할 만하다(G. -J. Witkowski, *Les seins à l'église*, Paris 1907, p. 87 참조).

20) 1992년 7월 21일자 *Rhein-Neckar-Zeitung* 참조.

3. 바리케이드 위의 여장부

1) C. Opsomer, *L'art de vivre en santé*, Liège 1991, p. 157 참조. 미쳤거나 신들린 여자의 모습도 전통적으로 비슷하게 묘사되어왔다. 말하자면 머리를 풀어헤치고 옷을 찢거나 윗도리를 벗어서 유방을 드러내고 있다(C. Frugoni, "La femme imaginée", *Histoire des femmes en Occident*, Vol. II, ed. C. Klapisch-Zuber, Paris 1991, p. 370f.; J. Kromm, "Marianne and the Madwomen", *Art Journal* 1987, p. 299.; E. Barwig/R. Schmitz, "Narren: Geisteskranke und Hofleute", *Randgruppen der spätmittelalterlichen Gesellschaft*, ed. B.-U. Hergemöller, Warendorf 1990, p. 168ff.; G. M. O. Maréchal, "Steden en hun sociale zorg", *Steden & hun verleden*, ed. M. van Roijen, Utrecht 1988, p. 270 참조). 중세시대의 삽화에서 볼 수 있는 이러한 전통은 근세에 와서도 계속되었다. 이러한 예는 루소

(G. Rousseau, "Cultural History in New Key: Towards a Semiotics of the Nerve", *Interpretation and Cultural History*, ed. J. H. Pittock/A. Wear, Houndmills 1991)의 그림 11 참조. 17세기 네덜란드 동판화에 그려진 미친 여인의 모습은 다음과 같이 묘사되어 있다. "여자가 입을 딱 벌리고 눈을 하늘로 치켜뜬 채, 마침내 특이한 손동작으로 옷을 찢고 왼쪽 젖가슴을 완전히 드러냈다. 여기에서 우리는 이미 루벤스가 그린 미친 여자의 모습에서 보았던 것처럼 히스테리 증세를 일으키고 있는 여자의 전형적인 모습을 보게 된다"(J. M. Charcot/P. Richer, *Die Besessenen in der Kunst*, ed. M. Schneider, Göttingen 1988, p. 75, 82f.).

나는 플로레스 섬의 마우메레 거리에서 시카족 여인과 마주쳤는데, 그때 그 여인은 내 옆을 지나가면서 양쪽 젖가슴을 드러내 보였다. 주변에 몰려든 사람들의 말에 따르면, 그 여자는 '미친' 여자이며 '사랑을 갈망'하는 중이라고 했다. 그 일이 있은 지 얼마 후에 발리 섬의 암라푸라에 갔을 때, 중년 여인이 내 앞에서 자신의 '사롱'(아랫도리를 감추기 위해 허리에 걸치는 치마 모양의 겉옷—옮긴이)을 열어 보였다. 얼마 후 근처에 머물고 있던 여류 민속학자 라인(Anette Rein)의 말을 들어보니, 그 여자는 미친 사람이었다고 한다. 독일에서도 성생활에 만족을 느끼지 못하는 여자는 병이 나서 미쳐버리고, 그 결과 공공장소에서 알몸을 드러내게 된다고 흔히들 생각해왔다. 17세기 초에 옥센브리지라는 남자는 재산이 한푼도 없는 39세의 미친 여자 잭슨에 대하여 다음과 같이 말했다. "미친 상태로 옷은 찢어지고, 머리를 풀어헤친 채 맨발로 거리를 오가고 있었는데, 아무 앞에서나 옷을 걷어올리고 누울 준비가 되어 있었다"(M. MacDonald, "Women and Madness in Tudor and Stuart England", *Social Research* 1986, p. 271). 이보다 조금 늦은 시기에 나온 한 의학 보고서에는 갑자기 '성적 광란'에 사로잡힌 프랑스 처녀에 관한 기록이 나온다. "이 처녀는 여자의 특징적인 신체부위를 드러냈다. 만일 그녀를 튼튼한 쇠사슬로 묶지 않고 남자 두서너 명이 달려들어 침대에 붙잡아두려고 했다면, 그녀는 관절에 불이 붙었다고 상상을 해서 발가벗은 몸으로 침대를 빠져나갔을 것이며, 아무 남자를 만나면 미친 듯이 달려들어 자기와 비너스의 의식을 치르자고 격렬하게 졸라댔을 것이다"(M. Ciavolella, "Métamorphoses sexuelles et sexualité féminine durant la Renaissance", *Renaissance et Réforme* 1988, p. 15).

2) 16세기에 제작된 것으로 전해지고 있는 마노르(Herrington Manor)의 목재 부조에도 유디트가 가슴을 드러낸 채 적장(敵將)의 목을 손에 쥐고 있다(C. S. Sykes, *Ancient English Houses 1240~1612*, London 1988, p. 177 참조).

3) 살로메의 모습을 그린 19세기의 여인들도 유방을 드러낸 경우가 많았다(P. Favardin/L. Bouëxière, *Le dandysme*, Lyon 1988, p. 191 참조).

4) 19세기의 화보에도 같은 장면이 그려져 있다(L. Beaumont-Maillet, *La guerre des sexes*, Paris 1984, p. 17, 19 참조).

5) J. L. Ewald, "Die Kunst, ein gutes Mädchen, eine gute Gattin, Mutter und Hausfrau zu werden(1798)", *Kinderschaukel*, Vol. I, ed. M.-L. Könneker, Darmstadt 1976, p. 87. 19세기 초반의 한 전문가에 따르면, 베를린의 생선장수 여인들은 한없이 거칠기 때문에 모든 남자들이 멀리 피해다니는 편이 낫다고 할 정도로 악명 높은 계층이라고 했다. 그의 동료 한 사람은 이렇게 말했다. "사람들은 생선가게 여인들을 상대로 농담을 하고 싶어하지만 그들이 어찌나 음탕한지 자칫하면 거칠고 천박해지기가 쉽다. 그러므로 누구든 이 여인들을 상대로 농담하지 말라고 충고하고 싶다"(G. Brandler, *Eckensteher, Blumenmädchen, Stiefelputzer*, Leipzig 1988, p. 48 참조). 파리의 생선가게 여자들이 특히 혁명을 주장하는 여성 단체를 혼내주었다는 이야기도 전해지고 있다. "그들은 가끔씩 생 퇴스타슈 성당의 납골당 밑에 있는 그 협회 중의 한 곳을 급습하여 회원들을 두들겨서 몰아냈다. 한편 공화파 여자들은 법에 따라 누구나 착용하도록 규정되어 있는 국가의 휘장을 생선 파는 여자들이 달고 다니지 않는다는 것을 알고 못마땅하게 생각했다. 지롱드파(온건파)가 세력을 떨치던 1793년 10월에 공화파 여인들은 남자 복장에 무기를 들고 돌아다니면서 생선가게 여인들을 강당으로 몰아넣고 괴롭혔다. 그러나 이 여인들은 역습을 감행하여 거친 손으로 공화파 여자들의 몸에 매우 음탕한 표시를 남겨주었다. 남자들이 몹시 즐거워했음은 물론이다. 파리 시는 이 사건에 대해 아무 말도 하지 않았다"(J. Michelet, *Die Frauen der Revolution*, ed. G. Etzel, Frankfurt/M. 1984, p. 95).

6) H. Strehle, *Mienen, Gesten und Gebärden*, München 1966, p. 128.

7) 다른 여자들도 옷을 벗고 있으나 이 경우는 단순히 달릴 때 방해가 되지

않게 하려는 목적인 것 같다(R. Lullies/M. Hirmer, *Griechische Vasen der reifarchaischen Zeit*, München 1953, p. 13 참조). 특이한 것은 아마존 여인들이나 승리의 여신 니케처럼 남자에게 예속되어 있지 않은 호전적인 여자들이 젖가슴을 드러낸 모습으로 묘사되어 있다는 점이다. 19세기의 그림 가운데 남자를 제압하는 스핑크스의 모습에는 불쑥 튀어나온 '공격적인' 유방이 그려진 경우가 많다(A. Hollander, *Seeing Through Clothes*, New York 1978, p. 189, 205 참조). 루벤스가 그린 '마리 데 메디치'의 모습도 한쪽 가슴을 드러낸 승리의 여신처럼 묘사되어 있다(C. Schlumbohm, "Die Glorifizierung der Barockfürstin als Femme Forte", *Europäische Hofkultur im 16. und 17. Jahrhundert*, Vol. II, ed. A. Buck et al., Hamburg 1981, p. 118f. 참조).

8) G.-J. Witkowski, 앞의 책, p. 12 참조. 메리쿠르는 자신이 여성들의 행진에 참가했다고 알려진 것은 사실과 다르다고 부인했다(T. de Méricourt, *Aufzeichenungen aus der Gefangensçhaft*, ed. H. Grubitzsch/R. Bockholt, Salzburg 1989, p. 17 참조). 그루비츠시(H. Grubitzsch, Brief vom 17. Februar 1992년 2월 17일자 편지)에 따르면, 그림 27에 나오는 메리쿠르의 모습이 실제와 비슷하지 않다고 하는데, 그 그림이 본인의 동의로 제작되었다고 보기는 어렵다. "나는 그 여자가 그런 초상화를 그려달라고 계약한 적이 절대로 없다고 자신 있게 말할 수 있다. 그녀는 혁명이 시작되었을 때부터 특히 자신의 명성이 아무 흠집 없이 명예롭게 유지되는 것을 중요하게 여기고 있었다."

9) U. Greitner, "Die eigentlichen Enragées ihres Geschlechts", *Grenzgängerinnen*, Düsseldorf 1985, p. 197, 202에서 인용. 이 전통은 그 후에도 재현되었다. 예를 들면 바스티유 감옥 습격사건이 있은 지 175주년이 되는 1964년 7월 14일에 젊은 처녀들이 젖가슴을 드러내놓고 거리를 누비며 춤을 추었다(C. Schütze, *Skandal*, Bern 1985, p. 202 참조).

10) D. Oehler, *Ein Höllensturz der Alten Welt*, Frankfurt/M. 1988, p. 113 참조.

11) M. Pointon, "Liberty on the Barricades: Women, Politics and Sexuality in Delacroix", *Women, State and Revolution*, ed. S. Reynolds, Brighton 1986, p. 31 참조.

12) N. Hertz, "Medusa's Head: Male Hysteria Under Political Pressure", *Representations*, Fall 1983, p. 51 참조. 1948년 5월 빈의 시민들이 시내에 100여 개 이상의 바리케이드를 설치할 때도 수많은 여자들이 참여하여(그림 200과 E. Niederhauser, *1848: Sturm im Habsburgerreich*, Wien 1990, 그림 10 참조) 탄환을 만들고 화약과

200. 루스(F. Russ)의 「빈의 바리케이드 위에 서 있는 처녀」, 1848.

탄약을 분배하는 일을 도왔다. 이른바 '바리케이드 위의 신부'라고 부르는 한 여자에 관한 다음과 같은 이야기는 전설이 되어버렸다. "키가 크고 날씬한 처녀 한 명이 신출귀몰하듯 맹활약하고 있었다. 그녀는 하얀 옷에 검은 외투를 걸치고 있었다. 머리에 두른 하얀색의 긴 베일은 빨간 리본으로 새까만 머리에 묶어놓은 모습이었다. 그리고 오른손에 깃발을 들고 있었다"(E. Klamper, "Die Frau in der Revolution 1848", *Die Frau im Korsett*, ed. R. Witzmann/R. Forstner, Wien 1984, p. 43에서 인용). 젊은 처녀 히츠펠트는 '의용군 활동에 미친 여자'라고 불렀다. 1848년 혁명이 일어난 지 2년 뒤에 한 목격자는 팔츠 출신의 처녀를 이렇게 회상했다. "의사 딸이었던 키르히하임볼란덴 출신의 아름

다운 처녀 히츠펠트는 용맹스럽게 전진하는 혁명군의 선두에 서서 뒤처진 사람들을 격려하고 있었다. 히츠펠트는 한 손에 권총을 움켜쥐고 부대를 따라 나아갔다. 저녁에 모르시하임으로 전황을 살피러 나갔다가 프로이센 군대가 마을을 점령했다는 소식을 전한 사람이 바로 그 처녀였다." 이 여자의 이름만 들어도 모두 두려움에 떨 정도였으며, 한 손에 깃발을 들고 바리케이드 위에 서 있었다고 한다. 심지어 한 연대기 작가는, 프로이센 병사 한 명이 이 처녀의 미모에 반하는 바람에 "그녀의 발 밑에서 넋을 잃은 채 총에 맞아 죽었다"고 놀라운 소식을 전했다(H.-J. Wünschel, "Die pfälzische Frau im 19. Jh.", *Pfälzer Heimat* 1976, p. 59 참조).

13) G. L. Gulickson, "La Pétroleuse: Representing Revolution", *Feminist Studies* 1991, p. 250에서 인용.

14) M. Pointon, *Naked Authority*, Cambridge 1990, p. 63 참조.

15) J. Heller, *War & Conflict*, Washington 1990, p. 30 참조. 그러나 19세기와 20세기의 자유를 상징하는 미국 여신들은 대개 단추를 제대로 잠그고 있다(그림 201). 예를 들어 제1차 세계대전 때 만들어진 피켓 그림을 보면, 옷으로 목을 가린 여자가 분노의 눈초리로 빨간 모자를 쓰고 해군병사들에게 "저기를 보라!"고 말하는 듯 방향을 가리키고 있다(C. Goodrum/H. Dalrymple, *Advertising in America*, New York 1990, p. 251 참조). 그리고 병사들의 머리 위쪽에서 미국 국기를 들고 있는 「자유의 여신」도 젖가슴이 가려져 있다. 다만 헬멧을 쓰고 있는 고릴라의 발톱에 붙잡힌 '자유의 여신'만이 유일하게 젖가슴을 드러내고 있는데, 이것은 독일 병사가 미국 여자들의 신체 부위 가운데 어느 곳을 움켜쥐고 싶어하는지를 똑똑히 알려주려는 목적으로 그린 그림이다(P. Stanley, *What Did you Do in the War, Daddy?*, Melbourne 1983, p. 55 참조).

16) B. Schoch-Joswig, "Der Bilderkrieg um die Französische Revolution", *Freiheit, Gleichheit, Brüderlichkeit*, ed. G. Bott/R. Schoch, Nürnberg 1989, p. 451 참조. 1977년 베르나르 뷔페(1928~: 장 콕토의 독백극 「인간의 목소리」의 삽화를 그린 프랑스 화가—옮긴이)의 그림에 나오는 젊은 여자는 상체를 드러내고 검은 머리를 마구 헝클어놓은 채 깃발을 들고 있다(J. Garrigues, *Images de la révolution*, Paris 1988, p. 155 참조).

17) 이러한 상황은 그 후 수십 년이 지난 뒤에 변화되었다. 제1차 세계대전

201. 「자유의 여신」, 미국, 19세기 초의 작품.

이후의 우편엽서에 그려진 여신 게르마니아의 모습은 상체가 벗겨진 채 고개를 떨구고 기둥에 묶여 있는데, 젖가슴은 긴 머리카락으로 덮여 있고 왕관, 무기, 칼 등은 발치에 놓여 있다(W. Stöckle, *Deutsche Ansichten*, München 1982, p. 69 참조).

18) E. Hobsbawm, "Man and Woman in Socialist Iconography", *History Workshop* 1978, p. 122f.

19) M. Agulhon, *Marianne au combat*, Paris 1979.

20) M. Pointon, "Liberty on the Barricades: Women, Politics and Sexuality in Delacroix", *Women, State and Revolution*, ed. S. Reynolds, Brighton 1986, p. 29 참조. 바리케이드 위의 여인들을 실제 모습으로 묘사한 그림들은, 예를 들어 들라포르트(Delaporte)의 석판화에 나오는 「7월 27, 28, 29일의 파리 여인들」의 장면은 이러하다. "한 여자는 삼색기를 움켜쥐고 대포 위에 올라 서 있고, 다른 여인은 소총을 발사하고 있으며, 그 밖의 여자들은 죽은 자와 부상자를 땅속에 파묻고 있다(M. Wagner, "Freiheitswunsch und Frauenbild:

Veränderung der 'Liberté' zwischen 1789 und 1830", *Die Marseillaise* der Weiber, ed. I. Stephan/S. Weigel, Hamburg 1989, p. 10 참조).

21) 지금까지 알려진 바에 따르면, 왕실측에서 이 그림을 경매로 사들였지만 루이 필립은 전혀 관심을 두지 않았다고 한다. 1848년에 잠시 이 「자유의 여신」에 대해 관심이 쏠리다가 1855년이 되어서야 나폴레옹 3세의 동의를 받아 미술관에 걸리게 되었다고 한다(M. Trachtenberg, *The Statue of Liberty*, London 1976, p. 67; U. Besel/U. Kuigemeyer, *Fräulein Freiheit*, Berlin 1986, p. 72; M. Marrinan, *Painting Politics for Louis-Philippe*, New Haven 1988, p. 68f.; M. Pointon, 같은 책, p. 26 참조).

22) N. Hadjinicolaou, "「La Liberté guidant le peuple」 de Delacroix devant son premier public", *Actes de la recherche en sciences sociales* 1979, p. 18ff.에서 인용. 타르디외(Ambroise Tardieu)는 이 여자에 대해 '추악하고 파렴치한 거리의 여자'라고 했고, 『르 나시오날』지는 '하층사회의 화류계 여자'(같은 책, p. 23)라고 논평했다.

23) 같은 책, p. 24.

24) J. Brun, *La nudité humaine*, Paris 1973, p. 122; H. Toussaint, *La Liberté guidant le peuple de Delacroix*, Paris 1982, p. 46f.; M. Agulhon, *Marianne au pouvoir*, Paris 1989, p. 348; E. Mullins, *The Painted Witch*, London 1985, p. 170. 이런 의미에서 하르타우(J. Hartau, "Louis Darcis' 「La Latur」", *Europa 1789*, ed. W. Hofmann, Köln 1989, p. 294)는, 클레망의 판화 「프랑스 공화국의 여신」이 이념화된 또는 정치화된 '자연인'을 묘사했다고 평했다. 이를테면 어머니로서의 프랑스가 공화국의 어린이들에게 젖을 먹여주는 그림이라는 것이다(그림 202). 젖을 물릴 자세를 보이고 있는 여인의 모습을 그린 그림들이 실제로 있다는 점에는 의심할 여지가 없는 것 같다. 다만 싸울 준비를 하고 있는 공화국 여신들의 유방이 어머니의 젖가슴을 모방한 것이라는 데 대해서는 심히 의심스럽다.

25) N. Athanassoglou-Kallmyer, *French Images From the Greek War of Independence 1821~1830*, New Haven 1989, p. 92 참조. 물론 이 여자도 호전적인 자세를 보이고 있다. 반면에 터키로 끌려가서 노예가 된 반나체의 그리스 여신은 그렇지 않다(같은 책, p. 99 참조).

26) J. Krása, *Die Handschriften König Wenzels IV.*, Praha 1971, p. 28

202. 알렉상드르 클레망의 「프랑스 공화국의 여신」, 1794.

203. 루이 다르시의 「대자연의 여신」, 1794.

참조. 크레팽(L. P. Crépin)의 비유적인 그림에는 프랑스를 상징하는 여자가 옷이 찢긴 채 가슴을 드러내고 있는 가운데 루이 18세가 이 여인을 일으켜 세우는 장면이 묘사되어 있다.

27) M. Agulhon, *Marianne au combat*, Paris 1979a, p. 110; 1979b, p. 27; C. Blanchet/B. Dard, *Statue de la Liberté*, Paris 1984, p. 21 참조. 폭스(N. Fox, *Saarländische Volkskunde*, Bonn 1927, p. 247)에 따르면 18세기가 끝나갈 무렵에 이처럼 상징적 의미가 부여된 여자가 실제로 있었다. 자르루이스 시민들이 교회에 있던 기독교 신자들을 모두 밖으로 몰아낸 다음 반나체의 여인을 앞세우고 '이성의 여신'이라고 부르면서 거리를 누비고 다녔던 것이다. 1793년의 비유적인 그림에 묘사된 여자들의 자태는 혁명가들이 볼 때 그다지 과격해 보이지 않았던 모양이다. 그래서 국민공회에 참석한 다비드(David)는 프랑스 민중을 대표할 만한 헤라클레스의 입상을 세우자고 제안했다(L. Hunt, "Hercules and the Radical Image in the French Revolution", *Representations*, Spring 1983, p. 99 참조).

28) G. -J. Witkowski, 같은 책, p. 126 참조.

29) E. Hobsbawm, 위의 책, p. 123f.; J. A. Leith, "The War of Images Surrounding the Commune", *Images of the Commune*, Québec 1978, p. 146 참조. 혁명을 묘사한 1871년 콜롱브(Colomb)의 동판화에는 프랑스를 상징하는 여인이 한쪽 가슴을 드러내고 있는 데 반하여, 코뮌측의 여자는 완전 나체에 성기 부분만 외투로 겨우 가린 모습이다(D. Mühlberg, *Proletariat*, Wien 1986, p. 163 참조). 그 후로도 여자가 민중의 무리를 이끄는 장면은 대개 젖가슴이 노출되어 있다. 예를 들어 콜비츠(K. Kollwitz)의 「반란」이나 쿠빈(A. Kubin)의 「우둔한 여인들」을 보면 여자가 한쪽 가슴을 드러내놓고 어리석은 대중을 이끌고 있다.

30) M. Agulhon, *La République*, Paris 1990, p. 45; S. Wuhrmann, "Théophile-Alexandre Steinlen: Louise Michel sur les brricades", *Emblemès de la liberté*, ed. D. Gamboni et al., Bern 1991, p. 556f.; A. Dardel, *'Les Temps Nouveaux' 1895~1914*, Paris 1987, p. 39 참조. 당시의 또 다른 무정부주의적인 그림은 유방을 드러낸 「자유의 여신」이 남성의 「권위」(Autorité)의 목구멍에 깃봉을 꽂아넣는 장면을 묘사하고 있다(R. Kedward, *Die Anarchisten*, Lausanne 1970, p. 123 참조).

31) E. Fuchs, *Der Jude in der Karikatur*, München 1921, p. 216 참조. 독일이 프랑스를 누르고 승리를 거두었던 1871년에도 승리의 여신을 묘사한 돌조각상들이 제작되었는데, 노출된 젖가슴이 그다지 자극적이지는 않았다(H. -E. Mittig, "Zur Funktion erotischer Motive im Denkmal des 19. Jahrhunderts", *Kritische Berichte* 1981, p. 20; S. Wenk, "Die steinernen Frauen: Weibliche Allegorien in der Öffentlichen Skulptur Berlins im 19. Jahrhundert", *Triumph und Scheitern in der Metropole*, ed. S. Anselm/B. Beck, Berlin 1987, p. 106 참조). 정치 포스터의 경우는 대개 사회민주당에서 묘사한 「자유의 여신」이 유방을 드러내고 있다(U. Zeller, *Die Frühzeit des politischen Bildplakats in Deutschland(1848~1918)*, Stuttgart 1988, 그림 39f. 참조). 1919년 빈의 포스터에는 유방을 드러낸 「자유의 여신」이 쓰러진 황제의 의자에 기대어 군주국의 왕관을 한쪽 발로 밟은 채 요염한 자세를 취하고 있다(B. Denscher, *Tagebuch der Straße*, Wien 1981, p. 134 참조).

32) 혁명시대에 제작된 작자 미상의 동판화에는 1789년 10월 6일 파리의 시장 아낙네들과 민병대가 베르사유에서 돌아오는 장면이 묘사되어 있다. 이 그림에도 한 여자가 도발적인 자세로 다리를 벌리고 대포의 포신 위에 앉아 있는 모습이 그려져 있다.

33) C. Blanchet/B. Dard, 앞의 책, p. 126; J. Garrigues, *Images de la révolution*, Paris 1988, p. 109, 114f., 118 참조. 이탈리아 파시즘 시대의 전쟁을 상징하는 여자의 차림새는 거의 언제나 몸을 모두 가리고 갑옷을 입고 있다(I. Montanelli, *Grandi manifesti del XX secolo*, Milano 1980, p. 31, 33 참조). 터키의 화가 이제르(Z. F. Izer)가 1933년에 그린 「혁명으로 가는 길」은 아타튀르크(제1차 세계대전 때의 터키군 사령관—옮긴이)가 들라크루아의 그림을 모방한 '자유의 여신'에게 길을 가르쳐주는 장면이 묘사되어 있는데, 이 여인의 상체는 옷으로 완전히 가려져 있다(N. Hadjinicolaou, *Die Freiheit führt das Volk*, Dresden 1991, p. 35 참조).

34) D. M. Mayer, *Angelica Kauffmann, R. A., 1741~1807*, Gerrads Cross 1972, p. 97, 99 참조.

35) J. Michelet, *Die Frauen der Revolution*, ed. G. Etzel, Frankfurt/M. 1984, p. 180; L. Blanc, *Histoire de la Révolution*, Vol. IX, Paris 1857, IX, p. 89f. 참조. 페터 바이스(P. Weiss, *Die Verfolgung und*

Ermordung Jean Paul Marats, Frankfurt/M. 1964, p. 130)는 이 장면을 놓치지 않고 드라마로 만들었다.

36) P. Nettelbeck/U. Nettelbeck, *Charlotte Corday*, Nördlingen 1987, p. 28 참조. 이 일화는 아마 전해오는 이야기에 불과한 것 같다(D. Outram, *The Body and the French Revolution*, New Haven 1989, p. 118ff. 참조).

37) I. Stephan, "Gewalt, Eros und Tod: Methamorphosen der Charlotte Corday-Figur vom 18. Jh. bis in die Gegenwart", *Die Marseillaise der Weiber*, Hamburg 1989, p. 137 참조. 코르데와 유디트를 비슷한 인물로 등장시킨 예는 이미 1797년의 프랑스 드라마에서 찾아볼 수 있다(A. Beise, *Charlotte Corday*, Marburg 1992, p. 13 참조).

38) B. Bremme, *Sexualität im Zerrspiegel*, Münster 1990, p. 58에서 인용.

4. 화해 제스처로서의 유방 노출

1) Marco Polo, *Von Venedig nach China*, ed. T. A. Knust, Stuttgart 1983, p. 280.

2) W. Heissig, *Die Geheime Geschichte der Mongolen*, Düsseldorf 1981, p. 139. 그 밖에 G. Devereux, "The Nursing of the Aged in Classical China", *Journal of Psychological Anthropology* 1979, p. 6 참조. 몽골인들에게 어머니의 젖가슴은 그다지 부끄러움의 대상이 아니었던 것으로 보인다. 다시 말해서 어머니의 유방은 상당히 '성적인 의미가 배제되어' 있었다. 물론 젊은 여자나 처녀의 유방은 그렇지 않았다. 예를 들어 남자 여럿이 함께 있을 때, 여자들이 '우진'이라 불리는 좁다란 뜨개질 장식을 착용하려면 침대 속에 들어가서 이불깃으로 젖가슴을 가리는 등 매우 조심스럽게 행동했다(Heissig, 같은 책, p. 141 참조).

3) W. Leaf, *Homer's Iliad*, Bd. II, London 1902, II, p. 596 참조.

4) 이 대목에서 '수치심'(αἰσώς)이라는 단어는 신체적 수치심(본래는 특히 성기에 대한)으로부터 부끄러움에 이르기까지 의미 영역이 넓다(K. Kerényi, *Die antike Religion*, Leipzig 1940, p. 90f.; W. J.

Verdenius, "*Αἰδως bei Homer*", *Mnemosyne* 1945, p. 48, 51 참조).

5) *Ilias* 22, 79ff. 펠레우스는 메넬라오스에게 헬레나를 용서해주었다며 비난했다고 한다. "그리고 너는 트로이를 점령했지. 내가 너를 따라가보았더니 너는 그 여인을 붙잡아 놓은 뒤에 때려죽이지 않았더구나. 그 여자의 젖가슴을 보고는 칼을 내던졌더구나"(Euripidus, *Andromache* 627ff.). 이 장면은 기원전 670년 무렵에 제작된 미코노스의 항아리에 그려져 있는데, 이 그림에 나오는 트로이의 한 여인은 자신을 위협하는 병사에게 젖가슴을 내밀고 있다(G. Wickert-Micknat, *Archaeologia Homerica: Die Frau*, Göttingen 1982, p. 112 참조). 내가 볼 때 메넬라오스의 아내도 '어머니'로서의 젖가슴을 드러냈다고 하는 이야기는 사실이 아닐 것으로 판단된다. 기원전 500년 무렵에 그려진 클레오프라데스(Cleophrades) 그림에서 여자가 한 전사(戰士)와 헤어지면서 젖가슴을 드러내 보이는 장면은 헤카베의 행동을 연상하게 한다.

6) G. Devereux, *Träume in der griechischen Tragödie*, Frankfurt/M. 1982, p. 334f. 참조.

7) A. F. Garvie, *Aeschylus' Choephoroi*, Oxford 1986, p. 292f. 참조. 나는 아이스킬로스가 암시적인 대명사(τόνδε)를 사용하고 있다는 점도 지적했다(O. Taplin, *Greek Tragedy in Action*, London 1978, p. 61 참조).

8) Aischylos, *Choephoroi* 896ff. 헤라는 화해의 제스처로 헤라클레스에게 젖을 내민다(W. Burkert, *Griechische Religion der archaischen und klassischen Epoche*, Stuttgart 1977, p. 211; N. Loraux, "Herakles: The Super-Male and the Feminine", *Before Sexuality*, ed. D. M. Halperin et. al., Princeton 1990, p. 45 참조). '젖의 친화성'의 형성에 관해서는 H. P. Duerr, *Traumzeit*, Frankfurt/M. 1978, p. 212 참조.(이 장면은 아이스킬로스의 대표작이자 3부작의 전형으로 알려진 「오레스테이아」 중에서 제3부 「자비로운 여신들」(Choephori)에 나오는 장면이다—옮긴이)

9) K. Schjelderup, *Die Askese*, Berlin 1928, p. 242에서 인용.

10) Albrecht v. Eyb, *Spiegel der Sitten*, ed. G. Klecha, Berlin 1989, p. 427.

11) T. Klausner, "Brust(weibliche)", *Reallexikon für Antike und Christentum*, Vol. II, Stuttgart 1951, p. 664 참조. 탈렌시족(가나 북부의 소수 종족—옮긴이)의 여인은 성인이 된 자식들에게 심한 모욕을

당했다는 생각이 들면, 한쪽 젖가슴을 치켜올리면서 이렇게 말한다. "내가 뱃속에 있던 너를 끝까지 떼어버리지 않고 낳아서 길렀는데, 그 보답이 이거란 말이냐!" 이것은 아주 심한 악담에 속한다(M. Fortes, *The Web of Kinship Among the Tallensi*, London 1949, p. 189f. 참조).

12) 그러나 프리드(V. G. Fryd, "Two Sculptures for the Capitol", *American Art Journal* 1987, p. 30)는, 이 동작에 대해 '성폭행과 기독교적 순수성 위반'을 상징하는 그림이라고 해석했다.

13) O. Pächt/D. Thoss, *Die illuminierten Handschriften der Österreichischen Nationalbibliothek: Französische Schule I.*, Wien 1974, I, 그림 65. 마울베르치(F. A. Maulbertsch)의 그림(1777년)에는 어머니가 젖가슴을 드러내면서 요제프 2세에게 선처를 간청하는 장면이 묘사되어 있다(H. Reinalter, *Am Hofe Josephs II.*, Leipzig 1991, Tf. 18).

14) A. Dresdner, *Kultur-und Sittengeschichte der italienischen Geistlichkeit im 10. und 11. Jahrhundert*, Breslau 1890, p. 305 참조.

15) P. Askew, *Caravaggio's 'Death of the Virgin'*, Princeton 1990, p. 75f.; M. Brecht, *Martin Luther*, Stuttgart 1981, p. 83f. 참조.

16) 「누가복음」 11장 27절. 오세르(Auxerre) 성당의 높은 창문에 그려져 있는 성모 마리아의 모습은 십자가에 못박혀 있는 아들 앞에서 무릎을 꿇고 젖가슴을 드러낸 채 이렇게 말하고 있다. "내 아들아, 네가 빨아먹으며 자란 젖을 생각해라!" (M. Vloberg, *La vierge et l'enfant dans l'art français*, Paris 1954, p. 94).

17) Vloberg, 위의 책, p. 89ff.에서 인용.

18) M. R. Miles, "The Virgin's One Bare Breast", *The Female Body in Western Culture*, ed. S. R. Suleiman, Cambridge 1986, p. 193 참조. 널리 퍼져 있던 관습에 따르면 여자들이 서약할 때는 젖가슴을 드러낸다는 의미로 한손을 가슴에 얹었던 것 같다. 예를 들면 프랑켄 지역 카를슈타트의 주민들이 상속 선서를 할 때, 남자들은 오른손을 들어올리고, 시민권을 가진 미망인 여자들은 오른손을 왼쪽 가슴에 얹도록 되어 있었다(W. Zapotetzky, *Karlstadt*, Karlstadt 1980, p. 123 참조).

19) J. Wirth, *L'image médiévale*, Paris 1989, p. 339 참조. 루벤스의 그림에는 성모 마리아가 성 프란체스코와 함께 화가 난 재판관을 달래는 장면이 그려져 있다. 판데렘(E. v. Panderem)은 이 그림을 동판으로

떠서 여기에 아르놀트(Arnold v. Chartres)가 한 말을 다음과 같이 새겨넣었다. "어머니가 아들에게 가슴과 젖무덤을 보여주고, 아들은 아버지에게 자신의 몸과 상처를 보여주었노라. 그토록 많은 사랑의 징표를 드러냈는데, 무슨 일인들 거절할 수 있단 말인가"(S. Beissel, *Geschichte der Verehrung Marias im 16. und 17. Jahrhundert*, Freiburg 1910, p. 418). 1402년에 그려진 「최후의 심판」에서 볼 수 있듯이 마리아가 유방이 보이지 않도록 옷을 입고 있는 그림이 많다는 사실로 미루어볼 때, 그림 제작을 의뢰했던 사람들은 성모 마리아의 젖가슴이 드러난 장면을 점잖지 않다고 생각했던 것 같다(C. W. Bynum, "The Female Body and Religious Practice in the Late Middle Ages", *Fragments for a History of the Human Body*, Vol. I, ed. M. Feher et al., New York 1989, p. 178 참조). 그러나 다른 식으로 가슴을 드러내는 동작도 전혀 문제가 안 되었던 것은 아니었다. 「목자들의 기도」라는 제목이 붙은 브테발(J. Wtewal)의 초기 그림에서는 마리아가 얌전하게 옷을 입은 채 가슴을 만지는 장면이 묘사되어 있으나, 그 후 1618년에 제작된 그림에는 마리아가 목동들에게 맨가슴을 드러내고 있다(그림 204) (A. W. Lowenthal, *Netherlandish Mannerism*, London 1990, p. 74 참조). 브뤼게의 예배당에 그려놓은 얀 프로보스트(Jan Provost)의 판화를 보고 1578년에 야코프(Jakob van den Coornhuse)가 자유롭게 모사해서 그린 복사 그림에서는 원본과 달리 성모 마리아의 유방이 드러나지 않았다.

20) U. McConnell, "The Wik-Mungkan and Allied Tribes of Cape York Peninsula, N. Q.", *Oceania* 1934, Plate III 참조.

21) 옛날에는 음부티족 남자가 오랫동안 고향을 떠났다가 다시 돌아오면 반가움의 표시로 어머니의 젖무덤을 부드럽게 만지는 풍습이 있었다(P. Schebesta, *Die Bambuti-Pygmäen vom Ituri*, Vol. 2.2, Brüssel 1948, p. 319. 참조).

22) H. P. Duerr, *Sedna oder Die Liebe zum Leben*, Frankfurt/M. 1984, p. 108f. 참조.

23) G. Wickert-Micknat, *Archaeologia Homerica: Die Frau*, Göttingen 1982, p. 111.

24) W. Fauth, "Aphrodite Parakyptusa", *Abhandlungen der Akademie der Wissenschaften und der Literatur* 1966, p. 419. 예를 들면 일반적으로 이슈타르 여인이 바다뱀 셰다무에게 음부를 보여주는

204. 요아힘 브테발의 「목자들의 기도」, 1618.

행위는 자신의 매력을 과시하려고, 다시 말해서 상대를 진정시키려는 것이 아니라 성적 흥분을 일으켜 그 괴물을 육지로 유인하려는 행동인 것이다(U. Winter, *Frau und Göttin*, Fribourg 1983, p. 289 참조). 옛날 페루 사람들에게 투타이퀴리(Tutaiquiri)는 쇼케수수(Chokesusu) 여신의 누이동생이 유방과 음부를 드러내는 바람에 꼬임에 넘어간다(H. Trimborn, "Die Erotik in den Mythen von Huarochiri", *Tribus* 1951, p. 132 참조).

25) D. Wolkstein/S. N. Kramer, *Inanna*, New York 1983, p. 43; E. Williams-Forte, "Annotations of the Art", *Inanna*, New York 1983, p. 158 참조. 여신의 성적인 공격성에 관해서는 H. Balz-Cochois, *Inanna*, Gütersloh 1992, p. 87ff. 참조.

26) 특히 가끔씩 매춘 행위를 하는 목욕탕 하녀들의 모습이 이런 자세로 묘사되었다. 예를 들면 16세기 초에 골로빈이 그린 바젤의 「수음하는 여자」의 모습이 그러하다(S. Golowin, *Die weisen Frauen*, Basel 1982, p. 227). 중세 후기와 르네상스 시대의 분수에 장식된 조각품 중에서 유방을 쥐어짜서 젖을 분비하고 있는 작품들은 이러한 이교적인 여신들

의 모습에 그 기원을 두고 있는 것으로 보인다(W. Deonna, "La femme aux seins jaillissants et l'entant 'mingens'", *Geneva* 1957, p. 242f. 참조).

27) 식민지 시대에 사진사들은 반복적으로 이들 '원주민' 여인들을 자극해서 그와 같은 '사랑의 몸짓'을 하도록 부추겼다(그림 205. R. Corbey,

205. '다호메의 처녀'. 우편엽서.
다카르의 포르티에 사진 제작소.

Wildheid en beschaving, Baarn 1989, p. 29 참조. 증언에 따르면 케냐의 매춘부들이 이런 식으로 고객들을 '자극'했다고 한다(1992년 2월 5일 F. Kramer의 증언).

28) S. Colin, The Wild Man and the Indian in Early 16th Century Book Illustrations", *Indians and Europe*, ed. C. Feest, Aachen 1987, p. 10, 13; K. -H. Kohl, *Abwehr und Verlangen*, Frankfurt/M. 1987, p. 73f. 참조.

29) I. Eibl-Eibesfeldt, *Grundriß der vergleichenden Verhaltensforschung*, München 1987, p. 738 참조.

30) 유방을 내밀면서 동시에 공세적인 표정으로 이빨을 드러내고 있는 발리

네시아의 '간호사 인형'을 보고 여기에서 공격적인 동작이 두드러져 보인다고 해석하는 견해도 있다(I. Eibl-Eibesfeldt/C. Sütterlin, "Fear, Defence and Aggression in Animals and Man", *Fear and Defence*, ed. P.F. Brain et. al., Chur 1990, p. 406).

31) 여자들이 유방을 드러내놓고 다니는 사회에서 왜 그 유방이 성적인 자극을 일으키는지에 관한 문제는 다음 책에서 다룰 예정이다.

32) R. Goldberg, *Performance Art*, London 1988, p. 175 참조.

5. 위협수단으로서의 음부

1) C. O'Rahilly, *Táin BóCúalnge*, Dublin, 1967, p. 32, 170f. 그 밖에 W.A. Müller, *Nacktheit und Entblößung in der altorientalischen und älteren griechischen Kunst*, Borna 1906, p. 6f.; H. Vorwahl, "Ein apothrop ischer Kriegsbrauch", *Archiv für Religionswissenschaft* 1935, p. 395f. 참조.

2) J. Weisweiler, "Die Stellung der Frau bei den Kelten", *Zeitschrift für celtische Philologie* 1939, p. 231f. 참조. 이 여왕의 배후에는 '아일랜드를 통치하는 여신' 메드브가 있어서 여왕을 후원해주는데, 메마른 땅을 회복시키기 위해 왕에게 동침을 요구하고 허벅지로 감싸서 받아들인다(H. P. Duerr, *Sedna oder Die Liebe zum Leben*, Frankfurt/M. 1984, p. 143f., 206, 355, 360 참조).

3) J. H. Field, "Sexual Themes in Ancient and Primitive Art", *The Erotic Arts*, ed. P. Webb, Boston 1975, p. 26 참조.

4) P. K. Ford, "Celtic Woman: The Opposing Sex", *Viator* 1988, p. 147 참조.

5) P. C. Power, *Sex and Marriage in Ancient Ireland*, Dublin 1976, p. 16 참조.

6) 옛날 남부 이탈리아의 칼라브리아 지방에서는 간통한 부인의 치모를 깎아버림으로써 음부를 드러나게 하여 모욕을 주었다(R. Corso, "Vom Geschlechtsleben in Kalabrien", *Anthropophyteia* 1911, p. 144 참조). 남미의 대초원 지대에서는 남편이 아내를 소유한다는 표시로 아내의 치모를 뽑아냈다(J. Riester, "Suwi-wúhu pena Guarasug'wä", *DieüGrünenthal-Waage* 1996, p. 109 참조). 강간범 중에는 피해자

의 치모를 깎거나 불태우는 경우도 많았다(L. Madigan/N.C. Gamble, *The Second Rape*, New York 1991, p. 28; R. Wyre/A. Swift, *Die Täter*, Köln 1991, p. 38; E. Kissling, "Beweisführung in Vergewaltigungsfällen", *Vergewaltigungen*, ed. H. Schäfer, Bremen 1985, p. 111 참조).

7) R. N. Bailey, "Apotropaic Figures in Milan and North-West England", *Folklore* 1983, p. 114 참조.

8) G. -J. Witkowski, *L'art profane à l'Église: France*, Paris 1908, p. 310에서 인용. 중세 전문가는 여자들의 이런 행동에 대해, 남편들이 남자답게 적군과 맞서싸우지 않으면 "자기들의 뱃속으로 다시 들어가지" 못하게 하겠다는 뜻을 알리려는 동작일 것이라고 해석한다. 이런 식의 해석은 이미 고대에도 있었다. 플루타르코스 영웅전에 따르면 메디아인들 앞에서 도주하고 있는 자기편 전사들에게 여자들이 음부를 드러낸 채 이들을 비웃으면서, 앞으로 당신들이 태어난 그 뱃속으로 도피하지 못하게 할 것이라고 소리를 질렀다고 한다(Plutarch, *Moralia*, 246A 참조). 스파르타의 여인들에 관해서도 비슷한 이야기가 전해지고 있다(C. Sittl, *Die Gebärden der Griechen und Römer*, Leipzig 1890, p. 104 참조).

9) O. F. Raum, *The Social Functions of Avoidances and Taboos Among the Zulu*, Berlin 1973, p. 261. 다른 해석에 따르면, 여인들의 이러한 동작은 겁쟁이 전사들에게 불행을 가져다주었다고 한다. 옛날에 줄루족의 한 부인이 총소리에 놀라 자신의 몸을 방어하기 위하여 치마를 가슴 위까지 치켜올렸는데, 그 순간 멀리서 적군과 교전 중에 위기에 놓여 있던 남편이 그 덕분에 목숨을 건졌다고 한다. 반면에 줄루족 여인들이 음부를 노출함으로써 용사들간의 싸움을 예방한 일도 있었다(E. J. Krige, "Girls' Puberty Songs and Their Relation to Fertility, Health, Morality and Religion Among the Zulu", *Africa* 1968, p. 174; O. F. Raum, 위의 책, p. 265, 497 참조).

10) H. P. Duerr, *Sedna oder Die Liebe zum Leben*, Frankfurt/M. 1984, p. 29. 참조.

11) Plutarch, *Moralia* 248 A/B. 옛날 프리슬란트에서는 홍수가 닥쳐올 위험이 있으면 여자들이 바닷가로 나가 치마를 치켜올리는 풍습이 있었다(I. Eibl-Eibesfeldt, *Das verbindende Erbe*, Köln 1991, p. 280 참조). 프랑스 어부들이 먼 바다에 나가 갑자기 북동풍에 휘말리게 되자

우연히 그 배에 타고 있던 로즈라는 여인이 치마를 들어올렸다. 그러자 바람이 그 장면을 보고 부끄러워서 그만 그치지 않을 수 없었다(H. F. Feilberg, "Der böse Blick in nordischer Überlieferung", *Zeitschrift des Vereins für Volkskunde* 1901, p. 427 참조). 중앙 아프리카의 바스후족 여인들도 이런 방법으로 허리케인을 잠재웠다(R. M. Packard, "Social Change and the History of Misfortune Among the Bashu of Eastern Zaïre", *Explorations in African Systems of Thought*, ed. I. Karp/C. S. Bird, Bloomington 1980, p. 245 참조). 또한 우박이나 회오리바람, 번개 따위가 시작될 때 여자들이 알몸을 드러내어 이러한 자연현상을 물리쳤다는 기록이 있고, 곡식을 심어놓은 들판에서 해충을 몰아낼 때에도 여자들이 같은 행동을 했다고 한다(Plinius, 70ff.; W. B. McDaniel, "The Medical and Magical Significance in Ancient Medicine of Things Connected With Reproduction and Its Organs", *Journal of the History of Medicine* 1948, p. 532; J. -P. Néraudau, *Être enfant à Rome*, Paris 1984, p. 85f. 참조). 17세기에 프리아울(이탈리아 북동부)에서는 많은 여자들이 저녁에 알몸으로 들판을 돌아다니면서 "훠이, 해충들아 달아나지 않으면 우리 쥐(음부)가 잡아먹으리라!" 하고 소리를 질렀다고 한다(L. Accati, "The Spirit of Fornication: Virtue of the Soul and Virtue of the Body in Friuli, 1600~1800", *Sex and Gender in Historical Perspective*, ed. E. Muir/G. Ruggiero, Baltimore 1990, p. 111 참조). 금세기에도 슐레지엔의 하젤 지방에서 한 무리의 농부 아낙네들이 여름철에 아랫도리를 벗은 채 밭을 돌아다니면서 "음담패설과 음탕한 행동을 하였으며, 젊은 여자들을 발가벗기고는 다 같이 치마를 벗어던지고 반나체로 춤을 추었다"(W. -E. Peukert, *Geheimkulte*, Heidelberg 1951, p. 236)고 한다.

12) P. E. Slater, *The Glory of Hera*, Boston 1968, p. 323 참조. 전차에도 그와 같은 그림이 그려져 있었을 가능성이 매우 높다. 어쨌든 기원전 6세기의 에트루리아(이탈리아 중북부 지방—옮긴이)의 마차에는, 메두사 한 마리가 다리를 벌리고 혀를 길게 내민 채 양쪽 가슴을 드러내고 있는 형상이 그려져 있다(M. Maaskant-Kleibrink, *Mythe in beeld*, Groningen 1990, p. 138; A. D. Napier, *Masks, Transformation, and Paradox*, Berkeley 1986, p. 96 참조).

13) J. P. Hallett, "Perusinae Glandes and the Changing Image of

Augustus", *American Journal of Ancient History* 1977, p. 155 참조. 로마인들에게도 음부를 노출하는 행동은 공격의 수단으로 이용되었고, 공화정 시대에는 여자가 벼락을 맞아 쓰러졌을 때 음부가 노출된 채 발견되면 매우 불길한 징조라고 생각했다(W. Kroll, *Die Kultur der ciceronischen Zeit*, Darmstadt 1963, p. 161 참조).

14) E. H. Schafer, "Ritual Exposure in Ancient China", *Harvard Journal of Asiatic Studies* 1951, p. 150f. 참조. 1126년에 이 도시를 점령할 때는 '마술적인' 방어수단을 동원했다고 한다(S. Werner, *Die Belagerung von K'ai-feng im Winter 1126/27*, Stuttgart 1992, p. 61, 117 참조).

15) R. H. van Gulik, *Sexual Life in Ancient China*, Leiden 1961, p. 230 참조. 502년에 사산 군대가 비잔틴의 아미다 요새를 점령했을 때 매춘부 두서너 명이 예의도 없이 옷을 걷어올리고 '남자들 앞에서 노출해서는 안 되는 모든 것'을 대왕에게 보여주었다(E. Kislinger, "Anasyrma: Notizen zur Geste des Schamweisens", *Symbole des Alltags - Alltag der Symbole*, ed. G. Blaschitz et al., Graz 1992, p. 377 참조).

16) P. M. Kuhfus, *Männerbande, Männerbünde*, Vol. 1, ed. G. Völger/K. v. Welck, Köln 1990, p. 140 참조. 17세기에 푸젠성(福建省)의 해안지대에 살았던 남자 중에는 동성연애자들이 많았다고 한다. 그 원인에 관해서는 해적의 영향을 받았기 때문이라고 생각하는 사람들이 많았는데, 해적들은 여자와 접촉하면 해적 행위를 하는 도중에 불행한 일이 닥칠 수 있다고 믿었기 때문에 여자와의 접촉이 금지되어 있었다(V. W. Ng, "Homosexuality and the State in Late Imperial China", *Hidden from History*, ed. M. B. Duberman, New York 1989, p. 86 참조).

17) 은(殷) 왕조 시대에는 남자들도 신체가 노출되는 것을 가장 수치스러운 일로 생각했던 것으로 짐작된다. 어떤 장군은 자신이 저지른 실수를 용서받기 위해 부하 지휘관들 앞에서 상체를 벗었다고 한다(H. Yang, "The Chinese Nude Is Revealed", *China Daily*, 13. 5. 1988 참조). 유럽의 초기 보고서에는 중국 남성들이 그때까지 나체로 지냈다고 기록되어 있는 반면, 여자들은 최소한 하체 보호대를 걸치고 다녔다고 한다. 밀라노의 미술이론가 로마초(G. P. Lomazzo)는 1584년의 책에서도 그런 말을 한 바 있다. 그러나 이러한 진술은 물론 사실에 기초를 두었다

기보다는 당시에 중국인을 '인도 사람'으로 잘못 알고 있었던 데서 비롯되었다(F. Reichert, "Columbus und Marco Polo: Asien in Amerika", *Zeitschrift für historische Forschung* 1988, p. 55 참조).

18) M. Granet, *Die chinesische Zivilisation*, München 1976, p. 213 참조. 몇 군데밖에 없는 증기탕이나 천연 온천들은 거의 모두 남성만을 위한 시설이었다. 여자는 여자대로 완전 나체 또는 일부분이라도 벗은 몸을 남에게 보여주면 안 된다는 인식 때문이었다(Tcheng-Ki-tong, *Les plaisris en Chine*, Paris 1890, p. 95; P. Négrier, *Les bains à travers les â ges*, Paris 1925, p. 341; Ts'e Shao-chen, *Flaneur im alten Peking*, ed. M. Miosga, Köln 1987, p. 70 참조). 이런 생각은 오늘날까지 크게 달라지지 않았는데, 특히 시골에서 그러하다. 예를 들면 1985년에 제작된 중국 영화 「야산에서」의 여주인공이 근처 도시의 여자 목욕탕에서 여자들이 발가벗고 목욕한다는 말을 듣고 몹시 당황하는 장면이 나온다. 선이 루오(Shenyi Luo)가 나에게 증언한 바에 따르면(1989년 11월 30일의 구두전달), 오늘날에도 어머니와 딸 사이에 알몸으로 상대방을 쳐다보는 법이 없다고 한다. 대학에서 여학생들은 공동으로 샤워할 수는 있지만 서로 보이지 않도록 천으로 칸막이를 쳐야 한다. 1930년대 일본군이 침략했을 때 여러 사람이 알몸을 드러내놓고 몸을 씻는 광경을 목격한 중국인들이 큰 충격을 받았던 사실은 충분히 이해가 된다(S. C. Chu, "China's Attitudes Toward Japan at the Time of the Sino-Japanese War", *The Chinese and the Japanese*, ed. A. Iriye, Princeton 1980, p. 80 참조).

19) 남자도 아내나 또는 세대가 다른 가까운 친척 앞에서 몸을 씻지 않았다. 다만 나이가 같은 사람끼리 있을 때는 달랐다. 예를 들어 1916년의 사진을 보면 양쯔강 상류의 급류 지역에서 남자 어부들이 발가벗고 일하는 모습이 보인다(A. Roschen/T. Theye, *Abreise von China*, Basel 1980, p. 95 참조). 오늘날에도 홍콩 거리에서 윗도리를 벗고 일하는 노동자를 찾아보기는 쉽지 않다. 그들은 1950년대까지 독일에서 그러했듯이 아무리 날씨가 더워도 최소한 내의쯤은 입고 있다(C. Osgood, *The Chinese*, Tucson 1975, p. 993 참조).

20) W. Eberhard, "Über den Ausdruck von Gefühlen in Chinesischen", *Sitzungsberichte der Bayerischen Akademie der Wissenschaften, Philos.-his. Kl.* 1977, p. 51, 54 참조. 중국의 어떤 책에는 남부에 거주하는 야오 씨 집안에 대해 남녀가 하루 종일 숲속에

서 함께 잠을 잔다는 이유로 비난하는 대목이 나온다. 그것은 남편이 부인의 음부를 볼 수 있다는 뜻이므로 그 책의 저자가 대단히 충격을 받았던 것이다(같은 책, p. 79f.).

21) 요즘에도 그들은 부부간에 서로 알몸을 드러내지 않으며, 부부관계는 어두운 곳에서 이루어진다(S. Luo의 증언). 그렇다고 해서 음부가 시각적으로 성적인 자극을 일으키는 대상이 아니라거나 포르노 문학에서 중요하게 취급되지 않는다는 말은 아니다. 오히려 그 정반대이다! 그 예로 17세기의 성애소설 『육포단』(肉蒲團)을 보자. "밤에 동침하는 것보다는 낮에 동침하는 것이 열 배나 재미있다. 각자 상대방의 알몸을 관찰할 수 있고, 이로써 흥분이 고조되니까"(N. Douglas/P. Slinger, *Le Livre de l'Oreiller*, Montréal 1984, p. 60에서 인용). 그리고 16세기의 유명한 음란소설 『금병매』(金甁梅)는 여느 서양 문학작품과 다를 바 없이 음부를 다음과 같이 '미화'하고 있다. "차마 그 이름을 입에 담기 곤란한 거시기가 입을 꼭 다문 채 싱싱한 자태로 허벅지 사이에 살며시 숨어 있다." 더욱 관심을 끄는 것은 치모가 깎인 음부를 묘사한 대목이다. "잠시 후 황금 연꽃이 옷을 벗자 서문경(西門慶)은 음문을 만지면서 관찰해보았다. 치모가 완전히 깎인 그 모습은 솥에서 방금 구워낸 전병처럼 부드럽고, 물기가 촉촉하게 배어 있는데다가 홍조를 띠고 있었다. 수천 명의 남정네들이 너나없이 좋아할 테고, 이처럼 아름다운 물건이라면 누구라도 욕심을 낼 만하리라"(Wang, Shi-Tcheng, *Djin Ping Meh*, Berlin 1961, p. 27, 46).

22) 처녀는 입도 크게 벌리지 못하게 되어 있었다. 그렇기 때문에 웃을 때는 손으로 입을 가려야 한다. 사내아이들은 소변을 볼 때 성기를 손으로 가려야 하고, 여자아이들은 아무리 나이가 어려도 공공장소에서는 아예 오줌을 누지 못하게 했다(N. Diamond, *K'un Shen: A Taiwan Village*, New York 1969, p. 34, 41 참조). 『예기』에 따르면 앞으로 아내가 될 여자에게는 평소에 어떤 물건을 남편에게 직접 건네주어서는 안 되고, 남편의 옷이나 옷걸이 또는 이불 따위를 사용해서는 절대로 안 된다고 가르치고 있다(D. Bodde, "Sex in Chinese Civilization", *Proceeding of the American Philosophical Society* 1985, p. 163 참조). 적어도 어느 특정한 사회계층에서는 그와 같은 규범을 지키며 살았던 것 같다. 1643년에 중국에 갔던 오스트리아 선교사는, 이 나라 여자들이 온몸을 옷으로 완전히 가린 채 살아가며 무슨 물건이든지 남자의 손에서 직접 건네받는 것이 아니라 남자가 물건을 바닥에 내려놓을 때

까지 기다렸다가 손을 가리고 가져간다고 소개하면서, 이런 관습에 대해 연달아 찬사를 늘어놓았다(G. Hamann, "Das Leben der Chinesen in der Sicht eines Tiroler Missionars des 17. Jahrhunderts", *Archiv für österreichische Geschichte* 1966, p. 112 참조).

23) J. Gernet, *Daily Life in China on the Eve of the Mongol Invasion 1250～76*, Stanford 1962, p. 124 참조. 오늘날에도 중국 여자들은 팔뚝, 종아리, 어깨가 드러나거나 다리, 엉덩이, 가슴 따위가 너무 두드러져 보이는 옷은 입기를 꺼린다(C. Osgood, 앞의 책, p. 1114; C. Kerner/ A. -K. Sheerer, *Jadeperle und Großer Mut*, Ravensburg 1980, p. 113; A. Kleinmann, *Patients and Healers*, Berkeley 1980, p. 130f. 참조). 서양 여자들이 저녁에 입는 야회복을 보고 유럽에서 돌아온 한 여행자는 1883년에 이렇게 썼다. "중국에서는 여자들이 옷을 벗어서 알몸이 드러나는 것을 싫어하지만 남자들은 그렇지 않다. 그러나 서양에서는 그 반대이다"(Z. Yuan, "In China und im Westen", *Unesco Kurier 4*, 1987, p. 29에서 인용).

24) 나는 이런 설명을 덧붙였다. "사실 여자는 두 번 결혼할 수 있도록 되어 있었다. 강도들도 그 점을 아주 잘 알고 있었다"(V. W. Ng, "Ideology and Sexuality: Rape Laws in Qing China", *Journal of Asian Studies* 1987, p. 60). 중국 상하이의 면화공장에서 일하는 여자들은 저녁에 집으로 돌아갈 때 강도를 만나 입고 있던 옷을 모두 빼앗기는 경우가 드물지 않았다. 거리의 강도들은 이런 강탈 행위를 '양 껍질 벗기기'라고 불렀다(E. Honig, "Burning Incense, Pledging Sisterhood: Communities of Women Workers in the Shanghai Cotton Mills, 1919～1949", *Signs* 1985, p. 703 참조).

25) N. H. van Straten, *Concepts of Health, Disease and Vitality in Traditional Chinese Society*, Wiesbaden 1983, p. 90 참조.

26) R. Briffault, *The Mothers*, Vol. III, London 1927, p. 308; F. Wappenschmidt, *Ars et amor*, ed. K. Fischer/V. Thewalt, Wiesenbach 1992, p. 34f. 참조. 이에 대한 일본인들의 태도는 전혀 달랐다. 17세기 초 동인도 회사에 관한 사리스(J. Saris)의 보고에 따르면, '클로비스' 호가 일본의 어느 항구에 닻을 내리자 주민들이 떼를 지어 배 위로 올라왔다. 곧이어 '상당히 도발적인 자태의 비너스 그림이 걸려 있는' 선실로 '비교적 상류 계층의 여인들'이 초대되었다. 그 여인

들은 성모 마리아의 모습인 줄 알고 그림 앞에서 무릎을 꿇으면서 자신들은 기독교 신자라고 작은 소리로 말했다(D. Massarella, *A World Elsewhere: Europ's Encounter With Japan in the 16th and 17th Centuries*, New Haven 1990, p. 232 참조).

27) H. P. Duerr, *Der Mythos vom Zivilisationsprozeß*, Bd. II: *Intimität*, Frankfurt/M. 1990, p. 238f. 참조.

28) E. Honig/G. Hershatter, *Personal Voices: Chinese Woman in the 1980's*, Stanford 1988, p. 61 참조.

29) J. -L. Domenach/H. Chang-Ming, *Le marriage en Chine*, Paris 1987, p. 67 참조.

30) E. Honig/G. Hershatter, 같은 책, p. 62 참조.

31) 이 그림을 둘러싼 논란이 확산되어 물의를 일으키자, 중국 총리는 다이(Tai)족의 의견을 들어보기로 결정했다. 그림을 관람한 다이족 대표단은 알몸으로 목욕한다는 사실을 확인해주었다. 그런데 1980년 3월이 되자 갑자기 다이족의 고향인 윈난성(雲南省) 공무원들이 정부 당국에 이의를 제기하고 나섰다. 자신들은 나체를 수치로 인식하는 민족이므로, 이 그림 때문에 다이족의 명예가 훼손되었다는 주장이었다(J. L. Cohen, *The New Chinese Painting 1949~1986*, New York 1987, p. 39f.; C. Blunden/M. Elvin, *China*, München 1983, p. 174 참조). 다이족이 주장한 내용의 사실 여부는 그만두고라도, 그들이 전통적으로 나체에 관한 한 상당한 수치심을 가지고 있다는 것만은 분명하다. 그렇기 때문에 일단 젊은 처녀의 알몸을 쳐다본 남자는 즉시 그 처녀와 결혼하도록 되어 있었다(W. Eberhard, *Lokalkulturen im alten China*, Bd. II, Peking 1942, p. 287 참조).

32) 내가 청취한 증언에 따르면, 베이징의 라마 사원에 전시된 나체 조각작품을 구경하러 오는 사람(대부분 젊은이들)이 너무 많아서 마침내 조각품의 성기 부분을 비단으로 덮어버렸다고 한다(1987년 6월 15일, L. Kuntner의 증언).

33) J. L. Cohen, 앞의 책, p. 54 참조.

34) 19세기 말쯤에 매우 활발한 활동을 벌이고 있던 '미술 인종학자' 슈트라츠(Stratz)는 천한 계층의 중국 처녀 한 명을 어렵게 구하여 카메라 앞에 세우고, 옷을 벗기는 데까지 성공했으나, 자신의 독자들을 위해 중국 여자의 알몸 사진이 들어 있는 책을 만드는 작업은 실패하고 말았다(C. H. Stratz, *Die Rassenschonheit des Weibes*, Stuttgart 1902, p.

81 참조). 살아 있는 나체 모델을 훈련시키기 위한 최초의 누드 교실은 1912년 류하이수가 창설한 '상하이 미술원'에 의해 개설되었다. 국립 아카데미로서는 엄두도 낼 수 없는 이 과정은 당연히 물의를 빚게 되었고, 원장과 린 펭미안을 비롯한 여러 '진보적 인물들'은 엄청난 비난을 감수해야 했다. 1927년에 이르러 누드 교실과 전시회를 빌미로 '장군' 한 사람이 원장을 잡아 가두고, 미술원을 폐쇄하겠다고 위협했다. 그러나 장제스 군대 덕분에 무사히 넘어갔다(J. L. Cohen, 앞의 책, p. 12, 112 참조). 이때 만들어진 그림 중에서 남아 있는 것으로는, 누드 교실의 휴식시간에 많은 남녀가 문간으로 몰려와서 담배를 피우고 있는 나체 모델을 정신없이 바라보고 있는 그림이 있다(M. Elvin, "Tales of *Shen* and *Xin*: Body-Person and Heart-Mind in China During the Last 150 Years", *Fragments of the History of the Human Body*, Bd. II, ed. M. Feher et al., New York 1989, p. 312 참조).

35) *Spiegel* 2, 1989; *Rhein-Neckar-Zeitung*, 7. Jan. 1989; J. Grant, *Worm-eaten Hinges*, South Yarra 1991, p. 84f. 전시된 139점의 작품 중에서 즉시 5점이 치워졌지만, 이미 누군가가 사진을 찍어서 엽서로 제작하여 암거래상들에 의해 팔려나갔다.

6. 신들의 웃음

1) B. H. Chamberlain, *The Kojiki*, Tokyo 1982, p. 62, 63f.
2) E. H. Schafer, 같은 책, p. 152 참조.
3) E. Saito, *Die Frau im alten Japan*, Leipzig 1989, p. 33.
4) H. P. Duerr, *Der Mythos vom Zivilisationsprozeß*, Bd. I: *Nacktheit und Scham*, Frankfurt/M. 1988, 그림 71 참조.
5) I. Morris, *Der leuchtende Prinz*, Frankfurt/M 1988, p. 266. 시녀들의 이러한 정서가 대표성을 갖고 있지 않다고 볼 수도 있다. 그러나 이 일화는 일본에서 나체를 '미화'시키는 전통이 거의 없었다는 사실을 분명하게 드러내고 있다. 예를 들어서 여인의 아름다움을 열거할 때 하얀 피부색, 목덜미, 머리카락, 장미 봉오리처럼 작은 입 등이 묘사되고 있으나 그 밖의 신체 부위에 대해서는 거의 언급되지 않는다(M. Beurdeley/S. Schaarschmidt/R. Lane/S. Chūjō/M. Mutō, *Uta-Makura*, München 1979, p. 18; K. Clark, *The Nude*, Princeton

1956, p. 9f. 참조).

6) K. Yoshida, *Betrachtungen aus der Stille*, Frankfurt/M. 1985, p. 11.

7) F. S. Krauss/T. Sato, *Japanisches Geschlechtsleben*, ed. G. Prunner, Hanau 1965, p. 75 참조. 인도 불교의 전통에도 유사한 이야기가 있다(J. S. Strong, "Wenn der magische Flug mißlingt: Zu einigen indischen Legenden über den Buddha und seine Schüler", *Sehnsucht nach dem Ursprung*, ed. H. P. Duerr, Frankfurt/M. 1983, p. 505ff. 참조).

8) T. Lésoualc'h, *Êrotique du Japon*, Paris 1978, p. 34 참조.

9) R. C. Solomon, "Emotions and Anthropology", *Inquiry* 1978, p. 181 참조.

10) W. La Barre, "Die kulturelle Grundlage von Emotionen und Gesten", *Kulturanthropologie*, ed. W. E. Mühlmann/E. W. Müller, Köln 1966, p. 267; K. Löwith, "Unzulängliche Bemerkungen zum Unterschied von Orient und Okzident", *Die Gegenwart der Griechen im Neueren Denken*, ed. D. Henrich et al., Tübingen 1960, p. 149 참조.

11) R. K. Nelson, "Hunters of the Northern Ice", *Custom-Made*, ed. C. C. Hughes, Chicago 1976, p. 320; L. Marshall, *The !Kung of Nyae Nyae*, Cambridge 1976a, p. 352f. 참조.

12) P. Riesman, Société et liberté chez les Peul Djelgôbé de Haute-Volta, Paris 1974, p. 145. 이어서 나는, 그들이 근심걱정을 털어놓을 때도 마치 과학자처럼 감정을 개입시키지 않고 '객관적'인 태도를 유지했다는 점을 지적하고 있다. 멜라네시아 니산-아톨(Nissan-Atoll)의 주민들은 어떤 괴로운 상황을 일으켰을 때도 전혀 괴로운 일이 아닌 것처럼 보여주려는 듯이 자주 웃음을 짓는다. 예를 들어 누군가가 여러 사람이 있는 자리에서 딴 사람에게 공격적인 태도를 보이는 경우에는 두 사람 모두 이를 부끄럽게 생각하고 웃어 보임으로써 이 상황을 넘기려 한다. 어떤 남자가 인종학자에게 퉁명스럽게 대하면서 싱긋 웃어 보이자 인종학자는 그 사람이 자기를 비웃는 것이라고 오해했다. 그래서 인종학자가 불쾌감을 느끼고 흥분했지만 그럴수록 그 남자는 히죽히죽 웃는 것이었다(S. R. Nachman, "Anti-Humor: Why the Grand Sorcerer Wags His Penis", *Ethos* 1982, p. 125f. 참조). 티프족(나이지리아 중

부 지역에 사는 종족—옮긴이)은 항상 친절한 태도를 보여주는 것을 가장 중요하게 여긴다. 어느 부모는 자기 아들이 미소짓는 일이 거의 없자 온갖 방법을 동원해서 아들을 웃게 만들려고 애쓰면서, 잘 웃지 않는 사람은 좋은 성격을 가진 사람이 아니라고 가르쳐 주었다(P. Bohannan/L. Bohannan, *A Source Notebook in the Tiv Life Cycle*, New Haven 1966, p. 379 참조).

13) C. Geertz, "From the Native's Point of View", *Meaning in Anthropology*, ed. K. H. Basso/H. A. Selby, Albuquerque 1976, p. 230 참조.

14) N. Elias, *Über den Prozeßder Zivilisation*, Basel 1939, II, p. 327.

15) U. Wikan, "Public Grace and Private Fears: Gaiety, Offense, and Sorcery in Northern Bali", *Ethos* 1987, p. 338ff. 참조. 발리 사람들은 순수한 감정과 '꾸민' 감정을 용어상으로 아주 정확하게 구별한다. 물론 꾸민 감정은 시간이 흐름에 따라 가치를 잃게 되는데 이런 사실은 '항상 미소짓는 문화'를 가진 다른 사회의 연구 결과에서 증명된다. 예를 들어 캘리포니아 사회에서 조사한 바에 따르면, 중산층 어머니들은 긍정적인 사실이든 부정적인 사실이든 어떤 말을 할 때는 흔히 미소를 짓는데, 꼬마들은 '항상 미소짓는 습관'을 금방 잊고 만다. 좀처럼 웃지 않는 남자 어른들이 '더 친절하게' 미소를 지었다고 말하는 아이들도 있었다(M. Douglas, "In the Nature of Things", *Implicit Meanings*, London 1975, p. 215 참조).

16) 발리 사람들은 몇 년 전까지만 해도 여러 사람이 모이는 곳에서 알몸으로 돌아다녔고, 오늘날에도 아기를 키우는 엄마들은 집 근처나 시장터에서 알몸으로 돌아다니는 일이 드물지 않다. 그런데도 그들이 '웃통을 벗은' 서양 여자들을 보고 수치심을 모르는 사람들이라고 느낀다는 사실은 의외라고 여겨진다. 하여튼 그들은 그런 서양 여자들을 보고 '알몸을 자랑하고 있는' 사람들이라고 말했다. 이와 반대로 비키니 차림을 하거나 아예 그것조차 입지 않고 다리를 벌린 채 앉아 있는 유럽 여자들에 대해서는 아무 말도 없었다.

17) 누드화 중에서 특히 19세기 후반에 유럽인들이 찍은 누드 사진의 모델들은 거의 예외없이 낮은 계층의 매춘부들이었다(H. Spielmann, *Die japanische Photographie*, Köln 1984, p. 163 참조). 그 후로도 젊은 여자들이 나체 모델이 된다는 것은 지극히 모험적인 행동이었다. 그래서 모델이 된다 하더라도 거의 모두가 음부를 가리고 찍었다(T.

Mizusawa, "Nakamura Tsune's 'Nude Girl'(1914)", *Paris in Japan*, ed. S. Takashina et al., Tōkyō 1987, p. 204 참조). 교토에서 1893년에 「아침 화장실」이라는 작품으로 스캔들을 일으킨 적이 있는 쿠로다 세이키는 교토 예술 아카데미의 서양미술과 교사가 된 뒤로 누드 교실을 열었다가, 일반인들에게 음란하다는 비난을 받았다(E. Yamanashi, "Kuroda Seiki's 'Woman with a Mandolin'(1891)", *Paris in Japan*, ed. S. Takashina et al., Tokyo 1987, p. 182 참조).

18) H. P. Duerr, "Vorwort", *Der Wissenschaftler und das Irrationale*, ed. H. P. Duerr, Bd. I, Frankfurt/M. 1988, p. 124 참조.

19) I. Buruma, *Japan hinder dem Lächeln*, Frankfurt/M. 1985, p. 28f. 참조. 음부를 미화하는 일본의 전통에 관해서는 C. Ariga, "Dephallicizing Women in *Ryūkyō shinshi*", *Journal of Asian Studies* 1992, p. 575 참조.

20) H. Hunger, *Die Heilige Hochzeit*, Wiesbaden 1984, p. 63 참조.

21) K. -P. Koepping, "Baubo und Priapos", *Graffiti*, ed. S. Müller, Bielefeld 1985, p. 212 참조.

22) K. -P. Koepping의 증언, 1992년 2월 23일.

23) Odyssee 8, 307. '절름발이' 신세가 된 헤파이스토스가 재빠른 전쟁의 신을 '사로잡았다'는 사실을 보고 신들이 웃었을 것이라는 주장도 있다(P. Mauritsch, *Sexualität im frühen Griechenland*, Wien 1992, p. 63). 그렇다면 헤파이스토스 자신이 '참을 수 없이 웃기는 것들'이라고 말할 수 있었을까? 히말라야의 우타르 강가 계곡에 놓여 있는 다리들을 살펴보면 남녀의 모습을 새긴 목제 조각들이 붙어 있는데, 남자를 나타내는 조각상은 두 손으로 거대한 페니스를 쥐고 있고, 젖가슴이 큰 여자 형상은 음순을 벌리고 있다(그림 206). 이곳의 다리들은 '하얀 석회의 신(神)'을 위시한 악령들이 출몰하는 위험한 장소로 알려져 있다. 마가르족(망가르족)의 말에 따르면 이 악령들은 자신들이 있는 곳을 알리지 않는 성미를 가졌는데, 음탕한 조각품을 보면 큰 소리로 웃어댄다고 한다. 성기를 보는 순간 충격을 받았기 때문이다. 이렇게 되면 악령들은 자신들의 위치가 발각되므로 재빨리 도망친다(M. Oppitz, "Drawings on Shamanic Drums", *Res*, Autumn 1992, p. 76 참조).

24) Odyssee 8, 324ff.

25) E. Jakubassa, *Märchen aus Neueseeland*, Köln 1985, p. 53 참조. 이 웃음은 '마우리족 남성들간에 성적인 자극을 암시하는 신호'였다는

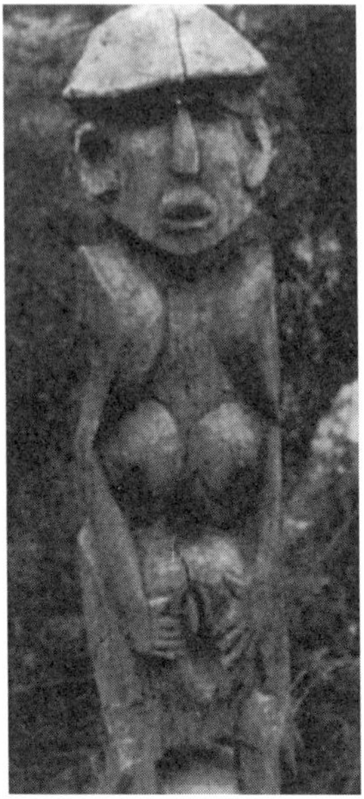

206. 오피츠(M. Oppitz)가 찍은 사진.

견해도 있다(F. A. Hanson/L. Hanson, *Counterpoint in Maori Culture*, London 1983, p. 90). 그러니까 여기에서 새들이 웃었던 이유는 그 장면을 보고 성적인 자극을 느꼈기 때문일 것이다.

26) F. Koch, *Sexuelle Denunziation*, Frankfurt/M. 1986, p. 136 참조.

27) M. Olender, "Aspects de Baubô", *Revue de l'Histoire des Religions* 1985, p. 16f. 참조. 알렉산드리아의 문법학자 헤시키오스(Hesychios)에 따르면 그리스 단어 'βανβώ'는 '음부'라는 뜻이다.

28) D. Lauenstein, *Die Mysterien von Eleusis*, Stuttgart 1987, p. 197f. 참조.

29) E. Fehrle, "Das Lachen im Glauben der Völker", *Zeitschrift für Volkskunde* 1930, p. 1; G. Schiff, "Lachen, Weinen und Lächeln in der Kunst", *Sachlichkeit*, ed. G. Dux/T. Luckmann, Opladen 1974, p. 136 참조. 물론 엘레우시스의 비교의식은 '선사시대'의 식물숭배의식이 아니다. 그러나 이암베의 행동은 본래 일본 신화에 나오는 아메노우즈메의 행동과 마찬가지로 식물에 대해 적대적인 세력을 몰아

내려는 행동이라는 해석을 전적으로 부정할 만한 근거는 없다. 이암베의 음부가 메두사의 얼굴처럼 분장했다는 전설이 있는 것을 보면, 이것은 오히려 위의 해석이 맞다는 사실을 뒷받침하는 증거라고 볼 수 있다(J. -P. Vernant, *Tod in den Augen*, Frankfurt/M. 1988, p. 27 참조). 이미 고대인들은 악령의 시선을 피하기 위해 '웅크리고 앉아 있는 자세로 매장된 시체' 모양의 부적(符籍)을 사용했다(T. Hauschild, *Der böse Blick*, Berlin 1982, p. 184f. 참조).

30) H. P. Duerr, *Sedna oder Die Liebe zum Leben*, Frankfurt/M. 1984, p. 204f. 참조. 데메테르의 웃음과 비슷한 것으로는 북유럽 신화에 나오는 여신 스카디의 웃음에 관한 이야기가 있다. 아버지가 죽음을 당하자 스카디는 사람들에게 자기를 웃겨달라고 부탁했다. 그러자 로키(못된 장난을 좋아하는 악령-옮긴이)가 끈을 가져다가 한쪽 끝을 염소의 수염에 묶고 다른쪽 끝을 자신의 고환에 묶었다. 염소와 로키가 이리저리 뛰면서 한바탕 소동을 벌였다. 마침내 로키가 스카디의 품으로 달려들자 여신은 큰 소리로 웃었다(E. Mogk, "*Skaði*", *Reallexikon der Germanischen Altertumskunde*, Bd. IV, ed. J. Hoops, Straßburg 1918, p. 186; S. Mandel, "The Laughter of Nordic and Celltic-Irisch Tricksters", *Fabula* 1982, p. 36f. 참조).

31) B. Altenmüller, *Synkretismus in den Sargtexten*, Wiesbaden 1975, p. 56 참조.

32) J. Spiegel, *Die Erzählung vom Streite des Horus und Seth*, Glückstadt 1937, p. 129; A. H. Gardiner, *Late Egyptian Stories*, Vol. I, Bruxelles 1932, p. 41; E. Brunner-Traut, *Altägyptische Märchen*, Düsseldorf 1963, p. 96 참조. 고대 이집트인들의 웃음이 갖는 성적인 의미에 관해서는 W. Guglielmi, "Lachen", *Lexikon der Ägyptologie*, Vol. III, ed. W. Helck/W. Westendorf, Wiesbaden 1980, p. 907 참조.

33) 이집트의 연애가요에서 여자들은 대개 남자보다 정열적이고 적극적인 모습으로 묘사된다. 말하자면 새를 잡듯이 덫을 놓아서 남자를 잡아들이는 사냥꾼 여자의 모습으로 묘사되어 있다. 그러나 남자의 목숨을 노리는 '위험한 여자'가 아니라 성적인 적극성을 보이는 여자이다(M. V. Fox, *The Song of Songs and the Ancient Egyptian Love Songs*, Madison 1985, p. 305f; P. Derchain, "La perruque et le cristal", *Studien zur altägyptischen Kultur* 1975, p. 55 참조). 또한 여자는

머리카락으로 장난을 치면서 유혹하거나(H. Goedicke, "The Story of the Herdsman", *Chronique d'Égypte* 1970, p. 259 참조), 남자에게 음부를 보여주며, 이에 대해 젊은 남자는 연애시에서 "그 여자가 나에게 껴안아달라는 몸짓을 했다네"라고 말한다(L. Manniche, *Sexual Life in Ancient Egypt*, London 1987, p. 33 참조). 어떤 노래에는 여자가 애인의 옷 속에서 불거져 나온 성기를 보았거나 페니스의 당당한 모습을 보고 좋아하는 장면이 우회적으로 묘사되어 있다(M. V. Fox, 같은 책, p. 74 참조). '비공식적인' 그림에서는 부인이 남편의 페니스를 손에 쥐고 있는 장면이 나오는데, 그것을 자신의 음부에 밀어넣거나(그림 56), 수음을 시켜주고 있는 장면이 묘사되어 있다. 후자의 경우와 같은 남녀의 모습을 묘사한 그림은 람세스 시대의 것이다. 베를린 이집트 박물관의 그림 목록 작성에 참여했던 담당자는 대부분의 이집트학 연구자들처럼 아주 순진하게 두 남녀의 모습에 대해 '레슬링을 하고 있는 남녀'라고 해설을 붙였다(W. H. Peck, *Ägyptische Zeichnungen aus drei Jahrtausenden*, Bergisch Gladbach 1979, p. 152 참조).

34) C. J. Bleeker, *Hathor and Thoth*, Leiden 1973, p. 39 참조.

35) L. Troy, *Patterns of Qeenship in Ancient Egyptian Myth and History*, Uppsala 1986, p. 92 참조. 13세기의 파피루스 그림을 보면 이시스는 오시리스에게 구강성교를 해주고 있다(H. Hunger, *Die Heilige Hochzeit*, Wiesbaden 1984, p. 106 참조).

36) H. Brunner, *Die Geburt des Gottkönigs*, Wiesbaden 1964, p. 45 참조. 예를 들면 민(결실의 신-옮긴이)의 발기된 페니스는 '그의 아름다움'이라는 의미의 'nfrw.f'라고 적혀 있다. 관에 새겨진 텍스트에는 자주 라 신과 동일한 신으로 등장하는 아툼이 '심장에 생명을 불어넣으려면' 자신의 딸 마트를 '포옹'하라는 내용이 적혀 있다(J. Leclant, "Gotteshand", *Lexikon der Ägyptologie*, Bd. II, ed. W. Helck/W. Westendorf, Wiesbaden 1977, p. 813 참조).

37) L. Troy, 같은 책, p. 21 참조.

38) H. v. Deines/W. Westendorf, *Grundriß der Medizin der alten Ägypter*, Bd. VII.2, Berlin 1962, p. 639 참조. 하여튼 오르가슴을 뜻하는 단어로 흔히 '해소하다'라는 뜻의 wḥ'가 사용된다(1986년 5월 15일 Jan Assmann의 증언).

39) 지금까지 '헤테페트'(Hetepet)는 '헤테페트-헴'(Hetepet-Hem)으로 읽었는데, 일반적으로 한정어로 알려진 기호 ḥm을 음운 기호로 이해했

다. ḥmt는 '음부'라는 뜻이다(H. Bonnet, *Reallexikon der ägyptischen Religionsgeschichte*, Berlin 1952, p. 299 참조).

40) J. Vandier, "Iousâ as et (Hathor)-Nébet-Hétépet", *Revue d'Égyptologie* 1964, p. 128 참조.

41) 피라미드의 텍스트에서 이미 태양신은 '데미우르고스 아툼'(Demiurgen Atum)과 동일시되고 있다(L. Kákosy, "Atum", *Lexikon der Ägyptologie*, Bd. I, ed. W. Helck/W. Westendorf, Wiesbaden 1975, p. 551 참조).

42) P. Derchain, "Le démiurge et la balance", *Religions en Égypte hellénistique et romaine*, Paris 1969, p. 33; 1972, p. 42 참조.

43) L. Kákosy, 같은 책, p. 550 참조. 이시스와 무트, 그리고 훗날 아문의 여제사장도 '신의 손'이라는 이름으로 불렸다(A. Fakhry, "A New Speos From the Reign of Hatshepsut and Tuthmosis III at Beni-Hasan", *Annales du Service des Antiquités de l'Égypte* 1939, p. 722 참조).

44) 예를 들어 원통 모양의 인장에 언급되어 있는 셉세스카프 왕은 "하토르-바스테트의 사랑을 받았다"고 적혀 있다(E. Otto, "Bastet", *Lexikon der Ägyptologie*, Bd. I, ed. W. Helck/W. Westendorf, Wiesbaden 1975, p. 629 참조).

45) Herodot, *Historien* II, 60.

46) M. Galvan, *The Priestesses of Hathor in the Old Kingdom and the First Intermediate Period*, Ann Arbor 1981, p. 224f.; C. Ziegler, "Sistrum", *Lexikon der Ägyptologie*, Vol. V, ed. W. Helck/W. Westendorf, Wiesbaden 1984, p. 960 참조.

47) 지금까지 발견된 것 중에서 가장 오래 된 딸랑이는 제6왕조 시대의 것으로 파피루스 줄기 모양으로 만들어져 있다. 그 후에 발굴된 딸랑이들도 파피루스 줄기를 모방한 손잡이가 달려 있는 것이 많은데, 여기에 파피루스 꽃이 장식되어 있어서 마치 파피루스 꽃다발을 손에 쥐고 있는 듯한 느낌을 준다(L. Klebs, "Die verschiedenen Formen des Sistrums", *Zeitschrift für Ägyptische Sprache und Altertumskunde* 1931, p. 62 참조).

48) A. Hermann, *Altägyptische Liebesdichtung*, Wiesbaden 1959, p. 16 참조.

49) P. Barguet, "L'origine et la signification du contrepoids de collier-

Menat", *Bulletin de l'Institut Français d' Archéologie Orientale* 1953, p. 107f.; H. Grapow, *Die bildlichen Ausdrücke des Ägyptischen*, Leipzig 1924, p. 125 참조. 필라이(Philae)에 있는 이시스 신전의 거대한 탑문(塔門) 위에서, 프톨레마이오스가 이시스에게 목걸이(Menit)를 건네주면서 이렇게 말한다. "네 오빠의 적이었던 자의 고환을 받아라. 악한 자의 고환이란다. 사람들이 네 앞에서 북을 울려 네 마음을 즐겁게 해줄 것이다"(H. Junker, *Der große Pylon des Tempels der Isis in Philä*, Wien 1958, p. 3). 여기에는 아마 고환에 들어 있는 생명력을 이시스를 통해서 그녀의 몸속에 불어넣어줌으로써 왕을 다시 소생시키겠다는 생각이 깔려 있었던 것 같다(W. Westendorf, "Beiträge aus und zu den medizinischen Texten", *Zeitschrift für ägyptische Sprache und Altertumskunde* 1966, p. 129f. 참조).

50) R. O. Faulkner, *The Ancient Egyptian Coffin Texts*, Warminster 1973, I, p. 259. 그 밖에 S. Allam, *Beiträge zum Hathorkult bis zum Ende des Mittleren Reiches*, Berlin 1963, p. 127 참조. 피라미드에서 발견된 문서에서 하토르는 왕의 요포(腰布)로 비유되고 있다(K. Sethe, *Übersetzung und Kommentar zu den altägyptischen Pyramidentexten*, Vol. III, Glückstadt 1937, III, p. 26 참조).

51) C. J. Bleeker, "The Position of the Queen in Ancient Egypt", *La regalità sacra*, Leiden 1959, p. 267. 투탕카멘의 무덤에서 출토된 함에서도 여왕이 한 손에 하토르의 딸랑이(sẖm)를 쥐고 있다(W. Westendorf, "Bemerkungen zur 'Kammer der Wiedergeburt' im Tutanchamungrab", *Zeitschrift für Ägyptische Sprache und Altertumskunde* 1967, p. 145 참조).

52) 플루타르코스(*Die Iside et Osiride* 63)에 따르면 딸랑이를 흔들어서 티폰(100개의 용머리를 가진 괴물—옮긴이)을 몰아내는 장면이 나오고, 성스러운 동침 장면을 점잖게 그린 그림을 보면 아문이 자기 부인의 생명을 상징하는 딸랑이의 코와 음부를 쥐고 있다. 단다라의 후기 조각품 중에는 왕이 왼손에 활톱 모양의 딸랑이를, 오른손에는 나오스(Naos) 딸랑이를 들고 하토르에게 다가서고 있는 장면을 볼 수 있는데, 그 밑에 이런 설명문이 새겨져 있다. "내 오른손의 딸랑이(sšš.t)는 괴물을 몰아내고, 왼손에 쥐고 있는 딸랑이는 즐거움을 주며……"(H. Bonnet, *Reallexikon der ägyptischen Religionsgeschichte*, Berlin 1952,

p. 718; C. Sachs, *Die Musikinstrumente des alten Ägyptens*, Berlin 1920, p. 31 참조).

53) 다슈르(Dahshur)에서 발굴된 메레레트 여왕의 허리띠와 가슴장식에는 황금색 진주가 달려 있어서 나사조개 모양을 하고 있는데 이것은 분명히 이집트에서 음부를 상징하는 형상이다. 알라훈(al-Lahun)에서 발굴된 시트-하토르-유네트(Sit-Hathor-Yunet) 공주의 허리띠도 여러 개의 황금 나사조개 진주로 만들어져 있다. 이 진주 장식품 안에는 어김없이 은과 구리를 만든 공 모양의 합금 방울이 여러 개 들어 있어서 이것을 허리에 차면 걸음을 옮길 때마다 소리가 나도록 되어 있다(C. Aldred, *Jewels of the Pharaohs*, New York 1971, p. 191, Pl.35, 45 참조). 이처럼 나사조개 장식이 붙어 있는 방울 허리띠는 특히 무희나 제후의 후궁들이 두르고 다녔던 것 같다. 예를 들면 네페르호텝(Neferhotep)의 한 무덤에서 발굴된 파엔차(Fayence) 도자기에는 한 처녀가 나사조개 혁대를 두르고 춤추는 장면이 조각되어 있으며(L. Keimer, *Remarques sur le tatouage dans l'Égypte ancienne*, Le Caïre 1948, p. 19 참조), 람세스 무덤에서는 나사조개를 꿰어 만든 사슬이 발견되었는데 이것도 엉덩이에 걸치고 다니는 용도였을 가능성이 매우 높다(K. J. Seyfried, "Thebanisches Kaleidoskop", *5000 Jahre Ägypten*, ed. J. Assmann/G. Burkhard, Nußloch 1984, p. 111f. 참조). 이런 모양의 허리띠와 사슬에서 나는 소리는 분명히 에로틱한 느낌을 주었을 것이다. 일부 아칸족(서부 아프리카 종족—옮긴이) 여인들이 허리에 차고 다니던 유리구슬 혁대(afilé)도 그런 효과를 주는 물건으로서 그 여자가 죽으면 함께 묻어줄 정도로 여자에게는 아주 '친근한' 장식품이었다. 이것이 성교할 때 골반에 부딪히면서 나는 소리가 남자들에게 성적인 자극을 주었다고 한다(E. Cerulli, "An-, Ent- und Verkleiden: wie, wann und weshalb", *Paideuma* 1978, p. 73 참조). 오늘날 근동 지방에서도 이러한 방울소리는 매우 에로틱한 음향으로 알려져 있다. 그렇기 때문에 베두인족 여인들은 천막 안에서 여자들이 머무는 방에 남자 손님들이 와 있을 때는 소리가 나는 장신구를 모두 벗어놓아야 한다(E. Ubach/E. Rackow, *Sitte und Recht in Nordafrika, Stuttgart* 1923, p. 173 참조).

54) W. Westendorf, 앞의 책, p. 145 참조.

55) H. Brunner, "Das Besänftigungslied des Sinuhe", *Zeitschrift für ägyptische Sprache und Altertumskunde* 1955, p. 10 참조. 상징적

으로 묘사된 그림에서는 여신이 세토스 1세 앞에서 방울사슬을 내밀고 있다.

56) A. Hermann, "Sinuhe-ein ägyptischer Schelmenroman?", *Orientalistische Literaturzeitung* 1953, p. 106; *Altägyptische Liebesdichtung*, Wiesbaden 1959, p. 20f. 참조.

57) H. P. Duerr, *Sedna oder Die Liebe zum Leben*, Frankfurt/M. 1984, p. 118, 그림 53 참조.

58) E. Brunner-Traut, "Tanz" in *Lexikon der Ägyptologie*, Bd. VI, ed. W. Heck/W. Westendorf, Wiesbaden 1985, p. 219 참조.

59) E. Brunner-Traut, *Der Tanz im alten Ägypten*, Glückstadt 1938, p. 23f. 참조. 이때 무희들이 뻗었던 다리를 다시 내리는지 아니면 넓은 보폭으로 앞으로 나아가는지는 분명히 알 수 없다(I. Lexová, *Ancient Egyptian Dances*, Praha 1935, p. 22 참조).

60) H. Kees, *Kulturgeschichte des alten Orients: Ägypten*, München 1933, p. 92 참조.

61) 이 장면에 대하여 '여자' 무용수들이 '남자' 무용수들을 유혹하기 위하여 교태를 부리면서 물러나는 장면이라고 해석하는 사람도 있다(J. Vandier, "Iousâas et (Hathor)-Nébet-Hétépet", *Revue d'Égyptologie* 1964, IV, p. 434).

62) H. Wild, "Les danses sacrées de l'Égypte ancienne", *Les danses sacrées*, Paris 1963, p. 66 참조. 이보다 후기에 나온 『라 신의 현상형태에 관한 책』에서 여자를 구하지 못한 신이 "나는 손으로 음부를 만들어서 그것으로 성교했다"는 말을 하고 있다(D. Müller, "Die Zeugung durch das Herz in Religion und Medizin der Ägypter", *Orientalia* 1966, p. 256 참조).

63) 사카라 무희들은 음부를 천으로 슬쩍 가리고 다녔다. 스테헬린(E. Staechelin, Brief vom 26. Mai 1986.)과 브루너트라우트(E. Brunner-Traut, Brief vom 21. Mai 1986.)는 친절하게도 나에게 편지를 보내어, 젊은 처녀들은 그 밖에 아무것도 입고 있지 않았을 거라는 견해를 표명해주었다. 인테피커(Intefiker)의 무덤에 그려져 있는 무희들은 다리로 옷을 꿰어입은 다음 엉덩이 쪽 허리띠에 묶는 식으로 허리에 천을 두르고 다닌 것으로 보인다(N. de G. Davies/A. H. Gardiner, *The Tomb of Antefoker and of His Wife Senet*, London 1920, p. 22 참조). 이런 모습은 베니 하산(Beni Hasan)에 있는 흐넴호텝

(Chnem hotep)의 무덤에 그려진 실 짜는 여자들의 모습에서 더욱 분명하게 볼 수 있다(P. E. Newberry, *Beni Hasan*, Vol. IV, London 1900, Pl. XV 참조). 얇은 천을 가슴 사이에서 십자 모양으로 엇갈리게 매어 무릎까지 내려오도록 걸친 무희들도 더러 있었다(N. de G. Davies, *The Tomb of K. en-Amū n at Thebes*, Bd. I, New York 1930, Pl. XL 참조).

64) W. Decker, *Sport und Spiel in Alten Ägypten*, München 1987, p. 148f. 참조. 다리를 높이 치켜올린 무희들에 대해서도 재주넘기를 위한 준비동작이라고 보는 견해가 있다.

65) 본인이 이런 견해를 이집트 학자들에게 설명했더니 그들은 한결같이 매우 유보적인 반응을 보였지만 본인은 이 사실을 공개하지 않을 수 없다. 특히 아스만(Jan Assmann)의 반응이 일품이었는데, 그는 이집트 사제들이 나의 견해와 같은 생각에 솔깃했을 거라고 말하면서도 그들 스스로 그런 생각을 갖지는 않았을 거라고 했다.

66) W. Westendorf, "Bemerkungen zur 'Kammer der Wiedergeburt' im Tutanchamungrab", *Zeitschrift für ägyptische Sprache und Altertumskunde* 1967, p. 143; W. Barta, "Re", *Lexikon der Ägyptologie*, Bd. V, ed. W. Helck/W. Westendorf, Wiesbaden 1983, p. 168 참조.

67) H. Altenmüller, *Die Apotropaia und die Götter Mittelägyptens*, Bd. I, München 1965, I, p. 83 참조. 라는 '메헤트베레트의 예쁜 송아지' 라는 이름으로 불리기도 하는데 이것은 마침내 최초의 천국의 암소를 일컫는 듯하다(E. Hornung, *Der ägyptische Mythos von der Himmelskuh*, Göttingen 1982, p. 96f. 참조).

68) W. Westendorf, "Noch einmal: Die Wiedergeburt des heimgekehrten Sinuhe", *Studien zur altägyptischen Kultur* 1977, p. 296; P. Derchain, "La réception de Sinouhé à la cour de Sésostris I", *Revue de l'Égyptologie 1970*, p. 80, 82; W. Barta, *Untersuchungen zum Götterkreis der Neunheit*, München 1973, p. 150; J. Assmann, *Liturgische Lieder an den Sonnengott*, Berlin 1969, p. 118ff.; 같은 저자, 1983, p. 340ff. 참조.

69) J. Assmann, "Muttergottheit", *Lexikon der Ägyptologie*, Bd IV, ed. W. Helck/W. Westendorf, Wiesbaden 1981, p. 269 참조.

70) L. Troy, *Patterns of Qeenship in Ancient Egyptian Myth and*

History, Uppsala 1986, p. 26 참조.

71) Diodorus Siculus, *Historische Bibliothek* I, 85. 그리고 E. Otto, *Beiträge zur Geschichte der Stierkulte in Ägypten*, Leipzig 1938, p. 16; J. R. Conrad, *The Horn and the Sword*, New York 1957, p. 75ff. 참조.

72) H. P. Duerr, *Sedna oder Die Liebe zum Leben*, Frankfurt/M. 1984, p. 124ff. 참조. 카무테프와 유사하게 '멘데스의 주인 숫양'은 '어머니의 숫양'—샤이트 지역에서는 숫양을 '어머니의 정부(情夫)'라는 의미로 '메리무테프'라고 불렀다—으로서 자신의 어머니, 아내, 또는 딸의 자궁 안에서 다시 태어나는 존재였다(H. Bonnet, 같은 책, p. 868f. 참조). 그 후로 숫양은 숫염소로 바뀌었다. 추측건대 더 이상 숫양이 없었기 때문인 듯하다(H. De Meulenaere, "Mendes", *Lexikon der Ägyptologie*, Bd. IV, ed. W. Helck/W. Westendorf, Wiesbaden 1982, p. 44 참조). 8세기 히에로솔리미타누스(Cosmas Hierosolymitanus)에 따르면 여인들이 아이를 갖게 해달라는 뜻으로 염소 앞에서 음부를 드러냈다고 한다(T. Hopfner, *Fontes historiae religionis aegyptiacae*, Bonn 1924, p. 742 참조). 헤로도토스의 책에는 이런 내용도 있다. "특별히 숭배하는 숫염소가 있다. 이 염소가 죽으면 멘데스 지역 사람들 모두가 깊은 슬픔에 빠진다. 이집트어로 염소를 뜻하는 말도 멘데스요 목축의 신을 일컫는 말도 멘데스다. 내가 이집트에 있을 때 멘데스 마을에서 놀라운 일이 벌어졌다. 숫염소 한 마리가 공공연히 한 여자와 짝짓기를 하고 있었다. 온갖 만물이 그 장면을 목격했다"(Herodotos, 같은 책, II, 46). 여자가 염소의 성기를 뒤에서 음부에 삽입하는 석고 부조가 실제로 발견되었다(G. Michaïlidis, "Moule illustrant un texte d'Hérodote relatif au bouc de Mendès", Bulletin de l'Institut d'Archéologie Orientale 1965, p. 147 참조).

7. 모욕으로서의 음부 노출

1) H. Mandl-Neumann, "Alltagskriminalität im spätmittelalterlichen Krems", *Mitteilungen des Kremser Stadtarchivs* 1985, p. 59 참조.

2) C. Moser-Nef, *Die freie Reichsstadt und Republik Sankt Gallen*, Bd. V, Zürich 1951, p. 274 참조. 1618년에 몇몇 수공업자들 앞에서

이와 똑같은 행동을 했던 린다우의 하녀 뮐러린은 잠시 감금되어 있다가 복수하지 않겠다는 서약을 하고 도시에서 추방되었다(같은 책, p. 446 참조). 이와 같은 기록들로 볼 때 그 당시에는 음부나 엉덩이를 드러내는 일이 오늘날에 비해 빈번했던 것처럼 보이지만, 이를 증명할 근거는 없다. 적어도 중세시대의 프랑스에서는 여자들이 이런 행동을 하는 경우가 아주 드물었다(C. Gauvard, *Crime, état et société en France à la fin du Moyen Age*, Vol. II, Paris 1991, III, p. 724 참조).

3) B. Krekić, "Abominandum crimen: Punishment of Homosexuals in Renaissance Dubrovnik", *Viator* 1987, p. 342 참조.

4) R. G. Brown, "Burman Modesty", *Man* 1915, p. 135 참조.

5) M. Nash, *The Golden Toad to Modernity*, New York 1965, p. 256 참조. 그와 같은 수치심을 강화하는 기능을 했던 버마의 불교는 심지어 육체와 여자에 대해서도 적대감을 심어주고 있다. 승려는 여자 어린이나 짐승의 암컷조차 만지지 못하게 되어 있다. 승려는 개울에 빠진 자기 어머니를 끌어낼 때도 손을 내밀어서는 안 되고, 반드시 막대기를 이용해야 한다(M. E. Spiro, *Buddhism and Society*, London 1971, p. 296ff. 참조). 타이 여자는 승려(bhikku)에게 책이나 물을 건네주고 싶을 때 직접 주는 것이 아니라, 승려가 들고 다니는 수건 위에 올려놓아야 한다(J. Bunnag, *Buddhist Monk, Buddhist Layman*, Cambridge 1973, p. 36 참조).

6) M. E. Spiro, *Kinship and Marriage in Burma*, Berkley 1977, p. 219 참조. 남자가 밀폐된 공간에서 혼자 옷을 갈아입을 때에도 절대로 알몸이 드러나도록 벗는 일이 없었으므로, 여자의 경우는 두말할 필요도 없었다. 인간을 감시하는 열두 유령이 있는데, 그 중에서 절반은 선한 유령이고 나머지 절반은 나쁜 유령이다. 마땅히 가리고 다녀야 할 신체 중에서 특히 성기 부분을 드러내는 사람이 있다면, 그것은 여섯 착한 유령을 부끄럽게 만들어 쫓아버리는 행위로 간주된다(R.G. Brown, 위의 책, p. 134f. 참조). 제2차 세계대전 중에 버마(미얀마)를 점령한 일본인들은 남녀 구분 없이 집에서 함께 목욕했는데, 그 광경을 본 버마 주민들은 "그럼 페니스는 어떻게 되느냐"고 묻는 일이 많았다. 이와 비슷하게 버마의 시골 사람들은 유럽 남자가 여자를 데리고 춤을 추면서도 발기되지 않는다는 사실에 놀라면서, "남자가 여자와 동침할 의사가 없다면 어떻게 두 팔로 포옹할 수 있단 말입니까?"라며 의아스러운 표정을 지었다(Spiro, 같은 책, p. 214).

7) M. Mitterauer, "Geschlechtsspezifische Arbeitsteilung und Geschlechterrollen in ländlichen Gesellschaften Mitteleuropas", *Aufgaben, Rollen und Räume von Frau und Mann*, Bd. II, ed. J. Martin/R. Zoeppfel, Freiburg 1989, p. 827f; M. Perrot, "Rebellische Weiber", *Listen der Ohnmacht*, ed. C. Honegger/B. Heinz, Frankfurt/M. 1981, p. 87 참조.

8) E. Helming, "Waschen als Beruf: Zugehfrau, Lohnarbeiterin, Unternehmerin", *Die Große Wäsche*, Köln 1988, p. 89 참조. 19세기 켄징턴 남부에서 오랫동안 일한 적이 있었던 어떤 이가 노팅힐의 당구장에 갔는데 "여자들이 세탁소에서 습관적으로 떠들어대는 말투가 너무나 거칠어" 당구공을 "하나도 맞추지 못했다"고 한다(P. E. Malcolmson, *English Laundresses*, Urbana 1986, p. 104에서 인용). 1567년 슈테틴 의회는 '흑사병에 관한 규정'을 통해서 여자들로 하여금 흑사병에 걸린 환자의 속옷에 묻은 오물을 지나가는 남자들에게 뿌리지 못하도록 금지했다(H. Peter, "Die Entwicklung der Heilkunde in Settin", *Nordost-Archiv* 1983, p. 9 참조). 18세기 프랑스에서도 세탁부들의 거친 습관은 두려움의 대상이었다. 예를 들어 여자가 남자 경찰관을 괴롭히는 일이 일어나면, 그런 행동은 흔히 세탁부들한테서 나타나는 것이라고 생각했다(D. Godineau, *Citoyennes Trickteuses*, Aix-en-Provence 1988, p. 23 참조).

9) Y. Verdier, Façons de dire, façons de faire, Paris 1979, p. 133 참조. 아브라함 클라라는 자신이 기르는 새끼양들에게 개울가에서 빨래하고 있는 여자들에 관한 이야기를 다음과 같이 들려주고 있다. "그들은 팔꿈치까지 팔뚝을 걷어올리고/탄틀러 단추처럼 매끄러운 목덜미를 드러내고/남들이 쳐다보든 말든/치마를 높이 걷어올렸지/요단 강을 걸어서 건너려 했던 거야. /그때 야코부스라는 유명한 성직자가 지나가다가/물에 젖은 치마를 물끄러미 쳐다보더니/지켜야 할 예의도 잊은 채/치마를 내리지 말라고 하면서/성자는 너털웃음을 터뜨렸단다." 이 장면을 지켜보던 하느님은 그 벌로 당장 개울물을 마르게 하고 뻔뻔스런 여자들의 머리카락을 백발로 만들었다고 한다(Abraham a Sancta Clara, *Mercks* Wienn, Wien 1680, p. 107f.).

10) C. Meyer-Seethaler, Ursprünge und Befreiungen: Eine dissidente Kulturtheorie, Züeich 1988, p. 142.

11) 이들 '여신들'이 부활능력을 의미하는 상징적 존재였다고 전제한다면

(H. P. Duerr, *Sedna oder Die Liebe zum Leben*, Frankfurt/M. 1984 참조), 그런 이유에서 이들이 발가벗은 모습으로 인식되어왔다고 가정할 수는 있을 것이다. 육체의 아름다움을 묘사한 고대 그리스인들의 그림에서 볼 수 있듯이 여성의 성적인 매력을 강조한 그림의 경우에도 옷은 중요한 요소가 아니다.

12) L. Leakey, "Heirat und Verwandtschaft", *Bild der Völker*, Bd. 2, ed. E. E. Evans-Pritchard, Wiesbaden 1974, p. 134 및 1992년 5월 19일자 ARD 방송 보도(A. Reinhardt 기사) 참조.

13) L. C. Briggs, "Die Tubu", *Bild der Völker*, Bd. 8, ed. E. E. Evans-Pritchard, Wiesbaden 1974, p. 214 참조.

14) 1991년 5월 20일자 ARD 텔레비전 방송.

15) S. G. Ardener, "A Note on Gender Iconography: The Vagina", *The Cultural Construction of Sexuality*, ed. P. Caplan, London 1987, p. 115 참조. 밤바라족은 음부를 지극히 더럽고 악취가 나는 것으로 여겼기 때문에 잘라내거나 깨끗이 씻어내는 일이 많았다. 따라서 여자가 남자에게 음부를 보여주는 행위는 아주 심한 모욕을 준다는 의미를 갖는다. 남자들은 여자의 음부를 상상만 해도 끔찍하다는 느낌을 갖는다. S. C. Brett-Smith, "Symbolic Blood: Cloths for Excised Women", *Res* 1982, p. 27; G. Best, *Vom Rindernomadismus zum Fischfang*, Wiesbaden 1978, p. 95(투르카나족); H. Schurtz, *Grundzüge einer Philosophie der Tracht*, Stuttgart 1891, p. 128(발루바족) 참조. 카메룬에 사는 발롱족 남자가 여자에게 성기에 관한 단어가 나오는 모욕적인 발언을 하거나 "엉덩이에서 구린내가 난다!"는 식으로 말하면, 여자들 전체가 모욕을 느끼고 "화를 낸다". 그런 말을 했던 남자가 5실링의 벌금과 돼지 한 마리, 그리고 목욕에 필요한 비누를 내놓지 않으면, 여자들이 집단으로 발가벗고 그 남자 앞에 나타난다. 그리고 다른 남자들에게는 집을 비우고 나가라고 경고한다(S. G. Ardener, "Sexual Insult and Female Militancy", *Man* 1973, p. 427 참조). 유럽에서도 여자의 음부에서 악취가 난다는 식의 암시적인 발언을 하면 그것은 여자에 대한 최대의 모욕이었다. 그 예로 1623년 말파스(Malpas)에서 에드워드 위버라는 남자가 엘리자베스 민스홀이라는 여자에게, 다리 사이에서 구린내가 난다는 말을 함으로써 치명적인 모욕을 준 적이 있었다. 위버가 잠자리에 들자 엘리자베스는 다락방으로 올라가 남자의 침대 바로 위쪽의 천장에 구멍을 뚫어놓고 오줌을 누었다.

1607년 제인 페어클로라는 여자는 헨리 프레스코트라는 남자에게 모욕적인 말을 듣고 법원에 고소했다. 남자가 한 말은 이런 것이었다. "너의 다리 사이가 그토록 더럽지만 않다면 너를 갖고 싶을 텐데, 지금은 네 몸을 성적으로 이용할 생각이 추호도 없어"(J. Addy, *Sin and Society in the Seventeenth Century*, London 1989, p. 140). 내가 어렸을 적에 불량기가 있는 남자아이들은 계집애들 옆을 지나가면서 "생선가게 문이 열린 것 같다"며 큰 소리로 놀리곤 했다(H. P. Duerr, *Der Mythos vom Zivilisationsprozeß*, Bd. II: *Intimität*, Frankfurt/M. 1990, 제14장 참조).

16) U. v. Mitzlaff, *Massai-Frauen*, München 1988, p. 147f. 참조. 로이타 마사이족의 남자가 "자기 자식을 범하면"(ainosa inkera), 다시 말해서 실제 자신의 자식이거나 자신의 딸로 분류되는 아이를 데리고 동침하면 부인들이 파라쿠요족 여인들과 비슷한 집단행동을 벌인다(M. Llewelyn-Davies, "Two Contexts of Solidarity Among Pastoral Maasai Women", *Women United, Women Divided*, ed. P. Caplan/J. M. Bujra, London 1978, p. 226 참조).

17) H. Behrend, *Die Zeit des Feuers*, Frankfurt/M. 1985, p. 101; 같은 저자, 1989, p. 559 참조.

18) H. Behrend, *Die Zeit geht krumme Wege*, Frankfurt/M. 1987, p. 102 참조.

19) 1986년 6월 5일자 베렌트(H. Behrend)의 편지. 콤족(Kom) 여인들은 근친상간을 저지른 남자나, 다투던 남자가 여자의 신체를 건드리거나, "너의 음부는 썩었어"라는 식으로 말하는 남자가 있으면, 그 앞에서 옷을 벗고 소변을 갈긴 다음 계속해서 그 남자의 밭이나 집 안에다가 대변을 본다. 아잔데족(Azande) 여자들도 이와 비슷한 행동을 한다(S. G. Ardener, 같은 곳 참조).

20) 1992년 8월 2일자 브뤼게만(Wolf Brüggemann)의 편지. 아프리카 가봉의 민다사족과 바밤바족의 경우, 여자가 남자에게 저주를 퍼붓고 싶을 때는 숲속에 쭈그리고 앉아서 앞치마를 풀고 음부를 여러 번 두드리면서 이렇게 말한다. "그자가 음부에서 나온 것이 사실이라면, 그리고 그자가 페니스를 음부에 넣은 것이 사실이라면, 그자는 죽어야 해!"(E. G. Gobert, "Le pudendum magique et le problème des cauris", *Revue africaine* 1951, p. 27 참조). 팡족의 아버지가 아들을 자신의 부계에서 내쫓으려 할 때, 아들 앞에서 허리춤에 차고 있던 천을 끌어내

리면서 이렇게 말한다. "네가 어디서 나왔는지를 명심해라!"(J. W. Fernandez, *Bwiti*, Princeton 1982, p. 70, 182, 255 참조).

21) R. B. Edgerton/F. P. Conant, "Kilapat: The 'Shaming Party' Among the Pokot of East Afrika", *Southwestern Journal of Anthropology* 1964, p. 405f. 참조. 『리시스트라타』의 683행에도 여자들이 남자들에게 음부를 문질러대겠다고 으름장을 놓는 장면이 나온다.

22) U. Luig, "Körpermetaphorik, Sexualität und Macht der Frauen", *Frauenmacht ohne Herrschaft*, ed. I. Lenz/U. Luig, Berlin 1990, p. 263, 272f.

23) H. F. Feilberg, "Der böse Blick in Ünordischer Überlieferung", *Zeitschrift des Vereins für Volkskunde* 1901, p. 427 참조. 라플란드족(북유럽 인종) 여자와 동행했던 한 여행자는 도중에 곰을 만났는데 이 여자가 곰을 향해 몇 걸음 다가서서 곰에게 음부—물론 가죽옷을 입은 상태로—를 보여주더라는 말을 전하고 있다(E. G. Gobert, 같은 책, p. 36; J. Turi, *Erzählung vom Leben der Lappen*, ed. E. Demant, Frankfurt/M. 1992, p. 140 참조). 누니바크 에스키모인들이 사용하는 북 표면에 한 여자가 늑대에게 알몸을 보여주고 있는 그림이 그려져 있는 것을 보았다는 사람도 있다. 그곳 사람들의 말에 따르면 늑대가 그 여자와 같이 가던 남자를 동시에 공격했는데 여자가 음부를 드러내자 늑대는 "그런 것을 한번도 본 적이 없으므로 꼼짝 못하게 되었다"고 한다(1986년 3월 16일, 한스 힘멜헤버의 증언).

24) H. F. Feilberg, 같은 책, p. 428f.

25) R. D. Jameson, "Nudity", *Standard Dictionary of Folklore*, ed. M. Leach, New York 1950, p. 803 참조. 알바니아인과 몬테네그로인 사이에 장기간의 전쟁이 진행되던 당시에 여자들이 최전방에 나서서 치마를 걷어올린 적이 더러 있었다(H. Ellis, *Studies in the Psychology of Sex*, Vol. V, Philadelphia 1928, V, p. 100 참조).

26) L. Langner, "Clothes and Government", *Dress, Adornment, and the Social Order*, ed. M. E. Roach/J. B. Eicher, New York 1965, p. 126 참조.

27) G. Gugitz, "Freiheit, Gleichheit, Brüderlichkeit", *Sittengeschichte der Revolution*, ed. L. Schidrowitz, Wien 1930, p. 82 참조. 내가 받은 한 편지에 따르면 이와 거의 비슷한 만화가 또 있는데, 그 그림에 나오는 여자들의 몸에 남자의 성기가 달려 있었다고 한다(1986년 6월 25

일자, Elke Haarbusch의 편지. 그 밖에 E. Haarbusch, "Der Zauberstab der Macht: Frau bleiben", *Grenzgängerinnen*, ed. H. Grubitzsch et al., Düsseldorf 1985, p. 251 참조).

28) N. Hertz, "Medusa's Head: Male Hysteria Under Political Pressure", *Representations*, Fall 1983, p. 64; J. Bradbury, *The Medieval Siege*, Woodbridge 1992, p. 186f; W. Deonna, "Talismans de guerre dans l'ancienne Genève", *Archives suisses des traditions populaires* 1917, p. 97f. 참조. 960년 비잔틴 사람들이 사라센인들에게 빼앗겼던 크레타 섬을 되찾으려고 쳐들어갔을 때, 이라클리온 성벽 위에서 '창녀 같은 여자들'이 하반신을 드러내고 있다가 화살을 맞았다(E. Kislinger, "Anasyrma: Notizen zur Geste des Schamweisens", *Symbole des Alltags-Alltag der Symbole*, ed. G. Blaschitz et al., Graz 1992, p. 378 참조).

29) S. Ferenczi, "Die Nacktheit als Schreckmittel", *Schriften zur Psychoanalyse*, Bd. I, Frankfurt/M. 1970, p. 286 참조.

30) A. Weir/J. Jerman, *Images of Lust*, London 1986, p. 146 참조.

31) 나의 친척인 프림(C. Primm)과 포츠나인 대학의 노바크(Leszek Nowak)에 따르면 폴란드어로 'Prenki do gure'라는 표현은 아무 의미가 없는 말이라고 한다. 그러나 '손들엇!'이라는 의미일 것으로 짐작된다.

32) G. Hauptmann, "Die Weber", *Deutsches Theater des Naturalismus*, ed. W. Rothe, München 1972, p. 364.

33) N. Jungwirth, *Demo*, Weinheim 1986, p. 155; H. J. A. Hofland, *Hollands dossier 1980-1990*, Amsterdam 1990, p. 15 참조. 펠링거(R. Fellinger)의 증언에 따르면 에스파냐 내전 때도 여자들이 프랑스 군대에 의해 처형당하기 직전에 하반신을 벗었다고 한다.

34) N. Hertz, 앞의 책, p. 51에서 인용.

35) 공산정권이 집권할 무렵까지 윈난성의 캄무(Kammu)들은 오랫동안 비가 내리지 않으면 나무로 만든 페니스를 들고 돌아다니는 관습이 있었다. 이렇게 하면 신—아마 비의 신이겠지만—이 몹시 화가 나서 비를 내리게 한다는 것이었다(D. Li, "The Kammu People in China", *Asian Folklore Studies* 1984, p. 23f. 참조).

36) E. H. Schafer, "Ritual Exposure in Ancient China", *Harvard Journal of Asiatic Studies* 1951, p. 132, 137 참조.

37) D. Bodde, *Essays on Chinese Civilization*, Princeton 1981, p. 374

참조.

38) S. Jagchid/P. Hyer, *Mongolia's Culture and Society*, Boulder 1979, p. 151 참조. 9세기에도 가뭄이 계속되자 어린 여자아이들이 한 곳에 모여 한 아이를 발가벗겼다는 기록이 있다. 그런 다음 벗은 아이에게 독초 줄기를 잘라오게 하여 오른쪽 새끼발가락에 동여매고, 그 아이를 개울가로 데려가서 몸에 물을 끼얹어주었다(H. Marzell, *Geschichte und Volkskunde der deutschen Heilpflanzen*, Stuttgart 1938, p. 222 참조). 한 소녀를 발가벗겨서 비가 내리기를 기원하는 풍습은 크로아티아, 세르비아, 불가리아 지역에서 오늘날까지 이어져 내려오고 있다(N. Kuret, "Frauenbünde und maskierte Frauen", *Schweizerisches Archiv für Volkskunde* 1972, p. 346 참조). 인도의 우타르 프라데시에서는 1874년에 한 무리의 여자들이 굶주림을 불러오는 귀신을 막기 위해 한밤중에 들판으로 몰려나가서, 쳐다보는 남자들이 없음을 확인한 다음, 옷을 벗고 알몸으로 쟁기를 끌었다(K. Häfele, *Die Godivasage und ihre Behandlung in der Literatur*, Heidelberg 1929, p. 62; D. Desai, *Erotic Sculpture in India*, Delhi 1975, p. 99 참조). 이와 반대로 1912년 인도 남부의 티루치치라팔리에서는 남자들이 발가벗은 상태로 강물이 범람하는 강가에 나가 횃불을 들고 서서 성기를 내보이며 비를 내리는 신에게 겁을 주려고 했다(A. Sharma, "Nudity", *The Encyclopedia of Religion*, Bd. XI, ed. M. Eliade, New York 1987, p. 8 참조. 그 밖의 예들은 J. G. Frazer, *The Golden Bough*, Bd. I, London 1911, p. 248, 282f.; E. Crawley, *Dress, Drinks, and Drums*, London 1931, p. 112; 같은 저자, "Nudity and Dress", *Dress, Adornment, and the Social Order*, ed. M. E. Roach/J.B. Eicher, New York 1965, S. 46; J. Polek, "Regenzauber in Osteuropa", *Zeitschrift des Vereins für Volkskunde* 1893, p. 85; J.P. Mills, *The Rengma Nagas*, London 1937, p. 90; T. Hahn, *The Supreme Being of the Khoi-Khoi*, London 1881, p. 87f.; B. de Rachewiltz, *Schwarzer Eros*, Stuttgart 1965, p. 112 참조). 그동안 알몸을 노출하는 행동은 점잖지 못하다는 이유로 점차 줄어들게 되었다. 비를 갈망하는 로마의 선원들은 맨발을 드러내는 것으로 대신했다.

39) 누군가 악마나 마녀와 마주치면 "내 엉덩이나 핥아라!"라고 말하는 일이 많았다는 사실에 비추어본다면, 앞에서 말한 음부는 엉덩이를 의미할 수

도 있다. 1669년 라이프치히의 학자였던 프레토리우스의 말에 따르면 아이가 악마에게 끌려갈 위험스러운 상황에 놓이게 되면, 그 아이를 지키기 위해 어머니가 "내 궁둥이나 핥아라!"라는 말을 했다고 한다(H. Bächtold-Stäubli, "Hinterer〔Arsch〕", *Handwörterbuch des deutschen Aberglaubens*, ed. H. Bächtold-Stäubli, Bd. IV, Berlin 1931, p. 62; L. Röhrich, *Lexikon der sprichwörtlichen Redensarten*, Bd. I, Freibung 1973, p. 68 참조). 몬테네그로와 헤르체고비나의 여인은 마녀나 마술사로 보이는 사람과 마주칠 때는 치마 밑을 붙잡고 그 사람에게 대음순을 보여주는 관습이 있었다. 그리고 남자의 경우는 페니스를 보여준다(T. P. Vukanović, "Obscene Objects in Balkan Religion and Magic", *Folklore* 1981, p. 47, 51f.; D. Pop-Câmpeanu, *Se vêtir en Roumanie*, Freiburg 1984, p. 162 참조). 그 지역 사람들이 거짓 맹세를 해소하고자 할 때는 바지 주머니 속이 뚫린 구멍을 통해서 페니스를 쥐는 방법을 썼다(M. S. Kirch, *Deutsche Gebärdensprache*, Hamburg 1987, p. 19 참조).

40) P. K. Ford, "Celtic Woman: The Opposing Sex", *Viator* 1988, p. 434에서 인용. 프라고나르(Fragonard)도 그와 같은 장면을 그림으로 나타낸 바 있다(G. Néret, *L'érotisme en peinture*, Paris 1990, p. 78 참조). 중세 후기에 재앙을 물리치려고 할 때 흔히 음담('Potz fut!')을 퍼붓는 일이 아주 많았다. 편지를 쓸 때도 이런 목적으로 음란한 표현을 쓰는 경우가 있었다. 이것은 물론 그 당시 사람들의 수치심 기준이 낮았기 때문이 아니라—당시의 저자들도 외설적인 말로 여겼다—재앙을 물리치려는 데 그 의도가 있었다. 그것은 오늘날 우리가 누군가에게 "목이나 다리가 부러졌으면 좋겠다"는 말을 했다고 해서 그 사람을 잔인하다거나 무자비한 사람이라고 단정하지 않는 것과 같다.

41) M. Salewski, "Julian, begib dich in mein Boudoir: Weiberherrschaft und Fin de siécle", *Sexualmoral und Zeitgeist im 19. und 20. Jahrhundert*, ed. A. Bagel-Bohlau/M. Salewski, Opladen 1990, p. 55f.에서 인용.

42) H. R. E. Davidson, "The Legend of Lady Godiva", *Folklore* 1969, p. 110에서 인용.

43) 같은 책, p. 116; K. L. French, "The Legend of Lady Godiva and the Image of the Female Body", *Journal of Medieval History* 1992, p. 3ff. 참조. 귀부인이 알몸으로 말을 타고 있는 모습은 많은 문제점을

드러내고 있다. 17세기에 어느 청년이 그린 말 타는 여자의 나체는 별 문제가 없었다. 18세기부터는 추잡한 직업에 종사하는 여자를 등장시켰다. 말하자면 꽉 조이는 살색 비단옷 차림으로 말을 타고 있는 무희나 여배우들의 모습을 그렸다(앞의 책, p. 114f.). 초기 빅토리아 시대의 귀부인은 리넨 옷을 입었고, 어떤 경우에는 거의 무릎까지 내려오는 '일종의 페티코트' 같은 치마를 입었다. 그래서 발레리나와 비슷해 보였다. 리넨으로 만든 스타킹은 여러 가지 취향에 맞추느라 육체의 형태를 너무 소홀히 취급하는 결과를 가져왔다. 그래서 1845년에는 '음란하다'는 이유로 시위가 일어났다. 그 광경을 목격한 어느 비판자는 이렇게 말했다. "시위 행렬이 많은 관심을 끌었던 이유는 무엇이었을까? 거기에 매춘부가 끼여 있어서 그 여자가 바로 구경거리였던 것이다. 수천 명의 구경꾼들이 무슨 이유로 매춘부를 구경하려고 몰려들었을까? 그녀의 알몸이라도 볼 수 있으리라는 기대 때문이었을까? 19세기 중반 코번트리 시민들의 도덕적 심성이 이 정도였던 것이다!" 도덕의 사도였던 성직자는 이렇게 고백하지 않을 수 없었다. "문자 그대로 그 여자가 나체였는지는 확인되지 않았다. 그러나 세인의 주목을 끈 구경거리의 주인공이 항상 자신의 몸매를 가장 잘 드러낼 수 있는 옷을 입고 있었다는 말은 나도 들어서 알고 있다."
실제로 귀부인의 모습으로 묘사된 여인들은 아무리 보아도 귀부인 같지 않았다. 1845년의 그림에 묘사된 여자는 창녀였고, 이보다 3년 전의 그림에서도 술에 취해 말을 타고 있는 '귀부인'이 그려져 있었다. 행렬 한가운데서 그 여자는 입고 있던 옷을 완전히 벗어버렸다. 그래서 행사를 주최한 측에서 그녀에게 외투를 씌워 계속 진행하도록 조치했다. 이보다 몇 년 후 런던의 누드모델 마담 레티티아는 말을 타고 가다가 갑자기 소나기가 쏟아져서 옷이 찰싹 달라붙는 바람에 결국 중세시대 그 부인의 모습을 재현한 꼴이 되었다. 레티티아는 어쩔 수 없이 큼직한 우산을 쓰고 계속해서 말을 타고 갔으나 너무나 긴장한 나머지 마침내 정신을 잃고 말에서 떨어지고 말았다(K. Häfele, *Die Godivasage und ihre Behandlung in der Literatur*, Heidelberg 1929, p. 29, 34, 36ff. 참조). 그 다음 세기의 중반에 이르러 귀부인 고다이바의 이야기가 할리우드에서 영화로 제작되었을 때, 무어족 출신의 여주인공 오하라는 피부색 목욕 가운을 입었는데, 이것을 두고 여러 계층의 관객들은 '대담성의 최고봉'이라고 수군거렸다(G. Hanson, *Original Skin*, London 1970, p. 80f. 참조).

8. 여성의 위력

1) S. Nanda, "The Hijras in India", *The Many Faces of Homosexuality*, ed. E. Blackwood, New York 1986, p. 44; A. P. Sinha, "Procreation Among the Eunuchs", *Eastern Anthropologist* 1967, p. 175 참조.

2) 알라하바드(Allahābād)의 히즈라 집단에 소속된 사람들은 자기들이 퇴화된 남자 성기와 여자 성기를 동시에 가지고 있는 양성이라고 말한다. 그들은 여자 옷을 입고 여자 이름을 사용하면서도 스스로 여자도 아니요 남자도 아니라고 생각한다(M. E. Opler, "The Hijarā (Hermaphrodites) of India and Indian National Character", *American Anthropologist* 1960, p. 506 참조). 고대의 '갈리'(Galli)들도 '남자도 아니고 여자도 아닌' 사람으로 알려져 있었다(W. Burkert, *Antike Mysterien*, München 1991, p. 41 참조). 인도 남부의 대도시에 사는 히즈라들은 일찍이 어렸을 적부터 여자 옷을 입고 여자처럼 행동하고 싶은 욕구를 느꼈던 것 같다고 말했다. 자료 제공자들의 절반쯤은 어린 시절에 남자들에게 성적으로 농락을 당했고 그 경험 때문에 정상적인 성생활을 '망쳤다'고 했다(S. Nanda, *Medicine and Law* 1984, p. 65 참조).

3) S. Nanda, "The Hijras in India", The Many Faces of Homosexuality, ed. E. Blackwood, New York 1986, p. 42.; 같은 저자, "*The Hijras of India*", 1984, p. 67 참조. 구자라트 지방의 히즈라들은 일찍부터 성불구자였으며 거세된 것은 그후의 일인 것 같다고 털어놓았다(A. M. Shah, "A Note on the Hijadās of Gujarat", *American Anthropologist* 1961, p. 1328f. 참조). 한 히즈라 공동체는 나흘밤에 걸쳐서 창녀에 의해 성불구자라는 사실을 검증받은 사람만 가입시켰다고 한다(Nanda, 앞의 책, p. 59 참조).

4) 매춘부로 일하는 어떤 히즈라들은 고객을 상대로 하는 섹스가 재미있다고 말했다. 그들은 단골 고객들을 '남편들'이라고 부르는 경우도 있다. 어느 제보자는 이렇게 말했다. "찾아오는 사람 중에는 기혼도 있고 미혼도 있습니다. 여러 명의 자식을 둔 아버지도 있지요. 우리를 찾아오는 사람들은 어느 남자한테도 가고 싶은 욕망이 없는 사람들입니다. 그들이 우리한테 찾아오는 이유는 처녀를 원하기 때문이지요. 자기 부인보다 우리를 더 좋아한답니다. 그들의 취향은 아주 다양해요." 일반적으로 히즈라의 섹스 봉사 요금은 직업적인 매춘부의 요금보다 세 배쯤

비싸다. 보통의 매춘부들이 거부하는 성행위까지 히즈라는 기꺼이 따라주기 때문이다. 인도에서는 항문성교, 구강성교, 허벅지 성교 등이 법으로 금지되어 있어도 미성년자를 개입시키지 않는 한 묵인되었다(S. Nanda, 앞의 책, p. 44ff. 참조). 이것은 아마 스터브스(Horatio Stubbs)가 자전적 소설 『어느 병사의 발기』(*A Soldier Erect*)에서 묘사한 것처럼, 영국 병사들이 몇 루피를 지불하고 입으로 즐기던 그 행위를 말하는 듯하다(P. Fussell, *Wartime*, Oxford 1989, p. 113 참조).

5) 주로 인도 북부 지역에 거주하는 히즈라의 숫자는 약 50만 명으로 추산된다(S. Nanda, "The Hijras in India", The Many Faces of Homosexuality, ed. E. Blackwood, New York 1986, p. 36 참조).

6) S. Nanda, "The Hijras of India", *Medicine and Law* 1984, p. 68. 73; A.M. Shah, 같은 책, p. 1329 참조. 페니스를 자를 때 '클리토리스'처럼 보이도록 짧게 자르는 히즈라들이 많은 것 같다(G. Bleibtreu-Ehrenberg, *Der Weibmann*, Frankfurt/M. 1984, p. 127 참조). 나는 2년 전 뭄바이(봄베이)에 갔을 때, 젊은 여자가 벤치에 앉아 있는 한 무리의 남자들 앞에서 옷을 벗어 알몸을 드러내 보이는 광경을 목격한 일이 있다. 그날 저녁 우베로이(J. P. S. Uberoi)의 말에 따르면, 그 '여자'가 바로 구걸하고 다니는 히자다(=히즈라)일 거라고 했다. 유방이 달려 있더라는 나의 말에, 우베로이는 많은 히즈라들이 여성 호르몬을 복용하는 것 같다고 말했다. 이것은 난다(Nanda)의 '제보자'들이 증명해준 사실이기도 하다(p. 44). 말하자면 '여성적인 몸매를 가꾸기 위한' 목적으로 그렇게 한다는 것이다. 그날 저녁 몇몇 인도 여자들의 말을 들어보니 '평범한' 여자 거지들도 이처럼 신체 노출 행위를 통해서 강제로 돈을 구걸한다고 했다. 그 밖의 여자들도 몸을 가까이해 비벼댄다든지 엉덩이나 가슴을 만지는 남자가 있을 때는 하체를 벗어서 내미는 방법으로 방어했다. 버턴(Richard Burton)은 1888년 카이로에서 구걸하는 여자를 만나서 겪었던 일을 다음과 같이 전했다. "키가 크고 거칠고 우람하게 생긴 농촌 아낙네가 어느 날 아침에, 에츠베키예 가든에서 멀리 떨어진 아름다운 프랑스식 거리에서 1피아스트리(이집트 화폐 단위—옮긴이)를 주지 않으면 알몸을 드러내 보이겠다고 위협했다." 1920년대에 키키라는 여자는 가난한 친구나 자식이 죽은 가련한 여인을 위해 돈을 모금하기 위하여 술집을 찾아다니며 손님 테이블에서 캉캉을 추듯이 치마와 다리를 치켜올리고 털이 없는 음부를 보여주곤 했다. 그때마다 그녀는 "1프랑이나 2프랑을 내시오!"라고 말했다. 이에

대부분의 남자 손님들은 당황한 나머지 즉석에서 돈을 내놓았다(B. Klüver/J. Martin, *Kiki's Paris*, New York 1989, p. 154, 235 참조).

7) A. Krämer, *Palau*, Bd. I, Hamburg 1917; Bd. III, 1926, III, p. 280f., 287 참조.

8) 같은 책, p. 277 참조. 1883년 엔카사르(Eňkašar)에서 남자의 모습을 그린 딜루카이 형상을 보았는데, 그것은 유럽인 선원이 외투를 입고 모자를 쓴 차림으로 다리를 벌리고 있는 그림이었다. 이 그림은 같은 해 8월에 영국 전함의 선원들이 전리품으로 삼아 배에 실어갔다(J. S. Kubary, *Ethnographische Beiträge zur Kenntnis des Karolinen Archipels*, Leiden 1895, p. 242f., 244, 248 참조). 지붕 벽화에 그려진 다리를 벌리고 있는 여자의 형상은 뉴기니에도 있었다(M. Schindlbeck, "Männerhaus und weibliche Giebelfigur am Mittelsepik", *Baessler-Archiv* 1985, p. 368f. 참조). 나이지리아의 여러 사회에서 남자가 여성의 성기를 바라보는 행위는 매우 부정적인 결과를 낳는다. 예를 들어 남부 고원지대에 사는 베다미니족의 경우 대여섯 살짜리 남자아이들은 벌거숭이 상태로 돌아다니지만, 여자아이는 어머니가 오두막을 벗어나는 즉시 치마를 입는다. 아무리 어린아이의 성기라 하더라도 여자의 음부를 쳐다본 남자는 두뇌가 나빠진다고 믿기 때문이다(A. Sørum, "Growth and Decay: Bedamini Notions of Sexuality", *Ritualized Homosexuality in Melanesia*, ed. G. H. Herdt, Berkeley 1984, p. 322 참조).

후아족 남자는 동침한 여자의 음부를 쳐다보면 자신의 몸에 염증이 생긴다고 믿는다(A. S. Meigs, *Food, Sex, and Pollution*, New Brunswick 1984, p. 92 참조). 그렇기 때문에 뉴기니의 여자들이 남자들에게 도전하고 싶을 때 하체를 자주 드러내는 행위는 당연한 일이다. 특이하게도 여자들은 자기들끼리 상대방에게 모욕을 주려고 할 때—남자들끼리 다툴 때와는 달리—상대방의 음부에 대해 부정적인 말을 내뱉는 경우도 있다. 한 야트뮐족 여인은 이렇게 말했다. "우리 여자들은 알몸일 때는 항상 손으로 성기를 가리지요. 그런데 남자들은 절대로 그렇게 하지 않아요." 인종학자가 그 이유를 묻자 이 여인의 대답은 이러했다. "여자들이 서로 욕을 할 때는 자기 음부를 움켜쥐지요. 그러고는 '네 음부가 정말 크구나!'라고 말합니다. 남자들은 성에 대한 말을 하지 않아요. 그렇기 때문에 여자들이 음부를 숨기는 것이지요"(F. Weiss, *Die dreisten Frauen*, Frankfurt/M. 1991, p. 106).

9) A. Stopczyk, "Leibphilosophie und Pornographie", *Die alltägliche Wut*, ed. H. Bendkowski/I. Rotalsky, Berlin 1987, p. 122. 이런 식의 해석은 주로 페미니즘 문학에서 나타난다.

10) 카펜터(E. Carpenter)가 1986년 2월 28일자 편지에서 나에게 전한 바에 따르면, 16 · 17세기에 세네카족, 카유가족, 서스퀴해나족 등 북아메리카 인디언 부족들이 사용하던, 뿔로 만든 조그마한 장신구가 고고학자들에 의해 발견되었는데, 여기에 비너스 푸디카와 같은 자세로 발가벗고 있는 여자들의 형상이 새겨져 있었다고 한다. 이 형상들은 유럽의 판화를 모방하여 낙원에서 추방당한 이브의 모습을 새긴 것으로, 최초의 선교사들이 들어오기 이전에 상인들에 의해 인디언들에게 전해졌을 것이라고 카펜터는 추측했다. 또한 인디언들은 이브의 이런 자세를 수치심을 나타내는 동작이 아니라 '바우보(Baubo) 자세'로 이해했을 것이고, 그래서 이 장신구를 부적처럼 어린아이의 무덤 속에 함께 묻었을 것이라고 했다. 내가 발리 섬에서 본 적이 있는 통나무 북은 여체 형상의 몸체에 음부처럼 수직으로 갈라진 틈이 있었는데, 악령을 몰아내고자 할 때 페니스처럼 생긴 북채로 두드릴 수 있게 되어 있었다. 음부는 악령을 몰아내는 역할도 하지만, 다른 한편으로는 그 악령들이 음부를 통해서 몸속으로 들어올 수도 있다. 그렇기 때문에 드물게는 상징적인 그림을 이용하여 음부를 보호하기도 했다. 그 예로 모로코 여인들은 음부의 앞쪽에 방어용 문신을 새기는 풍습이 있었고(J. Herber, "Tatouges du pubis au Maroc", *Revue d'Ethnographie et des Traditions Populaires* 1922, p. 42 참조), 요르단 여자들은 음부를 추상화한 삼각형을 사용하였다(B. Mershen, "Amulette als Komponenten des Volksschmucks im Jordanland", *Pracht und Geheimnis*, ed. G. Völger et al., Köln 1987, p. 108 참조). 팔레스타인 여자들이 입고 다니는 전통 의상(jillayeh)의 앞쪽에 터져 있는 부분도 같은 기능을 갖는다. 특이하게도 그 옷의 '무기'(slah al-jillaye)라고 일컬어지는 이 부분은 가장자리가 꿰매어져 있어서 실제적인 용도는 없다. 여자들은 갈라진 이곳을 완곡한 표현으로 '여자의 상징'(rasmet al-hurmah)이라고 불렀고, 바느질 전문가가 가장자리에 천을 덧대어 그런 형태를 만들어놓으면 흔히 '옷을 무장했다'고 말한다. 이것은 일종의 방어무기로 인식되는 음부의 상징으로서, 걸음을 옮길 때마다 긴 속옷과 속바지(sirwal)가 노출된다(S. Weir, *Palestinian Costume*, London 1989, p. 214, 216, 269; J. S. Rajal, *Palestinian Costume*, London

1989, p. 34f. 참조).

11) W. Wickler, *Sind wir Sünder?*, München 1969, p. 261 참조.

12) 한편 파비안족 남자들은 서로 인사를 나누려 할 때 각자 자신의 알몸을 보여준다(S. C. Strum, *Leben unter Pavianen*, Wien 1990, p. 354, 356 참조).

13) G. Lerner, "The Origin of Prostitution in Ancient Mesopotamia", *Signs* 1986, p. 246 참조. 쿠 쿨린과 벨레로폰 두 여자가 알몸으로 맞서 싸웠다는 이야기가 '길가메시 서사시'에 나온다고 주장하는 사람도 있으나(R. J. Cormier, "Pagan Shame or Christian Modesty?", *Celtica* 1981, p. 45f.), 메소포타미아의 창녀들에게서 아무런 공격성이 드러나지 않는 것으로 볼 때 그 말은 맞지 않는 것 같다.

14) W. Helck, *Betrachtungen zur Großen Göttin*, München 1971, p. 64 참조.

15) 같은 책, p. 112f.

16) E. L. Bridges, *Uttermost Part of the Earth*, London 1948, p. 372 참조. 끊임없이 제기되고 있는 주장과는 반대로 오나의 아내들은 음부에 대한 수치심이 지극히 심했다. 그래서 그들은 무릎에서부터 가슴까지 올라오는 가죽옷(kohiyaten) 속에 다시금 야생 라마 가죽으로 만든 음부가리개를 받쳐입고 다녔으며, 하체를 씻을 때는 치마를 입은 채 씻거나 빽빽한 덤불 속을 이용했다. 한 남자가 여자의 성기를 몰래 훔쳐보려고 숨어들었다가 여자들을 몹시 화나게 했던 사건이 있었다. 그는 늘 이런 관습을 어기는 사람으로 알려진 '칸코아트'라는 광대였다. 여자들은 집 안에 있을 때도 복부와 허벅지를 포함한 하체를 늘 가리고 지냈다. 그들은 날씨가 더운 날 개울을 건널 때도 옷을 벗지 않았다. 아내가 예닐곱 살 된 딸에게 하체가리개를 입히지 않은 채 놀게 했다는 이유로 남편이 아내를 심하게 야단치는 장면을 어느 인종학자가 목격한 적이 있었다. 이웃에 사는 야마나족 여자들도 수달 가죽으로 만든 하체가리개를 벗는 일이 절대로 없었다(같은 책, p. 370ff., 62f. 참조).

17) R. M. Packard, "Social Change and the History of Misfortune Among the Bashu of Eastern Zaïre", *Explorations in African Systems of Thought*, ed. I. Karp/C. S. Bird, Bloomington 1980, p. 245f. 참조. 데사나족 사냥꾼들은 짐승을 성적으로 흥분시켜서 사냥하는 방법을 이용했다(H. P. Duerr, *Sedna oder Die Liebe zum Leben*, Frankfurt/M. 1984, p. 67 참조).

18) B. Rowland, *Animals With Human Faces*, Knoxville 1973, p. 153 참조. 세당 모이족(Sedang Moi)은 불을 질러서 화전을 일굴 때 불의 신을 유인하여 즐겁게 해줌으로써 불길이 걷잡을 수 없이 퍼져나가도록 하기 위하여 페니스를 내보였다. 그러나 여자들은 그런 식으로 노출하지 못하게 했다. 신의 성욕을 자극할 우려가 있다고 믿었기 때문이다(G. Devereux, *Baubo, die mythische Vulva*, Frankfurt/M. 1981, p. 55 참조).

19) H. Schurtz, *Urgeschichte der Kultur*, Leipzig 1900, p. 186 참조.

20) 그들은 귀족이 지나가면 뒤로 돌아서서 엉덩이를 내밀었다(C. R. Hallpike, *The Konso of Ethiopia*, Oxford 1972, p. 131 참조).

21) H.v. Hartmann, "Reiseerlebnisse auf Java", *Jahresbericht des Vereins für Naturkunde zu Zwickau* 1889, p. 25f.

22) 이탈리아의 다른 지역에서는 이런 관습이 고대의 '치타 보나'(zitta bona)라는 관습에서 유래되었다고 하는데 그 말은 '내 재산을 털어버리겠다'는 뜻이다. 초기에는 채무자가 법원 건물의 문설주 위에서 바지를 내렸던 것으로 짐작된다(A. Becker, "Ein italienischer Rechtsbrauch am Rhein", *Oberdeutsche Zeitschrift für Volkskunde* 1931, p. 89 참조).

23) H. Bächtold-Stäubli, "Hinterer(Arsch)", *Handwörterbuch des deutschen Aberglaubens*, ed. H. Bächtold-Stäubli, Bd. IV, Berlin 1931, p. 62 참조.

24) G. H. Herdt, "Fetish and Fantasy in Sambia Imitation", *Rituals of Manhood*, ed. G. H. Herdt, Berkeley 1982, p. 66 참조.

25) A. Becker, 같은 책, p. 90 참조.

26) R. Knußmann, *Der Mann, ein Fehlgriff der Natur*, Hamburg 1982, p. 98.; 같은 저자, "Sexualität bei Tier und Mensch", *Handbuch der Sexualpädagogik*, Bd. I, Düsseldorf 1984, p. 111 참조.

27) H. Sbrzesny, *Die Spiele der !Ko-Buschleute*, München 1976, p. 260 참조.

28) I. Eibl-Eibesfeldt, *Die !Ko-Buschmann-Gesellschaft*, München 1972, p. 75, 127f., 132 참조. 이 여자들이 상대를 우롱하려고 할 때 춤을 추면서 서로 앞치마를 걷어올려 상대의 엉덩이를 드러나게 하기도 한다.

29) 같은 책, p. 137f. 참조.

30) 쿵(!Kung)족 여자들은 엉덩이를 매우 에로틱한 것으로 인식하고 있기 때문에 보통때는 대중 앞에서 엉덩이를 절대로 드러내지 않는다. 경우에 따라서는 동침을 요구하는 행동으로 인식되기 때문이다(L. Marshall, "Marriage Among the !Kung Bushmen", *Africa* 1959, p. 360 참조). 코족 여자들의 경우도 이와 다를 바가 없다(H. -J. Heinz/M. Lee, *Namkwa*, London 1978, p. 43. 172f. 참조). 여성 인류학자가 이 여자들의 엉덩이에 지방축적 현상(아프리카 토인들의 신체적 특징)이 있는지 확인하기 위해 몇몇 여자들에게 엉덩이를 보자고 부탁하자 매우 모욕적이라는 반응을 보이면서 거부했다. 여성의 둔부는 매우 민감한 부분이다(L. Marshall, "Sharing, Talking, and Giving: Relief of Social Tensions Among the !Kung", *Kalahari Hunter-Gathers*, ed. R. B. Lee/I. DeVore, Cambridge 1976, p. 41, 244; A. S. Truswell/J. D. L. Hansen, "Medical Research Among the !Kung", *Kalahari Hunter-Gathers*, Cambridge 1976, p. 174 참조). 여자가 엉덩이를 드러내놓고 허리를 굽혀서 음부가 보이게 하는 동작은 더욱 민망스러운 일이라고 인식되고 있다. 후크베족의 여자아이는 기어다니기 시작할 때부터 얇은 가죽으로 만든 삼각형 가리개로 음부를 가리며 밤중에도 벗지 않는다(M. Gusinde, *Von gelben und schwarzen Buschmännern*, Graz 1966, p. 112f. 참조). 부시먼은 성교할 때 페니스를 뒤에서 삽입하며, 여자가 남자를 자극할 때는 엉덩이를 내미는 동작을 취한다. 그렇기 때문에 다리를 벌리고 앉아 있는 부시먼 여자들의 자세 때문에 다른 문화권에서 온 사람들이 가끔씩 어리둥절해지는 일이 흔하다. 일본 인종학자가 쓴 책에는 "산이라는 여자가 한쪽 무릎을 세우고 허벅지를 아주 넓게 벌려서 '도발적인' 자세를 보이는 바람에 상당히 괴로웠다"는 내용이 들어 있다(K. Sugawara, "International Aspects of the Body in Co-Presence Observations on the Cultural Kalhari San", *Culture Embodied*, ed. M. Moerman/M. Nomura, Osaka 1990, p. 86 참조). 물론 쿵족과 부시먼 자신들도 '처녀들이 얌전하지 않은 자세로 앉지 않도록' 매우 주의를 기울인다(L. Marshall, *The !Kung of Nyae Nyae*, Cambridge 1976a, p. 370).

31) G. Róheim, "Women and Their Life in Central Australia", *Journal of the Royal Anthropological Institute* 1933, p. 241 참조.

32) 레수족도 여성의 성기에 관해서는 수치심의 기준이 매우 높다. 반드시 남자들이 없는 곳에서만 목욕을 하거나 밤에 잠을 잘 때도 음부가리개

를 벗지 않는다(H. Powdermaker, *Life in Lesu*, London 1933, p. 28, 239f. 참조).

33) D. Ayalah/I. J. Weinstock, 앞의 책, p. 87.

34) *Stern* 2, 1986, p. 58. 그 밖에 P. Machotka, *The Nude*, New York 1979, p. 132f. 참조.

35) F. D. Mulcahy, "Gitano Sex Role Symbolism and Behavior", *Anthropological Quarterly* 1976, p. 144 참조. 자신의 음부를 한 번도 들여다본 적이 없는 한 젊은 여자는 거울을 이용하여 처음으로 검사하고 나서, "주먹을 쥐고 있는 것처럼 위협적으로 보였어요"라고 조사담당자에게 말했다(G. Devereux, *Baubo, die mythische Vulva*, Frankfurt/M. 1981, p. 89 참조).

36) M. R. Allen, "Homosexuality, Male Power, and Political Organization in North Vanuatu", *Ritualized Homosexuality in Melanesia*, ed. G. H. Herdt, Berkeley 1984, p. 116 참조.

37) 블라우스 단추를 열어서 젖가슴을 반쯤 드러낸 자세로 싸구려 포도주를 마시고 있는 집시 여인들만을 보고 다양한 집시 집단의 예절관습을 판단한다는 것은 잘못된 일이다. 예컨대 신티자(Sintiza) 집시 여인은 아이에게 젖을 물리는 경우를 제외하고는 남자 앞에서 절대로 가슴을 드러내는 일이 없으며(H. Arnold, *Die Zigeuner*, Olten 1965, p. 185 참조), 영국의 집시 여인은 부득이 아이에게 젖을 물려야 할 상황이 되면, 거처로 사용하고 있는 마차에 가서 커튼을 가리고 젖을 주거나 젖병을 물린다(J. Okely, "Gypsy Women", *Perceiving Women*, ed. S. Ardener, New York 1975, p. 63 참조). 과거에는 집시 여인들의 나체 사진을 구할 수가 있었지만 그 사진도 사실은 자기들 집단에서 쫓겨난 여자의 것이었다. 정숙한 집시 여인이라면 나체로 사진을 찍도록 허락하지 않았을 것이다(M. Block, *Gypsies*, London 1938, p. 193f. 참조). 오늘날 영국 집시 여인들은 반드시 목 부분까지 올라오는 블라우스를 입는다. 몸에 달라붙는 스웨터를 입는 여자는 수치를 모르는 여자로 인식되며, 바지를 입는 경우에는 그 위에 치마를 입어서 엉덩이와 허벅지를 덮어야 한다(J. Okley, 앞의 책, p. 63 참조). 남자의 경우에도 의사의 진찰을 받기 위해 옷을 벗거나 목욕할 때도, 하체를 가리고 있어야만 정숙한 행동으로 인식된다. 몇 십 년 전만 하더라도 청년들은 밤에만 수영을 하러 다녔고, 그 장소도 집시 이외의 사람들이 없을 것으로 판단되는 호수나 연못을 이용했다. 그래야만 여자의 월경이나 분비물로

인해 물이 '오염'(prasto)되지 않았을 거라는 확신을 가질 수 있었던 것이다(H. Arnold, 앞의 책, p. 185 참조). 집시 여인들이 강제수용소에 끌려들어가서 나치 친위대의 남자 군인들 앞에서 나체 상태로 머리끝부터 발끝까지 감시받게 되었을 때, 그들의 굴욕감이 어떠했을지는 충분히 상상할 수 있는 일이다(P. Franz, *Zwischen Liebe und Haß: Ein Zigeunerleben*, Freiburg 1985, p. 52 참조).

38) A. Sutherland, "The Body as a Social Symbol Among the Rom", *The Anthropology of the Body*, ed. J. Blacking, London 1977, p. 382ff.; W. van Wijk, *A Sociological Study of the Gypsies*, Leiden 1948, p. 115; J. Okley, 같은 책, p. 63 참조.

39) G. Devereux, *Baubo, die mythische Vulva*, Frankfurt/M. 1981, p. 30 참조. 남자가 여자의 음부를 쳐다보면 눈이 멀고 병이 나거나 미쳐버린다는 생각이 널리 퍼져 있었다. 예를 들면 아랍인들(F. Malti-Douglas, *Woman's Body, Woman's Word*, Princeton 1991, p. 126 참조), 또는 고대 그리스인의 경우가 그러했다. 이란의 여자들이 성교할 때 옷을 벗지 않는 전통이 있었던 이유도 여자의 '나체'가 남자를 불임 상태로 만든다고 믿었기 때문이다(P. Vieille, *La féodalité et l'État en Iran*, Paris 1975, p. 143 참조).

40) S. Freud, *Gesammelte Werke*, London 1940 XVII, p. 47f.; N. Sombart, "Die schöne Frau", *Der Schein des Schönen*, ed. D. Kamper/C. Wulf, Göttingen 1989, p. 363ff. 참조.

41) G. Devereux, "Baubo-die personifizierte Vulva", *Die Geburt aus ethnomedizinischer Sicht*, ed. W. Schiefenhövel/D. Sich, Braunschweig 1983, p. 118 참조.

42) S. Freud, 앞의 책, XV, p. 142 참조.

43) S. Lorand, "The Psychology of Nudism", *Psychoanalytic Review* 1933, p. 199f. 참조. 이 책의 저자는 여성들에게 페니스를 엿보고 싶어하는 마음이 약하다는 사실에 대해서도 동일한 해석을 내리고 있다.

44) H. Mester, "Der Wunsche einer Frau nach Veränderung der Busengröße", *Zeitschrift für psychosomatische Medizin* 1982 p. 82. 어느 여성 심리분석가의 책에는 한 여자가 유방을 강하게 드러내기 위해 자신의 두 팔을 등뒤로 묶게 했다는 일화가 기록되어 있는데, "이것은 유방과 페니스를 동일한 것으로 보려는 행동"이라고 주장하고 있다(E. V. Siegel, *Weibliche Homosexualität*, München

1992, p. 119).

45) G. Devereux, 같은 책, p. 117. 이 점은 신화적인 바우보 여인들의 동작뿐만 아니라 모든 '음부 노출 행위'에 해당된다(같은 저자, *Baubo, die mythische Vulva*, Frankfurt/M. 1981, p. 8 참조).

46) C. Gehrke, "Über weibliche Schaulust", *Sexualität heute*, ed. M. Heuer/K. Pacharzina, München 1986, p. 73 참조. 이런 맥락에서 특이한 것은 페미니즘적 경향을 지닌 여성학자들조차 음부(Vulva) 대신 '질'(Vagina)이라는 단어를 사용하고 있다는 점이다.

47) 물론 남근을 '우월'한 것으로 보는 심리분석가들의 인식은 여성에게 결여된 힘의 근원이 바로 남근에 있다고 생각하는 일반인들의 인식을 반영한 것이다. 드브뢰의 보고에 따르면, 짓궂은 모하비족 사내아이들이 여자들을 화나게 하기 위해 성기를 허벅지 사이에 감춘 자세로 하체를 드러내면서 "우리도 당신들처럼 음경이 없어요!"라고 소리를 질렀다(G. Devereux, 같은 책, p. 31). 또 어떤 아이들은 페니스를 뒤로 구부린 채 여자들 앞으로 가서 "암말 흉내를 내면서" 오줌을 누었다. 이와 비슷하게 여류 조각가 벵글리스(Lynda Benglis)는 뉴욕의 '폴라 쿠퍼 갤러리'에서 시범을 보였던 동작을 사진으로 찍어서 1974년 11월호 『아트포럼』(*Artforum*)이라는 잡지에 게재함으로써 남근을 자랑스럽게 생각하는 남성들을 조롱했다(그림 207). 이 사진이 수많은 남성들에게 도전적인 느낌을 불러일으키는 바람에—사소한 것이지만—말썽을 일으킨 일이 있다.

48) W. D. O'Flaherty, *Women, Androgynes, and Other Mythical Beasts*, Chicago 1980, p. 267; 같은 저자, Śiva, Oxford 1981, p. 190 참조. 여기에 비교될 수 있는 존재로는 티베트의 바보 성직자 드루그파 퀸레그에게 무시무시한 형상으로 달려드는 여자 악마 롱론을 들 수 있는데, 이 악마는 머리를 풀어헤치고 드러난 젖가슴이 바람이 부는 대로 흔들리면서 음순을 쩍 벌린 자세를 취하고 있다(K. Dowman, *Der heilige Narr*, ed. F.-K. Ehrhard, Bern 1982, p. 170 참조).

49) 카카르(S. Kakar, *Kindheit und Gesellschaft in Indien*, Frankfurt/M. 1988, p. 118)에 따르면 실제로 많은 인도 남자들이 '음부의 흡입력'에 대해 두려움을 느끼고 있다. 다시 말해서 그들은 성경험이 풍부하고 능동적인 여자에 의해 '흡입'당할지 모른다는 두려움을 갖고 있다. 그러나 정확히 말하면 이들이 갖는 감정은 두려움으로 인한 쾌감이라고 말할 수 있다. 근본적으로 성행위를 천박하고 건강에 해로운 것이라며

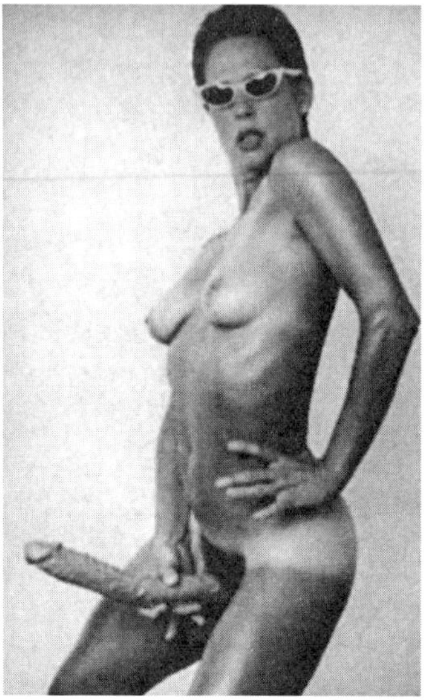

207. 1974년 11월호 『아트포럼』에 실린 미국의 여류 조각가 린다 벵글리스의 자기표현 동작.

경멸하는 라지푸트족 남자들은 창녀나 최하층 계급의 어린 처녀들처럼 천한 대우를 받는 여자들을 상대로 성교해야만 재미를 느낀다. 이와 반대로 '정숙한' 자기 아내와의 성교는 짧고 무미건조할 뿐만 아니라, 그것은 아들을 생산하기 위하여, 또는 이미 아들이 있는 경우에는 아내를 달아나지 않도록 붙잡아두기 위하여 반드시 거쳐야 할 힘든 운동일 뿐이다(G. M. Carstairs, *Die Zweimal Geborenen*, München 1963, p. 222 참조). 증언에 따르면 비하르 지방에 사는 시골사람들의 성교는 몇 초만에 이루어지며, 이때 신체 접촉이란 오직 삽입 행위로 제한되어 있다고 한다(1986년 4월 21일 J. Deppert의 증언). 벵골 지방 여자들은 결혼하면 밤에 가끔씩 남편과 동침한다는 사실이 만천하에 알려지게 되므로 결혼했다는 사실 자체를 부끄럽게 여긴다고 한다(L. M. Fruzzetti, *The Gift of a Virgin*, New Brunswick 1982, p. 14). 한편 인도 여자들 중에는 암소가 교미해서 새끼를 낳는 현상을 보고 슬퍼하는 여자들이 많다(A. Bharati, "Symbolik der Berührung in der hinduistisch-buddhistischen Vorstellungswelt", *Studium Generale* 1964, p. 616f. 참조).

'현대 인도의 비대성(肥大性) 청교도주의'(A. Bharati, *The Asians in East Africa*, Chicago 1972, p. 135)라고 표현되는 현상이 새로운 경향일 수도 있겠지만, 과연 탄트라적인 섹스, 카마수트라, 데바다시스와 가니카스(=창녀)를 비롯하여 사원에서 볼 수 있는 음란한 부조(浮彫)들이 수백만 인도 사람들의 성생활과 관련이 있었는지는 지극히 의심스럽다(M. Nag, "Sex, Culture, and Human Fertility: India and the U. S.", *Current Anthropology* 1972, p. 234 참조). 간디가 사원의 그림을 보고 "내게 힘이 있다면 저것들을 부숴버리고 싶다!"(A. Bharati, "Esoterisches Wissen", *Die zweite Wirklichkeit*, ed. A. Holl, Wien 1987, p. 199에서 인용)고 외쳤던 그의 말은 바로 그러한 '청교도적' 목소리였던 셈이다. 그러나 오늘날 인도인은 이 부조에 대해 "우리 보통 사람들은 저런 짓을 하지 않아요!"(J. Deppert, "Auf Erden ist alles möglich", *Merianheft Indiens Norden*, Hamburg 1983, p. 61)라고 말하고 있다. 그렇다면 아마 수백 년 전의 인도 사람들도 같은 말을 했을 것이다. 어쨌든 『수슈루타삼히타』(인도의 고대 의학서적—옮긴이)에는 잘못된 관습이나 수치심으로 인하여 자연스러운 성을 억압하는 행위는 육체의 섭리에 어긋나는 죄악이며, 만일 그게 아니라면 신이 우리 인간에게 쾌락이나 성기를 주지 않았을 것이라는 점을 강조할 필요가 있다고 적혀 있다(K. L. Bhishagratna, *Suŝruta Samhitā*, Vol. II, Varanasi 1981, II, p. 501 참조). 이 부분에 대해 힌트를 제공한 나의 친구 엘리 프랑코에게 고마움을 전한다.

9. 여성의 폭력

1) 그 밖에 Aristophanes, *Lysistrata* 683 참조. 1527년 우라하에서 한 여자가 남자한테 손가락을 자신의 몸 안에 넣어보고 맛이 어떤지 봐달라고 요구함으로써 남자에게 모욕을 준 적이 있었다(R. W. Scribner, *Popular Culture and Popular Movements in Reformation Germany*, London 1987, p. 269 참조). 제보자의 말에 따르면, 치리카후아족 아파치 여인의 가장 모욕적인 행동은 이런 것이었다. "한 여자가 누군가에게 몹시 화가 나면 오른쪽 손바닥을 위로 향하게 하여 주먹을 쥐고 엄지손가락을 검지와 중지 사이에 끼워넣었다가 얼른 상대방 쪽으로 손을 편다. 그런 다음 '이 냄새나 맡아라!' 하고 소리친다. 그러면

상대방 남자는 겁을 낸다. 이 행동은 음부와 관련된 모욕적인 것이다." 이 행동은 분명히 여자가 취하는 것이지만, 때로는 남자들끼리 상대방을 모욕할 때에도 사용된다(M. E. Opler, *An Apache Life-Way*, Chicago 1941, p. 457f. 참조). 남자에게 몹시 화가 난 메스칼레로족 아파치 여인은 최대의 모욕을 주기 위하여 손가락을 음부에 넣는 듯한 동작을 보이다가 그 손가락을 남자의 코앞에 들이밀면서 '냄새나 맡아라!' 하고 말했다(같은 저자, Apachy Odyssey, New York, 1969, p. 242 참조).

2) B. Malinowski, *Das Geschlechtsleben der Wilden in Nordwest-Melanesien*, Frankfurt/M. 1979, p. 242f.; 같은 저자, Korallengärten und ihre Magie, Frankfurt/M. 1981, p. 162 참조. 이 여자들은 남자를 덮치기 직전에 나무껍질로 만든 치마를 벗어던지고 '타우바우(=악령)의 무리들처럼 알몸'을 드러냈다고 제보자가 강조했다. 한편 이와 같은 악령뿐만 아니라 날아다니는 마녀들을 몰아내려고 할 때에도 음부를 노출하는 방법이 이용되었다. 원양선박의 물막이 판자에, 알몸으로 다리를 벌리고 있는 여자의 모습을 그려서 붙여놓는 이유도 거기에 있었다(I. Eibl-Eibesfeldt, *Das verbindende Erbe*, Köln 1991, p. 280 참조). 마르케사스 섬 사람들은 미친 사람한테서 악령을 몰아내고자 할 때, 여자를 불러와서 다리를 벌린 채 환자의 가슴 위에 올라앉게 했다(R. C. Suggs, "Sex and Personality in the Marquesas", *Human Sexual Behavior*, ed. D. S. Marshall/R. C. Suggs, New York 1971, p. 172 참조).

3) 그는 자신의 책에서 전설의 섬으로 알려진 카이탈루기 섬에 관한 이야기도 소개하고 있다(B. Malinowski, 같은 책, p. 337). '수많은 동침'이라는 뜻을 가진 이 섬에는 여자들만 살고 있다고 한다. "모두 예쁘게 생긴 이 여자들은 알몸으로 돌아다닌다. 치모는 깎지 않으며, 그 털은 아주 길게 자라기 때문에 도바(나무껍질로 만든 치마)와 비슷해 보인다. 이 여자들은 만족할 줄 모르는 욕망을 갖고 있는 탓으로, 매우 거칠고 포악하다. 뱃사람들이 해변에 상륙하기 위해 접근해 오기 시작하면, 이 여자들은 멀리서 그들의 카누를 지켜보고 있다가 미리 그 해변에 가서 기다린다. 해변은 여자들로 말미암아 컴컴해진다. 그만큼 무더기로 몰려와 있기 때문이다. 뱃사람들이 상륙하면 여자들은 당장 달려들어 남자들을 덮친다. 그러고는 음순을 벌리고 남자들을 성폭행한다. 이 풍습은 오카야울로 부족의 야우사와 유사하다." 카이탈루기 섬의 풍

습이 야우사와 다른 점은 마지막에 가서 남자들을 죽인다는 사실이다. 어쨌든 이것이 남자에게는 지극히 치욕적인 일이며, 그와 같은 성폭행이 공공연하게 이루어진다는 점에서 특히 치욕적이다(같은 책, p. 357 참조). 이들보다 훨씬 격정적이고 색정적인 여자들이 살고 있는 투마 섬에서도 낯선 남자가 나타나면 여자들이 달려들어 공개적으로 성폭행한다. 그러나 이곳에서는 치욕적이라거나 굴욕적인 인상을 남기지 않는다는 점에서 차이를 보인다. 성교가 시작되면 나머지 섬주민들도 자극을 받아서 모두가 한바탕 난잡한 파티를 벌인다(같은 책, p. 342 참조). 그 밖에 이 여자들은 성행위를 하는 도중에 손톱이나 이빨 또는 예리한 물건으로 남자에게 가벼운 상처를 입히는데, 이런 점에서 트로브리안드 섬의 부인과 처녀들은 실제 성생활에서 매우 공격적이었던 것 같다.

4) H. Jüptner, "Geburtshilflich-gynäkologische Beobachtungen bei den Trobriandern", *Die Geburt aus ethnomedizinischer Sicht*, ed. W. Schiefenhövel/D. Sich, Braunschweig 1983, p. 139 참조.

5) 1991년 6월 16일자 빙클러(Dietrich Winkler)의 편지.

6) T. Gregor, "Privacy and Extra-Marital Affairs in a Tropical Forest Comminity", *Peoples and Cultures of Native South America*, ed. D. R. Gross, Garden City 1973, p. 243 참조. 와라오족 여자들은 추수감사제 중에 남자들을 습격하여 페니스를 겁탈하는 풍습이 있다(H. D. Heinen/K. Ruddle, "Ecology, Ritual, and Economic Organization in the Distribution of Palm Starch Among the Warao of the Orinoco Delta", *Journal of Anthropological Research* 1974, p. 131 참조).

7) G. Graber, "Alte Gebräuche bei der Flachsernte in Kärnten", *Zeitschrift für sterreichische Volkskunde* 1911, p. 156ff. 참조. 유럽의 여러 지역에서도 삼밭에서 일하는 여자들이 음부를 드러내는데, 이때 남자는 그 장면을 보지 못하도록 되어 있었다. 슈베비시에서는 "삼이 여자의 음부를 아홉 번 쳐다보면, 그 삼은 쓸모없게 된다"는 말을 흔히 했다(H. Marzell, "Lein", Handwörterbuch des deutschen Aberglaubens, Bd. V, ed. H. Bächtold-Stäubli, Berlin 1933, p. 1184ff. 참조).

8) W. -E. Peuckert, *Ehe*, Hamburg 1955, p. 51f. 참조. 그리스 북부에서 유모 축제가 열리면 1월 7일에서 8일로 이어지는 밤의 거리는 온통

여자들의 차지가 되어 이들의 거침없는 노래와 음란한 춤판으로 메워진다. 만일 남자가 그 장면을 엿보고 있다가 들키면 벌금을 내거나 옷이 벗겨져 알몸 신세가 된다(W. Puchner, "Spuren frauenbü-ndischer Organisationsformen im neugriechischen Jahreslaufbrauchtum", *Schweizerisches Archiv für Volkskunde* 1976, p. 165 참조). 불가리아에도 이와 비슷한 풍습이 있다(O. Lodge, "Babin Den: Midwives' Day in Bulgaria", *Man* 1947, p. 84 참조).

9) R. Wolfram, "Weiberbünde", *Zeitschrift für Volkskunde* 1933, p. 145f.; D. Bazzi, "Die grausamen Weiber", *Alltag* 1988, p. 100f. 참조. 여자들의 사육제날 저녁에 넥타이만 잘리는 남자들은 운이 좋은 편이다.

10) M. Gluckman, *Order and Rebellion in Tribal Africa*, London 1963, p. 113f., 117 참조.

11) B. B. Le Vine, "Die Initiation der Mädchen in Nyansongo", *Initiation*, ed. V. Popp, Frankfurt/M. 1969, p. 51ff. 참조.

12) M. Konner, *Die unvollkommene Gattung*, Basel 1984, p. 274, 288 참조. 여성 전문가 두 사람은 "해부학적 측면에서 볼 때 남자 쪽에서 원하지 않을 때 여자가 억지로 성교를 한다는 것은 불가능하다"고 주장했다(L. Hudson/B. Jacot, *The Way Men Think*, New Haven 1991 p. 119). 남자가 여자에게 '성폭행'을 당하는 경우는 "오직 미성년 남자아이들이 연상의 보모나 계모 같은 여자들의 행동으로 인해 자극을 받는 경우가 대부분"(L. Keupp, Aggressivität und Sexualität, München 1971 p. 98)이라는 주장도 옳지 않다. 물론 그와 같은 유혹이나 강요된 성행위가 실제로 일어나고 있는 것은 분명하다. 그 예로 호피족(북아메리카 인디언 종족—옮긴이) 출신의 한 남자는 자신의 생애를 회상하는 글에서, 소년 시절에 스무 살의 미혼모한테 겪은 이야기를 다음과 같이 적었다. "양가죽 위에 누워 있던 그 여자가 나를 끌어당겼다. 이윽고 나의 은밀한 부분을 만져 흥분시키는 바람에 나는 놀라지 않을 수 없었다. 발기가 되자 여자는 내 몸을 더욱 밀착시키면서 아주 거칠게 숨을 몰아쉬기 시작했다. 나는 몸을 빼내려고 애를 썼다. 마침내 나를 놓아준 뒤에 살펴보니 페니스에 피가 묻어 있어서 울음을 터뜨리고 말았다"(Sun Chief, *The Autobiography of a Hopi Indian*, ed. L. W. Simmons, New Haven 1942, p. 79). 젊은 처녀가 청년에게 먼저 성교하자고 요구한 다음 청년이 따르지 않으려 하자 강제로 덤벼든다는 식의 주제는

호피족의 단편소설에서 흔하게 발견된다(E. Malotki, "The Story of the *tsimonmamant* or Jimson Weed Girls", *Smoothing the Ground*, ed. B. Swann, Berkeley 1983, p. 211 참조).

13) J. M. MacDonald, *Rape*, Springfield 1971, p. 75 참조.

14) A. Pache, *Die religiösen Vorstellungen in den Mythen der formosanischen Bergstämme*, Mädling 1964, p. 125 참조.

15) 보통때 동침을 할 경우, 대개 이들 남자들은 짧은 시간 안에 사정을 끝낸다. 그런 다음 남자가 페니스를 꺼내려고 하면—이는 자기 자신의 오르가슴만 중요하게 생각하기 때문인데—여자는 자신이 절정에 이를 때까지 남자를 꼭 붙잡고 있는 경우가 많다(J. J. Honigmann, *The Kaska Indians*, New Haven 1954, p. 129 참조).

16) 같은 책, p. 128. 발리 섬에서 나와 만난 오스트레일리아 남자는 밤 늦게 레지언(Legian) 해변에 갔다가 여러 명의 여자들에게 붙잡혀 강제로 수음을 당했던 경험을 들려주었다.

17) 1988년 1월 15일자 그레베(Reinhard Greve)의 편지. 카바일족(북아프리카 흑인—옮긴이)은 여자가 남자보다 훨씬 음란하고 충동적이라고 인식하고 있으며, 그렇기 때문에 여자들이 남자의 성기를 보고 성폭행했을 때, 비로소 동침이라는 행위가 이 세상에 존재하기 시작했다고 생각하게 되었다(H. Baumann, *Schöpfung und Urzeit des Menschen im Mythus der afrikanischen Völker*, Berlin 1936, p. 368; C. Lacoste-Dujardin, *Mütter gegen Frauen*, Zürich 1990, p. 75f. 참조).

18) A. Jones, "Schwarze Frauen, weiße Beobachter", *Der europäische Beobachter außereuropäischer Kulturen*, ed. H.-J. König et al., Berlin 1989, p. 162 참조.

19) I. Goldman, "The Zuñi Indians of New Mexico", *Cooperation and Competition Among Primitive Peoples*, ed. M. Mead, Gloucester 1976, p. 346 참조.

20) G. Devereux, *Träume in der griechischen Tragödie*, Frankfurt/M. 1982, p. 513 참조. 기원전 500년 무렵에 제작된 꽃병 파편에 스핑크스가 나체 소년을 겁탈하는 장면이 그려져 있다(같은 저자, *Baubo, die mythische Vulva*, Frankfurt/M. 1981, p. 130 참조). 나야데(물의 요정—옮긴이)들도 젊은 남자와 강제로 교접을 한다. 살마키스 요정이 미소년 헤르마프로디토스를 겁탈한 경우가 그 예이다(A. Richlin, "Rereading Ovid's Rapes", *Pornography and Representation in*

Greece and Rome, Oxford 1992, p. 165f. 참조).

21) P. Friedrich, *The Meaning of Aphrodite*, Chicago 1978, p. 17f.; H. P. Duerr, *Sedna oder Die Liebe zum Leben*, Frankfurt/M. 1984, p. 131 참조. 프레데리크 헨드리크 섬의 키맘파푸아족 남자들은 특정한 나무의 주변에 남자를 능욕하는 코네라는 이름의 음탕한 여자 요정이 살고 있다고 믿고 있다(L. Serpenti, "The Ritual Meaning of Homosexuality and Pedophilia Among the Kirmam-Papuans of South Irian Jaya", *Ritualized Homosexuality in Melanesia*, ed. G. H. Herdt, Berkeley 1984, p. 295 참조).

22) D. F. Greenberg, *The Construction of Homosexuality*, Chicago 1988, p. 306 참조.

23) D. Rieger, "Le motif du viol dans la litt rature de la France médiévale entre norme courtoise et réalité courtoise", *Cahiers de civilisation médiévale* 1988, p. 266.

24) M. Thomas, *Buchmacherei aus der Zeit des Jean de Berry*, München 1979, p. 89.

25) 1984년 11월 1일자 드브뢰의 편지.

26) F. M. Deng, *The Dinka of the Sudan*, New York 1972, p. 91 참조.

27) C. Kappl, *Die Not der kleinen Leute*, Bamberg 1984, p. 156 참조.

28) G. R. Quaife, *Wanton Wenches and Wayward Wives*, London 1979, p. 158, 165 참조.

29) J. Addy, *Sin and Society in the Seventeenth Century*, London 1989, p. 134, 138 참조. 1677년에 차일드월에 사는 윌리엄 래브록이라는 남자는 제인 쿡이라는 여자를 고발했다. 이 여자가 먼저 술집에서 "윌리엄 홀트의 성기를 꺼내놓고", 분노에 가득 차서 스스로 치마를 벗으면서 "이제 만족스럽소?"(같은 책, p. 134) 하고 말했다고 한다.

30) J. H. Zedler, *Großes vollständiges Universal-Lexikon*, XXIV, Leipzig 1740, XXIV, p. 1457.

31) R. D. Eskapa, *Die bizarre Seite der Sexualität*, Hamburg 1988 p. 140 참조.

32) W. v. d. Ohe, "Gewalt und Kriminalität", *Die Vereinigten Staaten von Amerika*, Bd. II, ed. W. P. Adams et al., Frankfurt/M. 1990, p. 142 참조. 미국 연방수사국(FBI)이 집계한 통계에 따르면, 1975년

과 1978년 사이에 미국에서 일어난 여성의 성범죄 비율은 1퍼센트였다. 그 중에서 약 3분의 1이 18세 미만의 여성에 의해 일어난 사건이었다 (Eskapa, 위의 책 참조). 1859년부터 1863년까지 프랑스에서 신고된 성범죄 사건 중에서 여성에 의한 사건은 0.1퍼센트에 불과했고, 그것도 나이 어린 여자들이 저지른 경우가 대부분이었다(A. Tardieu, *Étude médico-légale sur les attentats aux mœurs*, Paris 1867, p. 54 참조). 1857년에 관련 법률이 제정된 이후로는, 여성도 성폭력 범죄를 저지르면 당연히 처벌을 면할 수 없게 되었다(J. Mossuz-Lavau, *Les lois de l'amour*, Paris 1991, p. 190 참조). 스위스에서는 1974년과 1978년 사이에 성범죄 혐의로 재판을 받은 여성은 단 한 명뿐이었다(H. Veillard-Cybulska, "Die Kriminalität der Frauen in der Schweiz", *Weibliche und männliche Kriminalität*, ed. W. Haesler, Diessenhofen 1982, p. 185 참조). 최근의 조사결과에 따르면, 강간을 비롯한 성범죄자의 15퍼센트가 젊은 여성으로 나타나 있다(D. Bange, "Sexuell bißbrauchte Jungen", *Stricher-Leben*, ed. B. Bader/E. Lang, Hamburg 1991, p. 142 참조).

33) 미군에 근무하는 여성의 1퍼센트는 같은 여성에 의해 성추행을 당했다고 신고했다(S. Jeffords, "Performative Masculinities, or, 'After a Few Times You Won't Be Afraid of Rape at All'", *Discourse* 1991, p. 116 참조). 제82공수연대의 '그린 베레' 부대와 속전부대 및 낙하산 대대에 소속된 젊은 사병들은 여자 상관한테서 성관계를 강요받은 경우가 많았다(*Spiegel* 47, 1990, p. 111 참조). 드브뢰(앞의 책)에 따르면 1945년에 수많은 헝가리 남자들이 붉은 군대의 여자 병사들에게 성폭행을 당했다. 코르닐로프 장군이 지휘하는 백군(白軍)에 가담하여 여자의 몸으로 전투에 참가했던 룰 가르도(Rul Gardo)는 붉은 군대의 남자 군인을 심문하던 중에 옷을 벗으라고 강요하면서 자신이 붉은 군대 병사들에게 폭행당했다는 사실을 암시적으로 말했다. "너도 틀림없이 여자를 해치운 적이 있겠지. 하지만 지금은 여자가 너를 잡고 있어! 새로운 게임이 시작된 셈이지, 안 그래? 전쟁이란 그런 거야. 성별 따위는 문제가 안 돼!"(J. Wheelwright, *Amazons and Military Maids*, London 1989, p. 73에서 인용).

34) P. Samuel, *Amazonen, Kriegerinnen und Kraftfrauen*, München 1979, p. 312f. 참조.

35) P. M. Sarrel/W. H. Masters, "Sexual Molestation of Men by

Women", *Archives of Sexual Behabior* 1982, p. 126 참조.

36) 같은 책, p. 120f. 한 백인 남자는 흑인 여자 두 명에게 총으로 위협을 받아 쿤닐링구스(여성의 성기를 입으로 자극하는 행위—옮긴이)와 성교를 강요당했고, 또 다른 젊은 남자는 여자 세 명에게 추행당하여 세 차례나 사정을 했다. 이런 사건으로 조사를 받은 남자들 중에서 거의 모두가 여러 해 동안 성불구로 지냈다(같은 책, p. 122, 127 참조). 미국의 한 의과대학 여학생은 해부용 칼로 남학생을 위협하여 결박한 뒤 성폭행했다(W. H. Masters/V. E. Johnson/R. C. Kolodny, 1988, p. 470 참조). 또한 미국의 많은 여자들이 스스로 남자를 성폭행하는 장면을 상상하는 일이 많다(W. H. Masters/V. E. Johnson, *Homosexualität*, Frankfurt/M. 1979, p. 168 참조).

37) I. Agger/S. B. Jensen, "Die gedemütigte Potenz: Sexuelle Folter an politischen Gefangenen männlichen Geschlechts", *Zeitlandschaft im Nebel*, ed. H. Riquelme, Frankfurt/M. 1990, p. 54 참조. 여자 교도관들은 자기가 직접 손을 대지 않고 남자 죄수끼리 서로 수음하도록 강요하는 경우도 더러 있다.

38) Sarrel/Masters, 앞의 책, p. 125 참조.

39) T. Vanggaard, *Phallos*, Frankfurt/M. 1979, p. 105 참조.

40) R. Bilz, *Die unbewältigte Vergangenheit des Menschengeschlechts*, Frankfurt/M. 1967, p. 12f.; G. Devereux, *Baubo, die mythische Vulva*, Frankfurt/M. 1981, p. 14 참조. 드브뢰에 따르면, 젖을 빨고 있는 남자아이를 배가 부르지 않은 상태에서 떼어내면 불안해져서 발기하는 아이가 많았다(G. Devereux, *Träume in der griechischen Tragödie*, Frankfurt/M. 1982, p. 340).

41) H. U. Lange/M.-P. Engelmeier, "Ladendiebstahl als sexuelle Deviation", *Sexualmedizin* 1980, p. 504; L. Kaplan, *Das Mona Lisa-Syndrom*, Düsseldorf 1990, p. 158 참조.

42) 그 예로 계단 난간을 타고 기어오르거나 미끄러져 내려올 때, 또는 우연한 신체 접촉으로 발기되는 경우를 들 수 있다(M. Hirschfeld, *Die Homosexualität des Mannes und des Weibes*, Berlin 1914, p. 188ff. 참조).

43) A. J. Reiss, "The Social Integration of Queers and Peers", *Social Problems* 1961, p. 11 참조.

44) J. Henderson, *The Maculate Muse*, New Haven 1975, p. 183 참조.

물론 이때 당하는 쪽의 남자가 자신의 의지로 이런 사태에 대응하는 경우도 많다. 그 예로 한 동성애 남성은 여자와 동침하는 것처럼 상상함으로써 번거로운 발기 문제를 해결했다(M. Hirschfeld, 앞의 책 참조).

45) J. Kohler, *Das Recht der Azteken*, Stuttgart 1892, p. 89 참조. 잉카족 여자가 이런 벌을 받는 경우는 재범을 저지를 때에만 적용되었다(H. Trimborn, "Der Ehebruch in den Hochkulturen Amerikas", *Anthropos* 1935, p. 544 참조).

46) S. C. Dube, *The Kamar*, Lucknow 1951, p. 110 참조. 유혹이냐 강간이냐, 아니면 성폭행이냐를 정의하는 문제는 워지오 섬(뉴기니)에 사는 중년 여인들의 행동에서도 제기되었다. 이 여인들은 특히 불쾌한 입냄새 때문에 젊은 남자들이 거부하는데도 그들에게 '치근대는' 경우가 드물지 않았다. 이때 여인들은 젊은 남자의 페니스가 발기할 때까지 움켜쥐고 있다가 음부 안으로 집어넣었다. 때로는 구강성교를 통해서 저항하는 남자를 발기시키기도 했다(H. I. Hogbin, "Puberty to Marriage: A Study of the Sexual Life of the Natives of Wogeo, New Guinea", *Oceania* 1946, p. 200 참조).

47) 수녀가 이 사건을 성폭행이라고 폭로한 이유는 자신을 보호하기 위한 주장일 수도 있다(J. C. Brown, *Schändliche Leidenschaften*, Stuttgart 1988, p. 13, 135f. 참조).

48) T. van der Meer, "The Persecution of Sodomites in Eighteenth-Century Amsterdam", *The Persuit of Sodomy*, ed. K. Gerard/G. Hekma, New York 1989, p. 283. 이때까지 남자의 범행을 옆에서 적극적으로 도와준 사람도 여성이었다. 그 예로 1720년에 패트리지라는 여자는 "토마스 밀레너라는 범인이 피해자 이사벨을 능욕하는 동안 강제로 이사벨을 붙잡아주고 폭행한" 혐의로 서리 감옥에 수감되었다(J. M. Beattie, "The Criminality of Womenin Eighteenth-Century England", *Journal of Social History* 1975, p. 112 참조). 심지어 재미삼아 살인 행위를 거들어주는 여자도 있었다. 16세기에 남자 살인자가 여자 공범과 함께 추르차흐의 숲속에서 방어 능력이 없는 여자를 덮쳐서 칼로 찌르고 "푸줏간 주인이 돼지고기를 다루듯 여자를 난도질했다"(C. Moser-Nef, *Die freie Reichsstadt und Republik Sankt Gallen*, Bd. V, Zürich 1951, V, p. 332).

49) R. D. Eskapa, 같은 책, p. 137f. 참조. 물론 여자 형무소에서 일어나는 성폭행 사건은 남자 형무소에 비해 근본적으로 드물다.

50) 그 예로 비르케나우 수용소에서 젊은 여자 수용자들이 여자 하급 지휘관들에게 성폭행당했다(K. Zywulska, *Wo vorher Birken waren*, München 1979, p. 118). 1947년 아우슈비츠 수용소장 루돌프 회스는 처형당하기 직전에 이와 같은 '불법 행위'에 대해 다음과 같이 말했다. "나는 여자 감시원과 여자 수용자 사이의 성행위 사건에 대해 여러 차례 보고를 받았다. 이 모든 사건들은 여자 감시원들의 수준을 드러내는 사건이었다. 주어진 임무를 제대로 수행하지도 않았고 신뢰성도 없는 자들이라는 사실은 뻔한 일이다"(R. Höß, *Kommandant in Auschwitz*, ed. M. Broszat, München 1963, p. 120). 아우슈비츠에서 여자 수용자들에게 성폭행한 자로 유명했던 인물은 나치스 친위대 소속의 여자 감시원 이르마 그레제였다(O. Kraus/E. Kulka, *Die Todesfabrik Auschwitz*, Berlin 1991, p. 162 참조).

51) R. D. Eskapa, 같은 책, p. 266 참조.

52) D. E. H. Russell/L. Lederer, "Then and Now: An Interview With a Former Pornography Model", *Take Back the Night*, ed. L. Lederer, New York 1980, p. 25 참조.

53) R. D. Eskapa, 같은 책, p. 140 참조. 레즈비언에 의한 여성 폭력에 관해서는 L. Segal, *Slow Motion*, New Brunswick 1990, p. 262f. 참조.

10. "궁둥이를 핥아라!"

1) F. Kluge, *Etymologisches Wörterbuch der deutschen Sprache*, Berlin 1989, p. 228 참조.

2) F. Staub/L. Tobler, *Schweizerisches Idiotikon*, Bd. I, Frauenfeld 1881, p. 682f. 참조.

3) C. Moser-Nef, *Die freie Reichsstadt und Republik Sankt Gallen*, Bd. V, Zürich 1951, V, p. 444.

4) H. Bächtold-Stäubli, "Hinterer(Arsch)", *Handwörterbuch des deutschen Aberglaubens*, ed. H. Bächtold-Stäubli, Bd. IV, Berlin 1931, p. 62 참조.

5) F. Liebrecht, "Arsloh", *Germania* 1886, p. 206 참조. 1380년 크라일스하임이 점령당했을 때도 여성 시장이 이와 비슷한 행동을 했다.

6) Bächtold-Stäubli, 앞의 책, p. 63 참조. 17세기에 프리아울(이탈리아

동북 지역—옮긴이)의 여자들은 폭풍을 향해서 엉덩이를 드러내고, "너에게는 내 엉덩이만큼 해로운 것이 없을 거야!"(L. Accati, "The Spirit of Fornication: Virtue of the Soul and Virtue of the Body in Friuli, 1600~1800", *Sex and Gender in Historical Perspective*, ed. E. Muir/G. Ruggiero, Baltimore 1990, p. 111 참조)라고 외쳤다.

7) F. S. Krauss, "Südslavische Volks berlieferungen, die sich auf den Geschlechtsverkehr beziehen: Teil I", *Anthropophyteia* 1904, p. 1 참조. 태평양 남서부 산호섬 중 하나인 로열티 군도에 속한 리푸 섬의 폴리네시아족은 남녀 모두가 그런 행동을 하는데, 장난삼아 그러는 경우도 있고 화가 났을 때도 그런 행동을 한다(S. H. Ray, "The People and Language of Lifu, Loyalty Islands", *Journal of the Royal Anthropological Institute* 1917, p. 253 참조). 금세기 초에 벨기에의 브뤼셀에서 자란 나의 할머니도 반은 장난으로 반은 진지하게 그런 행동을 하시곤 했다. 이때 할머니는 허리를 약간 구부리고 상당히 빠르게 엉덩이를 앞뒤로 움직이면서 치마를 몇 센티 정도 치켜올렸다. 나는 딕스(Otto Dix)의 「나와 브뤼셀」이라는 그림을 볼 때마다(그림 208), 할머니의 그 동작이 생각난다. 물론 이 그림은 분명히 한 창녀가 손님을

208. 오토 딕스의 「나와 브뤼셀」, 1922.

유혹하는 동작을 나타낸 것이다.

8) Bächtold-Stäubli, 앞의 책, p. 62 참조. 15세기 빈에서는 한 수공업자가 "이 거울을 보십시오"라고 말하면서, 엘레오노레 왕후와 여자 시종들에게 엉덩이를 드러내 보였다(A. Müller, "Stigma und Stigmatisierungstechniken im Spätmittelalter", *Symbole des Alltags - Alltag der Symbole*, ed. G. Blaschitz et al., Graz 1992, p. 341 참조). 얼마 전 영국 여왕이 뉴질랜드를 공식 방문했을 때, 마우리족 남자가 그런 식으로 '인사'를 했다. 물론 여왕은 눈초리가 굳어지면서 '그냥 무시'해버렸고, 그 남자는 그 자리에서 체포되었다(O. König, Nackheit, Opladen 1990 p. 380 참조). 이보다 훨씬 옛날인 1588년 무렵 브라이스가우 지역의 프라이부르크에서 한 여자가 어떤 여자를 모욕하려고 "엉덩이를 내밀었다"는 혐의로 고발되어 재판을 받았다(S. Roecken/C. Brauckmann, *Margaretha Jedefrau*, Freiburg 1989, p. 182 참조).

9) J. R. Forster, *The 'Resolution' Journal, 1772~1775*, IV, ed. M. E. Hoare, London 1982, IV, p. 590 참조.

10) H. Maurer, *Konstanz im Mittelalter*, Konstanz 1989, II, p. 184 참조.

11) A. Spycher, "Der Basler Lällenkönig, seine Nachbarn, Freunde und Verwandten", *Neujahrsblatt der Gesellschaft für das Gute und Gemeinnützige*, Basel 1987, p. 76, 78 참조. 모리스 역시 "엉덩이를 드러내는 이러한 특별한 행동은 외설적이라거나 부도덕한 행동이 아니었다"(D. Morris, *Körpersignale: Bodywatching*, München 1986, p. 200)고 주장한다.

12) S. Burghartz, *Leib, Ehre und Gut: Delinquenz in Zürich am Ende des 14. Jahrhunderts*, Zürich 1990, p. 265f. 참조. 이와 같은 사례들을 볼 때 둔데스(A. Dundes, *Life Is Like a Chicken Coop Ladder*, New York 1984, p. 50ff.)의 주장에 대해 얼마나 신중을 기해야 하는지를 알 수 있을 것이다. 독일어권에서 음부나 섹스와 관련된 모욕 행위는 '항문과 관련된 모욕'에 비하면 대수로운 것이 아니었다.

13) L. Röhrich, *Lexikon der sprichwörtlichen Redensarten*, Bd. I, Freibung 1973, I, p. 69 참조.

14) 레온(에스파냐의 도시—옮긴이) 교회의 성가대 좌석에 새겨진 조각에서 음낭과 페니스를 볼 수 있다(F. López-Ríos Fernández, *Arte y*

medicina en las misericordias de los coros españoles, Salamanca 1991, p. 107, 171 참조).

15) A. Becker, "Ein italienischer Rechtsbrauch am Rhein", *Oberdeutsche Zeitschrift für Volkskunde* 1931, p. 88 참조.

16) A. Spycher, 같은 책 참조.

17) W. Schiefenhövel, "Kindliche Sexuelität, Tabu und Schamgefühl bei primitiven Völkern", *Die Entwicklung der kindlichen Sexualität*, ed. T. Hellbrügge, München 1982, p. 149 참조. 근세 초기 프랑스 디종 지방에서 타인에게 방귀를 뀌는 행동은 심한 모욕을 의미했다(J. R. Farr, *Hands of Honor: Artisans and Their World in Dijion*, 1550-1650, Ithaca 1988, p. 184 참조).

18) I. Eibl-Eibesfeldt, *Das verbindende Erbe*, Köln 1991, p. 131 참조. 야노마뫼족의 이 어머니는 낯선 사람 앞에서 무엇보다도 자기 아이를 보호하려는 의도에서 그런 행동을 했을 것이다. 과거 스웨덴에서는 창녀가 돌봐주었던 아이에게 종양이 생겼는데, 다른 아이의 엉덩이를 벗겨서 이 아이에게 내밀었더니 나았다고 한다(H. F. Feilberg, "Der böse Blick in nordischer Überlieferung", *Zeitschrift des Vereins für Volkskunde* 1901, p. 326 참조).

19) 빈의 한 창녀는 '알제리 프랑스식' 성교에 대해, "남자의 궁둥이를 핥아주고 나중에 가서 고무 막대기를 삽입하는 방법"이라고 설명했다(R. Girtler, *Der Strich*, München 1987, p. 245 참조).

20) 쿤닐링구스조차 흔하지 않았던 것으로 짐작된다(H. P. Duerr, *Der Mythos vom Zivilisationsprozeß*, Bd. II: *Intimität*, Frankfurt/M. 1990, p. 215f. 참조).

21) K. Schreiner, "Gregor VIII., nackt auf einem Esel", *Ecclesia et regnum*, ed. D. Berg/H.-W. Goetz, Bochum 1989, p. 191 참조.

22) A. Edwardes/R.E.L. Masters, *The Cradle of Erotica*, New York 1963, p. 199f.

23) J. -J. Rousseau, *Bekenntnisse*, ed. E. Hardt, Berlin 1907, p. 112.

24) V. Steele, *Fashion and Eroticism*, Oxford 1985, p. 112에서 인용.

25) L. Plesz, "Fetischismus, Voyeurtum, Exhibitionismus, Triolismus", *Das lasterhafte Weib*, ed. A. Gräfin Esterházy, Wien 1930, p. 200 참조. 델마(M. Delmar) 소령은 제1차 세계대전 중 프랑스에서 겪었던 일을 이렇게 회상했다. "빨강머리 여자들이 알몸으로 다가오더니 내 얼

굴을 쳐다보며 뻔뻔스럽게 웃어댔다. 풍만한 유방이 출렁대고 있었다. 갈색의 유두 부분이 상당히 커보였다. 그야말로 구역질나는 장면이었다. 사탄 같은 그 여자는 나의 눈치를 알아차린 것 같았다. 그러고는 갑자기 뒤로 돌아서더니 소리를 지르면서 엉덩이를 내밀고 한손으로 그 엉덩이를 철썩 갈겼다"(K. Theweleit, *Männerphantasien*, Bd. I, Frankfurt/M. 1977, p. 91에서 인용).

26) C. D. Bryant, *Sexual Deviancy and Social Proscription*, New York 1982, p. 134f. 참조.

27) D. Cabanis, "Weiblicher Exhibismus", *Zeitschrift für Rechtsmedizin* 1972, p. 131; H. Eppendorfer, *Barmbecker Kuß*, München 1987, p. 59 참조.

28) S. G. Ardener, "Nudity, Vulgarity and Protest", *New Society* 1974, p. 704에서 인용. '반짝 보여주기'(flashing)란 단어는 다른 사람들 앞에서 잠깐 동안 음부를 노출하는 행동을 말하는 영어 단어이다. 영국의 펜턴빌 감옥을 예로 들자면, 이곳에 '플래시'(flash) 또는 '플래시 업'(flash up)이라고 일컫는 관습이 있었다. 그것은 바로 면회하러 오는 여자들—대부분 아내나 애인 또는 이런 목적으로 고용한 창녀들인데—이 재소자를 즐겁게 해주려고, 면회실에서 유방과 음부를 드러내는 관습이었다(T. Morris/P. Morris/B. Barev, 1963, p. 186 참조).

29) C. D. Bryant, 같은 책, p. 135f.; P. d'Encarnacao/P. Parks/K. Tate, "The Significance of Streaking", *Medical Aspects of Human Sexuality* 1974, p. 160; D. Miller, "The Significance of Streaking", *Medical Aspects of Human Sexuality* 1974, p. 159 참조.

30) K. A. Barack, *Zimmerische Chronik*, III, Freiburg 1881, III, p. 626f. 참조.

31) A. Bryson, "The Rheroric of Status: Gesture, Demeanour and the Image of the Gentleman in Sixteenth- and Seventeenth-Century England", *Renaissance Bodies*, ed. L. Gent/N. Llewellyn, London 1990, p. 152 참조.

32) 1987년 5월 1일 쾰른에서 여자 6명과 남자 2명이 완전 나체로 '교황 방문 반대 시위'를 벌였지만 경찰은 방관만 했다. 경찰이 왜 적극적으로 제지하지 않았느냐는 비판을 받자 경찰 대변인은 이렇게 말했다. "15년 전 같았으면 숲속에서 실오라기 하나도 걸치지 않고 햇볕을 쬐고 있는

사람들을 붙잡아갈 때처럼, 이 사람들을 덮개로 씌워서 연행했을 것이다. 하지만 오늘날 알몸을 혐오스럽다고 생각하는 사람은 거의 없지 않은가"(O. König, 같은 책, p. 309f. 참조).

33) 미국의 섹스 치료사 아만다 스튜어트 여사는 노출증 환자들에게 각자 자신의 음부와 질을 드러내게 하고, 확대경과 검강경을 가지고 실컷 들여다보게 했는데, 이것은 환자들에게 병적인 욕구를 충분히 발산시킬 기회를 제공함으로써 치료 효과를 얻으려는 시도였던 것 같다. "환자가 그런 식으로 철저히 관찰할 때까지 의사는 여성생리학과 해부학에 관련된 성적 반응에 대해 강의를 계속했다"(R. D. 같은 책, p. 174). 한편 동료 의사인 스프링클(Annie Sprinkle)은 일종의 집단치료 방식으로 뉴욕 아방가드 극장의 무대에서 관객들을 길게 줄지어 세워놓고, '질에 이빨이 없다'는 사실을 확인시키려 한 일이 있다(그림 209). *Stern* 34, 1990 참조.

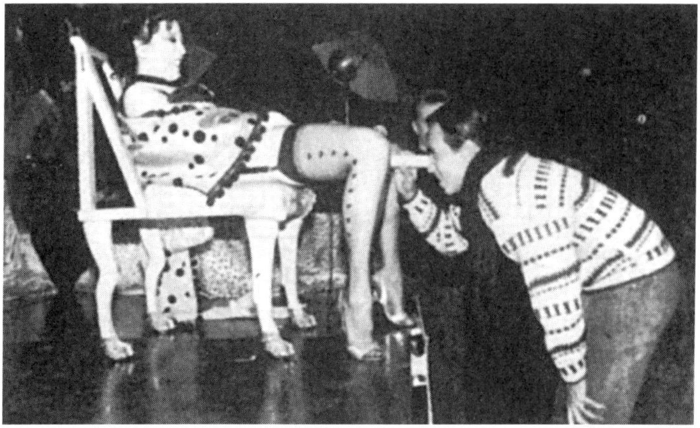

209. 섹스 치료사 애니 스프링클과 남자 환자, 1990.

34) R. Quinsel, *Exhibitionismus*, München 1971, p. 100ff.; G. Bonnet, *Voir-Être vu*, Vol. I, Paris 1981, I, p. 100f.; D. Rancour-Laferrière, "Some Semiotic Aspects of the Human Penis", *Versus*, September 1979, p. 53 참조.

35) D. Cabanis, 같은 책, p. 129 참조. 그런 경우가 있다는 사실에 대해서는 관련 분야 전문서적들이 대부분 이의를 제기하고 있다(L. Hudson/B. Jacot, *The Way Men Think*, New Haven 1991, p. 126 참조).

36) 보고에 따르면 식욕부진 증세를 보이는 여성들은 '병적인 노출증과 함께 타인의 관심을 끌어보려는 경향'을 자주 드러낸다고 한다(P. L. Goitein, "The Potential Prostitute", *Journal of Criminological Psychopathology* 1942, p. 360). 나와 만났던 누드교실 원장의 말에 따르면, 식욕부진 증세를 보인 여성일수록 누드모델이 되고 싶어한다. 샌디에이고에 있는 블랙스 비치 나체 해수욕장에서 조사를 벌인 결과, 남성과 달리 여성들은 음부를 의도적으로 드러내는 경우가 거의 없었다(J. D. Douglas/P. K. Rasmussen/C. A. Flanagan, *The Nude Beach*, Beverly Hills 1977, p. 141). 뉴기니 고원지대에 거주하는 카마누구족 여자들은 치마를 일부러 아무렇게나 입어서 남자들로 하여금 음부를 쳐다보고 성적 흥분을 일으키게 한다(H. Aufenanger, "Women's Lives in the Highlands of New Guinea", *Anthropos* 1964, p. 224 참조).

37) 브라이언트는 그 전형적인 예로 한 중년 여인의 경우를 예시하고 있다. 이 여인은 점보제트라는 술집에서 마티니 다섯 잔을 마신 다음, 스스로 옷을 모두 벗어버리고는 주변에 있는 남자들에게, "이봐 젊은이들, 늙은 여자치고 이만하면 못생긴 몸매는 아니지?"(C. D. Bryant, *Sexual Deviancy and Social Proscription*, New York 1982, p. 141f.)라고 말했다.

38) M. H. Hollender/C. W. Brown/H. B. Roback, "Genital Exhibitionism in Women", *American Journal of Psychiatry* 1977, p. 437 참조. 음부를 드러내는 대다수의 여자들은 '바우보 자세'(뒤로 젖히는 자세)보다는 앞으로 굽히고 엉덩이를 내미는 자세('무닝')를 선호하는 것 같다(A. Montagu, *Körperkontakt*, München 1980, p. 139 참조).

39) W. Benz, *Sexuell anstößiges Verhalten*, Lübeck 1982, p. 61 참조. 1960년대와 1970년대에 서독에서 남자가 자기 앞에서 음부를 노출한 여자 때문에 '불쾌감'을 느껴서 경찰에 신고한 경우는 단 한 건도 없었다(같은 책, p. 124ff.; E. Unseld, "Libertinage oder Liberalisierung? Gedanken zur Reform des Sexualstrafrechts", *Sexualmedizin* 1974, p. 411 참조).

40) D. Cabanis, 같은 책, p. 131 참조.

11. 위협적인 남근

1) B. Karpman, *The Sexual Offender and His Offenses*, New York 1954, p. 178 참조.
2) W. Dogs, "Zwangsneurose Exhibitionismus", *Sexualmedizin* 1982, p. 607 참조. 물론 남자들이 구애를 목적으로 성기를 노출하는 경우도 있다. 최근의 설문조사에 따르면, 여성 응답자의 3퍼센트가 직장에서 최소한 한 번 이상은 구애행동으로 페니스를 드러내는 경우를 본 적이 있다고 답변했다(M. Holzbecher, "Empfindlich, prüde, humorlos? Sexuelle Belästigung am Arbeitsplatz", *Psychologie heute*, Mai 1992, p. 60 참조).
3) 노출증세를 가진 남자들 중에는 "여자들이 호기심을 가지고 심취해서 쳐다봐주기를 은근히 바라는" 사람들이 많다는 견해도 있다(M. C. Baurmann, *Sexualität, Gewalt und psychische Folgen*, Wiesbaden 1983, p. 302).
4) H. Wendt, "Das Pervertieren der Sexualität", *Sexuologie*, Bd. I, ed. P. G. Hesse/G. Tembrock, Leipzig 1974, p. 432f. 참조. 노출증 환자들을 대상으로 설문조사를 실시한 결과, 응답자의 47퍼센트가 상대방에게 "충격"을 주고 싶은 심정이었다고 대답했다(H. Müsch, "Exhibitionismus, Phalluskult und Genitalpr sentieren", *Sexualmedizin* 1976, p. 361). 노출증 환자들이 경찰에게 체포되면 다른 성도착증 환자들과 달리 느긋하고 만족스런 표정을 짓는 경우가 많은데, 그 이유는 체포되었다는 사실 자체가 이미 "세상을 놀라게 할 만큼 자신의 페니스가 굉장하다"는 것을 증명해주었다고 생각하기 때문이라고 보는 견해도 있다(R. J. Stoller, *Perversion: Die erotische Form von Haß*, Reinbek 1979, p. 170).
5) E. L. H. M. van de Loo, *Genital Exposing Behavior in Adult Human Males*, Leiden 1987, p. 32, 46, 59 참조.
6) R. D. Eskapa, *Die bizarre Seite der Sexualität*, Hamburg 1988, p. 169 참조. 어떤 노출증 환자는 "여자가 겁을 먹어서 꼼짝 못하고 있으면" 자기는 "남자다운" 기분을 느낀다고 말했다(L. Keupp, *Aggressivität und Sexualität*, München 1971, p. 215).
7) Eskapa, 같은 책, p. 171.
8) 같은 책, p. 170; van de Loo, 앞의 책, p. 41, 58. 계속해서 성폭행으로 이어지는 경우도 있었다(L. Keupp, 같은 책, p. 216ff. 참조).

9) J. van Ussel, *Sexualunterdrückung*, Reinbek 1970, p. 51.

10) W. Schultheiß, *Die Akt-, Verbots- und Fehdebücher Nürnbergs von 1285~1400*, Nürnberg 1960, p. 9, 86.

11) S. B. Klose, *Darstellung der inneren Verhältnisse der Stadt Breslau vom Jahre 1458 bis zum Jahre 1526*, Breslau 1847, p. 85 참조.

12) G. Schindler, *Verbrechen und Strafen im Recht der Stadt Freiburg im Breisgau*, Freiburg 1937, p. 286 참조.

13) E. van de Loo, 앞의 책, p. 1 참조.

14) A. Felber, *Unzucht und Kindsmord in der Rechtsprechung der freien Reichsstadt Nördlingen vom 15. bis 19. Jahrhundert*, Bonn 1961, p. 92 참조.

15) O. Stumpf, "Bußgeldlisten aus dem Rechnungen des Amtes Gießen von 1568~1599", *Mitteilungen des Oberhessischen Geschichtsvereins* Gießen 1981, p. 214 참조.

16) R. Muchembled, L'invention de l'homme moderne, Paris 1988, p. 70 참조.

17) P. Karmann, "Aus den Censorprotokollen von Ransweiler", *Nordpfälzer Geschichtsverein* 1988, p. 38 참조. 1686년 오덴발트 지역 린덴펠스의 목사가 주임 목사에게 보고한 바에 따르면, 열여덟 살의 유리세공사 새퍼는 "최근 야콥스마르크트의 술집에 들어가서 손님들이 가득 찬 가운데 알몸을 드러냈다"(R. Kunz, "Aus Rindenfelser Rügenregistern des 17. Jahrhunderts", *Geschichtsblätter Kreis Bergstraße* 1977, p. 177 참조).

18) J. A. Sharpe, *Crime in Seventeenth-Century England*, Cambridge 1983, p. 64f. 참조.

19) J. Addy, *Sin and Society in the Seventeenth Century*, London 1989, p. 140 참조. 호록스라는 남자는 윌스테넘 부인의 집에 갔다가 마침 남편이 부재 중이라는 사실을 알고는, "은밀한 곳"을 꺼내어 보여주었다. 부인이 외면하고 나가려 하자 그가 뒤쫓아가서, "강제로 부인의 손을 끌어당겨 손등을 자신의 은밀한 곳에 갖다대면서 생각이 있느냐고 물었지만, 부인은 싫다고 대답했다."

1664년 런콘 출신의 스미스 부인은 진실만을 말하겠다고 선서한 다음, 피콕이라는 남자가 "옷을 벗기고 자신의 성기를 꺼냈다"고 고백한 바 있고, 같은 해 에지라는 여자는 어느 신부(神父)가 성기를 드러내고 "추근대며 따라왔다"고 고발했다(같은 책, p. 132, 134f.).

20) M. Rey, "Police et sodomie à Paris au XVIIIe siècle", *Revue d'histoire moderne etcontemporaine* 1982, p. 119 참조.

21) M. J. D. "Public and Private in Early 19th-Century London: The Vagrant Act of 1822 and Its Enforcement", *Social History Roberts*, 1988, p. 289ff. 참조.

22) S. M. Shirokogoroff, *Psychomental Complex of the Tungus*, London 1935, p. 248f. 참조.

23) C. Gajdusek, "Physiological and Psychological Characteristics of Stone Age Man", *Engineering and Science*, Pasadena 1970, p. 58f. 참조.

24) G. Konrad, "Meaning of Phallic Display Among the Asmat and Other Societies of Irian Jaya", *Ethnomedizin* 1977, p. 310.

25) J. Jamin, "Faibles sauvages, corps indigènes-corps indigents", *Le corps enjeu*, ed. J. Hainard/R. Kaehr, Neuchêtel 1983, p. 62에서 인용.

26) W. Weiglein, "Zu Fußdurch die Steinzeit", *Expeditionen durch Indonesien*, ed. W. Weiglein/H. Zahorka, Dreieich 1986, p. 161 참조.

27) I. Eibl-Eibesfeldt/W. Schiefenhövel/V. Heeschen, *Kommunikation bei den Eipo*, Berlin 1989, p. 49, 107 참조.

28) I. Eibl-Eibesfeldt/C. Sütterlin, "Fear, Defence and Aggression in Animals and Man", *Fear and Defence*, ed. P.F. Brain et. al., Chur 1990, p. 383 참조.

29) Eibl-Eibesfeldt, et al., 1989, p. 120, 126. "솜손은 때때로 오만해서 우리들에게 약간 도전적인 태도를 보이기도 하는 아주 재미있는 청년이었는데, 하루는 그가 우리가 묵고 있는 오두막 입구에 말뚝을 세워놓고 깨진 페니스 씌우개를 올려놓는 것이었다. 그의 동료들이 그걸 보고 아주 재미있어 했다. 그러나 나중에 나타난 중년 남자 두 명은 그것을 보고 몹시 화를 내면서 너무 심한 짓이라며 꾸짖었다"(I. Eibl-Eibesfeldt, *Das verbindende Erbe*, Köln 1991, p. 163).

30) G. Konrad, 앞의 책, p. 308 참조. 와이나-수완다족(Waina-Suwanda) 남자들은 춤추는 행사가 있을 때는 평소에 차고 다니는 둥근 페니스 씌우개를 벗어버리고 "훨씬 크고 긴 조롱박 씌우개를 착용하는데,

춤을 추는 동안에 허벅지와 골반의 움직임에 따라 다리 사이에 있는 그것이 배쪽으로 톡톡 튀어오르고 있었다"(C. Gajdusek, 앞의 책, p. 59).

31) H. Nevermann, *Admiralitäts-Inseln*, Hamburg 1934, p. 384f. 참조.

32) C. S. Kessler, "Conflict and Sovereignty in Kelantanese Malay Spirit Seances", *Case Studies in Spirit Possession*, ed. V. Crapanzano/V. Garrison, New York 1977, p. 223 참조.

33) 1991년 10월 23일, ZDF 텔레비전 방송.

34) P. Lyman, "The Fraternal Bond as a Joking Relationship", *Changing Men*, ed. M. S. Kimmel, Newbury Park 1987, p. 148f. 참조.

35) B. Reinberg/E. Roßbach, *Stichprobe: Lesben*, Pfaffenweiler 1985, p. 128f., 199 참조.

36) *Stern* 44, 1990, p. 15; *Spiegel* 43, 1990, p. 257; *Spiegel* 22, 1991. 얼마 전에 민주당 소속의 국회의원 퍼트리셔 슈뢰더 여사가 미국 해군 기지를 방문하여 병사들의 환영을 받았는데, 그들은 '소원 한번 들어주세요'라고 적힌 대형 플래카드를 들고 있었다(*Bunte* 31, 1992, p. 60 참조).

37) R. L. Glickman, *Russian Factory Workers, 1880~1914*, Berkeley 1984, p. 205; J. Lambertz, 1985, p. 32f. 참조.

38) R. Bleck, "Krankenschwesterreport I", *Käufliche Träume*, ed. M. T. J. Grimme, Reinbeck 1986, p. 59.

39) G. Norden, *Saunakultur in sterreich*, Wien 1987, p. 108. 어느 여성은 자신의 책에서 이렇게 썼다. "우리들은 토론장에서 이를테면 이런 주장을 들었다. 이런 '성행동'이 의도적인 것이라는 견해는 일반적으로 맞을 수 있지만, 그와 같이 다리를 벌린 자세는 실제로 자극적인 효과를 가지며, 마침내 '거시기'를 실제로 환히 보이게 만든다." 이에 대해 나는 이런 질문으로 답을 했다. "그럼 남성의 다리 자세는 어떤가? 그것은 어째서 여성의 경우와 마찬가지로 자극적인 효과를 내지 못한단 말인가?"(F. Haug, *Sexualisierung des Körpers*, Berlin 1988, p. 46). 저자가 판단하기에 그 책의 저자는 '의도적인 자세'라는 점을 지나치게 과장해서, 토론 참가자들이 제기한 이의를 성급하게 부정해버린 것 같다. 벌어진 다리는 성적 자극을 나타내는 대상이 있는 곳—그 사회의 형태와는 전혀 상관없이—으로 잠재적 섹스 상대의 시선을 이끌기 때문에, 그런 자세가 "실제로 자극적"인 효과를 지니게 되는 것이다. 앞에서 살

펴보았듯이, 음부는 오직 성적인 자극체만이 아니라 상황에 따라서는 다른 의미도 지닐 수 있는 것이다. 이와 같은 사실은 원칙적으로 남성의 성기에도 그대로 적용된다. 이러한 자세는 하우크(Haug)의 견해와 정반대로 남성의 경우에도 성적 자극체로 작용할 수 있으며, 특히 동성연애자와 잠재적 섹스 상대로서의 여성에게도 그러하다(그림 210). 여성의 음부와 마찬가지로 남성의 성기도 공격적인 목적뿐만 아니라 다른

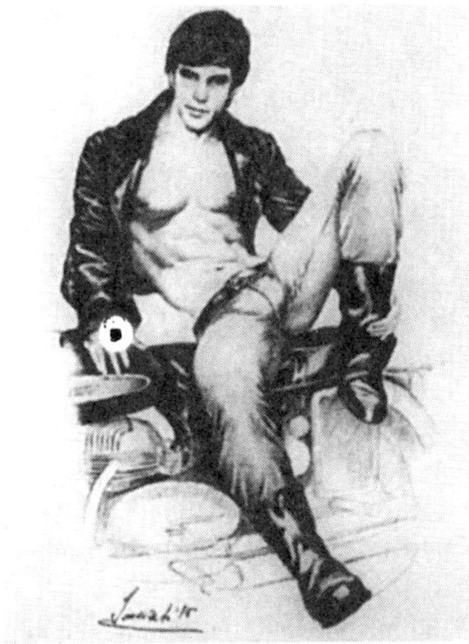

210. 알도 세멘차토의 「누드」, 1975년.

목적에도 동원된다. 그렇기 때문에 카스카족의 경우를 예로 든다면, 젊은 남자가 장인과 장모 앞에서 다리를 벌리고 앉으면 엄하게 다스려진다. 물론 이때 장모에게 성적인 요소가 중요하게 작용했을 것이다(J. J. Honigmann, *The Kaska Indians*, New Haven 1954, p. 127 참조).

40) P. Burke, *Helden, Schurken und Narren*, Stuttgart 1981, p. 200 참조. 나의 막내딸이 유치원에 다니던 시절에 말하기를, 대여섯 살 되는 남자아이들이 여자아이들을 놀라게 해서 쫓아내려고, 바지 바깥으로 조그만 자지를 드러낸 채 따라다녔다고 한다. 필리핀 남부의 바실란 섬에 사는 야칸족 청년들은 처녀들에게 접근하여 환심을 사려고, 페니스를 꺼내는 경우가 자주 있다. 그렇기 때문에 목욕 중인 청년을 목격한 처녀가 나중에 그 이야기를 떠벌리고 다녀서, 청년의 성기를 놀림감으로 만들어도 벌을 받지 않았다고 한다. 이에 반하여 청년이 처녀의 유방이나

음부를 보았다는 사실이 발각되면 처벌을 받아야 했다(A. D. Sherfan, *The Yakans of Basilian Island*, Cebu City 1976, p. 64). 이스넥족의 경우는 처녀가 나이 많은 총각이나 성인 남자의 성기를 보고 나서 다른 여자들에게 발설하고 다니면, 그 남자는 놀림의 대상이 된다. 그렇기 때문에 남자들이 특정한 작업을 할 때, 예를 들어서 카누를 물에 띄우느라 알몸으로 일할 경우에는, 여자들이 페니스를 엿보는 일이 없도록 매우 조심한다(M. Vanoverbergh, *The Isneg*, Washington 1938, p. 151 참조).

41) J. J. Honigmann, 같은 책, p. 127 참조. 일부에서는 "원시 종족"에게 포르노그래피라는 것이 존재하지 않는다는 주장이 항상 있어왔다. 그러나 그 주장은 옳지 않다. 예를 들어서 데사나 인디언의 사냥꾼들은 짐승의 주인을 따돌리기 위해, 나무에 여성의 성기 모양을 새겨넣는 습관이 있었다. 그 이유는 사냥규칙을 제대로 지키는지 감시하기 위해 그 주인이 사냥꾼들을 뒤따라오는 경우가 이따금 있기 때문이었다. 따라오던 그가 음부 모양을 발견하게 되면 그 앞에 멈춰 서서 수음을 하곤 했다(H. P. Duerr, *Sedna oder Die Liebe zum Leben*, Frankfurt/M. 1984, p. 293 참조).

42) P. Turnbull, "The Phallus in the Art of Roman Britain", *Bulletin of the Institute of Archaeology* 1978, p. 199 참조.

43) R. Fine, *Der vergessene Mann*, München 1990, p. 1 참조.

44) F. Eckstein, "Nackt und Nacktheit", *Handwörterbuch des deutschen Aberglaubens*, Bd. VI, ed. H. Bächtold-Stäubli, Berlin 1935, Sp. 841 참조.

45) T. P. Vukanović, "Obscene Objects in Balkan Religion and Magic", *Folklore* 1981, p. 48 참조. 모로코 사람들 사이에서는 페니스―여성의 음부도 마찬가지인데―에 재앙을 가져오는 어떤 힘이 들어 있다는 믿음이 널리 퍼져 있었다. 그렇기 때문에 아침에 남자의 페니스를 보게 되면 재앙이 닥쳐온다고 생각했고, 여행 중에 우연히 어떤 남자가 오줌을 누거나 목욕하는 장면을 보게 되면 당장 여행을 중지하고 집으로 돌아와야 한다(E. Westermarck, "Beliefs Relating to Sexual Matters in Morocco", *Verhandlungen des I. Internationalen Kongresses für Sexualforschung*, Bd. V, ed. M. Marcuse, Berlin 1928, p. 167 참조).

46) G.-J. Witkowski, *Curiosités médicales, littéraires et artistiques sur*

les seins et l'allaitement, Paris 1898, p. 49 참조.

47) Vukanović, 같은 책, p. 45 참조. 몬테네그로나 헤르체고비나의 어떤 지역에서는 농부가 밭을 갈던 중에 마녀로 지목된 여자가 그곳을 지나가자 왼손으로 페니스를 움켜쥐고 오른손으로 계속 밭을 갈았다.

48) Hesiod, Erga 727ff. 남부 구자라트 지방의 도디아족과 당카족은 야외에서 목욕할 때 옷을 벗지 않는데, 그 이유는 성기를 드러내면 물귀신을 모독하는 행위가 되고, 시기에 따라서는 달이나 태양을 병들게 한다고 믿기 때문이다(A. N. Solanki, *The Dhodias*, Wien 1976, p. 245; P. G. Shah, *Tribal Life in Gujarāt*, Bombay 1964, p. 82 참조).

49) C. Gajdusek, "Physiological and Psychological Characteristics of Stone Age Man", *Engineering and Science*, Pasadena 1970, p. 58; S. B. Hrdy, *The Woman That Never Evolved*, Cambridge 1981, p. 65f. 참조. 이런 경우에 흰입술발톱원숭이는 입술을 벌려서 위로 쭉 내민다(같은 책, p. 60).

50) R. Bösel, *Humanethologie*, Stuttgart 1974, p. 67f. 참조. 일본 마카크 원숭이(Macaca fuscata)의 암컷은 음부를 드러내지 않지만—수컷만 그런 행동을 한다—, 이따금 성적인 주도권을 쥐고 수컷 위에 올라타고, 음부를 밀착하면서 둔부를 부딪친다(L. D. Wolfe, "Japanese Macaque Female Sexual Behavior", *Female Primates*, ed. M. F. Small, New York 1984, p. 148 참조). 어느 보고서에 따르면 피피라는 이름의 침팬지 암컷이 수컷에게 달려들자 수컷은 그만 의욕을 잃고 말았는데, 어떤 암컷은 계속해서 소리를 지르며 수컷을 피해 도망다니는 바람에 수컷의 "구애행위가 점점 격렬해져서" 마침내 암컷과 교미하게 되었다고 한다(J. van Lawick-Goodall, *Wilde Schimpansen*, Reinbek 1971, p. 152f.).

51) R. D. Guthrie, *Body Hot Spots*, New York 1976, p. 84 참조.

52) V. Sommer, *Die Affen*, Hamburg 1989, p. 41 참조.

53) F. de Waal, *Peacemaking Among Primates*, Cambridge 1989, p. 223.

12. 페니스 씌우개와 공공장소에서의 발기

1) J. Cook, *The Journals*, ed. J. C. Beaglehole, Cambridge 1955ff

1961, II, p. 464.

2) G. Forster, *Werke*, Berlin 1965ff 1966, III, p. 163, 181.

3) 같은 책, p. 215.

4) J. R. Forster, *Bemerkungen über Gegenst nde der physischen Erdbeschreibung, Naturgeschichte und sittliche Philosophie auf seiner Reise um die Welt gesammelt*, Berlin 1783, p. 342 참조.

5) E. A. Hoebel, "Clothing and Ornament", *Dress, Adornment, and the Social Order*, ed. M. E. Roach/J. B. Eicher, New York 1965, p. 17; O. König, Nackheit, Opla den 1990, p. 29; G. Wolter, *Die Verpackung des männlichen Geschlechts*, Marburg 1988, p. 12f., 18f. 참조.

6) V. Douceré, "Notes sur les populations indigènes des Nouvelles-Hébrides", *Revue d'Ethnographie et des Traditions Polullaires* 1922, p. 223 참조.

7) J. Layard, *Stone Men of Malekula*, London 1942, p. 481; M. R. Allen, "Homosexuality, Male Power, and Political Organization in North Vanuatu", *Ritualized Homosexuality in Melanesia*, ed. G. H. Herdt, Berkeley 1984, p. 93 참조.

8) B. T. Somerville, "Ethnological Notes on New Hebrides", *Journal of the Anthropological Institute of Great Britian and Ireland* 1894, p. 368 참조. 아홉 살에서 열두 살 사이에 실시되는 할례(Circumcisio)가 끝나면, 남부 말레쿨라 섬의 므보트고테족 남자아이들은 바나나 모양의 잎사귀(namba)를 페니스에 감고, 이것을 나무껍질로 만든 허리띠로 가리고 지내면서 계속 새것으로 교체한다. 이들도 귀두가 여자들의 눈에 띄면 큰 수치로 여겼던 것 같다(J. D. Hedrick, "Small Nambas of South Malekula: Mbotgote", *Expedition*, Spring 1975, p. 19 참조). 멜라네시아의 모든 지역에 걸쳐서 페니스 할례, 즉 인위적으로 귀두를 노출시키는 것을 볼 때, 여기에는 공공연하게 알몸을 드러내지 않는다는 의미가 내포되어 있다(F. Speiser, "Versuch einer Kulturanalyse der zentralen Neuen Hebriden", *Zeitschrift für Ethnologie* 1934, p. 137f.).

9) K. G. Heider, *Grand Valley Dani*, New York 1979, p. 56; G. Kenntner/W. A. Kremnitz, *Neuguinea: Expedition in die Steinzeit*, Frieding-Andechs 1984, p. 48 참조. 남자들끼리 있을 때도

귀두를 절대로 드러내지 않는다고 주장하는 학자들이 있는가 하면, 여자들에게만 보여주지 않는다고 말하는 학자도 있다(R. Mitton, *The Lost World of Irian Jaya*, Melbourne 1983, p. 56). 어쨌든 죽은 시체의 경우에도 관례상 홀림(holim)을 벗기지 않는다(W. Sargent, *People of the Valley*, London 1976, p. 72 참조).

10) A. Pontius, "Dani Sexuality", *Man* 1977, p. 166 참조. 한편 이 사실에 대해 5년간 지속되는 '출산 이후의 금기사항'이라고 해석하는 견해도 있다(K. G. Heider, "Dani Sexuality", *Man* 1977, p. 167).

11) 같은 저자, "Attributes and Categories in the Study of Material Culture: New Guinea Dani Attire", *Man* 1969, p. 383f, 386ff. 참조. 나는 "다니족 문화에서 남근을 강조하는 풍습은 현저하게 낮게 나타난다"고 주장한다. 자르겐트는 홀림의 주요 기능이 수치심을 감추려는 데 있다고 확신하면서, 그것이 용맹, 부(富), 남성적인 기상을 상징하는 한편 달려드는 파리떼를 막는 역할도 한다고 말했다(W. Sargent, 앞의 책, p. 16).

12) Cf. Sargent, 앞의 책, p. 60. 다니족의 거추장스러울 정도로 큰 페니스 씌우개는 단순히 치부를 가리는 역할만 하는 것이 아니라는 견해도 부정하기 어렵다. 다니족의 입장에서는 별다른 생각 없이 그냥 착용하고 다니는 것이라고 이의를 제기할 수도 있다.

13) 페니스 씌우개를 착용하고 있다가 발기가 되면 그것을 벗어야 한다.

14) I. Eibl-Eibesfeldt et al., *Kommunikation bei den Eipo*, Berlin 1989, p. 124; W. Schiefenhövel, "Kindliche Sexuelität, Tabu und Schamgefühl bei primitiven Völkern", Die Entwicklung der kindlichen Sexualität, ed. T. Hellbrügge, München 1982, p. 149. 모욕을 주는 행위도 귀두와 관련되는 경우가 드물지 않다. 예를 들어서 심부(침부)족 남녀가 싸울 때 여자가 "둥근 좆을 가진 놈!"이라고 욕을 하면, 남자는 "보지가 갈라진 년!"이라고 응수한다(J. Sterly, *Kumo*, München 1987, p. 59 참조). 그러나 음낭은 수치의 대상이 아니다. 늙은 여자들이 젊은 남자에게 인사를 건넬 때 가끔씩 고환을 가볍게 쓰다듬거나 그런 시늉을 하기도 한다. 부모가 자신의 젖먹이 아들에게 그와 같은 행동을 할 때도 있다. 남자들끼리 인사를 나눌 때는 "당신의 고환을 만져도 되겠습니까?"("덴 두루크 탈레브누킨-도?")라고 말하면서 서로 상징적인 시늉만 한다. 남자들이 서로 먼 거리에서 인사를 나눌 때도 그와 같은 행동을 한다(Eibl-Eibesfeldt et al., 같은 책, 1989,

p. 174f. 참조). 물론 뉴기니 섬에는 소후르족처럼 고환이 남의 눈에 띄면 수치심을 느끼는 부족사회도 있다(H. Nevermann, "Die Sohur", *Zeitschrift für Ethnologie* 1940, p. 175 참조).

15) A. F. Gell, "Penis Sheathing and Ritual Status in a West Sepik Village", *Man* 1971, p. 171f., 174, 176 참조. 뉴기니 섬의 남동부 해안에 사는 모투족 남자들은 T자 모양의 끈으로 고환을 양분하고 그 사이에 페니스를 밀착시켜 묶어두기 때문에 페니스가 전혀 보이지 않거나 고환 한 개가 더 붙은 것처럼 보인다. 이들은 남의 페니스를 쳐다보는 행위를 지극히 수치스럽다고 생각했다(O. Finsch, "Über Bekleidung, Schmuck und Tätowierung der Papuas der Südostküste von Neu-Guinea", *Mittheilungen der Anthropologischen Gesellschaft in Wien* 1885, p. 13 참조). 인도네시아 사람들이 오랑우탄('숲속의 사람'이라는 뜻)이라고 부르는 이리안 자야 지방의 동물도 페니스를 피부 안에 밀어넣은 상태로 생활한다(R. Mitton, *The Lost World of Irian Jaya*, Melbourne 1983, p. 148 참조).

16) H. Nevermann, *Admiralitäts-Inseln*, Hamburg 1934, p. 84f., 109 참조.

17) N. v. Miklucho-Maclay, "Anthropologische Notizen, gesammelt auf einer Reise in West-Mikroneisen und Nord-Melanesien", *Verhandlungen der Berliner Gesellschaft für Anthropologie, Ethnologie und Urgeschichte 1878*, p. 113 참조. 트랜스플라이 지역에 사는 케라키족은 조개나 코코넛 껍질로 페니스를 감싼다. 일부 나이 많은 남자들이 이러한 씌우개를 착용하지 않은 채 대중 앞에 나타나는 경우가 더러 있었으나, 제보자들의 말에 따르면 귀두가 완전히 포피로 덮여있는 남자들만 그런 행동을 보였다고 한다(F. E. Williams, *Papuans of the Trans-Fly*, Oxford 1936, p. 395f. 참조).

18) 그는 수영복을 챙겨오지 않았기 때문에 그 이후로는 목욕을 하다가 누군가 다가오는 인기척이 들리면 즉시 덤불 속으로 몸을 숨기곤 했다(D. Maybury-Lewis, *The Savage and the Innocent*, London 1965, p. 248f. 참조).

19) D. Maybury-Lewis, *Akwé-Shavante Society*, Oxford 1967, p. 106f.; 같은 저자, 같은 책, 1965, p. 193 참조. 우루부족 남자들은 만일 낯선 남자나 여자가 귀두가 드러난 자신의 페니스를 쳐다보면, 부끄러워서 "죽을 지경"이 될 것이라고 말했다. 그렇기 때문에 소변을 볼 때

는 웅크리고 앉아서 해결하고, 목욕을 할 때는 손으로 성기 부분을 가린다(F. Huxley, *Affable Savages*, London 1957, p. 142f. 참조). 유루나족 남자들은 야자수 껍질로 만든 조그마한 모자를 귀두에 씌워서 하복부에 밀착시킨다(K. v. d. Steinen, "Die Schingu-Indianer in Brasilien", *Zeitschrift für Ethnologie* 1885, p. 96 참조). 카라자족 소년은 사춘기가 시작될 무렵이면 페니스에 명주실을 감아서 공모양으로 만들었고, 카야포족은 나뭇잎 줄기로 짠 씌우개로 귀두를 덮었기 때문에, 귀두의 포피가 마치 소시지 꼬투리처럼 튀어나와 있었다(F. Krause, *In den Wildnissen Brasiliens*, Leipzig 1911, p. 184, 204, 376 참조). 쿨리세후족은 남자아이가 사춘기에 접어들면 삐죽삐죽 솟아나오는 치모를 깎아버리고 허리끈으로 페니스의 포피를 꽉 조여서 묶어놓는다. 이들 원주민의 말에 따르면, 그 아이로 하여금 공공장소에서 갑자기 페니스가 발기되어 당황하는 일이 없도록 하기 위한 조치라고 한다. 트루마이족은 빨갛게 염색한 명주실로 포피를 묶거나 귀두가 보이지 않도록 페니스를 아랫배의 피부 속으로 깊숙이 밀어넣어서 묶었다. 보로로족은 페니스가 묶여 있는 곳을 다시 가리개로 덮어서 보이지 않게 했다(K. v. d. Steinen, *Unter den Naturvolkern Zentral-Brasiliens*, Berlin 1894, p. 192f., 198 참조).

20) H. Becher, *Die Surára und Pakidái*, Hamburg 1960, p. 28 참조. 야노마뫼족 남자에게는 낯선 사람이 자신의 귀두를 쳐다보는 행위만큼 모욕적인 것은 없으며, 자발적으로 귀두를 드러내는 행위는 음란한 행동의 극치였다. 또한 이들도 샤반테족처럼 소변을 볼 때는 남의 눈에 띄지 않도록 웅크리고 앉는 자세를 취했다. 남자아이들끼리 상대방에게 모욕을 주고 싶을 때는 강제로 상대방을 붙잡아놓고 포피를 잡아당겨서 귀두를 드러나게 한다(J. Lizot, *Im Kreis der Feuer*, Frankfurt/M. 1982, p. 57f. 참조). 인종학자의 말에 따르면, 이들은 발기된 표시만 나더라도 극도로 당황했다고 한다(I. Eibl-Eibesfeldt의 1988년 6월 28일자 편지).

21) A. R. Holmberg, *Nomads of the Long Bow*, Washington 1950, p. 19; S. Rydén, *A Study of the Siriono Indians*, Göteborg 1941, p. 120 참조.

22) F. Caspar, "Clothing, Practice of the Tuparis(Brazil)", *Proceedings of the 30th International Congress of Americanists*, London 1952, p. 155f. 참조. 한 청년의 몸에서 실수로 페니스의 일부가 빠져나오자,

사람들은 그가 성적으로 흥분된 상태라고 말했다. 그래서 청년은 여러 사람들에게 놀림감이 되고 말았다(같은 책, p. 158 참조). 싱구 강(아마존 강의 지류—옮긴이)의 중간지대에 살고 있는 카야비족, 우모티나족, 아수리니족 남자들도 페니스를 고환 밑에 바싹 붙이고 다닌다(M. Schmidt, "Ergebniss meiner aweijährigen Forschungsreise in Mato Grosso", *Zeitschrift für Ethnographie* 1928, p. 95, 108; G. Grünberg, " Beiträge zur Ethnographie der Kayabí Zentralbrasiliens", *Archiv für Völkerkunde* 1970, p. 107; A. Lukesch, "Kontaktaufnahme mit Urwaldindianern〔Brasilien〕", *Anthropos* 1973, p. 808 참조). 페루 저지대의 원주민들(Isconahua)은 길이가 2, 3센티미터에 폭이 넓은 사슴뼈(chajo jan)를 이용하여, 귀두의 포피를 강제로 늘여서 허리끈에 고정시켰다. 이렇게 하지 않은 채로 성기를 남의 눈에 띄게 하는 것은 지극히 수치스러운 일이었다(L. C. Whiton/H. B. Greene/R. P. Momsen, "The Isconahua of the Remo", *Journal de la Sociétédes Am ricanistes* 1964, p. 89 참조). 리오 야라우쿠에 거주하는 둘루디족은 기혼 남성들만 야자수 잎사귀로 만든, 오라노(orano)라고 부르는 씌우개를 귀두에 씌웠는데, 어떤 경우이든 항상 구멍 뚫린 귓바퀴 속에 여분을 넣어가지고 다녔다(C. B. Ebner, "Erste Nachrichten über die Duludy-Indianer in Nordbrasilien", *Anthropos* 1941, p. 364 참조).

23) Hr. Jagor, "Bericht", *Zeitschrift für Ethnologie* 1885, p. 574 참조. 템부족과 펑고족 노인들은 사춘기 이전의 사내아이가 페니스 씌우개(isidla)를 착용하지 않고 있어도 개의치 않았다. 어린아이들은 청년이나 성인 남자와 달리 포피가 귀두를 덮고 있기 때문이었다(B. J. F. Laubscher, *Sex, Custom and Psychopathology*, London 1937, p. 76 참조). 탐베르마 원주민의 경우도 노인들은 페니스 씌우개를 착용하지 않은 상태로 대중 앞에 나설 수 있으나 성적으로 왕성한 남자에게는 그런 행동이 절대로 허용되지 않았다. 반면에 여자들은 에로틱한 춤잔치가 벌어졌을 때 상대 남자와 춤을 추는 동안 구경꾼들의 음탕한 외침소리를 들으면서 상대방 남자의 페니스 씌우개를 벗겨내려고 애쓰는 경우도 있었다(S. Lagercrantz, *Penis Sheaths and Their Distribution in Africa*, Uppsala 1976, p. 18 참조). 카메룬의 남지족 청년들은 여자와 동침할 능력이 있다고 인정받아야 페니스 덮개(meryo)를 착용할 수 있었다(M. Leiris, *Das Auge des Ethnographen*, Frankfurt/M. 1978, p.

173 참조). 이 덮개를 착용할 때는 치부를 가리는 앞치마로 가리고 다녔는데, 자신의 아내한테도 보여주면 안 될 만큼 은밀한 물건이었다. 통가족의 남자가 성인이 된 뒤에도 페니스 씌우개(shifado)를 착용하지 않고 있으면, 그런 남자는 밤중에 남의 아내를 덮치는 비도덕적인 남자로 취급되었다(S. Lagercrantz, 같은 책, p. 28f., 36f. 참조). 기니아 북서부의 건조한 초원지대에 사는 바사리족은 오직 짚으로 만든 페니스 씌우개만 착용하고 다녔는데, 언젠가 그것을 강제로 벗으라고 하자 몹시 수치스러워하면서 돌아서거나 덤불 뒤로 숨었다고 한다(1986년 10월 21일, Paul Parin의 구두 증언).

24) S. Lagercrantz, 1976, 같은 책, p. 39, 43 참조. 응키카족의 경우도 그와 같은 실수를 저지르면 처벌을 받았다. 고의든 실수든 페니스 씌우개가 벗겨지면, 그 남자는 벌금으로 다섯 마리의 가축을 내놓도록 정해져 있었다. 어느 백인은 코사족(남아프리카공화국 동부의 원주민—옮긴이) 남자의 페니스 씌우개를 벗긴 죄로 감금당한 적이 있었다. 남아프리카공화국의 킴벌리 다이아몬드 광산의 "카퍼 노동자들" 중에서 할례를 받은 사람들은 의사의 진찰을 받을 때마다 두 손으로 페니스를 가리고, 반면에 할례를 하지 않아서 귀두가 포피에 덮여있는 남자들은 페니스를 그대로 드러내고 있었다(같은 책, p. 43 참조). 일라족 여인들은 중노동을 할 때 홍을 돋우려고 음탕한 노래를 부르는 경우가 많은데, "귀두가 벗겨진 남자는……"으로 시작되는 이 노래는 포경수술을 받은 남자의 페니스를 찬양하는 내용이다(E. E. Evans-Pritchard, *The Position of Woman in Primitive Societies*, London 1965, p. 78 참조). 이보족(나이지리아 남부의 흑인 원주민—옮긴이)의 경우는 남편이 자기 아내의 음부를 쳐다보면 안 되고, 어떤 여자든 남자의 페니스를 바라보면 안 된다(R. Brain, *Art and Society in Africa*, London 1980, p. 256 참조). 줄루족 여자들도 남편의 페니스를 만지거나 쳐다보면 안 되며, 아이들에게는 부모의 성교 장면을 엿보지 말라고 가르쳤다(O. F. Raum, *The Social Functions of Avoidances and Taboos Among the Zulu*, Berlin 1973, p. 86 참조). 단족 남자들은 목욕할 때, 근처에 여자가 없어도 두 손으로 치부를 가렸다(H. Himmelheber, *Der Gute Ton bei den Negern*, Heidelberg 1957, p. 44 참조). 카구루족 남자들은 이런 경우에 왼손만을 사용하거나 허벅지 사이로 성기를 밀어넣어서 보이지 않게 했다. 그들의 말에 따르면, 발가벗은 몸을 남에게 보인 남자는 존경을 받지 못한다고 했다(T. O. Beidelman, "Kaguru

Symbolic Classification", *Right & Left*, ed. R. Needham, Chicago 1973, p. 135; 같은 저자 "Utani: Some Kaguru Notions of Death, Sexuality and Affinity", *Southwestern Journal of Anthropology* 1966, p. 367 참조). 나이저 강의 후미진 곳에 사는 송가이족도 이와 비슷하다(J. Rouch, *Les Songhay*, Paris 1954, p. 49 참조. 그 밖에 J. Lydall/I. Strecker, *The Hamar of Southern Ethiopia*, Bd. Ⅰ, Hohenschäftlarn 1979, I, p. 119〔하마르족〕; H. Himmelheber, *Mündliche Mitteilung vom 16.* März 1986〔바울레족〕; P. Vidal, Garçons et fills: *Le passage à l'âge d'homme chez les Gbaya Kara*, Nantterre 1976, p. 112〔그바야족〕; B. Stefaniszyn, *Social and Ritual Life of the Ambo of Norhern Rhodesia*, London 1964, p. 101〔암보족〕 참조). 호텐토트족은 성인들만 페니스 씌우개를 착용하고 아이들은 페니스를 위로 묶는 정도로 지냈는데, 이들에 관해서는 이미 1505년의 기록에도 나와 있다. "사내아이들은 페니스를 위를 향해 묶어놓고 다닌다"(W. Hirschberg, "Frühe Bildquellen von kapländischen Eingeborenen", *Festschrift Paul Schebesta zum 75. Geburtstag*, Wien 1963, p. 173에서 인용).

25) B. Danielsson, *Love in the South Seas*, London 1956, p. 61f.; R. I. Levy, "Tahiti, Sin, and Question of Integration Between Personality and Sociocultural Systems", *Culture and Personality*, ed. R. A. LeVine, Chicago 1974, p. 292 참조. 캐롤라인 제도의 울리티 섬에 사는 원주민, 특히 여자들 앞에서 성기가 드러나지 않도록 매우 주의를 기울였다. 하지만 어린아이의 눈에 띄었을 경우를 가장 치욕스럽다고 여기는 것 같았다(W. A. Lessa, *Ulithi*, New York 1966, p. 78 참조).

26) R. Linton, "Marquesan Culture", *The Individual and His Society*, ed. A. Kardiner, New York 1939, p. 168 참조.

27) A. Krämer, *Die Samoa-Inseln*, Bd. II, Stuttgart 1903, II, p. 290.

28) 망가이아 섬 주민들은 포피로 덮여 있는 페니스를 흔히 "구린내 나는 페니스"(ure piapia)라고 부르는데(D. S. Marshall, "Sexual Behavior on Mangaia", *Human Sexual Behavior*, ed. D. S. Marshall/R. C. Suggs, New York 1971, p. 112 참조), 소셜 군도의 여자들은 그런 이유로 유럽 남자와 관계하기를 꺼려한다고 알려져 있다(E. Beuchelt, "Sozialisation auf den Gesellschaftsinseln", *Sociologus* 1978,

p. 113 참조).

29) D. p. Marshall, 같은 책, p. 108, 110 참조.

30) 친척 관계인 여자가 해변에 머무르고 있으면 이들이 떠날 때까지 남자들은 물 속에 들어가 있는다.

31) R. Firth, *We, The Tikopia*, London 1936, p. 194, 314, 472 참조.

32) I. Pfluger-Schindlbeck, *Achte die Ältern, liebe die Jüngeren*, Frankfurt/M. 1989, p. 91ff. 참조.

33) A. Petersen, *Ehre und Scham*, Berlin 1985, p. 23 참조.

34) 수치심 때문에 음경 씌우개(κυνοδεσϱη)를 착용하고 다닌다는 나의 주장에 대해, "인위적인 억지 주장"이
라고 반박하는 학자가 있는데, 물론 그는 자신의 반박에 대한 근거를 제시하지도 않았다(R. Girtler, Rezension von Hans Peter Duerrs *Nacktheit und Scham*, *Soziologische Revue* 1990, p. 339). 내가 '수치심'을 주요 원인으로 제시하게 된 이유에 관해서는 나의 다른 저서를 참고할 것(H. P. Duerr, *Der Mythos vom Zivilisationsprozeß*, Bd. II: *Intimität*, Frankfurt/M. 1990, p. 541 참조). 그 당시 귀두가 수치의 대상이었다는 점에 대해서는 갈레노스(서기 129~199년, 히포크라테스 다음으로 유명한 그리스 출신의 로마 의사—옮긴이)의 책에도 나오는데, 여기에서 그는 치모와 마찬가지로 음경의 포피도 수치심 때문에 존재하는 것이라고 설명하고 있다(G. Sissa, *Greek Virginity*, Cambridge 1990, p. 112 참조).

35) J.-P. Thuillier, "La nuditéathlétique(Grèce, Etrurie, Rome)", *Nikephoros* 1988, p. 36ff. 참조.

36) 그 예로 우코(P. J. Ucko, "Penis Sheaths", *Proceedings of the Royal Anthropological Institute* 1969, p. 54) 같은 학자가 있다. 수치심 때문에 페니스의 포피를 동여매고 다닌다는 것은 "개연성이 전혀 없다"는 견해를 표명한 사람도 있으나(J. Zwernemann, "Überlegungen zum Ursprung der Kleidung", *Verhaltensforschung in sterreich*, ed. O. Koening, Wien 1983, p. 497), 나는 그가 제시한 근거에 대해 의문을 갖지 않을 수가 없다.

37) E. A. Hoebel, *Man in the Primitive World*, New York 1958, p. 240 참조. 코만치족 소년은 잠자리에 들기 전에 누이들 앞에서 옷을 갈아입을 수 있지만, 열 살 무렵이 되면 그런 습관을 계속하지 못하게 되어 있었다(T. Gladwin, "comanche Kin Behavior", *American*

Anthropologist 1948, p. 83 참조). 모하비족 남녀 아이들은 6, 7세까지 남녀가 함께 목욕을 하는데, 몸을 말리거나 햇볕을 쬐러 강둑으로 나올 때는 성기 부분을 손이나 진흙으로 가렸다(그림 211). (W. J.

211. 모하비족 아이들. 1890년 무렵.

Wallace, "Infancy and Childhood Among the Mohave Indians", *Primitive Man* 1948, p. 30ff. 참조).
드브뢰(Devereux)가 나에게 전한 바에 따르면, 이들 꼬마들도 귀두가 남의 눈에 띄는 것을 부끄러워했다. 언젠가 성인 남자들한테 지독한 모욕을 당한 적이 있었던 모하비족 여자아이 두 명은, 마침 그 어른들이 술에 만취되어 땅바닥에 쓰러져 있는 것을 발견하고는 달려들어서 페니스의 귀두를 벗겨놓고, 거기에 갖가지 색깔을 칠해놓음으로써 보복을 했다고 한다. 모하비족 어른이 완전 나체로 강물에 들어가 수영을 하고 있으면, 페니스처럼 생긴 '모드하르 하타말라'(Modhar Hatàmālà)라는 일종의 괴물 뱀이 그 남자를 덮쳐서 항문에 강제로 성교를 한다고 알려져 있었다(G. Devereux, 앞의 책, 1981, p. 124 참조). 네페르세(북아메리카 인디언—옮긴이) 남자들은 한증막에 들어가서 여럿이 목욕을 즐길 때, 페니스를 손으로 가리면서도 고환은 그대로 드러냈다(D. E. Walker, "The Nez Perce Sweat Bath Complex", *Southwestern Journal of Anthropology* 1966, p. 147f, 160 참조).
음란한 동작으로 유명한 호피족 광대들도 완전 나체로 광장에서 춤을 추는 동안, 성기만은 한 손으로 가린 채 춤을 추었다(M. Titiev, *The*

Hopi Indians of Old Oraibi, Ann Arbor 1972, p. 51 참조). 성능력이 왕성한 남성들이 공공장소에서 활동할 때는 반드시 음부 가리개를 착용하는 것 같았다. 블랙풋족(북아메리카 인디언–옮긴이) 남자들은 19세기 초반까지 허리 치마를 착용하지 않은 대신 긴 가죽양말을 허리에 차서 그것으로 성기 부분을 덮고 다녔던 것으로 보인다(J. C. Ewers, *he Blackfeet*, Norman 1958, p. 38 참조). 파이우트 남부 원주민의 경우 날씨가 더우면 노인은 가끔씩 음부 가리개를 벗을 수도 있지만, 일반적으로는 늘 착용하고 다녔다(I. T. Kelly/C. p. Fowler, "Southern Paiute", *Handbook of North American Indians*, Bd. II, ed. W. L. D'Azevedo, Washington 1986, p. 373 참조).
지난 세기 중엽에 화가 프리드리히 쿠르츠(Friedrich Kurz)는 아이오와 인디언들(아이오와, 미주리, 미테소타 지역의 북아메리카 인디언–옮긴이)과 어울려 지내면서 일기장에 이렇게 썼다. "그들(남자들)은 반드시 착용하던 허리 치마조차 한여름이 되면 벗어버리고 완전한 나체로 생활한다. 그 덕분에 나는 그토록 고대하던, 살아있는 고대인들을 연구할 기회를 가질 수 있었다"(F. Kurz, "Aus dem Tagebuch des Malers Frierich Kurz über seinen Aufenthalt bei den Missouri-Indianern 1848~1852", *Jahresberichte der Geographischen Gesellschaft von Bern* 1894, p. 35). 그 밖에 A. I. Hallowell, *Culture and Experience*, Philadelphia 1955, p. 301 및 R. Landes, *The Ojibwa Women*, New York 1938, p. 31(오지브와족); D. McCall, "The Dominant David Dyad: Mother-Right and the Iroquois Case", *Theory and Practice*, ed. S. Diamond, *The Hague* 1980, p. 239(이로쿼이족)를 참조할 것.

38) 그들 자신은 "잎사귀"(gaá)라고 부르는, 두꺼운 아루마잎으로 만든 25에서 40센티미터의 페니스 씌우개를 착용했는데, 사내아이들은 열두 살이 되면 누구나 이것을 차고 다녔다(H. Dengler, "Eine Forschungsreise zu den Kavahib-Indianern am Rio Madeira", *Zeitschrift für Ethnologie* 1927, p. 118; W. H. Kracke, *Force and Persuasion: Leadership in an Amazonian Society*, Chicago 1978, p. 24 참조). 파린틴틴족은 남자의 시선이 귀두로 향하는 것을 절대로 허용하지 않았던 것 같다. 그곳을 씻어야 하는 경우에는 다른 남자들이 보지 못하도록 돌아서서 일을 보았다(C. Nimuendajú, "The Cawahib", *Handbook of South American Indians*, ed. J. H. Steward, Washington 1948,

p. 290 참조).

39) W. D. Hammond-Tooke, *Bhaca Society*, Cape Town 1962, p. 81 참조. 남의 눈에 띄지 않게 귀두를 씌우개로 덮고 다니는 스와지족도 비슷한 생각을 갖고 있었다(B. A. Marwick, *The Swazi*, London 1940, p. 85 참조). 이와 반대로 브라질의 투파리족은 바지와 페니스 씌우개를 같은 종류로 취급했다. 그래서 바지와 페니스 씌우개를 "타마람"이라는 동일한 이름으로 부른다(F. Caspar, "Clothing, Practice of the Tuparis(Brazil)", *Proceedings of the 30th International Congress of Americanists*, London 1952, p. 156 참조).

40) G. Nachtigal, *Sahara und Sudan*, Bd. II, Berlin 1881, II, p. 574 참조. 하우사족의 민간 설화에 따르면, 아담의 아들이 아버지의 페니스를 보고 웃었기 때문에 아버지가 아들에게 저주를 내렸고, 그 결과 아담의 아들과 그 후손들이 흑인이 되었다고 한다(F. W. Kramer, *Der rote Fes*, Frankfurt/M. 1987, p. 32 참조).

41) J. D. E. Schmeltz, "Beiträge zur Ethnographie von Neu-Guinea", *Internationales Archiv für Ethnographie* 1904, p. 200f. 참조. 그 밖의 원주민에 관해서는 C. Nimuendajú, *The Tikuna*, Berkeley 1952, p. 36(투쿠나족); C. Wagley, *Welcome of Tears*, New York 1977, p. 127(타피라페족); A. F. Gell, "Penis Sheathing and Ritual Status in a West Sepik Village", *Man* 1971, p. 167f.(우메다족); G. v. Koenigswald, "Die Caraj -Indianer", *Globus* 1908, p. 223; F. Krause, *In den Wildnissen Brasiliens*, Leipzig 1911, p. 204(카라자족); P. Ehrenreich, 1890, p. 86 (바카이리족, 메히나쿠족, 트루마이족); Y. Murphy/R. F. Murphy, *Women of the Forest*, New York 1974, p. 54(문두루쿠족); J. D. Haseman, "Some Notes on the Pawumwa Indians of South America", *American Anthropologist* 1912, p. 342(파움와족); B. Frank, *Die Kulere*, Wiesbaden 1981, p. 137f.(쿨레레족) 등을 참조할 것. 구아야키족 남자들은 의사의 진찰을 받을 때도 포피를 덮어서 귀두가 보이지 않게 한다(H. Baldus, "Die Guayaki von Paraguay", *Anthropos* 1972, p. 499 참조). 히말라야의 마가르족이 흔히 말하는 "내 포피를 밀어넣지 말라"는 표현은 "나를 놀려대면 안 된다"는 의미이다(Michael Oppitz의 1986년 3월 17일자 편지).

42) G. F. Vicedom/H. Tischner, *Die Mbowamb*, Bd. I, Hamburg

1948, p. 55 참조.

43) G. J. Held, *The Papuas of Waropen*, The Hague 1957, p. 86 참조.

44) H. Nevermann, "Die Kanum-irebe und ihre Nachbarn", *Zeitschrift für Ethnologie* 1939, p. 15, 17 참조. 마린드-아님족도 동일한 수치심을 나타냈으나, 소후르족(Sohur)은 그렇지 않았다(같은 저자, "Die Sohur", *Zeitschrift für Ethnologie* 1940, p. 175 참조).

45) 잠비아의 남자들은 남자들끼리만 있을 때도 서로 상대방에게 페니스를 보여주지 않으려고 가리고 지내며, 특히 사내아이들은 부녀자들 앞에서 알몸을 드러내는 것을 매우 두려워했다(G. H. Herdt, *Guardians of the Flutes*, New York 1981, p. 165 참조). 마누스족 남자는 남들 앞에서 옷을 절대로 벗으려 하지 않았으며(M. Mead, *Leben in der Südsee*, München 1965, p. 189 참조), 산타크루즈 제도에 사는 남자들은 목욕할 때 반드시 물 속에 들어가서 옷을 벗는 습관이 있었다(W. Davenport, "Sexual Patterns and Their Regulation in a Society of the Southwest Pacific", *Sex and Behavior*, ed. F.A. Beach, New York 1965, p. 182 참조). 그 밖의 종족에 관해서는 E. G. Burrows/M. E. Spiro, *An Atoll Culture*, New Haven 1957, p. 296f. (이팔루크족); T. Gladwin/p. B. Sarason, *Truk: Man in Paradise*, New York 1953, p. 115(트루크족)를 참조할 것.

티모르 섬에 거주하는 벨루족의 경우, 청소년이나 성인 남자가 남들 앞에서 알몸으로 돌아다니면, 엄한 처벌을 받았던 적이 있으며(B. A. G. Vroklage, *Ethnographie der Belu in Zentraltimor*, Bd. I, Leiden 1952, p. 428 참조), 셀레베스 섬(인도네시아 동부의 가장 큰 섬-옮긴이) 중심부에 거주하는 서부 토라자족은, '태초의 영웅들'이 하늘에서 쌀을 훔쳐오는 것쯤은 아주 쉬운 일이라고 생각했다. 쌀을 훔쳐서 바지 속에 집어넣으면, 신들이 체면을 차리느라 쳐다보지 않는다고 믿었던 것이다(A. E. Jensen, "Prometheus-und Hainuwele-Mythologem", *Anthropos* 1963, p. 150 참조).

멘타와이 제도의 시베루트 섬에서 인종학자들이 수영복을 입고 강물 속에 들어간 일이 있었는데, 사쿠다이족 남자들은 수영복을 입은 모습을 보고 수치스러운 사람들이라고 했다. 그들의 말에 따르면, 일반적으로는 남이 무슨 옷을 입고 있는지 쳐다보는 것 자체가 금기의 대상이라고 했지만, 이 경우에는 아마 수영복을 입은 상태에서 성기 부분이 불룩하게 튀어나왔기 때문에 문제가 되었던 것 같다. 원주민들이 허리에 걸치고 다니는 앞치마(tjawat)는 다리 사이를 거쳐서 엉덩이 근처에 동여매는 식이어서, 천의 한쪽 끝이 성기 부위를 덮기 때문에 겉으로 드러나지 않게 할 수 있었다(R. Schefold, *Spiezeug für die Seelen*, Zürich 1980, p. 72; P. Wirz, "Het eiland Sabiroet en zijn bewoners", *Nederlandsch-Indi* 1929, p. 135f. 참조). 어느 인종학자가 나에게 보낸 편지에 따르면, 사쿠다이족은 인종학자가 입고 있는 짧은 바지도 수치스럽다고 생각했다(1986년 5월 28일자 Henning Eichberg의 편지). 내가 플로레스 섬의 동부 지역을 방문했을 때도 비슷한 일이 있었는데, 아타키완족의 젊은 처녀들이 나의 젖은 수영복을 바라보면서 자기들끼리 킬킬대며 수군거렸다. 인도의 어느 부족들은 일반적으로 힌두교 신자나 모슬렘 신자들에 비해 일찍부터 성기를 가리고 생활한다(S. Fuchs, *The Gond of Bhumia and Eastern Mandla*, London 1960. p. 51 참조). 그 예로 한때 남들이 보는 자리에서 옷을 벗었던 산탈족 남자는, 목욕을 하러 가거나 술에 취하면 처벌을 받을 가능성이 많았다(W. G. Archer, *The Hill of Flutes*, London 1974, p. 80 참조). "벌거숭이 나가족"이라고 불리던 미리-나가족과 콘약-나가족은 예외였다. 그들에게 "벌거숭이 나가족"이라는 별명이 붙은 이유는 발가벗은 몸으로 밭에 나가 일하는 경우가 많았기 때문이다. 그래서 아오-나가족은 그들을 개나 돼지보다 나을 게 없는 종족이라며 멸시했다(W. H. Furness, "The Ethnography of the Nagas of Eastern Assam", *Journal of the Anthropological Institute of Great Britain and Ireland* 1902, p. 454; C. v. Fürer-Haimendorf, *The Konyak Nagas*, New York 1969, p. 12 참조).

인종학자 허턴은 세마-나가족을 짐꾼으로 고용하여 길을 가던 중 콘약-나가족과 마주쳤는데, 이들을 처음 보게 된 세마족들은 웃음을 참지 못해 짐을 내려놓고 포복절도하며 웃어댔다(J. H. Hutton, *The Sema Nagas*, London 1921, p. 13). 과연 콘약-나가족은 옷을 거의 걸치지 않은 상태였지만, 사실은 세마-나가족 자신들도 그들과 별 차이가 없었다. 어쨌든 "벌거숭이 나가족"의 남자들은 귀두에 대한 수치심이 아주 심해서, 특히 여자가 다가오면 둥근 고리를 이용하여 포피를 끌어당겨서 귀두를 덮는 습관이 있었다(Hr. Jagor, "Bericht", *Zeitschrift für Ethnologie* 1885, p. 574. 참조) 세마이족 남자들은 목욕을 할 때, 물속에 몸을 담그기 전까지는 손으로 성기를 덮었다. 평상시에 대화할 때도 성기를 뜻하는 단어를 입에 담는 사람은 아무도 없는 것 같았다(R.

K. Dentan, *The Semai*, New York 1968, p. 62f. 참조). 음부티족 남자들은 절대로 발가벗은 몸을 남에게 드러내는 법이 없다고 알려져 있었지만(M. Gusinde, *Die Twiden*, Wein 1956, p. 57), 사내아이들이 가리개를 아무렇게나 차고 있는 남자를 가리키면서 '거시기'가 보인다며 '음탕하게 낄낄대는' 장면이 가끔씩 목격되었다고 한다(같은 저자, *Die Kongo-Pygm en in Geschichte und Gegenwart*, Halle 1942, p. 364 참조). 셰베스타(P. Schebesta, *Die Bambuti-Pygmäen vom Ituri*, Vol. 2.2, Brüssel 1948, p. 347)에 따르면 이런 상황이 분위기를 고조시키곤 했는데, 특히 여자들의 세계에서 그러했다. 그렇기 때문에 뉴기니의 바루야족 여자들 중에서 지도적 위치에 있는 여자들은 다음과 같이 조심하라고 교육을 받았다. "네 남편의 가리개가 흘러내려서 성기가 노출되더라도 웃지 말라. 그에게는 수치스러운 일이 될 테니까." 실제로 남자든 여자든 우연히 자신의 성기가 남의 눈에 발각되는 바람에 스스로 목을 매어 목숨을 끊는 사례가 드물지 않게 발생하고 있으며, 그렇기 때문에 부주의하게 은밀한 곳을 드러낸 사람이 있더라도 다른 사람이 절대로 본인에게 주의를 환기시키는 일이 없다(M. Godelier, *Die Produktion der Großen Männer*, Frankfurt/M. 1987, p. 70, 92 참조).

이와 대조적으로 수치심이 없는 종족으로는 언제나 에스키모인들이 화제에 오르지만, 자세히 살펴보면 그들 나름의 다른 모습을 발견할 수 있다. 그 예로 1577년에 프로비셔(Sir Martin Frobisher, 1535~1594: 북서 항로를 개척하라는 임무를 띠고 세 차례 탐험길에 올랐던 영국의 해양탐험가—옮긴이)가 요크 해협에서 에스키모인 남녀 한 명씩을 잡아들인 적이 있는데, 놀랍게도 "남자는 먼저 여자를 움막 밖으로 내보냈을 때를 제외하고는 절대로 옷을 갈아입는 일이 없었고, 둘 다 부끄러움이 극도로 심해서 자기들의 몸이든 남의 몸이든 은밀한 부분을 조금도 드러내는 법이 없었다"(W. C. Sturtevant/D. B. Quinn, "This New Prey: Eskimos in Europe in 1567, 1576, and 1577", *Indians and Europe*, ed. C. Feest, Aachen 1987, p. 77에서 인용). 오두막이나 겨울 움막에 있을 때도 에스키모인들은 절대로 완전히 발가벗는 일이 없었다. 예를 들어서 리브래도와 동부 그린랜드에 사는 에스키모인들은 자그마한 삼각형 보자기로 엉덩이와 다리 사이를 덮어서 끈으로 매고 지냈다(K. Birket-Smith, *The Eskimos*, London 1959, p. 110 참조). 앙막살릭족은 '나시트'(naassit)라고 부르는 아주 짧은 바지(J. P.

Hart Hansen et al., *The Greenland Mummies*, Washington 1991, p. 129f; R. Petersen, "East Greenland Before 1950", *Handbook of North American Indians*, Bd. V, ed. D. Damas, Washington 1984, p. 630 참조)를, 혹은 가죽 치마(R. Gessain, "Die Angmagssalingmiut in Ostgrönland", *Bild der Völker*, Bd. 3, ed. E. E. Evans-Pritchard, Wiesbaden 1974, p. 237f. 참조)를 입었고, 극지(極地) 에스키모인들은 곰가죽 바지(K. Rasmussen, *Neue Menschen*, Leipzig 1920, p. 25; J. Malaurie, *Die letzten Könige von Thule*, Frankfurt/M. 1979, p. 378 참조)를 입었으며, 캐나다의 에스키모인(Utkuhikhalingmiut)은 다른 부족들(kanngu) 앞에서 신체의 어느 부분이든 최대한 노출을 피하려 했는데, 특히 성기는 절대로 드러내는 법이 없었다(J. L. Briggs, *Never in Anger*, Cambridge 1970, p. 93, 350 참조). 남자들은 무릎을 꿇은 자세로 바지를 벗고 침낭 속으로 미끌어져 들어간 다음에 마지막으로 파카를 벗었다(같은 저자, 1986년 10월 30일자 편지 참조). 키피족과 마찬가지로 우트쿠족은 어린 아이들에게 신체적인 수치심을 불러일으키고자 할 경우, 여자아이한테는 농담삼아 겁을 주려고 "조심해! 궁둥이가 보인다!"라고 말하고, 사내아이한테는 "당장 네 자지를 빼버릴 테다!"라고 으름장을 놓았다(같은 저자, "The Origines of Nonviolence", *Psychoanalytic Study of Society* 1975, p. 168 참조). 바지는커녕 가리개조차 두르지 않은 남자들도 있었지만, 그렇다고 완전히 발가벗고 지내는 사람은 없었다. 80년대 초 야코브센(J. A. Jacobsen) 선장은 알래스카에 들러서 이곳 남자들이 목욕을 시작하기 전에 끈으로 귀두를 동여매는 장면을 목격했는데(Hr. Woldt, "Bericht zur Sitzung vom 19. Dezember 1885", *Zeitschrift für Ethnologie* 1885, p. 575 참조), 그 밖의 목격자들도 포피를 끈으로 동여매는 남자들을 본 적이 있다고 증언한 바 있다(H. Schurz, *Urgeschichte der Kultur*, Leipzig 1900, p. 403 참조). 어쨌든 그들이 거의 옷을 걸치지 않고 지낸다는 사실이 외지인들에게는 놀라운 일이 아닐 수 없었다. 그래서 난센(Nansen)은, 동부 그린란드의 캅빌레에 거주하는 에스키모인들이 오두막 안에서 나티트(nâtit)라고 부르는 실내복을 입었을 것이라고 짐작하면서, 그 옷은 너무나 아슬아슬해서 "익숙하지 않은 사람은 특별히 거기에 시선을 고정하지 않을 수 없을 것"이라고 전했다. 난센이 탐험길에 데리고 간 사람들 중에 특히 라프족(스웨덴, 노르웨이, 핀란드, 러시아의 북극권에 속한 광범위한 지역―옮긴이) 원주민들은 어떤 집을 방문했을 때, 몹시 얼굴이 붉어진 일이 있었다고 한다(F. Nansen, *Auf Schneeschuhen durch Grönland*, Bd. I, Hamburg 1891, p. 330f; 같은 저자, *Eskimoleben* 1903, p. 20). 라프족 원주민은 수치심 규범이 매우 높은 종족이었다. 앞에서 언급한 야코브센이 전하는 바에 따르면, 라프족 남자 한 명이 여러 종족을 구경하던 도중에 병이 나서 병원에 실려갔는데, 환자는 막무가내로 "옷을 벗으려 하지 않았다. 우리가 결국 벗기기는 했지만 속바지는 벗기를 거부했다"(H. Thode-Arora, Für fünfzig Pfennig um die Welt, Frankfurt/M. 1989, p. 100에서 인용). 뮐러-빌레(Ludiger Müller-Wille)가 나에게 보낸 1986년 2월 19일자 편지에 따르면, 핀란드 영토 안에 살고 있는 라프족은 그동안 핀란드 사람들의 사우나 문화를 받아들였기 때문에, 수치심 규범에 상당한 변화가 있었다고 한다.

46) J. van Ussel, *Sexualunterdrückung*, Reinbek 1970, p. 64.

47) R. Muchembled, *L'invention de l'homme moderne*, Paris 1988, p. 223 참조.

48) D. Z. Tuzin, "Yam Symbolism in the Sepik", *Southwestern Journal of Anthropology* 1972, p. 239f. 참조.

49) Jan van Baal의 1986년 10월 22일자 편지.

50) N. Elias, *Über den Proze der Zivilisation*, Basel 1939, II, p. 320.

51) 거슨(Gerson)은 치부 가리개의 의미에 관하여 진보주의적인 이론을 전개했다. 그의 견해에 따르면, "원시인들"은 모자가 바람에 날려가도 웃어대는 아이들처럼 유치한 상태에 있다. 따라서 누군가 발기가 되면 그걸 바라보는 사람들이 웃음을 참지 못하게 되는데, 그 이유는 발기된 음경이 수치스럽거나 곤혹스럽게 느껴지기 때문이 아니라, 우스꽝스럽기 때문이라는 것이다. 그렇다면 여자들이 치부 가리개를 착용하고 다니는 이유는 무엇이란 말인가? 거슨은 여자에게 발기될 페니스가 없다는 사실을 기꺼이 인정하면서 이렇게 말하고 있다. "여성에게는 바로 그곳에 약간의 털이 있을 뿐, 숨길 만한 것은 거의 없다." 그렇기 때문에 여성들은 자기들의 원형(原型)인 남성의 습관을 그대로 모방했을 따름이라는 것이다. 그의 견해에 따르면, 이와 같은 사회발전 단계에서 성기에 대한 수치심은 남녀 모두에게 존재하지 않았다. "원시인도 음식을 먹을 때 사용하는 입이나 소리를 들을 때 사용하는 귀처럼, 자연적으로 부여된 행동을 하는 데 필요한 자신의 치부를 부끄럽게 여길 이유가 무엇인가? 예를 들어서 원시인들이 자신의 손이나 눈을 수치스러운 대상으로

여겼단 말인가?"(A. Gerson, *Die Scham*, Bonn 1919, p. 23ff.). 그러나 거슨은 "문명화된" 인간에게도 똑같은 질문을 던질 수 있는지에 대해서는 분명한 견해를 밝히지 않았다.

52) P. Clastres, *Chronique des Indiens Guayaki*, Paris 1972, p. 201 참조.

53) C. Lévi-Strauss, *La vie Familiale et social des Indiens Nambikwara*, Paris 1948, p. 65; 같은 저자, *Traurige Tropen*, Frankfurt/M. 1978, p. 279 참조.

54) C. Wagley, *Welcome of Tears*, New York 1977, p. 158f. 참조.

55) G. Friederici, *Wissenschaftliche Ergebnisse einer amtlichen Forschungsreise nach dem Bismarck-Archipel im Jahre 1908*, Bd. II, Berlin 1912, p. 156 참조.

56) 마린드-아님족의 귀두는 항상 "상당히 긴 포피로 잘 덮여 있었다"고 한다(J. van Baal, 같은 곳).

57) 1971년 1월 30일자 에번스-프리처드의 구두 증언(같은 저자, "A Note on Courtship Among the Nuer", *Sudan Notes and Records* 1947, p. 116; T. O. Beidelman, "Some Nuer Notions of Nakedness, Nudity, and Sexuality", *Africa* 1968, p. 122 참조). 누어족의 한 남자는 길을 가다가 장인과 장모를 만나게 되었는데, 특히 장모 앞에서는 성기 부분을 당장 가려야 할 처지가 되었다. 이때 만일 성기를 가릴 만한 물건이 없으면, 최대한 신속하게 그 길을 벗어나 서로 마주치지 않도록 해야 한다. 음부를 손으로 덮는 정도로는 충분하지 않기 때문이다(H. C. Jackson, "The Nuer of the Upper Nile Province", *Sudan Notes and Records* 1923, p. 153; R. Huffman, *Nuer Customs and Folk-Lore*, London 1931, p. 37; P. Howell, *A Manual of Nuer Law*, London 1954, p. 89; E. E. Evans-Pritchard, "A Note on Affinity Relationships Among the Nuer", *Man* 1948, p. 3f.; 같은 저자, *Nuer Religion*, London 1956, p. 178; T. O. Beidelman, "The Ox and Nuer Sacrifice", *Man* 1966, p. 458; 같은 저자, "The Nuer Concept of thek and the Meaning of Sin", *History of Religions* 1981, p. 149; H. T. Fischer, *Die deutsche Märendichtung des 15. Jahrhunderts*, München 1966, p. 63f.; S. Hutchinson, "Relations Between the Sexes Among the Nuer", *Africa* 1980, p. 372 참조). 랑고족의 말에 따르면, 이런 상황을 피해

야 하는(woro maro) 이유는, 어머니의 입장에서 딸과 동침한 남자의 성기를 바라보는 행위는 수치스러운 일이기 때문이다. 그렇기 때문에 랑고족 여인들은 자기 딸의 일시적인 애인이 무슨 짓을 하고 다니는지를 알아내기가 쉽다. 말하자면 바로 그 남자가 항상 길을 피해 다니면, 금방 들통나기 마련인 것이다(J. H. Driberg, *The Lango*, London 1923, p. 159f. 참조).

실룩족 남자들도 옛날에는 발가벗고 살았다(E. E. Evans-Pritchard, "Sources, With Particular Reference to the Southern Sudan", *Cahiers d' Études Africaines* 1971, p. 158 참조). 한 남자가 나일 강에서 배를 타고 지나가다가 우연히 장인 동생의 부인과 마주치게 되었는데, 그 후에 그는 친구들에게 말하기를, 저 부인이 분명히 나의 성기를 보았다며 다른 여편네들한테 떠벌리고 다닐 것이라고 했다(C, G, Seligman/B. Z. Seligman, *Pagan Tribes of the Nilotic Sudan*, London 1932, p. 60; A. Butt, *The Nilotes of the Sudan and Uganda*, London 1952, p. 26, 85(루오족, 아트촐리족) 참조).

58) 엉덩이도 수치의 대상이었다. 그렇기 때문에 딩카족 남자들은, 예를 들면 채소밭 같은 데서, 몸을 앞으로 굽히는 동작을 하지 않으려 한다(1986년 11월 4일자 Godfrey Lienhardt의 편지). 레베렌츠(Irene Leverenz)도 1986년 9월 5일자 편지에서, 딩카족 남자의 발기 모습을 한 번도 본 적이 없다면서 이렇게 전했다. "회의가 오래 계속되는 동안에 이따금씩 별안간에 팔을 움직이는 사람이 있어서 나의 주목을 끌었다. 나는 혹시 그것이 발기와 관계 있는 행동이 아닌가 하는 의심이 들었다." 딩카족도 귀두에 대한 수치심이 대단했다. 지난 세기에 유럽의 의사들이 그들의 성기를 진찰하려고 시도했을 때도 그 남자들은 완강하게 거부했다(C. Lombroso/M. Carrara, *Contributo all' antropologìa dei Dinka*, Lanciano 1897, p. 22 참조). 아트촐리족 남자들도 역시 다른 사람이 자기의 성기를 만지는 일이 없도록 무척 조심하며 지냈다. 어떤 남자는 이런 말도 했다. "춤을 출 때는 각자 자신의 남성을 드러낸다. 그러나 다른 사람의 고환을 건드리는 자에게는 고통이 따르리라!" (O. p'Bitek, *Lawinos Lied*, Berlin 1982, p. 25).

59) Irenäus Eibl-Eibesfeldt의 1988년 6월 28일자 편지.

60) R. M. Berndt/C. H. Berndt, *Sexual Behavior in Western Arnhem Land*, New York 1951, p. 19, 23 참조. 14세기 초에 오도리히 폰 포르데노네(Odorich von Pordenone, 1826~1331, 프란체스코회 수도

사-옮긴이)는 중국으로 가던 도중에 니코바르 제도(19개의 작은 섬들로 이루어진 벵골 만의 군도-옮긴이)를 방문하고(F. Reichert, "Eine unbekannte Version der Asienreise Odorichs von Pordenone", *Deutshes Arichiv für Erforschung des Mittelalters* 1987, p. 537 참조), 그 섬에 사는 사람들에 대해 이렇게 보고했다. "섬사람들은 배 위에 올라와 옷 입은 사람들을 보더니, 자신들의 벗은 몸을 부끄럽게 여겼다." 600년이 지난 후 오도리히와 같은 수도회에 소속된 한 성직자가 이 글에 대해, "그들은 상대방의 시선에서 벗어나려고 애썼다"는 말을 머리말로 덧붙였다. 라이헤르트(Folker Reichert, 1988년 7월 5일자 구두 증언)가 나에게 말한 바에 따르면, 원고로 작성된 원본(베네치아, 마르차나 도서관, Cod. it. Cl. XI 32)의 그 대목은 이렇게 되어 있었다. "그들은 마치 엄지손가락을 둘째와 셋째손가락 사이에 끼워서 뒤를 향해 야유하듯이 생식기를 허벅지 사이에 끼우고 있었다. 그래서 배에 탄 사람들이 웃어대기 시작했다." 이탈리아 학계에서는 이 텍스트가 신빙성이 없다는 의견도 있기는 하지만(C. Petrocchi, "B. Odorico da Pordenone e il suo Itinerario", *Le Venezie francescane* 1932, p. 209 참조), 어쨌든 이 이야기를 꾸며낸 중세시대의 이야기꾼은 나름대로 수치심을 모르거나 부끄러움을 타지 않는 야만인들의 특성을 나타내려고 했음이 분명하다. 물론 자료 가치는 다르지만 초기의 보고문들을 기초로 판단하건대, 니코바르 제도의 남자들은 여자들과 달리 하체를 가리지 않고 살았던 것으로 보인다. 이들은 얼마 전까지 발가벗고 생활하던 소(小)안다만 섬의 야라바족 남자들과 비교할 만하다. 이미 7세기에 인도순례자로 유명했던 한 중국인은 니코바르 제도를 '나체족의 섬'(裸人國)이라고 명명하고, 그 이유를 이렇게 설명했다. "남자들은 모두 실오라기 하나 걸치지 않은 알몸이고, 여자들은 나뭇잎으로 치부를 가리고 생활한다"(R. Ptak, "Die Andamanen und Nikobaren nach chinesischen Quellen(Ende Sung bis Ming)", *Zeitschrift der Deutschen Morgenländischen Gesellschaft* 1990, p. 354에서 인용). 이와 반대로 오도리히는 이곳의 섬 주민들이 "천으로 치부를 가린 것을 제외하고"(R. Jandesek, *Der Bericht des Odoric da Pordenone über seine Reise nach Asien*, Bamberg 1987, p. 97에서 인용) 아무것도 입지 않았다고 보고했는데, 얼마 지나서 맨더빌은, "그리고 그들은 모두 발가벗고 살았다. 다만 치부를 천으로 가렸을 뿐이다"(J. Mandeville, *Reisebuch*, ed. G. E. Sollbach, Frankfurt/M. 1989,

p. 202)라고 그 사실을 재확인했다. 이와 반대로 15세기 초에 나온 마후안(馬觀)의 『잉야이셩란』(瀛涯勝覽)에는 다음과 같이 기록되어 있다. "남녀 모두 알몸이다. 말하자면 그들은 한 오라기의 천조각도 걸치지 않은 들짐승과 다름없다. (……) 그 사람들은 옷을 한 조각이라도 몸에 걸치면, 당장 종기가 돋아날 것이라고 말하고 있다. 먼 옛날 석가모니가 바다를 건너 이 땅에 도착한 뒤에, 목욕을 하려고 옷을 벗어놓고 물 속으로 들어가자, (원주민들이) 그 옷을 가져다가 감춰버렸다. 이 사건으로 인하여 원주민들은 석가모니에 의해 저주를 받아 지금까지 옷을 걸치면 안 되는 신세가 되었다." 그 직후 페이 신(Fei Hsin)은 니코바 군도에 찾아가서 섬 주민들과 함께 생활했던 것으로 추측되는데, 그는 이곳 주민들의 알몸 습관을 직접 확인한 다음 단서를 붙여서 이렇게 말했다. "그 사람들은 다만 대나무 잎사귀를 엮어서 엉덩이만 가리고 다닌다"(R. Ptak, 같은 책, p. 355f.에서 인용).

61) W. H. Krancke, *Force and Persuasion: Leadership in an Amazonian Society*, Chicago 1978, p. 209 참조.

62) J. W. M. Whiting, *Becoming a Kwoma*, New Haven 1941, p. 49f. 참조. 카우프만(C. Kaufmann, "Bekleidete Nackte in der Südsee", *Kleidung und Schmuck*, ed. B. Hauser-Schäublin, Basel 1988, p. 37)은 엘리아스가 기술한 문명화 과정이 그 밖에 다른 사회의 발전 과정에서도 그대로 구현되고 있다는 견해를 표명하면서, 자신이 직접 찾아가서 현장연구를 수행했던 크오마족(Kwoma)을 그 예로 들었다. "나체 여인들의 모습을 찍은 1912년의 사진들(그림 92)을 1972년에 가지고 가서 보여주었더니, 부분적으로 믿을 수 없다는 반응과 함께 아예 거부감마저 나타내는 사람들이 있었다. 나의 질문에 답변을 해주었던 증인들은, (사진 속의) 발가벗은 남자들이 그 당시 자기들의 친척이었다고 말하면서, 사진에 찍힌 사람들의 이름을 일일이 열거하고는, '미개한 밀림 속의 야만인들과 함께' 살았던 그 나체 여인들은 멀리 쫓아버려야 한다고 나에게 일러주었다. 또한 그들은—오직 나이 든 남자들만 그러했는데—나체 여자들의 모습을 바라보는 순간에 묘한 미소를 지으면서 마치 청소년들이 꽤 대담한 장면이 찍힌 사진을 손에 넣었을 때처럼, 서로 옆구리를 찌르면서 사진을 돌려보기 시작했다. 그들은 분명히 60년 전에 있었던 자기들 사회의 전통적인 외모를 자신들의 기억 속에서 이미 지워버리고 말았던 것이다." 이 인종학자는 물론 휘팅이 말했던 사실을 전혀 고려하지 않았다. 휘팅이 말한 내용은 이러하다. 그 여자들

은 이미 '발가벗고 살던 시절'에 사진이 무엇인지를 이해한 다음부터는 자기들의 모습이 사진으로 찍히는 것을 거부했다. 그 이유는 나중에 가서 남자들이 사진에 나타난—그들이 사용하는 완곡한 표현을 빌리자면—"여자들의 음부"(enji mbumbowi)를 관찰하면서 성적인 충동을 느낄 것이 두려웠기 때문이다(H. P. Duerr, *Der Mythos vom Zivilisationsprozeß*, Bd. I: *Nacktheit und Scham*, Frankfurt/M. 1988, p. 136 참조). 그 당시에도 오늘날과 마찬가지로 남자가 발가벗은 여자의 몸을 똑바로 쳐다보지 못하도록 금지되어 있었던 것이다. 이것이 사실이라면—물론 휘팅이 관찰한 사실들을 의심할 근거는 하나도 없는데—수치심의 한계와 관련하여, 선교사와 정부관리들에 의해 크보마족에게 강요된 "문명화 과정"이란 기본적으로 시선의 통제에 의해 설정되었던 '가상적인 옷'이 공업섬유로 대체된 정도에 불과하다고 말할 수 있다. 그러나 이것은 물론 엘리아스와 그의 추종자들이 염두에 두고 있는 "문명화 과정"은 아닌 것이다.

63) J. E. Keidel, *Nacktes und Allzunacktes*, München 1909, p. 23f. 이 책의 저자는 계속해서, 여성의 음부는 처음부터 감추어져 있기 때문에 그런 문제점이 나타나지 않는다고 말하고 있다. 그러면서도 여자에게는 나체문화가 아무 문제가 되지 않는 것이라고 설명하기는커녕, 여자들에게 "가슴을 덮는 원반 모양의 넓은 천이 달린 바지 멜빵"을 착용하는 것이 좋다고 권하면서, 여자들은 "목에 숄을 두르고 십자형으로 가슴을 덮어서 등뒤로 묶으면 충분하다"고 말하고 있다(같은 곳, p. 31f.). 하기야 그 시절에도 그와 같은 '일광욕 차림'을 하지 말라는 법은 없었을 것이다.

64) W. Kuppel, *Nackt und nackt gesellt sich gern*, Düsseldorf 1981, p. 40. 지난 60년대 말에 하이델베르크의 학생기숙사 '콜레기움 아카데미쿰'(Collegium Academicum)에 '남녀 혼용 샤워 시설'이 설치되자, 특히 하이델베르크 구세군(SDS) 회원들이 이 새로운 시설에 반대의사를 표명했다. 그 이유는 이것이 바로 전형적인 '무질서' 행위, 다시 말해서 '소시민적' 행위라는 것이었다. 그러니까 사회개혁이란 "상부구조"가 아닌 "하부"의 변화에 의해 가능하다는 것이 그들의 생각이었다. 그러나 여기에 반대입장을 보였던 사람들이 나중에 가서 고백한 바에 따르면, 정작 그들의 우려는 올바른 혁명의 길을 지키려는 데서 나온 것이 아니라, 그들의 생식기가 정상적인 상태에 변화가 올지 모른다는 염려에서 비롯된 것이었다. 이러한 우려는 당시 좌익사상을 가졌던 사람들뿐만

아니라, 그 밖에 동시대의 많은 "자유활동가들"도 공통적으로 지니고 있었다. 그 예로 파트너 바꾸기 파티에 정기적으로 참석하던 한 나체주의자는 이렇게 말했다. "나는 자유활동 협회의 단체 속에 들어가 있을 때, 발기현상이 일어나면 아직도 조금은 당황하게 된다. 그럴 경우 나는 지나치게 눈에 띄는 것을 원치 않기 때문에, 어떻게든 슬쩍 그 자리에서 빠져나오려고 한다. 그걸 자랑스럽게 여기는 사람도 많이 있으나 나는 그렇지 않다"(C. Symonds, "Sexual Mate-Swapping", *Studies in the Sociology of Sex*, ed. J. M. Henslin, New York 1971, p. 96 참조).

65) M. Müller, *Die Lehre des hl. Augustinus von der Paradiesesehe*, Regensburg 1954, p. 22ff. 참조. 이브가 음문을 마음대로 발기시킬 수 없도록 형벌을 받은 것인지에 대하여 아우구스티누스가 자세히 따져보지는 않았지만, 그런 결론은 내렸을 법하다. 훗날 앙브루아즈 파레(Ambroise Paré, 1510~1590, 프랑스 외과 의사—옮긴이)는, 여자들은 "젖꼭지"가 부풀어 오른 순간에 남의 눈에 발각되면 수치심을 가장 많이 느끼는 것 같다고 말했다(T. W. Laqueur, "Amor Veneris, vel Dulcedo Appeletur", *Fragments for a History of the Human Body*, Bd. III, ed. M. Feher et al., New York 1989, p. 117 참조). 여자들 중에는 페니스처럼 체면을 지킬 줄 모르는 신체기관을 갖고 있지 않다는 사실에 대해 정말 다행이라고 생각하는 여자들이 많은 것 같다. "나의 음부가 말을 할 줄 모르므로, 나의 의지와 상관없이 내게 말참견을 하는 일이 없어서 다행이다! 남자들은 발기가 되면 감출 수가 없지 않은가!"(M. Halsband, "Frauen in den Wechseljahren", *Sexualität BRD/DDR im Vergleich*, ed. R. Kuntz-Brunner/H. Kwast, Braunschweig 1991, p. 316).

66) D. Lindner, *Der usus matrimonii*, München 1929, p. 62f. 참조. 아우구스티누스도 마찬가지로, 여자들이 낙원에 살던 시절에도 젖가슴과 성기 따위를 지니고 있었겠지만 그것을 바라보는 남자에게 성적인 자극을 주지는 않았을 것이라고 생각했다. 말하자면 남녀가 서로 상대방을 바라볼 때는 아무렇지도 않게 그냥 사랑스러운 마음으로 바라보았을 것이므로, 여기에서 바로 진정한 사랑(caritas)만 있었지 쾌감(cupiditas)은 존재하지 않았을 것이라는 견해였다(C. McDannell/B. Lang, *Heaven: A History*, New Haven 1988, p. 62f. 참조). 오늘날의 이론가들도 수치심의 근원에 대해서는 성기를 임의로 통제할 수 없는 상황에서 비롯된 것이라는 견해를 표명하고 있다(그 예로 A.

Lowen, "In Defense of Modesty", *Journal of Sex Research* 1967, p. 52를 참조할 것).

67) M. Müller, *Die Lehre des hl. Augustinus von der Paradiesesehe*, Regensburg 1954, p. 25f. 참조. 따라서 브라운(P. Brown, *The Body and Society*, New York 1988, p. 416f.)은, 아우구스티누스가 육욕 자체를 반대한 것이 아니라 의지대로 통제되지 않는 육욕을 반대한 것이라고 지적하면서, 이것은 말년의 아우구스티누스에게 해당되는 견해라고 말하고 있다. 또한 알베르투스 마그누스와 토마스 아퀴나스의 견해에 따르면, 낙원에는 성욕이 존재했을 뿐만 아니라, 그 성욕은 어쩌면 현세의 성욕보다 더 '강하고 순수하며', 알베르트의 말마따나 '이성의 명령에 따라'(sub imperio rationis) 작용했다는 것이다(K. H. Bloch, *Masturbation und Sexualerziehung in Vergangenheit und Gegenwart*, Frankfurt/M. 1989, p. 335 참조). 낙원에서의 성교에 관해서는 아우구스티누스의 명제, 다시 말해서 성교라는 것이 실제로 있었다면 쾌락(voluptas)도 없고 열정(ardor)도 없는 상태로 이루어졌을 것이라는 그의 견해는 한참 동안 널리 공감을 얻지 못했다. 12세기 중엽에 이르러 특히 아벨라르드(Abaelard, 1079~1142, 파리에 학교를 세우고 철학을 가르친 프랑스 스콜라 철학자, 한 여자를 사랑하다가 연적에게 거세를 당하고 생드니 수도원에 들어가 수도사가 되었다—옮긴이)의 제자인 멜룬(Robert v. Melun)은, 만일 아우구스티누스의 명제가 옳다면 그 밖의 모든 감각적인 느낌도 불가능했을 것이라고 반박했다(R. R. Grimm, "Die Paradiesehe: Eine erotische Utopie des Mittelalters", *Getempert und gemischet*, ed. F. Hundsnurscher/U. Müller, Göppingen 1972, p. 24 참조). 예를 들어서 아스테사누스(Astesanus)는 낙원에서 정상적인 성교는 이미 신이 내려준 계명 중의 하나였다는 견해를 표명했지만, 그 직후에 스스로 궁지에 몰리게 되었다는 사실을 깨달은 그는 한 발 후퇴해서, 실제로는 성교가 이루어지지 않았다고 덧붙여 말했다. 그 이유인즉, 첫째 아담과 이브가 하느님으로부터 성교를 해도 좋다는 분명한 허락이 떨어지기를 기다리고 있었기 때문이고, 둘째 이유는 그 당시 아담이 모든 음식을 세 번씩 소화시키는 바람에 이처럼 철저한 소화작용으로 인하여 정자로 변환시킬 수 있는 영양분이 몸 안에 전혀 남아 있지 않게 되었다는 것이다(J. G. Ziegler, *Die Ehelehre der Pönitentialsummen von 1200~1350*, Regensburg 1956, p. 44f. 참조). 그렇다면 아담은 사정을 할 수 없는 상태의 성교

가능성만 가지고 있었을 것이다. 그러나 아스테사누스의 동시대인들은 바로 그 "사정이 억제된 성교"(coitus reservatus)를 논의의 대상으로 삼았다. 하기야 볼로냐 출신의 우구초(Huguccio)는, 그런 상황에서는 오르가슴에 이를 수 없다는 사실을 이유로 내세우면서 이런 식의 성교는 절대로 죄악에 해당되지 않는 것이라는 견해를 표명했지만, 물론 그 견해는 공감을 얻지 못하고 말았다(E. M. Makowski, "The Conjugal Debt and Medieval Canon Law", *Journal of Medieval History* 1977, p. 102f. 참조). 그러나 한편으로 알베르투스 마그누스는 이미 수치심과 죄의식을 특히 사정과 연관된 것이라고 말한 바 있다(B. Roy, "La problématique de l'accouplement dans un système anti-érotique: l'exemple du moyen âge", *Le couple interdit*, ed. L. Poliakov, La Haye 1980, p. 95f. 참조).

68) 알베르투스 마그누스는 인간의 의지와 무관하게 발기현상이 일어나는 데서 생기는 수치심과 "자연적인" 수치심을 구별짓고, 후자는 성기가 추하게 생긴 데서 기인하며, 나아가 소변보는 기관이라는 생각에서 비롯된 수치심이라고 했다(L. Brandl, 1955, p. 80f. 참조). 토마스 아퀴나스는, 페니스가 제멋대로 발기되는 성질을 가지고 있기 때문에 남편이 심지어 자기 아내 앞에서조차 수치심을 느끼는 것이라면서 이렇게 말했다. "성실한 결혼생활이라는 말로 치장되는 동거생활도 그 자체가 수치심의 대상에서 제외될 수는 없는 일이다. 신체의 그 부분이 그 밖의 부분들과는 달리 이성의 명령에 따르지 않고 제멋대로 움직이기 때문이다"(Summa theologica, 151. 4. III).

69) A. K. Hieatt, "Eve as Reason in a Tradition of Allegorical Interpretation of the Fall", *Journal of the Warburg and Courtauld Institutes* 1980, p. 223 참조.

70) 누가복음 20장 35절 이하. B. Lang, "No Sex in Heaven: The Logic of Procreation, Death, And Eternal Life in the Judaeo-Christian Tradition", *Mélanges bibliques en l'honneur de Mathias Delcor*, Neukirchen 1985, p. 240f. 참조.

71) L. Foster, *Religion & Sexuality*, New York 1981, p. 16 참조. 청교도들은 아이들의 욕구가 통제되지 않은 채 멋대로 분출되는 현상에 대해 그것이 바로 죄악의 상태에 있음을 나타내는 증거라고 생각했다(G. Dohrn van Rossum, "Die Puritanische Familie", *Die Familie in der Geschichte*, ed. H. Reif, Göttingen 1982, p. 73 참조).

72) J. Rossiaud, Dame Venus, München 1989, p. 211 참조. 1528년 디종에 거주하는 한 아마포 방직공은 며느리의 장례를 마치고 돌아와서 이렇게 말했다. "며느리는 이 세상에 사는 동안 육체의 일을 훌륭하게 해냈으니 저승에 가서도 잘 해낼 거야. 거기서는 천사들이 여자들을 돌봐주니까."

73) B. Bennassar, *L'homme espagnol*, Paris 1975, p. 218 참조. 남자 회교도들은 낙원을 수많은 후리야(ḥūrīya)들이 우글대는 거대한 침대로 인식하고 있다고 한다. 다시 말해서 현세에서 신앙심이 돈독했던 남자일수록 낙원에 가면 그만큼 섹스 노리개용 여자들을 많이 거느릴 수 있다는 것이다. 가잘리에 따르면, 현세에서의 오르가슴은 앞으로 저승에 가서 누리게 될 환희를 미리 슬쩍 맛보는 것에 불과하다(A, H. al-Ghazālī, *Ihyā u'lūm al-dīn*, ed. M. Farah, Salt Lake City 1984, p. 60 참조). 전설에 따르면 낙원에서의 오르가슴(janna)은 24년간 지속된다고 알려져 있고, '수유티'(Suyūti)는 이렇게 가르쳤다. "매춘부와 성교를 하면 그것은 언제나 숫처녀와 행한 것과 같다. 선택받은 남자의 성기는 절대로 수축되는 일이 없이 발기상태가 영원히 지속되느니라"(A. Bouhdiba, *Sexuality in Islam*, London 1985, p. 75f.에서 인용). 근본적으로 남자 회교도가 생각하는 현세의 모든 아내는 신뢰할 수 없는 위험한 존재일 뿐이며, 낙원에 가서야 비로소 아무 근심걱정 없이 여자를 만날 수 있게 된다. 그 대신 이 여자들은 '영혼이 없는' 존재들이다. 다시 말해서 창녀(ḥūr)는 자발적인 의지가 없는 피조물에 불과하므로, 남자는 여자의 만족감을 고려할 필요없이 삽입하면 되고, 마침내 다른 남자나 '진'(jinn)에 의해 능욕당할 염려를 하지 않아도 된다. 이와 같은 저승은 사창가와 다름없는 곳으로, 순전히 남성만을 위한 사창가인 셈이다. 따라서 여자들도 낙원으로 들어올 수는 있지만 이곳에서 여성의 성적인 욕구를 위한 배려는 전혀 고려되지 않는다(M. E. Combs-Schilling, *Sacred Performances: Islam, Sexuality, and Sacrifice*, New York 1989, p. 95f. 참조).

74) J. van Ussel, 위의 책, p. 48. 원본은 이탤릭체로 되어 있음.

75) R. Krohn, *Der unanständige Bürger*, Kronberg 1974, p. 114에서 인용.

76) 그리고 롱디빌리스는 이렇게 결론을 맺고 있다. "그러므로 우리들은 언제라도 간부(姦婦)의 기둥서방이 될지 모르는 위험에 놓여 있다는 사실을 알고 놀라지 마시라. 우리가 그 여자들을 현찰을 줘서 만족시킬 만큼

충분한 돈을 매일 지갑 속에 지니고 다닐 수는 없는 노릇이 아닌가!" (F. Rabelais, *Gargantua und Pantagruel*, ed. E. Hegaur/Dr. Owlglass, München 1961, p. 373f.).

77) V. Elwin, *The Muria and Their Ghotul*, Oxford 1947, p. 423 참조. 줄루족의 경우는, 여자와 달리 남자는 분비작용이나 사정행위를 임의대로 통제할 수 있기 때문에 거기에서 남자의 힘이 나온다는 생각을 갖고 있었다(H. Ngubane, "Some Notions of 'Purity' and 'Impurity' Among the Zulu", *Africa* 1976, p. 282 참조).

78) G. H. Herdt, "Semen Transactions in Sambia Culture", *Ritualized Homosexuality in Melanesia*, ed. G. H. Herdt, Berkeley 1984, p. 189; 같은 저자, *Guardians of the Flutes*, New York 1981, p. 190 참조.

79) Leonardo da Vinci, *Tagebücher und Aufzeichungen*, Leipzig 1940, p. 51f.

80) 간디는 젊은 처녀가 접근해오는 것 자체를 두려워하지 않았다. 여자들은 성에 대해 관심이 없을 것이라고 믿었던 것이다(P. Caplan, "Celibacy as a Solution? Mahatma Gandhi and Brahmacha-raya", *Cultural Construction of Sexuality*, ed. P. Caplan, London 1987, p. 274, 278f. 참조).

81) J. Dalarun, *Erotik und Enthaltsamkeit*, Frankfurt/M. 1987, p. 72 참조. 그 이후에 아브리셀(Robert v. Abrissel) 역시 실오라기 하나도 걸치지 않은, 전직 매춘부로 짐작되는 어느 여인을 침대로 데려와서 그와 같은 시도를 한 적이 있다. 이것을 두고 방돔(Gottfried v. Vendôme)은 로베르트가 시도한 "새로운 순교행위"라고 표현했다(같은 책, p. 82).

82) S. M. Lyman/M. B. Scott, "Coolness in Everyday Life", *Sociology and Everyday Life*, ed. M. Truzzi, Englewood Cliffs 1968, p. 97 참조.

83) G. Devereux, *Angst und Methode in den Verhaltenswissenschaften*, München 1973, p. 60 참조.

84) 팡족의 옛날 이야기에 따르면, 한 여자가 야생고양이 가죽으로 만든 치부 가리개를 벗은 채 한 남자와 나란히 걸어오고 있었다. 남자의 성기가 발기되자 여자가 말했다. "오호라, 그게 다 보이네! 당신이 피곤에 지쳐도 내 앞에서 그걸 숨기진 못할걸!" (J. W. Fernandez, *Bwiti*,

Princeton 1982, p. 164 참조).

85) S. Lavie, *The Poetics of Military Occupation*, Berkeley 1990, p. 119.

86) T. Ungerer, Schutzengel der Hölle, Zürich 1986, p. 76.

87) al-Ghazālī, 위의 책, p. 61. 그 밖에 N. al-Sadāwī, 1980, p. 121 참조.

88) L. Gordon, *Woman's Body, Woman's Right*, Harmondsworth 1977, p. 104에서 인용. 그와 반대로 다음과 같이 전혀 다른 견해를 표명한 사람도 있었다. "남근은 남자가 갖고 있지만, 음문은 여자가 갖고 있다"(O. Weininger, *Geschlecht und Charakter*, Wien 1921, p. 111).

89) M. S. Weinberg, "The Nudist Management of Respectability", *Deviance*, ed. E. Rubingston/M. S. Weinberg, New York 1981, p. 343.

90) 그 경우와는 별도로 많은 조건하에서 발기가 일어날 개연성은 오히려 적다. 런던에서 '마을 최대의 더러운 쇼'에 등장했던 어느 남자 배우는 이렇게 말했다. "너무나 곤혹스러운 일들이 많아요. 4백 명의 관중 앞에서 알몸을 내보이고 있으면 정말 불리한 입장에 서 있다는 느낌이 듭니다. 관객 모두가 나의 '사이즈'를 예리하게 재어보고 있다는 상상을 떨쳐버릴 수가 없어요. 그러나 발기될지 모른다는 걱정은 해본 적이 없습니다. 관객을 의식하기 때문에 너무 긴장이 심해지거든요"(P. Webb, *The Erotic Arts*, London 1983, p. 341에서 인용).

91) O. König, *Nacktheit*, Opladen 1990, p. 278에서 인용.

92) Neue Revue 35, 1989, p. 37. 이 기사 내용을 제보해준 로겐부크에게 감사를 드린다.

93) J. Smolev, "Anatomie und Physiologie der männlichen Fortpflanzungsogane", Die Sexualität des Mannes, ed. J. M. Swanson/K. A. Forrest, Köln 1987, p. 56. 환자의 페니스가 즉시 발기될 수 있다는 사실을 여자 의사에게 알리는 그 안내서가 실제 상황에서 긴장해소에 도움이 되었는지의 여부는 미지수라고 했다.

13. 음부가리개와 남근주머니

1) 그는 이 문제에 관하여 확신이 서지 않았던지라, "그 기이한 씌우개가

근본적으로 예의와 수치라는 현실적인 개념에서 나온 것인가? 아니면 가시나 나뭇가지에 다치지 않게 하고 곤충에 쏘이는 것을 예방하기 위한 조치에 불과한 것인가? 나로서는 판단을 내릴 수가 없다"(J. R. Forster, *Bemerkungen über Gegenstände der physischen Erdbeschreibung, Naturgeschichte und sittliche Philosophie auf seiner Reise um die Welt gesammelt*, Berlin 1783, p. 342)고 말했다.

2) 위의 책, p. 342.

3) G. Forster, 1966, III, p. 296.

4) P. Ariés, "Pour une histoire de la vie privée", *Histoire de la vie privée*, Bd. III, ed. P. Ariès/G. Duby, Paris 1986, p. 11.

5) J. van Ussel, *Sexualunterdrückung*, Reinbek 1970, p. 64.

6) K. Weinhold, *Altnordisches Leben*, Stuttgart 1938, p. 101 참조.

7) H. M. Zijlstra-Zweens, *Of His Array Telle I No Longer Tale*, Amsterdam 1988, p. 52 참조.

8) 외투 안에 속바지를 입지 않는 것도 물론 단정치 못한 행위로 인식되었다. 그러나 외투가 벗겨져 올라가거나 바람에 날리는 일은 흔히 일어날 수 있었다.(A. v. Heyden, *Die tracht der kulturvölke Europas*, Leipzing 1889, p. 80 참조). 13세기의 어느 행동준칙을 보면, "기사(騎士)는 여성 앞에서 허벅지를 드러내서는 안 된다"(A. Schultz, *Das höfische Leben zur Zeit der Minnesänger*, Leipzig 1889, p. 292에서 인용)고 규정되어 있다. 시토 수도회의 수도사들은 속바지를 입지 않겠다고 거부하는 바람에 구설수에 오른 적이 있었다. 심지어 힐데가르트 폰 빙겐—자신도 속바지를 입지 않은 여자로서—은 수도사들에 대해 음탕한 흑심이 있다고 의심했다. 말하자면 속바지를 입지 않으면 그대로 드러난 '살덩어리'가 옷자락에 접촉되므로 수도사들이 성적으로 흥분될 수 있다는 것이다. 이런 이유로 클뤼니 수도회의 수도사들은 속바지가 반드시 필요하다고 생각했다. 신앙심이 두터운 이 여인은 만일 시토 수도회의 수도사들이 계속 완강하게 거부한다면, 최소한 내복에 허리띠(zona)를 둘러서 내복이 벗겨져 올라가는 일이 없게 해주기를 희망했다(G. Zimmermann, *Ordensleben und Lebensstandard*, Münster 1973, p. 94, 110f. 359, 371 참조).

9) F. Piponnier, "Une révolution dans le costume masculin au XIVe siècle", Le vêtement, ed. M. Pastoureau, Paris 1989, p. 232 참조. 아마 이 복장은 실용적인 이유에서 갑옷 밑에 입는 비교적 짧막한 옷에

서 유래되었을 가능성이 있다. 1380년 무렵까지 궁정이나 도시에서는 이 복장이 대부분 낯설었고, 시골에서는 훨씬 오랫동안 유행했다(같은 책, p. 233f. 참조).

10) I. Origo, *Im Namen Gottes und des Geschäfts*, München 1985, p. 236 참조. 물론 그 이전에도 남성들의 복장이 점점 짧아지고 좁아지는 경향이 계속되어왔고, 그때마다 단정치 못하다는 비난을 받아왔다. 예를 들자면 이미 927년에 랭스의 대주교는 주교회의를 주재한 자리에서, 투명한 옷차림 때문에 치부에 시선이 쏠리는데도 부끄러운 줄을 모르는 일부 성직자들이 있다면서 열을 올렸다(P. Englisch, *Geschichte der erotischen Literaur*, Stuttgart 1927, p. 108 참조). 그리고 같은 시기에 베네딕트 수도회의 수도사 노트커 발불루스(840~912, 라틴어 찬가를 쓴 시인—옮긴이)는 많은 궁정관리들이 신체를 강조한 야한 색깔의 옷을 입고 다닌다며 비난을 퍼부었다. 궁정관리들의 복장은 얌전한 고대 프랑켄 복장과 다르고 신체를 얌전하게 덮고 다니는 성직자 복장과도 차이가 많이 난다는 것이었다(A. Borst, *Lebensformen im Mittelalter*, Frankfurt/M. 1979, p. 194 참조). 11세기 중엽, 지크프리트 폰 고르체는 "점잖은 사람들의 눈으로 볼 때 매우 볼썽사납게 짧게 변형시킨 옷"(J. Bumke, *Höfische Kultur*, München 1986, p. 199에서 인용)을 입고 다니는 데 대해 불만을 표시했고, 얼마 후 오르데리쿠스 비탈리스(1075?~1143)와 그 뒤를 이어서 윌리엄 맴스버리(1090?~1143?, 영국 역사가, 맴스버리 사원의 사서—옮긴이)는 젊은 귀족들이 꽉 조이는 튜니카(고대 로마의 소매 없는 옷—옮긴이)를 입는다는 사실을 지적했다(A. Ribeiro, *Dress and Morality*, London 1986, p. 34 참조).

11) L. Jordan, "Die Renaissance in Piacenza", *Archiv für Kulturgeschichte* 1907, p. 164 참조.

12) M. J. Rocke, "Sodomites in Fifteenth-Century Tuscany", *The Pursuit of Sodomy*, ed. K. Gerard/G. Hekma, New York 1989, p. 12에서 재인용. V. H. H. Green, *Medieval Civilization in Western Europe*, London 1971, p. 179 참조. 15세기 후반, 사보나롤라(1452~ 1498, 이탈리아 도미니크회 소속의 종교개혁자—옮긴이)는 그와 같이 야한 차림을 하고 다니는 성자들의 모습을 그리는 화가들에게 항의한 바 있다(T. Aschenbrenner, *Die Tridentinischen Bildervorschriften*, Freiburg o. J., p. 27 참조).

13) A. Schultz, *Deutsches Leben im XIV. und XV. Jahrhundert*, Wien 1892, p. 319에서 인용. 「자이프리트 헬플링」이라는 시(詩)에서는 남자들의 저고리가 그동안 너무 짧아져서 앞에서 쳐다보면 바짓가랑이가 들여다보일 뿐만 아니라 뒤에서 볼 때도, 시인은 그 부분을 차마 직접 가리키지 못하고, "그 사람 자신은 느꼈겠지만, 앞에서 바라보면 바짓가랑이가 보이고, 뒤에서는 치부가 보이는데, 나로서는 차마 말로 표현할 수 없었다"(J. Bumke, *Höfische Kultur*, München 1986, p. 201에서 인용)고 적었다.

14) R. v. Retberg, *Kulturgeschichtliche Briefe*, Leipzig 1865, p. 198.

15) J. L. Nevinson, "Civil Costume", *Medieval England*, Bd. I, ed. A. L. Poole, Oxford 1958, p. 306에서 재인용. 중세 말 유럽의 곳곳에서 달라붙는 옷을 입고 다니는 남녀에 대한 비난의 목소리가 높았다. 1344년 전기작가 존(John of Reading)의 기록에 따르면, 엉덩이의 갈라진 부분이 드러나지 않게 하려고 옷 뒤에 여우꼬리를 달고 다니는 여자들이 많았다고 한다. 이보다 몇 년 뒤에 아이들리(Peter Idley)라는 사람이 쓴 기록에 따르면, 남자들의 겉옷이 너무 짧아서 몸을 굽히거나 무릎을 꿇으면 하체가 드러날 정도였다고 한다. "그것이 꼬리뼈 바로 위쪽 엉덩이에서 잘려져 있어서/얌전한 남자는 그런 꼴을 정말로 싫어하는데/그 때문에 남자의 몸체가 그루터기처럼 짧아 보이고/만일 몸을 굽히거나 무릎을 꿇을라치면/겉옷이 엉덩이 중간에도 못 미친다네"(J. Scattergood, "Fashion and Morality in the Late Middle Ages", *England in the Fifteenth Century*, ed. D. Williams, Woodbridge 1987, p. 258f., 264ff.; C W. Cunnington/P. Cunnington, *The History of Underclothes*, London 1981, p. 22 참조).

16) F. Piponnier, "Une révolution dans le costume masculin au XIVe siècle", Le vêtement, ed. M. Pastoureau, Paris 1989, p. 228에서 인용. 1361년에는 수도원에서 일하는 시종이나 "여자의 환심을 사려는 남정네들"의 복장이 광대처럼 화려하다는 이유로 공의회 교부들이 이를 질책하는 사례가 있었고, "여자처럼" 옷을 입고 다니는 젊은 남자들의 경우에도 치마가 너무 짧아서 부끄러움도 모른 채 "엉덩이와 허벅지"를 드러내고 다녔다고 한다(J. Chiffoleau, *Les justices du pape*, Paris 1984, p. 194, 269 참조). 이보다 얼마 전에는 "귀족의 시중을 드는" 젊은 시종들이 "터진 바지"와 그 안쪽에 있는 모든 것을 드러내고 다닌다며 개탄하는 글이 『프랑스 연대기』에 실린 바 있다(A. Ribeiro, *Dress and

Morality, London 1986, p. 45; p. M. Newton, *Fashion in the Age of the Black Prince*, Woodbridge 1980, p. 10 참조). 프랑스의 기사 투르-랑드리는 부끄러움을 모르는 젊은 사람들의 행동이 짐승과 다름없다고 말하면서, 특히 "짧은 옷을 입은 남자가 엉덩이와 터진 바지를 드러내고 다니는데, 그것이 바로 수치스러운 일"(O. Blanc, "Vêtement féminin, vêtement masculin à la fin du Moyen Age", *Le vêtement*, ed. M. Pastoureau, Paris 1989, p. 250)이라고 개탄했다.

17) 1467년 부르군트의 연대가 작가 쿠시(Mathieu de Coucy)는 다음과 같이 비난했다. "당시 사람들은 과거 어느 때보다 한층 더 짧은 옷을 입기 시작했다. 그 결과 흔히 옷을 입힌 원숭이처럼 엉덩이와 음부의 모습이 보일 지경이었는데, 그것은 매우 점잖지 못하고 정숙하지 못한 일이었다"(R. Muchembled, *L'invention de l'homme moderne*, Paris 1988, p. 69에서 인용. 그 밖에 H. Weiss, Kostümkunde, Bd. III, Stuttgart 1872, III, p. 105f. 참조).

18) F. Piponnier, 같은 책, p. 230 참조.

19) O. Feger, *Vom Richtebrief zum Roten Buch*, Konstanz 1955, p. 68. 14세기 말 이스니 도시법에 이런 조항이 있었다. "치부를 앞과 뒤에서 덮어야 하므로 어느 누구도 짧은 옷을 입어서는 안 된다."(K. O. Müller, Die läteren Stadtrechte von Leutkirch und Isny, Stuttgart 1914, p. 277). 1503년과 1508년 장크트 갈렌의 도시법(E. Ziegler, *Sitte und Moral in früheren Zeiten*, Sigmaringen 1991, p. 34), 1375년 및 1464년의 취리히와 베른의 도시법(J. M. *Vincent, Costume and Conduct in the Laws of Basel, Bern, and Zurich 1370-1800*, New York 1969, p. 45f.), 크라카우 도시법(E. v. Sokolowski, *Krakau im 14. Jahrhundert*, Marburg 1910, p. 53), 뉘른베르크 도시법(J. Baader, *Nürnberger Polizeiordnungen aus dem 13. bis 15. Jahrhundert*, Stuttgart 1861, p. 105), 브레슬라우 도시법(S. B. Klose, *Darstellung der inneren Verh ltnisse der Stadt Breslau vom Jahre 1458 bis zum Jahre 1526*, Breslau 1847, p. 217)을 살펴보면, 짧은 옷을 입은 남자들은 아녀자들 앞에서 앉는 자세를 취하지 못하도록 규정되어 있다. 복식사 전문가였던 블랑(O. Blanc, 앞의 책, p. 247f.)의 주장에 따르면, 남성의 복장은 그 시대 여성들의 얌전한 복장과 달리 '동물적'이고 그런 의미에서 외설적이었지만, 성적인 면에서 자극적이라고 받아들여진 것은 아니었다. 하지만 시에나

(Bernardino de Siena)가 이미 격앙된 발언을 했던 사실을 감안한다면 그 주장은 옳지 않다. 그리고 뒤에서 알게 되겠지만 당시 사람들은 "남색광들"뿐만 아니라 여성들도 아무런 수치심 없이 자극적이라고 느꼈다.

20) 괴팅겐 남자들은 다만 무기를 들고 근무할 때만—이것은 분명히 실용적인 이유 때문인데—짧은 옷을 입도록 허용되었다. 이보다 얼마 후에 공포된 규정에는 치마 끝에 손가락을 대고 재보아서 가장 긴 손가락이 다리 부분에 닿을 수 있어야 한다"고 되어 있다. (H. Roesler, *Die Wohlfahrtspflege der Stadt Göttingen im 14. und 15. Jahrhundert*, Berlin 1917, p. 85). 쾰른 시의원의 복장에 관한 1458년과 1476년의 규정에는 "최소한 무릎이 덮이도록" 옷을 입어야 한다고 명시되어 있다. 그리고 그 밖의 모든 남자들도 "민망스러워 보일 정도로 짧은 옷을 입는 일"이 없어야 하고, 신체의 모든 부분이 적당히 가려져야 한다"고 되어 있다(G. Schwerhoff, "Bürgerliche Einheit und ständliche Differenzierung in Kölner Aufwandsordungen", *Rheinische Vierteljahresblätter* 1990. p. 108; J. F. Hautz, *Geschichte der Universität Heidelberg*, Bd. I, Mannheim 1864, I, p. 93 참조).

21) J. Brucker, *Strassburger Zunft-und Polizeiverordnungen des 14. und 15. Jahrhunderts*, Strassburg 1889, p. 462.

22) Erasmus v. Rotterdam, *De civilitate morum puerilium*, Hamburg 1673, p. 36.

23) J. Scattergood, 앞의 책, p. 266에서 인용. 여기에 나오는 "codpiece"라는 단어는 "주머니"를 의미하는데, 그 후로 고환과 페니스의 상징으로 사용되기도 하였다(P. Fryer, *Mrs Grundy: Studies in English Prudery*, London 1963, p. 44; E. Partridge, 1968, p. 81 참조).

24) 그럴 경우 3굴덴의 벌금이 부과되었다. 이 도시의 다른 규정에는 남자들의 상의가 "야하게 보이지 않도록 반드시 치부덮개 위로 손가락 두 개 길이만큼 내려오게" 해야 한다고 명시되어 있었다(J. Baader, 앞의 책, p. 105f.).

25) G. Wolter, *Die Verpackung des männlichen Geschlechts*, Marburg 1988, p. 44.

26) A. Ribeiro, *Dress and Morality*, London 1986, p. 62 참조. 따라서 나이가 든 남자들만이 그런 복장을 거부했다는 사실은 이상한 일이 아니다(같은 책, p. 68 참조).

27) W. Rudeck, *Geschichte der Öffentlichen Sittlichkeit in*

Deutschland, Berlin 1905, p. 71에서 인용.

28) L. Schneegans, "Die kurze schandbare Tracht des 15. Jahrhunderts zu Straßburg und im Elsasse", *Zeitschrift für Kulturgeschichte* 1857, p. 380에서 인용.

29) E. Martin/H. Lienhart, Wörterbuch der elsässischen Mundarten, Bd. II, Straßburg 1907, II, p. 903.

30) J. Zander-Seidel, *Textiler Hausrat: Kleidung und Haustextilien in Nürnberg von 1500~1650*, München 1990, p. 181; P. Bräumer, *Szenen aus der Zent*, Birkenau 1985, S.3 참조. 현재 남아 있는 브라게트 중의 하나가 슈틸레(E. Stille, "Zank um die Hosen", *Kleider und Leute*, ed. C. Spiegel et al., Bregenz 1991, p. 138)의 저서에 그림으로 실려 있다. 1550년 무렵에 만들어진 이것은 허벅지를 덮는 속바지 형태로서, 작센 선제후의 소장품에 포함되어 있다.

31) W. Rost, Die männliche Jungfrau, Reinbeck 1983, p. 93 참조.

32) 그와 비슷하게 일반적인 짧은 저고리와 가늘고 길쭉하게 터진 무릎바지를 모방해서 갑옷을 만들기도 했다.

33) L. Funcken/F. Funcken, *Rüstungen und Kriegsgerät der Ritter und Landsknechte, 15.-16. Jahrhundert*, München 1980, p. 95 참조. 대부분의 갑옷 브라게트는 가죽으로 만든 튼튼한 자루로 만들어서 속옷 밑에 입었다(L. Tarassuk/C. Blair, *Arms & Weapons*, London 1982, p. 137 참조).

34) "너는 긴 외투를 마다하고,/새로운 종류를 입었구나/짧은 옷을 입은 모습이/흡사 원숭이를 닮았도다./겨우 허리까지 내려와/엉덩이를 가릴 수 없으니/지금으로선 음탕한 옷이로다/그런데도 요즘은 점잖은 사람도 입었고/경건한 전사들도 입었더라"(F. Dedekind, *Grobianus*, ed. K. Scheidt, Halle 1882, p. 21 참조).

35) W. Meyer, *Hirsebrei und Hellebarde*, Olten 1985, p. 192f. 참조.

36) F. Rabelais, 앞의 책, p. 291.

37) O. Blanc, 앞의 책, p. 250. 그 밖에 K. Eisenbichler, "Bronzino's Portrait of Guidobaldo II. della Rovere", *Renaissance and Reformation* 1988, p. 22 참조.

38) P. Pfrunder, *Pfaffen, Ketzer, Totenfresser*, Zürich 1989, p. 153.

39) L. Dresen-Coenders, *Helse en hemelse vrouwenmacht omstreeks 1500*, Nijmegen 1988, p. 38, 40 참조. 1533년에 제작된 쇼엔의 목판

화에서도 부인이 남편을 정복해놓고 브라게트를 벗기는 장면이 그려져 있다(L. Roper, *The Holy Household*, Oxford 1989, p. 259 참조).

40) K. A. Barack, *Zimmerische Chronik*, III, Freiburg 1881, I, p. 443.

41) G. Boccaccio, *Das Decameron*, ed. J.v. Guenther, München 1960, p. 360.

42) A. Bömer, "Anstand und Etikette nach den Theorien der Humanisten", *Neue Jahrb cher für Pädagogik* 1904, p. 342 참조. 인도네시아의 발리 섬을 비롯한 여러 지역에서 라자(Raja) 앞에서는 그런 자세를 조심했다.

43) 안데르손과 톨벗(C. Andersson/C. Talbot, *From a Mighty Fortress: Prints, Drawings, and Books in the Age of Luther, 1483~1546*, Detroit 1983, p. 105)은, 쿨름바흐가 아마 흑인을 모델로 이용했을 것이고, 실제로 페니스 씌우개를 착용한 외국인 전사(戰士)를 소묘 대상으로 삼는 경향이 있었던 것으로 추측할 수 있다는 견해를 피력했다. 그러나 중세 말기에 분명히 유럽인으로 보이는 남자들이 탕가와 비슷한 바지에 페니스 모양의 브라게트를 착용했다는 사실만 보더라도 앞의 견해는 맞지 않다. 마누엘의 소묘 「사기당한 남편」을 그 예로 들 수 있다(T. V. Wilberg-Schuurman, *Hoofse minne en burgerlijke liefde in de prent-kunst rond 1500*, Leiden 1983, p. 99 참조).

44) A. C. Haddon, "The Ethnography of the Western Tribe of Torres Straits", *Journal of the Anthropological Institute of Great Britain and Ireland* 1890, p. 368 참조. 레비 스트로스(C. Lévi-Strauss, Traurige Tropen, Frankfurt/M. 1978, p. 279)는 그와 같은 조개껍질과 씌우개가 당사자의 호의적인 의도를 드러내는 기능을 했을 것이라는 견해를 표명했다. 그는 그 이유에 대해서는 더 이상 언급하지 않았으나, 페니스가 발기되면 상대방이 위협을 느낀다는 점을 감안할 때, 그는 아마 씌우개가 페니스의 발기현상을 가려준다는 점을 염두에 두고 있었던 것으로 짐작된다. 하지만 이 설명은 레비 스트로스 자신이 남비크와라족과 함께 생활하면서 확인했던, 공공장소에서는 절대로 발기현상이 일어나지 않는다는 사실과 배치된다. 그와 반대로 츠베르네만(J. Zwernemann, "Überlegungen zum Ursprung der Kleidung", *Verhaltensforschung in sterreich*, ed. O. Koening, Wien 1983, p. 494)은 일상적으로 페니스를 하늘을 향해 세워놓은 상태로 생활하는 남아메리카 인디언들의 행동은 위협행동으로 해석할 수 있다고 주장했다.

하지만 그럴 가능성도 희박하다. 왜냐하면 비록 페니스를 꼿꼿하게 세워서 묶었지만, 음경의 포피를 엉덩이에 걸친 허리띠로 동여맨 모양을 보면, 귀두를 드러낸 채 우뚝 솟아오른 발기된 페니스와 비슷하지 않기 때문이다.

45) 이보다 2, 300년 이전 미노아 문명인들의 치부가리개는 중세시대의 그것과 유사한 발전과정을 거쳤을 것으로 짐작된다. 본래의 치부가리개는 비교적 가느다란 띠 형태로, 레슬링 선수와 같은 운동선수들의 유일한 가리개였을 것이다. 활석 파편에 남아 있는 그림을 보면, 레슬링 선수가 가리개를 다리 사이로 끼워넣어서 천으로 허리에 고정시킨 장면이 보인다. 이 가리개는 기원전 1700년 이후에 마침내 세련된 주머니 형태로 점차 커져서 빳빳한 재료로 만든 남자용 짧은 스커트에 붙이게 되었는데, 그 예로 널리 알려진 아기아 트리아다(Agia Triadha)의 항아리에 그려진 추수행렬 참가자들이 그것을 착용하고 있다. 그러다가 16세기 말엽에 브라게트 유행이 사라졌듯이, 미노아인들이 살던 크레타 섬에서도 얼마간의 시대가 흐른 뒤에 사라져버렸다(R. Castleden, *Minoans*, London 1990, p. 11f. 참조). 고대 이집트의 페니스 씌우개와 조가비는 왕조 시대 이전의 초기에는 치부가리개 기능을 했음이 분명하다. 사내아이들이 할례를 마친 후에, 다시 말해서 귀두를 드러낸 이후로 씌우개를 착용했다는 사실이 그것을 입증한다. 그러나 그 후로는 그것이 권력의 상징으로 발전함으로써 신분이 높은 여자들도 착용할 수 있었는데, 그 예는 제6왕조 시대의 '사후레 부조'(浮彫)에 나타나 있다(S. Lagercrantz, *Penis Sheaths and Their Distribution in Africa*, Uppsala 1976, p. 8f. 참조). 그러나 고대 왕국에서는 치부가리개가 보편적으로 사용되지 않았고, 다만 전사나 사냥꾼들이 계속해서 사용했다. 그 예로 메이어 석굴묘에 그려진 그림을 보면 센비라는 이름의 지방관리와 그의 아들이 활과 화살을 들고 들판에서 사냥을 할 때 그와 같은 씌우개를 착용했는데, 이 그림에서 귀두는 파이프 모양의 통속에 넣어져 있고 페니스 몸통과 음낭은 아래로 늘어뜨린 헝겊에 가려져 있다(P. J. Watson, *Costume of Ancient Egypt*, London 1987, p. 14f. 참조).

46) E. Ziegler, *Sitte und Moral in früheren Zeiten*, Sigmaringen 1991, p. 41 참조.

47) J. Zander-Seidel, 위의 책, p. 163 참조. 이 무렵 어느 젊은 귀족 남자는 브란덴부르크의 선제후 요아힘 2세의 명령에 따라 공개적으로 허리띠를 자르라는 벌을 받았는데, 그 때문에 바지 차림으로 베를린 시민들

앞에 나서게 되었다(G. Buß, *Das Kostüm in Vergangenheit und Gegenwart*, Bielefeld 1906, p. 56f. 참조).

48) M. de Montaigne, *Les Essais*, Paris 1922, I, p. 344.

49) G. della Casa, *Galateus, Das ist/Das Büchlein Von erbarn/höflichen und holdseligen Sitten*, Frankfurt/M. 1607, p. 20.

50) G. Wolter, 앞의 책, p. 77; J. de Greef, 1989, p. 16.

51) H. Berthold/K. Hahn/A. Schultze, *Die Zwickauer Stadtrechtsreformation 1539/69*, Leipzig 1935, p. 50f. 참조. 16세기 중엽 용병들 사이에 "잘라낸" 혹은 길쭉하게 터진 복장이 유행하자, 완전히 나체로 돌아다니는 것보다 노출이 더 심하다는 비난이 쏟아졌다(F. Blau, *Die deutschen Landsknechte*, Kettwig 1985, p. 161 참조). 윗도리 밑에 요란한 색깔의 가벼운 털을 달고 다녔으므로 그러한 지적은 물론 과장된 것이다.

52) A. Bömer, "Anstand und Etikette nach den Theorien der Humanisten", *Neue Jahrbücher für Pädagogik* 1904, p. 355 참조.

53) A. Musculus, *Vom Hosenteufel*, ed. M. Osborn, Halle 1894, p. 8, 15. 그 밖에 J. Zander-Seidel, "Der Teufel in Pluderhosen", *Waffen- und Kostümkunde* 1987, p. 61 참조.

54) F. Rabelais, 앞의 책, p. 37.

55) A. Musculus, 앞의 책, p. XIVf. 참조.

56) R. M. Anderson, *Hispanic Costume 1480~1530*, New York 1979, p. 75 참조.

57) H. v. Schweinichen, *Denkwürdigkeiten*, ed. H. Oesterley, Breslau 1878, p. 115.

58) M. Debout, *Kinder der Steinzeit?*, Moers 1991, p. 33 참조.

59) A. Schultz, *Deutsches Leben im XIV. und XV. Jahrhundert*, Wien 1892, p. 299에서 인용.

60) J. Stockar, *Kultur und Kleidung der Barockzeit*, Zurich 1964, p. 276 참조.

61) S. Alpers, "Bruegel's Festive Peasants", *Simiolus* 1973, p. 167; K. G. Heider, "Attributes and Categories in the Study of Material Culture: New Guinea Dani Attire", *Man* 1969, p. 388 참조.

62) E. de Goncourt/J. de Goncourt, *Die Frau im 18. Jahrhundert*, Bd. II, München 1920, II, p. 81 참조.

63) G. Wolter, 앞의 책, p. 149, 163 참조. 물론 남자가 여자처럼 아예 바지를 입지 않는 경우는 더욱더 물의를 빚었다. 그 예로 1755년 런던의 가장 무도회에 가면을 쓴 "프롤릭"이라는 사람이 분명히 "속바지도 없이 헐렁한 무도회복을 입고" 나타나자 사람들이 불쾌감을 나타냈다(T. Castle, "Eros and Liberty at the English Masquerade, 1710-90", *Eighteenth-Century Studies* 1983, p. 166 참조).

64) 세네갈 태생인 그는 1791년 산토 도밍고 민중봉기를 일으킨 배후 조종자로서 그 후에 세네갈을 대표하는 대의원으로 파리 국민회의에 파견되었다(R. Brilliant, *Portraiture*, London 1991, p. 32 참조).

65) E. Fuchs, *Illustrierte Sittengeschichte vom Mittelalter bis zur Gegenwart*, Bd. III, Berlin 1912, III, p. 193에서 인용.

66) M. Rugoff, *Prudery & Passion*, London 1972, p. 104; E. J. Dingwall, 1962, p. 69 참조.

67) R. M. Dekker/L. C. van de Pol, *The Tradition of Female Transvestism in Early Modern Europe*, New York 1989, p. 15 참조. 오늘날 이른바 가수나 댄서로 행세하는 사람들이 '사내답게' 보이게 하려고 팬티 앞을 불룩하게 채우고 다니는 경우가 있다. 이를테면 믹 재거 같은 사람은 '앞쪽'에 토끼 앞발을 넣고 다녔다고 한다. 반면에 팬티 앞부분을 지나치게 야하게 꾸미고 다니면 지금도 역시 음탕하거나 도발적이라고 인식하는 사람들이 많다. 그 예로 1989년 버밍엄에서 개최된 유럽 피겨 스케이팅 선수권 대회에서 소련 챔피언 알렉산데르 파데예프는 영국 여자 심사위원 바네사 라일리한테 0.2점을 감점당했다. 팬티 속에 붕대를 많이 넣어서 윤곽이 너무 뚜렷하게 드러난다는 이유였다(물론 몇 군데 언론에서는 흥미거리로 다루어졌다).

14. 남근

1) G. Róheim, *Children of the Desert*, New York 1974, p. 245 참조.

2) T. Gregor, *Anxious Pleasures: The Sexual Lives of an Amazonian People*, Chicago 1985, p. 71.

3) Te Rangi Hiroa, *The Coming of the Maori*, Wellington 1962, p. 510 참조. 1847년의 그림에서는 마오리족 전사들이 대부분 알몸으로 춤추는 장면—전사들은 허벅지를 넓게 벌리고—이 나온다(J. Binney,

"Ancestral Voices: Māori Prophet Leaders", *Oxford Illustrated History of New Zealand*, ed. K. Sinclair, Auckland 1990, p. 154 참조). 플로스(H. Ploß)의 저서 128쪽에는, "중부 아프리카에서 발기된 페니스는 전쟁선포를 알리는 신호였다"고 적혀 있으나, 이 기록은 출처가 애매하다.

4) F. A. Hanson/L. Hanson, *Counterpoint in Maori Culture*, London 1983, p. 51 참조.

5) F. Karsch-Haack, *Das gleichgeschlechtliche Leben der Naturv lker*, München 1911, p. 246 참조.

6) W. E. Gudgeon, "Phallic Emblem from Aitu Island", *Journal of Polynesian Society* 1904, p. 210 참조. 상대방의 성기를 꽉 움켜쥐는 행위는 대단한 치욕으로 인식되었다. 1846년 마오리족을 상대로 싸우는 도중에 어느 영국인이 추장 '테 라우파 라하'의 고환을 움켜쥐는 순간, 추장은 '마나'(mana, 초자연적인 힘)를 상실하고 말았다. 그 당시 치욕적인 이 사건을 두고 여러 해 동안 "영국의 통치를 받고 있던 기간 중에 원주민들 사이에서 이처럼 흥분이 일었던 사건은 없었다"고 한다(J. Belich, "The Governors and the Māori(1840~1872)", *The Oxford Illustrated History of New Zealand*, ed. K. Sinclair, Auckland 1990, p. 84 참조).

7) E. Best, "Notes on Procreation Among the Maori People of New Zealand", *Journal of the Poynesian Society* 1905, p. 208 참조.

8) J. H. Field, "Sexual Themes in Ancient and Primitive Art", *The Erotic Arts*, ed. P. Webb, Boston 1975, p. 41f. 참조. 아벨람족의 경우에도 커다란 남근은 대단한 선망의 대상이었고, 남자들에 의해 재배되는 얌은 4미터까지 자랄 만큼 큼직해서 남근의 상징으로 인식되었고, 보이지 않는 분비물을 뿜어낸다고 알려져 있어서 그 이상의 의미를 지니고 있었다. 가장 긴 얌을 수확한 사람에게는 최고의 특권이 주어졌다. 얌을 재배하는 밭에는 남자들만 들어갈 수 있으며, 특히 방금 여자와 동침한 적이 없거나 페니스에 상처를 내어 '여자'보다 피를 많이 나게 할 수 있는 남자들이 들어갈 수 있었다(A. Forge, "Art and Environment in the Sepik", *Proceedings of the Royal Anthropological Institute* 1965, p. 28, 31 참조). 일라히타 아라페시족은, 얌이 자라는 기간에는 이 식물이 여성의 음부에서 나오는 분비물 냄새를 싫어한다는 이유로, 모든 성행위가 금지되었다. 남자가 여자에게 모욕을 주고 싶을 때는, 그

여자의 음부가 음탕하고 냄새가 난다는 식으로 말을 한다. 이럴 경우 여자는 남자더러 밭에 얌을 큼직하게 키울 능력이 없는 남자라고 대꾸한다(D. F. Tuzin, "Yam Symbolism in the Sepik", *Southwestern Journal of Anthropology* 1972, p. 237f. 참조).

9) 이 이야기는 알리가 부끄러움을 무릅쓰고 아므르를 죽였다는 내용으로 전개된다. 그렇지만 그는 너무나 괴로워서 나중에 아므르의 갑옷을 전리품으로 가져올 수가 없었다고 한다(J. A. Bellamy, "Sex and Society in Islamic Popular Literature", *Society and the Sexes in Medieval Islam*, ed. A. L. al-Sayyid-Marsot, Malibu 1979, p. 29 참조).

10) G. Shepherd, "Transsexualism in Oman?", *Man* 1978, p. 134 참조.

11) O. Harris, "The Power of Signs: Culture and the Wild in the Bolivian Andes", *Nature, Culture and Gender*, ed. C. MacCormack/M. Strathern, Cambridge 1980, p. 80 참조.

12) R. Fine, *Der vergessene Mann*, München 1990, p. 3 참조.

13) M. Cook/R. HcHenry, *Sexual Attraction*, Oxford 1978, p. 175 참조.

14) V. L. Bullough, "Prostitution and Reform in Eighteenth-Century England", '*Tis Nature's Fault*, ed. R. P. MacCubbin, Cambridge 1987, p. 64에서 인용.

15) S. Maier-Bode, *Die Stellung der lesbischen Frau in der heutigen Gesellschaft und in früheren Jahrhunderten*, Bonn 1983, p. 19 참조.

16) O. Weininger, *Geschlecht und Charakter*, Wien 1921, p. 332. 이와 관련하여 "사로잡다(faszinieren)"라는 단어가 "남근"을 의미하는 단어 "fascinum"에서 유래되었다는 사실이 흥미롭다.

17) R. C. Hunt, "Components of Relationships in Family: A Mexican Village", *Kinship and Culture*, ed. F. L. K. Hsu, Chicago 1971, p. 131 참조.

18) P. G. Rivière, "The Honour of S nchez", *Man* 1967, p. 572, 577; H. Driessen, "Male sociability and Rituals of Masculinity in Rural Andalusia", *Anthropological Quarterly* 1983, p. 128f.; 같은 저자, 1992, p. 243f.; S. Brandes, "Like Wounded Stags", *Sexual Meaning*, ed. S. B. Ortner/H. Whitehead, Cambridge 1981, p. 230; B. Keith, "Machismo in Südspaien", *Die Braut*, ed. G. V lger/K. v. Welck, Bd. II, Köln 1985, p. 605f.; J. R. Corvin/M. P.

Corbin, *Urbane Thought: Culture and Class in an Andalusian City*, Aldershot 1987, p. 37; F. D. Mulcahy, "Gitano Sex Role Symbolism and Behavior", *Anthropological Quarterly* 1976, p. 144; O. Lewis, *The Children of Sánchez*, New York 1961, p. 38 참조. 에스파냐 내전 당시 민병대의 어느 병사는 동료한테 너의 지휘관이 여자가 아니냐는 황당한 질문을 받자, 다음과 같이 대답했다. "그래, 여자 지휘관이다. 우리 중대장이 이 세상의 어떤 중대장보다 불알을 많이 가진 여자라는 사실이 자랑스럽다!"(M. Etchebéhère, *La guerra mia*, Frankfurt/M. 1980, p. 249).

19) A. Blok, "Widder und Böcke: Ein Schlüssel zum mediterranen Ehrkodex", *Europäische Ethnologie*, ed. H. Nixdorff/T. Hauschild, Berlin 1982, p. 167, 178 참조.

20) E. Monick, Die Wurzeln der Männlichkeit, München 1990, p. 62; L. Zwilling, "Homosexuality as Seen in Indian Buddhist Texts", *Buddhism, Sexuality, and Gender*, ed. J. I. Cabezón, Albany 1992, p. 204f. 참조.

21) D. Gewertz, "The Tchambuli View of Person", *American Anthropologist* 1984, p. 619 참조.

22) 이탈리아어로 콜리오나레(coglionare)는 "희롱하다", "누구를 놀리다"라는 뜻이고, 콜리오네(coglione)는 "고환"을 의미하며 동시에 "멍청이"라는 뜻도 있다(O. Stoll, *Das Geschlechtsleben in der Völkerpsychologie*, Leipzig 1908, p. 768 참조).

23) 메이안(Homayun Meiian)의 1986년 6월 27일자 구두 증언. 싱갈레스족(스리랑카)의 여자들이 자주 쓰는 욕설은 "좆"이라는 뜻의 "피탐바야!"라는 것인데, 이 말은 우리가 쓰는 "빌어먹을!"이라는 말에 해당한다. 이를테면 싱갈레스족 여자는 "좆 같으니라구, 아무도 쳐다보지 마!?" 하는 식으로 소리를 지른다(G. Obeyesekere, "Pregnancy Cravings(dola-duka) in a Sinhalese Village", *Culture and Personality*, ed. R. A. LeVine, Chicago 1974, p. 212 참조).

24) N. Z. Davis, *Frauen und Gesellschaft am Beginn der Neuzeit*, Berlin 1986, p. 59 참조. 팽팽한 고환은 고대 그리스인과 로마인들에게도 대담성과 정력의 상징으로 인식되었다(H. Herter, "Genitalien", *Reallexikon für Antike und Christentum*, ed. T. Klausner, Bd. X, Stuttgart 1976, p. 28 참조). 필리핀의 파나이 섬 중부 산악지대의 술

로드 부족 사이에서도 고환('itlug)은 아기를 만들어내는 힘이 나오는 곳으로 알려져 있으며, 그렇기 때문에 이곳 여자들은 가능하면 고환이 팽팽한 남자를 남편으로 맞아들이고 싶어한다(F. L. Jocano, *Sulod Society*, Quezon City 1968, p. 131, 151 참조).

25) R. H. Bloch, *The Scaldal of the Fabliaux*, Chicago 1986, p. 62 참조.

26) M. Thoman, *Weissenhorner Historie*, Tübingen 1876, p. 14.

27) J. van Ussel, *Sexualunterdrückung*, Reinbek 1970, p. 155 참조. 일년에 한 번씩 여름철 초원에 있던 양들을 불러들여서 아일랜드 숫양 전시회(hrútasýning)가 열렸는데, 이 자리에는 남자들만 참석하여 심사위원들이 출전한 양들을 대상으로 고환의 크기와 무게를 측정한다. 어느 여성 민족학자는 그 장면을 이렇게 묘사했다. "분위기가 온통 섹스로 가득했고, 나는 이 전시회가 문자 그대로 은유적인 성능력 경연대회라는 사실을 깨달았다. 남성들이 자신들이 기른 양의 이름으로 성 경연대회를 벌이고 있었던 것이다"(K. Hastrup, "Male and Female in Icelandic Culture", *Folk* 1985, p. 50).

28) S. M. White, "Sexual Language and Human Conflict in Old French Fabliaux", *Comparative Studies in Society & History* 1982, p. 201 참조.

29) 다시 말해서 다른 경쟁자들보다 정자를 많이 생산하는 남자는 여자에게 임신시킬 기회가 많아진다. 그와 같은 경쟁관계에 놓여 있는 수컷 침팬지들은 대개 고환이 큰 반면에, 보통 혼자서 여러 암컷과 교미하는 수컷 고릴라는 고환이 비교적 작다. 인간의 고환은 고릴라보다 약간 큰데, 이것은 "남자들이 조금 독점적으로 한 명 또는 그 이상의 여자와 관계했음을 암시"하는 증거이다(R. A. Hinde, "Why do the Sexes Behave Differently in Close Relationships?", *Journal of Social and Personal Relationships* 1984, p. 475).

30) W. H. Masters/V. E. Johnson/R. C. Kolodny, *Liebe und Sexualität*, Berlin 1987, p. 76 참조.

31) R. D. Guthrie, *Body Hot Spots*, New York 1976, p. 88 참조.

32) A. I. Bell, "Some Observations of the Role of the Scrotal Sac and Testicals", *Journal of the American Psychanalytical Association* 1961, p. 265f. 참조.

33) R. D. Guthrie, 같은 곳 참조.

34) "상대방 앞에서 꼬리를 감춘다"는 표현은 개의 경우를 두고 생긴 말이지

만, 여러 남자들을 상대로 질문을 해본 결과 흥미롭게도 모두 "꼬리"라는 단어를 페니스와 연관시키고 있었다.

35) D. Rancour-Laferrière, "Some Semiotic Aspects of the Human Penis", *Versus*, September 1979, p. 69 참조.

36) 라인 지방에서 푸테(futte)란 힘도 없고 결단성도 없는 사람을 의미하며 (J. Müller, *Rheinisches Wörterbuch*, Bd. II, Bonn 1928, p. 950 참조), 스위스 장크트 갈렌의 아르가우, 토겐부르크, 아인지델른 같은 곳에서도 약골이나 겁쟁이를 '퓌티'(fütti)라고 놀려댄다. 아펜첼에서 푀치(gfötsch)는 "비겁하고, 겁이 많다"는 뜻이다(F. Staub/L. Tobler, *Schweizerisches Idiotikon*, Bd. I, Frauenfeld 1881, I, p. 682f.; J. Krämer, *Pfälzisches Wörterbuch*, Bd. III, Wiesbaden 1980, III, p. 1236 참조). "Fut, füdle" 등의 단어는 "엉덩이"를 의미하기도 하지만 (H. Fischer, *Schwäbisches Wörterbuch*, Bd. XI, Tübingen 1905, XI, p. 1814; E. Ochs/K. F. Müller/G. W. Baur, *Badisches Wörterbuch*, Bd. II, Lahr 1974, II, p. 246f.; J. J. Oppel/H. L. Rauh/W. Brückner, *Frankfurter Wörterbuch*, Bd. II, Frankfurt/M. 1971, II, p. 717 참조), 음부를 뜻하는 말이기도 하다.

37) A. Erman/H. Grapow, *Wörterbuch der altägyptischen Sprache*, Bd. III, Berlin 1955, III, p. 76, 80 참조. 그 후로 이 단어는 "방탕한 자"를 뜻하는 말로도 쓰인 것 같다(S. Schreiber, "Keusch wie kaum ein anderes Volk?", *Ägypten im afro-orientalischen Kontext*, ed. D. Mendel/U. Claudi, Köln 1991, p. 334f. 참조).

38) ḥmt는 분명히 "질", "자궁"을 의미하며, "아내, 부인"을 뜻하기도 한다. 이때 ḥm이라는 기호는 수도관, 혹은 물이 담긴 통을 의미하는데, 짐작건대 여성의 음부를 상징하는 기호인 것 같다(A. Gardiner, *Egyptian Grammar*, London 1927, p. 492; M. P. Lacau, *Les noms des parties du corps en égyptien et sémitique*, Paris 1970, p. 82ff.; G. Lefebvre, *Tableau des parties du corps humain mentionnées par les Égyptiens*, Le Caére 1952, p. 41; H. Grapow, *Grundriß der Medizin der alten Ägypter*, Bd. I, Berlin 1954, I, p. 87 참조).

39) Herodot, *Historien II*, p. 102.

40) H. Grapow, *Die bildlichen Ausdrücke des Ägyptischen*, Leipzig 1924, p. 131; T. v. d. Way, *Göttergericht und 'Heiliger' Krieg im Alten Ägypten*, Heidelberg 1992, p. 87 참조.

41) W. Westendorf, "Ein neuer Fall der homosexuellen Episode zwischen Horus und Seth? (pLeiden 348 Nr. 4)", *Göttinger Miszellen* 1987, p. 77 참조.

42) F. Karsch-Haack, 같은 책, p. 315, 325 참조. 체로키족 역시 정복당한 무스코지족에게 여자옷을 입혔다고 한다(같은 책, p. 330 참조). 18세기까지도 피간족과 쇼쇼니족도 '전쟁터'에서 서로 대치상태에 있을 때 적군을 "계집들"이라며 모욕을 주었다(J. Price, *Indians of Canada*, Scarborough 1979, p. 175 참조).

43) U. Wesel, *Der Mythos vom Matriachat*, Frankfurt/M, 1980, p. 107ff. 참조. 이로쿼이족 자신들 사이에도 샤를르와(de Charlevoix)의 보고서에 나온 것처럼 "지극히 멸시당하는" "'여성화된 남자들"이 적지 않았던 것으로 보인다(Karsch-Haack, 앞의 책, p. 329 참조).

44) N. O. Lurie, "Winnebago Berdache", *American Anthropologist* 1953, p. 711 참조. 비잔틴을 점령한 테오필로스 에로티코스에게 모욕을 주려고 그에게 여자옷을 입혀서 경마장을 돌게 했다(K. F. Morrison, *History as a Visual Art in the Twelfth-Century Renaissance*, Princeton 1990, p. 159 참조).

45) T. Todorov, *Die Eroberung Amerikas*, Frankfurt/M. 1985, p. 113에서 인용. 아스텍 사람들은 '여자 같은 남자'(suchioa)를 무척 경멸했기 때문에, 여자 역할을 하는 동성연애자에 대해 "계집 역할을 하므로 화형에 처해져야 마땅하다"고 말한 기록이 있다(B. de Sahagún, *Florentine Codex*, Bd. X, ed. C. E. Dibble/A. J. O. Anderson, Santa Fe 1961, p. 37f.). 아스텍 전사들이 적을 굴복시켜놓고 그들의 항문에 성폭행을 했는지의 여부는 알려져 있지 않다. 고마라(F. López de Gómara, "Die Eroberung Mexikos durch Hernán Cortes", *Der Griff nach der Neuen Welt*, ed. C. Strosetzki, Frankfurt/M. 1991, p. 108)의 보고서에는, 아스텍 부족들이 패망한 에스파냐 사람들과 인디언 조력부대를 "능욕했다"는 기록이 있을 뿐이고, 더 이상의 설명은 나와 있지 않다.

46) '버다쉬'(berdache)라는 단어는 호모섹스의 대상으로 이용되는 젊은 남자 노예를 뜻하는 아랍어(bardaj)에서 나온 말이다(E. Blackwood, "Sexuality and Gender in Certain Native American Tribes", *Signs* 1984, p. 27 참조). 프랑스에서는 이미 16세기에 수동적인 역할을 하는 호모섹스 상대를 'bardache'라고 불렀다(D. F. Greenberg, *The*

Construction of Homosexuality, Chicago 1988, p. 334 참조). 샤이엔족은 이 단어를 "반남반녀(半男半女)"(a-he-e ma'ne)라는 의미로 사용했고, 제보자들에게 그 말이 무슨 뜻이냐고 질문했더니 "행동이나 생김새가 여자 같은 사람"이라고 대답했다(W. L. Williams, "Persistence and Change in the Berdache Tradition Among Contemporary Lakota Indians", *The Many Faces of Homosexuality*, ed. E. Blackwood, New York 1986, p. 76 참조). 이들의 말에 따른다면, '반남반녀'는 양성을 지닌 사람이라기보다는 남자도 아니요 여자도 아닌 제3의 존재라고 볼 수 있다. 그렇기 때문에 19세기에 여자 행세를 하던 남자들이 남자 이름과 여자 이름을 동시에 갖고 있었던 것이다(G. B. Grinnel, *The Cheyenne Indians*, Bd. II, New Haven 1923, II, p. 39f. 참조).
슐레지어(K. H. Schlesier, Die Wölfe des Himmels, Köln 1985, p. 101)는 이데올로기적으로 과장된 설명을 하면서, 그들은 "양성적 특성 때문에" 모든 형태의 "성행위"에서 배제되었다고 주장했다. 물론 "반남반녀들"이 실제로 특정한 남자들의 섹스 상대 역할을 했으므로 그의 주장은 잘못된 것이었다. 이때 그들은 등을 대고 벌렁 드러누워서 두 다리를 벌린 채, 페니스를 배 위로 끌어당겨서 항문으로 삽입할 수 있는 자세를 취했다(A. L. Kroeber, "The Arapaho", *Bulletin of the American Museum of Natural History* 1907, p. 19f. 참조). 그 밖의 인디언 부족들 사이에서도 여자 역할을 맡은 남자들은 각 개인의 호모섹스 욕구를 해소시켜주는 역할을 했던 것으로 보인다. 이를테면 사람들은 그런 남자들을 이들에게 데려다줌으로써(Williams, 앞의 책, p. 95 참조) 그들로 하여금 정상적인 섹스 상대에게 관심을 두지 못하게 했다. 여기에서 주목할 점은, 여자 역할을 하는 남자들의 파트너가 적어도 '대외적으로'는 '능동적' 역할을 했다는 점이다. 그 예로 크로족 남자들은 반남반녀(badé)를 데려다놓고 구강성교를 즐겼고, 모하비족 알리하(alyha)의 상대들도 그와 비슷한 행동을 했다(G. Devereux, "Homosexuality Among the Mohave Indians", *The North American Indians*, ed. R. C. Owen et al., New York 1967, p. 413f. 참조). 나바호족은 남자들 사이의 성관계를 상당히 금기했던 반면에—그들은 그런 짓을 하면 미쳐버린다고 생각했다—, 남자와 '고자'(nadle) 사이의 성관계는 허용했다. 심지어 고자는 남자 여럿이 구강성교를 해주면, 그 대가를 지불하는 경우도 많았다(W. W. Hill, "The

Status of the Hermaphrodite and Transvestite in Navaho Culture", *American Anthropologist* 1935, p. 276 참조). 라코타족의 '버다쉬'들은 흰색 암소한테 성능력을 얻는 '꿈'을 꾸고 나서 정상적인 남자를 유혹하는 일이 드물지 않았고, 가끔씩은 상대와 구강성교를 즐기는 경우도 있었다. 다시 말해서 '능동적인' 역할도 했던 것이다. 물론 그 사실을 절대로 남에게 발설하지 못하게 했다. 만일 소문이 나면 당사자가 체면을 잃기 때문이다. 후파족의 어느 '버다쉬'는 자신의 섹스 상대에 대해 이렇게 말했다. "사람들에게 알려진 바로는 그 사람은 남자였습니다. 그러나 잠자리에 들면 역할이 바뀌었지요. 그들은 남자라는 이미지를 유지해야 하기 때문에, 나한테 항상 아무한테도 말하지 말라고 당부합니다." 그리고 할리와-사포니족의 '수동적인 호모'가 말한 바에 따르면, "사나이"로 자처하는 사내들조차 "누구나 가끔씩은 앞치마를 두르고 싶어한다"는 사실이 탄로나지 않았다고 확신이 갈 때는, 자신에게 남자 역할을 맡기고 '실컷' 성교를 즐겼다고 한다. '버다쉬'들은 주로 '성년이 된' 청년들을 성교 상대로 삼았는데, 이에 따르는 청년들은 특히 주변에서 처녀를 구할 수 없는 청년들이었다(Williams, 앞의 책, p. 28, 96f., 100 참조). 주니족은 '이하마나'(Ihamana)를 찾아다니는 젊은 남자들에 대해 조롱하는 태도를 보였다(W. Roscoe, *The Zuñi Man-Women*, Albuquerquer 1991, p. 26 참조).

47) W. H. Davenport, "An Anthropological Approach", *Theories of Human Sexuality*, ed. J.H. Geer/W.T. O'Donahue, New York 1987, p. 209; Williams, 앞의 책, p. 71 참조. 많은 '버다쉬'들은 숄리아크(Guy de Chauliac)가 말한 것처럼 "숨어 있는 아름다운 음부 위로 남근과 그 밑의 불알이 불거져나온" 남녀동체였던 것으로 보이지만, 대다수는 생물학적으로 정상적인 남자들로서 이미 어린 시절부터 '여성화된' 특성을 지니고 있었다. 마찬가지로 대부분 (생물학적 의미에서) 여성인 '버다쉬들'도 어린 시절에 말괄량이였다는 이야기가 전해지고 있다(E. Blackwood, 앞의 책, p. 30 참조). '버다쉬'에 대해서는 매우 존경받는 사람들이었다는 주장도 있으나, 아무래도 그 주장은 뛰어난 능력을 가진 사람들만이 그러했다. 아파치족, 코만치족, 이로쿼이족, 피마족—피마족은 '계집애 같다'는 의미로 위코바트족이라고 불리기도 했다—은 자기들의 '버다쉬'를 멸시했고, 라코타족의 윙크테(winkte)들은 인도의 히즈라처럼 오직 와칸(wakan)이라는 이유만으로(H. P. Duerr, *Sedna oder Die Liebe zum Leben*, Frankfurt/M. 1984, p.

275 참조) 그들에게 두려움을 갖고 있었기 때문에 그런 의미에서 존경을 받았다고 볼 수 있다. 어느 라코타족 남자는 이렇게 말했다. "사람들은 그들이 갖고 있는 영혼의 힘을 두려워합니다. 그들은 존경심을 나타내지 않는 사람들에게 저주를 내리게 할 수 있으니까요." 그의 할아버지가 다른 사람에게 들려준 말에 따르면, 가끔씩 어떤 이유로 아내와 잠자리를 같이할 수 없었던 남편들이 윙크테들을 찾아오기도 하는데, 그 윙크테들이 한편으로는 멸시를 당하면서 다른 한편으로는 존경을 받는다고 한다. 최근의 어느 윙크테가 그 사실을 이렇게 증언했다. "사람들은 윙크테가 갖고 있는 영혼의 힘을 두려워하기 때문에 함부로 비판하지 못합니다"(W. L. Williams, *The Spirit and the Flesh*, Boston 1986a, p. 193f., 197 참조). '버다쉬'들에게 적대적인 행동을 했다가 좋지 못한 결과가 발생했다는 이야기도 많이 있다. 이들과는 전혀 다른 사회에서도 "양성을 가진 자"에 대해서는 사람들이 대개 최소한 양극적인 태도를 취했다. 루돌프 호수의 남서쪽에 거주하는 포코트족은 남녀의 성기와 젖가슴까지 갖춘 사람을 일컬어 세레르(sererr)라고 불렀으며, 이 단어를 번역하면 "중성"이라는 뜻이 된다. 이 단어는 지극히 경멸적인 의미를 갖고 있어서, 상대방을 그런 식으로 부르면 치명적인 모욕으로 간주된다. 어린 시절부터 여자옷을 입고 자란 어느 세레르는 항상 놀림감이 되었을 뿐만 아니라, 사내아이들이 그를 덮쳐서 성기를 검사한 일이 있다고 한다(R. B. Edgerton, "Pokot Intersexuality", *American Anthropologist* 1964, p. 1292f. 참조).

48) J. H. Moore, *A Study of Religious Symbolism Among the Cheyenne Indians*, Ann Arbor 1978, p. 26f. 참조.

49) 이것은 전투를 소재로 삼은 전형적인 파이프 장식이다(E. p. Curtis, *The North American Indian*, Bd. VI, New York 1911, VI, p. 156 참조).

50) 샤이엔족의 전설에 따르면, 수컷 물소가 여자들을 유괴하여 폭행한다는 이야기도 있고, 반대로 그 여자들이 사실은 암컷 물소인데도 그 사실을 모른 채 남자들이 그들과 동침하는 일이 이따금 있다는 이야기도 있다(A. L. Kroeber, "Cheyenne Tales", *Journal of American Folklore* 1900, p. 183, 187; M. N. Powers, "Menstruation and Reproduction: An Oglala Case", *Signs* 1980, p. 59f.; J. Rice, *Black Elk's Story*, Albuquerque 1991, p. 130f. 참조).

51) 물소 장식의 뿔은 발기된 두 개의 페니스를 상징하는데, 이 장식을 가지

고 다니는 사람은 전투 직전에 상대방 전사들 앞에서 춤을 추었으며, 사냥터에서는 사냥할 야생짐승 앞에서 춤을 추었다(H. P. Duerr, *Sedna oder Die Liebe zum Leben*, Frankfurt/M. 1984, p. 17ff., 266 참조).

52) J. H. Moore, 앞의 책, p. 180 참조. 전사들은 미혼인 경우가 많았다. 다시 말해서 그들은 "다른 종류의 전투"에 에너지를 허비하지 않았다. 이른바 아보메의 아마존 군단도 처녀들로 구성되어 있었다(E. Beuchelt, "Hauen, Stechen und Eindringen: Eine völkerpsychologische Deutung des Waffengebrauchs", *Aggression und Aggressivität*, Frankfurt/M. 1987, p. 29 참조).

53) 예를 들어서 라코타족들도, 샤이엔족이 포로로 잡은 여자들을 폭행했다고 말한 바 있다(J. R. Walker, *Lakota Society*, Lincoln 1982, p. 36 참조). "만인의 아내(noha'sɛw3tan" 또는 "초원 위에서"라고 일컬어지는 샤이엔의 관습도 악명이 높았다. 아내가 남편을 위해 정조를 지키지 않으면, 남편이 아내를—여자의 가족이 개입하지 않는 경우—'파티'에 끌고 나가 50명에 이르는 전사들을 시켜서 성폭행을 하게 했다. 흉조가 나타나는 경우에도 아내를 그렇게 만드는 남편들이 많았다. 또한 네 번 이혼한 여자는 뭇 남자들의 성적 노리개가 되었다(K. N. Llewellyn/E. A. Hoebel, *The Cheyenne Way*, Norman 1941, p. 202f., 209f. 참조).

54) H. Küpper, *Illustriertes Lexikon der deutschen Umgangssprache*, Bd. III, Stuttgart 1983, p. 917 및 C. L. Mithers, "Missing In Action: Women Warriors in Vietnam", *The Vietnam War and American Culture*, ed. J. C. Rowe/R. Berg, New York 1991, p. 82 참조.

55) G. Sastawenko/G. A. Below/J. A. Boltin, *Eine Schuld, die nie erlischt*, Köln 1987, p. 40에서 인용. 상대방을 여자로 만드는 수법은 어느 시대를 막론하고 모욕을 주기 위한 대표적인 방법이었다. 예를 들어서 1637년 버지니아의 두 여인은 존 월샘이라는 이웃집 남자를 놀려주려고 "여자처럼 월경을 한다"고 소문을 퍼뜨렸는데, 그 때문에 남자가 재판을 받았다(H. M. Wall, *Fierce Communion*, Cambridge 1990, p. 40 참조). 성자의 명부에 올랐던 캔터베리 교구의 대주교 토머스 베켓이 헨리 8세 시대에 이르러 총애를 잃게 되자, 사람들은 그의 초상화에 여자옷을 그려넣음으로써 여자의 모습으로 바꿔놓았다(R. C. Trexler, "Der Heiligen neue Kleider", *Gepeinigt, begehrt,*

vergessen, ed. K. Schreiner/N. Schnitzler, München 1992, p. 384 참조).

15. 파벽차(破壁車)와 성문

1) S. Weigel, "Die nahe Fremde: das Territorium des Weiblichen", *Die andere Welt*, ed. T. Koebner/G. Pickerodt, Frankfurt/M. 1987, p. 191에서 인용.
2) S. Anselm, "Emanzipation und Tradition in den zwanziger Jahren", *Triumph und Scheitern in der Metropole*, ed. S. Anselm/B. Beck, Berlin 1987, p. 253 참조.
3) C. Zuckmayer, *Als wär's ein Stück von mir*, Hamburg 1977, p. 353.
4) E. Accad, *Sexuality and War*, New York 1990, p. 152f. 참조. 걸프 전쟁에 출전했던 영국 전투기 옆면에, 발가벗은 여자가 자신의 질 속으로 폭탄을 밀어넣는 장면이 그려져 있었다(ARD, 1992년 3월 5일).
5) R. al-Ṭaḥṭāwî, 1988, p. 65. 1453년에 터키인들이 콘스탄티노플을 "강간"했다고 한다(H. Rosenplüt, "Das Turken Vasnachtspil(1454)", *Fastnachtspiele aus dem 15. Jahrhundert*, ed. A. v. Keller, Bd. I, Stuttgart 1953, p. 299 참조).
6) B. Alexander, *Der Kölner Bauer, Köln* 1987, p. 75, 77 참조. 셰익스피어도 "아무도 발을 들여놓은 적이 없는 처녀 도시"라는 표현을 한 바 있다(J. B. Webb, *Shakespeare's Erotic Word Usage*, Hastings 1989, p. 25 참조). 반대로 타르퀴니우스는 루크레티아를 도시인 것처럼 묘사했다. "그의 손은 여전히 그녀의 가슴에 닿아 있는데, /울퉁불퉁한 파벽차가, 상아처럼 하얀 성벽을 짓이긴다! /가련한 시민 여러분, 괴로움에 지친 그녀의 심장이/죽을 지경이 되어, 오르락내리락/그녀의 거대한 몸을 두드리니, 그의 손이 동시에 흔들리네/그러자 그의 마음속에 동정심이 사라지고 분노가 끓어올라/숨을 몰아쉬며 달콤한 도시로 쳐들어가려 하네"(W. Shakespeare, "The Rape of Lucrece", *The Complete Works*, ed. P. Alexander, London 1951, p. 463ff. 그 밖에 C. E. Kahn, "Lucrece: The Sexual Politics of Subjectivity", *Rape and Representation*, ed. L. A. Higgins/B. R. Silver, New York

1991, p. 148ff. 참조).

7) L. A. Montrose, "Shaping Fantasies: Figurations of Gender and Power in Elizabethan Culture", *Representation*, Spring 1983, p. 77에서 인용. P. Hulme, "Polytropic Man: Tropes of Sexuality and Mobility in Early Colonial Discourse", *Europe and Its Others*, ed. F. Barker et al., Bd. II, Colchester 1985, p. 18 참조.

8) P. Hulme, *Colonial Encounters: Europe and the Native Caribbean, 1492~1797*, London 1986, p. 158f. 참조. 영국 시인 존 던(John Donne)은 뉴잉글랜드 해안을 동정녀의 정원으로 묘사했다. "그녀의 보물단지는 아직 한 번도 열린 적이 없고, 그녀의 진짜 보석들은 버려지거나, 사용되거나, 악용된 적이 없다"(E. Chirelstein, "Lady Elisabeth Pope: The Heraldic Body", *Renaissance Bodies*, ed. L. Gent/N. Llewellyn, London 1990, p. 44에서 인용).

9) *Stern* 3, 1991, p. 90ff. 참조.

10) W. Adams, "War Stories: Movies, Memories, and the Vietnam War", *Comparative Social Research* 1989, p. 173 참조.

11) S. Jeffords, "Performative Masculinities, or, 'After a Few Times You Won't Be Afraid of Rape at All'", *Discourse* 1991, p. 114 참조.

12) S. Brandes, "Like Wounded Stags", *Sexual Meaning*, ed. S. B. Ortner/H. Whitehead, Cambridge 1981, p. 230 참조.

13) P. Martin, *Das rebellische Eigentum*, Frankfurt/M. 1988, p. 32 참조. 폴란드 작가 콘비츠키(Tadeusz Konwicki)의 장편소설에 이런 대목이 나온다. "폴란드는 겁탈을 당했다. 제법 오랫동안 할퀴고 물리면서도 저항을 했으나 끝내 항복하고 말았다. 그런데 어쩔 수 없이 항복을 하는 가운데서 약간 희열도 느꼈다. 겁탈을 당하면서도 이중적이면서 특이한, 상당히 천박한 즐거움을 느꼈던 것이다"(A. Reading, *Polish Women, Solidarity and Feminism*, Houndmills 1992, p. 55에서 인용, 나라를 정복하는 행위가 여자를 겁탈하는 행위로 비유된 그 밖의 예로는 M. Siebe, "Vergewaltigung der Republik: Karikaturen aus der Zeit der Kommune", *Blick-Wechsel*, ed. I. Linder et al., Berlin 1989, p. 453을 참조). 이와 반대로 파리에서 성폭행을 당한 어느 아시아 여자는 범인에 대해 이렇게 말했다. "그 남자는 마치 남의 나라를 강제로 정복하듯이 내 육체를 겁탈했어요"(R. Schlötterer, *Vergewaltigung*, Berlin 1982, p. 65 참조).

14) E. R. Schröder, *Skadi und die Götter Skandinaviens*, Tübingen 1941, p. 120 참조.

15) A. Richlin, *The Gardens of Priapus*, New Haven 1983, p. 11 참조.

16) H. A. Kelly, *Love and Marriage in the Age of Chaucer*, Ithaca 1975, p. 271 참조. 핀란드의 몇몇 지역에서는 19세기까지 처녀들이 허리에 빈 칼집을 차고 다녔다고 한다. 그 안에 어느 청년의 칼을 꽂아넣도록 허락하면 그것은 결혼을 허락한다는 의미였다(W. Donner/J. Menninger, *Signale der Sinnlichkeit*, Düsseldorf 1987, p. 71 참조).

17) J. Addy, *Sin and Society in the Seventeenth Century*, London 1989, p. 134 참조.

18) D. O. Frantz, "Leud Priapians and Renaissance Pornography", *Studies in English Literature* 1972, p. 167에서 인용.

19) P. Aretino, *Kurtisanengespräche*, ed. E. O. Kayser, Frankfurt/M. 1986, p. 106.

20) H. M. Ross, *Baegu*, Urbana 1973, p. 121 참조. 일라히타-아라페시 부족 청년들이 저녁에 치장을 하고 돌아다니면, 남자 어른들은 그 아이들에게, '너희들 창을 뾰족하게 갈았구나'라고 말하면서 놀려주었다(D. FZ. Tuzin, "Yam Symbolism in the Sepik", *Southwestern Journal of Anthropology* 1972, p. 243 참조).

21) J. Theis, "Nach der Razzia", *Sudanesische Marginalien*, ed. F. W. Kramer/B. Streck. München 1991, p. 27 참조.

22) H.-M. Kaulbach, *Bombe und Kanone in der Karikatur*, Marburg 1987, p. 73 참조.

23) E. Partridge, Shakespeare's Bawdy, London 1968, p. 23, 73 참조.

24) M. Herzfeld, *The Poetics of Manhood*, Princeton 1985, p. 89 참조.

25) R. L. Saitz/E. J. Cervenka, *Handbook of Gestures: Colombia and the United States*, The Hague 1972, p. 115 참조.

26) R. Lautmann, *Der Zwang zur Tugend*, Frankfurt/M. 1984, p. 161 참조.

27) M. Baker, *Nam*, New York 1981, p. 206.

28) E. Monick, *Die Wurzeln der Männlichkeit*, München 1990, p. 26에서 인용.

29) B. Seelenfreund, "Fliegen und Sexualfunktion", *Zeitschrift für Sexualwissenschaft und Sexualpolitik* 1931, p. 196 참조.

30) L. DeMause, "A Proposal For a Nuclear Tensions Monitoring Center", *Journal of Psychohistory* 1985, p. 202; M. Marcus, *Die furchtbare Wahrheit: Frauen und Masochismus*, Reinbek 1987, p. 51f.에서 인용.

31) I. Buruma, *Japan hinder dem Lächeln*, Frankfurt/M. 1985, p. 80 참조. 일본에서는 페니스를 의미하는 표현으로 "남자의 단검"이라는 단어가 널리 사용되고 있다(G. Devereux, "The Nursing of the Aged in Classical China", *Journal of Psychological Anthropology* 1979a, p. 26 참조). 일본인들의 성생활 가운데, 학대행위를 통해서 쾌락을 얻는 기현상이나, 성과 사랑을 분리하려는 명백한 경향(G. DeVos, "The Relation of Guilt Toward Parents to Achievement and Arranged Marriage Among the Japanese", *Personalities and Culture*, ed. R. Hunt, Garden City 1967, p. 279 참조)이 자주 언급되고 있다. 공격적인 성행위나 끔찍한 장면은, 일본 영화뿐만 아니라 어린이용 코믹 영화에서도 찾아볼 수 있다(T. Sato, *Currents in Japanese Cinema*, Tōkyō 1982, 229ff; F. L. Schodt, *Manga! Manga! The World of Japanese Comics*, Tōkyō 1983, 121ff. 참조).

32) L. Lederer, 1980, p. 18 참조. 1928년에 제작된 앙드레 매송(André Masson)의 유명한 석판화에는, 한 남자가 여자의 젖가슴에 사정을 하는 순간에 권총을 발사하는 장면이 묘사되어 있다(B. Noöl, L'enfer, dit-on . . ., Paris 1983, p. 97 참조). 섹스 잡지의 교제 광고에서도 페니스가 여자를 겨냥한 치명적인 무기로 묘사되는 경우가 흔하다(R. Böhne, *Kontakt gesucht*, Göttingen 1985, p. 110f. 참조). 드브뢰의 보고(G. Devereux, *Baubo, die mythische Vulva*, Frankfurt/M. 1981, p. 90)에 따르면, 여성의 질 속에 사정을 할 때마다 폭탄이 폭발하는 듯한 경험을 하는 남자가 있었다고 한다. 그는 상대방 여자가 산산조각이 나는 일이 없도록 하기 위하여, "사정 억제" 방법을 개발했다. 여성 자신들도 그것을 "섹스 폭탄"이라고 생각하는 경우가 있으며, 이 표현은 실제 폭탄을 의미하기도 한다. 비키니 섬(1946부터 58년까지 미군의 원폭 실험장으로 사용되었던 마샬 군도의 산호 섬—옮긴이)에 최초로 투하된 원자탄에는, 어느 영화에서 질다라는 이름의 요염한 여자 주인공 역을 맡았던 여배우 리타 헤이워스(1918~1987, 제2차 세계대전 당시 병사들의 벽걸이용 사진 모델로 최고 인기를 누렸던 미국 영화계의 톱스타—옮긴이)의 사진이 붙어 있었다(K. Geerken/I.

Petersen/F. W. Kramer/P. Winchester, "Bombenkulte". *Bikini oder Die Bombarardierung der Engel*, ed. F. W. Kramer, Frankfurt/M. 1983, p. 107 참조).

33) B. La Belle, "The Propaganda of Misogyny", *Take Back the Night*, ed. L. Lederer, New York 1980, p. 176 참조.

34) M. H. Silbert, "The Effects on Juveniles of Being Used for Pornography and Prosititution", *Pornography*, ed. D. Zillmann/J. Bryant, Hilladale 1989, p. 224 참조. 세르비아 군인들과 의용군들(Cetnici)이 수많은 보스니아 여자들의 질 속에 총구를 쑤셔넣으면서 폭행을 가했다(A. Stiglmayer, "Vergewaltigung als Waffe", *Stern* 49, 1992, p. 23 참조).

35) S. Berg, *Das Sexualverbrechen*, Hamburg 1963, p. 217, 219, 193f. 참조. 1931년에 프랑스의 어떤 남자가 모르비앙 출신 농부의 딸에게 "한 발 쏴줘도 되겠느냐"고 물었지만, 소녀는 무슨 뜻인지 알아들을 수가 없어서 조심하려고 '싫다'고 대답했다(A.-M. Sohn, "Unzüchtige Handlungen an Mädchen und alltägliche Sexualität in Frankreich (1870~1939)", *Die sexuelle Gewalt in der Geschichte*, ed. A. Corbin, Berlin 1992, p. 66 참조).

36) D. Cameron/E. Frazer, *The Lust to Kill*, Cambridge 1987, p. 104f. 참조.

37) S. Hite, *Das sexuelle Erleben des Mannes*, München 1982, p. 339, 440.

38) R. Hilberg, *Die Vernichtung der europ ischen Juden*, Berlin 1982, p. 611; E. A. Rauter, Folter in Geschichte und Gegenwart, Frankfurt/M. 1988, p. 132. 아우슈비츠 수용소에서는 나치 친위대가 가스실 앞에서 대기 중이던 발가벗은 처녀들의 질 속에 굵은 몽둥이를 집어넣었고, 그 때문에 그 처녀들은 엄청난 고통을 겪으면서 죽어갔다(R. Ainsztein, *Jewish Resistance in Nazi-Occupied Eastern Europe*, London 1974, p. 793 참조).

39) A. Kappeler, "Die deutschen Flugschriftenüber die Moskowiter und Iwan den Schrecklichen", *Russen und Rußland aus deutscher Sicht*, 9.-17. Jahrhundert, ed. M. Keller, München 1985, p. 161에서 인용.

40) N. Elias, *Über den Proze der Zivilisation*, Basel 1939, I, p. 265 참조.

41) S. Spieler, *Vertreibung und Vertreibungsverbrechen 1945~1948*, Bonn 1989, p. 212; K. F. Grau, *Schlesisches Inferno*, Stuttgart 1966, p. 97f. 참조.

42) 같은 책, p. 80.

43) L. Kopelew, *Aufbewahren für alle Zeit!*, Hamburg 1976, p. 91.

44) M. Lane, *Les soldats américains accusent*, Paris 1972, p. 20, 42f., 92, 164 참조.

45) J. Power, *Amnesty International*, Düsseldorf 1982, p. 36ff. 참조.

46) 같은 책, p. 95. 자궁에 말뚝을 박는 행위로 악명 높은 단체로 콜롬비아 '죽음의 기병대'를 대표적인 예로 들 수 있다. 한 여자가 감옥에서 겪었던 "치욕의 밤"에 대해 다음과 같이 증언했다. "구타가 끝나면 발가벗기고 음부를 공격하는데, 몽둥이, 곤봉, 꼬챙이 따위로 젖가슴과 음부를 찌르고, 가랑이 사이에 빗자루를 쑤셔넣었습니다."(H. Mayer, *Kolumbien: Der schmutzige Krieg*, Reinbek 1990, p. 136, 185 참조). 프랑스인들도 민족해방전선(FLN) 단원의 가족들 중 여자들에게 그와 같은 방법으로 고문을 했다(W. Kraushaar, "Schreckensbilder", *Folter*, ed. J. P. Reemstma, Hamburg 1991, p. 189 참조).

47) R. Berger, "Pars pro toto", *Der Garten der Lüste*, ed. R. Berger/ D. Hammer-Tugendhat, Köln 1985, p. 195 참조.

48) *Stern* 51, 1986, p. 93, 95.

49) 1711년 표트르 1세가 사용한 카를스바트 과녁판에는 수조 안에서 알몸으로 목욕을 하고 있는 여자가 그려져 있다(V. Křižek, *Kulturgeschichte des Heilbades*, Leipzig 1990, Tf. 107 참조). 특히 프랑스와 북부 이탈리아의 어른들은 어린이에게 장미꽃 속에서 태어났다고 말해준다. 장미는 겉으로 보이는 여성의 성기, 즉 '비밀스런 곳'을 의미하므로, 비밀을 의미하는 징표이기도 하다(N. de Carli, "Sub rosa dicere und avere il marchese", *Schweizerisches Archiv für Volkskunde* 1990, p. 36f. 참조).

50) K. Verebélyi, *Bemalte Schießeiben in Ungarn*, Budapest 1988, 그림 22 참조.

51) M. Oppitz, *Frau für Fron*, Frankfurt/M. 1988, p. 93; 같은 저자, "Der männliche Pfeil durch den weiblichen Schmuck", *Anthropos* 1988a, p. 6; 같은 저자, *Onkels Tochter, keine sonst*, Frankfurt/M. 1991, p. 283ff. 참조. 타이-카오 부족의 젊은 남자들은 "사랑놀이"를

할 때, 구멍 뚫린 널빤지를 매달아놓고 그 구멍에 공을 던져넣는 놀이를 한다. 타이-담 부족은 말뚝에 대나무 테를 걸어놓고 놀이를 한다. 놀이에 참여한 사람은 대나무 테에 팽팽하게 발라놓은 종이를 공을 던져 찢게 되어 있다(L. G. Löffler, "Das zeremonielle Ballspiel im Raum Hinterindiens", *Paideuma* 1955, p. 86 참조).

52) R. Brain, *Art and Society in Africa*, London 1980, p. 238 참조.

53) H. Bastian, *Mummenschanz*, Frankfurt/M. 1983, p. 91에서 인용.

54) A. de La Sale, *Die hundert neuen Novellen*, ed. A. Semerau, München 1907, p. 110, 112, 597. 『로엔그린』(H. Rückert, *Lohengrin*, Quedlinburg 1858, p. 2359f. 참조)에는 처녀가 시합을 하듯이 침대로 달려드는 장면이 다음과 같이 묘사되어 있다. "처녀가 침대로 돌진하니/애인은 그녀의 사랑 때문에 고통을 당해야 했다네."

55) A. Khattab, *Das Bild der Franken in der arabischen Literatur des Mittelalters*, Göppingen 1989, p. 36 참조.

56) A. 'A. 'O. b. M. an-Nafzawi, *Der durftende Garten*, ed. R. Burton/F. F. Arbuthnot, Hanau 1966, p. 20, 23, 190.

57) W. H. Jackson, "Die Märe von dem Frauenturnier", *Kleinere Erzählformen im Mittelalter*, ed. K. Grubmüller et al., Paderborn 1988, p. 130 참조. "창이 부러지다"라는 의미의 단어(Jouter)는 문학 작품 이외에서도 "성교하다"라는 의미로 사용되었다(J. Rossiaud, Dame Venus, München 1989, p. 109 참조).

58) M. Sahlins, *Islands of History*, London 1987, p. 55 참조.

59) G. Casanova, *Geschichte meines Lebens*, Bd. IV, München 1984, IV, p. 80.

60) E. Donnerstein/D. Linz, "Mass-Media Sexual Violence and Male Viewers", *Changing Men*, ed. M. S. Kimmel, Newbury Park 1987, p. 210 참조.

61) G. Bateson, *Naven*, Standord 1958, p. 148f. 참조. 순수하게 언어적인 의미로 본다면 야트뮐 여인은 남자와 '동침'할 수 없고, 다만 남자에 의해 '동침당하는 것'만 가능하다. 이것은 성년이 된 여자아이들이 나이 많은 남자들한테 수음을 당함으로써 '여자'가 되는 것과 같다(같은 책, p. 131f. 참조).

62) A. Clark, *Women's Silence, Men's Violence: Sexual Assault in England 1770~1845*, London 1987, p. 23 참조.

63) P. Huemer, "Die Angst vor der Freiheit", *Die 'wilden' Fünfziger Jahre*, ed. G. Jagschitz/K.-D. Mulley, St. Pölten 1985, p. 214.

64) S. Lavie, *The Poetics of Military Occupation*, Berkeley 1990, p. 123f. 참조.

65) R. M. Berndt, *Excess and Restraint*, Chicago 1962, p. 55, 129; P. Erikson, "Altérité, tatouage et anthropophagie chez les Pano", *Journal de la Société des Américanistes* 1986, p. 191 (파노족); M. Nihill, "The Bride Wore Black: Aspects of Anganen Marriage and Its Meaning", *Social Analysis* 1989, p. 78 (뉴기니 남부 고원지대의 안가네족); B. M. Knauft, "Narrative 'Longing' and Bisexuality Among the Gebusi of New Guinea", *Ethos* 1986, p. 264 (게부시족) 참조. 중앙 오스트레일리아의 로리차족에 속하는 마툰타라족의 기호언어 중에서, "손에 창을 든 남자"를 의미하는 "메루 마쿨류"는 "내가 너를 능욕하겠다"는 뜻과 함께, "내가 너와 결혼하겠다"는 의미를 동시에 가지고 있다고 한다(G. Róheim, *Psychoanalyse und Anthropologie*, Frankfurt/M. 1977, p. 43). "구덩이 파는 막대기를 들고 있는 여자"를 의미하는 단어는 "나는 너를 원하지 않는다"는 뜻이다(같은 저자, *Children of the Desert*, New York 1974, p. 230 참조). 하겐베르겐 지방에서 "부외 루이"(wuö)는 "남자를 죽인다"는 뜻이고, "암브 루이"(amb rui)는 "여자를 능욕한다"는 말이지만 본래의 의미는 창으로 찌르듯이 "여자를 찌른다"는 뜻이다(A. Strathern, *A Line of Power*, London 1984, p. 16 참조).

66) M. Godelier, *Die Produktion der Großen Männer*, Frankfurt/M. 1987, p. 71 및 J. van Baal, "The Dialectics of Sex in Marind-anim Culture", *Ritualized Homosexuality in Melanesia*, ed. G. H. Herdt, Berkeley 1984, p. 154 참조.

67) J. R. Corbin/M. P. Corbin, 같은 책, p. 110 참조.

68) D. Rubini, "Sexuality and Augustan England", *The Pursuit of Sodomy*, ed. K. Gerard/G. Hekma, New York 1989, p. 368에서 인용.

69) "He's fucked-up"은 "그는 죽었다", 혹은 "그가 치명적인 상처를 입었다"는 뜻이다(M. Baker, 앞의 책, p. 36, 195, 245 참조).

70) H.-M. Gauger, "Negative Sexualität in der Sprache", *Phantasie und Deutung*, ed. W. Mauser et al., Göttingen 1986, p. 317; T.

Jay, *Cursing in America*, Philadelphia 1992, p. 78f. 참조.

71) A. Schnapp, "Eros auf der Jagd", *Die Bilderwelt der Griechen*, ed. C. Bérard et al., Mainz 1985, p. 112 참조.

72) C. Gaignebet, "Interview", *Die Frauen: Pornographie und Erotik*, ed. M.-F. Hans/G. Lapouge, Darmstadt 1979, p. 84; J. V. Fleming, *The "Roman de la Rose" and Its Manuscript Illustrations*, Bd. I, Ann Arbor 1991, p. 178f. 참조.

73) G. L. Forth, *Rindi*, The Hague 1981, p. 161 참조. 나로서는 린디족이 어떤 자세를 선호했는지 알 수가 없으므로, "납작하게 눕혔다"는 표현은 아마 경솔한 표현일 수 있다. 내가 이 표현을 선택한 이유는, 여성의 (이념적) 수동성을 나타낸 표현이기 때문이고, 다른 하나는 근처의 플로레스 섬 동쪽에 사는 아타 키완족 제보자들의 말처럼, 그들이 알고 있는 유일한 동침 자세는 "여자가 밑에 눕고 남자가 위에 있는" 자세, 다시 말해서 우리가 "선교사 체위"라고 부르는 자세이기 때문이다.

74) T. O. Beidelman, "Pig (Guluwe)", *Southwestern Journal of Anthropology* 1964, p. 365f., 370; 같은 저자, *The Kaguru*, New York 1971, p. 43 참조. 옛날에 뉴기니 북동부의 아브라우족과 크비프팀족 신랑은 신혼 첫날밤 신부의 허벅지에 화살을 쏘거나, 뼈를 깎아서 만든 칼로 허벅지를 찔러서 깊은 상처 자국을 남겼다. 이와 관련된 신화에 따르면, '그 당시에' 여자들은 입었다 벗었다 할 수 있게 만든 돼지 가죽을 지니고 다녔는데, 그 때문에 가끔씩 사냥꾼이 여자를 돼지로 착각하고 활을 쏘아 사살하는 사고가 일어났다(A. Kelm/H. Kelm, *Ein Pfeilschuß für die Braut*, Wiesbsden 1975, p. 55f., 106, 109, 120 참조). 카랑가족 남자는 아들이 처음으로 정액을 사정했다는 사실이 알려지면, 아버지한테 수태능력을 물려받는다는 징표로 잔치를 벌여서 아들에게 활과 화살을 넘겨준다. 신랑은 신혼 첫날밤을 치르고 다음날 아침에 아버지한테 할아버지의 활을 물려받는데, 이때 아버지는 조상의 영혼을 불러내어, "조상님의 활이 짐승을 쏴 죽였나이다"라고 말한다(H. Aschwanden, *Symbole des Lebens*, Zürich 1976, p. 72, 181 참조). 불가리아에서는 신랑이 신부의 처녀성을 빼앗은 직후에 자신이 갖고 있는 총을 발사하는 관습이 있다(J. Komorovský, "The Evidence of the Bride's Innocence un the Wedding Customs of the Slaves", *Ethnologia Slavica* 1974, p. 139 참조).

75) G. Reichel-Dolmatoff, *Amazonian Cosmos*, Chicago 1971, p. 220,

225 참조. 피아로아족의 말에 따르면, 사냥이 잘 되기를 비는 주술을 외우면 짐승을 성적으로 유혹할 수 있다고 한다(J. Overing, "Image of Cannibalism, Death and Domination in a 'Non-Violent' Society", *The Anthropology of Violence*, ed. D. Riches, Oxford 1986, p. 91 참조). 세피크 강(뉴기니) 서부에 거주하는 우메다족 남자들은 여자와 성교하는 꿈을 꾸면, 이튿날 사냥이 잘 된다고 한다. "먹다", "여자와 동침하다", "활을 쏘다", "죽이다" 등의 의미를 갖는 동사들은 모두 동일한 어근(tadv)을 갖고 있다(A. F. Gell, "Penis Sheathing and Ritual Status in a West Sepik Village", *Man* 1971, p. 169; 같은 저자, "Magic, Perfume, Dream", *Symbols and Sentiments*, ed. I. Lewis, London 1977, p. 32 참조).

76) R. W. Dunning, *Social and Economic Change Among the Northern Ojibwa*, Toronto 1959, p. 101 참조. 호피족은 간통이라는 말을 할 때, 완곡법을 써서 "다리가 두 개 달린 말을 사냥한다"는 식으로 표현한다(A. Schlegel, "Geschlechterantagonismus bei den geschlechtsegalitären Hopi", *Frauenmacht ohne Herrschaft*, ed. I. Lenz/U. Luig, Berlin 1990, p. 214 참조). 고대 이집트 문자와 언어로 "활을 쏘다"와 "생산하다"를 의미하는 단어는 소리와 모양이 비슷한 어근(śtj와 śṯj)을 사용한다(W. Westendorf, "Noch einmal: Die Wiedergeburt des heimgekehrten Sinuhe", *Studien zur altägyptischen Kultur* 1977a, p. 845 참조). 슈트레커(Ivo Strecker)의 어느 영화에 등장하는 하마르 여자는 다음과 같은 질문을 한다. "여자가 발기된 적이 있나요? 여자가 사냥이나 약탈을 한 적이 있나요?" 아란다족도 발기된 남근을 사냥무기로 비유한 적이 있고, 어떤 이야기에는 남자가 페니스로 주머니쥐를 물어뜯어서 잡았다는 일화가 나온다. 로하임(G. Róheim, *Children of the Desert*, New York 1974, p. 232f.)에게 정보를 제공한 원주민은, 여자가 남자한테 창에 찔리거나 '강간'을 당할 때, 여자의 반응은 동일할 것이라고 말했다. 다시 말해서 두 가지 경우에 모두 "여자의 음액(inimba)이 가득 흘러나온다"는 것이다. 케이프 요크 반도에 거주하는 위크-뭉칸족은 누이동생의 남편이 맨손이나 그물로 바다짐승을 잡으면, 남편 자신이 가져갈 수 있으나, 창을 던져서 잡은 고기는 자신이 가져갈 수 없다. 다시 말해서 남자가 가지고 있는 창은 그 사람의 페니스와 같은 것으로 취급되기 때문에, 이 경우 누이동생 남편의 '페니스'에 찔려서 잡힌 물고기—이것은 누이동생의

질과 같으므로—를 오빠가 먹을 수 있지만, 남편이 질을 상징하는 근육을 사용해서 잡은 물고기는 오빠가 가져갈 수 없는 것이다(D. McKnight, "Sexual Symbolism of Food Among the Wik-Mungkan", *Man* 1973, p. 202, 198 참조).

77) R. Schulte, *Das Dorf im Verhör*, Reinbek 1989, p. 223, 230 참조. 포르노그라피에서 여자의 몸에 "물 뿌리는" 행위를 야생짐승 사냥으로 비유한 바 있다(R. Lautmann/M. Schetsche, *Das pornographierte Begehren*, Frankfurt/M. 1990, p. 63ff. 참조).

78) P. Schultz, *Die erotischen Motive in den deutschen Dichtungen des 12. und 13. Jahrhunderts*, Greifswald 1907, p. 82에서 인용. 1230년 무렵의 『카르미나 부라나』(떠돌이 대학생, 성직을 얻지 못한 학자, 환속한 승려, 성직을 박달당한 목사 등이 부르던 노래를 모은 책. 주로 음탕한 사랑, 술, 교회의 부도덕성을 노래로 읊었다—옮긴이)에는 유혹당한 소녀가 이렇게 한탄하는 대목이 나온다. "남자가 화살통에서 화살을 꺼내어/사냥을 한답시고/나를 속여서/희롱을 했다"(R. Clemencic/M. Korth/U. Müller, *Carmina Burana*, München 1979, p. 125).

79) S. Seidman, *Romantic Longings*, New York 1991, p. 139에서 인용.

80) 결혼한 여자들은 치부가리개를 추켜올리는 동작을 통해서 남편에게 '부부간의 사냥'을 하도록 유도한다. 여자아이들의 성년식에서 행해지는 엘란트 춤잔치에서 춤추는 여자들이 엉덩이를 드러내면, 수놈 엘리트로 분장한 남자들이 성년식의 주인공이 된 여자아이를 '뒤쫓는' 경우도 있다(A. Barnard, "The Kin Terminology of the Nharo Bushmen", *Cahiers d'Études Africaines* 1978, p. 623; 같은 저자, "Sex Roles Among the Nharo Bushmen of Botswana", *Africa* 1980, p. 117f., 120 참조). 쿵족은—좀더 진지한 태도로—남자 앞에서 여자가 '성적인 도망' 행위를, 사자 앞에서 영양들이 도망치는 행위로 이해한다(D. F. McCall, *Wolf Courts Girl*, Athens 1970, p. 10 참조).

16. 적에 대한 '능욕'

1) T. de Bry, *America*, ed. G. Sievernich, Berlin 1990, p. 82.

2) G. Devereux, "Cultural and Characterological Traits of the

Mohave", *Psychoanalytic Quarterly* 1951, p. 104 참조.

3) B. Bucher, "Die Phantasien der Eroberer", *Mythen der Neuen Welt*, ed. K.-H. Kohl, Berlin 1982, p. 75 참조.

4) K. Schreiner, "Gregor VIII., nackt auf einem Esel", *Ecclesia et regnum*, ed. D. Berg/H.-W. Goetz, Bochum 1989, p. 188f.; A. Kazhdan, "Der Körper im Geschichtswerk des Niketas Choniates", *Fest und Alltag in Byzanz*, ed. G. Prinzing/D. Simon. München 1990, p. 103 참조.

5) P. Milger, Die Kreuzzüge, München 1988, p. 21에서 인용.

6) A. MacKay, "Faction and Civil Strife in Late Medieval Castilian Towns", *Bulletin of the John Rylands University Library of Manchester*, Autumn 1990, p. 131 참조.

7) 『베리 백작의 기도서』에 나오는 삽화에서도 말을 탄 기사가 쓰러진 적의 항문에 창을 꽂는 장면이 그려져 있다(E. Pognon, *Das Stundenbuch des Herzogs von Berry*, Fribourg 1979, p. 77 참조). 츠와나족은 평화적인 크소에-부시먼을 습격하고 나서, 남자들의 항문에 말뚝을 박았다(O. Köhler, *Die Welt der Kxoé-Buschleute im südlichen Afrika*, Bd. I, Berlin 1989, I, P. 463 참조).

8) 알려진 바로는 15세기 왈라키아(루마니아)의 군주 테페스—소설에 등장하는 드라큘라 백작의 모델—는 어느 농부의 아내가 남편의 속옷을 너무 짧게 재단하는 바람에 일을 할 때 신체 노출이 너무 심하다는 이유로 그 부인에게 말뚝으로 욕을 보였다고 한다(R. P. Märtin, Dracula: Das Leben des Fürsten Vlad Tepes, Frankfurt/M. 1991, p. 106 참조). 7세기 초, 아바르족이 포로율리 시를 점령했을 때, 전해오는 바에 따르면 공작의 아내 로밀다가 아바르의 왕 카칸에게 전하기를, 만일 도시를 파괴하지 않는다면 잠자리를 같이하겠다는 제안을 했다고 한다. 카칸 왕은 이에 동의해놓고도 약속을 어긴 채 도시를 약탈하고 불태워 버렸다. 디아코누스(Paulus Diakonus, IV, 37)는 그 이야기를 이렇게 전했다. "어느 날 밤 아바르의 왕은 모든 불행을 초래한 로밀다를 약속대로 아내로 맞이했다. 그러나 왕은 그녀에게 아바르족 열두 명을 붙여주었고, 이들은 밤새도록 교대로 육욕을 채우면서 그녀를 괴롭혔다. 그런 다음 왕은 야외에 말뚝을 세우고 여자를 거기에 꽂아놓고는 비웃으면서, '이게 바로 당신에게 어울리는 남편이오!'라고 말했다."

9) E. Mégier, "Deux exemples de 'prépurgatoire' chez les

historiens", *Cahiers de civilisation médiévale* 1985, p. 52 참조. 크라나흐의 목판화에는 악마가 여자에게 강제로 페니스를 밀어넣으면서 젖가슴을 가지고 희롱하는 장면이 묘사되어 있다(C. Davidson, "The Fate of the Damned in English Art and Drama", *The Iconography of Hell*, ed. C. Davidson/T.H. Seiler, Kalamazoo 1992, p. 55 참조).

10) L. J. Kern, *An Ordered Love: Sex Roles and Sexuality in Victorian Utopias*, Chapel Hill 1981, p. 75.

11) B. Bauman, "Women-Identified Women in Male-Identified Judaism", *On Being a Jewish Feminist*, ed. S. Heschel, New York 1983, p. 91 참조.

12) K. P. Wentersdorf, "The Symbolic Significance of Figurae Scatologicae in Gothic Mss", *Word, Picture, and Spectacle*, ed. C. Davidson, Kalamazoo 1984, p. 10 참조.

13) A. Edwardes, *Erotica Judaica*, New York 1967, p. 161, 75f. 참조. 우리는 흔히 수태의 신 호루스가 세트 신에게 "수태"를 시켰다는 일화를 근거로, 고대 이집트인들도 승자가 패자에게 성적으로 욕보였다는 결론을 내렸다(A. Erman, "Beiträge zur ägyptischen Religion", *Sitzungsberichte der Berliner Akademie der Wissenschaften* 1916, p. 1143 참조). "그러나 세트는 밤중에 자신의 페니스를 발기시켜서 호루스의 허벅지 사이로 밀어넣었다. 그러자 호루스는 허벅지 사이에 두 손을 넣어 정액을 받았다."(J. Spiegel, *Die Erzählung vom Streite des Horus und Seth*, Glückstadt 1937, p. 135; J. G. Griffiths, 1960, p. 42). 무덤에 새겨진 다음의 문구는 이보다 더 설득력이 있을 것이다. "레(Rê)는 나보다 힘이 세지 못하다. 그가 숨쉬는 공기를 빼앗아간 사람이 바로 나이기 때문이다. 아툼(Atum)은 나보다 강하지 못하다. 내가 그의 엉덩이에 욕을 보였기 때문이다."(H. Kees, *Totenglauben und Jenseitsvorstellungen der alten Ägypter*, Leipzig 1926, p. 301). 고대의 찬가에 따르면 슈는 아버지 아툼에 의한 항문 폭행을, 테프누트는 음부 폭행을 막아냈다(H. Kees, "Zu den Ägyptischen Mondsagen", *Zeitschrift für ägyptische Sprache und Altertumskunde* 1925, p. 1 참조).

14) "그때 사울이 길가의 양우리에 이르렀는데, 바로 그곳에 동굴이 있는지라, 그 안으로 들어가 발을 넣었더라."(사무엘상 24:4).

15) A. Edwardes, *Erotica Judaica*, New York 1967, p. 75; G. Mayer,

Die jüdische Frau in der hellenistisch-römischen Antike, Stuttgart 1987, p. 78 참조.

16) "그때 주께서 말씀하셨다. 나의 종 이사야가 삼 년 동안 벗은 몸과 맨발로 다니면서 이집트와 에티오피아에 대하여 징표와 기적이 된 것처럼, 아시리아 왕이 이집트와 에티오피아의 포로를 젊은이나 늙은이 할 것 없이 모두 윗옷을 입히지 않고 맨발로('arwet mityrîm) 엉덩이까지 드러낸 채 끌고 갈 것이니, 이는 이집트인의 수치이니라." (이사야 20:3f.). 탈무드에도 남녀 성기를 미화하는 구절들이 수없이 많은데, 그중에서 여자의 음부는 주로 "밑에 있는 얼굴", "특정한 곳"이라고 표현되고 있다(I. Simon, "Die hebräische Medizin bis zum Mittelalter", *Illustrierte Geschichte der Medizin*, ed. J.-C. Sournia et al., Bd. III, Salzburg 1980, p. 825 참조).

17) A. Edwardes, 앞의 책, p. 17f. 참조.

18) F. Burger, *Die griechischen Frauen*, München 1926, p. 28 참조.

19) G. Vorberg, *Die Erotik der Antike in Kleinkunst und Keramik*, München 1921, p. 13 참조. 바헤헤족 전사가 전투에 나갔다가 등에 상처를 입고 돌아오면, 그 상처는 비겁함의 증거로 인식되었다. 그래서 즉시 사람들이 옥수수 이삭을 볶아서 끝부분이 단단하게 굳어지면 그것을 항문에 부벼댔다(A. G. O. Hodgson, "Some Notes on the Wahehe of Mahenge District, Tanganyika Territory", *Journal of the Royal Anthropological Institute* 1926, p. 44 참조).

20) W. A. Müller, *Nacktheit und Entblößung in der altorientalischen und älteren griechischen Kunst*, Borna 1906, p. 130 참조.

21) J. P. Hallett, "Perusinae Glandes and the Changing Image of Augustus", *American Journal of Ancient History* 1977, p. 156f. 참조.

22) W. H. Parker, *Priapea: Poems for a Phallic God*, London 1988, V, p. 3f.; VI; 75; XIII; XXXI; LXXIII 참조. 그는 추가로 남자들의 항문에 주름이 잡히지 않을 정도로 자신의 지팡이를 엉덩이에 강하게 찔러 넣겠다고 으름장을 놓는다(같은 책, XI 참조). "동성애자" 혹은 "호모섹스를 하는 자"와 같은 개념들은 18세기 이전에 동성연애자로 판명된 남자들을 지칭하는 데는 적합하지 않거나 오류라는 주장이 그동안 일반화되어 있었다. 이 문제에 관해서는 다음 책에서 다루고자 한다.

23) 같은 책, XXVI; LI, 17f.; LXIV; A. Richlin, *The Gardens of*

Priapus, New Haven 1983, p. 122 참조.

24) 같은 책, XV 참조. 그림 212는 1795년 괴테의 『로마의 비가』(悲歌)가 발표된 이후, 바이마르 사교계의 분노에 찬 반응과 관련이 있는 것으로 짐작된다. 이 시에서 시인은 프리아포스 신에게 사기꾼이나 변태성욕자를 "뒤에서" 욕보이라고, 다시 말해서 "몽둥이를 가지고 엉덩이 쪽에서 뛰어오르라"고 요구했던 것이다. 펨멜과 미헬(G. Femmel/C. Michel, *Die Erotica und Priapea aus den Sammlungen Goethes*, Bd. I, Frankfurt/M. 1990, p. 175f.)은 "프리아포스와 피해자의 얼굴 표정"으로 보아 즐거운 성교가 아닌 것으로 보인다는 점을 지적하면서, 그 장면은 항문 폭행을 묘사했음이 분명하다고 주장했다. 어쨌든 귀족 신사의 오른팔이 프리아포스를 거부하려는 자세는 아닌 것으로 보이며, 모자를 걸친 채 받치고 있는 지팡이처럼 다리를 벌리고 있는 모습은 오히려 자의적으로 따르고 있음을 암시한다.

212. 프리아포스 신과 귀족 신사의 항문성교 장면. 괴테가 소장한 연필 소묘.

25) C. Reinsberg, *Ehe, Hetärentum und Knabenliebe im antiken Griechenland*, München 1989, p. 231 참조.

26) A. J. L. van Hooff, *From Autothanasia to Suicide: Self-Killing in Classical Antiquity*, London 1990, p. 119 참조.

27) K. J. Dover, *Greek Homosexuality*, London 1978, p. 105 참조.

28) A. Mohler, *Sex und Politik*, Freiburg 1972, p. 63 참조. 아프간 부대는 전투에서 승리하면 패배한 적의 병사뿐만 아니라 때로는 다른 나라 외교관에 대해서도 성폭행을 자행하는 일이 잦았다. 1841년 이에 대해 어느 영국 군인은 다음과 같이 논평했다. "남자의 입에 도저히 자연적으로 될 수 없는 자세로 물건들이 물려 있는 장면을 보았다."(S. W. Foster, "Afghanistan", *Encyclopedia of Homosexuality*, Bd. I, ed. W. R. Dynes, New York 1990, p. 17f.). 18세기 마이수르의 광적인 회교 지도자 티푸 사히브는 수많은 유럽인 포로들을 폭행했는데, 그 중에는 베어드 장군(1757~1829, 스코틀랜드 출신으로 인도와 이집트에서 근무—옮긴이)도 포함되어 있었다(I. Senelick, "Murders", *Encyclopedia of Homosexuality*, Bd. II. ed. W. R. Dynes, New York 1990, p. 851f. 참조).

29) A. Bouhdiba, *Sexuality in Islam*, London 1985, p. 209 참조.

30) D. F. Greenberg, *The Construction of Homosexuality*, Chicago 1988, p. 181 참조.

31) J. A. Bellamy, "Sex and Society in Islamic Popular Literature", *Society and the Sexes in Medieval Islam*, ed. A. L. al-Sayyid-Marsot, Malibu 1979, p. 28 참조.

32) R. T. Antoun, "On the Modesty of Women in Arab Muslim Villages", *American Anthropologist* 1968, p. 680 참조.

33) A. Dundes/J. W. Leach/B. Özkök, "The Strategy of Turkish Boys' Verbal Dueling Rhymes", *Directions in Sociolinguistics*, ed. J. J. Gumperz/D. Hymes, New York 1972, p. 136ff. 참조. 1088년 비잔틴 황제 알렉시우스는 플랑드르의 백작에게 편지를 보내고, 그 후로 계속해서 그 편지를 복사하여 선전 목적으로 이용했다고 하는데, 그 편지에는 터키인에 관한 다음과 같은 내용이 들어 있었다. "그들은 수간(獸姦)이라는 죄행을 통해서 주교들을 능욕하고 있는데, 심지어 어느 주교에게 그런 죄행을 저질러서 몸을 찢어놓기도 했답니다."(P. Milger, *Die Kreuzzüge*, München 1988, p. 35에서 인용).

34) J. R. Corbin/M. P. Corbin, *Urbane Thought: Culture and Class in an Andalusian City*, Aldershot 1987, p. 54; S. Brandes, "Like Wounded Stags", *Sexual Meaning*, ed. S. B. Ortner/H. Whitehead, Cambridge 1981, p. 233 참조.

35) E. Nordenskjöld, *Indianerleben: El Gran Chaco*, Leipzig 1912, p. 244 참조. 항문에 교접하는 행위의 성적 의미에 관해서는 R. Jütte, "Das Zepter der heroischen Medizin", *Symbole des Alltags-Alltag der Symbole*, ed. G. Blaschitz et al., Graz 1992, p. 790 참조. 그와 같은 사회—예를 들면 지중해 지역—에서 남자가 '능동적' 역할을 하면, 다시 말해서 상대방에게 '성교'를 행하는 역할을 하면, 사회적 체면을 잃지 않으면서 동성연애를 계속할 수 있다는 주장이 항상 있어왔다. 나는 반드시 그렇지 않다는 사실을 다음 책에서 다루고자 한다.

36) 필라가 부족의 아이들이 좋아하는 공격적인 놀이는 '음부 붙잡기'인데, 이것은 사내아이들이 여자아이를 바닥에 쓰러뜨려놓고 다리 사이를 붙잡는 놀이이다. 이와 반대로 여자아이들의 '불알 잡기' 놀이는 거의 행해지지 않고 있다(J. Henry/Z. Henry, "Doll play of Pilagá Indian Children", *Personality in Nature, Society, and Culture*, ed. C. Kluckhohn et al., New York 1961, p. 296f., 303 참조).

37) H. Becher, *Poré/Perimbó*, Hannover 1974, p. 47 참조. 야노마뇌족 사내아이들은 지금까지 남자동생들을 데리고 항문교접을 해왔는데, 항상 형이 "엉덩이 따먹기", 즉 페니스 삽입행위를 한다(J. Lizot, *Im Kreis der Feuer*, Frankfurt/M. 1982, p. 49 참조).

38) F. Erichsen, *Schizophrenie und Sexualität*, Bern 1975, p. 37 참조.

39) H. Honour, *The Image of Black in Western Art*, Cambridge 1989, IV, 1, p. 153f. 참조.

40) 남자들은 항문 폭행을 당해도 수치스러워서 그 사실을 시인하지 않기 때문에 통계는 매우 부정확하다고 보아야 한다(I. Agger/p. B. Jensen, "Die gedemütigte Potenz: Sexuelle Folter an politischen Gefangenen männlichen Geschlechts", *Zeitlandschaft im Nebel*, ed. H. Riquelme, Frankfurt/M. 1990, p. 53, 62 참조). 그리스의 "군부 통치" 기간 중에 헌병들은 의도적으로 곤봉을 마치 발기된 페니스처럼 앞에 차고 다니면서 체포된 사람들의 엉덩이를 찔러댔다. 그들은 다음과 같은 말을 들으면서 훈련을 받았다. "누구도 너희에게 반항하지 못하게 하라. 누구든 때리고 엉덩이를 쑤셔도 좋다!"(M. Haritos-Fatouros, "Trainingsprogramme der Obristendiktatur in Griechenland", *Folter*, ed. J. P. Reemtsma, Hamburg 1991, p. 87 참조).

41) S. Hite, *Das sexuelle Erleben des Mannes*, München 1982, p. 53.

코넬 대학의 어느 학생단체에서 신입회원이 되려면, 옷을 완전히 벗고 허리를 앞으로 굽혀서 뒤에 서 있는 선배들에게 엉덩이를 내밀어야 한다. 그런 다음 선배들에게 바셀린을 바른 목공용 대못을 건네준다. "오른손은 한쪽 엉덩이에 올려놓고, 왼손을 선배가 서 있는 방향으로 내밀어서 그 못을 받아야 하는데, 맥주 캔을 건네주기도 한다"(L. Tiger, Men in Groups, New York 1984, p. 146f.).

42) R. Herbertz, "Kollektive Straf-und Rachemaß nahmen unter Kameraden", *Zeitschrift für Sexualwissenschaft und Sexualpolitik* 1929, p. 8f. 참조.

43) U. Preuß-Lausitz, "Vom gepanzerten zum sinnstiftenden Körper", *Kriegskinder, Konsumkinder, Krisenkinder*, ed. U. Preuß-Lausitz et al., Weinheim 1983, p. 93.

44) K. Bräutigam, *Mach kä Schbrisch!*, Heidelberg 1979, p. 67 참조.

45) 나는 라틴아메리카 젊은이들이 또래 친구들에게 그와 같은 동작으로 인사하면서, 가운뎃손가락을 세우고 흔드는 장면을 목격했다. 친구들도 같은 동작으로 대응했다.

46) 손가락 동작(fica)과 팔뚝을 이용한 동작(bras d'honneur), 그리고 남근을 상징하는 그 밖의 동작에 관해서는 D. Morris/P. Collett/P. Marsh/M. O'Shaughnessy, *Gestures*, London 1979, p. 80ff.를 참조할 것.

47) *Spiegel* 44, 1991, p. 303 참조.

48) H. Herramhof, "Eine datierte hölzerne Neidfeige", *Beiträge zur Oberpfalzforschung* 1969, p. 89 참조. 여기에서 "질투"(Neid)라는 단어는 고대 독일어로 "증오, 분노"(nid)를 의미한다(C. Sütterlin, "Schreck-Geschichter", *Symbole des Alltags—Alltag der Symbole*, ed. G. Blaschitz et al., Graz 1992, p. 523f. 참조).

49) L. Ziller, "Von Schelmen und Schergen", *Mitteilungen der Gesellschaft für Salzburger Landeskunde* 1973, p. 383 참조.

50) H. Fluck, "Der Risus Paschalis", *Archiv für Religionswissenschaft* 1934, p. 189 참조. 이 보고에 대해 야코벨리(M. C. Jacobelli, *Ostergelächter*, Regensburg 1992, p. 28, 126)는 "어떤 경우든 '무화과'는 여성의 음부를 의미한다"고 말했다. 그러나 나는 그럴 가능성이 거의 없다고 생각한다.

51) M. Rossmann, "Plakate der Bewegung gegen den Vietnamkrieg in

den USA", *Kunst & Krieg*, ed. R. Schultz, Berlin 1990, p. 66 참조.

52) L. DeMause, "Probe-Kriege", *Psychologie heute*, Sonderheft 1984, p. 138 참조.

53) C. L. Mithers, "Missing In Action: Women Warriors in Vietnam", *The Vietnam War and American Culture*, ed. J. C. Rowe/R. Berg, New York 1991, p. 82 참조.

54) L. DeMause, "Ronbo Reagan in Kriegstrance", *Psychologie heute*, November 1986, p. 50f. 참조.

17. 동성에 대한 성폭행

1) P. Mason, *The City of Men*, Göttingen 1984, p. 23 참조.

2) 예를 들어서 15세기에 베르나르디노라는 사람은, 성폭행을 청년이 당하는 것보다는 처녀가 당하는 편이 "덜 나쁘다"고 말했다(M. J. Rocke, "Sodomites in Fifteenth-Century Tuscany", *The Pursuit of Sodomy*, ed. K. Gerard/G. Hekma, New York 1989, p. 12 참조).

3) H. Knapp, *Alt-Regensburgs Gerichtsverfassung, Strafverfahren und Strafricht bis zur Carolina*, Berlin 1914, p. 238 참조. 그 예로 당시 엘자스의 기사 호엔부르크는 성관계를 가졌던 하인의 도움을 받아, 사내아이를 "희롱한 다음에" 익사시켰다(C. Pfaff, *Die Welt der Schweizer Bilderchroniken*, Schwyz 1991, p. 74 참조). 14세기에 기욤 로스라는 청년은 파미에 출신의 아르노에 대해 이렇게 털어놓았다. "아르노가 칼로 나를 위협하면서 팔을 비틀더니, 내가 반항하는데도 억지로 나를 붙잡아 땅바닥에 눕힌 다음 키스를 퍼붓다가 내 다리 사이에 사정을 했다"(E. Le Roy Ladurie, *Monitaillou*, Frankfurt/M 1980, p. 173 참조). 1607년 미들섹스에 사는 한 남자는 총과 폭력으로("vi et armis") 열여섯 살 가량의 소년에게 항문 폭행을 저질렀다(B. R. Smith, *Homosexual Desire in Shakespeare's England*, Chicago 1991, p. 51 참조).

4) W. L. Gundersheimer, "Crime and Punishment in Ferrara, 1440~1500", *Violence and Civil Disorder in Italian Cities 1200~1500*, ed. L. Martines, Berkeley 1972, p. 120 참조. 근동에서도 성범죄자들은 전통적으로 소년들을 선호했다. 이를테면 걸프 전쟁 이후

쿠웨이트에서 많은 팔레스타인 소년들이 성폭행을 당했고, 한편 나이가 많은 남자들은 항문에 깨어진 유리병을 밀어넣는 만행을 겪었다(*Spiegel* 24, 1992, p. 172 참조).

5) S. Chojnacki, "Crime, Punishment, and the Trecento Venetian State", *Violence and Civil Disorder in Italian Cities 1200~1500*, ed. L. Martines, Berkeley 1972, p. 211 참조. 17세기와 18세기에도 "동성애적 폭행"(pederastia violenta)이 드물지 않았던 것 같다(G. Martini, "La giustizia veneziana ed il 'vitio nefando' nel secolo XVII", *Studi Veneziani* 1986, p. 163, 166f. 참조).

6) J. Rossiaud "Der Städter", *Der Mensch des Mittelalters*, ed. J. Le Goff, Frankfurt/M. 1989 1982, p. 82 참조.

7) 그렇기 때문에 예를 들어서 베네치아에서는 성인 여자들도 항문에 폭행을 당하는 사례가 잦았다(E. Pavan, "Police des Moeurs, société et politique à Venise à la fin du Moyen Age", *Revue historique* 1980, p. 260; G. Ruggiero, *The Boundaries of Eros*, Oxford 1985, p. 145 참조). 1558년 피렌체 사람들은 폭행 피해자에게 피를 흘리게 하지 않은 자에 대해서는 2년간 갤리선을 타게 하고, 부상을 입힌 경우에는 참수형에 처한다는 내용의 법을 만들었다(J. K. Brackett, *Criminal Justice and Crime in Late Renaissance Florence, 1537~1609*, Cambridge 1992, p. 110f. 참조).

8) M. Rey, "Parisian Homosexuals Create a Lifestyle, 1700~1750", *'Tis Nature's Fault*, ed. R. P. MacCubbin, Cambridge 1987, p. 181 참조.

9) 이미 1689년 무렵에도 암스테르담에는 스무 살쯤의 청년 무리가 증권거래소와 시청 근처에서 남자 행인들의 바짓가랑이를 붙잡는 짓을 했다. 그들은 남자들을 약탈한 뒤에도 곧장 집까지 따라가서 약탈을 계속했다. 이 갱단의 구성원들은 끊임없이 배를 타고 동인도 회사에 취업하러 가는 젊은이들이 많았기 때문에 자주 교체되었다. 주동자는 체포된 뒤 처형되고, 나머지 졸개들은 교육시설로 보내졌다(D. J. Noordam, "Sodomy in the Dutch Republic, 1600-1725", *The Pursuit of Sodomy*, ed. K. Gerard/G. Hekma, New York 1989, p. 214f. 참조).

10) '능동적'이라든가 '수동적'이라는 개념의 문제점에 관해서는 다음 책에서 다룰 예정이다.

11) R. Trumbach, "The Birth of the Queen: Sodomy and the

Emergence of Gender Equality in Modern Culture, 1660~1750", *Hidden From History*, ed. M. B. Duberman, New York 1989, p. 136 참조.

12) 중세시대와 근대 초기에도 낯선 손님과 한 침대를 사용하다가 동성애 공격을 당하는 피해자들이 적지 않았다(H. P. Duerr, *Der Mythos vom Zivilisationsprozeß*, Bd. I: *Nacktheit und Scham*, Frankfurt/M. 1988, p. 188 참조).

13) R. Trumbach, "London's Sodomites: Homosexual Behavior and Western Culture in the 18th Century", *Journal of Social History* 1977, p. 16f. 참조. 물론 저항하지 않고 성행위를 허용하는 남자들도 여럿 있었다. 그 예로 존 미슨이라는 남자는 술에 만취된 상태로 딕스라는 중년 남자로부터 삽입을 당했는데, 나중에 법정에서 증언할 때는, 상대방이 실제로 자기 항문에 삽입을 했는지 "확실하게 느낄 수 없었다"고 진술했다. 어느 여관의 침실에서 벌어졌던 이 장면은 옆방에 있던 어느 부부가 벽에 뚫린 구멍을 통해서 처음부터 끝까지 구경하고 있었다. 딕스가 자신의 페니스를 꺼내어 삽입하려는 순간 옆방에서 들여다보던 부인이 비명을 질렀다. "더 이상 못 보겠어요! 벌써 기절할 것 같아요. 저 사내아이를 망쳐놓으려나 봐요!" 이들 부부가 당장 방안으로 쳐들어가자, 딕스는 무릎을 꿇으며 "창피스러우니 남들에게 제발 알리지 말라고 애원했다"고 한다(같은 책, p. 21 참조).

14) 예를 들어서 1758년 군인 두 명이 가발제조공을 여관방으로 불러들였다. 이 남자가 갑자기 이상한 낌새를 눈치채고 나가려 하자, 군인 두 명이 달려들어 강제로 바짓가랑이를 열어젖히고 "나를 매우 거칠게 다루었다"고 한다. 얼마 후 그들은 그에게 "변태성욕자라고 욕하면서" 돈을 내놓지 않으면 "목을 매달겠다"고 으름장을 놓았다고 한다(같은 책, p. 22 참조).

15) R. Trumbach, "Sodomitical Assault, Gender Role, and Sexual Development in Eighteenth-Century London", *The Pursuit of Sodomy*, ed. K. Geraed/G. Hekma, New York 1989, p. 415 참조. 1760년 포르투갈의 한 선원은 견습 시계공으로서 동성애적 경향을 지닌 여성화된 소년 처칠을 폭행했다는 혐의로 고발을 당했다가, 법정에서 무죄판결을 받았다. 그가 무죄판결을 받은 이유는, 다른 견습공의 진술 덕분이었는데, 그는 처칠이 항상 자신에게 키스를 하면서 성기를 만지작거렸기 때문에, 얼마 후 처칠과 같은 침대를 사용하기를 거부했다는

것이다(같은 책, p. 419 참조). 동성연애자들이 성폭행을 당하는 이유는 가해자가 성적인 만족을 얻으려 했기 때문이 아니라, "변태성욕자"에게 욕을 뵈어서 치욕을 안겨주려 했기 때문인 경우가 많았다. 예를 들면—역시 18세기에 있었던 일인데—남자 세 명이 매춘부였던 수재너 너틀리와 수전 쿡을 데리고 그와 같은 이유에서 "변태성욕자"인 토머스 릴을 폭행했다(같은 책, p. 425 참조, 오늘날의 사례에 관해서는 W. E. Hassel, "Survivor's Story", *Hate Crimes*, ed. G. M. Herek/K. T. Berrill, Newbury Park 1992, p. 145를 참조할 것).

16) A. Richlin, *The Gardens of Priapus*, New Haven 1983, p. 12 참조. 기원전 1세기에 씌어진 글에 따르면 조상들은 남자를 욕보인 자에게 "가장 엄한" 벌을 내렸다고 한다(J. E. Gardner, *Woman in Roman Law & Society*, London 1986, p. 118f. 참조).

17) W. H. Parker, *Priapea: Poems for a Phallic God*, London 1988, XXVIII, XXXV 참조. 기원전 6세기 중엽의 기록에 따르면 바커스 신의 시종이 스핑크스에게 구강성교를 하라고 강요했다(M. Maaskant-Kleibrink, *Mythe in beeld*, Groningen 1990, p. 157 참조).

18) E. M. O'Connor, *Symbolum Salacitatis*, Frankfurt/M. 1989, p. 126, 158 참조.

19) E. Diehl, *Pompeianische Wandschriften*, Berlin 1930, p. 38f., 79f.; W. Krenkel, *Pompejanische Inschriften*, Heidelberg 1962, p. 51 참조.

20) A. Richlin, 앞의 책, p. 27; J. D. Jocelyn, "A Greek Indecency and Its Students: ", *Proceedings of the Cambridge Philological Society* 1980, p. 15, 19, 24, 38; J. Henderson, *The Maculate Muse*, New Haven 1975, p. 47; R. F. Sutton, *The Interaction Between Men and Women Portrayed on Attic Red-Figure Pottery*, Ann Arbor 1982, p. 88ff.; J. Winkler, *The Constraints of Desire*, New York 1990, p. 38 참조. 보통의 아테네 여자에게 구강성교는 불명예스럽고 가장 치욕스러운 일이었으며, 남편에게도 강요를 받을 경우에만 '핥아주었다'. 예를 들어서 붉은색 항아리 그림에 젊은 남자가 바닥에 누워 있는 여자의 머리카락을 움켜쥐고 샌들로 위협하는 장면이 있는데, 이 장면은 청년이 여자에게 구강성교를 강요하는 동작이라고 해석되어왔다(M. Kilmer, "Sexual Violence: Archaic Athens and the Recent Past", *Owls to Athens*, ed. E. M. Craik, Oxford 1990,

p. 262, 271 참조).

21) A. Edwardes/R. E. L. Masters, *The Cradle of Erotica*, New York 1963, p. 213f. 참조. 이 경우에는 동성애적 동기와 욕을 보이려는 의도가 모두 중요하게 작용한 것 같다. 다음과 같은 예가 있다. 1738년 시골의 신기료장수였던 Lazare Farcier가 사내아이를 땅바닥에 쓰러뜨려 놓고 어깨를 무릎으로 누른 다음 바지에서 "sa verge"를 꺼내어 소년에게 구강성교를 시키려 했다. 그러자 소년은 "la lui couper avec les dents"라고 하면서 위협을 하고는 도망쳐나왔다(J.-P. Desaive, "Du geste à la parole: délits sexuels et archives judiciaires(1690~1750)", *Communications* 46, 1987, p. 129 참조).

22) K. Dowman, *Der heilige Narr*, ed. F.-K. Ehrhard, Bern 1982, p. 131f.

23) E. Accad, *Sexuality and War*, New York 1990, p. 34 참조. 제1차 세계대전 중에 아랍인들은 쓰러진 연합군 병사들의 페니스를 잘라내어 그것을 가지고 '구강성교'를 했다(R. J. Mehta, *Scientific Curiosities of Love-Life and Marriage*, Bombay o. J. p. 154 참조). 뉴기니의 여러 지역에서도 그런 일이 흔했다(B. M. Knauft, "Narrative 'Longing' and Bisexuality Among the Gebusi of New Guinea", *Ethos* 1989, p. 230 참조).

24) F. S. Caprio, *Variations in Sexual Behaviour*, London 1957, p. 237

25) D. S. Marshall, "Sexual Behavior on Mangaia", *Human Sexual Behavior*, ed. D. S. Marshall/R. C. Suggs, New York 1971, p. 118 참조.

26) A. Krämer, *Die Samoa-Inseln*, Bd. II, Stuttgart 1903, II, p. 58; B. Danielsson, *Love in the South Seas*, London 1956, p. 77 참조. 타히티에서 입에 키스를 하는 행동은 성교 때의 전희로는 드문 행동이 아니지만 오늘날 여전히 성도착증의 한 증세로 인식되고 있다(R. I. Levy, *Tahitians*, Chicago 1973, p. 128 참조).

27) 오늘날 의미하는 구강성교가 폴리네시아에서는 특히 '수동적 동성애자'—타히티에서는 마후(māhū)라고 불리는데—를 상대로 하는 행위이지만, 여자를 상대로 하는 경우도 있다. 이를테면 코랄렌 군도의 폴리네시아 부족인 온통자바족(Ontong Java) 사이에서는 이성간의 구강성교(somo)가 일반화되어 있으나, 여자들 자신은 항문성교(veisongi)를

선호한다(I. Hogbin, "The Sexual Life of the Natives of Ontong Java (Solomon Islands)", *Journal of the Polynesian Society* 1931, p. 28 참조). '바운티'호의 함장이었던 블라이(1754~1817)는 타히티 여자들에 대해 혐오감을 표시하면서, "여자들의 입조차 오염되어 있었다"(W. Bligh, *A Voyage to the South Sea*, Vol. II, London 1789, II, p. 17)고 말했다. 하여간 정숙한 여자들은 남자의 페니스를 입에 넣는 것을 꺼려하는 편이었고, 어느 시대나 구음은 추잡한 행동으로 인식되었던 것 같다. 지금도 시골 여자들은 "못된 계집들", 즉 파페에테(타히티 섬 북서 해안에 있음)의 매춘부들이나 그런 짓을 하는 것이라고 말하고 있다(R. I. Levy, 같은 책, p. 128 참조). 온통자바족의 젊은 남자들은 특히 우스꽝스러운 존재로 인식되는 여성화된 동성연애자들을 시켜서 "빨기"를 시키는 경우가 많았다(I. Hogbin, "The Sexual Life of the Natives of Ontong Java (Solomon Islands)", *Journal of the Polynesian Society* 1931, p. 27 참조). 타히티 섬 사람들도 수동적인 동성연애자를 '가짜 여자'라고 인식하는 등 비슷한 행동을 보였고, 그렇기 때문에 '가짜 여자들'—여자도 마찬가지로—은 남자들과 함께 식사를 할 수 없었다(P. I. Nordmann, "Le 'Mahu', phénomène social de l'ancien Tahiti", *Bulletin de la Société des Études Océaniennes* 1944, p. 35 참조). '마후'들 중에서 상당수는 페니스와 고환이 비정상적으로 작아서, 수치심 때문에 할례를 하지 않고 여자와 성관계도 갖지 않았다.

어느 마후에 대하여 블라이가 전하는 말을 들어보자. "그는 겉모습이 여자였고, 남근과 고환이 너무 밑으로 늘어져 있었지만, 그것을 제자리에 놓이도록 하는 요령을 알고 있었다. 그와 접촉하는 사람들은 그의 허벅지 사이에서 동물적인 쾌락을 즐겼는데, 그들 모두가 죄가 아니라고 부인하는 것 이상으로 그들은 변태성욕자가 아니었다. 나는 그의 은밀한 곳을 조사해본 결과, 불알 두 개가 아주 작았으며, 특히 고환은 현저하게 작아서 5, 6세 사내아이의 것보다 크지 않을 정도였고, 마치 쇠퇴기에 접어들었거나 더 이상 성장의 여지가 없는 것처럼 연약해서, 그의 모습은 사실상 불알이 없는 고자인 것처럼 보였다"(W. Bligh, 같은 책, p. 17). 이와 같이 블라이는 주로 허벅지 성교에 관해서 언급했지만, 1801년 헨리는 추장이 "입 안에 상대방의 것을 넣고 있었다"고 전했고, 3년 뒤에 턴벌은 '마후'를 즐겨 찾던 남자들에 대해 이렇게 말했다. "그들이 가련한 자의 입 속에 페니스를 집어넣고 계속해서 정액을 방사하자, 가엾은 그 자는 그것이 마치 상대방의 생명력인 듯 열심히 삼키고 있었다. 틀림없이 자신의 힘을 배가시킬 수 있다고 생각하는 모양이었다"(D. L. Oliver, *Ancient Tahitian Society*, Bd. I, Honolulu 1974, I, p. 371f.에서 인용). 오늘날에도 마후들 중에는 정액을 먹으면 강해진다는 생각으로, 파트너의 정액을 기꺼이 삼키는 자들이 많이 있다. 어느 타히티 남자는 이렇게 말했다. "그렇기 때문에 마후들은 힘이 아주 세지요. 정액이 온몸으로 침투된 것입니다. 의사들이 말하는 비타민과 같은 것이지요. 나는 마후들을 많이 만나보았는데, 모두 힘이 아주 센 편이었습니다"(R. I. Levy, 같은 책, p. 134f.; 같은 저자, "The Community Function of Tahitian Male Transvestitism", *Anthropological Quarterly* 1971, p. 13). 마후에게 "페니스 빨기"('ote moa)를 시키는 행위는 예나 지금이나 추잡하다고 인식되고 있으며, 타히티 남자들 중에는 "역겹다"고 말하는 사람도 많다. 그러나 젊은 남자들이 가끔씩 "구강성교"를 받으며 즐기더라도, 자기들이 직접 마후에게 구강성교를 행하지 않는 한, 그다지 비난받지 않는다. 마후들도 자신에게 구강성교를 해주는 것을 좋아하지만, 일반적으로는—선교사가 목격한 추장은 예외지만—상대가 이를 거부한다. 그것은 아마 '남자답지 않은' '변태적 행동'으로 인식되기 때문일 것이고, 따라서 '동성애자'라는 말을 들을 수도 있을 것이다(R. I. Levy, 같은 책, p. 134f. 참조). 과거에 유럽인 선원들 중에는 마후를 여자로 착각하여 그들한테 구음을 받은 사람들이 적지 않았는데, 그 뒤 타히티 남자들이 그 사실을 알고는 포복절도할 정도로 웃어댔다(D. L. Oliver, 같은 책, 1974, I, p. 370 참조). 그러나 원주민들 가운데는 여자보다 마후를 선호하는 남자들이 있는 것 같았다. 그 예로 어느 제보자가 이런 말을 했다. "마치 내가 여자를 데리고 노는 것과 같아요. 하지만 마후한테 가면 후련하게 시킬 수 있으니까 여자와 함께하는 것보다 좋습니다. 마후는 그다지 얼른 끝내주지는 않지만, 완전히 녹초로 만들어주지요. 여자한테 가면 언제나 만족스럽지는 않아요. 마후를 찾아가야 더 만족스럽습니다. 그 쾌감은 굉장합니다. 견딜 수 없어서 고개를 뒤로 젖혀야 할 정도이니까요"(Levy, 같은 책, p. 135).

28) G. Konrad, "Meaning of Phallic Display Among the Asmat and Other Societies of Irian Jaya", *Ethnomedizin* 1977, p. 310 참조.

29) H. Aufenanger/G. Höltker, *Die Gende in Zentralneuguinea*, St. Gabriel 1940, p. 158 참조. 이 참고문헌의 저자들에 따르면, 겐데족은

식인 풍습이 성행하던 시절에도 절대로 먹는 일이 없었던 타인의 성기, 즉 그만큼 추잡한 것까지 먹겠다는 의지를 표명함으로써 상징적으로 스스로를 낮추었던 것이다. 물론 이 경우에 '먹는다'는 말은 성적인 의미를 갖는 것으로 짐작된다. 실제로 뉴기니의 여러 사회에서 음식물 섭취와 성교는 밀접한 연관성을 갖는다. 잠비아 사람들은 구강성교 행위를 일컬을 때, "남근을 먹는다"고 표현한다(G. H. Herdt, "Fetish and Fantasy in Sambia Imitation", *Rituals of Manhood*, ed. G. H. Herdt, Berkeley 1982, p. 61 참조). 우메다족 언어에서 '타드브'(tadv)는 "먹는다"는 뜻과 함께 "여자와 성교한다"는 의미를 동시에 지니고 있다. 남자가 꿈 속에서 누이가 음식을 가지고 찾아오는 꿈을 꾸면, 그것은 이튿날 여자와 동침한다는 징조이다(A. Gell, "Magic, Perfume, Dream", *Symbols and Sentiments*, ed. I. Lewis, London 1977, p. 32 참조). 한편 성기를 먹지 않는 풍습이 보편적인 것은 결코 아니었다. 일부 제보자들이 말한 바에 따르면, 이를테면 여자와 할례를 받지 않은 남자들만이 인육을 먹었던 기미족의 경우, 여자들은 페니스와 고환을 먹었고, 한 남자는 어렸을 적에 빨리 성장하라는 뜻에서 '거인'의 페니스를 받아먹었다고 회상했다. 반면에 어떤 제보자는 이런 말을 했다. "페니스는 절대로 먹지 않았어요. 그건 대나무 뿌리 밑에 묻었습니다. 질도 먹지 않았습니다. 그것도 역시 대나무와 판다누스 뿌리 밑에 묻었어요"(G. Gillison, "Cannibalism Among Women in the Eastern Highlands of Papua New Guinea", *The Ethnography of Cannibalism*, ed. P. Brown/D. Tuzin, Washington 1983, p. 37). 다니족에게는 죽은 자의 성기가 맛있는 음식에 속했다. 1968년 선교사였던 스탠 데일과 필 매스터스가 스코틀랜드 서부 산악지대에서 비크분족 남자들에게 잡혀 먹혔는데, 부드러운 페니스 포피가 그들에게는 최고급 음식이었다(G. Kenntner/W. A. Kremnitz, *Neuguinea: Expedition in die Steinzeit*, Frieding-Andechs 1984, p. 70f. 참조). 박타만족은 여자를 잡아오면 특히 젖가슴과 질을 즐겨 먹었는데, 바르트(F. Barth, *Ritual and Knowledge Among the Baktaman of New Guinea*, Oslo 1975, p. 152)가 말했듯이, "나의 과민한 귀를 의식하면서 성적 공격성의 흔적"을 먹었던 것이다. 중앙 고원지대 서부의 얄레족은 성기를 절대로 신체의 다른 부위와 함께 요리하지 않고, 그것만 따로 구워서 노인들이 먹었다. 페니스와 고환은 남녀 모두가 먹었지만, 여자의 성기는 남자들이 역겨워했기 때문에, 여자들한테 먹으라고 주었다.

"그것은 여자들의 것이고, 그들에게는 일종의 피부입니다." 물론 그들도 잡아온 남녀의 성기에 대해 큰 관심을 보였다. 사람들이 흥분해서 "남근이 정말 우람하구나!"("아예 훔함 투아!"), 혹은 "어이구, 거대한 음부로구나! 음부에 난 털 좀 봐!"("앙케트 홈 투에! 앙케트 오루크 투마 예요!")라고 떠들어대는 소리가 여자들을 자극했던 것이다(K.-F. Koch, "Warfare and Anthropophagy in Jalé Society", *Bijdragen tot de Taal-, Land- en Volkenkunde* 1970, p. 52 참조). 반대로 유아트 강변(뉴기니 섬에 있는 세피크 강의 지류—옮긴이)의 하류 지역 원주민들은 성기를 절대로 먹지 않고 불태워버렸다(H. Aufenanger, "Beliefs, Customs and Rituals in the Lower Yuat River Area, Northwest New Guinea", *Asian Folklore Studies* 1977, p. 131 참조). 이와 마찬가지로 남아메리카 저지대 원주민들도 각각 다른 행동을 보였을 것으로 짐작된다. 예를 들어서 아셰족은 여자의 음부를 먹지 않았지만, 임신한 여자에게 페니스를 먹였는데, 이것은 사내아이 출산 가능성을 높여준다고 믿었기 때문이다(M. Münzel, *Die Aché in Ostparaguay*, Frankfurt/M. 1983, p. 292f. 참조). 이와 반대로 투피남바족은 마을을 습격하여 여자들을 잡아오면 음부를 도려내어 자신들의 부인에게 넘겨주었고, 부인들은 그것을 훈제해서 보관했다가 그 다음 잔치 때 남편들에게 별미로 내놓았다. 1614년 다베빌(d'Abbeville)은 대체로 여자들에게는 성기를 주지 않았다고 강조했다(A. Métraux, *Religions et magies indiennes d'Amérique du Sud*, Paris 1967, p. 46, 66 참조).

30) 여자가 "당신의 똥(denie)을 먹겠어요"라고 말하는 경우도 있다(J. Sterly, *Kumo*, München 1987, p. 40, 203 참조). 이때 여자는 상대방의 엉덩이 방향으로 손을 쥐었다가 그 손을 입으로 가져간다. 고로카족은 인사하려는 두 사람이 서로 상대방의 엉덩이를 붙잡고 "세로코베!"(serokowe!)라고 외치는데, 물론 그 말은 "당신의 똥을 먹겠소!"라는 뜻이다(I. Eibl-Eibesfeldt, *Der vorprogrammierte Mensch*, Wien 1973, p. 186f., 190 참조).

31) K. E. Read, *The High Valley*, New York 1965, p. 19 참조.

32) J. van Lawick-Goodal, *Wilde Schimpansen*, Reinbek 1971, p. 157 참조. 어떤 여자는 여러 명의 남자들 앞에 혼자 있을 때, 겁이 나서 수음을 해준 적이 여러 번 있다고 나에게 말한 바 있다.

33) H. Hunger, *Ritual Promiscuity in Ancient Austria*, Darwin 1988,

p. 3 참조. 이 참고문헌의 저자는 1989년 9월 28일자 편지에서 이와 관련한 나의 해석에 반론을 제기했다. 그의 견해는, 남근에 의한 위협이 "계속 덤벼들어라!"는 의미를 갖는다는 것이다. 그러나 내 견해로는, 만일 그런 식으로 해석한다면 한 가지 중요한 사실을 간과하는 셈인데, 이를테면 이처럼 화해협정을 맺는 상황에서 상대방의 제안을 거절하거나 위협하는 행동은 적당하지 않다고 보아야 한다.

34) S. Berg, *Das Sexualverbrechen*, Hamburg 1963, p. 95; W. Wickler, *Sind wir Sünder?*, München 1969, p. 225 참조. 18세기와 19세기의 중국 해적들은 사로잡은 사람들을 폭행한 다음 자기들 패거리로 편입시키는 일이 흔했던 것으로 보인다(G. Hekma, "Violence", *Encyclopedia of Homosexuality*, Bd. II, ed. W. R. Dynes. New York 1990, p. 1373 참조). 한편 여자들도 그런 방식으로 '한 패거리'가 되었다. 예를 들면 콘트라스족은 1985년에 니카라과에서 건축보조원이던 젊은 독일 여자 두 명을 폭행한 다음, 이제 온두라스로 데려가서 무기를 들고 싸우는 훈련을 시켜주겠다고 말했다(T. Cabestrero, *Unschuldiges Blut*, Wuppertal 1987, p. 77f. 참조). 그 밖의 유사한 사례가 E. J. Hobsbawm, *Die Banditen*, Frankfurt/M. 1972, p. 200에 소개되어 있다.

35) R. Herbertz, "Kollektive Straf-und Rachemaßnahmen unter Kameraden", *Zeitschrift für Sexualwissenschaft und Sexualpolitik* 1929, p. 11 참조.

36) 뒤에서 살펴보겠지만 여자들도 폭행 도중에 오르가슴을 느낀다는 점은 마찬가지이며, 대부분의 매춘부들에게 격렬한 성적 흥분은 조금 수치스러운 '영업상의 불상사'가 된다. "보통 때는 아무런 느낌이 없어요. 그러다가 아주 드물게 뭔가 느낌이 올 때가 있습니다. 순전히 육체적인 것이지요. 나중에 가서 불쾌감이 들면서, '이 늙은 년아, 너도 그 신세가 되었구나!' 하는 생각을 하지요"(M. Lukas, *Und die Kerle lechzen*, Essen 1986, p. 63).

37) A. N. Groth/W. Burgess, "Male Rape", *American Journal of the Psychiatry* 1980, p. 807ff. 참조. 피해자가 엄청난 굴욕감을 느끼기 때문에 실제 피해자는 엄청나게 많을 것이다. 상당히 자주 일어나는 남자 아이에 대한 항문 폭행도 마찬가지이다(A. Sharony/H. Spira, "The Approach to Sexual Assault", *Medicine and Law* 1987, p. 256 참조). 오늘날 미국의 폭행 피해자 중에서 어린 소년이나 청년이 7분의 1

에서 4분의 1을 차지할 것으로 추정되고 있다(S. Donaldson, "Rape of Males",. *Encyclopedia of Homosexuality*, Bd II, ed. W. R. Dynes et. al., New York 1990, p. 1095 참조). 극히 최근에 들어와서야 남자가 남자를 폭행하는 사례가 거의 또는 전혀 신고되지 않고 있는 것 같다. 1810년 잉글랜드와 웨일즈의 경우를 예로 들면, 같은 성별끼리 폭행했거나 미수에 그친 사건은 29건에 불과했고, 이보다 3년 뒤에는 22건으로 줄어들었다. 1810년에 유죄판결을 받은 폭행범의 80퍼센트가 교수형에 처해졌다(R. Davenport-Hines, *Sex, Death and Punishment*, London 1990, p. 93 참조). 지난 80년대 한 해 여름 동안 미국에서 지나가는 자동차에 동승했다가 운전자에 의해 폭행을 당한 청소년이 300명에 이르렀으나, 경찰에 신고한 사람은 단 한 명뿐이었다(S. Donaldson, 같은 곳). 남자가 남자를 폭행하는 행위를 범죄로 취급하지 않는 나라들도 많다. 그 예로 튀니지는 북아프리카에서 소년에 대한 폭행을 법으로 다스리는 유일한 나라이다(F.-P. Blanc, "Le crime et le péche de *zina* en droit mâlékite", *Droit, histoire & sexualité*, ed. J. Poumarède/J.-P. Royer, Lille 1987, p. 369 참조). 그러나 많은 아랍 국가들만 하더라도 수많은 소년들이 폭행을 당하고 있다. 예를 들어서 모로코에서는 성인 남자들이 약간 나이가 든 소년들의 엉덩이를 끌어당겨서 자기들 하체에 밀착시킨 뒤 항문에 강하고 깊게 삽입하는 바람에 그 아이들이 기절하는 일이 자주 일어난다(V. Crapanzano, *Tuhami, Stuttgart* 1983, p. 148 참조).

38) S. Yüksel, "Körperliche Mißhandlung in der Familie und die Solidarit tskampagne 'Gegen Gewalt an Frauen'", *Aufstand im Haus der Frauen*, ed. A. Neusel et al., Berlin 1991, p. 290 참조.

39) A. Godenzi, *Bieder, brutal*, Zürich 1989, p. 86 참조. 모리가인(Morrígain)처럼 성충동이 강한 여신들은, 게르만의 전쟁의 여신들이 전사들의 전투욕을 이용하듯이, 켈트족 영웅들의 전투욕을 이용하여 그들과 성교를 한다(J. de Vries, *Keltische Religion*, Stuttgart 1961, p. 138 참조).

40) G. F. Vicedom/H. Tischner, *Die Mbowamb*, Bd. I, Hamburg 1948, p. 93 참조.

41) 세당 모이족 제보자들은 드브뢰에게, 여자가 발가벗은 남자의 몸을 바라보면 그 남자는 "화가 난다", 즉 성적으로 흥분된다고 말했다. 그러나 발가벗은 상태에서 다른 남자가 쳐다보면 수치심(lim)이 생긴다고 한다

(G. Devereux, "Nachwort", *Die wilde Seele*, ed. H. P. Duerr, Frankfurt/M. 1987, p. 458 참조).

42) K. F. Stifter, *Die dritte Dimension der Lust*, Frankfurt/M. 1988, p. 104에서 인용.

43) W. Wickler, *Sind wir Sünder?*, München 1969, p. 55 참조.

44) 붉은털원숭이 중에서 태어나기 전에 남성 호르몬 처치를 받은 암컷은 그렇지 않은 암컷보다 올라타기를 자주 한다는 사실이 밝혀졌다(H. Kummer, "Geschlechtsspezifisches Verhalten von Tierprimaten", *Geschlechtsunterschiede*, ed. N. Bischof/H. Preuschoft, München 1980, p. 149 참조).

45) F. de Waal, *Peacemaking Among Primates*, Cambridge 1989, p. 153f.

46) 같은 책, p. 219.

47) B. G. Blount, "Issues in Bonobo (Pan paniscus) Sexual Behabior", *American Anthropologist* 1990, p. 705f. 참조. 암컷들 중에는 먹이를 먹는 동안에 다른 암컷이 맛있는 먹이를 건네주면 그 대가로 상대방이 성기마찰을 즐길 수 있도록 자신의 성기를 제공하는 암컷들도 있다. 이런 행동은 대개 수컷과 교미를 하기 전이나 직후에 나타난다. 인도에 서식하는 회색긴꼬리원숭이(Presbytis entellus) 암컷이 다른 암컷에게 올라타는 경우가 있는데, 이때 그 암컷은 대개 발정기에 도달한 상태이다. 이는 곧 '섹스'가 다른 목적으로 '이용'되지 않음을 의미한다. 배란기에 이른 암컷은 상대방의 올라타기 행위에 기꺼이 따라준다. 이들 원숭이 중에서 올라타기를 하는 암컷의 84퍼센트가 서열이 높은 반면에, 일본원숭이 암컷은 신체적으로 우위에 있는 수컷에게 덤벼드는 경우도 더러 있다. 붉은털원숭이 중에서 발정기 상태인 다른 암컷에게 올라타는 암컷들도 대개 서열이 높다. 이럴 때 대부분의 암컷은 상대편 암컷의 어깨를 붙잡고 음부를 비벼대면서 동시에 한 손으로 클리토리스를 자극하는데, 그동안 상대편 암컷은 상대방의 얼굴을 볼 수 있도록 흔히 고개를 뒤로 젖히고 상대방을 도와준다(V. Sommer, *Wider die Natur? Homosexualität und Evolution*, München 1990, p. 123f., 126, 128 참조).

48) E. Cleaver, *Seele auf Eis*, München 1969, p. 21f., 185f. 참조. 그 밖에 D. E. J. MacNamara/E. Sagarin, *Sex, Crime, and the Law*, New York 1977, p. 153f.; L. H. Bowker, *Women, Crime, and the*

Criminal Justice System, Lexington 1978, p. 117을 참조할 것.

49) D. F. Greenberg, *The Construction of Homosexuality*, Chicago 1988, p. 126f. 참조.

50) G. Wright, *Between the Guillotine and Liberty*, Oxford 1983, p. 71, 104, 151, 185 참조. 1716년의 훈령은 감옥의 죄수가 아닌 러시아 군인들이 그 대상이었다. 이 훈령에 따르면, 동료에게 성폭행을 하거나 성행위를 저지른 병사가 있으면 사형이나 종신 강제노동을 하도록 되어 있었다. 위협하거나 폭력을 쓰지 않더라도 변태성행위—항문성교를 의미하는 듯한데—를 하는 자에게는 태형이 내려졌다(S. Karlinsky, "Russia's Gay Literature and Culture", *Hidden From History*, ed. M. B. Duberman, New York 1989, p. 349 참조).

51) J.-G. Petit, *Ces Peines obscures: La prison pénale en France* (1780~1875), Paris 1990, p. 505 참조. 기록을 토대로 판단해보면, 19세기에도 프랑스 감옥에서는 오늘날에 비해 동성간의 성폭력 사건이 현저하게 적었거나, 비밀에 부치는 경우가 대부분이었다. 어쨌든 나이가 많은 죄수들의 성폭행 대상은 포동포동한 청년(gironds)이거나 작은 예수(petit jésus)로 불리는 젊고 연약한 남자 혹은 소년들로서, 1890년 파리 감옥에서는 담배 한 개피나 포도주 한 잔을 얻은 대가로 항문성교를 허락한 경우가 많았다(P. O'Brien, *The Promise of Punishment: Prisons in Nineteeth-Century France*, Princeton 1982, p. 91ff. 참조).

52) J. Goldstein/I. F. Lukoff/H. A. Strauss, *Individuelles und kollektives Verhalten in Nazi-Konzentrationslagern*, Frankfurt/M. 1991, p. 91 참조. 음식을 얻기 위한 목적으로 매춘하는 젊은 수감자들이 많았다(R. Laqueur, *Schreiben im KZ*, Bremen 1991, p. 52 참조).

53) R. Plant, *Rosa Winkel*, Frankfurt/M. 1991, p. 148 참조.

54) F. Freund, *Arbeitslager Zement*, Wien 1989, p. 238f.

55) H. Langbein, *Menschen in Auschwitz*, Wien 1987, p. 454 참조.

56) 1943년 5월 15일, 강제수용소의 경제행정본부장이었던 친위대 장군 오스발트 폴은 "수감자 특혜 부여에 관한 근무규정"을 제정했다. 그 중에는 특별히 근면하고 품행이 양호한 포로들에게, "개별적으로 일주일에 1회까지" 2라이히스마르크를 내면 수용소 유곽에 출입을 허용한다는 내용이 들어 있다. 그 2마르크 중에서 "여자 수감자"는 45페니히를 받게

되어 있었다(E. Kuby, *Als Polen deutsch war: 1939~1945*, Ismaning 1986, p. 273f. 참조). 아우슈비츠 유곽에 게시된 공고문에는, 벙커에 수감된 자에게는 어떤 섹스 테크닉이 금지되어 있고 몇 분 안에 행위를 끝마쳐야 하는지 따위가 적혀 있었다(같은 책, p. 456 참조). 한때 라벤스브뤼크 수용소에 수감되었던 룬트홀름의 증언에 따르면, 친위대 요원들도 유곽에 출입했다고 한다. 매춘부들이 하루 16시간의 노동을 시작하기에 앞서, 이른 새벽에 대용 커피를 마시고 있으면, "완전하게 제복을 차려입은 친위대원들이 성기를 드러낸 채 벌써 나타나서, 테이블에 앉아 있던 여자들의 머리채를 당기면서 무릎을 꿇으라고 강요하고, 이렇게 말했습니다. '음탕한 년아, 시작해! 네 커피에 이 크림을 넣으란 말야!' 그러고 나면 변태적인 군인들이 온갖 더러운 소리를 지껄이면서 들어와서는, 괴이한 방법으로 시중을 들게 했습니다. 조금이라도 반항하면 얻어맞기 일쑤였고요"(A. Lundholm, *Das Höllentor*, Reinbek 1988, p. 125)

57) J. Irwin, *The Jail*, Berkeley 1985, p. 64 참조. 오늘날 필라델피아 교도소의 수감자 30명 중에서 1명이 강제로 항문 폭행을 당하는 것으로 추산되고 있다(J. G. Thompson, *The Psychobiology of Emotions*, New York 1988, p. 196 참조). 미국 소년교도소에서도 전통적으로 수많은 소년들이 성인들에 의해 폭행을 겪고 있다. 과거에 이곳에서 수감생활을 했던 사람이 자서전을 통해서 밝힌 바에 따르면, 어린 소년들이 하룻밤에 네 명에서 다섯 명에게 항문 삽입을 당했다고 한다(R. M. Mennel, *Thorns & Thistles: Juvenile Delinquents in the United States*, Hanover 1973, p. 192 참조).

58) G. M. Sykes, *The Society of Captives*, Princeton 1970, p. 97 참조.

59) 뉴저지 국립교도소에 수감되었던 어느 재소자는 이런 말을 했다. "패그노릇을 하는 자는, 여자들이 '도망치는 듯하다가 다시 잡히는 놀이'를 하듯이, 엉큼한 수법을 사용한다"(G. M. Sykes, *The Society of Captives*, Princeton 1970, p. 96).

60) C. E. Silberman, *Criminal Violence, Criminal Justice*, New York 1978, p. 389 참조.

61) A. J. Davis, "Sexual Assaults in the Philadelphia Prison System and Sheriff's Van", *Studies in Human Sexual Behavior: The American Scene*, ed. A. Shiloh, Springfield 1970, p. 336 참조.

62) 같은 책, p. 339. 최근의 조사 결과에 따르면 가해자의 85퍼센트가 흑

인이고, 피해자의 69퍼센트가 백인인 것으로 나타났다(S. Donaldson, "Rape of Males", *Encyclopedia of Homosexuality*, Bd II, ed. W. R. Dynes et. al., New York 1990, p. 1042 참조).

63) C. E. Silberman, *Criminal Violence, Criminal Justice*, New York 1978, p. 416 참조.

64) A. J. Davis, "Sexual Assaults in the Philadelphia Prison System and Sheriff's Van", *Studies in Human Sexual Behavior: The American Scene*, ed. A. Shiloh, Springfield 1970, p. 334f. 참조. 호모섹스 피해자의 신고내용은 더 이상 관계기관에 인계되지 않는 것으로 보인다(K. T. Berrill, "Anti-Gay Violence and Victimization in the United States", *Hate Crimes*, ed. G. M. Herek/K. T. Berrill, Newberry Park 1992, p. 35 참조). 앞에서 언급했듯이 남자 피해자들이 교도소 밖에서 신고하는 사례도 극히 드물다. "남자가 성폭행을 당하면 그 사실을 숨기려는 경향이 아주 강하기 때문에, 도둑이나 강도와 같은 범죄자들조차 피해자로 하여금 경찰에 신고하지 못하게 하려는 단 한 가지 이유로 강간하는 경우가 이따금 발생한다"(S. Donaldson, 같은 책, p. 1096 참조).

65) 젊은 남자들을 성폭행할 때 가해자들은 흔히 "체면 따위는 포기해야 할 거야"라고 말하거나, "너한테서 남성을 빼앗아야겠다"고 말을 한다(A. J. Davis, "Sexual Assaults in the Philadelphia Prison System and Sheriff's Van", *Studies in Human Sexual Behavior: The American Scene*, ed. A. Shiloh, Springfield 1970, p. 340; Z. Luria/M. D. Rose, Psychology of Human Sexuality, New York 1979, p. 351f.).

66) S. Brownmiller, *Gegen unseren Willen*, Frankfurt/M. 1980, p. 177 참조.

67) S. Hite, *Das sexuelle Erleben des Mannes*, München 1982, p. 686.

68) A. J. Davis, "Sexual Assaults in the Philadelphia Prison System and Sheriff's Van", *Studies in Human Sexual Behavior: The American Scene*, ed. A. Shiloh, Springfield 1970, p. 331f. 허드(Nathan Heard)의 장편소설 『빵간』(*House of Slammers*)에서는 신참 죄수가 한 무리의 재소자들에 의해 샤워실에서 '펑크'로 지목되어 '거세'를 당하는데, 이 이야기는 청년이 유리칼로 자신의 페니스를 잘라버리는 이야기로 전개된다. 다른 작품에서는 성폭행으로 인한 항문출혈이 월경으로 비유된다. "강도-강간이라는 말은 세대가 바뀌어도 변하지 않

는 말인 것 같다. 네 자매가 한 남자에게 저지른 행동도 그와 같은 폭행이었다. 그들은 남자를 변속기 위에 엎드리게 해놓고, 그들 중 한 명이 필립스 회사의 스크루드라이버를 그의 '변소'에 집어넣어 폭행을 하면서 이렇게 말했다. 내 경험에 비추어 말하겠는데, 항문이 좀 찢어졌겠지만 별 탈은 없을 거야. 물어볼 게 있어? 물어보지 않는 게 좋을 거야. 한동안 피가 나오겠지. 네 친구들한테 방금 월경이 시작되었느냐는 질문을 받기 싫거든 화장지 뭉치로 틀어막고, 피가 멈출 때까지 팬티를 바싹 조여 입으란 말야. 출혈은 정말 월경처럼 이틀이나 사흘쯤 계속되다가 그 다음엔 한 방울씩 나올 거야. 그러다가 멈추게 되지. 네 몸에 이상한 증상이 나타나지 않으면, 신체적으로 이상이 없다는 증거야. 하기야 신체적인 이상은 없어도, 강간은 강간이지. 결국 너는 다시 한 번 거울로 네 얼굴을 들여다보면서 스스로 어떻게 처신할지 결정해야 될 거야"(S. Büssing, *Of Captive Queens and Holy Panthers*, Frankfurt/M. 1990, p. 61에서 인용). 최소한 독일에서는 가해자들이 피해자나 상대의 항문에 페니스가 잘 삽입될 수 있도록 페니스에 크림을 바르는 경우가 많은 것으로 짐작된다(W. Scheu, *In Haft*, München 1983, p. 56f. 참조).

69) 같은 저자, *Verhaltensweisen deutscher Strafgefangener heute*, Göttingen 1971, p. 68ff. 참조.

70) H. Eppendorfer, *Barmbecker Kuß*, München 1987, p. 58.

71) E. A. Rauter, *Folter in Geschichte und Gegenwart*, Frankfurt/M. 1988, p. 77에서 인용.

18. 굴복과 거세

1) M. Sahlins, *Islands of History*, London 1987, p. 19 참조.

2) H. Loskiel, *Geschichte der Mission der evangelischen Brüder unter den Indianern in Nordamerika*, Barby 1789, p. 187.

3) J. Prebble, *Culloden*, Harmondsworth 1967, p. 114, 116 참조.

4) W. Hölscher, *Libyer und Ägypter*, Glückstadt 1937, p. 44f. 참조.

5) H. te Velde, *Seth, God of Confusion*, Leiden 1967, p. 53ff. 참조. 특히 거세된 세트 신의 이름은 "음부"(ḥmṭ)였다. E. Reiser, *Der königliche Harim im alten Ägypten und seine Verwaltung*, Wien

1972, p. 114 참조.

6) A. Edwardes, *Erotica Judaica*, New York 1967, p. 76 참조. 1896년 아두아 전투가 끝난 뒤에 아비시니아(에티오피아의 옛이름) 사람들은 전사한 이탈리아인들의 성기를 수없이 잘라냈다(P. J. Möbius, *Über die Wirkungen der Castration*, Halle 1903, p. 12 참조).

7) C. R. Hallpike, *The Konso of Ethiopia*, Oxford 1972, p. 148ff. 참조. 갈라족 청년은 페니스를 약탈한 적이 있어야 결혼이 허용되었다(W. La Barre, *Muelos: A Stone Age Superstition About Sexuality*, New York 1984, p. 31f. 참조). 렌딜레족은 적의 성기를 잘라내어 수컷 낙타의 목에 걸거나 남자들이 관리하는 오두막 기둥에 매달아두었다. 적군 병사를 죽이고 욕보인 사람은 누군가 딴 사람이 성기를 잘라내어 땅바닥에 내던질 때까지 이발을 해서는 안 된다(P. Spencer, *Nomads in Alliance*, London 1973, p. 52 참조). 메릴레족 전사는 말린 페니스를 전승 기념품으로 목에 걸고 다녔고(M. Amin, *Turkana-See*, Hannover 1981, p. 107 참조), 다나킬족, 아파르족, 소말리족의 전사들도 마찬가지였다(G. Polykrates, *Menschen von gestern*, Wien 1984, p. 52; P. Paulitschke, *Ethnographie Nordost-Afrikas*, Bd. I, Berlin 1893, p. 256 참조). 반면에 와헤헤족은 적의 고환을 생선을 훈제하듯이 창끝에 꽂았다(A. G. O. Hodgson, "Some Notes on the Wahehe of Mahenge District, Tanganyika Territory", *Journal of the Royal Anthropological Institute* 1926, p. 44 참조). 보디족, 무르시족, 말레족은 남자의 페니스를, 그리고 여자의 질과 유방을 잘라내어 고향을 향해 개선행진을 할 때 창끝에 매달고 갔다(A. E. Jensen, "Die Male", *Altvölker Südäthiopiens*, ed. A. E. Jensen, Stuttgart 1959, p. 291; E. Haberland, "Die Bodi", *Altvölker Südgäthiopiens*, ed. A. E. Jensen, Stuttgart 1959, p. 409 참조). 와고고족 전사들은 살해된 적의 성기를 심지어 요리해서 먹었다고 한다(H. Cole, "Notes on the Wagogo of German East Africa", *Journal of the Anthropological Institute of Great Britain and Ireland* 1902, p. 321 참조). 반면에 콩고의 음발라족은 적의 성기를 수건에 말아서 머리 위에 얹고, 실제로 먹을 수 있는 모든 부위를 먹었다(E. Torday/T. A. Joyce, "Notes on the Ethnography of the Ba-Mbala", *Journal of the Anthropological Institute of Great Britain and Ireland 1905*, p. 401, 404 참조). 뉴기니의 고고다라족은 적의 성기를 훈제해서 전리

품으로 보관했다(A. P. Lyons, "Notes on the Gogodara Tribe of Western Papua", *Journal of the Royal Anthropological Institute 1926*, p. 339 참조).

8) F. J. Bieber, "Geschlechtleben in Äthiopien", *Anthropophyteia* 1908, p. 94 참조.

9) P. J. Möbius, *Über die Wirkungen der Castration*, Halle 1903, p. 12 참조.

10) F. S. Krauss, "Südslavische Volksüberlieferungen, die sich auf den Geschlechtsverkehr beziehen: Teil I", *Anthropophyteia 1904*, p. 213 및 F. Bryk, *Die Beschneidung bei Mann und Weib*, Neubrandenburg 1931, p. 87 참조. 스파르타 사람들에게도 페니스를 자르는 풍습이 있었다(E. Bethe, *Die dorische Knabenliebe*, Berlin 1983, p. 33 참조).

11) C. Bemont, *Simon de Montfort*, Paris 1884, p. 242 참조. 예를 들어서 비잔틴 사람들은 적을 죽인 다음, 성기(ἰθφαλλοι)를 잘라내는 일이 드물지 않았다(A. Kazhdan, "Der Körper im Geschichtswerk des Niketas Choniates", *Fest und Alltag in Byzanz*, ed. G. Prinzing/D. Simon. München 1990, p. 104 참조). 그러나 10세기에 이탈리아 후고 왕의 친척이었던 마르크 백작 테트발트가 베네벤트에서 포로로 잡은 비잔틴 사람들을 폭행하고 성기를 잘라내어 "아주 작은" 편지와 함께 바실레우스에게 보냄으로써 복수를 했다(H. Fichtenau, *Lebensordnung des 10. Jahrhunderts*, Bd. II, Stuttgart 1984, II, p. 548 참조).

12) D. Sandberger, *Studien ber das Rittertum in England*, Berlin 1937, p. 201 참조.

13) B. Sastrow, *Herkommen, Geburt und Lauff seines gantzen Lebens*, ed. G. C. F. Mohnike, Greifswald 1824, p. 33 참조.

14) E. Buchner, *Das Neueste von gestern*, Bd. I, München 1912, I, p. 76. 1606년 5월에 자칭 도망친 수도승이라는 "가짜 디미트리"가 폴란드의 지원을 받으며 잠시 러시아 왕좌에 앉아 있다가 살해되어 발가벗겨졌다. 그리고는 곧장 성기에 끈을 묶어서 크레믈린 궁전 안을 끌고 다니다가 마침내 장터로 끌고 나왔다. 연대기 작가는 이렇게 적었다. "모스크바 여자들이 몰려나왔다. 대부분 천민이었던 그들이 치부와 왕후에 대해 지껄이는 말들이 너무나 천박해서 차마 글로 적을 수가 없다"

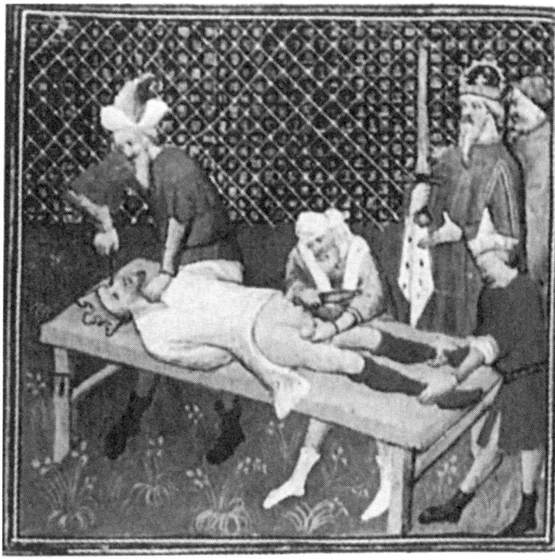

213. 적에 의해 시칠리아의 빌헬름 3세의 성기와 눈알이 제거되고 있다. 15세기, 불어판 『데카메론』에 나오는 세밀화.

(C. Bussow, *Moskowitische Chronik der Jahre 1584 bis 1613*, Berlin 1991, p. 112).

15) P. Browe, *Zur Geschichte der Entmannung*, Breslau 1936, p. 64 참조.

16) J. Coudy, *Die Hugenottenkriege in Augenzeugenberichten*, Düsseldorf 1965, p. 200ff.; B. B. Diefendorf, *Beneath the Cross*, Oxford 1991, p. 100ff. 참조. 르네상스 시대의 이탈리아에서도 고환을 잘라내는 행위는 시민재판에서 자주 사용되던 수단이었다(P. Burke, *The Historical Anthropology of Early Modern Italy*, Cambridge 1987, p. 201 참조). 1672년에 제작된 동판화에는 드 비트 형제의 알몸 시체가 교수대 기둥에 묶여 있고, 천민이 시체의 내장을 끄집어내고 성기를 잘라내는 장면이 그려져 있다(H. Fehr, *Das Recht im Bilde*, München 1923, p. 103 참조). 1617년 루브르 궁전으로 들어가려다 창에 맞아죽은 마르퀴 당크르의 시체도 군중에게 그와 같은 치욕을 당했다(D. Kunzle, *The Early Comic Strip*, Berkeley 1973, p. 51 참

조). 그의 아내는 그 직후에 다른 방법으로 능욕을 당했다. 살해 직후 근위대장 뒤 알리에가 그녀의 치마를 들어올리게 했는데, 그녀는 이탈리아에서 만든 속바지를 입고 있었다. "그녀는 윗옷을 들어올려 젖가슴 근처까지 드러냈다. 그녀는 피렌체산 모직으로 만든 속바지를 입고 있었다. 그가 속바지에 손을 대겠다고 말했다." 말하자면 그가 여자의 숨겨진 보석을 만져보려고 했던 것이다. "그녀는 다른 때라면 그런 일을 허용하지 않았을 것이라고 대답했다. 모든 것이 허락되자 뒤 알리에는 속바지를 잠깐 더듬었다"(A. Franklin, *La Civilité*, Bd. II, Paris 1908, II, p. 87에서 인용).

17) K. E. Oelsner, *Luzifer*, Frankfurt/M. 1988, p. 156; R. Jakoby/F. Baasner, *Paris* 1789, Baden-Baden 1988, p. 155 참조.

18) P. J. Möbius, 같은 책, p. 79, 82 참조.

19) Oelsner, 같은 책, p. 196 참조.

20) E. A. Rauter, *Folter in Geschichte und Gegenwart*, Frankfurt/M. 1988, p. 94; H. G. Haasis, "Die Pfälzer Revolution von 1849", F. A. Karcher: *Die Freischärlerin*, Frankfurt/M. 1977, p. 221 참조.

21) 1985년 5월 10일자 *Deutsche Volkszeitung*, p. 10. 이 기사를 알려준 슐로트-슈바프 씨에게 감사를 드린다. 프랑코 부대도 적의 성기를 잘라냈다(H. Thomas, *Der spanische Bürgerkrieg*, Berlin 1962, p. 197 참조).

22) G. F. Sastawenko/G. A. Below/J. A. Boltin, *Eine Schuld, die nie erlischt*, Köln 1987, p. 222.

23) H. Nawratil, *Vertreibungsverbrechen an Deutschen*, München 1982, p. 67 참조.

24) D. G. Haring, "Aspects of Personal Character in Japan", *Personal Character and Cultural Milieu*, ed. D. G. Haring, Syracuse 1956, p. 417f. 참조.

25) S. Hoig, *The Sand Creek Massacre*, Norman 1961, p. 153, 182f. 참조.

26) M. Baker, *Nam*, New York 1981, p. 213; E. E. Norden, "American Atrocities in Viet-Nam", *The Viet-Nam Reader*, ed. M. G. Raskin/B. B. Fall, New York 1967, p. 418 참조.

27) G. Lewy, *America in Vietnam*, Oxford 1978, p. 329 참조.

28) S. M. Hersh, *My Lai* 4, New York 1970, p. 10 참조. 어느 중대장은

살아 있는 베트콩의 몸에서 "담낭을 잘라내어 전리품처럼 피해자의 머리 위로 흔들어 보여주었다. 몇 주일이 지난 뒤에도 그는 여전히 조그마한 플라스틱 봉지 안에 그것을 넣어 부적처럼 목에 걸고 다녔다"(H. Dollinger, *Schwarzbuch der Weltgeschichte*, München 1973, p. 496).

29) 같은 책, p. 23.

30) Baker, 같은 책, p. 84 및 199. 남녀의 성기를 햇볕에 말려 모은 것을 사들이는 미국인들도 많았다. M. Lane, *Les soldats am ricains accusent*, Paris 1972 1971, p. 105 참조.

31) E. A. Rauter, *Folter in Geschichte und Gegenwart*, Frankfurt/M. 1988, p. 95f. 참조.

32) T. Harris, *Exorcising Blackness*, Bloomington 1984, p. 21 참조. 백인들은 흑인의 성능력을 부러워하는 반면, 많은 흑인 남자들의 견해(흑인 여자들의 견해가 아님)에 따르면 근거가 없는 것인데, 이에 관해서는 다른 것과 관련하여 다음 책에서 다루고자 한다.

33) 1991년 5월 7일자 ARD 방송 및 *Spiegel 33*, 1992, p. 131.

34) 1991년 3월 2일 ZDF 보도. 돌격대장 프란츠는 자신의 사냥개 배리에게 발가벗은 유대인의 성기를 물어뜯으라고 훈련시켰다. 목격자가 나중에 증언한 바에 따르면, 그 결과 대상자로 지목된 사람들은 모든 저항을 즉시 포기하고 운명을 받아들였다고 한다(R. Ainsztein, *Jewish Resistance in Nazi-Occupied Eastern Europe*, London 1974, p. 725 참조). 세르비아인 강제수용소에서는 맹견들을 동원하여 포로들의 "불알"을 공격하게 했다(Spiegel 42, 1992, p. 202 참조).

35) 터키에서도 그와 같이 포로를 거세하는 행위가 드물지 않게 벌어지고 있다(Rauter, 같은 책, p. 94, 104 참조).

36) P. Koch/R. Oltmanns, *Die Würde des Menschen*, Hamburg 1977, p. 180.

37) L. Kolmer, "Die Hinrichtung des hl. Emmeran", *Regensburg und Bayern im Mittelalter*, ed. B. Callies et al., Regensburg 1987, p. 21 참조.

38) R. Schmid, *Die Gesetze der Angelsachsen*, Leipzig 1858, p. 85f. (제25장과 제1절) 참조.

39) J. Bumke, *Höfische Kultur*, München 1986, p. 552 참조.

40) K. A. Barack, *Zimmerische Chronik*, III, Freiburg I, 1881, p. 77.

1297년 바젤에서 여자를 추행한 어느 성직자의 고환을 잘라 교수대 위에 못을 박아 걸어놓았다(K. D. Hüllmann, *Städtewesen des Mittelalters*, Bonn 1829, p. 262 참조).

41) D. W. Robertson, *Chaucer's London*, New York 1968, p. 98 참조.

42) 고대에는 고환만 떼어내거나 못 쓰게 해서 환관을 탄생시켰다. 그렇기에 마르티알은 이렇게 기록했다. "파니쿠스, 그대는 그대의 카일리아가 왜 환관만을 하인으로 데리고 있는지 물었지? 카일리아가 원하는 것은 성교이지 임신이 아니라네"(A. Richlin, *The Gardens of Priapus*, New Haven 1983, p. 134 참조).

43) F. Anzelewsky, *German Engravings, Etchings and Woodcuts, ca. 1400~1700*, Bd. XIX, Amsterdam 1976, p. 162.

44) M. Hirschfeld, *Geschlecht und Verbrechen*, Leipzig 1930, p. 143 참조. 특히 이탈리아에서는 여자와의 항문성교를 포함하여, 자주 발생하는 상호간의 수음과 그 밖의 좋지 못한 성행위 기교를 "불완전한 음란행위"(sodomia imperfecta, 여자끼리 하는 변태 성행위)라고 표현했다(H. J. Kuster/R. J. Cormier, "Old Views and New Trends: Observations on the Problem of Homosexuality in the Middle Ages", *Studi Medievali 1984*, p. 590 참조). 여기에 속하는 행위로는 구강성교, 성교 중단(coitus interruptus), 성교 유보(coitus reservatus) 등이 있다(M. Voght/V. L. Bullough, "Homosexuality and Its Confusion With the 'Secret Sin' in Pre-Freudian America", *Journal of the History of Medicine 1973*, p. 143 참조). 이러한 각각의 기교들이 엄격하게 구분되지 않은 이유는, 그 법을 만든 사람들이 성행위 방식을 분류하는 데 관심이 있었던 것이 아니라, 자연스러운 행위와 부자연스러운 행위, 즉 합법적인 행위와 불법적인 행위를 구분하려는 데 목적이 있었기 때문이다(B.-U. Hergemöller, "Die 'unsprechliche stumme Sünde' in Kölner Akten des ausgehenden Mittelalters", *Geschichte in Köln*, Dezember 1987, p. 9 참조).

45) P. Reliquet, *Ritter, Tod und Teufel*, Zürich 1984, p. 319 참조. 1496년에 피렌체 출신의 도메니코는, 처음 변태행위를 저지른 자에게 고환 한 개를, 두 번째 행한 자에게 나머지 한 개를 잘라 벌을 주자고 제안했다(G. dall'Orto, "Florence", *Encyclopedia of Homosexuality*, Bd. I, ed. W. R. Dynes, New York 1990, p. 409 참조).

46) J. C. Brown, *Schändliche Leidenschaften*, Stuttgart 1988, p. 18에

서 인용.

47) C. Helfer, "Henker-Studien", *Archiv für Kulturgeschichte* 1964, p. 355f.; P. Chaunu, *The Reformation*, Gloucester 1989, p. 177 참조.

48) E. Buchner, *Das Neueste von gestern*, Bd. I, München 1912, I, p. 140, 270 참조. 스트라스부르의 사형집행인은 죄인의 목에 밧줄을 걸어놓고 눈알을 빼낸 다음, 음낭에서 고환을 꺼냈다고 한다. "그가 눈을 빼내고, 고환을 잘라냈다"(J. C. H. Dreyer, *Antiquarische Anmerkungen ber einige in dem mittleren Zeitalter in Teutschland und im Norden üblich gewesene Leben-, Leibes- und Ehrenstrafen*, Lübeck 1792, p. 80 참조).

49) F. de Waal, *Peacemaking Among Primates*, Cambridge 1989, p. 65f., 71, 73f. 참조.

50) P.-H. Stahl, *Histoire de la decapitation*, Paris 1986, p. 73 참조. 제1차 세계대전 중에 아랍인들은 연합군 병사들의 성기를 잘라냈는데, 이는 거세된 전사가 천국에서 성행위를 즐길 수 없다는 것을 이유로 들었다(R. J. Mehta, 같은 책, p. 154 참조).

19. 음부 절제와 치욕

1) Thietmar v. Merseburg, *Chronik*, ed. W. Trillmich, Darmstadt VIII, 3 (1957, p. 442).

2) 이런 경우 어떤 성행동이 "변태행위"로 간주되었는지는 알려져 있지 않다. 짐작건대, 당시의 여자들은 삽입행위가 있어야만 "변태적" 행위라고 인식했을 것이다. 이를테면 11세기 초 부르하르트라는 속을 파낸 물건을 가지고 삽입한 사람에 대해 20일간의 처벌을 내린 반면, 상호간에 수음을 한 행위에 대해서는 10일간의 벌을 내렸다(K. H. Bloch, *Masturbation und Sexualerziehung in Vergangenheit und Gegenwart*, Frankfurt/M. 1989, p. 82 참조). 15세기에 에스파냐 여자 두 명이 "아무런 물건을 이용하지 않고" 동침을 했는데, 다시 말해서 단순히 서로 "마찰"만 하고 아마 구강 성교를 즐긴 것 같은데, 그 벌로 태형을 당한 뒤 배에 실려나가는 것으로 마무리되었다. 반면에 인조 남근을 이용한 수녀 두 명은 "변태성욕자"로 낙인찍혀 화형을 당했다(J.

M. Saslow, "Homosexuality in the Renaissance", *Hidden From History*, ed. M. B. Duberman, New York 1989, p. 96 참조). 다른 정의에 따르면 여자들의 변태란, 다름 아니라 여자끼리 하는 음행(sodomia imperfecta)만을 의미했다. 그들은 경우에 따라 거대한 클리토리스를 상대방의 질 속에 넣을 수는 있어도, 그 클리토리스를 가지고 "여성의 정자"를 분비할 수는 없었다.

3) R. H. Bloch, *The Scaldal of the Fabliaux*, Chicago 1986, p. 63 참조.

4) A. D. Rodriguez, "Imagines de la mujer en las Cantigas de Santa María", La imagen de la mujer en al arte español, ed. M. A. Durán, Madrid 1983, p. 42 참조.

5) R. P. Märtin, *Dracula: DWeiningeras Leben des Fürsten Vlad Tepes*, Frankfurt/M. 1991, p. 105 참조. 어린 소녀의 음부를 도려내는 풍습이 특히 동북 아프리카에 널리 퍼져 있었던 이유는 주로 윤리적인 이유, 즉 '순수한' 여자를 너무 음탕하다고 생각했기 때문인데, 이에 관해서는 다음 책에서 다룰 예정이다.

6) H. Fischer, *Schwäbisches Wörterbuch*, Bd. XI, Tübingen 1905, XI, p. 1691 참조.

7) 나는 어린 시절에 만하임에서 여자를 혐오하는 잔인한 말들을 들었는데, 그 중에서 특히 "음부를 도려낼 테다"라고 하던 말이 생각난다.

8) 옛날 누아비족(수단과 이집트 사이의 나일 강변에 거주하던 종족—옮긴이)은 남편이 긴 여행을 떠날 때 아내의 음부를 꿰매어놓았다가 돌아온 뒤에 다시 풀어놓는 일이 많았다(H. L. v. Pückler-Muskau, *Aus Mehemed Alis Reich*, Bd. III, Stuttgart 1844, III, p. 30f. 참조). 쿡 제도의 북부에 사는 남자들은 오랫동안 집을 비워야 할 경우, 특정한 방법으로 "클리토리스를 묶어놓았다"고 한다(D. S. Marshall, "Sexual Behavior on Mangaia", *Human Sexual Behavior*, ed. D. S. Marshall/R. C. Suggs, New York 1971, p. 146 참조).

9) R. Dionisopoulos-Mass, "The Evil Eye and Bewitchment in a Peasant Village", *The Evil Eye*, ed. C. Maloney, New York 1976, p. 146 참조.

10) K. Meyer, *Cāin Adamnáin*, Oxford 1905, p. 3 참조.

11) W. J. Buma/W. Ebel, *as Fivelgoer Recht*, Göttingen 1972, p. 125 참조.

12) 같은 저자, *Das Emsiger Recht*, Göttingen 1969, p. 51 참조.

13) J. Ashcroft, "Fürstlicher Sex-Appeal: Politisierung der Minne bei Tanh user und Jansen Enikel", *Liebe in der deutschen Literatur des Mittelalters*, ed. J. Ashcroft et al., Täbingen 1987, p. 96 참조.

14) 1381년 취리히에서 자칭 키다리 스마리오라고 하는 유대인이 기독교 여신도에게 제안을 했다. 만일 유방을 조금 도려내게 해주면, 빚의 일부를 탕감해줄 생각이 있다는 것이었다. "키다리 스마리오가 엥기에 사는 여자에게 찾아가서 말하기를, 자신의 오른손에 유방을 주면 빚의 일부를 경감해주겠다고 했다. 그러나 여자는 안 된다면서, 그 대신 동침을 허락하겠다고 유대인에게 말했다. 그러자 스마리오는 칼을 지니고 하겠다고 말했다"(S. Burghartz, *Leib, Ehre und Gut: Delinquenz in Zürich am Ende des 14. Jahrhunderts*, Zürich 1990, p. 300). 제사를 위한 살인에 관해서는 R. P.-C. Hsia, *The Myth of Ritual Murder*, New Haven 1988; W. P. Eckert, "*Antisemitismus* im Mittelalter", *Antisemitismus*, ed. G. B. Ginzel, Bielefeld 1991, p. 89ff. 참조.

15) 예를 들면 1633년에 슐레지엔의 작은 도시 골트베르크를 점령한 뒤에 스웨덴을 통과하면서 그런 짓을 저질렀다(H. Pleticha, *Landsknecht, Bundschuh, Söldner*, Würzburg 1974, p. 117; J. Kuczynski, Geschichte des Alltags des deutschen Volkes, Bd. I, Köln 1980, I, p. 94 참조). 수도사 제로니모는 에스파냐 왕에게 보낸 1550년 8월 20일자 편지에서, 에스파냐 사람들이 인디언 여자들의 유방을 잘라간다며 개탄했다. 디에고가 전하는 바에 따르면, 에스파냐 사람들이 마야족 여자들에게도 그와 같은 만행을 저질렀다고 한다(T. Todorov, *Die Eroberung Amerikas*, Frankfurt/M. 1985, p. 172 참조).

16) T. Cullen, *Jack the Ripper*, Frankfurt/M. 1988, p. 156 참조. 강간살인범들은 피해자의 성기를 난도질하는 경우가 많은 것 같다. L. J. Kaplan, *Weibliche Perversionen*, Hamburg 1991, p. 157f.; U. Füllgrabe, "Sadistische Mörder", *Gewaltt tige Sexualtäter und Verbalerotiker*, ed. H. Schäfer, Bremen 1992, p. 129 참조).

17) W. L. Strauss, *The German Single-Leaf Woodcut 1550~1600*, Bd. I, New York 1975, I, p. 162 참조.

18) D. Hoof, "Hier ist keine Gnade weiter, bei Gott ist Gnade: Kindsmordvorgänge in Hannover im 18. Jahrhundert", *Hannoversche Geschichtsblätter* 1983, p. 81 참조.

19) J. Bellamy, *Crime and Public Order in England in the Later Middle Ages*, London 1973, p. 184 참조.

20) 이를테면 1607년 뵈멘에서 어린이를 살해한 여자에게 "유방을 도려내는" 벌을 내렸다(E. Buchner, *Das Neueste von gestern*, Bd. I, München 1912, I, p. 24; H. P. Duerr, 앞의 책, p. 447, 그림 219 참조).

21) H. Sebald, Hexen damals - und heute?, Frankfurt/M. 1987, p. 37 참조. 성기를 고문한 사례는 자료에 나오지 않았다. 에스파냐인 검찰의 형리들이 드물게 남자 성기를 고문한 경우가 있었으나 여자에게는 없었던 것 같다(M. Ruthven, *Torture*, London 1978, p. 59 참조).

22) N. Elias, *Über den Proze der Zivilisation*, Basel 1939, I, p. 267. 그 밖에 P. Spierenburg, *The Brocken Spell*, New Brunswick 1991, p. 195f. 참조.

23) N. Elias, 앞의 책, p. 268.

24) P. Wagner, *Eros Revived*, London 1988, p. 98 참조.

25) M. A. de Lamartine, *Histoire des Girondins*, Bd. III, Leipzig 1847, III, p. 251. 그 외에 H. Grubitzsch/R. Bockholt, *Théroigne de Méricourt: Die Amazone der Freiheit*, Pfaffenweiler 1991, p. 366f. 참조.

26) G. Gugitz, "Freiheit, Gleichheit, Brüderlichkeit", *Sittengeschichte der Revolution*, ed. L. Schidrowitz, Wien 1930, p. 57 참조. 뒤셴 신부도 랑발에 대해 여왕의 동성애 애인이라고 폭로했다(J. Haslip, *Marie Antoinette*, München 1988, p. 399 참조).

27) J. Michelet, *Geschichte der Franz sischen Revolution*, Bd. III, Frankfurt/M. 1988, III, p. 65f.

28) G. Pernoud/S. Flaissier, Die Französische Revolution in Augenzeugenberichten, München 1976, p. 176ff.; B. C. J. Singer, "Violence in the French Revolution", *Social Research 1989*, p. 278; S. Schama, *Der zaudernde Citoyen*, München 1989, p. 633 참조.

29) C. Erickson, *To the Scaffold: The Life of Marie Antoinette*, New York 1991, p. 321 참조. 이런 경우뿐만 아니라 유사한 경우에도 그것이 사실인지 아니면 정권의 잔악한 선전인지 구분하기가 어려우며, "무엇이 진실이고 무엇이 꾸며낸 이야기인지"(P. Caron, *Les massacres*

de septembre, Paris 1935, p. 61ff; Robert Darnton의 1989년 9월 15일 구두 증언)는 거의 확인하기가 불가능하다. 그러나 이 문제는 중세시대 사람들의 잔학행위를 확인하기 위해 엘리아스가 증거로 끌어들인 중세시대의 출처에서는 상당히 신빙성이 있다.

30) S. Hoig, *The Sand Creek Massacre*, Norman 1961, p. 180, 183ff., 186 참조. 한편 중국 의화단사건 때 미국 여자 한 명이 유방이 잘려나간 채 대중 앞에 끌려다닌 일이 있었다(G.-J. Witkowski, *Les seins dans l'histoire*, Paris 1903, p. 4f. 참조). 1853년 태평천국운동에 가담했던 사람들도 난징(南京)을 점령한 후에 수많은 여자들을 그런 방식으로 능욕했다(H. Dollinger, *Schwarzbuch der Weltgeschichte*, München 1973, p. 412 참조).

31) S. Brownmiller, *Gegen unseren Willen*, Frankfurt/M. 1980, p. 61 참조.

32) R. D. Eskapa, *Die bizarre Seite der Sexualität*, Hamburg 1988, p. 155 참조. 미국인 의사였던 나는 제대로 알지도 못하면서 이렇게 적었다. "여성의 유방에 대한 증오심은 독일인의 전형적인 기질인 듯하다."

33) G. Schwarberg, *Die Mörderwaschmaschine*, Göttingen 1990, p. 9ff. 참조.

34) S. Alexijewitsch, *Der Krieg hat kein weibliches Gesicht*, Hamburg1989, p. 235 참조.

35) T. Kornaros, "Vor den Toren Athens: Chaidari", *Dachauer Hefte 5*, 1989, p. 221f.

36) G. Böddeker, *Die Flüchtlinge*, München 1980, p. 131 참조. 제2차 세계대전 중에 살아 있는 크로아티아 여자의 유방을 측면에서 뚫어놓고 그 안으로 양쪽 손을 집어넣는 만행이 세르비아인들의 '장기'로 알려져 있었다(*Spiegel 30*, 1992, p. 132 참조).

37) K. F. Grau, *Schlesisches Inferno*, Stuttgart 1966, p. 98; S. Spieler, *Vertreibung und Vertreibungsverbrechen 1945~1948*, Bonn 1989, p. 147; E. N. Peterson, *The Many Faces of Defeat*, New York 1990, p. 161 참조.

38) S. Spieler, *Vertreibung und Vertreibungsverbrechen 1945~1948*, Bonn 1989, p. 147; T. Schieder, *Dokumentation der Vertreibung der Deutschen aus Ost-Mitteleuropa*, München I. 2, 1984, p. 349 참조.

39) 같은 책, p. 301. 해방 후에 프랑스에서는 독일 남자와 애정관계를 가졌던 젊은 여자들을 잡아다가 담뱃불로 유방을 지졌다(*Spiegel 23*, 1990, p. 144 참조). 남아프리카 경찰은 흑인 여자들의 가슴을 구타한 사례가 많았고(K. Bergdoll, "Die Frau greift nach dem scharfen Ende des Messers", *Befreites Land-befreites Leben?*, ed. E. Laudowicz, Köln 1987, p. 45 참조), 과테말라 군인들은 마야족 여자들을 성폭행한 다음에 젖꼭지를 잘라버렸다(E. Burgos, *Rigoberta Menchú*, Bornheim 1984, p. 177 참조). 발칸 반도와 터키에서도 전쟁이나 내전 중에 유방을 도려내는 행위가 만연했던 것으로 보인다(I. Alp, *Bulgarian Atrocities*, Nicosia 1988, p. 65ff 참조). 그리스의 강도들도 간혹 여자의 유방을 고문했다(J. Campbell, "The Greek Hero", *Honor and Grace in Anthropology*, ed. J. G. Peristiany/J. Pitt-Rivers, Cambridge 1992, p. 139 참조).

40) M. Baker, *Nam*, New York 1981, p. 213f. 참조. 미국 기록영화 「마이 레이」를 보면, 미군 병사들이 심지어 어린 여자아이의 음부까지도 도려냈다고 어느 여자 목격자가 증언하는 장면이 나온다(West 3, 1992. 9. 11).

41) 같은 책, p. 211f. 그 밖에 M. Lane, *Les soldats am ricains accusent*, Paris 1972, p. 139, 195f. 참조.

42) D. J. West/C. Roy/F. L. Nichols, *Understanding Sexual Attacks*, London 1978, p. 117 참조. 1904년 미국 신경의학자 아치볼드 처치는 의학 학술회의에 참석하여, 여성에게 있어서 성기가 갖는 의미에 비해 페니스와 고환은 남자들의 자화상에 훨씬 더 큰 역할을 한다고 주장했다. "여성은 여성의 상징을 제거하는 수술을 받아야 할 경우 별다른 질문 없이 편안하게 받아들이는 반면에, 남성은 성기 부위의 절제수술을 절대로 태연하게 받아들이지 않습니다"(E. Shorter, *From Paralysis to Fatigue*, New York 1992, p. 93에서 인용).

43) 여성의 입장료는 단돈 5달러에 불과하다. R. Schechner, *Between Theater & Anthropology*, Philadelphia 1985, p. 298 참조.

20. 모욕을 주기 위한 발가벗기기

1) R. Elze, "Sic transit gloria mundi: Zum Tode des Papstes im

Mittelalter", *Deutshes Archiv für Erforschung des Mittelalters 1978*, p. 9 참조. 1555년에 몽뤼크(Monluc, 1502~1577) 장군은 이렇게 말했다. "포로가 무기를 지니고 있다 하더라도 그의 피부를 벗기는 행위는 비열한 짓이다."(C. G. Jochmann, *Zur Naturgeschichte des Adels*, ed. U. Kornauer, Heidelberg 1982, p. 83에서 인용).

2) J. Knobloch, *Der deutsche Scharifrichter und die Schelmensippe*, Naumburg 1921, p. 75 참조.

3) N. Ohler, *Sterben und Tod im Mittelalter*, München 1990, p. 241 참조. 1504년 슈바벤 동맹의 용병들은 전투를 승리로 마무리한 이후에 쓰러진 적의 옷을 빼앗겠다고 서약했다(H. Zwahr, *Herr und Knecht*, Jena 1990, p. 235 참조).

4) A. Tuetey, *Journal d'un bourgeois de Paris*, Paris 1881, p. 193, 224. 뉘른베르크의 자료에는 거의 비슷한 시기에 활과 소총으로 무장한 용병들이 여자들의 옷을 벗겨 알몸으로 만들었다는 기록이 있다(Zwahr, 같은 책, p. 169 참조). 물론 여기에서 "알몸"이라고 표현된 단어가 정확하게 무슨 의미인지는 알 수 없다. 하여간 예를 들어서 성을 지키는 수비대 병사들의 속옷을 벗기는 행위 같은 것은 치욕을 의미했다(R. Sablonier, *Krieg und Kriegertum in der Crònica des Ramon Muntaner*, Bern 1971, p. 117 참조).

5) 근처에 있던 "몇몇 남자의 시체를 보면 은밀한 부위가 손에 쥐어져 있었다". J. Prebble, Culloden, Harmondsworth 1967, p. 117, 127ff., 201f.; R. Atwood, *The Hessians*, Cambridge 1980, p. 174 참조.

6) M. A. de Lamartine, *Histoire des Girondins*, Bd. III, Leipzig 1847, III, p. 251 참조. 가장 잘 알려진 사례로는, 그레델러라는 남자가 팔레 루아얄에서 화환제조사였던 여자의 음부에 그와 같은 자세로 횃불을 밀어 넣었던 사건을 들 수 있다. 잔인한 이 사건의 진상은 더 이상 상세하게 알려진 바 없다(P. Caron, *Les massacres de septembre*, Paris 1935, p. 57f., 62 참조). 그러나 '9월 살해사건' 때 여자를 포함한 피해자들 전체가 완전 나체로 수레에 실려 버려졌다는 사실은 확인되었다(같은 책, p. 67 참조).

7) 자칭 "부르주아"라던 그 남자는, 그 귀부인이 기절한 뒤에도 "비밀스런 그곳이 처참한 꼴이 된 채 일어섰다"(A. Tuetey, 같은 책, p. 345)고 묘사함으로써, 이 여인의 모범적인 정절을 강조했다. 이런 점으로 미루어보건대, 귀부인의 치마 밑을 아무도 보지 못했을 것이다.

8) 같은 곳. 이와 비교되는 사례도 있었다. 프랑스 파리에서 1449년에 최초로 여자를 교수형에 처했는데, 처형 직전에 그녀의 긴 겉옷을 무릎 위로 동여매주었다고 한다(C. Lombroso/G. Ferrero, *Das Weib als Verbrecherin und Prostituierte*, Hamburg 1894, p. 209 참조). 그 "부르주아"가 전하는 말에 따르면, 그 여자는 유아살해단의 일원이었다고 한다. 그 여자는 남자 패거리 한 명과 함께 4월 23일에 "프랑스 생드니로 향하는 길목의 풍차 부근에서" 교수형을 당했다(Tuetey, 같은 책, p. 891 참조). 여자를 물에 빠뜨려 죽일 때도 완전히 발가벗기지는 않았다. 1695년 리에주히의 뫼즈 강에서 여자 살인범을 물에 빠뜨려 처형할 때, 처형에 앞서 "속옷과 치마를 벗긴" 사례는 특이한 경우였다(E. Buchner, 같은 책, p. 277 참조).

9) Tuetey, 같은 책, p. 578. 1000년 무렵의 '불가리아 전설'에는 프랑켄 전사들에 대하여 분노가 일었던 이야기가 나온다. "군인들—그들은 천성적으로 거친 독일인들로서 현재 군인이 되기로 계약한 사람들이므로 야만적이었는데—이 그들을 붙잡아서 (……), 입고 있던 옷을 벗기고 알몸으로 끌고 다녔다"(H. Dollinger, *Schwarzbuch der Weltgeschichte*, München 1973, p. 128에서 인용). 13세기에는 지극히 잔인하다고 알려진 알베리히가 트레비소 여자들의 "옷을 찢어버린" 데 대해 베네치아 사람들이 분노를 참지 못하여 그를 몰아내려고 전쟁을 선포했다고 한다(같은 책, p. 161f. 참조).

10) 15세기 초—즉 비슷한 시기에—모범적인 여인 테오도시나에게는 최악의 고문이 아무 효과가 없었다고 적었다. "그러나 그녀의 마음속 깊이 심어준 것은 수치심이었다. 자신의 몸이 완전히 발가벗겨진 채 아무나 쳐다볼 수 있게 되었기 때문이었다. 그러나 하느님께서 흰구름을 내려보내어 그녀의 몸을 완전히 덮어주셨다." "동정녀 바르바라"는 가해자들이 젖가슴을 도려냈는데도 비교적 슬퍼하지 않은 대표적인 사례였다. 하지만 어쩔 수 없이 상체를 드러내야 했던 일은 그녀로서도 견딜 수가 없었다. 그래서 하느님이 천사를 내려보내 "흰 옷으로 상체를 덮어주었다"(Christine de Pizan, *Das Buch von der Stadt der Frauen*, ed. M. Zimmermann, Berlin 1986, p. 263ff.).

11) L. F. Salzman, *More Medieval Byways*, London 1926, p. 115 참조.

12) 예를 들면 1565년 순례자 크리스토프 퓌러의 보고에 따르면, 아랍인 강도들이 순례자 일행의 바지를 벗긴 채 사막을 통과하여 끌고 가서 "메디나에서 그들을 팔아버렸다"고 한다. 팔레스티나에서도 1854년에 "한

214. 성 베네딕타에 대한 징벌. 프랑스의 세밀화, 1312년 무렵.

무리의 베두인들이 영국 남자 두 사람을 붙잡아 '알몸'으로 발가벗기는 바람에, 한 명은 모자만 쓰고 나머지 한 명은 안경만 쓴 채 앞서 출발했던 일행과 합류했다." P. Gradenwitz, *Das Heilige Land in Augenzeugenberichten*, München 1984, p. 110f., 113 참조.

13) B. Gomes de Brito, *História trágico maritima*, ed. J. Pögl, Nördlingen 1987, p. 57f. 이 부분을 제보해준 안드레아스 베르거에게 감사를 드린다.

14) D. R. Lesnick, "Insults and Threats in Medieval Todi", *Journal of Medieval History 1991*, p. 78 참조.

15) J. Huizinga, *Herbst des Mittelalters*, Stuttgart 1952, p. 339; H. P. Duerr, 같은 책, p. 285 참조.

16) W. Petz, *Reichsstädte zur Blütezeit, 1350 bis 1550*, Kempten 1989, p. 33 참조.

17) C. van Mander, *Das Leben der niederländischen und Deutschen Maler von 1400 bis ca. 1615*, ed. H. Floerke, Worms 1991, p. 419 참조.

18) A. Smith, *Leben und Taten der berühmtesten Straßenräuber, Mörder und Spitzbuben, so in den letzten 50 Jahren in dem Königreich England sind hingerichtet worden*, München 1987, p. 54, 60 참조.

19) O. H. Brandt, *Der große Bauernkrieg*, Jena 1925, p. 34에서 인용.

20) C. Dericum, *Des Geyers schwarze Haufen*, Berlin 1987, p. 94 참조.

21) E. Buchner, 같은 책, p. 76.

22) M. Friesenegger, *Tagebuch aus dem Dreißigjährigen Krieg*, München 1974, p. 145.

23) G. L. Gulickson, "La Pétroleuse: Representing Revolution", *Feminist Studies* 1991, p. 252 참조.

24) B. Lincoln, "Revolutionary Exhumations in Spain, July 1936", *Comparative Studies in Society & History 1985*, p. 241ff. 참조. 반란이나 혁명이 일어났을 때는 언제나 여자들 중에서 특히 수녀들을 잡아다가 대중 앞에서 발가벗기는 방법으로 치욕을 안겨주었다. 그 예로 1791년 4월 9일 파리 교외에 있는 생앙투안 마을의 장터 부인네들과 여자 주민들이 수도원의 수녀들을 잡아다가 옷을 벗겼다(H. Grubitzsch/R. Bockholt, 같은 책, p. 393 참조).

25) *Spiegel 23*, 1990, p. 144.

26) C. v. Krockow, *Die Stunde der Frauen*, München 1991, p. 204f.; K. Granzow, *Letzte Tage in Pommern*, München 1984, p. 246; H. Reinoß, *Letzte Tage in Ostpreußen*, München 1983, p. 197; T. Schieder, *Dokumentation der Vertreibung der Deutschen aus Ost-Mitteleuropa*, München IV.2, 1984, p. 396ff., 418 참조.

27) B. v. Richthofen/R. R. Oheim, *Die polnische Legende*, Kiel 1982, p. 107, 110 참조. 전쟁 중에도 붉은군대 병사들은 수많은 독일 여자들을 발가벗겨서, 탱크에 매달아 끌고 다녀서 죽게 만들었다(S. Spieler, *Vertreibung und Vertreibungsverbrechen 1945~1948*, Bonn 1989, p. 148 참조). 독일 군인들도 소련군에게 붙잡혀 입고 있던 옷을 모두 빼앗기는 일이 흔했다(R. Rürup, *Der Krieg gegen die Sowjetunion 1941~1945*, Berlin 1991, p. 153 참조).

28) S. Brownmiller, *Gegen unseren Willen*, Frankfurt/M. 1980, p. 111에서 인용.

29) G. Kisch, *The Jews in Mediaeval Germany*, New York 1970, p. 186; 같은 저자, "The 'Jewish Execution' in Mediaeval Germany", *Ausgewählte Schriften*, Bd. II, Sigmaringen 1979, p. 165ff. 참조. 1460년 파사우 도미니크 수도회의 수도사 파울 반은 예수 처형 장면에 대해 개탄을 금치 못했다. 이를테면 형리가 만인이 보는 앞에서 예수의 옷을 머리 위로 걷어올리고, 보통의 죄수에게도 허용하는 허리수건조차 벗김으로써 "음탕한 대중 앞에서 알몸"을 드러내게 했고, 마침내 성모 마리아가 자신의 베일을 벗어 예수의 하체를 덮어주게 되었다는 것이다(K. Schreiner, "Si homo non pecasset...: Der Sündenfall Adams und Evas", Gepeinigt, begehrt, vergessen, ed. K. Schreiner/N. Schnitzler, München 1992, p. 64 참조). 1100년 무렵에 제정된 냉수재판 조항에는 도둑 혐의자를 발가벗기는 문제와 관련하여, 다음과 같이 분명한 주의사항이 제시되어 있었다. "죄수의 성기가 보이지 않도록 새 천으로 아랫도리를 가려줄 것"(M. H. Kerr/R. D. Forsyth/M. J. Plyley, "Gold Water and Hot Iron: Trial by Ordeal in England", *Journal of Interdisciplinary History 1992*, p. 582 참조). 예의상 여자들에게는 그런 식의 재판을 받게 하지 않았다. 유대인들도 죄수를 처형할 때는 전통적으로 일정한 예의를 지켰다. 이를테면 성경시대부터 남자 죄수들도 어떤 경우든 속바지(briuoch)에 해당하는 가리개(mismasim, τὰ περιδχελῆ)를 착용케 했던 것 같다(R. v. Mansberg, "Die antike Hinrichtung am Pfahl oder Kreuz", *Zeitschrift für deutsche Kulturgeschichte 1900*, p. 77 참조). 그 후 미슈나(탈무드의 토대가 된 유대인의 구전 율법—옮긴이)에는, 예의상 남자는 최소한 허리싸개를, 여자는 젖가슴을 덮을 수 있는 옷을 입으라고 되어 있었다(L. M. Epstein, *Sex Laws and Customs in Judaism*, New York 1948, p. 30, 201f. 참조). 근대에 들어와서도 기독교인들과 마찬가지로 유대인들도 여자 죄수는 참수형에 처하지 않는 대신 목을 졸라 처형했다(H. E. Goldin, *Hebrew Criminal Law and Procedure*, New York 1952, p. 137 참조). 성서시대에 여자 죄인을 "발가벗겨서" 돌로 쳐죽였다고 되어 있으나('ōra), 이때는 기껏해야 상체를 벗기는 정도였다(G. Dalman, *Arbeit und Sitte in Palästina*, Bd. V, Gütersloh 1937, p. 201 참조).

30) R. Chazan, *European Jewry and the First Crusade*, Berkeley 1987, p. 71 참조.

31) A. Neubauer/M. Stern, *Hebräische Berichte über die Judenverfolgungen während der Kreuzzüge, Berlin 1892*, p. 85, 100, 102, 156, 173, 183.

32) F. Graus, *Pest, Geißler, Judenmorde*, Göttingen 1987, p. 184; R. Schuder/R. Hirsch, *Der gelbe Fleck*, Berlin 1987, p. 180 참조.

33) E. Pagels, *Adam, Eve, and the Serpent*, New York 1988, p. 12 참조.

34) 출애굽기 28:42; 레위기 18:6ff.; 신명기 24:1; R. Patai, *Sex and Family in the Bible and the Middle East*, Garden City 1959, p. 157 참조.

35) 바지와 모자 없이 사원에 출입하는 행위는 죽어 마땅한 죄로 인식되었고 (L. M. Epstein, 같은 책, p. 31 참조), 특히 목사들은 예배를 올릴 때 부주의로 신체가 노출되지 않도록 주의하라고 되어 있었다. "또 층계를 밟고 나의 제단에 올라오지 못한다. 그 위에서 너희 알몸이 드러나서는 안 된다"(출애굽기 20:26). 볼프(H. W. Wolff, *Anthropologie des Alten Testaments*, München 1984, p. 254f.)는, 제단의 성스러움이 사제들의 성기를 위험하게 하는 것이 아니라, 반대로 성기가 제단을 더럽힌다고 말했지만, 그렇다고 볼 수는 없을 것 같다.

36) M. Lamm, *The Jewish Way in Love and Marriage*, San Francisco 1980, p. 100 참조.

37) L. M. Epstein, 같은 책, p. 28 참조. "야훼의 궤가 다윗의 도성에 들어올 때 다윗 왕이 야훼 앞에서 덩실덩실 춤추는 것을 사울의 딸 미갈이 창으로 내려다보고는 속으로 비웃었다"(사무엘하 6:16). 중세시대의 해설집에는 이와 같이 미갈이 춤추는 다윗 왕을 업신여긴 이유에 대해, 다윗이 춤을 더 잘 추려고 옷을 추켜올렸기 때문이라고 설명되어 있다. 그 때문에 발과 허벅지가 보이게 되었다는 것이다(같은 책, p. 35 참조). 쿰란 공동체의 규칙에 따르면, 다른 사람 앞에서 발가벗은 몸을 드러낸 회원은 반 년 동안 벌을 받게 되어 있었다(J. Z. Smith, "The Garments of Shame", *History of Religions 1965*, p. 219 참조). 에센족과 만다족 남자들은 세례를 받을 때 허리싸개를, 여자들은 긴 겉옷을 입었다(J. Z. Smith, *Map Is Not Territory*, Leiden 1978, p. 3 참조). 사도 바울은 마침내 "그러면 우리는 벌거벗은 몸으로 드러나지 않을 것"이라는 이유로, 부활 이후에 "덧입기"를 갈망한다(고린도후서 5:2f.).

38) J. Preuß, *Biblish-talmudische Medizin*, Berlin 1923, p. 147 참조.

39) H. L. Gordon, "Sex Laws and Customs", *The Universal Jewish Encyclopedia*, ed. I. Landman, Bd. IX, New York 1943, p. 487 참조.

40) G. Dalman, *Arbeit und Sitte in Palästina*, Bd. V, Gütersloh 1937, p. 303 참조.

41) Gordon, 같은 책, p. 489 참조. 퓌르트(독일 바이에른 주에 있는 도시—옮긴이)의 유대인 공동체 규정에는 여자에 대해 집에서 상체를 가리는 옷으로서 코르셋만 입고 돌아다니지 말라고 되어 있었다(A. Rubens, *A History of Jewish Costume*, London 1973, p. 198 참조).

42) Dalman, 앞의 책, p. 307 참조.

43) Epstein, *Sex Laws and Customs in Judaism*, New York 1948, p. 28 참조. 여자들이 여자 목욕탕에서 옷을 입은 채 목욕하는 경우도 더러 있었다(S. Krauss, "Bad und Badewesen im Talmud", Hakedem 1907, p. 193 참조)는데, 물론 이것은 전통적인 제례 규정에 따른 것은 아니었다. 일반적으로 목욕할 때는 알몸으로 하기 때문에 존경하는 사람과 함께 목욕하는 일은 없었으며, 형제끼리도 따로 목욕을 했다.

44) E. Stommel, "Christliche Taufriten und antike Badesitten", *Jahrbuch fur Antike und Christentum 1959*, p. 9 참조.

45) "남자가 아버지의 딸이든 제 어머니의 딸이든, 누이를 데려다가 그 여자의 벗은 몸을 보고, 그 여자 또한 오라비의 벗은 몸을 보는 것은 부끄러운 것이다. 둘 다 백성에게서 끊어지게 하여야 한다"(레위기 20:17). 이런 경우 탈무드는 그다지 엄격하지 않다. 누이의 음부에 접촉을 해야 비로소 문자 그대로의 의미로 근친상간이 된다고 보기 때문이다(Epstein, 같은 책, p.33 참조). 또한 탈무드의 전통은 이런 행위에 대해 사형이 아닌 태형을 내렸다(M. Papo, "Die sexuelle Ethik im Qorn", *Jahrbuch für Jüdische Volkskunde 1925*, p. 252 참조). 2세기의 탄나임(유대의 현인들—옮긴이)들은 더욱 개방적이어서 접촉 이외에 키스, 애무, 포옹 따위가 추가되어야 근친상간이라고 간주했다(Epstein, 같은 책, p. 105 참조). 아버지의 아내—자기 어머니와 같이 지내는 여자를 의미하는 듯한데—혹은 남자 형제의 아내와 간통한 자를 처벌하는 근거는 매우 '가부장적'이었다. 다시 말해서 자기 아버지의 여자 혹은 형제의 아내가 갖고 있는 음부는 아버지 또는 형제의 성기와 접촉한 음부이기 때문에, 그 여자들의 알몸을 "노출"시킨 자는 곧 아버지나 형제의 알몸을 "노출"한 셈이므로(레위기 20:11 및 20:21 참조) 그에 대한 벌이 엄격하게 내려지는 것이다(F. Maurer, "Der Phallusdienst bei

den Israeliten und Babyloniern", *Globus 1907*, p. 257 참조).

46) S. Bialoblocki, *Materialien zum islamischen und jüdischen Eherecht*, Gießen 1928, p. 22 참조.

47) J. Gutmann, *Buchmalerei in hebräischen Handschriften*, München 1978, p. 8 참조.

48) 926년 '동물로 변한' 느부가넷살의 모습도 그와 같은 가슴선을 드러내고 있다(J. Dominguez Bordona, *Spanish Illumination*, New York 1969, Tf. 10 참조).

49) 유대인이 발가벗은 여자를 그린 그림은 극히 드물다. 유대인 여자가 세례를 받는 장면이 묘사된 그림은 아주 드문데, 1428년에 제작된 라인 지방의 세밀화가 그 중의 하나이다. 이 그림에는 한 여자가—치모도 없고 음부도 없는 모습으로—물통 안에서 목욕하는 장면이 묘사되어 있다(R. A. Müller/B. Buberl/E. Brockhoff, *Reichsstädte in Franken*, München 1987, p. 81 참조).

50) 이에 대해 란데스(D. Landes, "Modesty and Self-Dignity in Holocaust Films", *Genocide*, ed. A. Grobman/D. Landes, Los Angeles 1983, p. 13)는, 만일 유대인으로서 믿어지지 않는 그 장면을 직접 눈으로 보고 싶다면 "성경의 눈으로" 보아야 할 것이라고 말했다.

21. 지옥의 문 앞에서

1) 에스겔 16:37 및 23:29 참조.

2) 예레미야 13:22 참조. 정통 유대교인들은 지금도 미니스커트를 혐오한다. 자세한 논의는 다음 책에서 다룰 예정이다.

3) W. A. Müller, *Nacktheit und Entblößung in der altorientalischen und älteren griechischen Kunst*, Borna 1906, p. 34f. 참조.

4) 정숙한 타마르 여인들처럼 유대인 여자가 얼굴을 가리고 다니는 일은 극히 드물었던 것 같다.

5) B. Ye'or, *The Dhimmi*, Cranbury 1985, p. 293, 313, 336 참조.

6) B. S. Lambroza, "The Pogroms of 1903-1906", *Pogroms: Anti-Jewish Violence in Modern Russian History*, ed. J. D. Klier/S. Lambroza, Cambridge 1992, p. 200, 232; R. Weinberg, "The Pogrom of 1905 in Odessa", *Pogroms: Anti-Jewish Violence in*

Mordern Russian History, ed. J. D. Klier/S. Lambroza, Cambridge 1992, p. 263 참조. 폴란드에서 유대인 폭행사건이 발생했을 때도 여자들의 신발과 양말까지 몽땅 벗겨버렸다(F. Grube/G. Richter, *Flucht und Vertreibung*, Hamburg 1980, 그림 31 참조). 리투아니아 군인들은 독일군을 격파한 직후에 여러 곳에서 유대인 여자들을 잡아다가 발가벗겼다. 플룬게라는 작은 마을에서는 유대인을 폭행하는 과정에서 심지어 12세에서 13세짜리 여자아이들까지 성폭행했다(*Spiegel 41*, 1991, p. 228 참조).

7) E. Fuchs, *Der Jude in der Karikatur*, München 1921, p. 198 참조.

8) B. Goldstein, *Die Sterne sind Zeugen*, Frankfurt/M. 1960, p. 101 참조. 유대인은 항상 성별에 따라 분리된 곳에서 목욕을 했다(H. P. Duerr, 같은 책, p. 80ff. 참조).

9) 전혀 다른 상황에서 성문제로 옷을 벗고 진찰을 받았던 환자들에 대해서도 많은 의사들이 비슷한 이야기를 하고 있다. "환자들은 신체의 보호막을 벗어버리고 나면, 자신의 무의식 속에 들어 있는 마음까지 드러내는 것처럼 느낀다. 환자의 몸에서 신체적 보호막이 벗겨지면 정신의 보호막도 사라지는 것 같다"(W. J. Bryan, "The Effective Uses of Nudity in Treating Sexual Problems", *Journal of the American Institute of Hypnosis* 1972, p. 72).

10) E. J. Bristow, *Prostitution and Prejudice*, Oxford 1982, p. 135, 142 참조.

11) I. Ratuschinskaja, *Grau ist die Farbe der Hoffnung*, Hamburg 1988, p. 257 및 A. Solschenizyn, *Der Archipel GULAG*, Bd. II, Bern 1974, II, p. 218.

12) F. Pingel, *Häftlinge unter SS-Herrschaft*, Hamburg 1978, p. 78에서 인용.

13) "그들이 수치심 때문에 명령에 따르지 않으면 혹독한 매질이 가해졌다" (S. Benatar/A. Cohen/G. & L. Hasson, "Die Odyssee der Frauen von Rhodos", *Dachauer Hefte*, November 1987, p. 159). 헝가리 태생의 유대인 여자들로 구성된 작업단을 지켜본 증인은 이렇게 말했다. "그들은 아우슈비츠 도착 즉시 옷가지를 몽땅 압수당하고, 하루에도 몇 차례씩 실오라기 하나도 걸치지 않은 알몸으로 친위대원들 앞에 나서야 했습니다. 그럴 때마다 친위대원들은 매질을 하거나 그들을 데리고 장난을 쳤습니다. 나중에야 그들은 겨우 누더기를 얻어 입었지요"

(H.-W. Wollenberg, *...und der Alptraum wurde zum Alltag*, ed. M. Brusten, Pfaffenweiler 1992, p. 151).

14) R. Weiss, "Auf einem fremden Planeten", *Wir haben es gesehen*, ed. G. Schoenberner, Wiesbaden 1988, p. 257f. 그 밖에 M. Nyiszli, "Die Todesfabrik", *Wir haben es gesehen*, ed. G. Schoenberner, Wiesbaden 1988, p. 249,; S. Milton, "Deutsche und deutsch-jüdische Frauen als Verfolgte des NS-Staats", *Dachauer Hefte*, November 1987, p. 12 참조. 밀턴의 다음과 같은 주장은 이와 상반된다. 가슴과 아랫도리를 "여자들이 손으로 가리는 동작은 수치심의 반영이 아니라 자기방어를 위한 동작이다"(S. Milton, "Sensitive Issues About Holocaust Films", *Genocide*, ed. A. Grobman/D. Landes, Los Angeles 1983, p. 8).

15) K. Zywulska, *Wo vorher Birken waren*, München 1979, p. 156f. 참조.

16) L. Shelley, *Schreiberinnen des Todes*, Bielefeld 1992, p. 230.

17) 같은 책, p. 195; O. Kraus/E. Kulka, *Die Todesfabrik Auschwitz*, Berlin 1991, p. 129.

18) M. Hepp, "Vorhof zur Hölle: Mädchen im 'Jugendschutzlager' Uckermark", *Opfer und Täterinnen*, ed. A. Ebbinghaus, Nördlingen 1987, p. 204. "발가벗은 채 쪼그리고 앉았다가, 다시 벌렁 누워서 다리를 공중으로 들어올리는 등 온갖 치욕적인 자세로 머리와 얼굴 할 것 없이 온몸의 털을 몽땅 면도질당했다"(U. Bauche, et. al., Arbeit und Vernichtung: *Das Konzentrationslager Neuengamme 1938~1945*, Hamburg 1991, p. 124에서 인용). 그 밖에 J. Garlinski, *Fighting Auschwitz*, New York 1975, p. 150f. 참조.

19) *Spiegel 11*, 1990, p. 262. 그 밖에 J. Komenda, "Frauen im Revier von Birkeuau", *Die Auschwitz-Hefte*, Bd. I, Wienheim 1987, p. 186 참조.

20) O. Kraus/E. Kulka, 같은 책, p. 123f.; R. Plant, *Rosa Winkel*, Frankfurt/M. 1991, p. 144 참조.

21) M. Hepp, 같은 곳.

22) A. Donat, *The Holocaust Kingdom*, London 1965, p. 166; I. Vermehren, *Reise durch den letzten Akt*, Reinbek 1979, p. 69; E.

Klee/W. Dreßen/V. Rieß, *Gott mit uns: Der deutsche Vernichtungskrieg im Osten 1939~1945*, Frankfurt/M. 1988, p. 168; L. Shelley, 같은 책, p. 171 참조. 유대인들이 그런 취급을 받은 것은 나치 수용소가 처음은 아니었다. 한 가지 예로, 독일군이 폴란드를 침공한 직후 블라스코비츠 원수는 총사령관에게 친위대의 활동상황을 다음과 같이 보고했다. "1939년 12월 31일 한밤중에 살을 에는 추위 속에서 쳉스토호바의 유대인 약 250명을 거리로 끌어내어, 몇 시간 후에 학교 건물 안에 집결시킨 다음 숨겨놓은 금이 있는지 수색하였음. 여자의 경우는 발가벗겨놓고 경찰관을 동원하여 음부를 검사하였음." 군인 한 명도, 유대인은 남녀를 불문하고 집단 처형에 앞서 "몸을 굽힌 자세로 항문과 음부에 보석이나 귀중품을 숨겨놓았는지 검사를 했다"고 훗날에 와서 털어놓았다(M. Schoenberner/G. Schoenberner, *Zeugen sagen aus*, Berlin 1988, p. 88, 138f. 참조).

23) G. Böddeker, *Die Flüchtlinge*, München 1980, p. 86. 이미 전쟁 중에도 수많은 유대인 여자들이 유배를 가던 도중에 우크라이나 군인을 포함한 그 밖의 "협력자들"에 의해 그와 같은 방법으로 추행을 당했다. "한 무리의 몽골인과 우크라이나 사람들이 열차 안으로 기어올라왔는데, 모두 손에 기관총을 들고 있었다. (……) 그들은 먼저 여자들한테로 다가서더니, 몸에 걸친 누더기를 완전히 벗기고는 젖가슴과 음부를 조사하여 금붙이와 보석을 빼앗아갔다"(A. Carmi, "Im Waggon" in *Zeugen sagen aus*, ed. M. Schoenberner/ G. Schoenberner, Berlin 1988, p. 189f.). 예전에도 금붙이나 귀금속과 같은 귀중품을 흔히 질 속에 숨기는 여자들이 많았으나, 일반적으로 노상강도들도 그처럼 은밀한 곳까지 수색하는 일은 없었던 것 같다. 그 예로 1566년에 완성된 『침머 연대기』에 남편을 따라 이탈리아에 다녀온 부인에 관한 기록이 나온다. 부인은 그곳에서 혼자 집으로 돌아가야 할 입장이 되자, 처음에는 돈을 어디에 숨겨야 할지 막막했다. "그래서 부인은 큰 꾀를 냈는데, 남편이 가지고 있던 금화 40크로네를 몸 속에, 다시 말해서 음부 속에 몰래 숨겼다. 부인은 두 번이나 나쁜 사람들에게 붙잡혀 속옷까지 벗고 몸수색을 당했지만, 그들도 선량한 부인의 그곳은 건드리지 않았다." 노상강도에게도 "그곳"을 뒤진다는 것은 "수치스러운" 행위였던 모양이다(K. A. Barack, *Zimmerische Chronik*, III, Freiburg 1881, IV, p. 206).

24) K. Zywulska, *Tanz, Mädchen...: Vom Warschauer Getto nach*

Auschwitz, München 1988, p. 217f.; D. Fürstenberg, *Jeden Moment war dieser Tod*, Düsseldorf 1986, p. 57; G. Salus, *Niemand, nichts-ein Jude*, Darmstadt 1981, p. 19f. 그 밖에 R. Vespignani, *Faschismus*, Berlin 1976, p. 124 참조.

25) J. Goldstein et al., 같은 책, p. 91f. 참조.

26) "처음에는 견딜 수가 없었습니다. 하지만 나중에는 몇 시간이고 멩겔레 박사와 그의 참모들 앞에 (알몸으로) 서 있는 일에 익숙해졌습니다"(같은 책, p. 91. 그 밖에 H. Langbein, *Menschen in Auschwitz*, Wien 1987, p. 451 참조). 물론 수치심을 잃지 않은 여자들도 있었다(H. Lèvy-Hass, *Vielleicht war das alles erst der Anfang*, ed. E. Geisel, Berlin 1979, p. 46). 다른 사람들의 진술과는 달리 치불스카(K. Zywulska, *Wo vorher Birken waren*, München 1979, p. 213f.)에 따르면, 많은 수감자들은 성적인 감각이 결코 무뎌지지 않았다고 한다. "그 무렵 사방이 온통 성적인 분위기로 가득했다. 그것은 바로 그런 행위가 금지되어 있었기 때문이고(이에 관해서는 O. Kraus/E. Kulka, 같은 책, p. 122 참조), 다른 한편으로는 사방에 무서운 죽음이 도사리고 있었기 때문이다. 아무리 그렇다 치더라도 이성이고 뭐고 아무런 생각도 필요없이, 사람들은 어김없이 서로 부둥켜 안고 짧은 순간을 위해 한마음이 되었다. 될 수 있는 한, 목숨이 살아 있는 한, 살아 있다는 것에 도취되어 쾌락을 즐기고자 했던 것이다. 잠시만 지나면 때가 늦을 수도 있고, 별로 멀리 떨어지지 않은 곳에서 다른 사람들이 이미 사라졌거나 불에 타죽고 있었기 때문이다." 1945년 1월 엘빙 수용소에서도 많은 남자들이 죽음을 눈앞에 두고, "아직 남아 있는 짧은 집행유예 기간에 부분적으로는 여자들과 무질서한 삶을 살았다"(T. Schieder, I. 1, *Dokumentation der Vertreibung der Deutschen aus Ost-Mitteleuropa*, München 1984, p. 59. 그 밖에 S. Lem, "Noch einmal: Können Hexen fliegen?", *Der gläserne Zaun*, ed. R. Gehlen/B. Wolf, Frankfurt/M. 1983, p. 240f.와 P. Feyerabend, "Ein Brief an Stanislaw Lem", *Unter dem Pflaster liegt der Strand* 14, 1984, p. 133f.의 논쟁을 참조할 것).

27) E. Klee/W. Dreßen/V. Rieß, *Schöne Zeiten: Judenmord aus der Sicht der Täter und Gaffer*, Frankfurt/M. 1988, p. 186 참조.

28) T. Birger, *Im Angesicht des Feuers*, München 1990, p. 134, 137. 베르겐-벨젠에서 간수들이 여자 수감자들을 폭행한 사례에 관해서는

H. Lèvy-Haas, 같은 책, p. 45 참조.

29) J. Goldstein, et al., 같은 책, p. 90 참조.

30) L. Shelley, 같은 책, p. 195. 모든 여자들이 희생자가 되는 것은 아니었다. 한번은 아우슈비츠에서 한무리의 여자들을 강제로 발가벗긴 어느 날, 친위대 요원 두 명이 "예쁜 유대인 여자"를 구경하려고 접근해왔다. 그러자 한 여자가 굴욕감을 참지 못해서, 갑자기 친위대 요원 한 명의 이마를 구두 뒤축으로 내리치고는 총을 빼앗아서 나머지 한 명을 쏘아 죽였다. 곧이어 보초병들이 홀에서 발가벗고 있던 여자들을 향해 총을 쏘았다(A. Grobman, "Attempts at Resistance in the Camps", *Genocide*, ed. A. Grobman/D. Landes, Los Angeles 1983, p. 249 참조. 이와 유사한 사례에 관해서는 R. Ainsztein, *Jewish Resistance in Nazi-Occupied Eastern Europe*, London 1974, p. 725, 795 참조).

31) 1942년 4월, 나치의 친위대 대장은, 여자에게 "강화된" 태형을 집행할 때는 미리 아랫도리를 벗기라고 지시했다(C. Müller, *Die Klempnerkolonne in Ravensbrück*, Berlin 1987, p. 81 참조).

32) 같은 책, p. 78, 80.

33) 같은 책, p. 93.

34) 특히 젖가슴에 잔인한 짓을 저질렀다(G. Schwarberg, *Die Mörderwaschmaschine*, Göttingen 1990, p. 83 참조). 전쟁이 끝난 뒤에 폴란드인들도 포톨리체 등지의 형무소에서 독일 여자들에게 그와 같은 만행을 벌였다(Schieder, I.2, p. 592ff. 참조).

35) B. Vögel, "Wir haben keinen angezeigt: Sowjetische Zwangsarbeiterinnen in Nazi-Deutschland", *Lust und Last*, ed. K. v. Soden, Berlin 1990, p. 66 참조.

36) E. Sinn, "Ein halbes Jahr sollte es sein - lebenlanges Exil wurde daraus", *Heimatfront*, ed. A. Friedlein et al., Stuttgart 1985, p. 180f.

37) E. Klee/W. Dreßen, *Gott mit uns: Der deutsche Vernichtungskrieg im Osten 1939~1945*, Frankfurt/M. 1989, p. 175에서 인용.

22. 중세와 근대 초기의 여성에 대한 성적 학대

1) J. van Ussel, *Sexualunterdrückung*, Reinbek 1970, p. 70.

2) 같은 책, p. 15.

3) 같은 책, p. 71, 210.

4) N. Elias, *Über den Prozeß der Zivilisation*, Basel 1939, II, p. 121.

5) D. M. Klinger, *Erotische Kunst in Europa*, Bd. I, Nürnberg 1982, I, p. 5.

6) 이를테면 보르네만(E. Borneman, *Sex im Volksmund*, Herrsching 1984, p. 52)과 같은 아주 신빙성이 없는 나의 글을 한 예로 들 수 있다. 추측건대 그가 확인도 하지 않고 인용한 이 주장의 "출처"는 『그림으로 보는 문화사 백과사전』(*Bilderlexikon Kulturgeschichte*, Wien 1928, p. 50f.)이었을 것이다.

7) 그 밖에 M. Bonicatti, "Dürer nella storia delle idee umanistiche fra Quattrocento e Cinquecento", *Journal of Medieval and Renaissance Studies* 1971의 그림 50을 참조할 것.

8) H. P. Duerr, "Vorwort", *Der Wissenschaftler und das Irrationale*, ed. H. P Duerr, Bd. I, Frankfurt/M. 1988. p. 71f. 참조.

9) E. Beyerle, *Die Gesetze der Langobarden*, Weimar 1947, p. 71.

10) 1986년 4월 15일자로 나에게 보낸 슈트래츠(Hans Wolfgang Strätz)의 편지에 따르면, 그도 그런 금지조항이 언급된 자료를 본 적이 없다고 한다.

11) Beyerle, 같은 책, p. 83 참조.

12) W. Schild, "Geschichte des Verfahrens", *Justiz in alter Zeit*, ed. C. Hink-keldey, Rothenburg o. d. T. 1984, p. 131 참조.

13) R. Schmid, *Die Gesetze der Angelsachsen*, Leipzig 1858, p. 79, 제11장 p. 81, Kap. 18; F. Liebermann, *Die Gesetze der Angelsachen*, Bd. I, Halle 1903, I, S. 57, 59. 여자가 노예가 아닐 때는 벌금을 그 여자에게 직접 주고, 노예인 경우에는 그 주인에게 주었다(C. Fell/C. Clark/E. Williams, *Woman in Anglo-Saxon England*, London 1984, p. 63 참조).

14) R. Schmid, 같은 책, 제11장 제1질 참조.

15) K. Meyer, *C in Adamn in*, Oxford 1905, p. 33.

16) A. Heusler, *Isländisches Recht: Die Graugans*, Weimar 1973 1937, p. 277.

17) E. Wilda, *Das Strafrecht der Germanen*, Halle 1842, p. 783 참조.

18) K. A. Eckhardt, *Lex Salica*, Weimar 1953, p. 142 참조. 그 밖에

W. Schild, 같은 책, p. 133 참조. 고대 북유럽의 쿠탈라그(Gutalag) 형법에도 비슷한 조항이 있었다(H. Reier, *Heilkunde im mittelalterlichen Skandinavien*, Kiel 1976, p. 158 참조). 7세기 전반기 알레만족의 형법에도 다음과 같이 유사한 처벌규정이 있었다. "누구든 두 마을 사이의 길을 가다가 자유민 신분인 처녀와 마주칠 때, 강제적인 방법으로 중요한 부분을 노출시키면 6솔리두스(로마 시대의 금화—옮긴이)를 내야 한다. 여자의 옷을 무릎까지 추켜올린 자도 6솔리두스를 내야 한다. 그리고 만약 젖꼭지나 음부 또는 뒷부분을 노출시킨 자는 12솔리두스를 내야 한다. 또한 여자의 의지에 반하여 성교한 자는 40솔리두스를 내야 한다"(K. Lehmann/K. A. Eckhardt, *Leges alamannorum*, Hannover 1966, p. 115 참조).

19) K. A. Eckhardt, *Lex Salica*, Weimar 1953, p. 162f. 참조.

20) R. His, *Das Strafrecht der Friesen im Mittelalter*, Leipzig 1901, p. 327.

21) W. J. Buma, *Das Emsiger Recht*, Göttingen 1967, p. 72ff., 121, 185. 1300년 무렵의 훈징 법에 따르면, "모든 여자들 중에서 가장 가난한"(ther allera wiua ermest se) 처녀나 임신부 혹은 과부를 음란하게 만지면, 보통 여자를 건드린 경우보다 1.5배의 많은 벌금을 내도록 되어 있었다(W. J. Buma/W. Ebel, *Das Hunsingoer Recht*, Göttingen 1969, p. 52 참조). 중세 중반기의 폴란드와 러시아에서는, 여자의 머리카락을 강제로 풀어헤치는 행위는 폭행기도 혐의로 간주되었고(A. Gieysztor, "La femme dans les civilisations des XeVIIIe si cles: la femme en Europe orientale", *Cahiers de civilisation médiévale* 1977, p. 178 참조), 반면에 노예가 아닌 여자에게 본인의 의사에 반하여 머리카락을 드러나게 한 자에게는, 5세기에 제정된 부르군트 법에 따라 24실링을 벌금으로 부과하며, 그 중에서 절반은 피해자에게 주고 나머지 절반은 벌금으로 거둬들였다. 하여간 그런 짓을 저지른 장본인은 여자 노예를 추행했을 때보다 두 배의 돈을 내야 했다. 만일 노예 신분인 남자가 일반인 여자의 머리채를 붙잡으면, 200슈톡히베를 물게 되어 있었다. 그리고 만약 삽입을 했다면 사형에 처해진다(E. Ennen, *Frauen im Mittelalter*, München 1984, p. 37 참조).

22) J. M. Jochens, "The Church and Sexuality in Medieval Iceland", *Journal of Medieval History* 1980, p. 381 참조.

23) R. His, *Das Strafrecht des deutschen Mittelalters*, Bd. II, Weimar

1935, II, p. 105 참조.

24) H. Dillard, *Daughters of the Reconquest*, Cambridge 1984, p. 172 참조.

25) "그들은 우리에게도 그와 같은 못된 짓을 저질렀다. 제로프의 요하네스가 한 처녀를 데리고 장난을 치다가 부당하게 처녀의 젖가슴을 만지자, 에스파냐 남자 한 명이 그 광경을 목격하고 욕을 해댔다. 우리로서는 도저히 용납할 수 없는 일이었다. 그러자 요하네스는 에스파냐 남자에게 다가가서 뺨을 때리고 여관 밖으로 내던져버렸다"(Lew v. Rožmital, Ritter-, *Hof- und Piger-Reise durch die Abendlande 1465~1467*, ed. J. A. Schmeller, Stuttgart 1844, p. 71f.)

26) L. E. Stamm-Saurma, "Zuht und wicze: Zum Bildgehalt spätmittelalterlicher Epenhandschriften", *Zeitschrift des Deutschen Vereins fur Kunstwissenschaft 1987*, p. 65; D. Rieger, "Le motif du viol dans la littérature de la France médiévale entre norme courtoise et réalité courtoise", *Cahiers de civilisation médiévale 1988*, p. 247 참조.

27) Robers de Blois, "Le Chastiement des Dames", *Fabliaux et contes des poètes françois*, ed. Barbazan, Paris 1808, 91ff.

28) Konrad v. *Würzburg Partonopier und Meliur* 1566ff.

29) Trojanischer Krieg 1577 4ff.

30) P. Schultz, *Die erotischen Motive in den deutschen Dichtungen des 12. und 13. Jahrhunderts*, Greifswald 1907, p. 93에서 인용.

31) Ruodlieb VII, 107ff.

32) Parzival 512. 13ff.

33) M. L. Göpel, *Frauenalltag durch die Jahrhunderte*, Ismaning 1986, p. 63 참조.

34) E. W. Keil, *Deutsche Sitte und Sittlichkeit im 13. Jahrhundert nach den damaligen deutschen Predigern*, Dresden 1931, p. 115에서 인용.

35) L. Kotelmann, *Gesundheitspflege im Mittelalter*, Hamburg 1890, p. 134에서 인용.

36) 종족법에 비해 교회에서는 여자의 가슴을 음탕하게 만지는 행위와 같은 죄행에 대해 대부분 아주 관대한 판결을 내렸다. 보름스의 부르하르트에 따르면, 여자의 가슴을 만진 범인 중에서 기혼 남자에게는 자기 집에

서 아내의 것을 만질 기회가 있다는 이유로 5일간의 금식 처분을 내린 데 반하여, 미혼 남자에게는 단지 이틀간의 금식 처분만 내렸다고 한다(G. Duby, *Ritter, Frau und Priester*, Frankfurt/M. 1985, p. 80 참조). 비잔틴의 성서 교리에 따르면, 그와 같은 행위를 저지른 자는 교회로부터 엄한 벌을 받도록 되어 있었고(H.-G. Beck, *Byzantinisches Erotikon*, München 1986, p. 60 참조), 훗날 프랑스의 수사 드브렌(Debreyne)은 이와 관련한 규정을 다음과 같이 상세하게 적었다. "여자의 젖가슴을 만지는 행위 중에서, 특히 결혼 적령기에 이른 여자에 대해 흑심을 품고 젖가슴을 직접 만지는 행위는 사형에 처할 수 있는 죄로 간주해야 한다. 다만 음탕한 생각을 품지 않고 여자의 젖가슴을 가볍게 장난삼아 간지럽히는 정도의 행위는 용서할 수 있다"(J. M. Lo Duca, *Eros im Bild*, München 1968, p. 157 참조).

37) A. Loch, "An'griff", *Deutsches Rechtswörterbuch*, Bd. I, ed. R. Schröder/E. v. Kün berg, Weimar 1914, Sp. 651.

38) F. Dedekind, *Grobianus*, ed. K. Scheidt, Halle 1882, p. 41. 중세 후기와 특히 16세기에는 음흉하게 만지는 장면을 묘사한 그림들이 많았고, 심지어 초상화에도 등장했다. 다만 그것을 어느 정도 고상하게 묘사하느냐에 관한 것은 화가에 따라 조금씩 차이가 있었다. 얀 반 아이크의 작품—사실은 그의 작품이 아닌 것으로 보이지만—으로 알려진 「사격 축제」라는 그림을 보면, 한 남자가 사과를 앞치마에 안고 있는 처녀에게 접근하여, 뒤에서 그 사과를 만지는 장면이 묘사되어 있다(E. Dhanens, *Hubert und Jan van Eyck*, Königstein 1980, p. 161 참조). 수세기가 지난 후에는 대개 직접적인 묘사방식을 취했다.

39) E. Müller, *Das Strafrecht der früheren freien Reichsstadt berlingen*, Borna 1911, p. 34 참조.

40) R. Maier, *Das Strafrecht der Stadt Villingen*, Freiburg 1913, p. 101 참조.

41) A. Schultz, *Das häusliche Leben deräeurop ischen Kulturvölker*, München 1903, p. 155 참조.

42) C. Moser-Nef, *Die freie Reichsstadt und Republik Sankt Gallen*, Bd. V, Zürich 1951, V, p. 124, 445 참조.

43) U. Knefelkamp, *Das Gesundheits- und Fürsorgewesen der Stadt Freiburg I. Br. im Mittelalter*, Freiburg 1981, p. 73 참조.

44) J. Hatt, *Une ville du XVe siècle: Strasbourg*, Stra burg 1929, p. 374

참조.

45) J. M. F. v. Endter, *Meister Frantzen Nachrichter allhier in Nürnberg*, Nürnberg 1801, p. 156.

46) O. Stumpf, "Bußgeldlisten aus dem Rechnungen des Amtes Gießen von 1568~1599", *Mitteilungen des Oberhessischen Geschichtsvereins Gießen 1981*, p. 209 참조.

47) Endter, 같은 책, p. 144f.

48) L. Thurneysser zum Thurn, *Nothgedrungens Au schreiben Mein/Der Herbrottischen Blutschandsverkeufferey/Falschs and Betrugs*, Berlin 1584, p. XL.

49) M. Ingram, *Church Courts, Sex and Marriage in England, 1570-1640*, Cambridge 1987, p. 241 참조.

50) K.-S. Kramer, *Volkleben im Fürstum Ansbach und seinen Nachbargebieten (1500~1800)*, Wüzburg 1961, p. 145. 1540년 바젤의 남자 대학생은 하녀를 건드리고 나서 다음과 같이 털어놓았다. "그 애가 부끄러움도 없이 자기 몸을 만지게 하는 걸 보니 처녀가 아니라는 생각이 들었습니다"(S. Burghartz, "Rechte Jungfrauen oder unversch mte Töchter?", *Frauengeschichte-Geschlechtergeschichte*, ed. K. Hausen/H. Wunder, Frankfurt/M. 1992, p. 177).

51) Moser-Nef, 같은 책, p. 447 참조.

52) Ingram, 같은 책, p. 242 참조. 1622년 마가렛 케틀이라는 여자는 댄스 파티에서 여러 남자와 키스함으로써 "상당히 음탕한 여자"라는 평을 듣게 되었다. 이보다 앞서 1605년에는 윌트셔 지방 스티플 애시턴에 살던 토머스 와틀리는 "앤소니 스타일먼의 아내 조운에게 키스를 하고, 몸을 더듬으며 희롱한" 혐의로 재판을 받았다.

53) J. Addy, *Sin and Society in the Seventeenth Century*, London 1989, p. 131 참조. 남자들이 여자들의 치마 밑을 더듬어 음순을 만진 혐의로 재판을 받는 사례가 드물지 않았던 것 같다(같은 책, p. 135 참조).

54) E. S. Morgan, "The Puritans and Sex", *American Vistas*, 1607~1877, ed. L. Dinnerstein/K. T. Jackson, New York 1987, p. 22. 1618년 윌레 지방의 농부 윌리엄 록은 법정에 소환되어 진술하면서, 자신이 수잔 켄트라는 여자에게 접근하여 "어리석게도 당신을 느껴보고 싶다는 식으로 말을 했다"고 자인했다(Ingram, 같은 책, p. 240).

55) M. Zürcher, *Die Behandlung jugendlicher Delinquenten im alten Zürich(1400~1798)*, Winterthur 1960, p. 7, 81 참조. 유인원의 경우 음부를 만지는 동작은 성교를 요구하는 행위라는 사실이 밝혀졌다. 이를테면 보노보 원숭이 수컷은 암컷의 음부를 붙잡고 희롱을 하며 3분 동안이나 음순을 붙잡고 있는데, 때로는 걸어가면서 만지기도 한다(E. S. Savage-Rumbaugh/B. J. Wilkerson, "Socio-Sexual Behavior in Pan paniscus and Pan troglodytes", *Journal of Human Evolution 1978*, p. 337 참조).

23. 중세 이후와 오늘날의 여체 '더듬기'

1) J.-P. Desaive, "Du geste à la parole: délits sexuels et archives judiciaires(1690~1750)", *Communications* 46, 1987, p. 130.
2) D. W. Sabean, *Das zweischneidige Schwert*, Berlin 1986, p. 151.
3) C. Kappl, *Die Not der kleinen Leute*, Bamberg 1984, p. 147.
4) 1775년, 파리의 의과 대학생 두 명은 "한 여자를 데리고 있던 몇몇 사내놈들이 그 여자의 치마를 걷어올려 머리를 들이밀고는, 온갖 추잡한 짓을 저지르며 괴롭혔다는 사실을 확인할 수 있었다"고 한다(A. Farge, *Vivre dans la rue Paris au XVIII*[e] *siècle*, Paris 1979, p. 39, 147).
5) 그 기사는 계속해서 이렇게 이어졌다. "그 남자는 먼저 교회에 가서 속죄를 한 다음 노예선을 타고 바다를 떠도는 벌을 받을 것이라고 사람들이 말했다"(E. Buchner, *Ehe*, München 1914, p. 262). 1706년 프랑켄 지방에서는 한 남자가 이웃집 여자를 "방으로 데려가 희롱하고, 달콤한 말과 행동으로 젖가슴을 만졌다"는 혐의로 재판을 받았다(Kappl, 같은 책, p. 126 참조).
6) Elisabeth Charlotte v. *Orléans*, 1908, I, p. 119.
7) A. Clark, *Women's Silence, Men's Violence: Sexual Assault in England 1770~1845*, London 1987, p. 38 참조.
8) T. Boyle, *Black Swine in the Sewers of Hampstead*, London 1989, p. 14 참조.
9) E. Günther, *Die Faszination des Fremden*, Münster 1990, p. 118f.에서 인용.
10) J. Lambertz, "Sexual Harassment in the Nineteenth Century

English Cotton Industry", *History Workshop*, Spring 1985, p. 37.

11) R. L. Glickman, *Russian Factory Workers, 1880~1914*, Berkeley 1984, p. 143, 185, 205; J. MacDermid, 1990, p. 207f. 참조.

12) Lambertz, 같은 책, p. 43 참조. 19세기 공장의 여성 노동자들에 대한 성추행에 관해서는 M. J. Maynes, "Gender and Class in Working-Class Women's Autobiographies", *German Women in the Eighteenth and Nineteenth Centuries*, ed. R.-E. B. Joeres/M. J. Maynes, Bloomington 1986, p. 239f.; E. Ewen, 1985, p. 249 참조.

13) J. Quicherat , *Procès de condammation et de rèhabilition de Jeanne d'Arc dite La Pucelle*, Paris 1845, III, p. 89 참조.

14) D. de Marly, *Louis XIV & Versailles*, London 1987, p. 25 참조.

15) A. M. Pachinger, *Die Mutterschaft in der Malerei und Graphik*, München 1906, p. 89에서 인용.

16) E.-A. Coleman, "Pourvu que vos robes vous aillent: Quand Américains s'habillaient à Paris", *Femmes fin de siècle 1885~1895*, ed. R. Davray-Piekolek et al., Paris 1990, p. 135 참조.

17) R. Kathee, "Schleppen für die Deppen", *Stern 42*, 1987, p. 183ff. 참조.

18) R. Schlötterer, *Vergewaltigung*, Berlin 1982, p. 195 참조.

19) B. A. Gutek, *Sex and the Workplace*, San Francisco 1985, p. 61ff.; G. Hanak/J. Stehr/H. Steinert, *Ärgernisse und Lebenskatastrophen*, Bielefeld 1989, p. 116ff.; A. Schneble/M. Domsch, *Sexuelle Belästigung von Frauen am Arbeitsplatz*, München 1990, p. 147ff. 참조.

20) 이와 관련하여 뮌헨에서 수색대원으로 일했던 여자는 "성적인 분위기가 잠재되어 있다"고 말했다(*Spiegel 2*, 1992, p. 58f. 참조).

21) E. Köhler, "Sexuelle Bel stigung im Bayerischen Landtag", *Tatort Arbeitsplatz*, ed. U. Gerhart et al., München 1992, p. 101ff.

22) B. Latzka, Sextourismus in Südostasien, Frankfurt/M. 1987, p. 40 및 1986년 8월 쿠바와 발리 섬 여자들의 제보내용 참조. "내가 춤을 추고 있었는데, 우람한 체구의 남자가 갑자기 내 젖가슴을 만졌습니다. 그래서 그 자에게 따귀를 한 대 갈겼지요. 잠시 후, 또 한 남자가 내게 손을 내밀었습니다. 나는 그가 인사하자는 줄 알았습니다. 그런데 돌연 바

싹 달라붙어서 내 몸을 꽉 껴안는 것이었습니다. 몸이 마비될 지경이었습니다"(바로네스의 증언, Bunte 46, 1991, p. 16ff.).

23) L. Tickner, *The Spectacle of Women: Imagery of the Suffrage Campaign 1907~14*, London 1987, p. 203 참조.

24) 과거 시위에 참가했던 여자들의 개인적인 증언.

25) E. A. Rauter, *Folter in Geschichte und Gegenwart*, Frankfurt/M. 1988, p. 125 참조.

26) D. Hildebrandt, *Studentenbewegung in Heidelberg 1967-1973*, Heidelberg 1991, p. 123 참조.

27) 대표적인 사례로 1992년 1월 30일자 Rhein-Neckar-Zeitung을 참조할 것.

28) *Spiegel 36*, 1991, p. 99 참조.

29) R. Muchembled, *L'invention de l'homme moderne*, Paris 1988, p. 70 참조.

30) H. J. Schubert, "Das Altern der westeuropäischen Staatsgesellschaften", *Gesellschaftliche Prozesse und individuelle Praxis*, ed. H. Korte, Frankfurt/M. 1990, p. 124.

31) M. Holzbecher, "Empfindlich, prüde, humorlos? Sexuelle Belästigung am Arbeitsplatz", *Psychologie heute*, Mai 1992, p. 60 참조. 다른 조사 결과에 따르면, 마찬가지로 여성 3명 중 1명꼴로 엉덩이를, 4명 중 1명은 젖가슴을 만지는 일을 당했다고 한다. 그리고 4명 중에서 한 명이 원하지 않는 키스를 했고, 응답자의 38퍼센트는 포르노 사진을 가지고 희롱을 당했고, 절반 이상의 여성들이 성교하자는 말을 들었다고 한다. 노르웨이의 연구 결과에 따르면, 응답자의 41퍼센트가 이미 "여러 차례 만지는 일을 당했다"고 대답했다(1992년 1월 14일 및 12월 1일자 Rhein-Neckar-Zeitung 참조).

32) *Spiegel 45*, 1991, p. 59 참조.

33) D. Schultz, "Sexismus an der Hochschule", *Frauenforschung*, ed. U. Beer et al., Frankfurt/M. 1985, p. 191 참조.

34) *Spiegel 3*, 1989, p. 178 참조.

35) I. Schmitt/J. Bartling/A. Heiliger, "Recht haben und Recht bekommen", *Tatort Arbeitsplatz*, ed. U. Gerhart et al., München 1992, p. 88 참조.

36) C. A. MacKinnon, *Sexual Harassment of Working Women*, New

Haven 1979, p. 261 참조.

37) R. Schlötterer, *Vergewaltigung*, Berlin 1982, p. 116에서 인용.

38) I. Klein, *Zonenrangdgebiete*, Hamburg 1989, p. 78 참조. 대부분의 판사들은 옷을 입은 상태에서 유방을 만진 경우와 맨살로 만진 경우를 다르게 판결했다. 어쨌든 1989년에 하노버 지방법원은 회사 지배인에 대한 2심 판결에서, 여자 직원의 브래지어 밑을 손으로 여러 차례 더듬었다는 혐의로 15개월의 금고형을 선고했다.

39) H. P. Duerr, *Der Mythos vom Zivilisationsprozeß*, Bd. II: *Intimität*, Frankfurt/M. 1990, p. 134 참조.

40) 1990년 11월 22일자 Tages-Anzeiger. 이 신문기사는 발터 부르케르트 씨가 제보해주었다.

24. 남성에 의한 유방 희롱

1) G. Costa, "The Garo Code of Law", *Anthropos* 1954, p. 1044 참조. 남자가 여자의 유방을 슬쩍 만지기만 해도 무려 5루피의 벌금을 물어야 했다(R. Burling, *Rengsanggri*, Philadelphia 1993 1963, p. 73).

2) S. N. Koch, "The Koches of Garo Hills", *Garo Hills*, ed. L. S. Gassah, Gauhati 1984, p. 181f. 참조.

3) X. de Crespigny, "Die Bewohner von Nias", *Bild der Völker*, ed. E. E. Evans-Pritchard, Bd. 6, Wiesbaden 1974, p. 82 참조.

4) A. Pache, *Die religiösen Vorstellungen in den Mythen der formosanischen Bergstämme*, Mödling 1964, p.31 참조.

5) M. E. Spiro, *Kinship and Marriage in Burma*, Berkley 1977, p. 223 참조.

6) 1986년 7월의 제보자: Bene Boli Koten Tena Wahang, 1986년 8월의 제보자: Papa Mado.

7) B. Low/H. Ling, "The Natives of Borneo", *Journal of the Anthropological Institute of Great Britain and Ireland 1892*, p. 131 참조. 육지에 거주하는 다야크족 역시 처녀의 젖가슴을 "잠시 희롱"하는 행위에 대해서는 관대하게 눈감아주었지만, 이것은 다만 공 공장소가 아닌 곳에서 "희롱"한 경우에 한정되었다(W. R. Geddes,

Nine Dayak Nights, Melbourne 1957, p. 61 참조). 이에 반하여 바실란 섬의 야칸족은 처녀의 유방을 만진 청년에게 5페소 내지 20페소의 벌금을 물렸다(A. D. Sherfan, *The Yakans of Basilian Island*, Cebu City 1976, p. 62 참조).

8) J. Staal, "The Dusuns of North Borneo", *Anthropos 1924*, p. 974 참조.

9) E. R. Koepping, *Too Hot, Too Cold, Just Right: Social Relations in a Kadazan Village of Sabah, Malaysia*, Brisbane 1981, p. 354 참조. 쾨핑의 말에 따르면, 웅크리고 앉아있는 여자의 발꿈치를 만지면 입에 키스를 하는 경우보다 벌금이 훨씬 많은데, 그 이유는 웅크리고 앉아있는 자세에서는 발꿈치가 음부 근처에 오기 때문이라고 한다(1992년 6월 18일 구두 증언).

10) L. Sternberg, "Materials on the Sexual Life of the Gilyak", *Anthropological Papers of the University of Alaska 1961*, p. 15 참조.

11) K.-S. Kramer/U. Wilkens, *Volksleben in einem holsteinischen Gutsbezirk*, Neumünster 1979, p. 336f. 주지하다시피 요즘에도 상대방 여자가 유방이나 음부를 자극해도 좋다고 허락하고는 나중에 가서 허락을 "취소"했을 뿐이라면서, "성폭행"이 아니라고 주장하는 남자들을 흔히 볼 수 있다.

12) 1986년 6월 3일자 와슨(Barbara Watson)의 편지. 아라우칸족(안데스 산맥의 인디언 부족—옮긴이)의 청년이 처녀의 손을 만지면, 청년의 아버지가 처녀의 아버지에게 가축으로 배상했다(M. I. Hilger, *Araucanian Child Life and Its Cultural Background*, Washington 1957, p. 292 참조). 니마르 발라히족은 남자가 낯선 여자를 향해 미소만 지어도 성적인 접근의도를 드러낸 것으로 간주했다(S. Fuchs, *The Children of Hari*, Wien 1950, p. 65, 68 참조).

13) L. J. Luzbetak, *Marriage and the Family in Caucasia*, Wien-Mödling 1951, p. 176 참조.

14) S. Ciszewski, *Künstliche Verwandtschaft bei Südslaven*, Leipzig 1897, p. 110 참조.

15) J.-P. Roux, "Le lait et le sein dans les traditons turques", *L'Homme 1967*, p. 59f. 참조.

16) E. H. Erikson, "Childhood and Tradition in two American Indian Tribes", *Personal Character and Cultural Milieu*, ed. D. G.

Haring, Syracuse 1956, p. 279; H. P. Duerr, 1990, p. 161f. 참조.

17) R. H. Lowie, "Social Life of the Crow Indians", *Anthropological Papers of the American Museum of Natural History*, New York 1912, S. 221f. 참조. 크로족 처녀에게 정숙한 태도는 매우 높은 가치로 인식되었고, 이들의 풍습(bierusace)은 젊은 청년의 동침 욕망과 처녀성을 지키려는 노력 사이의 일종의 타협안이라고 볼 수 있으며, 이는 아메리카 백인들의 페팅에 비유될 수 있을 것이다. 공공장소에서 처녀를 만지는 행위도 물론 금기사항에 해당되며, 크로족은 연인이나 부부 사이라 하더라도 다른 사람이 보는 앞에서 서로 애무하는 행위는 엄격하게 금지되어 있었다(같은 책, p. 82, 224; 같은 저자, "Notes on the Social Organization and Customs of the Mandan. Hidatsa, and Crow Indians", *Anthropological Papers of the American Museum of Natural History*, New York 1917, p. 77f. 참조).

18) F.-C. Cole, *The Wild Tribes of Davao District, Mindanao*, Chicago 1913, p. 192 참조.

19) 20년대 혹은 30년대 이후로 아샨티족 여인들은 일정한 재판이나 의식이 있을 때만 유방을 드러내게 되었다(M. D. McLeod, *The Asante*, London 1981, p. 145 참조).

20) W. Ringwald, "Züge aus dem sozialen Leben in Asante (Goldküste)", *Afrikanistische Studien*, ed. J. Lukas, Berlin 1955, p. 209f. 참조. 대부분의 아프리카 사회에서 여자의 유방을 만지는 행위는 엄한 처벌 대상이었다. 예를 들어서 나이지리아 북부 평원에 거주하는 앙가스족 부인들은 유방을 드러낸 채, 아랫도리를 풀줄기로 엮어 만든 치마로 가리고, 그 안에 음부와 갈라진 엉덩이 부분을 나뭇잎으로 가렸다. 그 치마와 유방은 남자가 만져서는 안 되는 부분이었다. 만일 짓궂게 부인이나 처녀의 젖가슴을 만진 남자가 있다면, 그는 엄한 처벌을 받고, 마침내 마을에서 쫓겨나야 했다(R. Mohr, "Zur sozialen Organisation der Angas in Nord-Nigeria", *Anthoropos 1958*, p. 466, 469 참조). 유럽 여성들 중에는 자신이 인종주의자로 오해받는다는 생각을 갖고 겁을 먹는 사람이 많았으므로, 그 점을 가차없이 이용하는 아프리카 남자들이 있다. 그 예로 어느 여자가 자신이 쓴 책을 통해서, 딸이 겪었던 일에 대해 순진하게도 다음과 같이 얘기했다. "몇 년 전에 한번도 만난 적이 없는 검은 피부의 대학생이 내 딸의 젖가슴을 만졌다. 그런데 사정을 알고 보니, 아프리카의 그들 종족 사이에서 그와

같은 행위는 은밀한 추행이 아니라, 미소짓는 것과 다를 바 없는 사소한 애교에 속하는 것이었다"(C. Rotzoll, "Ein Scherbenhaufen alter Regeln", *Liebe, Sexualität und soziale Mythen*, ed. H. Hegewisch, Weinheim 1985, p. 162).

21) D. C. Simmons, "Sexual Life, Marrige, and Childhood Among the Efik", *Africa 1960*, p. 161 참조.

22) A. K. Mensah-Brown, "Marriage in Sefwi-Akan Customary Law", *Sociologus 1969*, p. 56 참조.

23) D. E. Gerber, "The Female Breast in Greek Erotic Literature", *Arethusa* 1978, p. 206 참조.

24) R. Hampe/E. Simon, *Tausend Jahre frühgriechische Kunst*, München 1980, p. 228 참조. 폼페이의 벽화 중에는 마르스 신이 비너스의 등뒤에서 옷 속으로 손을 넣어 젖가슴을 만지는 장면이 묘사된 그림이 있다(R. Étienne, *Pompeji*, Ravensburg 1991, p. 129 참조).

25) 관습에 따르면 신부가 스스로 결혼식장에 나오는 것이 아니라, 신랑에 의해 이끌려 나오도록 되어 있다(C. Sittl, *Die Gebärden der Griechen und Römer*, Leipzig 1890, p. 278, 280 참조).

26) Herodot, *Historien V.* 18. 그리스인들에게도 유방은, 특히 작고 둥글면서 단단한 유방은 시각적으로나 촉각으로나 매우 에로틱한 의미를 갖고 있었다. 남자들은 전희를 즐길 때나 성교 도중에 젖가슴(τιτδία) 애무하는 것을 좋아했다(J. Henderson, *The Maculate Muse*, New Haven 1975, p. 149 참조).

27) 예컨대 타락 직전 인류의 여자 조상을 묘사할 때, 젖가슴을 사과에 비유하거나(R. W. Scribner, "Vom Sakralbild zur sinnlichen Schau: Sinnliche Wahrnehmung und das Visuelle bei der Objektivierung des Frauenkörpers in Deutschland im 16. Jahrhundert", *Gepeinigt, begehrt, vergessen*, ed. K. Schreiner/N. Schnitzler, München 1992, p. 317 참조), 그림으로 묘사했고(그림 215), 근대 초기에 발견된 종족의 여자들이 음란한 행위에 탐닉한 사실에 대해서는 젖가슴을 만지는 장면, 원숭이가 여자의 머리 위쪽 나무에 앉아 있는 모습, 또는 하체 가리개 사이로 삐져나온 치모를 통해서 상징적으로 묘사했다(그림 216).

28) F. Garnier, *Le language de l'image au Moyen Age*, paris 1982, I, p. 191, 195, 그림 21 참조.

215. 발둥 그리의 「인류의 타락」, 1511년.

29) F. Pedrocco, "Pittore veneto: Scena amorosa", *Le cortigane di Venezia dal trecento al settecento*, ed. I. Ariano et al., Milano 1990, p. 108 참조.

30) 1533년 무렵에 제작된 티치아노의 「마르퀴 알퐁소 다발로의 알레고리」라는 그림에서도, 만반의 준비를 갖춘 남자가 "사랑스러우면서도 조심스럽게"(E. Panofsky, *Studien zur Ikonologie*, Köln 1980, p. 222) 여자의 젖가슴을 어루만지는 장면이 묘사되어 있다. 여자는 매화꽃 화관을 두르고 있는 것으로 보아 아내인 것으로 짐작된다.

31) H. Uhr, *Lovis Corinth*, Berkeley 1990, p. 139 참조.

32) F. Gouda, "Frauen zwischen Schutz und Kontrolle", *Freiheit, Gleichheit, Weiblichkeit*, ed. M. Christtadler, Opladen 1990, p. 116 참조.

25. 여자의 페니스 희롱

1) N. Nelson, "Selling Her Kiosk: Kikuyu Notions of Sexuality and

Sex for Sale in Mathare Valley, Kenya", *The Cultural Construction of Sexuality*, ed. P. Caplan, London 1987, p. 222 참조.

2) O. F. Raum, *The Social Functions of Avoidances and Taboos Among the Zulu*, Berlin 1973, p. 100 참조. 지속적인 발기 증세로 고생하던 카랑가족 남편에게 다음과 같은 충격요법을 시행한 적이 있다고 한다. 즉 그 남자에게 성적인 금기 대상인 여자를, 예를 들면 누이동생의 딸을 불러와서 페니스를 손으로 쥐게 했다. 그러자 남자가 심한 충격과 수치심을 느끼는 바람에 페니스가 수그러들었다고 한다(H. Aschwanden, *Symbole des Lebens*, Zürich 1976, p. 197 참조).

3) 1986년 6월 5일자 베렌트(Heike Behrend)의 편지.

4) R. A. LeVine/B. B. LeVine, "Nyansogo: A Gusii Community in Kenya", *Six cultures*, ed. B. B. Whiting, New York 1963, p. 72 참조.

5) W. Münsterberger, "Über einige Beziehungen zwischen Individuum und Umwelt, mit besonderer Berücksichtigung der Pomo-Indianer", *Sociologus 1951*, p. 133 참조.

6) W. Dyk, "Notes and Illustrations of Navaho Sex Behavior", *Psychoanalysis and Culture*, ed. G. B. Wilbur/W. Muensterberger, New York 1951, p. 113f., 116f. 참조. 중앙 오스트레일리아에 거주하는 종족의 여자들은 상대의 페니스를 문질러도 상관없으나, 귀두를 건드리는 일은 피해야 한다. 할례를 할 때 생긴 흉터 자리를 여자가 쳐다보면 남자의 수치심을 건드리기 때문인 듯하다(G. Róheim, *Children of the Desert*, New York 1974, p. 250 참조).

7) T. Gladwin, "Personality Structure in the Plains", *Anthropological Quarterly* 1957, p. 120 참조. 시카고 출신 록그룹인 플래스터 시스터즈도 상징적인 방법으로 록스타들의 페니스를 '정복'했다. 남자 스타와 동침할 때마다 페니스를 석고로 떠서 수집품으로 모아들였던 것이다(M. O. C. Döpfner/T. Garms, *Erotik in der Musik*, Frankfurt/M. 1986, p. 110 참조). 호피족 청소년들의 다음과 같은 놀이에도 완화된 공격성이 내포되어 있다. 남녀 아이들이 한곳에 모여 접시를 뒤집어서 완두콩을 덮어놓고 알아맞히기 놀이를 하는데, 여자아이가 지면 옷을 추켜올려 남자아이에게 허벅지를 애무하도록 허용하고, 남자아이가 지면 여자아이에게 페니스를 만질 수 있도록 허락하는 놀이이다(Armin W. Geertz의 1986년 12월 30일자 편지. 그 밖에 D. Eggan, "The

General Problem of Hopi Adjustment", *Personality in Nature, Society, and Culture*, ed. C. Kulckhohn et al., New York 1961, p. 284, 286 참조). 호피족의 페니스에 관한 한 사내아이들의 페니스는 아주 민감하다. 사내아이에게 공포감을 조성하거나, 불시에 고추를 움켜쥐면서 놀려주기를 좋아하는 어른들이 많기 때문이다. 고모 같은 사람들은 애정 어린 태도로 아주 장난스럽게—그들의 어머니들이 젖을 물리면서 그랬던 것처럼(D.F. Aberle, "The Psychosocial Analysis of a Hopi Life History", *Social Structure and Personality*, ed. Y. A. Cohen, New York 1962, p. 261 참조)—그런 장난을 했던 반면에, 남자들은 아주 공격적이라서 아이에게 겁을 주고, 심지어 불알을 떼어 내겠다는 시늉을 함으로써 아이를 새파랗게 질리게 만들기도 한다(Sun Chief, *The Autobiography of a Hopi Indian*, ed. L. W. Simmons, New Haven 1942, p. 40, 76 참조). 이런 식의 '장난'은 많은 '전통'사회에서 흔히 볼 수 있다. 예컨대 아나톨리아(지중해와 흑해 사이의 반도—옮긴이) 마을의 어느 여인은 네 살짜리 조카를 놀려주기 위해 칼을 집어들고 팬티 속에 손을 넣어 고추를 움켜쥐고는, "이걸 잘라버릴 테다!"("부라다 벤 세니 케세림!")라고 말하면서 여러 차례 겁을 주었다(I. Pfluger-Schindlbeck, *Achte die Ältern, liebe die Jüngeren*, Frankfurt/M. 1989, p. 90 참조).

8) L. Roper, *The Holy Household*, Oxford 1989, p. 172 참조. 한때 노예였던 아칸소 출신의 어느 여자는, 자기 어머니가 남자 감시원 두 명의 성기를 잡아당겨 죽였다고 말했다. "나머지 한 명이 검은색 뱀가죽 채찍으로 우리 어머니를 때리자, 어머니가 그것을 잡아챘습니다. 그리고는 성기를 움켜쥐고 냅다 뿌리째 뽑아버렸답니다"(S. Lohse, *God Spared a Few to Tell the Tale*, Würzburg 1991, p. 59).

9) C. Osgood, *Ingalik Social Culture*, New Haven 1958, p. 208f. 참조. 1500년에 제작된 페르시아의 장식화에도 유사한 장면이 그려져 있다. 제목은 「록사나와 결혼한 이스칸다르」라고 완곡하게 표현되어 있으나, 마케도니아 남자가 약간 절망적인 표정을 짓고 있는 가운데 페르시아 여인이 그의 성기를 움켜쥐고 있는 장면이 묘사되어 있다(D. Duda, *Islamische Handschiften*, Bd. I, Wien 1983, I, 그림 133 참조).

10) K. A. Barack, *Zimmerische Chronik*, III, Freiburg 1881, II, p. 286.

11) C. Ulbrich, "Unartige Weiber", *Arbeit, Frömmigkeit und Eigensinn*, ed. R. van Dülmen, Frankfurt/M. 1990, p. 41 참조.

12) H. S. Stannus, "Notes on Some Tribes of British Central Africa", *Journal of the Roval Anthrpological Institute 1910*, p. 288 참조.

13) O. Mors, "Aus dem Höflichkeitskodex der Bahaya", *Anthropos* 1961, p. 382f. 참조.

14) 신명기 25:11f. H. Appuhn, *Wenzelsbibel*, Dortmund 1990, III, fol. 202 참조. 남녀의 성기를 의미하는 은어로 가장 많이 사용된 표현은 '살덩어리'(bāsār)이다.

15) H. L. Gordon, "Sex Laws and Customs", *The Universal Jewish Encyclopedia*, ed. I. Landman, Bd. IX, New York 1943, p. 487 참조.

16) H. Dillard, *Daughters of the Reconquest*, Cambridge 1984, p. 173 참조.

17) L. Koehler, *A Search for Power: The 'Weaker Sex' in 17th-Century New England*, Urbana 1980, p. 82 참조.

18) C. Smart, "Law and the Control of Women's Sexuality: The Case of the 1950s", *Controlling Women*, ed. B. Hutter/G. Williams, London 1981, p. 54 참조.

19) H. Fischer, *Die deutsche Märendichtung des 15. Jahrhunderts*, München 1966, p. 386f. 참조.

20) 그처럼—행동이든 말이든—공격적인 행동을 할 수 있는 여자는 매춘부뿐이었다. 예컨대 1672년에 버드위스 마그나 출신의 매춘부 메리 해튼은 리처드 로렌슨이라는 남자에 대해, 그의 몸에서 "곤두선 것이라고는 귀밖에 없었다"(J. Addy, *Sin and Society in the Seventeenth Century*, London 1989, p. 133)고 말했다.

21) R. Trumbach, "The Birth of the Queen: Sodomy and the Emergence of Gender Equality in Modern Culture, 1660~1750", *Hidden From History*, ed. M. B. Duberman, New York 1989, p. 246, 273 참조.

22) C. Jones, *The Charitable Imperative*, London 1989, p. 425 참조.

23) E.-M. Benabou, *La prostitution et la Police des Mœurs au XVIIIe siècle*, Paris 1987, p. 320 참조. 제2차 세계대전이 끝난 후에 남편을 제쳐두고 매춘을 했던 시칠리아 여인들도, 남자들의 페니스를—예를 들면 버스 안에서—잡는 방법으로 호객행위를 했다(D. Dolci, *Umfrage in Palermo*, Olten 1959, p. 49 참조). 오늘날 발리 섬에서

매춘부로 일하는 자바 여인들의 전형적인 접촉방식도 마찬가지인데, 한 여자가 내게 말한 바에 따르면, 일반적으로 애인이나 남편한테는 그런 행동을 하지 않는다고 한다(1986년 8월).

24) 저자 미상, 1791, p. 4. 혹시 숨겨놓은 돈이 있는지 찾아내려고 남자들의 그곳을 더듬는 매춘부들도 물론 있었다. 그 예로 브란덴부르크 제후국 군의관이었던 요한 디츠는 이렇게 전했다. "그런 다음 여자가 아주 대담하게 나에게 온갖 애무를 해주었다. 그것은 의심할 여지없이 내 수중의 돈을 빼내려는 속셈이었다. 만일 내가 방심해서 주머니를 조심하지 않으면, 언제라도 꺼내갈 태세였다. 그래서 그토록 열심히 나를 애무했던 것이다"(F. Rauers, *Kulturgeschichte der Gaststätte*, Berlin 1941, p. 384에서 인용. 그 밖에 J. C. Friederich, 1991, I, p. 338 참조).

25) J. Addy, 같은 책, p. 133 참조.

26) M. Hirschfeld, *Geschlecht und Verbrechen*, Leipzig 1930, p. 108에서 인용.

27) S. Burghartz, *Leib, Ehre und Gut: Delinquenz in Zürich am Ende des 14. Jahrhunderts*, Zürich 1990, p. 273.

28) L. Silver, "Figure nude, historie e poesie: Jan Gossaert and the Renaissance Nude in the Neetherlands", *Nederlands Kunsthistorisch Jaarboek 1986*, p. 7 참조.

29) L. Roper, "Sexual Utopianism in the German Reformation", *Journal of Ecclesiastical History* 1991, p. 188.

30) 또한 "그녀는 그에게 입맞춤도 하지 않았다. 만일 그가 그런 말을 했다면 그의 말이 틀린 것이다"(같은 책, p. 194).

31) M. Salewski, " Julian, begib dich in mein Boudoir: Weiberherrschaft und Fin de siècle", *Sexualmoral und Zeitgeist im 19. und 20. Jahrhundert*, ed. A. Bagel-Bohlau/M. Salewski, Opladen 1990, p. 44에서 인용.

32) B. A. Gutek, *Sex and the Workplace*, San Francisco 1985, p. 79, 83 참조.

33) C. Lipp, "Die Innenseite der Arbeitkultur", *Arbeit, Frömmigkeit und Eigensinn*, ed. R. van Dülmen, Frankfurt/M. 1990, p. 234. 최근에 여자 노동자 몇 명이 '상습적으로 유방을 만지는 남자'를 붙잡아서 컨베이어 벨트 위에 올려놓고, 다음과 같이 으름장을 놓았다. "다시 한

번 그런 짓을 하면, 바지를 벗기고 자지를 뽑아버릴 테다!"(H. Tügel/M. Heilemann, *Frauen verändern Vergewaltiger*, Frankfurt/M. 1987, p. 173 참조).

34) Ruprecht v. Freising, *Das Rechtsbuch*, ed. H. Knapp, Leipzig 1916, p. 73; H.-K. Clausen, 1941, p. 138.

35) H. Knapp, *Die Würzburger Zentgerichts-Reformation 1447*, Mannheim 1909, p. VI 참조.

36) 1515년 줄츠하임의 법원 규정에 이런 조항이 있었다. "강간을 저지른 자에게는 아랫배에 말뚝을 박아준다"(D. Werkmüller, "Die Sulzheimer Gerichtsordnung des Mainzer Domsekans Lorenz Truchse von Pommersfelden aus dem Jahre 1515", *Archiv für hessische Geschichte und Altertumskunde 1988*, p. 101).

26. 중세와 근대 초기의 여성에 대한 성폭행

1) W. Prevenier, "Violence Against Women In a Medieval Metropolis: Paris Around 1400", *Law, Custom, and the Social Fabric in Medieval Europe*, ed. B. S. Bachrach/D. Nicholas, Kalamazoo 1990, p. 263ff. 참조.

2) B. S. Anderson/J. P. Zinsser, *A History of Their Own*, Bd. I, New York 1988, I, p. 437 참조.

3) S. Burghartz, *Leib, Ehre und Gut: Delinquenz in Zürich am Ende des 14. Jahrhunderts*, Zürich 1990, p. 145 참조. 요즘에도 중부 유럽에 살고 있는 터키인들은, 밤중에 거리에 나와 있는 여자를 보면 어떤 성행위라도 할 수 있는 "매춘부"(orospu 또는 fahiçe)라고 여긴다. 어린 딸을 두고 있는 아버지로서 밤중에 동료 몇 명과 함께 길을 가다가 젊은 크로이츠베르크(독일 남부—옮긴이) 여자를 겁탈했던 터키인은 이렇게 말했다. "나도 그 자리에 함께 있었더라면 그 짓을 했을 것입니다"(W. Schiffauer, *Die Gewalt der Ehre*, Frankfurt/M. 1983, p. 25).

4) T. Brennan, *Public Drinking and Popular Culture in Eighteenth-Century Paris*, Princeton 1988, p. 148ff. 참조.

5) B. A. Hanawalt, *Crime and Conflict in English Communities 1300~1348*, Cambridge 1979, p. 153; J. Rossiaud, "Der Städter",

Der Mensch des Mittelalters, ed. J. Le Goff, Frankfurt/M. 1989, p. 34ff. 참조.

6) 14세기 아비뇽의 사정이 그러했다. J. Chiffoleau, *Les justices du pape*, Paris 1984, p. 183 참조.

7) A. Cabanès, IV, *Mœuers intimes du passé*, Paris 1924, p. 32f. 참조.

8) 노르망디에서도 젊은 남자들이 노린 대상은 주로 평판이 좋지 않은 여자나 젊은 과부들이 사는 집이었다. 14세기에 젊지 않은 남자가 성폭행을 저지른 사례는 단 한 건이 알려져 있을 뿐이다. 1370년에는 목사가 어린 소녀를 겁탈한 사건이 있었다(J.-L. Dufresne, "Les comportements amoureux d'après le registre de l'officialitè de Cerisy", *Bulletin philologique et historique* 1973, p. 144f. 참조).

9) J.-L. Flandrin, "Repression and Change in the Sexual Life of Young People in Medieval and Early Modern Times", *Family and Sexuality in French History*, ed. R. Wheaton/T. K. Hareven, Philadelphia 1980 p. 44 참조.

10) W. Prevenier, 같은 책, p. 270 참조.

11) E. Cohen, "To Die a Criminal for the Public Good: The Execution Ritual in late Medieval Paris", *Law, Custom, and the Social Fabric in Medieval Europe*, ed. B. S. Bachrach/D. Nicholas, Kalamazoo 1990, p. 285 참조. "천박한 여자"를 폭행한 경우는 일반적으로 가벼운 처벌을 받았다.

12) A. Cabanès, 같은 책, p. 28 참조.

13) J. Rossiaud, 같은 책, p. 35, 188 참조. 어느 연대기 작가는, "착하고 순진한 여자들"이 백년전쟁 중에 성폭행을 당하여 "필연적으로 형편없는 신세"로 전락했다고 적었는데, 아마 그 말은 성폭행을 당한 뒤로 매춘행위를 할 수밖에 없었다는 뜻일 것이다(A. Tuetey, *Journal d'un bourgeois de Paris*, Paris 1881, p. 262 참조). 물론 오늘날에도 성폭행을 당한 여자들이 남편이나 애인한테 버림받는 사례가 많이 있다(L. Madigan/N. C. Gamble, *The Second Rape*, New York 1991, p. 6 참조).

14) R. Brondy/B. Demotz/J. P. Leguay, *La Savoie de l'an mil à la Réforme*, Bd.. II, Rennes 1984, p. 364 참조. 옛날 일본에서는 성폭행을 당한 여자는 머리카락을 완전히 깎아서 치욕을 당했다는 사실을 널리 알렸던 것 같다. 하여간 지볼트(1823~30년까지 일본에서 활동한 독

일인 의사—옮긴이)의 보고에 따르면, 1826년에 목사에게 강간을 당한 여자가 머리를 완전히 깎인 바 있다고 한다(P. F. v. Siebold, *Nippon*, Bd. I, Berlin 1897, I, p. 418 참조).

15) J. M. Carter, *Rape in Medieval England*, Lanham 1985, p. 107 참조.

16) H. Fehr, *Die Rechtsstellung der Frau und der Kinder in den Weistümern*, Jena 1912, p. 23 참조.

17) K. A. Barack, *Zimmerische Chronik*, III, Freiburg 1881, III, p. 552. 그 밖에 R. Mitchison/L. Leneman, *Sexuality and Social Control: Scotland 1660~1780*, Oxford 1989, p. 195 참조. 1466년 렌 마을 근처에서 강간을 당한 어린 소녀의 아버지는 가해자의 가족한테 브르타뉴 지방의 금화로 30탈러를 받고 입을 다물었다(J.-P. Leguay, "Ein Fall von Notzucht im Mittelalter", *Die sexuelle Gewalt in der Geschichte*, ed. A. Corbin, Berlin 11992, p. 25f. 참조). 부잣집 처녀나 과부를 의도적으로 겁탈하는 남자들도 더러 있었다. 그들은 이 여자들이 강간을 당하면 치욕을 피하기 위해 곧바로 결혼할 것이라는 점을 노렸던 것이다(Prevenier, 같은 책, p. 270 참조).

18) E. Koch, *Maior dignitas est in sexu virili*, Frankfurt/M. 1991, p. 104 참조.

19) 물론 지역에 따라 차이가 있었다. 에스파냐의 회교권에서는 여자가 강간을 당하면 노예가 되거나 첩(umm walad)이 되어 주인의 아이를 낳아 주고 최소한의 신분을 유지할 수 있었던 반면, 기독교 지역인 카스티야, 아라곤 같은 곳에서는 성폭행당한 여자는 사창가로 들어가는 길밖에 없었다. 기독교 지역에서는 가난하면서 남편이 없거나, 보호해줄 친척이 없는 여자 기독교 신자—회교를 믿는 여자도 마찬가지로—는 공공장소에서 큰 소리로 웃기만 하더라도 경박한 여자로 간주되어 강간을 당할 수 있었다(E. Lourie, *Crusade and Colonisation*, Aldershot Hampshire 1990, VII, p. 68f. 참조).

20) B. A. Hanawalt, 같은 책, p. 108 참조.

21) K. A. Barack, 같은 책, II, p. 535f. 1438년 이스트 앵글리아에 사는 조운 채플린이라는 여자는 자신을 강간하려는 프랑스 남자의 머리를 촛대로 내리쳤는데, 그로 인해 프랑스인은 쓰러져 죽고 말았다(P. C. Maddern, *Violence and Social Order: East Anglia 1422~1442*, Oxford 1992, p. 98f. 참조). 프랑스에서 근무한 프리데리히(J. K. Friederich, *Vierzig Jahre aus dem Leben eines Toten*, ed. F.

Berger, Frankfurt/M. 1991, II, p. 442)의 보고에 따르면, 그의 많은 동료들이 1808년에 사라고사를 점령하면서 여자들을 겁탈하려다가 그들한테 칼에 맞아 죽음으로써 "죽음을 포옹"한 결과가 되었다.

22) H.-J. Lüsebrink, "Les crimes sexuels dans les Causes célèbres", *Dix-huitieme siècle 1980*, p. 160.

23) H. Maurer, *Konstanz im Mittelalter*, Konstanz 1989, II, p. 185 참조. 중세 후기와 근대 초기의 프랑스에서도 밤중에 혼자 사는 여자들의 집을 노리는 청년 일당을 몰아내기 위해 이웃사람들이 모여서 무기를 들고 돌아다녔다(J. R. Farr, *Hands of Honor: Artisans and Their World in Dijion*, 1550~1650, Ithaca 1988, p. 169 참조).

24) D. Rieger, "Le motif du viol dans la littérature de la France médi vale entre norme courtoise et réalitécourtoise", *Cahiers de civilisation médiévale 1988*, p. 243에서 인용.

25) 같은 책, p. 251.

26) 아일랜드 문헌(Flatøannaler)에는 로스토크와 비스마르에 근거지를 둔 해적들이 노르웨이 도시 베르겐을 습격한 사건에 대해, "독일 해적들은 엄청난 파괴와 강탈을 자행하면서 교회와 여성의 권리를 침해했다"(M. Puhle, *Die Vitalienbrüder*, Frankfurt/M. 1992, p. 53에서 인용)는 기록이 있다. 특히 잔인하기로 소문난 영국의 노상강도 제이콥 홀시는 여자 피해자에게 이런 말을 했다고 전해진다. "나의 귀여운 아가야. 제멋대로 행동하는 부하 한 명이 반란을 일으키는 바람에, 내가 특별한 기회에 너를 이용하지 않을 수 없게 되었구나. 그러니 내가 너의 유혹적인 몸에 올라타서, 마지막에는 너의 몸 안으로 들어가야겠다"(F. McLynn, *Crime and Punishment in Eighteenth-Century England*, London 1989, p. 62).

27) A.-O. Oexmelin, *Histoire des aventuriers flibustiers qui se sont signalés dans les Indes*, Bd. II, Lyon 1774, II, p. 181 참조. 카리브 해적의 용선 계약서에는 "존경할 만한" 여인에게 "동침을 강요"하는 자는 즉석에서 죽인다는 조항이 있었다(D. Mitchell, *Piraten*, Wien 1977, p. 84 참조).

28) O. Ulbricht, *Kindsmord und Aufklärung in Deutschland*, München 1990, p. 91f.

29) A. Farge, *Vivre dans la rue Paris au XVIIIe siècle*, Paris 1979 1989, p. 48 참조.

30) S. Göttsch, "Archivalische Qullen zur Frauenforschung", *Frauenalltag-Frauenforschung*, ed. A. Chmielewki-Hagius et al., Frankfurt/M. 1988, p. 56 참조. 1726년 서리 지방(영국 남동부—옮긴이)에서는 피해자가 성행위를 끝낸 뒤에 가해자와 함께 술을 마셨다고 법정에서 시인했기 때문에, 가해자를 풀어주었다(J. M. Beattie, *Crime and the Courts in England 1600~1800*, Princeton 1986, p. 126 참조).

31) D. W. Robertson, *Chaucer's London*, New York 1968, p. 99 참조. 13세기 영국에서는 성폭행범을 거세하는 경우가 종종 있었다(F. Gies/J. Gies, *Life in a Medieval Village*, New York 1990, p. 193 참조).

32) T. Todorov, *Die Eroberung Amerikas*, Frankfurt/M. 1985, p. 63f.에서 인용.

33) A. Gier, 1986, p. 332ff. 참조. 14세기 독일에서는 매춘부들의 집을 "애인의 집"이라고 부르기도 했다(F. C. B. Avé-Lallemant, *Das deutsche Gaunerthum*, Bd. I, Leipzig 1858, I, p. 46 참조).

34) Perceval le Gallois 3867ff., D. Peil, *Die Gebärde bei Chrétien, Hartmann und Wolfram*, München 1975, p. 173에서 인용.

35) P. Schultz, *Die erotischen Motive in den deutschen Dichtungen des 12. und 13. Jahrhunderts*, Greifswald 1907, p. 46 참조.

36) Konrad v. Würzburg: *Trojanischer Krieg* 1699, 8ff.

37) D. Rieger, 같은 책, p. 249 참조. 그 당시에도 "fourtre"(여자를 차지하다, 성교하다)라는 단어는 음란한 표현이었기 때문에 우화시에서도 아주 드물게 사용되었다(P. Ménard, "Le rire et le sourire au Moyen Age dans la littérature et dans les arts", *Le rire au Moyen Age*, ed. T. Bouch /H. Charpentier, *Bordeaux 1990*, p. 24 참조). 『파리 부르주아』지는 "강제로 욕보이다"(venir à honte par effors)라는 표현을 이따금 사용했다(A. Tuetey, *Journal d'un bourgeois de Paris*, Paris 1881, p. 262). 이와 반대로 어느 여성 페미니스트는 다음과 같이 주장했다. "고대 프랑스어에서는 '겁탈'이라는 단어가 존재하지 않았다. 중세 문화는 분명히 강압에 의한 성교를 나타내는 단어를 만들려고 노력하지 않았다"(K. Gravdal, "Chrétien de Troyes, Gratian, and the Medieval Romance of Sexual Violence", *Signs 1992*, p. 564f.)고 주장했다. 그녀의 주장에 따르면, 설사 그런 표현이 있었다 하더라도

'fame esforcier'(강간하다)처럼 기껏해야 "완곡한 표현"이 있었을 뿐이라는 것이다. 그러나 'force foutre'(강간)이라는 단어가 흔히 사용되었다는 점만 보더라도 그녀의 주장은 맞지 않지만, 그 밖에 강간을 의미하는 오늘날의 많은 동사들("to rape", "violer", "forzar", "violentare", "vergewaltigen")이 과연 그보다 덜 완곡한 표현이란 말인가?

38) D. Buschinger, "Le viol dans la litt rature allemande au Moyen Age", *Amour, mariage et transgressions au Moyen Age*, ed. D. Buschinger/A. Crépin, Göppingen 1984, p. 369 참조. 많은 사회에서 남자들의 정상적인 성행위 태도가 무자비하고 공격적이기 때문에, 해당 문화권의 표준에 맞추더라도 개별적인 사례들이 폭행인지 아닌지를 구별하기가 쉽지 않다. 이를테면 빅토리아 호수 동쪽에 거주하는 구시족 남자들은 성교를 할 때 여자에게 아주 거칠게 '삽입'하기 때문에, 행위가 끝난 뒤에 여자들이 역겨움과 수치심에 못 이겨 울거나, 행위에 앞서 얼굴을 가리거나 적어도 남자의 눈을 쳐다보지 않으려고 한다. 나이가 찬 사내아이들이 할례를 마치고 외딴 오두막집에 앉아 상처가 아물기를 기다리고 있는 동안, 여자아이들이 다가와서 음부를 드러내는 등 음란한 자세로 춤을 추는데, 이는 할례를 받은 사내아이들의 페니스가 발기되어서 상처가 다시 터지도록 하려는 것이다. 이것은 '남녀간의 전쟁'에서 여자들이 할 수 있는 대응방식의 하나이다(R. A. LeVine, "Gusii Sex Offenses", *American Anthropologist 1959*, p. 976, 978 참조). 세이셸(케냐 동쪽 인도양의 여러 섬으로 구성된 세이셸 공화국—옮긴이)의 크리올 남자들도 공격적이어서, 여자가 "땅바닥에 (사정을) 해요!"라고 간청하는데도 의도적으로 임신을 시키는 사례가 드물지 않다(B. Benedict, *Le Sexe Book*, Paris 1983 1968, p. 51f. 참조).

27. '비명소리와 축축한 음부'

1) P. Paulitschke, *Ethnographie Nordost-Afrikas*, Bd. I, Berlin 1893, p. 244 참조.
2) H. Knapp, *Alt-Regensburgs Gerichtsverfassung, Strafverfahren und Strafricht bis zur Carolina*, Berlin 1914, p. 237에서 인용.
3) E. Schulz, *Die erotischen Motive in den deutschen Dichtungen des 12. und 13. Jahrhunderts*, Greifswald 1980, p. 272에서 인용.

4) B. A. Hanawalt, *Crime and Conflict in English Communities 1300~1348*, Cambridge 1979, p. 33 참조. 13세기 엘턴 마을의 어느 처녀에 관한 다음과 같은 기록이 있다. "필립 살라딘의 딸 아그네스는 모번 마을의 토머스가 성교를 요구하자 고함을 질렀다"(F. Gies/J. Gies, *Life in a Medieval Village*, New York 1990, p. 180).

5) E. Koch, *Maior dignitas est in sexu virili*, Frankfurt/M. 1991, p. 101 참조.

6) D. Rieger, "Le motif du viol dans la littérature de la France médiévale entre norme courtoise et réalitécourtoise", *Cahiers de civilisation médiévale 1988*, p. 252 참조.

7) J. Chiffoleau, *Les justices du pape*, Paris 1984, p. 183.

8) L. Roper, "Sexual Utopianism in the German Reformation", *Journal of Ecclesiastical History* 1991.
______: "Wille und Ehre: Sexualität, Sprache und Macht in Augsburger Kriminalprozessen", *Wandel der Geschlechtsbeziehungen zu Beginn der Neuzeit*, ed. H. Wunder/C. Vanja. Frankfurt/M. 1991, p. 188. 1356년에 제정된 브라반트 공국의 형법에 따르면, 여자에 대한 폭력적 유괴죄가 성립되려면 여자가 비명을 질렀거나, 아니면—좀 애매하지만—명백히 여성의 의지에 반하여 행해진 경우라야 한다.

9) H. Maurer, *Konstanz im Mittelalter*, Konstanz 1989, I, p. 274 참조.

10) S. Burghartz, *Leib, Ehre und Gut: Delinquenz in Zürich am Ende des 14. Jahrhunderts*, Zürich 1990, p. 272.

11) 그러한 조건은 오늘날 영국 같은 곳에서도 여전히 통용되고 있다(G. Chambers/A. Millar, "Proving Sexual Assault" in *Gender, Crime and Justice*, ed. P. Carlen/A. Worrall, Philadelphia 1987, p. 65 참조). 그 밖에 피해자는 상처, 찰과상, 찢어진 옷을 제시해야 하고, 나아가 증인이 있어야 한다.

12) 중국 남성들은 여자도 속으로는 성폭행을 즐기는 게 아니냐는 의심을 늘 품고 있는 것 같다. 하여튼 그들은 남자보다 여자가 훨씬 음탕하다고 여겼다. 성교를 할 때마다 여자와 반대로 남자의 정력이 더 많이 소모되었기 때문이다.

13) 이 형법은 여성이 온갖 수단을 동원하여 성폭행에 대항하는 데 기여했을

것으로 짐작된다. 중국 속담에도 "굶주림은 하찮은 것이지만, 도덕을 상실한다는 것은 심각한 일이다"라는 것이 있다. 성폭행 사실이 증명되고 피해자가 "도덕적"인 여성이면, 가해자를 교살했다(V. W. Ng, "Ideology and Sexuality: Rape Laws in Qing China", *Journal of Asian Studies 1987*, p. 57f., 60f., 64f. 참조. 그 밖에 M. J. Meijer, *Murder and Adultery in Late Imperial China*, Leiden 1991, p. 77; E. Friedman/P. G. Pickowicz/M. Selden, 1991, p. 6 참조). 지금도 중국에서 성폭행을 당한 여성에게 주어지는 치욕은 혹독하다(C. Gilmartin, "Violence Against Women in Contemporary China", *Violence in China*, ed. J. N. Lipman/S. Harrell, Albany 1990, p. 214 참조).

14) E. Koch, 같은 책, p. 102 참조.

15) G. H. Oberzill, *Die bewußten Demoiselles*, Wien 1984, p. 17 참조.

16) C. A. Conley, "Rape and Justice in Victorian England", *Victorian Studies* 1986, p. 524 참조.

17) *Spiegel 49*, 1991, p. 55. 미국의 여러 주에서는 피해 여성이 상당한 신체적 저항을 했다는 증거가 있어야 성폭행으로 인정된다(R. Wyre/A. Swift, *Die Täter*, Köln 1991, p. 19 참조).

18) M. Greilsammer, "The Midwife, the Priest, and the Physician: The Subjugation of Midwives in the Low Countries at the End of the Middle Ages", *Journal of Medieval and Renaissance Studies* 1991, p. 291 참조.

19) J. M. Carter, *Rape in Medieval England*, Lanham 1985, p. 37 참조.

20) G. R. Quaife, "The Consenting Spinster in a Peasant Society: Aspects of Premarital Sex in 'Puritan' Somerset 1645~1660", *Journal of Social History 1977*, p. 240 참조.

21) B. S. Lindemann, "To Ravish and Carnally Know: Rape in Eighteenth-Century Massachusetts", *Signs 1984*, p. 67.

22) J. J. Beck, *Tracatus de eo, quod justum est circa stuprum. Von Schwächen und Schwängerung der Jungfern und ehrlichen Wittwen*, Nürnberg 1943 1743, p. 516, H. Möller, *Die kleinb rgerliche Familie im 18. Jahrhundert*, Berlin 1969, p. 87에서 인용. 그 밖에 A. Meyer-Knees, "Gewalt als Definitionaproblem: Zur Debatte ber die Mäglichkeit der 'Nothzucht' im gerichtsmedi-

zinschen Diskurs des 18. Jahrhunderts", *Blick-Wechsel*, ed. I. Lindner et al., Berlin 1989, p. 430 참조. 1753년 밀리우스는 하리치에서 어느 "변태 성욕자"가 벌을 받고 있는 장면을 목격하고 이렇게 말했다. "만일 그가 완전하게 어린 소년의 항문에 사정을 했다는 증거가 발견되었다면, 화형을 당하거나 더욱 심한 벌을 받았을 것이다"(M. Maurer, *Britannien, von deiner Freiheit einen Hut voll*, München 1992, p. 136에서 인용).

23) H. Prickler, "Das Banntaiding von Pamhagen aus 1546", *Burgenländische Heimatblätter 1988*, p. 15.

24) A. Clark, *Women's Silence, Men's Violence: Sexual Assault in England 1770~1845*, London 1987, p. 55, 61f. 최근에 네팔에서 아버지가 19세의 딸을 강제로 친척 남자에게 팔았는데, 그 남자는 "매매 관계를 확정짓고 자신에게 소유권이 있음을 강조하기 위해" 가족이 보는 앞에서 강제로 그 소녀에게 삽입하여 "사정"을 했다(1992년 11월 7일자 Rhein-Neckar-Zeitung).

25) 내가 잘 알고 지내던 한 사람이 한때 "집단 시합"에 참가한 바 있는데, 그것은 누가 정액을 가장 멀리 "발사"하는지를 겨루는 대회였다고 한다.

26) W. Wickler, *Sind wir Sünder?*, München 1969, p. 69f. 토끼와 아메리카 고슴도치는 암컷에게 구애할 때 오줌을 갈긴다(I. Eibl-Eibesfeldt/C. Sütterlin, *Im Banne der Angst*, München 1992, p. 180 참조).

27) Olaf Gulbransson, 1934, p. 24. 여러 명이 동시에 피해 여성에게 오줌을 갈기는 행위는 집단 성폭행 사건에서 자주 발생한다(H. Feldmann/J. Westenhöfer, *Vergewaltigung und ihre psychischen Folgen*, Stuttgart 1992, p. 12; K. Aromaa, "Notes on the Victimization Experience", *Victims and Criminal Justice*, Bd. III, ed. G. Kaiser et al., Freiburg 1991, p. 594 참조). 아이블-아이베스펠트(Eibl-Eibesfeldt)가 촬영한 사진에는, 힘바족 소년이 자신에게 굴복당한 동료 앞에서 으스대면서 커다란 무지개 모양으로 오줌을 갈기는 장면이 있다(같은 책, p. 179). 어느 독일인 피난민이 목격한 바에 따르면, 1945년에 오펠른 근처에서 20여 명의 소련군 병사들이 한 여자를 강간하여 죽인 다음, 큰 소리로 떠들고 웃어대면서 여자의 시체에 오줌을 갈겼다고 한다(E. N. Peterson, *The Many Faces of Defeat*, New York 1990, p. 309 참조).

28) J. R. Gillis, *For Better, For Worse: British Marriages,* 1600 to the Present, Oxford 1985, p. 126에서 인용.

29) A. Clark, 같은 책, p. 29 참조. 강간을 당한 여자들이 남편한테 버림받는 사례는 어느 시대, 어느 사회에서나 있었던 것으로 짐작된다. 중세시대 바르톨로메우스는 자신의 저서(『Quaestiones dominicales』)에서, 군인들이 지나가면 숨으라고 남편이 타일렀으나 아내가 그 말을 듣지 않아 강간을 당했다면, 남편이 그것을 이유로 아내를 쫓아낼 수 있느냐는 질문을 던졌다. 그리고 그는 다음과 같이 그래서는 안 된다고 말했다. "아내가 그랬다고 해서 남편이 쫓아낸다거나 간통으로 고발하는 것은 옳지 않으며, (……) 다만 남편의 말을 따르지 않은 책임은 물을 수 있을 것이다"(N. Brieskorn, *Finsteres Mittelalter?*, Mainz 1991, p. 79).

30) 베트남의 라데족은 여성의 의지에 반하여 강제로 행하는 동침뿐만 아니라, 잠을 자고 있거나 기절한 상태라서 의사 표시를 할 수 없는 여자를 범하는 경우도 성폭행으로 간주했다(L. Sabatier, *Recueil des coutumes Rhadées du Darlac*, Hanoi 1940, p. 198 참조). 락헤르족은 그와 같이 교접 의지가 없는 여자에게 성교하는 행위를 '알레우노'(aleuhno)라고 일컬었고, 이를 성폭행으로 간주하지 않았는데, 그 이유는 신체적 폭행이 없었기 때문이며, 다만 교활한 방법으로 원하는 바를 성취했을 따름이라는 것이다. 그 행위는 피해자에게 치욕적인 일이었지만, 피해 여성이 미혼일 경우 대부분의 라크헤르족 마을에서는 범인을 고발하지 않았다. 한편 잠을 자고 있거나 의식을 잃은 여자에게 삽입을 했을 경우 그 여자가 기혼일 때는 사악한 범법행위로 취급되었다. 물리적인 폭력을 동원한 성폭행이 실제로는 일어나지 않았지만, 그런 행위는 지극히 치욕적인 것으로 간주되었다.(N. E. Parry, *The Lakhers*, London 1932, p. 281f. 참조). 콩고의 볼리아족, 젱겔레족, 느톰바족 남편들은 잠들어 있는 아내한테는 어떤 경우라도 성교를 해서는 안 되고, 아내가 깨어 있을 때도 동의를 얻어야 했다. 그 밖의 모든 성교는 폭행으로 간주되었다.(N. van Everbroeck, *Mbomb'ipoku*, Tervuren 1961, p. 210 참조).

31) R. F. Barton, *The Kalingas*, Chicago 1949, p. 249 참조. 뉴아일랜드 섬의 레수족은 성폭행이 무엇인지조차 모르는 종족이라고 주장한 사람이 있으나(H. Powdermaker, *Life in Lesu*, London 1933, p. 245), 우리는 먼저 레수족이 '성폭행'이라는 말을 어떤 의미로 이해하고 있는지를 확인해야 할 것이다.

32) E. Fischer-Homberger, *Medizin vor Gericht*, Darmstadt 1988, p. 215 参조.

33) A. Meyer-Knees, *Verführung und sexualle Gewalt*, Tübingen 1992, p. 90에서 인용. 1793년에 법의학자 메츠거는 그와 같은 의견에 동조하면서, 성폭행은 의식을 잃은 상태의 여성에게만 가능하다고 주장했다. "그렇지 않은 경우는 여러 사람이 힘을 합쳐 거들어야 여자를 제압할 수 있으며, 대개 강간은 힘이 약한 미성년 소녀를 대상으로 행해진다"(같은 저자, 1989, p. 432). 1960년대의 저명한 범죄학자들도 여성의 의사에 반하여 성폭행이 이루어질 수 없다고 주장했다(H. Feldmann/J. Westenhöfer, 같은 책, p. 21 참조).

34) R. Michels, *Sittlichkeit in Ziffern?*, München 1928, p. 127 참조.

35) S. Breit, *'Leichtfertigkeit' und ländliche Gesellschaft*, München 1991, p. 220f. 참조.

36) A. Meyer-Knees, "Gewalt als Definitionaproblem: Zur Debatte über die Möglichkeit der 'Nothzucht' im gerichtsmedizinschen Diskurs des 18. Jahrhunderts", *Blick-Wechsel*, ed. I. Lindner et al., Berlin 1989, p. 433에서 인용.

28. 성폭행범과 처벌

1) J. M. Carter, *Rape in Medieval England*, Lanham 1985, p. 38, 120에서 인용.

2) 같은 책, p. 41, 85, 126, 133f. 그 밖에 R. Kittel, "Women Under the Law in Medieval England 1066~1485", *The Women of England*, ed. B. Kanner, London 1980, p. 130; J. M. Beattie, *Crime and the Courts in England 1600~1800*, Princeton 1986, p. 129; F. McLynn, *Crime and Punishment in Eighteenth-Century England*, London 1989, p. 106f.; J. A. Brundage, "Rape and Seduction in Medieval Canon Law", *Sexual Practices & the Medieval Church*, ed. V. I. Bullough/J. A. Brundage, Buffalo 1982, p. 147 참조. 프랑스에서도 사형을 집행하지 않고 가벼운 처벌로 대신하는 경우가 자주 있었다(K. Gravdal, "Chrétien de Troyes, Gratian, and the Medieval Romance of Sexual Violence", *Signs 1992*, p. 566

참조).

3) E. Österberg/D. Lindström, *Crime and Social Control in Medieval and Early Modern Swedish Towns*, Uppsala 1988, p. 100 참조.

4) *Sachsenspiegel*, ed. W. Koschorrek, III, 46. I.

5) 같은 책, III, I. I. 16세기 피렌체에서도 이와 유사하게 동성애 사건이 발생한 건물은 파괴해야 한다는 규정이 있었다(R. S. Liebert, Michelangelo, New Haven 1983, p. 293 참조).

6) M. Maréchal/J. Poumaréde, *La Coutime de Saint-Sever(1380~1480)*, Paris 1988, p. 88f. 1637년에 레발에서는 젊은 남자 세 명이 안나라는 처녀를 폭행하고 그 사실을 시인했다. 범인들 중에서 한 명은 결혼을 하겠다고 약속함으로써 풀려났고, 나머지 두 명은 형틀에 끌려가서 태형을 당했다(E. Gierlich, *Reval 1621 bis 1645*, Bonn 1991, p. 247 참조).

7) 이 부분은 브뤼헤를 비롯한 주변 지역 교회의 규정과 배치된다. 이 지역의 교회 규정에 따르면 성폭행범은 그런 방법으로 목숨을 구할 수 있었다. M. Greilsammer, "Rapts de séduction et rapts violents en Flandre et en Brabant à la fin du Moyen-Age", *Tijdschrift voor Rechtsgeschiedenis* 1988, p. 64 참조.

8) N. Damsholt, "Women in Medieval Denmark: A Study in Rape", *Danish Medieval History*, ed. N. Skyum-Nielsen/N. Lund, K benhavn 1981, p. 81 참조. 장크트 갈렌의 여성 팔크는 남편 에라스무스가 결혼 직전에 자기한테 "처녀"가 아니라고 책망하면서 누가 "능욕"했는지를 알아야겠다고 윽박지르자 남편을 고발했는데, 이것은 그 이후 시대에도 남성의 순결과 관계없이 여성에게는 성적인 순결이 중요시되었음을 뒷받침하고 있다. 이 소송에서 남편은 아내에 대한 비방죄로 징역형을 선고받았다(C. Moser-Nef, *Die freie Reichsstadt und Republik Sankt Gallen*, Bd. V, Zürich 1951, V, p. 271f. 참조).

9) S. F. Wemple, *Women in Frankish Society*, Philadelphia 1981, p. 41 참조. 고대부터 르네상스에 이르기까지 수많은 책에서 저자들은, 여자가 강간을 당하느니 차라리 죽는 게 낫다고 강조했다(L. C. Hults, "D rer's Lucretia", *Signs 1991*, p. 211 참조). 고전적인 예로는, 262년에 갓 시집온 도미틸라가 고트족에게 강간을 당하지 않으려고 자살한 사건이 있었다. 이러한 딸을 자랑스럽게 여긴 부모가 묘비에 이런 글귀를 새겨넣었다. "죽음을 두려워하지 않았던 이 여인은/수치스러운 강간

대신에 죽음을 택했노라"(A. J. L. van Hooff, *From Autothanasia to Suicide: Self-Killing in Classical Antiquity*, London 1990, p. 24).

10) L. M. Epstein, *Sex Laws and Customs in Judaism*, New York 1948, p. 179 참조.

11) Ketubot 51b 참조.

12) R. Biale, *Women and Jewish Law*, New York 1984, p. 250f. 참조.

13) 성폭행을 당한 피해자는 명예를 훼손당한 것이므로, 아테네 법정은 범인에게 사형 판결을 내렸다. 자신의 아내, 어머니, 누이, 딸, 또는 첩을 "올라타고 있는"(ἐπὶ) 남자를 현장에서 목격했을 때는, 그 자가 동침을 강요했든 하지 않았든 상관없이 그 자리에서 죽일 수 있도록 허용되어 있었다.

14) E. M. Harris, "Did the Athenians Regard Seduction as a Worse Crime Than Rape?", *Classical Quarterly* 1990, p. 370ff. 참조.

15) J. v. Magyary-Kossa, *Ungarische Medizinische Erinnerungen*, Budapest 1935, p. 120 참조.

16) 1447년 바젤의 푸줏간 주인은 성적으로 아직 성숙하지 않은 소녀를 능욕한 죄로, 다시 말해서 오늘날 "미성년자 추행"이라고 일컫는 것과 같은 행위를 저지른 죄로 알프스 너머로 가차없이 추방되었다(K. Simon-Muscheid, "Gewalt und Ehre im spätmittelalterlichen Handwerk am Beispiel Basels", *Zeitschrift für historische Forschung 1991*, p. 26 참조). 중세시대의 기사들은 미성년자를 성폭행할 때 일반적으로 재미를 느끼지 못했다(K. Gravdal, "The Poetics of Rape Law in Medieval France", *Rape and Representation*, ed. L. A. Higgins/B. R. Silver, New York 1991, p. 214f. 참조).

17) H. Maurer, *Konstanz im Mittelalter*, Konstanz 1989, II, p. 185f. 참조.

18) Moser-Nef, 같은 책, p. 89, 448. 성폭행을 기도한 혐의도 완전하게 행위를 저지른 것과 거의 동일하게 처벌을 받는 경우가 많았다. 근친상간 기도죄에 대해서도 같은 벌이 내려졌다. 1562년에 알코올 중독자 하인리히 크뉘펠은 고문을 당한 끝에 자백을 했는데, 자신의 딸 비브라흐트와 누이 바르벨을 상대로 반복해서 "애를 쓰다가 기분이 고조되자 과감하게 삽입하려고 했으나, 뜻대로 되지 않자 입으로 그들을 능욕했다"고 털어놓았다. 그는 "가차없이" 칼로 처단되었다(같은 책, p. 469 참조).

19) S. Mennell, *Norbert Elias*, Oxford 1989, p. 55.

20) J. van Ussel, *Sexualunterdrückung*, Reinbek 1970, p. 69.

21) Andreas Capellanus, *Li livres d'amours*, ed. R. Bossuat, Paris 1926, 4519ff.

22) 카펠라누스에 따르면 농부 남편은 너무 피곤해서 자신의 아내를 제대로 돌봐줄 수 없었다고 한다.

23) J. M. Carter, 앞의 책, p. 153. 그 밖에 유명한 카펠라누스의 주장들 중에서, 이를테면 사랑과 결혼은 서로 합치될 수 없다는 주장은 당시의 사회 현실에도 맞지 않았고, 이 주제와 관련한 동시대인들 다수의 견해와도 일치되지 않았다(H. A. Kelly, *Love and Marriage in the Age of Chaucer*, Ithaca 1975, p. 39; G. Schweikle, 1980, p. 115 참조). 카펠라누스는 사랑하는 남자가 여자의 허리 아래를 만질 것이냐 위를 만질 것이냐에 관한 문제를 놓고, 여자는 '은밀한 곳'(inferiores partes)이 쾌락을 가장 잘 느낄 수 있는 곳이므로 '아래'를 만져야 한다고 주장했는데, 이것만 보더라도 카펠라누스의 주장이 당시의 예의범절에 맞지 않았다는 사실을 알 수 있다(R. Schnell, "Die höfische Liebe als höfischer Diskurs über die Liebe", *Curialitas*, ed. J. Fleckenstein, Göttingen 1990, p. 284f. 참조).

24) W. Rösener, "Die höfische Frau im Hochmittelalter", *Curialitas*, ed. J. Fleckenstein, Göttingen 1990, p. 224 참조. 음유시인 브룬(Garin le Brun)의 교훈시에서는 메주라(Mezura)가 시인에게, 구애를 할 때는 조심스럽게 인내심을 가지라고 말하면서, 만일 경솔하게 행동하면 결코 목적한 대로 여자를 다룰 수 없을 것이라고 경고한다(Schnell, 앞의 책, p. 282 참조).

25) D. Rieger, "Le motif du viol dans la littêrature de la France médiévale entre norme courtoise et réalité courtoise", *Cahiers de civilisation médiévale 1988*, p. 244 참조.

26) B. A. Hanawalt, *Crime and Conflict in English Communities 1300~1348*, Cambridge 1979, p. 105; 같은 저자, "Fur-Collar Crime: The Pattern of Crime Among the Fourteenth-Century English Nobility", *Journal of Social History* 1975, p. 6 참조.

27) G. Ruggiero, "Sexual Criminality in the Early Renaissance: Venice 1338~1358", *Journal of Social History 1975*, p. 29f. 참조.

28) 영국에서 귀족이 하층계급의 여성을 폭행한 사건이 발생하면, 이 사건은 "순회 법정"에서 다루어진 것이 아니라 대개 그 사람의 신분에 맞는 법

원에서 다루어졌는데, 가해자가 처벌을 받지 않고 풀려났다는 말은 적절치 않다(J. M. Carter, 앞의 책, p. 82, 85 참조).

29) B. A. Hanawalt, *Crime and Conflict in English Communities 1300~1348*, Cambridge 1979, p. 178 참조.

30) M. Greilsammer, "Rapts de séduction et rapts violents en Flandre et en Brabant à la fin du Moyen-Age", *Tijdschrift voor Rechtsgeschiedenis* 1988, p. 69f. 참조.

31) N. S. Kollmann, "Was There Honor in Kiev Ruś?", *Jahrbücher für Geschichte Osteuropas 1988*, p. 486f; R. Hellie, *Slavery in Russia 1450~1725*, Chicago 1982, p. 116 참조. 이 형법은 바베이도스 섬의 형법이나, 영국의 통치를 받고 있던 서인도제도의 형법과 비교해볼 수 있는데, 이곳의 형법에는 19세기까지도 흑인 노예를 추행해도 벌을 받지 않는다고 되어 있었다(H. M. Beckles, *Natural Rebels: A Social History of Enslaved Black Women in Barbados*, New Brunswick 1989, p. 43 참조).

32) 같은 저자, in der Beeck, M.: *Der Zwang zu stehlen*, Bonn 1991, p. 66ff. 참조.

33) 피해자가 결혼한 여자이고 폭력을 쓰지 않고 단지 유혹만 했다면, 가해자의 코를 잘라내는 벌을 내렸다(같은 책, p. 65 참조).

34) 정통파 교회에서는 가톨릭 교회와 같은 개념의 "부부간의 의무" 개념이 없었기 때문에 남편이 아내에게 성교를 강요했을 경우, 그 사실만으로도 아내는 교회법에 따라 남편에게 이혼을 요구할 수 있었다. 러시아에서는 1968년에 들어와서 부부간의 강간이 처벌 대상이 되었다. B. E. Clements, "Later Developments: Trends in Soviet Women's History, 1930 to the Present", *Russia's Women*, ed. B. E. Clements et al., Berkeley 1991, p. 275 참조.

35) C. D. Worobec, "Accomodation and Resistance", *Russia's Women*, ed. B. E. Clements et al., Berkeley 1991, p. 22 및 N. L. Pushkarea, "Women in the Medieval Russian Family of the Tenth Through Fifteenth Centuries", *Russia's Women*, ed. B. E. Clements et al., Berkeley 1991, p. 42 참조. 서부 유럽에서 성폭행을 당한 여자는 대개 현장을 목격한 증인이 필요했다. 북부 게르만의 법전에는 여자가 이 집에서 저 집으로 이동할 때 "여자 안내자"(kuenna læiðir)라고 불리는 세 살짜리 아이를 반드시 동행하라고 되어 있는데,

이는 길거리에서 여자가 추행을 당할 경우에 대비하여 증언할 사람이 필요했기 때문이다(R. Meißner, *Bruchstücke der Rechtsbücher des Borgarthings und des Eidsivathings*, Weimar 1942, p. 60 참조). 근대 초기에는 믿을 만한 여자가 범행을 증언하는 것만으로 충분했는데, 그렇기 때문에 범인들이 범행을 포기하려는 경우가 더러 있었다. 1588년, 브룬 출신의 한스 야콥이라는 남자가 그런 경우였다. 마리아라는 이름의 피해자는 가정법원에서 진술할 때, 자신이 고발을 포기하면 결혼해주겠다는 말을 남자가 말했다고 털어놓았다. 법원 측에서는 남자에게 폭행에 대한 벌금으로 50파운드를 선고하고, 여자가 그로 인하여 처녀성을 잃었으므로 여자에게 100파운드를 배상해주라고 판결했다(T. M. Safley, *Let No Man Put Asunder: The Control of Marriage in the German Southwest, 1500~1600*, Kirksville 1984, p. 145 참조).

36) D. Rieger, 앞의 책, p. 244 참조.

37) H. Wirth, "Das Turnier zu Heidelberg", *Archiv für die Geschichte der Stadt Heidelberg 1868*, p. 223 참조.

38) Rieger, 앞의 책, p. 243f. 참조.

29. 전시(戰時)의 성폭행과 '정액받이 부대'

1) 아헨의 알베르트와 같은 연대기 작가들은 이와 같은 만행이 있었다는 주장에 동의하지 않았다(P. Milger, *Die Kreuzzüge*, München 1988, p. 94 참조).

2) 여자들이 성폭행을 당하지 않으려고 사용했던 방법은 그 밖에 더 있었던 것 같다. 이를테면 디아코누스(Paulus Diakonus, IV, 37)는 아바르족에 의해 폭행을 당하고 살해된 랑고바르드족의 공작부인 로밀다에 대해 이렇게 전했다. "그러나 그녀의 딸들은 어머니의 전철을 밟지 않고 순결을 지키겠다는 각오로, 야만인들에게 치욕을 당하지 않으려고 닭을 잡아 날고기를 젖가슴 사이의 코르셋 속에 발라놓고 더운 열기를 받아 부패시킴으로써 지독한 악취를 풍기게 했다. 드디어 아바르족 남자들이 덤벼들었지만 견딜 수 없는 악취가 풍기자, 그들은 천성적으로 악취가 나는 줄로 생각하고는, '랑고바르드족 여자들은 모두 구린내가 난다'고 말하면서 너무나 혐오스러워서 멀찌감치 물러갔다."

3) P. Milger, 앞의 책, p. 229f.에서 인용. 그 밖에 F. Gabrieli, *Die*

Kreuzzüge aus arabischer Sicht, Zürich 1973, p. 50, 211ff. 참조.

4) B. S. Anderson/J. P. Zinsser, *A History of Their Own*, Bd. I, New York 1988, I, p. 275. "파리의 부르주아"라는 별명을 가진 사람은 『저널』지에서, 백년전쟁 중에 군인들이 여자들을 폭행했다는 내용의 글을 아주 일상적으로 게재했다(A. Tuetey, *Journal d'un bourgeois de Paris*, Paris 1881, p. 265 참조.).

5) T. de Bry, *America*, ed. G. Sievernich, Berlin 1990, p. 222.

6) R. Adorno, "The Depiction of Self and Other in Colonial Peru", *Art Journal* 1990, p. 114, 118 참조.

7) B. Diaz del Castillo, *Geschichte der Eroberung von Mexiko*, ed. G. A. Narci , Frankfurt/M. 1988, p. 465. 최근에 에스파냐의 후안 카를로스 왕은 이러한 과거를 어떻게 '극복'할 수 있는지를 예시적으로 보여준 바 있다. 그는 에스파냐 사람들의 그와 같은 잔학행위에 관한 질문을 받은 자리에서, "이 문제를 너무 일방적으로만 바라보지 말라"고 주문하고, "에스파냐 사람과 인디언들 사이에는 서로 준 것과 받은 것이 있다"는 점을 지적하면서, "아메리카에는 착한 에스파냐 사람들도 많이 살고 있다"는 말로 답변을 끝맺었다(1992년 4월 20일, ARD 방송).

8) H. Appuhn, *Wenzelsbibel*, Dortmund 1990, III, 198.

9) R. D. Eskapa, *Die bizarre Seite der Sexualität*, Hamburg 1988, p. 153 참조. 1415년에 영국의 헨리 4세(1387~1422, 프랑스와의 백년전쟁을 재개해 노르망디를 제압하고 프랑스왕 샤를 6세의 왕위 계승자가 되었다—옮긴이)는 아르플뢰르(노르망디 지방의 항구 도시—옮긴이)를 정복한 후에 병사들에게 모든 성적 도발행위를 하지 말라고 명확하게 금지령을 내렸고, 에드워드 3세도 칸(프랑스 북부 칼바도스의 수도—옮긴이)을 점령한 뒤에, 성폭행을 저지르는 자는 그 자리에서 처형할 것임을 선언했다. 물론 그런데도 사건은 그치지 않았다(G. Jäger, *Aspekte des Krieges und der Chevalerie im XIV. Jahrhundert in Frankreich*, Bern 1981, p. 206; J. Bradbury, *he Medieval Siege*, Woodbridge 1992, p. 306f. 참조). 1393년의 '젬파흐 서한'(젬파흐는 스위스 루체른 주에 있는 도시—옮긴이)에도 무장한 군인은 누구든 부녀자를 "부당하게 다루지 말라"는 조항이 있었다(V. Schmidtchen, Kriegswesen im sp ten Mittelalter, Wienheim 1990, p. 71 참조). 14, 15세기의 이탈리아에서도 전쟁 중의 성폭행이 금지되어 있었다. 그런데도 사건은 끊임없이 발생했고, 마침내 1447년에는 스포르차(Francesco Sforza) 공

작 휘하의 병사들이 피아첸차 마을의 여자들을 집단 폭행하자 사방에서 분노의 불길이 치솟았다(M. L. King, *Women of the Renaissance*, Chicago 1991, p. 30 참조).

10) N. Wright, "Ransoms of Non-Combatants During the Hundred Years War", *Journal of Medieval History 1992*, p. 324 참조.

11) 그 밖에 우리는 '폭행'이 정확하게 무엇을 의미했는지 알 수가 없다. 한 예로 백년전쟁 중에 팔레즈(프랑스 북서부 칼바도스 주에 있는 상업도시-옮긴이)의 주둔지에서 르 콩트라는 남자는 밤만 되면 현지의 많은 남자들에게 그들의 부인을 자기한테 보내라고 강요했다(같은 책, p. 328). 그와 같은 강간도 '성폭행'으로 간주되었는지는 알 수가 없다.

12) B. Donagan, "Codes and Conduct in the English Civil War", *Past & Present*, February 1988, p. 86 참조.

13) M. Kobelt-Groch, "Von 'armen frowen' und 'büsen wibern': Frauen im Bauernkrieg zwischen Anpassung und Auflehnung", *Archiv für Reformationsgeschichte 1988*, p. 135f. 참조.

14) W. Lenk, *Dokumente aus dem deutschen Bauernkrieg*, Frankfurt/M. 1983, p. 106.

15) H.-C. Rublack, *Hat die Nonne den Pfarrer geküßt?*, Gütersloh 1991, p. 130 참조.

16) H. v. Hentig, *Die Besiegten*, München 1966, p. 164 참조.

17) J. A. Brundage, *Medieval Canon Law and the Crusader*, Madison 1969, p. 32 참조.

18) H. Solterer, "Figures of Female Militancy in Medieval France", *Signs 1991*, p. 535f. 참조.

19) A. Khattab, *Das Bild der Franken in der arabischen Literatur des Mittelalters*, Göppingen 1989, p. 32 참조.

20) J. Gillingham, *Richard Löwenherz*, Düsseldorf 1981, p. 198f. 참조.

21) P. Milger, 앞의 책, p. 85, 297 참조.

22) H. P. Duerr, *Der Mythos vom Zivilisationsprozeß*, Bd. II: *Intimität*, Frankfurt/M. 1990, p. 291, 그림 160 참조. 1460년 무렵 알브레히트 아힐레스 백작은 군법 조항에 "우리 군대 안에 매춘부를 두어서는 안 된다"는 규정을 만들었다(H.-M. Möller, *Das Regiment der Landsknechte*, Wiesbaden 1976, p. 160 참조). 15세기 초에 하인리히 4세는 병영에서 3마일 범위 안에 들어오는 매춘부는 팔을 자르는 벌

을 내린다는 조항을 두었다(J. Bradbury, 같은 곳 참조). 전투가 끝나고 나면 이 매춘부들은—나중에는 용병들의 "동침" 대상이 되었지만—승리한 부대의 "소유"가 되었다. 그 예로 1386년 파도바 부대는 211명의 종군 매춘부를 잡아들였다(P. Blastenbrei, *Die Sforza und ihr Heer*, Heidelberg 1987, p. 161f. 참조).

23) W. Lenk, 앞의 책, p. 115. 이에 따라 프랑켄 농민부대의 군법 제7조에도 "병영 안에 천박한 매춘부를 두어서는 안 된다"(O. H. Brandt, *Der große Bauernkrieg*, Jena 1925, p. 237에서 인용)는 조항이 생겼다.

24) R. Hartmann, "Aufgaben, Rollen und Räume von Mann und Frau bei Inka und Azteken", *Aufgaben, Rollen und Räume bei Mann und Frau*, Bd. I, ed. J. Mertin/R. Zoeppfel. Freiburg 1989, p. 204f. 참조. 이와 비슷하게 아스텍의 매춘부들도 분명히 천대받는 부류였을 것이다(B. de Sahagún, *Florentine Codex*, Bd. X, ed. C. E. Dibble/A. J. O. Anderson, Santa Fe 1961, p. 55 참조).

25) 1685년 뮌헨에서 발간된 『주간 경찰신문』에는 다음과 같은 파리 소식이 실려 있었다. "군인들이/외르 강변에서 일하던/경박한 여자들을 유혹하여 능욕한 사건이 발생했는데, /며칠 전에 그들 세 명을 붙잡아/다른 사람들에게 시범을 보이기 위해/머리카락과/코와 귀를 잘라 벌을 주고/그와 같은 악독한 사람들을 비난하는, 매우 신랄한 공고문을 며칠 동안 붙여놓았다고 한다"(E. Buchner, *Ehe*, München 1914, p. 199).

26) C. Jones, *The Charitable Imperative*, London 1989, p. 220ff. 과거에는 군인들이 무절제한 성행위로 성병에 걸리는 일이 없도록 하기 위해 위안부를 허용했으나, 오늘날에는 매독에 감염될 위험이 있다는 이유로 매춘을 금지하고 있는 것 같다. 1781년에는 3회 이상 감염된 군인에게 2년 동안의 군복무를 추가한다는 조치도 있었다. 17세기에 군대가 주둔했거나 통과한 지역에서는 수많은 여자들이 매춘부로 전락했다는 기록도 있다. 17세기에는 실질적으로 위안부나 종군 매춘부를 허용했다(A. Forrest, *Conscripts and Deserters: The Army and French Society During the Revolution*, Oxford 1989 1990, p. 150 참조). 1811년에는 "좋지 못한 생활을 하는 처녀나 아낙네들이 계절마다 무수히 번식하는 벌레들 같았다"고 개탄한 사람도 있었다(A. Forrest, *Conscripts and Deserters: The Army and French Society During the Revolution*, Oxford 1989, p. 181 참조).

27) C. Jones, *The Charitable Imperative*, London 1989, p. 214 참조.

28) 원본 텍스트에 그런 기록이 있다.

29) 장교가 "그 여자는 매춘부였다"는 증언을 해주지 않았더라면 그 군인은 분명히 유죄판결을 받았을 것이다. 장교 자신도 "여자가 필요했다면 그 여자를 범했을 것"이라고 말했다(S. Roecken/C. Brauckmann, *Margaretha Jedefrau*, Freiburg 1989, p. 325ff. 참조).

30) R. Salzer, *Zur Geschichte Heidelbergs von dem Jahre 1689~1693*, Heidelberg 1879, p. 17, 34, 44, 58; W. Oncken, Stadt, *Schlo und Hochschule Heidelberg*, Heidelberg 1874, p. 45f. 참조. 폭행을 저질러서 상대방을 사망에 이르게 하는 사례는 30년전쟁 중에도 드물지 않게 일어났다(A. Reinhard, *Burkardroth*, Haßfurt1975, p. 38 참조).

31) A. Forrest, 앞의 책, p. 127, 183 참조.

32) J. B. Pflug, *Aus der Räuber- und Franzosenzeit Schwabens*, ed. M. Zengerle, Weißenhorn 1975, p. 37. 1793년 4월 30일자로 발효된 법률에 따라 모든 여성은 전쟁에 참가할 수 없었기 때문에, 여자들이 남자옷을 입고 남자 행세를 하며 군대에 들어가는 사례가 있었다(E. Harten/H.-C. Harten, *Frauen, Kultur, Revolution: 1789~1799*, Pfaffenweiler 1989, p. 27 참조).

33) Napoleon, *Briefe*, de. F. Schulze, Leipzig 1912, p. 98. 그런 조항은 효력이 거의 없었다. 그래서 나폴레옹은 1799년 야파(이스라엘 서부의 항구)를 점령했을 때 이렇게 말했다. "병사들이 분노에 차서 거리에서 여자들을 찾아 돌아다녔다. 총소리가 날 때마다 여자들이 비명을 질렀으므로, 집 안팎에서 여자들이 있을 만한 곳을 향해 총을 쏘고, 비명소리가 나는 집으로 당장 쳐들어가서 그 안에 있는 여자들을 모조리 능욕했다"(W. Schneider, *Das Buch vom Soldaten*, Düsseldorf 1964, p. 208).

34) G. Duwe, *Berlin in fremder Hand*, Osnabrück 1991, p. 47, 52f. 참조.

35) J. Prebble, *Culloden*, Harmondsworth 1967, p. 205 참조.

36) 같은 저자, 1966, p. 51, 237 참조.

37) H. P. Duerr, *Der Mythos vom Zivilisationsprozeß*, Bd. II: *Intimität*, Frankfurt/M. 1990, p. 196f. 참조.

38) A. Jonaitis, *From the Land of the Totem Poles*, New York 1988, p. 26f. 참조. 눗카족이 쿡 선장과 그의 선원들에게 제공한 여자들도 노

예였을 가능성이 매우 높다(H. P. Duerr, 앞의 책, p. 442 참조).

39) 같은 책, p. 464; L. E. Eastman, "Facets of an Ambivalent Relationship", *The Chinese and the Japanese*, ed. A. Iriye, Princeton 1980, p. 294ff. 참조.

40) S.-H. Lee-Linke, *Frauen gegen Konfuzius*, Gütersloh 1991, p. 119 참조.

41) N. Monti, *Africa Then*, New York 1987, p. 74 참조.

42) H. v. Henting, 같은 책, p. 165 참조.

43) I. Deák, *Der k.k. Offizier, 1848~1918*, Wien 1991, p. 173. 제2차 세계대전 중에 독일군 지휘부는 점령지의 500여 지점에 현지 여자들을 불러모아 방위군 유곽을 운영했다(B. Johr, "Die Ereignisse in Zahlen", *BeFreier und Befreite*, ed. H. Sander/B. Johr, München 1992, p. 60ff.; M. D. Kreuzer, *Prostitution*, Stuttgart 1989, p. 52 참조).

44) S. Brownmiller, *Gegen unseren Willen*, Frankfurt/M. 1980, p. 97, 99 참조.

45) C. Enloe, *Does Khaki Become You?*, London 1983, p. 33 참조. 어느 퇴역 군인은 '안 록'을 예로 들면서, 그런 도시는 "우리 기병대를 뒷바라지하기 위해 매춘부와 천막과 마약거래자들로 무장한 도시"였다고 말했다(M. Lane, *Les soldats américains accusent*, Paris 1972, p. 209 참조).

46) 『분테 일루스리어르테』지(37, 1992, p. 72)는 이런 상황에 대해 "중세시대가 되돌아왔다"고 논평했다.

47) A. Stiglmayer, "Vergewaltigung als Waffe", *Stern 49*, 1992, p. 22ff. 참조. 이와 같은 집단 폭행의 책임을 크로아티아와 보스니아 측에 떠넘기기도 했다(*Spiegel 53*, 1992, p. 114f. 참조).

30. 강간과 문명화 과정

1) N. Elias, *Über den Proze der Zivilisation*, Basel 1939, II, p. 105f.
2) 같은 책, p. 323.
3) 같은 책, I, p. 265.
4) 같은 책, p. 279.

5) 스완(A. de Swaan, "Vom Befehlsprinzip zum Verhandlungsprinzip: Über neuere Verschiebungen im Gefühlshaushalt der Menschen", Der unendliche Prozeß der Zivilisation, ed. H. Kuzmics/I. Mörth, Frankfurt/M. 1991, p. 116)은 오늘날의 인간들이 무엇보다도 "성교에서 더 많은 활동공간을 누리고 있으며, 다만 여기에는 당사자들이 상호간의 동의 아래 합의에 따라 행동한다는 제한된 조건이 있는 것 같다"고 주장했다. 그러나 오늘날의 여성들이 그와 같은 "더 많은 활동공간"을 누리게 된 이후로—사전에 "상호간의 동의" 없이—엄청난 부담을 갖게 되었다는 사실을 부정하지는 못할 것이다. 그러한 "활동공간"이 어느 정도 안전한지는 최근의 설문조사가 말해주고 있는데, 그 조사에 따르면 모든 여성의 74퍼센트(남성의 경우 32퍼센트)가 저녁 무렵 집으로 돌아가는 길이 "특히 위험하다"고 대답했다. 또한 응답한 여성의 53퍼센트는 어둠이 깔린 이후에 혼자서 집 밖으로 나가지 않는다고 대답했다(*Brigitte 26*, 1992, p. 104f. 참조).

6) R. Porter, "Rape: Does It Have a Historical Meaning?, *Rape*, ed. S. Tomaselli/R. Porter, Oxford 1986, p. 220f.; B. S. Lindemann, "To Ravish and Carnally Know: Rape in Eighteenth-Century Massachusetts", *Signs* 1984, p. 72f.; F. McLynn, *Crime and Punishment in Eighteenth-Century England*, London 1989, p. 108, 317 참조.

7) B. A. Hanawalt, *Crime and Conflict in English Communities 1300~1348*, Cambridge 1979, p. 272 참조.

8) Lindemann, 앞의 책, p. 70f. 참조.

9) J. Temkin, "Women, Rape and Law Reform", *Rape*, ed. S. Tomaselli/R. Porter, Oxford 1986, p. 21 참조.

10) L. Segal, *Slow Motion*, New Brunswick 1990, p. 242 참조.

11) W. Bartholomäus, *Glut der Begierde, Sprache der Liebe*, München 1987, p. 48 참조.

12) M. Licht, *Vergewaltigungsopfer*, Pfaffenweiler 1989 및 *Spiegel 49*, 1991, p. 57 참조. 모든 전문가들은 오늘날의 상황을 논할 때도 신고하려는 사람이 거의 없다는 사실을 고려한다. 관련 서적마다 그 비율을 1/10에서 1/100까지로 추정하고 있다.

13) I. H. Frieze, "The Female Victim", *Cataclysms, Crises, and Catastrophes*, ed. G. R. Vanden Bos/B. K. Bryant, Hyattsville

1987, p. 114, 129 참조. 미국에서는 "평생 동안 23.3퍼센트가 성폭행을 당하고, 13.1퍼센트는 성폭행 미수를 당한다"고 추정한 학자가 있는가 하면(H. Feldmann/J. Westenhöfer, *Vergewaltigung und ihre psychischen Folgen*, Stuttgart 1992, p. 4 참조), 혹자는 15퍼센트에서 20퍼센트에 이르는 것으로 추정했다(L. Madigan/N. C. Gamble, *The Second Rape*, New York 1991, p. 4 참조).

14) D. Zillmann/J. B. Weaver, "Pornography and Men's Sexual Callousness Toward Women", *Pornography*, ed. D. Zillman/J. Bryant, Hilladale 1989, p. 99 참조. 여대생 전체의 20퍼센트에서 25퍼센트가 이미 성폭행 미수를 당했고, 15퍼센트는 성폭행을 당했다고 응답했다. 지금까지 아무한테서도 성교를 강요당한 적이 없는 학생은 39퍼센트에 불과했다. 그리고 남자 대학생의 71퍼센트가 상대방 여자의 의사를 무시하고 겁탈한 적이 있다고 고백했다(E. Viano, "Violence on College Campuses", *Victims and Criminal Justice*, Bd. III, ed. G. Kaiser et al., Freiburg 1991, p. 526 참조).

15) Frieze, 앞의 책, p. 128 참조. "친우회 파티"가 벌어진 장소에서 "집단 강간"에 참여했던 50명 전체가 그 행위를 "정상적인 파티 행사"라고 생각하고 있었다(Viano, 같은 책, p. 527 참조).

16) W. M. Shields/L. M. Shields, "Forcible Rape: An Evolutionary Respective", *Ethology and Sociobiology* 1983, p. 115 참조.

17) W. v. d. Ohe, "Gewalt und Kriminalität", *Die Vereinigten Staaten von Amerika*, Bd. II, ed. W. P. Adams et al., Frankfurt/M. 1990, p. 136 참조. 1991년 독일에서 발생한 강도 사건은 25년 전에 비해 4.5배 증가한 것으로 나타났다(1992년 1월 24일자 Rhein-Neckar-Zeitung).

18) 주민 10만 명을 기준으로 신고 건수를 비교하면 일본은 1.6건, 통일 이전의 서독은 9.7건, 그 밖의 서유럽은 5.4건, 미국은 35.7건으로 나타났다(W. v. d. Ohe, 같은 책, p. 125). 일본의 폭행 사건 발생률에 관해서는 M. Shikita/S. Tsuchiya, *Crime and Criminal Policy in Japan*, New York 1992, p. 76 참조.

19) 예를 들면 모택동 시대 중국의 폭행 사건 발생률의 증가 추세가 그러했다(C. Gilmartin, "Violence Against Women in Contemporary China", *Violence in China*, ed. J. N. Lipman/S. Harrell, Albany 1990, p. 211 참조).

20) W. M. Shields/L. M. Shields, 같은 책, p. 127. 범인들 중에서 최소한 98퍼센트가 벌을 받지 않는다는 통계도 나와 있다(L. Madigan/N. C. Gamble, 같은 책, p. 7). 독일의 상황도 근본적으로 다르지 않을 것으로 생각된다(L. van der Starre, "Darstellung des Geschlechtsrollenseminars in der Jugendanstalt Hameln", *Sexualitat BRD/DDR im vergleich*, ed. R. Kuntz-Brunner/H. Kwsat, Braunschweig 1991, p. 272f. 참조).

21) 충동을 자제해야 할 기회가 많은 사회에 비해 쾌락지향적인 소비사회의 폭력 범죄가 더 적을 것이라고 생각하는 사람들이 과거에는 더 많았다. 그러나 실제 사정은 그와 정반대로 나타나고 있다. "쾌락지향적인 사회가 범죄율이 적은 사회라면, 우리는 미국에서 지난 세기 동안 쾌락과 폭력 두 가지가 모두 엄청난 증가세를 보였다는 사실에 놀라지 않을 수 없을 것이다"(T. M. Kando, *Sexual Behavior & Family Life*, New York 1978, p. 415). 일부 학자들이 제기한 주장에 따르면, 통제가 엄격한 환경에 비해 상대적으로 통제가 느슨한 환경에서는 성폭행 사건 발생률이 더 높다는 것인데, 그 이유는 여성과의 성적인 접근이 실패할 경우 엄격히 통제되는 환경에서는 그 실패의 원인을 사회적 상황 탓으로 돌릴 수 있는 반면에, 느슨한 환경에서는 실패의 원인을 개인적인 결함으로 인식하므로 그로 인한 좌절감이 더 커지기 때문이라는 것이다(D. Chappel/G. Geis/S. Schafer/L. Siegel, "Forcible Rape: A Comparative Study of Offenses Known to the Police in Boston and Los Angeles", *Studies in the Sociology of Sex*, ed. J. M. Henslin, New York 1971, p. 175 참조).

22) H. P. Duerr, *Der Mythos vom Zivilisationsprozeß*, Bd. II: *Intimität*, Frankfurt/M. 1990, p. 260f. 참조.

23) T. Morris/P. Morris/B. Barer, *Pentonville* 1963, p. 70 참조.

24) H. P. Duerr, *Der Mythos vom Zivilisationsprozeß*, Bd. II: *Intimität*, Frankfurt/M. 1990, p. 303 참조.

25) J. Verdon, "La femme et la violence en Poitou pendant la Guerre de Cent Ans", Annales du Midi 1990, p. 373 참조.

26) 하여간 이와 같이 근친상간을 요구한 죄로 그는 탑에 감금되었다(C. Moser-Nef, *Die freie Reichsstadt und Republik Sankt Gallen*, Bd. V, Zürich 1951, V, p. 415 참조).

31. "이년아, 유대인 계집은 없어!"

1) L. De Mause, "A Proposal For a Nuclear Tensions Monitoring Center", *Journal of Psychohistory* 1985, p. 202 참조. 경기장에서 난동을 부리는 패거리들도 "맞붙어 싸우는 행위가 성적인 체험과 같았다"(K. Farin/E. Seidel-Pielen, *Krieg in den Städten*, Berlin 1991, p. 128)고 말하는 사람들이 많았다.

2) M. Baker, *Nam*, New York 1981, p. 84 참조.

3) 같은 책, p. 192, 206. 그 밖에 S. Keen, *Bilder des Bösen*, Weinheim 1987, p. 57 참조.

4) A. E. Bergmann, *Women of Vietman*, San Francisco 1974, p. 73 참조. 아시리아와 이스라엘 전사들도 이미 임신한 여인의 배를 가른 사례가 있었는데(T. Staubli, *Das Image der Nomaden im Alten Israel und in der Ikonographie seiner se haften Nachbarn*, Fribourg 1991, p. 94 참조), 당시에는—오늘날과 달리—임신하지 않은 여자에 대해서는 그런 식으로 살해하지 않은 것을 볼 때, 잔악한 행위를 즐기기 위해서가 아니라 "남자를 없애려는" 목적이었던 것으로 보인다.

5) E. Laudowicz, "Armee mit Langen Haaren", *Der große Unterschied*, ed. K. v. Soden, Berlin 1988, p. 120에서 인용. 그 밖에 M. Lane, *Les soldats américains accusent*, Paris 1972, p. 20, 42f., 50, 82, 92, 164, 195 참조.

6) S. Brownmiller, *Gegen unseren Willen*, Frankfurt/M. 1980, p. 109ff., 113에서 인용.

7) 앞의 책, p. 105 참조. 런던에서 발행되는 『데일리 텔레그라프』지의 통신원은 그런 사진들에 대해 다음과 같이 언급했다. "지금 보이는 고문 장면 사진에서 낯설게 보이는 새로운 특징은, 고문을 자행한 장본인의 허락 아래 사진을 찍어서, 조금도 비난의 어조가 들어 있지 않은 사진 설명과 함께 책으로 펴냈다는 점이다. 그 사진들은 마치 '약탈을 성공적으로 완수하고 붉은개미를 막기 위해 모종의 조치를 취하고 있는 흰개미들'이라는 설명과 함께 곤충의 생활에 관한 내용을 실은 책에서 발췌한 장면처럼 보인다"(E. Norden, "American Atrocities in Viet-Nam", *The Viet-Nam Reader*, ed. M. G. Raskin/B. B. Fall, New York 1967, p. 424).

8) S. M. Hersh, *My Lai 4*, New York 1970, p. 34 참조. 미군 행진곡 중에 이런 구절이 있다. "네이팜 폭탄만 있으면 못할 게 없다는 것을 어

린 꼬마들에게 보여줘라" (T. Taylor, Nürnberg und Vietnam, München 1971, p. 202 참조).

9) 같은 책, p. 56; L. B. Iglitzin, "War, Sex, Sports, and Masculinity", *War*, ed. L. L. Farrar, Santa Barbara 1978, p. 66 참조. 장교로서 순찰 근무 중이던 톰슨은 자기 나라 군인들이 만행을 저지르고 있는 광경을 헬리콥터에서 내려다보면서 무전으로 다음과 같이 보고했다. "지상군이 여자나 아이를 한 명만 더 죽인다면, 직접 (지상군을 향해) 사격을 개시하고 싶을 지경이다." 곧이어 캘리 소위와 그의 부하들이 절망에 빠진 여자들을 향해 위협하며 접근하고 있을 때, 톰슨은 헬기를 착륙시킨 다음 기관총 두 정을 세워놓고는 캘리 소위를 향해, 양민들을 날려버리겠다고 소리쳤다. 그러자 캘리 소위는 "저들을 없애는 유일한 방법은 수류탄뿐입니다!" (M. MacPherson, *Long Time Passing*, Garden City 1984, p. 494)라고 소리를 질렀다. 다른 책에 따르면 톰슨은 헬기에서 내리기 직전에 기내의 사격수들에게 "만일 누구든 미군이 베트남 양민을 향해 사격을 개시하면, 너희가 미군을 향해 사격을 개시하라"고 명령을 내렸다고 한다(Hersh, 같은 책, p. 65. 그 밖에 M. McCarthy, *Medina: Die My Lai-Prozess*, Zürich 1973, p. 90f. 참조). 이 이야기는 톰슨 자신이 기록영화 「마이 레이」에서 진술한 내용과 일치한다. 캘리 소위는 학살 가담자들 중에서 나중에 유죄판결을 받은 유일한 사람이다. 이 판결은 미국 국민들에게 노도 같은 분노를 불러일으키기도 했다. 캘리는 3일간 구류 상태에 있다가 마침내 닉슨 대통령에 의해 사면되었다. 지금까지도 그는 "죄의식을 전혀" 느끼지 않고 있다(1992년 9월 11일자 West 3).

10) Hersh, 같은 책, p. 72 참조.

11) R. J. Lifton, "America's New Survivors: The Image of My Lai", *Our Selves/Our Past*, ed. R. J. Brugger, Baltimore 1981, p. 377에서 인용. 미 라이 학살 사건에 가담했던 한 남자는 이렇게 말했다. "그냥 해보고 싶은 생각이 들었습니다. 한번 해본 사람은 두 번, 세 번 계속하게 되는 겁니다."

12) S. Brownmiller, 같은 책, p 107에서 인용.

13) N. Chomsky, "Visions for Righteousness", *The Vietnam War and American Culture*, ed. J. C. Rowe/R. Berg, New York 1991, p. 25ff. 참조.

14) H.-H. Nolte, *Der deutsche berfall auf die Sowjetunion 1941*,

Hannover 1991, p. 111f.에서 인용. 실제로 그동안 강간범과 약탈자는 사형되었다(O. Bartov, *Hitler's Army*, Oxford 1991, p. 68 참조).

15) E. Klee/W. Dreßen, *Gott mit uns: Der deutsche Vernichtungskrieg im Osten 1939~1945*, Frankfurt/M. 1989, p. 16f.

16) E. N. Peterson, *The Many Faces of Defeat*, New York 1990, p. 45f., 131f. 참조. 1944년 5월, 프랑스의 알퐁스 쥐앵 장군은 자신이 이끄는 모로코 부대 병사들에게 사기를 올려주려는 목적으로 50시간 동안 프로지논느 시(市)와 그 주변 지역의 여자들—약 6,000명—을 강간하도록 허락했다(H. Dollinger, *Schwarzbuch der Weltgeschichte*, München 1973, p. 446 참조). 각종 보고서들을 종합해보면 성폭행을 가장 적게 저지른 부대는 영국군이었다(Peterson, 같은 책, p. 75 참조).

17) 앞의 책, p. 107 참조. 에스카파(R. D. Eskapa, *Die bizarre Seite der Sexualität*, Hamburg 1988, p. 154)에 따르면, 제2차 세계대전 중에 성폭행 혐의로 군사 재판에 회부되어 유죄판결을 받은 미군의 수는 971명에 불과했다. 패터슨 차관의 말에 따르면 이 기간 중에 "살인 또는 강간" 혐의로 처벌받은 군인은 101명이었다고 한다(M. B. Smith, "Combat Motivations Among Ground Troups", *The American Soldier*, Bd. II, ed. F. Osborn et al., Princeton 1949, p. 112 참조). 독일 빌레펠트에서 미군 흑인 병사들이 수많은 여자들을 성폭행했다가, "두 명은 총살을 당하고, 네 명은 교수형에 처해졌으며, 두 명은 교외에서 린치"를 당하는 등 준엄한 처벌을 받았다(Peterson, 앞의 책, p. 79).

18) J. Schultz-Naumann, *Mecklenburg 1945*, München 1989, p. 281 참조. 어떤 여자들의 말에 따르면 소련군 병사들이 미군보다 쫓아내기가 쉬웠다고 한다. "거절할 수 있는 용기가 있어야 합니다. 아이를 가진 어머니가 욕을 하자 러시아 군인이 물러가는 것을 본 적이 있습니다. 러시아 군인들 앞에서는 거절할 수가 있었지만, 처음 만난 미군들에겐 통하지 않았어요. 러시아가 점령하고 있던 동안에는 '꺼져! 장교를 불러올 테다!'라는 말을 할 수가 있었습니다. 만일 미군 병사였다면 아마 나를 흠씬 두들겨주었겠지요"(H. Sander, "Erinnern/Vergessen", *BeFreier und Befreite*, ed. H. Sander/B. Johr, München 1992, p. 94에서 인용).

19) K. F. Grau, *Schlesisches Inferno*, Stuttgart 1966, p. 183 참조.

20) 같은 책, p. 185f.

21) M. Djilas, *Der Krieg der Partisanen*, Wien 1978, p. 556. 그 밖에

E. N. Peterson, *The Many Faces of Defeat*, New York 1990, p. 182 참조.

22) C. MacInnes, *Out of the Way*, London 1979, p. 251 참조. 반면에 전투 중인 부대는 별로 폭행을 하지 않았고, 오히려 사령부의 보호를 받는 러시아 보급부대 요원과 장교들에 의한 폭행이 더 많았다고 한다(S. Spieler, *Vertreibung und Vertreibungsverbrechen 1945~1948*, Bonn 1989, p. 32ff. 참조). 예를 들면 전방부대의 어느 장교는 불안에 떨고 있던 여자들을 다음과 같은 말로 안심시켰다. "우리는 여러분에게 아무 짓도 하지 않을 것입니다. 하지만 우리 뒤에 따라오는 부대를 조심하십시오!"(H. Born, "Das Vergewaltigen war noch in vollem Gange", *Courage*, Sonderheft 3, 1980, p. 58). 전쟁이 끝난 후에도 감옥이나 수용소에 갇혀 있던 여자들은 여전히 성추행 대상이 되어 있었다(E. Goldacker, *Der Holzkoffer*, Hammeln 1982, p. 39f., 65f. 참조).

23) Peterson, 같은 책, p. 274f. 참조. 그렇기 때문에 폴란드 여자들이 소련군을 피해 몸을 숨기는 경우도 있었다(T. Schieder, *Dokumentation der Vertreibung der Deutschen aus Ost-Mitteleuropa*, München I.1, 1984, p. 84 참조).

24) L. Shelley, *Schreiberinnen des Todes*, Bielefeld 1992, p. 112, 226 참조.

25) A. Vaitna, *Die Moral der Roten Armee*, Biel 1948, Peterson, 같은 책, S. 187에서 인용.

26) 앞의 책, p. 185f. 참조. 1947년에도 폴란드의 포틀리체 수용소에 갇혀 있던 독일인 포로들은 남녀 모두 옷을 벗고 만인이 바라보는 가운데 성교를 하라고 강요받았다(Schieder, I.2, p. 592 참조). 러시아 수용소(GULAG)의 여자들도 끊임없이 강간을 당했다. 시베리아 동부의 어느 수용소에서는 집단 성폭행을 "시내 전차"라고 불렀다(A. Solschenizyn, *Der Archipel GULAG*, Bd. II, Bern 1974, p. 222 참조).

27) Y.-C. Kim, *Women of Korea*, Seoul 1976, p. 105ff. 참조.

28) B. Johr, "Die Ereignisse in Zahlen", *BeFreier und Befreite*, ed. H. Sander/B. Johr, München 1992, p. 54f., 58, 168; K.-J. Ruhl, *Unsere verlorenen Jahre*, Darmstadt 1985, p. 125 참조.

29) J. Schultz-Naumann, *Mecklenburg 1945*, München 1989, p. 115 참조. 소련군 병사들은 "독일로 가면 누구나 여자를 즐길 수 있다"는 말을

들었다고 털어놓았다(M. Schaschynek, "Manche Zeugen hielten meine Hand fest", *Die Frauen von Majdanek*, ed. I. Müller-Münch, Reinbek 1982, p. 123). 1945년 2월 독일군의 쾨니히스베르크 재침공 이후에 발견된 소련 신문과 공고문에는 붉은군대 병사들에게 "각종 형태로 독일 여자들을 폭행하라고 촉구하는" 내용이 들어 있었다(T. Schieder, *Dokumentation der Vertreibung der Deutschen aus Ost-Mitteleuropa*, München I.1, 1984, p. 62E). 어느 병사는 이렇게 말했다. "러시아인이 모든 여자들을 정복했습니다. 스탈린의 명령에 따른 것이지요"(Schieder, I.2, 1984, p. 338; G. Fittkau, "Verschleppung nach Rußland", *Letzte Tage in Ostpreußen*, ed. H. Reinoß, München 1983, p. 277 참조).

30) H. Nawratil, *Vertreibungsverbrechen an Deutschen*, München 1982, p. 111에서 인용.

31) H. Sander, 같은 책, p. 16f.

32) I. Schmidt-Harzbach, "Eine Woche im April: Berlin 1945", *BeFreier und Befreite*, ed. H. Sander/B. Johr, München 1992, p. 39 참조.

33) Peterson, 같은 책, p. 156 참조.

34) 앞의 책, p. 307f.

35) Grau, 같은 책, p. 45에서 인용. 어느 목격자는 아이펜호펜의 젊은 농촌 처녀가 당한 사건에 대해 다음과 같이 전했다. "처녀를 거꾸로 세워 놓고 다리를 높이 치켜든 채, 연달아서 여섯 번이나 폭행을 하고는 땅바닥에 눕혀놓았습니다. 나를 포함해서 주민 여러 명이 아무런 도움을 주지 못한 채 지붕에 올라가서 구경하는 수밖에 없었습니다." 그날 밤, 또 다시 러시아 군인 네 명이 그 처녀를 강간했다(같은 책, p. 70 참조).

36) 앞의 책, p. 72, 77 참조. "나는 오펠른의 남쪽에 있는 쉬트로프에서 능욕을 당하고 숨이 끊어진, 60세가 훨씬 넘어 보이는 노파 앞에 20명의 소련 군인들이 줄을 서서 기다리고 있는 장면을 목격했다. 그들은 이미 생명이 끊어진 시체를 놓고 동물적인 욕구를 채우기 위해 소리를 지르고 즐거워하면서 차례를 기다리고 있었다"(J. *Thorwald, Die große Flucht*, München 1979, p. 92). 1791년 9월 4일 폭도들이 파리의 살페트리에르 병원을 습격하여 수많은 여자들을 폭행하고 30명을 살해했다는 기록이 있다. 계속해서 그들은 시체를 놓고 강간을 했고, 한 침실에서는 어린 고아 여자아이들을 수없이 추행했다(J. Michelet,

Geschichte der Französischen Revolution, Bd. III, Frankfurt/M. 1988, III, p. 73 참조).

37) H. v. Lehndorff, "Königsberg unter den Russen", *Letzte Tage in Ostpreußen*, ed. H. Reino , Berlin 1985, p. 163. 어쨌든 소련군 병사들은—많은 폴란드 남자들과 달리—월경으로 인한 피를 보고도 놀라서 물러서지 않았던 모양이다. 골트베르크에서 이런 광경을 목격한 어느 여자는 다음과 같이 말했다. "동프러시아에서 빠져나온 피난민 다섯 명이 우리 마을로 왔습니다. 그 중 한 부인은 두 딸을 데리고 있었습니다. 러시아 군인들이 열다섯 살짜리 딸을 폭행했습니다. 18세의 큰 딸은 아무 일도 당하지 않았는데, 월경 시기가 되어서 아랫도리에 피가 나오고 있었던 것이지요. 이런 일이 있고 난 뒤에 폭행당할 염려가 있는 여자들은 모두 가랑이 사이에 빨간 잉크를 발랐습니다"(Schulz-Naumann, *Mecklenburg 1945*, München 1989, p. 241에서 인용. 그 밖에 T. Schieder, *Dokumentation der Vertreibung der Deutschen aus Ost-Mitteleuropa*, München 1984, IV.2, p. 585, 716 참조).

38) K. F. Grau, *Schlesisches Inferno*, Stuttgart 1966, p. 53f., 57; G. Böddeker, *Die Flüchtlinge*, München 1980, p. 130 참조.

39) *Spiegel 28*, 1992, p. 138 참조. 세르비아 강제수용소에 수감된 보스니아 여자들 중에서 임신하지 않은 여자들도 폭행당한 이후에 잔인하게 신체 훼손을 당한 경우가 많았다(1992년 8월 14일, Rhein-Neckar-Zeitung). 물론 언제나 임신한 여자들을 상대로 군인들의 새디즘적 행위가 폭발했다는 사실은 이미 알려진 바이다. 그 예로 독일군 병사였던 메츠너가 선서를 통해서 진술한 바에 따르면, 처형 명령을 받은 부대가 슬로님의 게토 지역에 있는 유대인들을 살해할 때 머리와 심장을 향해 사격을 했는데, 임신한 여자에게는 "재미삼아 복부에 총을 겨누었다"(M. Schoenberner/G. Schoenberner, *Zeugen sagen aus*, Berlin 1988, p. 138 참조). 크로아티아의 우스타샤 민병대는 만삭이 된 로마 여인의 "배를 가르고 태아를 꺼내어 구덩이에 던져 넣었다. 그런 다음 산모까지 그 안에 집어넣고, 어린 여자아이를 폭행하고 역시 구덩이에 던져넣었다. 그들은 구덩이를 메우는 순간까지 살아 있었다"(D. Kenrick/G. Puxon, *Sinti und Roma: Die Vernichtung eines Volkes im NS-Staat*, Göttingen 1981, p. 88에서 인용. 그 밖에 K. Feig, "Non-Jewish Victims in the Concentration Camps", *A Mosaic of Victims*, ed. M. Berenbaum, New York 1990, p. 167 참조).

40) S. Jeffords, "Performative Masculinities, or, 'After a Few Times You Won't Be Afraid of Rape at All'", *Discourse* 1991, p. 103f. 참조.

41) B. Johr, "Die Ereignisse in Zahlen", *BeFreier und Befreite*, ed. H. Sander/B. Johr, München 1992, p. 50f.; I. Petry, "Golf-Krieg und Geschlechterverh ltnis", *Krieg und Frieden am Golf*, ed. G. Krell/B. W. Kubbig, Frankfurt/M. 1991, p. 154f. 참조. 이라크 군인과 그들의 협력자들은 쿠웨이트 여자들을 완전히 발가벗겨 놓고 눈요기를 한 다음 강간했다(*Spiegel 24*, 1992, p. 172 참조).

42) S. Jeffords, "Performative Masculinities, or, 'After a Few Times You Won't Be Afraid of Rape at All'", *Discourse* 1991, p. 105 참조. 1991년 9월 라스베이거스의 어느 호텔에서 열린 해군 비행사들의 '동지들의 밤' 행사장에서 많은 비행사들은 해군장관과 고위급 장성들이 지켜보는 가운데 포르노 영화를 관람한 뒤에, 그 자리에 참석한 동료 여군들을 덮쳤다. 코플린 소위가 옷이 찢어지고 눈물로 뒤범벅이 된 상태로 상관인 스나이더 제독에게 항의를 하자 제독은, 해군은 수도원이 아니라고 대답했다(1992년 6월 29일, Rhein-Neckar-Zeitung). 소련의 여자 게릴라 부대원들도 자기 부대 남자들에게 강간당하는 사례가 많았는데, 심지어 고위급 장교들에게 정기적으로 '할당'되는 일도 있었다(I. Strobl, *Sag nie, zu gehst den letzten Weg*, Frankfurt/M. 1989, p. 284 참조).

43) E. Koch, *Maior dignitas est in sexu virili*, Frankfurt/M. 1991, p. 164f. 참조. 이러한 격리 조치는 대개 실제로 시행되었다(E. Showalter, *The Female Malady*, London 1988, p. 79f.; H. P. Duerr, "Vorwort", *Der Wissenschaftler und das Irrationale*, ed. H. P Duerr, Bd. I, Frankfurt/M. 1988, p. 413 참조).

44) B. A. Hanawalt, *Crime and Conflict in English Communities 1300~1348*, Cambridge 1979, p. 38, 43 참조.

45) Koch, 앞의 책, p. 99 참조.

46) C. Fox, *Londoners*, London 1987, p. 208 참조.

47) J. Quicherat, *Procès de condammation et de réhabilition de Jeanne d'Arc dite La Pucelle*, Paris 1841ff 1847, IV, p. 274. 재판 도중 잔 다르크는 무슨 이유로 남장을 하고 다니느냐는 질문을 받자, "남자들 틈에 있으므로 여장을 하기보다 남장을 하는 편이 더 낫다고

대답했다."(같은 책, 1841, I, p. 455). 저자 미상의 『성처녀 연대기』(*Chronique de la pucelle*)에 따르면 그녀는 이미 푸아티에(프랑스 서부 도시—옮긴이)에서 몇몇 "귀족 부인, 처녀, 평민 아낙네들"한테 이 문제와 관련한 질문을 받았다고 한다. "그 여자들이 그녀에게 왜 여장을 하지 않느냐고 물었다. 그러자 그녀는 이렇게 대답했다. '여러분이 볼 때는 제 모습이 이상하게 보이겠지요. 그렇게 보이는 것이 당연할 겁니다. 하지만 제가 무장을 하고 갑옷 입으신 왕세자님께 도움을 드리려면, 그에 필요할 만큼 어울리는 의복을 갖추어야 하지요. 게다가 제가 남정네들 틈에 있을 때는 남장을 하고 있어야 그들이 저에게 육체적인 탐욕을 갖지 않을 것입니다. 그래서 이런 상태로 있어야 저의 처녀성을 상상으로든 사실로든 제대로 지켜낼 수 있을 것 같군요'"(같은 책, IV, p. 211).

48) 같은 책, 1844, II, p. 4.

49) 같은 책, p. 5, 365. 하여간 코숑(Pierr Cauchon, 잔 다르크 재판을 주재했던 프랑스 주교—옮긴이)과 장 마시유(Jean Massieu)가 전하는 바에 따르면, 잔 다르크가 신앙철회 문서에 서명한 이유는 오직 화형을 당하는 일이 무서웠기 때문이며, 그렇기 때문에 다시금 누구의 강요 없이 자의적으로 남자옷을 입게 되었다는 말을 했다고 한다(같은 책, p. 455f. 참조).

50) 같은 책, II, S. 3: "어이구! 나 같으면 그런 식으로 화형을 당하느니 차라리 열 번이라도 참수형을 택했을 텐데!" 로스트(W. Rost, Die männliche Jungfrau, Reinbeck 1983, p. 88)가 주장하기를, 잔의 질이 가성 양성체(假性 兩性體)였기 때문에, 다시 말해서 굴곡형 자궁(femina clausa)이라서 삽입할 수 없게 되어 있었으므로 그 영국 남자가 잔을 강간하지 못한 것이라고 했다. 그러나 잔이 매우 용감한 처녀였으므로 이번에도 암사자처럼 저항했기 때문에 남자가 물러났을 것이라는 설명이 더 쉬워 보인다.

51) P. O'Brien, *The Promise of Punishment: Prisons in Nineteeth-Century France*, Princeton 1982, p. 208f. 참조.

52) 물론 여자 간수들도 가끔씩 여자 죄수들을 강간했던 것으로 보인다. 그 예로 터키 여자 투란이 전하는 바에 따르면, 자신이 "모범 교도소"로 알려진 프랑크푸르트-프로인게스하임에 수감 중일 때 한 판사로부터 감방에서 수음을 하라고 강요받은 일도 있고, 나아가 여자 간수가 인조 남근을 차고 들어와서 자신에게 삽입하려 했다고 한다(S. G. Turan,

Freiwild: Meine Zeit in einem deutschen Gefängnis, Düsseldorf 1992, p. 65f., 130f. 및 *Spiegel* 37, 1992, p. 89 참조).

53) A. Ergenzinger, "Ob mit oder ohne Schleier……", *Befreites Land—befreites Leben?*, ed. E. Laudowicz, Köln 1987, p. 185 및 R. Lugand, "Le viol rituel chez les Romains", Revue archéologique 1930, p. 37, 55 참조. 팔레비 국왕의 비밀경찰(SAVAK)은 막대기, 말뚝, 페니스 등을 이용하여 수감된 수많은 여자들을 강간했다(P. Koch/R. Oltmanns, *Die Würde des Menschen*, Hamburg 1977, p. 179f. 참조).

32. 성폭행과 모욕

1) A. J. L. van Hooff, *From Autothanasia to Suicide: Self-Killing in Classical Antiquity*, London 1990, p. 117 참조. 카리브 해에 거주하는 플리부스티르족과 부카니에르족—이들은 여자를 배에 승선시키지 않았다—도 배를 습격하여 여자 승객들을 겁탈하거나 마을에 쳐들어가서 그곳 여자들을 강간했다. 예를 들면 파나마의 포르토벨로에 거주하는 여자들 전체가 이 도시를 약탈한 헨리 모건 휘하의 해적들에게 강간을 당했다(A. O. Exquemelin, *Das Piratenbuch von 1678*, ed. R. Federmann, Stuttgart 1983, p. 158, 238; H. van Wees, *Status Warriors*, Amsterdam 1992, p. 184 참조). 육지에서도 강도들이 여자에게서 귀중품 이외에 정조를 빼앗고 이어서 목숨까지 앗아가는 사례도 많았는데, 그 예로 16세기 말에 스위스의 떼강도들이 여자 한 명을 차례로 욕보인 다음, 산 채로 구덩이에 묻어버렸다(C. Moser-Nef, *Die freie Reichsstadt und Republik Sankt Gallen*, Bd. V, Zürich 1951, p. 333 참조). 물론 강도들 중에는 해적과 달리 군인들처럼 매춘부들을 데리고 다니는 경우도 있었다. 이를테면 18세기의 사정은 다음과 같았다고 한다. "강도들을 따라다니는 매춘부들이 여럿 있었는데, 그들은 다른 사람들이 바라보는 공개된 자리에서 매춘을 했다. 물론 끔찍스럽다는 느낌이 들었겠지만, 매춘부들이 강도들을 따라다닌 이유도 바로 거기에 있었을 것이다." 강도들 사이에도 군대처럼 확고한 상하관계가 있었지만, 여자들은 그들 전체에게 '봉사'를 했다(M. Barczyk, *Die Spitzbubenchronik*, Ravensburg 1982, p. 29 참조). 하이두크(16세

기의 헝가리 용병—옮긴이)의 도덕률은 어떠한 형태의 강간일지라도 금지하고 있었고, 포르투갈의 지휘관은 여자를 강간하는 부하가 생기면 거세를 했다(E. Hobsbawm, *Die Banditen*, Frankfurt/M. 1972, p. 78, 108 참조).

2) B. A. Hanawalt, *Crime and Conflict in English Communities 1300~1348*, Cambridge 1979, p. 109 참조. 아랍인들이 점령하고 있던 에스파냐에서는 가문에 치욕을 안겨주기 위해 그 집안의 부녀자를 유괴하여 폭행하는 사건들이 적지 않았다(M. D. Meyerson, *The Muslims of Valencia*, Berkeley 1991, p. 250f. 참조).

3) J. Pearson, *The Prostituted Muse*, Hemel Hempstead 1988, p. 96 참조.

4) E. Buchner, *Ehe*, München 1914, p. 157 참조.

5) A. Clark, *Women's Silence, Men's Violence: Sexual Assault in England 1770~1845*, London 1987, p. 97 참조. 연방 축제가 열린 1790년 7월 14일 애국자들이 부른 노래 가사에 이런 내용이 있었다. "귀족들이여, 우리가 그대들의 아내를 능욕하겠노라"(H. Grubitzsch/R. Bockholt, *Théroigne de Méricourt: Die Amazone der Freiheit*, Pfaffenweiler 1991, p. 488 참조).

6) T. M. Kando, *Sexual Behavior & Family Life*, New York 1978, p. 409f. 참조. 특히 떼강도들이 부부를 덮칠 때는 남편에게 '자신의' 아내가 강간당하는 장면을 강제로 지켜보게 하는 사례가 많았다(R. Wyre/A. Swift, Die Täter, Köln 1991, p. 56 참조).

7) *Spiegel 52*, 1991, p. 136f.; G. Venzky, "Die Bastion Pakistan im Ansturm der Fundamentalisten", *Krieg*, ed. A. Schwarzer, Frankfurt/M. 1992, p. 87 참조. 그 밖에 R. Ahmad, "Frauenbewegung in Pakistan", *Fatimas Töchter*, ed. E. Laudowicz, Köln 1992, p. 97 참조.

8) S. Brownmiller, *Gegen unseren Willen*, Frankfurt/M. 1980, p. 83, 85 참조.

9) W. Mey, *Wir wollen nicht euch-wir wollen euer Land*, Gießen 1988, p. 67, 69 참조.

10) D. E. H. Russell/N. Van de Ven, *Crimes Against Women*, Millbrae 1976, p. 154ff., 159 참조.

11) S. Guth, *Liebe und Mannesehre*, Berlin 1987, p. 33f. 참조.

12) E. Laudowicz, "Die Ehre, für Palästina zu Kämpfen", *Befreites Land — befreites Leben?*, ed. E. Laudowicz, Köln 1987, p. 167f.

13) E. N. Peterson, *The Many Faces of Defeat*, New York 1990, p. 156; R. Andreas-Friedrich, 1984, p. 22f. 참조. 그러나 전쟁 중에 여자를 강간하면서 "일상적으로 남편이나 아버지에게 그 장면을 지켜보도록 강요했다"는 브라운밀러의 주장(Brownmiller, *Gegen unseren Willen*, Frankfurt/M. 1980, p. 46)은 과장된 것이다.

14) H. Sander, "Erinnern/Vergessen", *BeFreier und Befreite*, ed. H. Sander/B. Johr, München 1992, p. 17 참조. 오늘날에도 대부분의 남편들이 아내의 강간 피해 사실을 극복하지 못하고 있다. 미국의 조사 결과에 따르면, 강간을 당한 아내의 남편들 중에서 절반쯤이 1년 이내에 이혼한 것으로 나타났다(M. Licht, *Vergewaltigungsopfer*, Pfaffenweiler 1989, p. 114 참조).

15) E. M. Hoerning, "Die Ausnahme ist die Regel: Frauen als Kriegsbeute", *Gewaltvehältnisse*, ed. D. Janshen/M. Mandelartz, Sensbachtal 1987, p. 89에서 인용. 아내가 강간당할 위험에 빠졌을 때 남편이 목숨을 걸고 싸운다 해도 오늘날에는 당연한 것으로 인식하지 않는 것 같다. 어쨌거나 전쟁이 끝난 지 35년밖에 지나지 않은 시점에서 독자들에게 다음과 같은 점을 설명할 필요가 있다고 생각한 나가 있다. "당시의 교육이나 도덕관에 따르면 그런 자세로 아내 앞에 나서는 사람의 태도는 명예로운 것으로 인식되었다. 오늘날 우리가 그런 사람들의 행동을 부정적으로 판단할 권한은 없는 것이다"(A. Surminski, "Der Schrecken hatte viele Namen", *Flucht und Vertreibung* ed. F. Grube/G. Richter, Hamburg 1980, p. 68).

16) G. Devereux, *Ethnopsychoanalyse*, Frankfurt/M. 1978, p. 185ff. 참조.

17) *Spiegel 4*, 1989, p. 150.

18) S. Hite, *as sexuelle Erleben des Mannes*, München 1982, p. 673.

19) A. Godenzi, *Bieder, brutal*, Zürich 1989, p. 95f.

20) M. H. Silbert, "The Effects on Juveniles of Being Used for Pornography and Prosititution", *Pornography*, ed. D. Zillmann/J. Bryant, Hilladale 1989, p. 223f.

21) A. Morris, *Women, Crime and Criminal Justice*, Oxford 1987, p. 178.

22) R. Schlötterer, *Vergewaltigung*, Berlin 1982, p. 66.

23) D. Lisak, "Sexual Aggression, Masculinity, and Fathers", *Signs* 1991, p. 256 참조.

24) R. Schlötterer, 앞의 책, p. 26f.에서 인용.

25) G. D. Comstock, *Violence Against Lesbians and Gay Men*, New York 1991, p. 200 참조. 인디애나 주에서는 한 남자가 어느 레즈비언을 한번 실컷 만진 다음에 폭행을 했다. 범인은 폭행하면서 자기가 그 여자에게 "하느님의 복수"를 대신하고 있는 중이라는 말을 계속했다(K. Sarris, "Survivor's Story", *Hate Crimes*, ed. G. M. Herek/K. T. Berrill, Newbury Park 1992, p. 202 참조. 그 밖에 L. Garnets/G. M. Herek/B. Levy, "Violence and Victimization of Lesbians and Gay Men", *Hate Crimes*, ed. G. M. Herek/K. T. Berrill, Newbury Park 1992, p. 213 참조). 이미 앞에서 언급했듯이 동성애를 하는 여자에게는 그 짓을 못하도록 한번쯤 제대로 '성교를 해주어야' 한다는 생각이 널리 퍼져 있었다. 모하비족의 말에 따르면, 마녀 같은 레즈비언(Sahaykwisā)들이 자기네 부인들을 유혹하려 하자 남편들이 나서서 그들을 폭행했는데, 그로 말미암아 레즈비언들이 즉시 정상적인 여자로 변했다고 한다(G. Devereux, *Baubo, die mythische Vulva*, Frankfurt/M. 1981, p. 93 참조).

26) B. Reinberg/E. Roßbach, *Stichprobe: Lesben*, Pfaffenweiler 1985, p. 46. 그 밖의 레즈비언들도 위협을 당했다고 말했다(같은 책, p. 128f. 참조). 저자의 보고에 따르면 응답한 레스비언의 6퍼센트가 "레즈비언이라는 이유로 성폭행을 당했다"고 응답했다(같은 책, p. 187. 그 밖에 B. v. Schultheiss, "Anti-Lesbian Assault and Harassment in San Francisco", *Hate Crime*, ed. G. M. Herek/K. T. Berrill, Newbury Park 1992, p. 65ff. 참조). 그러나 이것은 분명히 피해자의 추정일뿐이지 확인된 사실은 아니다.

27) I. Kokula, "Lesbisch leben von Weimar bis zur Nachkriegszeit", *Eldorado*, ed. M. Boll /R. Bothe, Berlin 1984, p. 160 참조.

28) J.-L. Flandrin, "Repression and Change in the Sexual Life of Young People in Medieval and Early Modern Times", *Family and Sexuality in French History*, ed. R. Wheaton/T. K. Hareven, Philadelphia 1980.

______: "Amour et mariage", *Dix-huiti me siècle* 1980, p. 44; H.

P. Duerr, *Der Mythos vom Zivilisationsprozeß*, Bd. II: *Intimität*, Frankfurt/M. 1990, p. 293 참조. 성폭행 후에 살해하는 경우도 드물지 않았다. 그 예로 1604년 장크트 갈렌에서는 로렌 출신의 헤르만이라는 남자가 여자 6명을 강간한 다음 살해했다고 자백한 바 있고, 4년 후에 베르토라는 남자는 무려 22명의 여자를 강간한 뒤에 살해했다(C. Moser-Nef, *Die freie Reichsstadt und Republik Sankt Gallen*, Bd. V, Zürich 1951, p. 335 참조).

29) D. Rieger, "Le motif du viol dans la littérature de la France médiévale entre norme courtoise et réalité courtoise", *Cahiers de civilisation médiévale 1988*, p. 249 참조.

30) D. J. West/C. Roy/F. L. *Nichols*, 1978, p. 116f. 참조.

31) H. Feldmann/J. Westenhöfer, *Vergewaltigung und ihre psychischen Folgen*, Stuttgart 1992, p. 52 참조.

32) A. Clark, *Women's Silence, Men's Violence: Sexual Assault in England 1770~1845*, London 1987, p. 28, 39 참조.

33) S. Brownmiller, *Gegen unseren Willen*, Frankfurt/M. 1980, p. 153 참조. 어떤 범인은 피해 여성의 옷을 완전히 벗겨서 쓰러뜨려 놓고 얼굴에 상처를 낸 다음, "칼 손잡이를 질 속에 밀어넣으면서, 만일 순순히 말을 듣지 않으면 칼날을 집어넣겠다고 위협했다. 그리고 항문성교를 강요하고 이어서 구강성교를 요구했다"(R. Wyre/A. Swift, Die Täter, Köln 1991, p. 21. 그 밖에 D. Harms, "Anhaltervergewaltigungen", *Gewalttätige Sexualtäter und Verbalerotiker*, ed. H. Schäfer, Bremen 1992, p. 101ff. 참조).

34) Feldmann/Westenhöfer, *Vergewaltigung und ihre psychischen Folgen*, Stuttgart 1992, p. 51 참조. 어떤 조사 결과에 따르면 범인의 약 3분의 1이 피해 여성에게 항문성교와 구강성교를, 혹은 둘 중의 하나를 강요했다(W. Kröhn, "Wer sind die Vergewaltiger?", *Von der Last der Lust*, ed. J. C. Aigner/R. Gindorf, Wien 1986, p. 204; L. H. Bowker, *Women, Crime, and the Criminal Justice System*, Lexington 1978, p. 114; T. Kahl, *Sexualdelinquenz und Polizeiverhalten*, Marburg 1985, p. 49 참조). 다리를 오무렸다는 이유로 항문성교를 강요한 범인들도 많았다.

35) Brownmiller, 같은 책, p. 109 참조.

36) K. F. Grau, *Schlesisches Inferno*, Stuttgart 1966, p. 94. 연대기 작

가들의 보고에 따르면, 이미 이반의 병사들은 노브고로트를 정복하고 나서 "부녀자들을 개처럼 차례로 능욕하는"(H. Dollinger, *Schwarzbuch der Weltgeschichte*, München 1973, p. 326에서 인용) 만행을 저질렀다고 한다. 붉은군대 병사들의 항문 폭행에 관해서는 K. Granzow, *Letzte Tage in Pommern*, Müchen 1984, p. 111 및 T. Schieder, *Dokumentation der Vertreibung der Deutschen aus Ost-Mitteleuropa*, München I.1, 1984, p. 453 참조.

37) 기사였던 호엔부르크의 고백은 여자 가족에게 항문성교를 강요했음을 짐작케 하는 유일한 근거라고 볼 수 있는데, 1746년 6월 6일의 고백 중에 "여러 명의 처녀들을 개처럼 능욕했다"는 내용이 들어 있다(B. Spreitzer, *Die stumme Sunde: Homesexualitat im Mittelalter*, Göppingen 1988, p. 186f. 참조). 그러나 그 기사가 처녀들의 동의를 받았는지의 여부는 분명하지 않다. 또한 "능욕했다"는 표현이 항문성교만을 의미할 가능성도 있다. 근대 초기의 키예프 왕국에서는 피해 여성에게 구강성교를 강요한 범인들이 많았다는 사실은 분명하다(N. S. Kollmann, "Women's Honor in Early Modern Russia", *Russia's Women*, ed. B. E. Clements et al., Berkeley 1991, p. 66 참조).

38) G. Ruggiero, *The Boundaries of Eros*, Oxford 1985, p. 145; M. Hirschfeld, *Geschlecht und Verbrechen*, Leipzig 1930, p. 68 참조.

39) D. F. Greenberg, *The Construction of Homosexuality*, Chicago 1988, S. 277 참조.

40) L. Lawner, *Lives of the Courtesans*, New York 1987, p. 75f. 참조. 로마의 콜로나 광장 근처에 살던 어느 매춘부는 어느 날 밤에 밖에서 남자 몇 명이 항문을 준비하라고 소리를 지르는 바람에 잠에서 깨어났는데, 그런 다음 남자들이 집 안으로 침입해왔다(E. S. Cohen, "Honor and Gender in the Streets of Early Modern Rome", *Journal of Interdisciplinary History* 1992, p. 614 참조).

41) G. Seeßlen, *Der pornographische Film*, Frankfurt/M. 1990, p. 151; W. Rasch, "Motivische Hintergründe und Vergewalti-gungen", *Gewaltverh ltnisse*, ed. D. Janshen/M. Mandelartz, Sensbachtal 1987, p. 148 참조.

42) S. Hite, 앞의 책, p. 562. 터키에서는 자신이 주인이라는 사실을 과시하기 위해 자기 아내에게 항문성교를 하는 남편들이 많다(C. Delaney, *The Seed and the Soil*, Berkeley 1991, p. 51 참조).

43) T. W. McCahill/L. C. Meyer/A. M. Fischman, *The Aftermath of Rape*, Lexington 1979, p. 66; M. Licht, *Vergewaltigungsopfer*, Pfaffenweiler 1989, p. 43 참조.

44) J. Temkin, "Women, Rape and Law Reform", *Rape*, ed. S. Tomaselli/R. Porter, Oxford 1986, p. 24; J. Mossuz-Lavau, *Les lois de l'amour*, Paris 1991, p. 191 참조. 영국에서 다른 남자나 여자, 또는 어린이를 상대로 '항문으로'(per anum) 폭행한 자는 당연히—이론적으로는—"변태행위" 혐의로 종신징역형을 받도록 되어 있다(R. D. Eskapa, *Die bizarre Seite der Sexualität*, Hamburg 1988, p. 160f. 참조).

45) F. Kemink, *Die Tegreññ a-Frauen in Eritrea*, Stuttgart 1991, p. 147 참조.

33. 가해자의 쾌감과 피해자의 쾌감

1) U. Teubner, "Vergewaltigung als gesellschaftliches Problem", *Rechtsalltag von Frauen*, ed. U. Gerhard/J. Limbach, Frankfurt/M. 1988, p. 84. "언제나 지배와 통제가 그 동기이다"(L. Madigan/N. C. Gamble, *The Second Rape*, New York 1991, p. 4).

2) J. Temkin, "Women, Rape and Law Reform", *Rape*, ed. S. Tomaselli/R. Porter, Oxford 1986, p. 18.

3) R. Villeneve, *La musée de la bestialité*, Paris 1969, p. 155.

4) W. M. Shields/L. M. Shields, "Forcible Rape: An Evolutionary Respective", *Ethology and Sociobiology* 1983, p. 125; R. Thornhill/N. W. Thornhill, "Human Rape: An Evolutionary Analysis", *Ethology and Sociobiology* 1983, p. 142ff., 147 참조. 이와 관련하여 많은 페미니스트들이 "강간은 정상적인 성행동의 연장"이라고 주장하면서, 동시에 "강간이 이루어지는 도중에 섹스가 큰 비중을 차지한다는 사실을 부정"하고 있지만, 이는 논리에 맞지 않다는 견해도 있다(D. Scully/J. Marolla, "Rape and Vocabularies of Motive", *Rape and Sexual Assault*, ed. A. W. Burgess, New York 1985, p. 307f.).

5) H. Feldmann/J. Westenhöfer, *Vergewaltigung und ihre*

psychischen Folgen, Stuttgart 1992, p. 5 참조.

6) P.-O. H. Wikström, *Urban Crimes, Criminals, and Victims*, New York 1991, p. 105 참조.

7) T. Schieder, *Dokumentation der Vertreibung der Deutschen aus Ost-Mitteleuropa*, München 1984, I.1, p. 62f.; IV.2, p. 152; I.2, p. 160; H. Dollinger, *Kain, wo ist dein Bruder?*, Frankfurt/M. 1987, p. 132 및 1992년 8월 5일과 8월 9일의 ZDF 방송 참조.

8) S. Hite, *Das sexuelle Erleben des Mannes*, München 1982, p. 680f. 참조.

9) L. Keupp, *Aggressivität und Sexualität*, München 1971, p. 135ff.; D. Harms, "Anhaltervergewaltigungen", *Gewalttätige Sexualtäter und Verbalerotiker*, ed. H. Schäfer, Bremen 1992, p. 114 참조.

10) 같은 책, p. 107ff.

11) C. L. Niemeyer/J. R. Anderson, "Primate Harassment of Matings", *Ethology and Sociobiology* 1983, p. 205ff.; S. B. Hrdy, 1977, p. 154, 156 참조. 배타적인 동성애 행위와 마찬가지로 성폭행은 인간적인 '문화행위'가 아니다. 예를 들면 서열 투쟁과 같은 사회적 긴장 상황에 놓이면 여우원숭이 수컷은 암컷을 괴롭힌다. 이럴 경우 정기적인 성폭행이 발생하는 경우가 더러 있다. 다시 말해서 수컷이 반항하는 암컷에게 강제로 교미를 한다. "암컷이 계속해서 몸을 웅크렸지만, 수컷은 암컷의 비명소리와 내려오라는 신호를 무시한 채, 암컷의 엉덩이를 강제로 추켜올리고, 흔들어대고, 심지어 물어뜯기도 했다"(F. de Waal, *Peacemaking Among Primates*, Cambridge 1989, p. 150에서 인용). 오스트리아 오랑우탄 암컷은 나무 열매, 맛있는 꽃, 새둥지 따위를 찾으러 정글을 돌아다니다가 성숙한 수컷의 습격을 받아 강제로 교미를 당하기도 하는데, 이때 서로 때리고 입으로 무는 등 심각한 싸움으로 번지는 경우가 이따금 있다. 수컷은 강제 교미를 하는 동안 골반운동을 완료하고 사정할 때까지 목덜미를 단단히 쥐고 있다. 침팬지 암컷이 강제로 교미를 당하는 장면이 관찰되기도 했다. 물론 우리에 갇힌 침팬지에게서 나타난 현상일 뿐이고, 야생 상태나 대규모 우리에서는 한 번도 관찰된 바 없다. 만일 야생 상태에서 강제 교미를 했다가는 아마 경쟁자에 의해 방해받을 위험이 있기 때문일 것이다(V. Sommer, *Die Affen*, Hamburg 1989, p. 150f. 참조).

12) S. Brownmiller, *Gegen unseren Willen*, Frankfurt/M. 1980, S. 240

에서 인용. 『분테 일루스트리어테』(*Bunte Illustrierte*)지는 이탈리아의 여성 환경장관 메아나 백작의 말을 다음과 같이 인용했다. "나는 강간 당했을 때 처음으로 오르가슴을 느꼈습니다"(35, 1992, p. 5).

13) J. Nicholson, "The Packaging of Rape", *The Pin-Up*, New York 1972, p. 13에서 인용.

14) A. Edwardes/R. E. L. Masters, *The Cradle of Erotica*, New York 1963, p. 26.

15) S. Brownmiller, *Gegen unseren Willen*, Frankfurt/M. 1980, p. 212f. 에서 인용.

16) B. Dijkstra, *Idols of Peversity*, New York 1986, p. 120 참조.

17) 귄터(H. F. K. Günther)는 다음과 같이 적었다. "남자가 강간 의지를 가졌느냐의 문제는 그 남자의 본성에 달려 있으며, 여자가 강간당하기를 원하느냐는 문제도 여자의 본성에 달려 있다."(F. Koch, *Sexuelle Denunziation*, Frankfurt/M. 1986, p. 80에서 인용). 어느 나치 사상가는 켈트족의 슈퍼맨 쿠쿨린(북아일랜드 신화에 등장하는 영웅—옮긴이)의 의견을 인용하면서, 여자는 배와 같아서 "누가 그 배에 올라타든 상관이 없다"(W. Philipp, *Weibwertung oder Mutterrecht*, K̈nigsberg 1942, p. 93)고 말했다.

18) 텔레비전 기자였던 텍스 앙투안은 ABC 방송을 통해서 여덟 살 난 어린이가 폭행당한 사건을 보도하면서 "강간을 피할 수 없을 경우에는 차분히 마음을 가라앉히고 즐겨라!"라는 말을 했다가, 페미니스트들의 압력 때문에 1976년 9월 해고되었다.

19) G. Groddeck, *Das Buch vom Es*, Frankfurt/M. 1979, p. 43ff.

20) G. Devereux, *Ethnopsychoanalyse*, Frankfurt/M. 1978, p. 186f.

21) "성폭행을 당한 여성들의 보고 내용 중에 반복적으로 제기되는 주제가 있다. 이를테면 그들이 전혀 예기치 않게 쾌감을 느끼고, 심지어 오르가슴에 도달하는 사례도 종종 있으며, 어떤 여자들은 평생 처음 오르가슴을 느꼈다는 것이다. 아버지에 대한 무의식적인 사랑 속에는 이미 일찍부터 아버지에게 강간을 당하고 싶다는 무의식적인 욕구가 내포된 것이라고 추정된다. 사춘기부터는 이러한 욕구가 점차 육욕적인 강간 환상으로 표출되며 (……). 그러다가 강간을 당하면 비로소 은밀한 소망이 완전히 충족되는 것이다. 이러한 성적 흥분은 평소에 불감증을 가졌던 여자들의 경우에도 오르가슴으로 이어질 수 있다. 대부분의 여자들은 의식적이든 무의식적이든 강간 욕구를 지니고 있다. 성적 대상자로 취

급받기를 원하지 않는 여자도 마찬가지이다. 겉으로는 남자들이나 사회의 추잡함에 맞서싸우는 것처럼 보이는 행동일지라도, 그것은 거의 언제나 마조히즘적 해방에 대한 자신의 금기사항으로서의 욕구를 막아보려는 무의식적 투쟁인 것이다"(R. Schlötterer, *Vergewaltigung*, Berlin 1982, p. 43에서 인용). 이 인용문은, 70년대 좌익 사상가들 사이에서 영향력 있는 '대안' 이론가로 알려졌던 디터 둠(Dieter Duhm)의 저서 『자본주의 내부의 공포』(*Angst im Kapitalismus*)에 실린 내용이다.

22) 이런 사실은 그리스인(P. Walcot, "Herodotus on Rape", *Arethusa* 1978, p. 141 참조)과 로마인(L. C. Curran, "Rape and Rape Victims in the Metamorphoses", *Arethusa*, 1978, p. 223 참조)에게도 해당된다. 강간이 남자들에게 별다른 쾌감을 주지 않는다는 생각은 아리스토파네스의 작품에도 나타나 있다. 남자들이 여자를 폭행할 때 반항적인 여자들은 어떤 행동을 하느냐는 질문에 대해, 아리스토파네스는 리시스트라타를 등장시켜서 다음과 같이 말하고 있다. "그렇게 되면 남자는 기분이 엉망이겠지요! /폭력이 있는 곳에서는 쾌감이 크지 않을 테니까요!"(Aristophanes, Lysistrata 165f.). 물론 이런 생각을 가진 사람은 전혀 없거나 거의 없었을 가능성도 있다. 어쩌면 아리스토파네스가 그런 생각을 '꾸며낸' 것일 수도 있다. 그렇게 하지 않으면 리시스트라타에 관한 자신의 구상이 근본적으로 무의미해질 수 있었으니까.

23) Herodot, *Historien I*, 4.

24) Ovid, *Die Liebeskunst*, ed. M. v. Albrecht, p. 675ff.
(오비디우스의 대표작으로는 세 권으로 구성된 『사랑의 기술』(*Ars Amatoria*)이 유명하다—옮긴이).

25) C. Thomasset, "La représentation de la sexualité et de la génération dans la pensée scientifique médiévale", *Love and Marrige in the Twelfth Century*, ed. W. van Hoecke/A. Welkenhuysen, Leuven 1981, p. 11 참조. 16, 17세기에도 그러한 생각이 지배적이었다(그 예로 J. Pearson, *The Prostituted Muse*, Hemel Hempstead 1988, p. 96 참조). 소라누스(서기 1~2세기 무렵의 그리스 의사로서 알렉산드리아와 로마에서 활동한 것으로 알려져 있으며, 특히 산파술과 부인병에 관한 그의 논문이 16세기까지 영향을 주었다)로부터 18세기 후반의 의사들에 이르기까지 수많은 전문가들은, '애액을 분비'하는 여자, 즉 쾌감을 느끼는 여자만이 남성을 받아들일 수 있다고 생각했다. 따라서 만일 성폭행을 당한 여자가 그로 말미암아 임신

을 했다면, 강간 사건이 성립될 수 없었다. 물론 법을 집행하는 과정에서는 '소라누스 이론'이 아무런 영향을 주지 못했던 것으로 보인다(T. Laqueur, *Auf den Leib geschrieben*, Frankfurt/M. 1992, p. 185f. 참조).

26) Christine de Pizan, *Das Buch von der Stadt der Frauen*, ed. M. Zimmermann, Berlin 1986, p. 191.

27) B. Barnes, "Heroines and Worthy Women", *Eva/Ave*, ed. H. D. Russel, Washington 1990, p. 30f. 참조.
(루크레티아: 고대 로마 전설에 나오는 미모와 정절의 여인, 타르퀴니우스에게 능욕을 당하고 자살했는데, 이것을 계기로 브루투스가 폭동을 일으켜 타르퀴니우스 일가를 몰아내고, 마침내 로마 공화제가 탄생했다—옮긴이)

28) 나는 이 주장의 근거를 다음 권에서 제시하고자 한다. 강간 장면을 묘사한 중세시대의 그림들은 글로 묘사한 경우와 마찬가지로 대부분 점잖게 완화되어 있다. 이를테면 수도사 로베르트가 "여성에 대한 좋지 못한 강간에 대해 내가 어떻게 말해야 한단 말인가. 차마 말로 설명할 수 없으니 차라리 입을 다무는 편이 좋겠다"고 했듯이, 대개 강간행위 자체에 대해서는 언급만 하고 있다(그림 180 및 184 참조). 중세 말에 이르러서도 강간 장면을 묘사한 사례는 거의 없다. 이 주제를 다룬 니클라우스 마누엘(Niklaus Manuel)조차 용병이 한 여인을 강간하는 장면을 단 한 차례도 묘사하지 않았다(J. R. Hale, *Artists and Warfare in the Renaissance*, New Haven 1990, p. 34 참조). 후기 르네상스 시대와 바로크 시대의 그림에서는 이처럼 조심성을 보인 예를 찾아볼 수 없다. 범인이 피해 여성—알몸인 경우가 대부분인데—의 허벅지 사이에 무릎을 밀어넣고 덤벼드는 장면(A. R. Bowers, "Enblem and Rape in Shakespear's *Lucrece and Titus Andronicus*", *Studies in Iconography* 1985, p. 80 참조), 또는 여자의 음부를 쥐고 있는 장면(H. D. Russell, *Eva/Ave*, Washinton 1990, p. 40), 혹은 다른 남자를 시켜서 여자를 단단히 붙잡게 해놓고 성교를 하는 장면(그림 187)이 노골적으로 묘사되어 있다.

29) S. H. Jed, *Chaste Thinking: The Rape of Lucretia and the Birth of Humanism*, Bloomington 1989, p. 148 참조.

30) A. J. L. van Hooff, *From Autothanasia to Suicide: Self-Killing in Classical Antiquity*, London 1990, p. 196f. 참조.

31) D. Zillmann/J. B. Weaver, "Pornography and Men's Sexual Callousness Toward Women", *Pornography*, ed. D. Zillman/J. Bryant, Hilladale 1989, p. 102 참조.

32) H. Born, "Das Vergewaltigen war noch in vollem Gange", *Courage*, Sonderheft 3, 1980, p. 58.

33) D. Linz/E. Donnerstein, "The Effects of Counterinformation on the Acceptance of Rape Myths", *Pornography*, ed. D. Zillmann/J. Bryant, Hillsdale 1989, p. 261f. 참조.

34) R. J. Lifton, "America's New Survivors: The Image of My Lai", *Our Selves/Our Past*, ed. R. J. Brugger, Baltimore 1981, p. 377.

35) N. Castan, *Les criminels de Languedoc (1750~1790)*, Toulouse 1980, p. 232 참조.

36) S. Hite, *Das sexuelle Erleben des Mannes*, München 1982, p. 675. "내가 강간한 마지막 여자아이는 자신도 쾌감을 느끼면서 마음껏 즐기더군. 계속해서 그 계집은 '더 깊게, 더 깊게'라고 소리를 질러댔어. 집안에서 그 애를 약 네 시간 동안 강간했는데, 그동안 그 애는 여러 번 오르가슴에 도달했지. 신음소리도 정말 대단하더군!"(H. Tügel/M. Heilemann, *Frauen verändern Vergewaltiger*, Frankfurt/M. 1987, p. 138에서 인용).

37) J. K. Skipper/W. L. McWhorter, "A Rapist Gets Caught in the Act", *Feminist Frontiers*, ed. L. Richardson/V. Taylor, Reading 1983, p. 169.

38) M. H. Silbert, "The Effects on Juveniles of Being Used for Pornography and Prosititution", *Pornography*, ed. D. Zillmann/J. Bryant, Hilladale 1989, p. 223. 미국의 음란서적을 분석한 결과에 따르면, 세 권 중에서 한 권꼴로 여자가 강간을 당할 때 처음에는 반항을 하다가 나중에는 그 행위를 통해서 쾌감을 느낀다는 내용이 실려 있었다(M. Kunczik, *Gewalt und Medien*, Köln 1987, p. 135 참조).

39) R. Schlötterer, 같은 책, p. 96f. 피해 여성의 질, 항문, 입 등 세 군데 모두를 폭행한 어느 범인은 피해 여성에게 "세 가지 모두"를 원한다고 말하라고 윽박질렀다(H.-H. Hoff, "Der vergewaltigende Spanner", *Gewalttätige Sexualtäter und Verbalerotiker*, ed. H. Schäfer, Bremen 1992, p. 118 참조).

40) "경찰, 지방 검사, 변호사, 심지어 나의 빌어먹을 개인 변호사조차, '정

말로 반항한 것이 확실합니까? 무의식적으로는 사실상 강간당하기를 바랐던 것이지요?'하는 따위의 똑같은 질문을 해댔습니다"(F. Adler, *Sisters in Crime*, New York 1975, p. 214f.). 그 이전 시대에도 대부분의 강간 피해자들은 법정에서 자세한 내용을 진술하기를 수치스럽게 여겼다. 그 예로 1788년에 런던의 하녀 엘리아노르는 판사로부터 범행의 전말을 자세하게 설명하라는 끈질긴 요구를 받자, "죄송하다고 말했잖아요. 이런 식으로 말하게 된 것을 판사님께서 용서해주시기를 바랍니다. 나는 너무나 괴로운 심정으로 사실을 설명했습니다. 그자가 나를 쓰러뜨렸고, 그 뒤로 나는 몸이 몹시 아팠습니다." 그런데도 판사가 계속 다그치면서, 범인이 어떻게 했는지를 상세하게 설명하라고 요구하자, 그제서야 엘리아노르는 꾹 참고 입을 열었다. "그 자가 자신의 은밀한 부위를 나의 은밀한 곳에 넣었습니다"(A. Clark, *Women's Silence, Men's Violence: Sexual Assault in England 1770~1845*, London 1987, p. 55).

41) C. Smart, "Penetrating Women's Bodies", *Gender, Power & Sexuality*, ed. P. Abbott/C. Wallace, Houndmills 1991, p. 164 참조.

42) R. Michels, *Sittlichkeit in Ziffern?*, München 1928, p. 126 참조. 1791년에 매사추세츠에 살던 스티븐이라는 남자가 처녀를 강간하려 했다는 혐의로 고발되었다. 법원은 "몰리라는 여자를 상대로 지극히 음탕하고 외설적인 행동"이 행해졌음을 확인하고 "독신인 노처녀가 몸에 걸치고 있던 옷을 이곳저곳 열어 보였고, 스티븐과 몰리 두 당사자가 함께 벌거벗은 몸으로 탐색을 했으며, 이에 따라 당사자 몰리를 흥분시켜서 외설적이고 음란한 행동을 유발시켰다"는 사실을 확인했다. 이로써 강간미수 혐의가 기각되었는데, 그 이유는 몰리가 애초에는 강요에 의해 성적 행동을 했지만 그로 인해 흥분이 되어 자신도 그 행위에 참여했다는 사실이 분명했기 때문이다. 남자에게는 "외설적이고 음탕한 행위"를 인정하여 30대의 태형과 한 시간 동안 망신을 당하는 판결이 내려졌다. 여자는 처벌을 받지 않았는데, 그 이유는 아마 자신의 의지에 반하여 성적 자극을 받았기 때문인 것으로 짐작된다(B. S. Lindemann, "To Ravish and Carnally Know: Rape in Eighteenth-Century Massachusetts", *Signs* 1984, p. 77f. 참조).

43) 이런 환상은 비단 서양사회에서만 나타나는 현상은 아니다. 뉴기니 남동부의 메우다나족은 강간이라는 말을 '이 브바우브바우'("여자가 비명을 지른다"는 뜻)라고 하는데, 그런데도 강간 피해를 당한 여자에게 그 행

위가 전혀 재미없다는 사실을 이해시키기는 매우 힘들다(E. Schlesier, *Me'udana*, Bd. II, Berlin 1983, II, p. 24 참조). 이에 비해 일라예-요루바족은 어떤 여자도 강간당하기를 바라지 않는다는 것과, 그것은 피해 당사자에게 즐거운 경험이 아니라는 사실을 알고 있었다. 이와 관련하여 "행복한 여자만이 성교를 할 때 엉덩이를 마음대로 흔든다"(J. O. Ojoade, "African Sexual Proverbs: Some Yoruba Examples", *Folklore* 1983, p. 208)는 속담이 있다(C. D. Worobec, "Temptress or Virgin?", *Russian Peasant Women*, ed. B. Farnsworth/L. Viola, Oxford 1992, p. 45f. 참조).

44) N. Malamuth/S. Haber/S. Feshbach, "Testing Hypotheses Regarding Rape", *Journal of Research in Personality* 1980, p. 17 참조. 1982년의 조사결과에 따르면, 독일인 남녀의 58퍼센트는, 여자는 "가끔씩" 강간 희생자가 되기를 원한다고 생각하는 것으로 나타났다(W. Kröhn, "Tatmotiv Frauenverachtung", *Sexualmedizin* 1985, p. 661 참조).

45) D. E. H. Russell, "Pornography and Violence", *Take Back the Night*, ed. L. Lederer, New York 1980, p. 220f. 참고.

46) R. Schlötterer, 같은 책, p. 47.

47) K. Jäckel, *"Es kann jede Frau treffen"*, München 1988, p. 88, 98. 여성 동성연애자들도 남자 성폭행범에 의해 성적 흥분에 도달하는 경우도 더러 있다(L. Garnets et al., "Violence and Victimization of Lesbians and Gay Men", *Hate Crimes*, ed. G. M. Herek/K. T. Berrill, Newbury Park 1992, p. 213 참조).

48) 수음으로 사정에 이르는 것을 "냉정한 농부"라고 표현한다든가, '마녀'가 만족을 얻지 못하면서 악마와 교접할 때 그것을 "냉정한" 교접이라고 표현하는 것과 비교해보라.

49) 칠만(D. Zillmann, *Connections Between Sex and Aggression*, Hillsdale 1984, p. 158) 역시, 그러한 오르가슴은 "기계적인 성적 자극에 의한 비폭력적 강간"의 경우에 한해서, 다시 말해 가해자가 복수심이나 치욕 따위가 아닌 오로지 성교를 목적으로 할 때만 나타난다고 단언한다. 하지만 그런 경우에도 성적 흥분이 일어나는 사례는 별로 없다. 때때로 피해 여성들은 가해 남자가 여성 자신의 세계 안으로 침입해 들어온다는 느낌을 갖기도 한다(L. Madigan/N. C. Gamble, *The Second Rape*, New York 11991, p. 56 참조). 그 예로 한 여인은 이

렇게 말했다. "페니스를 밀고 들어오는 행위는 기껏해야 육체적인 것입니다. 나는 나 자신과 마음을 육체와 분리함으로써 견뎌냈습니다. 근본적으로 뭐가 뭔지 모르겠지만, 나는 하체를 분리시켜서 그것을 두려움 속에 녹아들어가게 했습니다"(R. Butzmühlen, *Vergewaltigung*, Gießen 1978, p. 7에서 인용. 그 밖에 T. Brechmann, *Jede dritte Frau*, Reinbek 1987, p. 21, 35, 71 참조).

50) J. G. Thompson, *The Psychobiology of Emotions*, New York 1988, p. 197; P. M. Sarrel/W. H. Masters, "Sexual Molestation of Men by Women", *Archives of Sexual Behabior* 1982, S. 129; H. Wheeler, 1985, p. 389 참조.

51) S. H. Jed, *Chaste Thinking: The Rape of Lucretia and the Birth of Humanism*, Bloomington 1989, p. 148.

52) 또한 그들은 남자 고문자들의 자극에 의해 자신이 성적으로 흥분이 되면 자신도 "변태"라고 생각했다(I. Agger/S. B. Jensen, "Die gedemütigte Potenz: Sexuelle Folter an politischen Gefangenen männlichen Geschlechts", *Zeitlandschaft im Nebel*, ed. H. Riquelme, Frankfurt/M. 1990, p. 57f.; G. D. Ryan, "Consequences for the Victim of Sexual Abuse", *Juvenile Sexual Offending*, ed. G. D. Ryan/S. L. Lane, Lexington 1991, p. 166 참조).

53) K. H. Bloch, *Masturbation und Sexualerziehung in Vergangenheit und Gegenwart*, Frankfurt/M. 1989, p. 352 참조.

54) H. v. Henting, *Vom Ursprung der Henkersmahlzeit*, Nördlingen 1987, p. 66 참조. 개를 비롯한 그 밖의 포유동물도 겁을 먹거나 화가 나면 때때로 발기현상을 나타낸다(P. M. Sarrel/W. H. Masters, "Sexual Molestation of Men by Women", *Archives of Sexual Behabior* 1982, p. 128 참조).

55) L. Keupp, *Aggressivität und Sexualität*, München 1971, p. 91; M. in der Beeck, *Der Zwang zu stehlen*, Bonn 1991, p. 25f. 참조.

56) G. Devereux, *Baubo, die mythische Vulva*, Frankfurt/M. 1981, p. 105.

57) N. M. Malamuth, "The Mass Media and Aggression Against Women", *Rape and Sexual Assault*, ed. A. W. Burgess, New York 1985, p. 396; C. Card, "Rape as a Terrorist Institution", *Violence, Terrorism, and Justice*, ed. R. G. Frey et al.,

Cambridge 1991, p. 313f. 참조.

58) U. Teubner, Über die langen Folgen der Vergewaltigung", *Sexuelle Gewalt*, Sensbachtal 1985, p. 84f.; L. Madigan/N. C. Gamble, *The Second Rape*, New York 1991 참조.

59) J. G. Thompson, *The Psychobiology of Emotions*, New York 1988, p. 197 참조.

60) V. Sanders, *The Private Lives of Victorian Women*, New York 1989, p. 43f. 참조. 중세 후기에 강간을 당한 많은 부녀자들은 매음굴로 들어가는 길밖에 없었다(J. Rossiaud, 같은 책, p. 35f. 참조). 이와 같은 사정은 18세기에 들어와서도 근본적으로 달라진 것은 전혀 없었다. 남정네들이 끊임없이 찾는 정식 매춘업소가 시골에는 없었으므로, 시골 마을의 강간 피해 여성들은 거의 대부분 고향을 떠나지 않을 수 없었다. 예를 들어서 랑그도크 지방(프랑스 남부-옮긴이)에서는 수많은 남자들—기혼이든 미혼이든—이 몰래 정기적으로 힘없는 떠돌이 여자를 겁탈함으로써, 어느 날 그 여자가 들판에 아이를 낳고 가버리는 일이 발생하더라도 아무 탈이 없다고 생각하고 있었다(N. Castan, *es criminels de Languedoc (1750~1790)*, Toulouse 1980, p. 232f. 참조).

61) M. H. Abel, *Vergewaltigung*, Weinheim 1988, p. 235 참조.

62) D. Linz/E. Donnerstein, "The Effects of Counterinformation on the Acceptance of Rape Myths", *Pornography*, ed. D. Zillmann/J. Bryant, Hillsdale 1989, p. 267 참조.

63) A. Godenzi, *Bieder, brutal*, Zürich 1989, p. 115.

64) M. Lohs, "Frauen äußern ihre sexuellen Phantasien", *Ärztliches Handeln und Intimität*, ed. R. Lockot/H. P. Rosemeier, Stuttgart 1983, p. 138f. 참조.

65) H. Ertel, *Erotika und Pornographie*, München 1990, p. 75, 103 참조.

66) Malamuth/Haber/Feshbach, "Testing Hypotheses Regarding Rape", *Journal of Research in Personality* 1980, p. 1.

67) N. S. Malamuth, "Do Sexually Violent Media Indirectly Contribute to Antisocial Behavior?", *The Psychology of Women*, ed. M. R. Walsh, New Haven 1987, p. 441, 448f. 참조.

34. 반항적인 여자 길들이기

1) 오늘날의 여성들도 집단강간을 특히 치욕적인 것으로 인식하고 있다(A. Godenzi, 같은 책, p. 81 참조).

2) J. Rossiaud, 같은 책, p. 35; J. K. Brackett, *Criminal Justice and Crime in Late Renaissance Florence*, 1537~1609, Cambridge 1992, p. 111, 136; P. C. Maddern, *Violence and Social Order: East Anglia 1422~1442*, Oxford 1992, p. 101f. 참조. 최근의 연구 결과에 따르면 성폭행 사건의 36퍼센트가 피해 여성의 집에서 발생했다 (H. Feldmann/J. Westenhöfer, *Vergewaltigung und ihre psychischen Folgen*, Stuttgart 1992, p. 51 참조).

3) 중세시대 프랑스에서 개별적 성폭행이나 집단 성폭행을 당한 여자의 약 60퍼센트가 매춘부였다(C. Gauvard, *Crime, état et société en France à la fin du Moyen Age*, Vol. II, Paris 1991, I, p. 333f. 참조).

4) V. Friese/E. Liesegang, *Die Magdeburger Schöffensprüche*, Berlin 1901, p. 222f.

5) R. F. Spencer, "Spouse-Exchange Among the North Alaska Eskimo", *Marriage, Family and Residence*, ed. P. Bohannan/J. Middleton, Garden City 1968, p. 137 참조.

6) 남자가 기혼부인을 강간했을 경우, "그 부인이 즉시 비명을 지르고 눈물을 흘리면서 나타나면 부인의 그 입이 증거가 되고, 선서와 함께 진술을 하고 나면, 강제로 성교를 행한 범인은 마리아-테레지아 화폐로 55탈러를 성교의 대가로 보상해야 하고, 간통죄에 대한 벌금으로 88탈러를 추가로 내도록 되어 있었다"(F. Kemink, *Die Tegreññ a-Frauen in Eritrea*, Stuttgart 1991, p. 97f., 148).

7) 어떤 인종학자는 "경험에 따르면"이라는 전제 아래 그와 같은 집단 성폭행을 통해서 쾌감을 느끼는 피해 여성들이 많다고 주장하고 있으나, 이 인종학자가 과연 여성 제보자를 대상으로 조사를 실시했는지 의심스럽다(W. H. Crocker, "Extramartial Sexual Practices of the Ramkokamekra-Canela Indians", *Beiträge zur Völkerkunde Südamerikas*, ed. H. Becker, Hannover 1964, p. 28 참조).

8) D. S. Marshall, "Sexual Behavior on Mangaia", *Human Sexual Behavior*, ed. D. S. Marshall/R. C. Suggs, New York 1971, p. 152 참조. 그 밖에 B. Hauser-Schtäublin, *Frauen in Kararau*, Basel 1977, p. 75; F. Morgenthaler, "Kwandemi", *Gespräche am

sterbenden Fluß, ed. F. Weiss et al., Karlsruhe 1985, p. 110(야트뮐족); L. L. Langness, "Ritual, Power, and Male Dominance in the New Guinea Highlands", *The Anthropology of power*, ed. R. D. Fogelson/ R. N. Adams, New York 1977, p. 15(베나베나족) 참조. 카야포족 젊은 처녀는 한 청년에게만 마음을 주고 다른 청년들을 모두 거부하면, 거절당한 청년 전체에 의해 성폭행을 당하는 수도 있다(W. H. Crocker, "Die Xikrin in Brasilien", *Bilder der Völker*, Bd. 5, ed. E. E. Evans-Pritchard, Wiesbaden 1974, p. 28 참조).

9) 마누스족 남자들은 '정상적인' 섹스를 할 때도 지극히 폭력적인 행동을 보이면서, 아내가 그 성교를 통해서 쾌감을 느끼지 않기를 바랐다(M. Mead, *New Lives for Old*, New York 1961, p. 303, 335 참조).

10) J. Barton, 1923, p. 70 참조. 문두루쿠족 남자들은 눈치를 살피면서 인종학자에게 "우리는 바나나를 이용해서 아내들을 길들인답니다"라고 말했다(R. F. Murphy, "Social Structure and Sex Antagonism", *Southwestern Journal of Anthropology* 1959, p. 95 참조). 라이바배섬(남태평양의 프랑스령 폴리네시아에 속한 섬—옮긴이) 사람들도 반항적인 여자를 그런 방법으로 길들였다(D. S. Marshall, *Island of Passion*, London 1962, p. 256 참조. 이르요론트족에 관해서는 L. Sharp, "The Social Organization of the Yir-Yoront Tribe", *Oceania* 1934, p. 429 참조). 인도유럽 지역에서는 이미 고대 이란의 남자들과 북유럽의 베르세르크족이 성폭행을 저질렀다는 기록이 전해오고 있다(H. P. Hasenfratz, "Der indogermanische 'Männerbund'", *Zeitschrift für Religions-und Geistesgeschichte* 1982, p. 151, 162 참조).

11) E. Eylmann, *Die Eingeborenen Südaustraliens*, Berlin 1908, p. 122 참조.

12) A. Hauenstein, *Les Hanya*, Wiesbaden 1967, p. 72 참조.

13) G. Devereux, "Primitive Psychiatric Diagnosis", *Man's Image in Medicine and Anthropology*, ed. I. Galdston, New York 1963, p. 359 참조.

14) R. F. Murphy, *Headhunter's Heritage*, Berkeley 1960, p. 109f.; R. F. Murphy/Y. Murphy, "Women, Work, and Property in a South American Tribe", *Theory and Practice*, ed. S. Diamond, The Hague 1980, p. 183 참조. 이와 유사하게 트루마이족 남자들도

성폭행을 하겠다고 으름장을 놓는 방법으로 여자들에게 겁을 주었다(B. Quain/R. F. Murphy, "Social Structure and Sex Antagonism", *Southwestern Journal of Anthropology* 1955, p. 93f. 참조).

15) A. W. Howitt, "The Dieri and Other Kindred Tribes of Central Australia", *Journal of the Anthropological Institute of Great Britain and Ireland* 1891, p. 61 참조. 물론 여기서 말하는 '권리'라는 것은 유럽의 '초야권'(jus primae noctis)과 마찬가지로 전설에 나오는 이야기에 불과할 수도 있다.

16) H. Ritter-Schaumburg, *Sigfrid ohne Tarnkappe*, München 1990, p. 139에서 인용.

17) 추룽가에 관해서는 H. P. Duerr, *Ni Dieu- ni mètre*, Frankfurt/M. 1974, p. 135f. 참조.

18) J. Falkenberg, *Kin and Totem*, Oslo 1962, p. 166f. 참조.

19) 카라자족 청년들은 여자가 작은 실수를 저질러도 그것을 핑계로 집단적으로 달려들어 폭행을 일삼았다. 어느 인종학자는, 한 젊은 여자가 친척 중에서 특정인 여자와 함께 일하러 나가기를 거부했다는 이유로 집단 강간을 당하는 장면을 목격한 바 있다. 피부에 상처를 내는 일을 완강하게 거부하는 어린 소녀들도 그런 벌을 받았다(C. Wagley, *Welcome of Tears*, New York 1977, p. 112, 159, 167, 254f. 참조).

20) J. M. Roberts/T. Gregor, "Privacy: A Cultural View", *Privacy*, ed. J. R. Pennock/J. W. Chapman, New York 1971, p. 209f. 참조. 남자가 혼자서 숲길을 지나가는 젊은 여자를 만나면, 그 여자를 '취할' 권리가 있다고 주장하는 남자들도 있다. 이때 남자는 일반적으로 여자의 손목을 꽉 움켜쥐고 나무 밑으로 끌고 간다. 이런 형태의 강간을 "안타파이"(antapai, "끌어가다", "잡아끌다")라고 표현한다.

21) G. Hartmann, *Xingú*, Berlin 1986, p. 106f. 참조.

22) T. Gregor, "Secrets, Exclusion, and the Dramatization of Men's Roles", *Brazil*, ed. M. L. Margolis/W. E. Carter, New York 1979, p. 263 참조.

23) J. C. Furnas, *Anatomy of Paradise*, New York 1937, p. 94 참조.

24) 강간을 당할 때 온힘을 다해 저항하거나 싸우지 않는 여자는 흔히 상대 남자에게 관심이 없기 때문이라고 말했다(R. M. Berndt, *Excess and Restraint*, Chicago 1962, p. 163ff., 283ff., 403 참조).

25) N. A. Chagnon, *Yanomamö*, New York 1968, p. 123 참조.

26) H. Becher, *Die Surára und Pakidái*, Hamburg 1960, p. 68f. 참조.
27) 여자뿐만 아니라 남자들도 항상 질투심에 사로잡혀 있다. 임신 중인 아내가 끊임없이 정액을 공급받아야 태아가 튼튼해진다고 믿었기 때문에 외간 남자와 동침하는 일이 많았던 것이다. 남편들은 자기 아내의 그런 행동을 잘 알고 있으면서도 전혀 모른 척 행동한다. 만일 아내의 외도 사실이 '공개'되면, 그 남편이 정액을 제공한 외간 남자에게—매우 위험한—결투를 요구해야 하는데, 이를 기피하면 체면을 잃기 때문이다(H. Becher, "Bericht über eine Forschungsreise nach Nordbrasilien in das Gebiet der Flüsse Demini und Aracá", *Zeitschrift für Ethnologie* 1957, p. 118 참조).
28) H. Becher, "Akkulturationsprobleme brasilianischer Indianer", *Mitteilungen der Berliner Gesellschaft für Anthropologie, Ethnologie und Urgeschichte* 1980, p. 101 참조. 자트뮐족은 총각 집회소로 들어온 여자를 강간하는 것은 상관없지만, 자기 아내를 강간하는 행위는 범죄로 취급되었다. "언제든 자기 아내와 성교를 하려면 먼저 아내에게 의향을 물어봐야 한다. 질은 나무에 뚫린 구멍이 아니므로, 원한다고 해서 마음대로 쑤셔서는 안 된다"(M. Stanek, *Sozialordnung und Mythik in Palimbei*, Basel 1983, p. 370).
29) J. Axtell, "The White Indians of Colonial America", *American Vistas*, 1607~1877, ed. L. Dinnerstein/K. T. Jackson, New York 1987, p. 42f., 52에서 인용. 이 책의 저자는 이처럼 "친절"을 베푼 이유에 대해, 잡아온 여자를 그들 종족의 일원으로 맞아들일 생각을 갖고 있던 전사들이 있었기 때문에 앞으로 아내가 되거나 누이가 될 여자를 강간하지 않았을 것이라는 의견을 제시했다. 물론 앞에서 언급한 것처럼 북아메리카 인디언들 중에도 예외는 있었다. 샤이엔족 전사들이 백인 여자들을 강간한 사례가 보고된 바 있고(H. Ploß, *Das Kind in Brauch und Sitte der Völker*, Leipzig 1911f, II, p. 559 참조), 샤인엔족과 동맹을 맺은 아라파호족도 강간행위에 가담한 바 있다(S. Hoig, *The Sand Creek Massacre*, Norman 1961, p. 59 참조. 코만치족에 관해서는 E. Wallace/E. A. Hoebel, *The Comanches*, Norman 1952, p. 240 참조). 샤이엔족과 마찬가지로 블랙풋족도 간통한 여자를 폭행했다(A. B. Kehoe, "The Function of Ceremonial Sexual Intercourse Among the Northern Plains Indians", *Plains Anthropologist* 1970, p. 102 참조). 오지브와족 여인들은 성폭행범의

희생자가 될까봐 항상 두려움에 떨면서 살았다고 한다(R. Landes, *The Ojibwa Women*, New York 1938, p. 30f. 참조).

30) 14, 15세기 프랑스에서는 개별적 성폭행보다 집단 성폭행이 두 배나 많았다고 한다(C. Gauvard, 같은 책, I, p. 331 참조).

31) 잠을 잘 때도 벗지 않았던 이 속바지는 대개 짧았는데, 발목에 끈을 매도록 되어 있는 긴 속바지도 있었다. 이런 속바지를 입으면 강간을 막을 수 있을 뿐만 아니라, 여자의 정절을 지키는 데도 도움이 되었다(W. Jochelson, *The Yakut*, Bd. II, New York 1933, II, p. 151f.; T. Chodzidlo, *Die Familie bei den Jakuten*, Fribourg 1951, p. 118f., 126 참조).

32) W. Dyk, "Notes and Illustrations of Navaho Sex Behavior", *Psychoanalysis and Culture*, ed. G. B. Wilbur/W. Muensterberger, New York 1951, p. 111 참조. 옛날이나 지금이나 여자가 반항하면 강간을 당하지 않는다는 생각이 여러 사회에 널리 퍼져 있는데, 제바이족(W. Goldschmidt, *Sebei Law*, Berkeley 1967, p. 136 참조)이나 구아히보족(R. V. Morey/D. J. Metzger, *The Guahibo*, Wien 1974, p. 82 참조)의 경우가 그러하다. 이런 점으로 미루어볼 때 신체적으로 제압당하는 경우만 폭행으로 간주되고, 위협적인 강요에 의한 성교는 폭행으로 인정되지 않았던 것 같다.

33) 과거에 오요-요루바족 남자들은 강간을 할 때 여자가 훗날 자신을 알아보지 못하게 하려고 자신의 얼굴을 가렸다. 그렇기 때문에 "숲속에서 강간을 당하는 여자는 상대방 남자의 얼굴을 쳐다보지 않는 법"이라는 속담이 생겼다(J. O. Ojoade, "African Sexual Proverbs: Some Yoruba Examples", *Folklore* 1983, p. 210).

34) W. Schiefenhövel, "Ritualized Adult-Male/Adolesent-Male Sexual Behavior in Melanesia", *Pedophilia*, ed. J. R. Feierman, New York 1990, p. 401 참조. 뉴기니의 여러 부족사회에서는 남자 자신의 몸이 오염될 수 있다는 두려움 때문에 남자들의 강간 의지에 제동이 걸리기도 했다. 예를 들면 남부 고원지대의 볼라족 남자들은 결혼식을 마친 후에 일련의 의식을 행함으로써 성교에 의해 더러워진 몸을 중화시키는 과정을 거쳤다. 그러나 숲속에서 우연히 마주친 여자를 강간했을 경우에는 그 여자의 '분비물'에 대처하기 위한 의식을 행할 수가 없게 된다(P. Sillitoe, *Give and Take: Exchange in Wola Society*, Canberra 1979, S. 59 참조).

35) W. H. Blanchard, The Group Process in Gang Rape", *Journal of Social Psychology* 1959, p. 269ff. 및 H. Feldmann/J. Westenhöfer, *Vergewaltigung und ihre psychischen Folgen*, Stuttgart 1992, p. 12 참조.

36) C. Scully/J. Marolla, "Rape and Vocabularies of Motive", *Rape and Sexual Assault*, ed. A. W. Burgess, New York 1985a, p. 256.

37) J. M. Reynolds, "Rape as Social Control", *Catalyst* 1974, p. 66 및 A. Godenzi, *Bieder, brutal*, Zürich 1989, p. 167 참조. "자신감을 드러내는" 여자들만을 골라 폭행하는 범인도 있다(R. Wyre/A. Swift, Die Täter, Köln 1991, p. 20, 45 참조).

38) *Spiegel 44*, 1990, p. 107 참조. 한 무리의 청년들한테 16회나 연속해서 성폭행을 당한 어느 로마 여인은 경찰에 신고했다가 그 직후에 같은 청년들에게 다시 한 번 '뚫리는' 보복을 당했다(H. Tügel/M. Heilemann, *Frauen verändern Vergewaltiger*, Frankfurt/M. 1987, p. 41 참조).

39) 이 범인은 그 이전에 장모한테 여러 차례 벌을 받은 바 있는데, 그 벌이란 장모가 그의 항문에 인조 남근을 밀어넣는 방법이었다(L. Madigan/N. C. Gamble, *The Second Rape*, New York 1991, p. 39 참조).

40) K.-H. Kohl, "Über den Umgang mit Fremden: Ethnolopische Beobachtungen in Ost-Flores", *Antrittsvorlesungen der Johannes Gutenberg-Universität Mainz*, Bd. 6, Mainz 1992, p. 29 참조.

41) 1986년 8월에 이 내용을 제보한 사람은 '팍 라무리'와 '베네 볼리 코텐 테나 바항'이라는 이름의 남자 두 명이다. 단 한 차례 "미친 사람"이 아홉 살쯤 된 여자아이를 강간한 사례가 있었다. 라마홀로트 마을에는 "강간"이라는 단어가 존재하지 않는 것 같았다. 미하엘 오피츠가 1991년 10월 18일자 편지를 통해서 전해준 바에 따르면, 히말라야에 거주하는 마가르족에게도 그런 행위를 뜻하는 개념이 분명히 없는 것 같다. 촐-마야족의 여자들은 라디노에 의해 성폭행을 당하는 사례는 자주 있으나, 실제로 자기 부족의 남자들에게 당하는 일은 절대로 없다. 그 이유는 범인이 누구인지 금방 밝혀져서 조만간 피해자의 친척 남자들에게 죽음을 당하기 때문이다(K. Helfrich, "Sexualität und Repression in der Kultur der Maya", *Baeßler-Archiv* 1972, p. 163f. 참조).

42) P.-O. H. Wikström, *Urban Crimes, Criminals, and Victims*, New York 1991, p. 236ff. 참조.

▪ 원서에는 '주'와 '참고문헌'이 분리되어 있으나 독자들의 편리함을 고려하여 '참고문헌'을 해당 '주'에 모두 삽입하여 재편집하였음을 밝힙니다. —편집자

옮긴이의 글

모두 다섯 권으로 구성된 뒤르의 방대한 문명 비평서 '문명화 과정의 신화' 시리즈는 1988년에 제1권 『나체와 수치심』이 나온 이후 2002년에 제5권 『성의 실태』가 발간됨으로써 완결되었다. 그 중에서 『음란과 폭력』은 세번째 권에 해당한다.

지난 해 마지막 권이 나왔을 때 독일의 어느 서평자는 사람들로 붐비는 시내 전차나 해변에서 이 책을 읽지 말고 '조용한 방'에서 읽으라고 독자들에게 진지한 충고의 말을 전했다. 과연 저자는 그 동안 사회적 금기로 간주되던 인간 신체의 '허리 아래' 부분에 관한 논의를 거침없이 전개했을 뿐만 아니라 페이지마다 포르노 잡지를 방불케 하는 그림들로 가득 채우고 있다.

뒤르는 수집광에 가까울 정도의 열정을 가지고 유럽 대륙으로부터 남태평양의 외딴 섬에 이르기까지 세계 곳곳에 거주하는 종족들의 성행동에 관한 인종학적, 역사적 자료들을 수집하였다. 그러는 동안 그는 성과 관련된 행동들이 도처에서 공격적이고 폭력적인 양상으로 나타나고 있음을 목격했고, 호모 사피엔스로 지칭되는 인류가 수천 년의 역사가 흘러오는 동안 본능적인 것이든 후천적인 것이든 성행동 면에서는 근본적인 변화를 보이지 않았다는 사실을 깨닫게 되었다. 거꾸로 말한다면 문명인으로 자부하던 서유럽인은 계몽주의와 진보에 대한 열정에도 불구하고 스스로의 충동을 통제하지 못하는 영원한 짐승과 다름없는 존재임이 드러난 셈이다.

저자는 이러한 기본 인식을 바탕으로 10년에 걸친 집중적인 연구 기간 동안 집요하게 경험적 자료들을 수집하여 1988년부터 그 결과를 연달아 발표하기 시작했는데, 다섯 권 전체를 통해서 그가 추구한 목표는 기존의 지배적인 문명이론, 구체적으로 말해서 엘리아스(Norbert Elias)와 그 학파가 주장하는 진보적 문명이론이 허상에 불과하다는 사실을 입증하려는 데 집중되어 있다. 이 책의 서문에 드러나 있듯이 공격과 방어, 그리고 반격으로 이어지는 이들 사이의 논쟁은 또 다른 독서의 재미를 한층 높여준다.

엘리아스의 기념비적인 저서 『문명화 과정』에 의하면, 오로지 '유럽의 중세만이 충동을 통제하는 인간 유형'을 탄생시켰으며 그러한 인간형은 동물적인 선사시대의 인간에 비해 격정이나 정서, 공격성 따위의 본능에 대한 통제력을 현저하게 잘 발휘했다고 한다. 그러니까 중세 이전의 인간은 여타의 동물과 마찬가지로 수치심도 없이 본능대로 살았으나 중세 후기 이후로 특히 서유럽인들은 본능적 충동에 대한 통제력을 증가시켜 왔는데 이것이 바로 문명화 과정이라는 것이다. 따라서 오늘날의 문명화된 인간은 야만인이나 중세시대의 농민에 비해 수치심을 많이 갖는 존재가 된다. 그는 자신의 주장을 뒷받침하기 위해 중세 궁정 사회의 배변, 식사, 침실에서의 행동, 나체 등에 관한 행동양식을 상세하게 예시한 바 있다. 이와 같은 행동양식의 변화과정을 근거로 엘리아스는 원시적인 충동을 통제하고 그것을 내면화하는 과정이 바로 문명화 과정이라는 결론을 끌어낸 것이다. 또한 그와 같은 문명화 과정이 서유럽에서는 이미 중세 후기에 진행되기 시작한 반면에, 가령 태평양 섬 지역의 원주민들처럼 '미개한' 종족의 경우에는 극히 최근에 와서야 나타나기 시작했다는 것이다. 이에 대해 뒤르는, 서양인들이 중세 이전의 서양 문화와 이민족의 문화를 잘못 인식하고 자기들만이 문명화되었다는 믿음에 기초하여 식민지주의를 정당화하려는 수단으로 그 이론을 써먹었다고 반박하면서 조목조목 그 허상을 들추어내고 있다.

특히 뒤르는 오늘날의 서유럽인들도 과거의 인간들처럼 수치스러운 신체 부위를 거리낌 없이 드러내어 상대방에 대한 위협 수단으로 이용하거나, 미국의 어느 여자 의사처럼 관음증 환자를 치료한다는 명목으로 자신의 음부를 관찰하게 하거나, 성을 무자비한 폭력의 대상으로 삼는 대도시의 빈번한 사례들을 열거함으로써 오늘날의 서유럽인들도 예나 지금이나 스스로의 충동에 사로잡힌 동물과 다름없는 존재임을 입증하였다. 이는 식민주의자들이 믿어오던 '서양문명의 우월성'을 정면으로 부정하는 증거이기도 하다.

이런 연유로 저자 뒤르는 첫 권을 출간한 직후부터 과격한 여성 페미니스트들로부터 '섹스 지상주의자', '포르노주의자'라는 비난을 받았고, 엘리아스 이론을 신봉하는 보수적 지식인과 학자들로부터 '반동주의자', '×같은 놈'이라는 원색적인 공격을 당하기도 했다. 그리고 브레멘 대학에 재직하던 동안에는 "당장 브레멘을 떠나지 않으면 가만 두지 않겠다!"는 협박에 시달려야 했다.

어쨌든 뒤르의 이 저서는 문화인류학 분야에 획기적인 업적을 남긴 레비스트로스나 진보적 문명이론의 토대를 확립한 엘리아스에 비할 수 없을 정도로 금기 영역을 가장 깊숙이 파고 들어간 최초의 업적이라고 평가할 수 있다. 이와 같은 관점에서 일부 비평가들은 뒤르의 연구결과에 대해 '문화이론의 위대한 초석'이라거나, '자료 연구의 초인적인 성과'라는 찬사를 보내기도 한다.

결론적으로 뒤르는 서양 문명의 미래를 비관적으로 바라보고 있다. 엘리아스가 중세를 암흑시대로 규정하고 현재를 이상적인 그림으로 묘사한 데 반하여, 뒤르는 자신이 수집한 자료들을 통해서 서양의 미래사회에서 효과적인 사회통제 수단을 회복할 전망을 발견하지 못했다. 인구증가와 더불어 대도시 사회의 익명성이 강화되면서 전통적인 사회 통제가 약화되고 범죄행위에 대한 억제력 또한 갈수록 약화되고 있는 현실 때문이다.

이 책의 번역과정은 결코 순탄한 것이 아니었다. 우선 민망스러운 그림들 때문에 책상 위에 책을 내놓는 것조차 조심스러웠고, 빈번하게 등장하는 비속어와 은밀한 부위를 지칭하는 단어들을 어떻게 처리할 것인지 망설이지 않을 수 없었다. 게다가 방대한 분량과 저자의 지칠 줄 모르는 지식욕이 빚어낸, 전체의 3분의 1이나 되는 후주는 역자로 하여금 번역 작업도 체력과 인내심을 요구하는 힘겨운 노동의 과정이라는 사실을 새삼스럽게 일깨워주었다. 처음 접하는 세계 곳곳의 부족 명칭, 지명, 인명, 단체 이름, 역사적 사실들, 약어 따위를 확인하기 위해 각종 사전과 동서양의 역사서들을 뒤지거나, 인터넷 사이트를 헤집고, 그래도 해결이 안 되면 관련분야 전문가를 수소문하여 전화와 이메일을 통해 반복적으로 질문을 주고받아야 했다. 게다가 번역 없이 인용한 수많은 라틴어, 그리스어, 중세 프랑스어, 에스파냐어, 일본어, 중국어, 중세독일어, 이탈리아어 등의 인용문들은 역자에게 능력의 한계를 시험하려는 일종의 시련과도 같은 것이었다. 그로 인하여 꼬박 1년 넘도록 매달린 기간의 절반 이상은 번역 작업 자체보다는 참고문헌을 뒤지거나 해당 분야 전문가와 외국 대사관에 문의하는 시간으로 할애되어야 했다. 따라서 역자 한 사람의 능력으로는 이 책의 번역이 불가능했다는 사실을 고백하지 않을 수 없다.

도와주신 분들의 이름을 이 자리에 모두 열거할 수 없지만 그 중에서 전남대 불어교육과의 최 민 교수, 부산 외국어대 스페인어 학과의 박종탁 교수, 경남대 인문학부의 박윤호, 유장근, 조호연 교수, 국제언어문화학부의 윤덕중, 조태남, 이철리 교수, 뫼니히(Udo Monig) 선생, 영문학부의 김기애 교수, 시시콜콜한 사항까지 조언을 아끼지 않은 동료교수들, 그리고 한국외국어대 대학원에 재학중인 제자 유명옥 양에게 각별한 고마움을 표한다.

물론 미흡한 부분이나 번역상의 오류들은 전적으로 역자의 몫이요 끝나지 않은 숙제로 남게 될 것이다.

끝으로 출판 환경의 변화가 유리한 방향으로 흘러가지 않을 때도 흔들림 없이 좋은 책 만들기에 한 길로 매진하는 한길사에 경의를 표하며, 특히 이 책의 번역 기회를 마련해준 데 대해 깊은 감사를 드린다.

2003년 6월
옮긴이 최상안